全国专利代理人资格考试
考前培训系列教材

专利代理实务分册
（第3版）

中国知识产权培训中心
中华全国专利代理人协会　组织编写

李　超　主编
吴观乐　副主编

知识产权出版社
全国百佳图书出版单位

图书在版编目（CIP）数据

全国专利代理人资格考试考前培训系列教材. 专利代理实务分册/李超主编. —3版. —北京：知识产权出版社，2016.6（2017.4重印）（2018.6重印）（2019.6重印）（2019.7重印）

ISBN 978-7-5130-4022-8

Ⅰ.①全… Ⅱ.①李… Ⅲ.①专利—代理（法律）—中国—资格考试—教材 Ⅳ.①D923.42

中国版本图书馆CIP数据核字（2016）第121520号

内容提要

本教材在第2版的基础上，吸收了业界的宝贵意见和建议，根据近年全国专利代理人资格考试"专利代理实务"科目真题，增加了一些改编过的案例，体现了近年来的考试重点，反映了专利代理实务中理论与实际的密切结合。本教材旨在帮助拟参加全国专利代理人资格考试的应考考生着手"专利代理实务"科目考试的复习及练习，以提高备考水平，争取理想的考试效果，同时帮助已经从事专利代理实务的从业人员提升整体从业能力和素质。

读者对象：参加全国专利代理人资格考试的广大考生和企事业单位从事知识产权工作的人员。

责任编辑：李 琳　胡文彬	责任校对：谷 洋
装帧设计：品 序	责任印制：刘译文

‖全国专利代理人资格考试考前培训系列教材‖

专利代理实务分册（第3版）

Zhuanli Daili Shiwu Fence (Di 3 Ban)

李 超　主 编

吴观乐　副主编

出版发行：知识产权出版社有限责任公司	网　址：http://www.ipph.cn
社　址：北京市海淀区气象路50号院	邮　编：100081
责编电话：010-82000860转8116	责编邮箱：wangruipu@cnipr.com
发行电话：010-82000860转8101/8102	发行传真：010-82000893/82005070/82000270
印　刷：三河市国英印务有限公司	经　销：各大网上书店、新华书店及相关专业书店
开　本：889mm×1194mm　1/16	印　张：34.5
版　次：2016年6月第3版	印　次：2019年7月第11次印刷
字　数：900千字	定　价：108.00元

ISBN 978-7-5130-4022-8

出版权专有　侵权必究

如有印装质量问题，本社负责调换。

《全国专利代理人资格考试考前培训系列教材》
编委会

主　任：贺　化

副主任：宋建华　马　放　李建蓉

编　委：高　康　葛　树　胡文辉
　　　　王　澄　李永红　卜　方
　　　　张清奎　郑慧芬　崔伯雄
　　　　毕　囡　林笑跃　曾志华
　　　　张茂于　雷春海　吴观乐

《专利代理实务分册》

主　编：李　超

副主编：吴观乐

编写人员：张阿玲　林　柯　崔　峥
　　　　　王智勇　饶　刚　张　军
　　　　　刘　铭　陈旭暄

审稿人员：钱红缨　祁建伟

前言（第1版）

专利代理是专利制度有效运转的重要支撑，是专利工作的重要内容，是知识产权中介服务体系的核心组成部分。专利代理服务贯穿于知识产权的创造、管理、运用、保护各个环节。专利代理人作为从事专利申请、企业专利战略和政策咨询、专利法律服务等相关业务的专业人员，是专利代理服务的具体承担者，其执业水平的高低直接影响着专利代理业务的质量与服务效果，而专利代理人资格考试是检验应试人员是否具备执业所需知识水平和工作能力的重要途径。

多年以来，全国专利代理人资格考试一直缺乏一套系统、完整的考前培训教材，广大考生复习备考存在诸多不便。随着我国专利代理人资格考试制度的日趋完善，广大考生对于考前培训教材的科学性和系统性要求逐步提高。为加强对全国专利代理人资格考试考前培训的指导，规范培训组织、增强培训效果、提升专利代理行业整体水平，形成高质量的考前培训基础性教学资源，中国知识产权培训中心、中华全国专利代理人协会组织来自国家知识产权局近20个相关业务部门以及全国法院系统、专利代理机构、相关高校及行业协会的业务骨干和专家、学者，历时一年多时间，编写了本套全国专利代理人资格考试考前培训系列教材。本套考前培训系列教材根据全国专利代理人资格考试相关科目的安排，分为三个分册，分别为《专利代理实务分册》《专利法律知识分册》和《相关法律知识分册》。本套考前培训系列教材以"2011年全国专利代理人资格考试大纲"为依据，以2008年修改的《专利法》为基础，同时适当兼顾2008年修改前的《专利法》，旨在指导广大考生根据"2011年全国专利代理人资格考试大纲"的具体要求，认真学习、理解和掌握《专利法》《专利法实施细则》《专利审查指南2010》等专利法律法规规章知识、与专利相关的法律法规知识以及专利代理事务所必需的基本知识，顺利通过全国专利代理人资格考试。

本套考前培训系列教材充分结合了专利代理行业特点，着眼于对专利代理人基本能力的要求，立足基本知识，详略得当，对于考试大纲的重点难点予以了突出说明。希望广大参加全国专利代理人资格考试的考生根据自身实际需要，选择相关教材复习、备考。衷心祝愿广大考生取得理想的考试成绩！

第3版编写说明

《专利代理实务分册》系"全国专利代理人资格考试考前培训系列教材"中的一种，自2011年7月正式出版和2013年9月出版第2版以来，有幸得到专利从业者的垂青，各界在给予肯定的同时，也对本书的内容和形式提出了宝贵的意见和建议。

与第2版相比，第3版的修订主要体现在以下五个方面：①第一章第四节之一"综合类发明专利申请撰写实例"中新增两个案例，即第3版中的案例4和案例5，其中案例4是根据2012年全国专利代理人资格考试"专利代理实务"科目有关申请文件撰写部分的试题改编而成，案例5是根据2013年全国专利代理人资格考试"专利代理实务"科目的试题改编而成；并在该节之二"机械类发明专利申请撰写实例"用新编写的案例7代替原案例5，案例7是根据2014年全国专利代理人资格考试"专利代理实务"科目有关申请文件撰写部分的试题改编而成；②第二章第六节"答复审查意见通知书的案例"中新增加案例3，该案例是根据2014年全国专利代理人资格考试"专利代理实务"科目有关审查意见通知书答复部分的试题改编而成；③第三章第三节"无效宣告程序专利代理实务案例"新增加案例3，该案例是根据2012年全国专利代理人资格考试"专利代理实务"科目中有关无效实务的试题内容并参照近几年全国专利代理人资格考试"专利代理实务"科目有关无效实务试题的出题方式改编而成；④借鉴业界在考前培训和专利代理实践中所发现的问题，对各章节的文字表述作了全面修订；⑤对全书的案例、图表进行了重新排序。

本次修订的具体分工如下：

第一章第一节至第三节由王智勇同志修订，第四节的案例1、案例2、案例3、案例6、案例10和案例11由吴观乐同志修订，第四节新增的案例4、案例5和案例7由王智勇同志编写，第四节的案例8和案例9由李超同志修订；

第二章第一节至第六节由吴观乐同志修订，第六节新增的案例3由吴观乐同志编写；

第三章第一节至第三节由刘铭同志和吴观乐同志修订，第三节新增的案例3由刘铭同志和吴观乐同志编写；

全书的审校工作由李超同志和吴观乐同志完成。

中国知识产权培训中心的李娜同志、张朝铭同志和潘威同志为本书第3版的修订做了大量组织和协调工作。

第3版的修订工作从第2版成书之日即开始酝酿，花费一年多时间进行信息收集和文字修改，至今方始付梓。希望本书能够对专利从业者有所助益，在及时获取信息的基础上，积极备考，高效工作，这对本书作者也是一种鼓励和鞭策。

第 2 版编写说明

《专利代理实务分册》系"全国专利代理人资格考试考前培训系列教材"中的一种，自 2011 年 7 月正式出版以来，有幸得到专利从业者的垂青，各界在给予肯定的同时，也对本书的内容和形式提出了宝贵的意见和建议。

与第 1 版相比，第 2 版的修订主要体现在以下四个方面：①第一章第四节"权利要求书和说明书撰写实例"中新增加了两个案例，即第 2 版中的案例 2 和案例 3，其中案例 2 是根据 2011 年全国专利代理人资格考试"专利代理实务"科目中有关申请文件撰写部分的试题改编而成，案例 3 是根据 2010 年全国专利代理人资格考试"专利代理实务"科目的试题改编而成；②第三章第一节之四""无效宣告请求书"撰写案例分析"新增加了案例 2，该案例是根据 2011 年全国专利代理人资格考试"专利代理实务"科目中有关"无效宣告请求书"撰写的试题改编而成；③借鉴业界在考前培训和专利代理实践中所发现的问题，对各章节的文字表述作了全面修订；④对全书的案例、图表进行了重新排序。

本次修订的具体分工如下：

第一章第一至三节由王智勇同志修订，第四节的案例 1、4、5 由吴观乐同志修订，案例 6、7 由林柯同志修订，案例 8、9 由饶刚同志修订，案例 2 的编写由王智勇同志执笔，案例 3 的编写由吴观乐同志执笔；

第二章由张军同志修订；

第三章由刘铭同志修订，新增加的"无效宣告请求书"撰写案例分析中的案例 2 也由刘铭同志执笔；

全书的审校工作由李超同志和吴观乐同志完成。

第 2 版的修订工作从第 1 版成书之日即开始酝酿，花费一年多时间进行信息收集和文字修改，至今方始付梓。希望本书能够对专利从业者有所助益，在及时获取信息的基础上，积极备考，高效工作，这对本书作者也是一种鼓励和鞭策。

第1版编写说明

专利申请文件撰写以及针对审查意见进行答复或修改的工作直接影响专利审批进程，同时也在很大程度上决定专利申请人最终获得专利权的范围；而专利授权后的无效宣告程序中请求方及被请求方专利代理工作的好坏也直接对该专利权能否被维持有效产生影响。由此可知，专利申请文件撰写、对审查意见通知书的答复以及专利无效程序中"无效宣告请求书"和意见陈述书的撰写是专利代理人应当具备的执业能力，因此"全国专利代理人资格考试大纲"中也将这三方面的专利代理实务工作列入"专利代理实务"科目的考核内容。为帮助参加全国专利代理人资格考试的考生尽快掌握基本的专利代理执业能力，顺利通过"专利代理实务"科目的考试，中国知识产权培训中心和中华全国专利代理人协会在组织编写"全国专利代理人资格考试考前培训系列教材"时将有关专利代理实务的内容单独编为《专利代理实务分册》。

《专利代理实务分册》编写工作从2010年3月启动，至2011年6月成稿，历时一年有余。此前，第三次修改的《专利法》已于2009年10月1日起正式施行，而《专利法实施细则》和《审查指南2006》的修订工作也已在2010年1月完成。因此，本书得以按照新版专利法律法规开展编写工作，反映了最新修订内容。

本书主要包括三部分内容：专利申请文件的撰写，发明专利申请实质审查程序中的专利代理，无效宣告程序专利代理实务。这三部分均先结合实例对相关专利实务工作作出具体说明，然后为帮助读者提高这三方面专利实务工作的能力，分别给出了相应实务工作的案例。相关内容既适于报名参加专利代理人考试的考生进行考前准备，也有助于知识产权工作从业者提高实际的执业能力。为了提高学习效果，建议读者配合学习本套考前培训系列教材的其他分册，即《专利法律知识分册》和《相关法律知识分册》，以便提高知识的系统性和完整性。尤其要提请读者在阅读本书第一章第四节、第二章第六节和第三章第三节的案例部分时，最好先根据相关章节的学习内容，针对所给出的案情简介，自行思考并动手练习，给出答案，然后将其与该案例所给出的参考答案进行比较，分析两者的不同，在此基础上再阅读该案例的答题思路，以掌握相应专利代理实务的处理思路。总之，通过动手练习、比较分析来加深印象、举一反三，以提高专利代理实务的执业能力。

本书编写的具体分工如下：第一章第一节、第二节由王智勇同志编写，第三节由王智勇和陈旭暄同志编写，第四节综合和机械领域的三个案例由张阿玲和陈旭暄同志编写、电学领域的两个案例由林柯同志编写、化学领域的两个案例由饶刚同志编写；第二章第一节、第二节、第四节、第五节、第六节由张军同志撰写，第三节由王智勇同志撰写；第三章由崔峥、刘铭同志撰写。饶刚同志将上述各章节的编写稿按照出版社的出版要求进行了整理。

李超和吴观乐同志对本书进行了总审、修改和统编，钱红缨和祁建伟同志对本书进行了审校。孙玮同志、李娜同志、卢素华同志、李勋同志作为协调人，在本书编写过程中做了大量协调、沟通工作。

此外，在本书编写和定稿过程中，中华全国专利代理人协会邀请的专家伍正滢、张长兴和刘芳等同志以及本套考前培训系列教材编委会编委胡文辉、王澄、李永红、卜方、张清奎、郑慧芬、崔伯雄、毕囡、林笑跃、曾志华、雷春海等同志提出了大量宝贵意见，特此表示感谢！

由于作者的水平和实践经验有限，本书内容一定存在不少偏颇之处，敬请读者批评指正！

目 录

前言（第1版）

第3版编写说明

第2版编写说明

第1版编写说明

第一章 发明和实用新型专利申请文件的撰写 ... 1
第一节 撰写申请文件的准备工作 ... 1
一、从技术交底书中排除明显不能获得专利保护的主题 ... 1
二、判断技术交底书是否包含充分公开发明创造所需的实质内容 ... 3
三、确定申请专利的类型以及要求保护的主题类型 ... 4
四、分析梳理要求专利保护的主题 ... 5
五、分析研究现有技术，排除明显不具备新颖性、创造性的主题 ... 7
六、初步判断技术交底书中涉及的几项主题是否可以合案申请 ... 8
第二节 权利要求书的撰写 ... 8
一、权利要求书应当满足的要求 ... 9
二、权利要求书撰写的主要思路 ... 11
第三节 说明书及其摘要的撰写 ... 24
一、说明书应当满足的总体要求 ... 24
二、说明书各个组成部分的撰写要求及撰写思路 ... 27
第四节 权利要求书和说明书撰写实例 ... 41
一、综合类发明专利申请撰写实例 ... 41
二、机械类发明专利申请撰写实例 ... 171
三、电学类发明专利申请撰写实例 ... 218
四、化学类发明专利申请撰写实例 ... 263

第二章 发明专利申请实质审查程序中的专利代理 ... 305
第一节 发明专利申请实质审查程序 ... 305
一、发明专利申请实质审查程序简介 ... 305
二、专利代理人应当予以关注的实质审查程序的有关内容 ... 306
三、启动实质审查程序中的专利代理工作 ... 308
第二节 对审查意见通知书的答复 ... 310
一、审查意见通知书简介 ... 310
二、答复审查意见通知书的总体要求 ... 311
三、答复审查意见通知书时的主要工作 ... 312
四、答复审查意见通知书需要注意的形式问题 ... 315

第三节　专利申请文件的修改 … 316
　一、修改的时机 … 316
　二、修改的内容与范围 … 317
　三、答复审查意见通知书时的修改 … 319

第四节　意见陈述书的撰写 … 321
　一、撰写意见陈述书应当遵循的原则 … 321
　二、意见陈述书的撰写格式 … 322
　三、意见陈述书的撰写示例 … 325

第五节　审查意见通知书中经常涉及的实质性缺陷的处理 … 328
　一、权利要求不具备新颖性和创造性 … 328
　二、独立权利要求缺少解决技术问题的必要技术特征 … 331
　三、说明书未充分公开要求保护的发明主题 … 332
　四、权利要求书未以说明书为依据 … 333
　五、权利要求书未清楚限定要求专利保护的范围 … 334
　六、专利申请文件的修改超出原说明书和权利要求书记载的范围 … 334

第六节　答复审查意见通知书的案例 … 335
　一、【案例1】用于金属熔液容罐的浇注阀门及该阀门定子和转子的材料 … 335
　二、【案例2】油炸食品及其制作方法和制作设备 … 352
　三、【案例3】光催化空气净化器 … 374

第三章　无效宣告程序专利代理实务 … 399

第一节　"无效宣告请求书" … 399
　一、无效宣告请求的提出 … 399
　二、"无效宣告请求书"撰写前的准备 … 403
　三、"无效宣告请求书"的撰写 … 408
　四、"无效宣告请求书"撰写案例分析 … 413

第二节　对"无效宣告请求书"的答复 … 444
　一、无效宣告请求人及其代理人的资格核查 … 445
　二、对"无效宣告请求书"的分析 … 445
　三、专利文件的修改 … 450
　四、意见陈述书的撰写 … 454
　五、对"无效宣告请求书"答复的案例分析 … 459

第三节　无效宣告程序专利代理实务案例 … 474
　一、【案例1】用于挂在横杆上的挂钩 … 474
　二、【案例2】油炸食品制作方法和设备 … 488
　三、【案例3】硬质冷藏箱 … 503

第一章 发明和实用新型专利申请文件的撰写

专利申请文件是申请人在提出专利申请时依据《专利法》提交的法律文件，其不同于一般的技术性文件。发明和实用新型专利申请文件除了包括表示请求授予专利权愿望的请求书外，还包括权利要求书以及说明书及其摘要等文件。《专利法》《专利法实施细则》以及《专利审查指南 2010》分别从实体和形式两个方面对权利要求书、说明书及其摘要的撰写作出了规定。

专利申请文件的撰写对于申请人获得与其技术贡献相匹配的专利权保护范围至关重要。有的申请所涉及的发明创造本来很有价值，但因申请文件的撰写存在无法消除的实质性缺陷，而不能被授予专利权；还有的申请本来可以获得较宽的保护范围，因为撰写得不好，最后获得的专利权保护范围与其技术贡献度不匹配，发明创造未能得到有效的保护。本章重点介绍根据委托人提供的技术交底书撰写权利要求书以及说明书及其摘要的一般思路。

第一节 撰写申请文件的准备工作

理解技术交底书的实质内容对于撰写专利申请文件至关重要，也是着手撰写专利申请文件的重要基础性工作。在开始撰写权利要求书以及说明书及其摘要之前，要全面、准确地理解申请人提供的技术交底书的实质内容，根据不同的案情，可能需要完成下述六个方面的工作：

① 从技术交底书中排除明显不能获得专利保护的主题，即判断相关主题是否符合《专利法》第 2 条有关发明或者实用新型的定义、是否属于《专利法》第 5 条或第 25 条排除的保护主题、是否明显不符合《专利法》第 22 条第 4 款有关实用性的规定；

② 判断技术交底书是否包含充分公开发明创造所需的实质内容；

③ 确定申请专利的类型以及要求保护的主题类型；

④ 分析梳理要求专利保护的主题；

⑤ 分析研究现有技术，排除明显不具备新颖性、创造性的主题；

⑥ 初步判断技术交底书中涉及的几项主题是否可以合案申请。

现对以上六个方面的工作分别作出说明。

一、从技术交底书中排除明显不能获得专利保护的主题

鉴于《专利法》的立法宗旨和专利权的特点，一方面，《专利法》第 2 条第 2 款和第 3 款从正面规定了可授予发明和实用新型专利权的申请主题应当满足的条件，即发明和实用新型的定义；另一方面，《专利法》第 5 条和第 25 条从维护国家和社会利益的角度出发，并根据我国的国情，对可授予专利权的主题范围作出了某些限制性规定，包括对违反法律、违反社会公德或妨害公共利益的发明创造，或者违反法律、行政法规的规定获取或者利用遗传资源并依赖该遗传资源完成的发明创造，不授予专利权；对科学发现、智力活动的规则和方法、疾病的诊断和治疗方

法、动植物品种及用原子核变换方法获得的物质❶，不授予专利权。

此外，按照《专利法》第22条第1款和第4款的规定，对不具有实用性的发明创造，也不能授予专利权。

作为专利代理人来说，在撰写权利要求书和说明书之前，需要确定技术交底书中有关发明创造的具体内容中哪些可以作为发明或者实用新型专利申请要求保护的主题，而由《专利法》上述条款的规定可知，首先应当从技术交底书中将那些明显不能获得专利保护的主题排除在外。具体来说，排除那些不符合《专利法》第2条有关发明或者实用新型的定义的主题，排除明显属于《专利法》第5条或第25条规定的不能授予专利权的客体，排除明显不符合《专利法》第22条第4款有关实用性规定的主题。

1. 是否符合《专利法》第2条关于发明或者实用新型的定义

《专利法》第2条第2款规定，发明是指对产品、方法或者其改进所提出的新的技术方案。由该款规定可知，发明既可以包括产品，也可以包括方法，而这些产品或方法都是由技术方案来体现的。《专利法》第2条第3款规定，实用新型是指对产品的形状、构造或者其结合所提出的适于实用的新的技术方案。由此款规定可知，实用新型专利只保护产品，所述产品应当是能够通过产业方法制造的，有确定形状、构造且占据一定空间的实体。上述发明和实用新型定义中所说的"新的技术方案"，是对可申请专利保护的发明或者实用新型客体的一般性定义，不是判断新颖性、创造性的具体审查标准。

现举一例加以说明。技术交底书中有关发明创造的内容涉及一种香烟盒，其利用了香烟盒廉价、传播范围广的特点，将特定的广告内容放在香烟盒上，并不涉及香烟盒的构造。香烟盒仅仅是广告内容的载体，其上的香烟厂家商标、图形及文字是信息的具体内容。由此可知，这种香烟盒只作为信息表述的载体，仅仅涉及广告创意和广告内容的表达，其特征不是技术特征，解决的问题也不是技术问题，因而未采用技术手段，未构成技术方案，不符合《专利法》第2条有关发明或者实用新型的定义。❷

在专利代理实务操作中，从撰写申请文件的一般思路考虑，应当在理解技术交底书的基础上首先判断发明创造的主题是否符合发明或者实用新型的定义。

2. 是否明显属于《专利法》第5条或第25条排除的主题

按照《专利法》第5条的规定，对违反法律、社会公德或者妨害公共利益的发明创造，不授予专利权。对违反法律、行政法规的规定获取或者利用遗传资源，并依赖该遗传资源完成的发明创造，不授予专利权。

按照《专利法》第25条的规定，就发明和实用新型而言，对科学发现、智力活动的规则和方法、疾病的诊断和治疗方法、动植物品种（包括动物和植物品种生产方法中的主要是生物学的方法）以及用原子核变换方法获得的物质（包括原子核变换方法在内），不授予专利权。

在专利代理实务操作中，从撰写申请文件的一般思路考虑，应当在理解技术交底书的基础上判断发明创造的主题是否明显属于《专利法》第5条或者第25条所排除的主题。

3. 是否明显不具备《专利法》第22条第4款规定的实用性

根据《专利法》第22条第1款的规定，对不具备实用性的发明和实用新型不能授予专利权。

---

❶ 在第三次修改的《专利法》第25条第1款中，增加了一项不授予专利权的内容，即对于外观设计专利申请，对平面印刷品的图案、色彩或者二者的结合作出的主要起标识作用的设计，也不授予专利权。由于该项内容与发明或实用新型无关，因此这里未将其列入"不能获得专利保护的主题"的情形。

❷ 如果香烟盒结构本身有新的改进，可以对香烟盒进行保护，但需要把有广告的内容排除。

《专利法》第22条第4款又进一步规定，实用性是指该发明和实用新型能够制造或者使用，并且能产生积极效果。因此，在理解技术交底书中的发明创造时，除了要关注其是否符合发明或者实用新型定义以及是否属于《专利法》第5条、第25条排除的主题之外，还需判断其中的主题是否具备实用性。专利法意义上的实用性只要求发明创造存在能够被制造或者被使用的可能性，并非要求这种发明创造在申请时实际已予以制造或者使用。所强调的这一点对于专利代理实践中撰写专利申请文件来说是十分重要的，也就是说，在为委托人撰写专利申请文件时，只需判断委托人提交的技术交底书中的发明创造是否具备在产业中被制造或被使用的可能性，是否与自然规律相违背，并且是否具有可再现性就可以了，无需要求委托人进行"制造或者使用"的现场演示。

通过上述三个方面的分析，从客户提供的技术交底书中初步确定哪些主题有可能取得发明或者实用新型专利权的保护。

二、判断技术交底书是否包含充分公开发明创造所需的实质内容

将发明创造的技术方案清楚、完整地公开，使所属技术领域的技术人员能够理解和实施该发明创造，从而为社会公众提供理解和实施发明创造所必需的技术内容，以此来换取国家对其发明创造在一定时期内的专利保护，这是专利制度的一种"契约"理论，即专利制度是一种"以公开换取保护"的制度。与此相应，《专利法》第26条第3款作出了明确规定，说明书应当对发明或者实用新型作出清楚、完整的说明，以所属技术领域的技术人员能够实现为准，即提交的专利申请文件应当将发明创造充分公开。因此，在专利代理实践中，专利代理人在撰写专利申请文件之前，应当判断技术交底书中是否包含了充分公开发明创造所需的实质内容。

例如：一项有关"风铃"的发明，技术交底书中仅记载了如下技术内容："该风铃装置具有音色能随气温上升而变高，随气温下降而变低的特征。"

由于技术交底书中没有公开如何制造这种风铃，采用何种材料，风铃的结构是什么，如何实现音色能随气温上升而变高，随气温下降而变低，即技术交底书中只给出了发明的任务和设想，而没有记载任何技术手段，本领域技术人员根据技术交底书的记载不能制造出这种风铃，因此技术交底书未包含充分公开发明创造所需的实质内容。

鉴于申请文件公开不充分将会导致专利申请被驳回，因此在专利代理实务操作中，专利代理人需根据个案的情况来判断委托人给出的技术交底书是否包含了充分公开发明创造技术方案所需的实质内容，所属技术领域的技术人员根据技术交底书中所写明的发明创造的内容是否能够理解和实施该发明创造。一旦技术交底书未包含充分公开发明所需的实质内容，就需要与委托人充分沟通，必要时请委托人补充相关的材料。

需要说明的是，在近年的"专利代理实务"考题中，试题说明中通常会明确说明："作为考试，应试者在完成题目时应当接受并仅限于本试卷所提供的事实。"而公开不充分就无法针对该发明创造撰写权利要求书了，因而从应试者角度来看，撰写专利申请文件的试题中通常不会涉及这方面的内容。但是，在2004年全国专利代理人资格考试"专利申请文件撰写"科目化学专业的试题中，请应试者就技术交底书中所缺少的内容（其中包括为消除公开不充分的缺陷而需要补充的内容）向委托人索取有关资料，在此基础上撰写权利要求书，从而考核了应试者对说明书充分公开发明创造这一要求的掌握程度。同样，在2011年全国专利代理人资格考试"专利代理实务"科目有关申请文件撰写部分的试题中，以客户在技术交底书提出咨询问题的方式来了解应试

者对说明书充分公开与保留技术秘密两者关系的掌握程度。

需特别强调的是，实用性与说明书的充分公开之间没有必然的联系。技术交底书中的发明创造是否具备实用性，与该发明创造怎样创造出来的或者是否已经实施无关。"不能制造或使用"是技术方案本身固有的缺陷所致，与说明书公开的程度无关，即使说明书公开得再详细，违背自然规律和/或没有再现性的发明仍然不具备实用性。而说明书充分公开所涉及的"所属技术领域的技术人员能否实现"则取决于说明书公开的程度，说明书公开不充分是指由于说明书没有对发明作出清楚、完整的说明，进而导致所属技术领域的技术人员不能实现该发明。理解了实用性与说明书充分公开之间的关系，有助于对撰写专利申请文件宏观思路的把握。例如，若技术交底书中给出的技术信息不充分，进而可能对说明书的充分公开有影响，则专利代理人应当在撰写过程中与委托人进行充分的沟通，必要时要求委托人补充相关材料。如果技术交底书中的技术方案本身例如违背了能量守恒定律，则应当建议委托人放弃申请专利，当然也就没有必要进行专利申请文件的撰写了。

三、确定申请专利的类型以及要求保护的主题类型

在完成上述两项准备工作后，就需要根据所理解的发明创造内容确定申请专利的类型和确定所要求保护的主题类型。

1. 确定申请专利的类型

根据《专利法》第2条第1款的规定，《专利法》所称的发明创造是指发明、实用新型和外观设计。在专利代理实践中，专利代理人需要根据委托人提供的技术交底书中的主题，判断要申请发明专利还是实用新型专利，或者同时申请发明专利和实用新型专利。前面已经指出，发明专利申请既可以要求保护产品，也可以要求保护方法，而实用新型专利只保护产品，不保护方法。因此，首先需要分析该发明创造涉及的主题是否属于实用新型的保护客体，对于那些不属于实用新型保护客体的主题，则应当申请发明专利。此外，发明专利申请需经过实质审查，权利相对稳定，保护期限为20年，但获得权利的周期相对较长，而实用新型专利申请只进行初步审查，权利的稳定性相对较差，保护期限为10年，但获得权利的周期相对于发明专利申请要短。因此，对于那些既可以申请发明专利又可以申请实用新型专利的主题，专利代理人需要请委托人说明该产品的商业特性，即该产品是否具有长期市场效益以及该产品上市后是否容易被仿制，在此基础上与委托人共同来确定申请发明专利还是实用新型专利：对于仅有短期市场效益的产品，可以申请实用新型专利，以便尽早行使专利权；而对于那些具有长期市场效益且短期内不会上市或者上市后不容易被仿制的产品，则可以仅申请发明专利；至于那些既具有长期市场效益、又很容易被仿制的产品，则可建议委托人既申请发明专利，又申请实用新型专利。

对于既申请发明专利又申请实用新型专利的情况，根据《专利法》第9条第1款和《专利法实施细则》第41条第2款的规定，同一申请人可以同日（指申请日）对同样的发明创造既申请实用新型专利又申请发明专利，需要申请人在申请时分别说明对同样的发明创造已申请了另一专利。在这种情况下，如果先获得的实用新型专利权尚未终止，且申请人声明自发明专利申请授权之日放弃该实用新型专利权的，国家知识产权局可以授予发明专利权。如果没有作出上述说明，则国家知识产权局会依照《专利法》第9条第1款关于同样的发明创造只能授予一项专利权的规定处理。因此在实践中，如果委托人就同样的发明创造一方面想要尽快获得授权，即享受实用新型专利"短、平、快"的优点，另一方面还希望获得的专利权取得较长时期保护时，则应当在同

日（指申请日）对同样的发明创造既申请实用新型专利又申请发明专利，且在两者的请求书中分别说明对同样的发明创造已申请了另一专利。

需要说明的是，在应试时，通常试题中会写明为委托人提交发明专利申请还是实用新型专利申请，答题时应当根据题面要求进行。对于发明专利申请，则不仅可以要求保护产品，还可以要求保护方法；而对于实用新型专利申请，只可以要求保护有形状和/或构造改进的产品。

2. 确定要求保护主题的类型

对技术交底书中的每一项主题，需根据其实质技术内容确定其是属于产品发明还是方法发明。如果该发明实质内容既可以描述成产品发明，又可以描述成方法发明，可以从商业目的出发并根据实际保护效果确定其要保护的主题，或者以哪一个为主。但是，当发明内容从实质上分析只可能是其中一种时，应当作出正确的选择。例如，某技术交底书涉及暖气片组，在传统的暖气片组中，各片暖气片之间用螺纹接头连接，在组装暖气片组时需要逐片安装，很不方便。为简化暖气片的组装工作，发明人设计了一种新的暖气片组结构。各暖气片之间通过进、出水连通管来连接，将各暖气片套装到进、出水连通管上，其间装有密封片，只需从两端借助螺纹结构将各暖气片压紧在进、出水连通管上，从而可以十分方便地组装暖气片组。当然，该暖气片组的组装方法与传统的组装方法也不一样。那么，该发明的实质究竟是暖气片组还是该暖气片组的组装方法呢？显然，该发明的实质是暖气片组的结构，其组装方法由暖气片组的结构来决定，因而应当采用产品发明加以保护。

在此，还需要说明一点，如果最后确定的保护客体是方法，则只能申请发明专利，不能申请实用新型专利；相反，如果最后确定的保护客体是产品，而且是从结构和/或形状对其作出改进，那么既可以申请发明专利，也可以申请实用新型专利。

在阅读理解技术交底书的过程中，应重点关注其中涉及哪些主题。现以近几年"专利代理实务"试题加以说明：对于2007年"专利代理实务"试题，由具体实施方式文字部分记载的内容可知，发明创造涉及包装体、包装体长带、包装体供给方法和包装体供给系统四项主题；对于2008年"专利代理实务"试题，由说明书具体实施方式部分可知，发明创造涉及油炸食品制作方法、油炸食品制作设备、油炸食品以及添加到油脂中的组合物四项主题；对于2010年"专利代理实务"试题，由其前一份技术交底书可知，发明创造涉及食品料理机、食品制浆方法、电路控制器件和电路控制方法四项申请主题。

四、分析梳理要求专利保护的主题

在完成上述三方面工作之后，按照撰写专利申请文件的一般思路，下一步要做的工作是针对每一项要求保护的主题分析梳理其技术特征构成，这是理解技术交底书最重要的一项工作。通常对产品权利要求而言，技术特征包括产品的构成以及各部分之间的连接关系、位置关系等；对方法权利要求而言，技术特征包括其中所涉及的方法步骤以及所采用的工艺手段等。如果技术交底书中公开了多个主题，那么还需要针对这些主题分别进行分析，如果对于每一个主题涉及多个改进方案，还需要明确这些改进方案之间的区别和联系。此外，还需要分析每个改进方案涉及哪些技术特征，这些技术特征以及由技术特征构成的改进方案能解决什么技术问题，其中哪些技术特征是解决这些技术问题的关键，它们在解决这些技术问题中分别起到什么作用。

下面以"肥皂容器"为例进行说明。图Ⅰ-1和图Ⅰ-2是现有技术中两种肥皂容器的结构图。

图Ⅰ-1 一种典型的传统的肥皂盒　　　图Ⅰ-2 另一种现有技术的肥皂盒

图Ⅰ-1示出了一种典型的、传统的肥皂盒。肥皂盒具有用于接纳一块肥皂200的盒体20，它由四周的围壁22和一个平的底壁21构成。平的底壁21上开有多条漏水缝23。当肥皂200置于盒体20内时，肥皂200的宽表面直接与底壁21的内表面接触且堵住了漏水缝23。这样，留在肥皂宽大的上表面上的水不能迅速地从漏水缝23漏走，并且由于在肥皂的下表面与肥皂盒的底面间的接触面上存有水，所以肥皂的下表面容易变软而离解。此外，当这种肥皂盒放置在盥洗器具上时，由于从漏水缝23流出的水直接与盥洗器具的表面接触，因而很容易弄脏盥洗器具。不仅如此，由于构成肥皂盒体20的四周有围壁22，当肥皂的高度小于肥皂盒体20的围壁22的高度时，会使肥皂的取拿很不方便。

图Ⅰ-2示出了另一种现有技术的肥皂盒。在图Ⅰ-2中，肥皂盒31具有向上突起的肋条32，肋条的高度接近肥皂盒侧壁的高度。肥皂300放置在肋条上，避免肥皂变软，同时由于肋条的高度接近侧壁的高度，可以便于肥皂的取拿。然而，由于侧壁和肋条的高度差异很小，放置在肥皂盒上的肥皂在高度方向上露出了大部分，由此造成肥皂容易从肥皂盒中滑落。此外，使用肥皂后，残留在肥皂上的水以及人手上的水会留存在肥皂盒中，当积存水较多时，同样会使肥皂下表面泡软。

委托人向专利代理人提供了肥皂容器的两种改进结构。图Ⅰ-3是肥皂容器的第一种改进结构，图Ⅰ-4是肥皂容器的第二种改进结构，图Ⅰ-5是图Ⅰ-3和图Ⅰ-4两种肥皂容器改进结构的侧剖视图。

图Ⅰ-3 肥皂容器的第一种改进结构　　　图Ⅰ-4 肥皂容器的第二种改进结构

该两种肥皂容器共同的技术特征是：肥皂容器1均包括底壁4、后侧壁2和左、右侧壁3，顶部敞开。在该底壁4内表面上有向上突出的肋条7，该肋条7的顶表面8从前到后略向下倾斜，该肋条7在其后部成为沿着后侧壁2向上延伸的延伸部10。该底壁4从后到前略向下倾斜。在该肥皂容器1前方开口12处设置有一块从前方开口12垂直向下延伸的唇板13。

图 I-5 两种肥皂容器改进结构的侧剖视图

该两种肥皂容器相应的技术特征是：在图 I-3 所示肥皂容器的第一种改进结构中，该肥皂容器1没有前侧壁，因而在左、右侧壁3前端之间形成该肥皂容器1前方的开口12，肋条7之间或者肋条7与左、右侧壁3之间形成从后到前略向下倾斜的排水通道6。在图 I-4 所示肥皂容器的第二种改进结构中，左、右两侧壁3的前端部分别朝着其相对侧壁的方向折弯延伸，成为其前侧壁的左部14和右部15，其间形成前方开口12。底壁4上正对着前侧壁左部14和右部15的肋条7前端部与该前侧壁左部14和右部15的内壁面之间相隔一个距离，使这些肋条7与左、右侧壁3之间的排水通道6通向容器前方的开口12。

相对于"会泡软肥皂底面"这样的现有技术缺陷来说，在底壁的内表面上设置向上突出的肋条、将底壁设置为从后到前略向下倾斜、设置排水通道以及在肥皂容器的前方形成开口这四个手段均是解决如何保持肥皂处于干燥状态这个技术问题的技术特征。

相对于"取拿肥皂不方便"这样的现有技术缺陷来说，在肥皂容器的前方形成开口是解决取拿肥皂不方便这个技术问题的技术特征。

相对于"肥皂会从肥皂容器中滑落"这样的现有技术缺陷来说，肋条从前到后（从开口到后侧壁）略向下倾斜是解决如何防止肥皂从肥皂容器中滑落这个技术问题的技术特征。

相对于"肥皂水会弄脏盥洗器具表面"这样的现有技术缺陷来说，在肥皂容器前方开口处设置一个垂直向下延伸的唇板（这样可使排水通道中的水流经前方开口后从唇板直接落入盥洗器具内）是解决如何保持盥洗器具表面干净整洁这个问题的技术特征。

只有准确理解了上述两种肥皂容器的结构，才有可能在检索和分析现有技术的基础上撰写出一份合适的权利要求书和说明书。

上述工作完成之后，结合对现有技术的分析和研究，从上述技术问题中确定该申请相对于（最接近的）现有技术实际能够解决的技术问题，以便将相应的解决此技术问题的必要技术特征写入独立权利要求中。有关这方面的进一步分析，将在本章第二节之二中结合一个根据2006年"专利代理实务"科目试题改编的撰写实例给予详细说明。

五、分析研究现有技术，排除明显不具备新颖性、创造性的主题

委托人提交的技术交底书通常会包含对有关发明创造背景技术的描述。为了能够尽可能准确地确定发明创造的创新点，撰写一份保护范围合适的权利要求书，通常还应当对与技术交底书中的主题相关的现有技术进行检索和分析。

在对委托人提供的现有技术和检索到的现有技术进行分析的基础上，首先从技术交底书中将那些明显不具备新颖性、创造性的主题排除在该专利申请所要求保护的主题之外。如果该主题涉及几个改进的方案，其中的部分方案相对于现有技术不具备新颖性或创造性，则应该将这些方案

排除在要求保护的范围之外。然后，针对该专利申请所要求保护的主题，根据检索和分析结果以及该发明或者实用新型的有益效果确定要解决的技术问题，以及为解决该技术问题所应当包含的所有必要技术特征，进而帮助委托人确定一个合适的权利要求保护范围。

实践中，如果检索到的现有技术与专利申请相距甚远，则撰写的独立权利要求的保护范围可以尽可能宽，以使得专利申请得到更充分的保护；如果检索到的现有技术与专利申请比较接近，则撰写的独立权利要求的保护范围应当尽可能窄一些，这样可以加快专利申请的审批进程，并且使可能获得的专利权更为稳固。

六、初步判断技术交底书中涉及的几项主题是否可以合案申请

有些情况下，委托人希望将技术交底书中的几项主题合案申请。此时专利代理人应当分析这几项主题是否属于一个总的发明构思。若属于一个总的发明构思，则可以合案申请；若不属于一个总的发明构思，则应当告知委托人，这些主题不符合《专利法》第31条的有关规定，不能合案申请，否则有可能会拖延审批程序。

在近几年的"专利代理实务"考试中，试题中通常会明确：如果应试者认为该申请的一部分内容应当通过分案申请的方式提出，则应当在意见陈述书中明确说明其理由，并撰写出分案申请的权利要求书。例如，2008年的"专利代理实务"试题，在说明书中还写明"本发明还提供一种用于添加到油脂中的、由防粘剂、消泡剂和风味保持剂组成的组合物"，显然这可以作为油炸食品制作方法的附加技术特征写成从属权利要求。同时，由于该组合物本身也是一种有可能授权的发明创造，因此可以针对上述组合物单独要求保护。考虑到该组合物本身与油炸食品的制作方法和制作设备这两项发明的改进没有相互关联，因此应当另行提出一件专利申请。❶

第二节 权利要求书的撰写

权利要求书和说明书的撰写应当在充分理解技术交底书具体技术内容以及了解其现有技术状况的基础上进行。通常，在技术内容比较简单的情况下，可以先撰写权利要求书，再撰写说明书。如果技术内容比较复杂，可以将两者的撰写结合起来，先起草说明书中揭示该发明或实用新型详细内容的第五部分"具体实施方式"，再撰写权利要求书，最后完成说明书的其他部分，并且进一步完善对发明或实用新型具体实施方式的描述。但在实际撰写中，权利要求书和说明书往往不是一次定稿，会进行多次修改使其不断完善。

按照"全国专利代理人资格考试大纲"的规定，对于专利申请文件的撰写需要专利代理人能够准确掌握并综合运用《专利法》《专利法实施细则》和《专利审查指南2010》中的相关规定，撰写能够有效且合理地保护发明创造的权利要求书和说明书。具体来说，专利代理人应当具有为委托人撰写权利要求书和说明书（包括其摘要）这两个专利申请文件的能力，即根据委托人所提供的介绍发明创造内容的技术交底书以及所提供的现有技术（必要时包括检索到的现有技术）为客户撰写权利要求书和说明书。

---

❶ 需要说明的是，在"专利代理实务"科目考试中，应试者可以根据试题要求另行提交一件专利申请。但在实务操作中，申请人也可以先在一件专利申请中提出，然后在实审程序中，根据《专利法实施细则》第42条第1款的规定，待审查员发出不符合单一性的审查意见后，再将不具有单一性的主题删除，必要时作为分案申请提出。

为帮助考生提高权利要求书的撰写水平，本节在对权利要求书的撰写要求作出概要说明的基础上，比较详细地结合一个案例对权利要求书撰写的主要思路作出具体说明。

一、权利要求书应当满足的要求

下面从权利要求书撰写的实质性要求和形式要求两个方面进行说明。

（一）实质性要求

1. 权利要求书应当满足的实质性要求

按照《专利法》第26条第4款的规定，权利要求书应当以说明书为依据，清楚、简要地限定要求专利保护的范围。

（1）权利要求书应当以说明书为依据

权利要求书应当以说明书为依据，是指撰写的每项权利要求应当得到说明书的支持。也就是说，每项权利要求所要求保护的技术方案均应当是所属技术领域的技术人员能够从说明书记载的内容中得到或概括得出的技术方案，权利要求的范围不得超出说明书公开的范围。

（2）权利要求书应当清楚、简要地限定要求专利保护的范围

权利要求书应当清楚，首先是指每一项权利要求应当清楚，即每一项权利要求的类型清楚且所确定的保护范围清楚；其次是构成权利要求书的所有权利要求作为一个整体也应当清楚，即权利要求之间的引用关系清楚。权利要求书应当简要，是指每项权利要求应当简要，而且构成权利要求书的所有权利要求作为一个整体也应当简要。

2. 独立权利要求应当满足的实质性要求

独立权利要求相对于其从属权利要求来说，保护范围最宽，因此一项发明中的独立权利要求最为重要，在撰写时应当特别重视独立权利要求应当满足的实质性要求。

对独立权利要求来说，除了要满足上述《专利法》第26条第4款规定的要求之外，还应当满足如下三个方面的要求。

（1）独立权利要求应当记载必要技术特征

《专利法实施细则》第20条第2款规定，独立权利要求应当从整体上反映发明或者实用新型的技术方案，记载解决技术问题的必要技术特征。也就是说，独立权利要求中不得缺少解决其技术问题所必不可少的技术特征。

对此，需要注意的是，尽管该条款没有规定不得写入非必要技术特征，即没有规定不得写入那些可有可无或者能使技术效果更佳的技术特征，但是为了使申请人的发明创造得到充分的保护，独立权利要求应当具有尽可能大的保护范围。因此，"全国专利代理人资格考试大纲"还规定，在撰写独立权利要求时，除了应当记载解决技术问题的全部必要技术特征外，还应当为客户谋求尽可能充分的保护，即不要写入非必要技术特征，尽可能采用概括方式表述技术特征等。

（2）独立权利要求应当相对于现有技术具备新颖性和创造性

根据《专利法》第22条第1款的规定，授权的发明和实用新型专利必须具备新颖性和创造性。因此，所撰写的独立权利要求也应当相对于现有技术具备新颖性和创造性。

具体来说，独立权利要求应当反映与现有技术的区别，尤其是其相对于最接近的现有技术的区别技术特征应当体现出该独立权利要求相对于现有技术具备新颖性和创造性。通常，撰写独立权利要求时，将其与最接近的现有技术共有的必要技术特征写入前序部分，将反映其具备新颖性和创造性的区别技术特征写入特征部分。

(3) 多项独立权利要求之间应当满足单一性的要求

根据《专利法》第31条第1款和《专利法实施细则》第34条的规定，当一件专利申请的权利要求书中所要求保护的主题包含两项以上发明或者实用新型时，它们应当属于一个总的发明构思，即在技术上相互关联，包含一个或者多个相同或者相应的特定技术特征。在符合单一性的前提下，一件专利申请可以包括尽可能多的保护主题。

3. 从属权利要求应当满足的实质性要求

从属权利要求的撰写也十分重要，特别是对于具备新颖性、创造性的技术方案应分层次撰写，从而可以在专利授权后的无效程序中作为维持专利权部分有效的不同层次的防线，以避免该专利权被宣告全部无效。

撰写从属权利要求时，除了要满足前述《专利法》第26条第4款规定的要求外，还应当注意满足下述三方面的实质性要求。

(1) 从属权利要求的主题名称应当与被引用权利要求的主题名称相同

从属权利要求应当重述其所引用的权利要求的主题名称，即从属权利要求的主题名称应当与被引用的权利要求的主题名称相同。

(2) 从属权利要求应当用附加技术特征，对引用的权利要求作进一步限定

根据《专利法实施细则》第20条第3款的规定，从属权利要求应当用附加的技术特征，对引用的权利要求作进一步限定。

具体来说，从属权利要求中的附加技术特征，可以是对所引用的权利要求的技术特征作进一步限定的技术特征，也可以是增加的技术特征，使从属权利要求的保护范围落在其所引用的权利要求的保护范围之内。如果从属权利要求的附加技术特征既未从其引用权利要求的技术特征出发进行限定，也未清楚地表明增加的附加技术特征与引用权利要求的技术特征之间的关系，则这样的从属权利要求不符合《专利法实施细则》第20条第3款的规定。

(3) 从属权利要求的技术方案也必须是完整的技术方案

从属权利要求的技术方案，即由其引用的权利要求的全部技术特征和该从属权利要求的附加技术特征一起构成的技术方案，也必须是完整的技术方案，不得将其进一步改进的密不可分的技术特征分隔开来撰写从属权利要求，否则不符合《专利法》第26条第4款的规定。

(二) 形式要求

在撰写权利要求书时，除了应当满足上述实质性要求之外，还应当满足下述形式要求。

1. 独立权利要求撰写的格式要求

除了那些不适宜采用两部分撰写的主题外，独立权利要求应当包括前序部分和特征部分：在前序部分写明要求保护的发明或者实用新型技术方案的主题名称和发明或者实用新型主题与最接近的现有技术共有的技术特征；特征部分使用"其特征是……"或者类似的用语，写明发明或者实用新型区别于最接近的现有技术的技术特征。独立权利要求分两部分撰写的目的在于使公众更清楚地看出独立权利要求记载的全部技术特征中哪些是发明与最接近的现有技术共有的技术特征，哪些是发明区别于最接近的现有技术的技术特征。需要注意的是，独立权利要求采用前序部分和特征部分的两段式撰写方式，并不会对独立权利要求的保护范围产生任何影响。

2. 从属权利要求撰写的格式要求

从属权利要求应当包括引用部分和限定部分：引用部分写明引用的权利要求的编号及其主题名称；限定部分写明发明或者实用新型的附加的技术特征。所引用的独立权利要求采用两部分方式撰写的，该从属权利要求不仅可以进一步限定独立权利要求特征部分中的技术特征，也可以进

一步限定独立权利要求前序部分中的技术特征。

3. 撰写权利要求书的其他形式要求

权利要求书撰写的形式要求除了满足独立权利要求和从属权利要求的格式要求外，还应当满足如下几方面的形式要求。

① 权利要求书有一项以上权利要求的，应当用阿拉伯数字顺序编号。

② 权利要求中使用的科技术语应当与说明书中使用的科技术语一致；权利要求中可以有化学式或者数学式，但是不得有插图；除绝对必要外，权利要求中不得使用"如说明书……部分所述"或者"如图……所示"等类似用语。

③ 权利要求中的技术特征可以引用说明书附图中相应的标记，这些标记应当用括号括起来，放在相应的技术特征后面。附图标记不得解释为对权利要求保护范围的限制。也就是说，当权利要求中采用附图标记时，不能认为由此而将附图中所示的信息也一并"带入"到权利要求中，对权利要求的保护范围产生相应的限定作用。实践中在对待上述问题时，应当考虑在去掉附图标记的情况下，权利要求仍然是清楚的。

④ 一项发明或者实用新型应当只有一个独立权利要求，并写在同一发明或者实用新型的从属权利要求之前。即当申请人就一项发明写出多个权利要求时，应当只写一个独立权利要求，其他权利要求应当以引用方式撰写，而不允许写成保护范围从宽至窄的多个独立权利要求。这一规定的本意是为了使权利要求书整体上更清楚、简要。

⑤ 权利要求中通常不允许使用表格，除非使用表格能够更清楚地说明发明或者实用新型要求保护的主题。

⑥ 通常一项权利要求用一个自然段表述，若技术特征较多，内容和相互关系较复杂，借助于标点符号难以将其关系表达清楚时，一项权利要求也可以用分行或者分小段的方式描述，各段之间不得使用句号。

⑦ 通常，开放式的权利要求宜采用"包含""包括""主要由……组成"的表达方式，其解释为还可以含有该权利要求中没有述及的结构组成部分或方法步骤。封闭式的权利要求宜采用"由……组成"的表达方式，其一般解释为不含有该权利要求所述以外的结构组成部分或方法步骤。

⑧ 一般情况下，权利要求中包含有数值范围的，其数值范围尽量以数学方式表达，例如，"$\geq 30℃$"">5"等。通常，"大于""小于""超过"等理解为不包括本数；"以上""以下""以内"等理解为包括本数。

⑨ 从属权利要求只能引用在前的权利要求。引用两项以上权利要求的多项从属权利要求只能以择一方式引用在前的权利要求，并不得作为被另一项多项从属权利要求引用的基础，即在后的多项从属权利要求不得直接或间接引用在前的多项从属权利要求。

⑩ 直接或间接从属于某一项独立权利要求的所有从属权利要求都应当写在该独立权利要求之后，另一项独立权利要求之前。

二、权利要求书撰写的主要思路

一般来说，在撰写发明和实用新型专利申请的权利要求书时，针对其中一项要求保护的主题，可以按照如下思路进行撰写：

① 理解该项要求保护的主题的实质性内容，列出全部技术特征；

② 分析研究该项要求保护的主题的现有技术，确定最接近的现有技术；

③ 针对该项要求保护的主题，确定其要解决的技术问题以及为解决该技术问题所必须包括

的全部必要技术特征；

④ 撰写独立权利要求；

⑤ 撰写从属权利要求。

下面以"用于展示衣物的衣架挂钩"❶为例（以下简称"衣架挂钩"），具体说明撰写权利要求书的主要思路。

1. 理解该项要求保护的主题的实质性内容，列出全部技术特征

按照撰写专利申请文件的一般思路，在动笔撰写权利要求之前，首先需要理解技术交底书中所要求保护主题的实质内容，列出全部技术特征，以及确定这些技术特征在该发明创造中所起的作用。

正如本章第一节之四所述，在分析梳理要求保护的主题时，针对该主题涉及多种改进方案（相当于该发明的多个实施方式）的情况，需要通过分析这些改进方案（实施方式）之间的区别和联系来确定它们之间的关系：对于并列的多个改进方案，需要分析它们分别具有哪些相同的技术特征，而那些不同的技术特征之间又存在什么样的对应关系；❷对于彼此之间为主从关系的改进方案（即以一个实施方式为主），就要分析其他改进方案分别相对该主改进方案作出了哪些进一步改进，这些改进是通过哪些技术特征实现的。❸此外，对于要求保护的主题相对于现有技术作出多方面改进的情况，需要确定这些改进各自采取什么样的技术措施（技术特征）来实现，并明确这几方面改进之间的关系。

现针对本案例具体说明如何理解技术交底书中所要求保护主题的实质性内容。本案例为一种用于展示衣物的衣架挂钩，技术交底书中给出了三种具体结构，第一种结构如图Ⅰ-6至图Ⅰ-9所示。其中图Ⅰ-6是带有该发明第一种结构衣架挂钩的衣架的透视图；图Ⅰ-7是图Ⅰ-6所示衣架挂钩上突起物的放大透视图；图Ⅰ-8是图Ⅰ-6所示衣架挂钩与横杆相配合的示意图；图Ⅰ-9是图Ⅰ-6所示衣架挂钩的局剖侧视图。

图Ⅰ-6 带有第一种结构衣架挂钩的衣架的透视图

图Ⅰ-7 第一种结构衣架挂钩上突起物的放大透视图

---

❶ 此例的素材取自2006年全国专利代理人资格考试"专利代理实务"科目试题，但对其具体内容进行了改编。

❷ 参见本章第四节的"二、机械类发明专利申请撰写实例"的【案例6】。

❸ 参见本章第四节的"三、电学类发明专利申请撰写实例"的【案例8】。

图Ⅰ-8 第一种结构衣架挂钩与
横杆相配合的示意图

图Ⅰ-9 第一种结构衣架挂钩的
局剖侧视图

如图Ⅰ-6所示，整个衣架由衣架挂钩11和衣架本体12组成，其中衣架挂钩11采用弯曲的棒状弹性材料制成。衣架挂钩11具有相对平行的两个夹持部17、18以及连接两个夹持部上部的弯曲部16。夹持部17具有自由端19；夹持部18具有连接端13，以可转动方式装配在衣架本体12上。夹持部17、18之间形成有横杆插入口14，从而能够将衣架悬挂在横杆上。两个夹持部17、18的相向内侧均设有突起物15，图Ⅰ-6和图Ⅰ-8所示的两个夹持部各设有两个突起物15，且两两对称设置。如图Ⅰ-7所示，突起物15呈半圆柱状。如图Ⅰ-8所示，每个夹持部上的一对突起物15之间的间隔小于横杆10的外径。使用时，使横杆10进入横杆插入口14，对衣架施加向下的拉力，通过横杆10对夹持部17、18的挤压，使挂钩11产生弹性变形，从而将横杆10夹持在4个突起物15之间。衣架挂钩11产生的弹性夹持力使突起物15与横杆10的外圆周表面相接触，形成了如图Ⅰ-7所示的与横杆10轴线相平行的支撑线（以点画线示出）。这种线接触结构增强了衣架挂钩11在横杆10上的固定性能，使之不容易在横杆上产生滑动和扭动。

该发明衣架挂钩的第二种结构如图Ⅰ-10和图Ⅰ-11所示。图Ⅰ-10是该发明第二种结构衣架挂钩与横杆相配合的示意图；图Ⅰ-11是图Ⅰ-10所示衣架挂钩的局剖侧视图。

图Ⅰ-10 第二种结构衣架挂钩与
横杆相配合的示意图

图Ⅰ-11 第二种结构衣架挂钩的
局剖侧视图

如图Ⅰ-10所示，该发明衣架挂钩的第二种结构与第一种结构的区别仅在于，突起物15沿横杆10轴向的宽度大于衣架挂钩11（图中所示为衣架挂钩11的夹持部18）沿横杆10轴向的宽度，加宽的突起物可以带来更好的夹持效果，这样的衣架挂钩11不需要采用较粗的材料就能获得更好的固定性能。

该发明衣架挂钩的第三种结构如图 I-12 至图 I-14 所示。图 I-12 是带有第三种结构衣架挂钩的衣架的透视图；图 I-13 是图 I-12 所示衣架挂钩与横杆相配合的示意图；图 I-14 是从图 I-12 所示衣架挂钩右侧后方看的放大透视图。

如图 I-12 所示，整个衣架由衣架挂钩 21 和衣架本体 22 组成。衣架挂钩 21 采用弯曲的板状弹性材料制成，具有彼此相对的夹持部 27、28 以及连接两个夹持部上部的弯曲部 26，夹持部 27 具有自由端 29，夹持部 28 具有与衣架本体 22 相连接的连接端 23。夹持部 27、28 的相向内侧形成有山脊形状的突起物 25，在图 I-12 至图 I-14 中，每个夹持部 27、28 的相向内侧各形成两个山脊形状的突起物 25。在图 I-12 和图 I-14 中，突起物 25 沿横杆 10 轴向的宽度大于弯曲部 26 沿横杆 10 轴向的宽度，但是两者的宽度也可以相同。如图 I-12 所示，夹持部 27 上的两个突起物 25 之间的连接部分以及夹持部 28 上的两个突起物 25 之间的连接部分均呈 V 形凹陷。当横杆 10 被夹持在突起物 25 之间时，V 形凹陷部分不与横杆 10 的外圆周表面接触，因此突起物 25 均与横杆 10 的外圆周表面形成线接触。弯曲部 26 上在靠近具有自由端 29 的夹持部 27 的部位设有曲率半径小于弯曲部其他部位曲率半径的迂回部 30。采用这种结构，当横杆 10 被夹持在夹持部 27、28 之间时，迂回部 30 会产生较大的变形，形成较大的弹性夹持力，从而进一步增强了衣架挂钩 21 在横杆 10 上的固定性能。另外，第三种结构中所述的迂回部也适用于其他两种结构。

根据上述技术交底书的内容，对该发明衣架挂钩的三种结构的技术特征作出如下分析。

（1）该发明衣架挂钩的三种结构中共有的特征

该发明的三种衣架挂钩结构共有的技术特征为：

① 彼此对置的两个夹持部；
② 连接两个夹持部上部的弯曲部；
③ 两个夹持部中的一个具有自由端，另一个具有连接端；
④ 两个夹持部之间形成横杆插入口；
⑤ 两个夹持部的相向内侧上设有突起物；
⑥ 两个夹持部的相向内侧上的突起物各为两个；

图 I-12 带有第三种结构衣架挂钩的衣架的透视图

图 I-13 第三种结构衣架挂钩与横杆相配合的示意图

图 I-14 从第三种结构衣架挂钩右侧后方看的放大透视图

⑦ 每个夹持部上的一对突起物之间的间隔小于横杆的外径；

⑧ 突起物与横杆的外圆周表面线接触；

⑨ 弯曲部上靠近带有自由端的夹持部的部位设有迂回部，该迂回部的曲率半径小于弯曲部其他部位的曲率半径。

(2) 该发明衣架挂钩的三种结构中非共有的特征

该发明三种衣架挂钩结构不同的技术特征为：

⑩ 关于突起物的形状：第一种结构和第二种结构中的突起物呈半圆柱状；第三种结构中的突起物呈山脊形状，夹持部上的两个突起物之间的连接部分呈V形凹陷；

⑪ 突起物沿横杆轴向的宽度：第一种结构中突起物沿横杆轴向的宽度等于夹持部沿横杆轴向的宽度；第二种结构中突起物沿横杆轴向的宽度大于夹持部沿横杆轴向的宽度（有益效果在于加宽的突起物可以带来更好的夹持效果，这样的挂钩不需采用较粗的材料就能获得更好的固定性能）；第三种结构中突起物沿横杆轴向的宽度大于夹持部沿横杆轴向的宽度，但也可以等于夹持部沿横杆轴向的宽度；

⑫ 关于衣架挂钩的材质：第一种结构和第二种结构中采用弯曲的棒状弹性材料；第三种结构中采用弯曲的板状弹性材料。

2. 分析研究该项要求保护的主题的现有技术，确定最接近的现有技术

在理解了要求保护的主题的实质内容之后，应当着手分析研究现有技术，从中确定该主题的最接近的现有技术。

(1) 分析研究现有技术，理解现有技术的实质性内容

通常来说，现有技术包括委托人在技术交底书中提供的现有技术，以及为客户检索到的现有技术（在"专利代理实务"科目考试中，通常会给出对比文件）。就本案例而言，客户提供的现有技术比较简单。经过检索，找到两项更相关的现有技术（对比文件1和对比文件2）。

本案例技术交底书中披露的背景技术如下：日常生活中，人们常常利用衣架来晾晒物品。具体地说，将需要晾晒的物品吊挂在衣架的衣架本体上，再将与衣架本体连接的挂钩挂在横杆上进行晾晒。技术交底书中指出上述传统的吊挂在横杆上的挂钩存在如下缺点：当这种挂钩挂在横杆上时，由于挂钩与横杆之间的接触为点接触，缺乏固定力或固定力较小，挂钩在横杆上容易产生滑动和扭动，风大时甚至有可能从横杆上脱落下来。

对比文件1公开的用于展示衣物的衣架挂钩参见图Ⅰ-15和图Ⅰ-16。其中图Ⅰ-15是对比文件1中的衣架挂钩的侧视图；图Ⅰ-16是对比文件1中的衣架挂钩的正视图。

对比文件1涉及一种用于在服装店中向顾客展示衣物的衣架的挂钩。该衣架挂钩具有挂钩1，该挂钩1相对置的两部分的内侧各设有一个凸部2和一个突片3。当展示架杆5被夹持时，凸部2和突片3均与展示架杆5的外圆周表面形成线接触，从而可以将挂钩较为牢靠地固定在展示架杆5上，使其不易被碰掉或者被风刮落。该凸部2可以是中空的（如图Ⅰ-16所示），也可以是实体的。挂钩1的顶部具有小突起弧4，其所起的作用是当支撑衣物的衣架悬挂在绳子上时，突片3和小突起弧4便构成了容纳绳子的空间。

图 I-15 对比文件 1 中的
衣架挂钩侧视图

图 I-16 对比文件 1 中的
衣架挂钩的正视图

对比文件 2 公开的衣架参见图 I-17 和图 I-18。其中图 I-17 为对比文件 2 中的衣架的透视图；图 I-18 为对比文件 2 中的衣架与晾衣杆相配合的示意图。

图 I-17 对比文件 2 中的衣架的透视图

图 I-18 对比文件 2 中的衣架与
晾衣杆相配合的示意图

对比文件 2 涉及一种用于悬挂服装以进行晾晒、展示和存放的衣架。如图 I-17 所示，对比文件 2 的衣架包括衣架主体 1 和悬挂部件 2。衣架主体 1 与一般衣架的衣架主体类似，悬挂部件 2 与衣架主体 1 相连接。将衣物挂在衣架主体 1 上，用悬挂部件 2 顶部设置的夹紧部夹住晾衣杆或类似物，便可将衣服悬挂起来。悬挂部件 2 包括柱体 22，柱体 22 底部设有连接衣架主体 1 的嵌合部 23，柱体 22 顶部设有夹紧部 21。夹紧部 21 采用弹性材料制成，用于夹住晾衣杆或类似物。夹紧部 21 包括两个夹臂，其开口向右下方或者左下方，处于下方的夹臂底部与柱体 22 的顶端固定连接。夹紧部 21 每个夹臂的中间部位设有一个圆弧形部分，在该圆弧形部分的内表面上形成有多个与晾衣杆轴向相平行的凹槽，以防止夹紧部在晾衣杆上转动。两个夹臂的一端通过弯曲部 24 相互连接。在弯曲部 24 的外表面上以可拆卸的方式装有钢制 U 形板簧 25，以增强夹紧部 21 的弹性夹持力。如图 I-18 所示，由于夹紧部 21 的两个夹臂可以张开，因此适合于不同直径的晾衣杆 3。当晾衣杆的直径比图 I-18 中所示晾衣杆 3 的直径更大时，虽然夹臂的圆弧部分不能与晾衣杆紧密配合，但也能通过在圆弧形部分边缘所形成的突棱夹持晾衣杆，因而同样能够将悬挂部件 2 固定在晾衣杆上。

(2) 确定最接近的现有技术

在对现有技术进行分析研究、理解现有技术的实质性内容之后，就要确定哪一个对比文件中公开的衣架挂钩可以作为该发明最接近的现有技术，以便为撰写独立权利要求做好准备。

最接近的现有技术，是指现有技术中与要求保护的发明最密切相关的一个技术方案。按照《专利审查指南 2010》第二部分第四章的规定，最接近的现有技术可以是与要求保护的发明的技术领域相同，所要解决的技术问题、技术效果或者用途最接近和/或公开了发明的技术特征最多的现有技术；或者虽然与要求保护的发明技术领域不同，但能够实现发明的功能，并且公开发明的技术特征最多的现有技术。在确定最接近的现有技术时，应当首先考虑技术领域相同或者相近的现有技术。但是，就撰写专利申请文件而言，在撰写独立权利要求时，可以只考虑技术领域相同的现有技术。

在本案例中，对比文件 1 针对已有的展示衣架在展示架杆上不稳固，容易被来往顾客碰掉的问题，通过在衣架的挂钩内侧上设置凸部和突片，使其在垂直于架杆轴向的方向上配合夹持住展示架杆。而对比文件 2 涉及的衣架，包括一个相当于挂钩的悬挂部件，其通过 U 形板簧与夹紧部的配合作用，使得悬挂部件能够稳固地沿垂直于杆轴向的方向夹紧衣杆。通常情况下，该悬挂部件是通过夹臂中部凹进的圆弧形部分与衣杆周围相接触，只有当晾衣杆直径较大时，其夹臂上自然形成的突棱才会对衣杆形成夹持、支撑作用，可见其构思与该发明的构思并不相同。由于对比文件 1 与该申请的技术领域相同，与客户提供的背景技术和对比文件 2 相比较，其所解决的技术问题与该申请的技术问题相近，且公开该申请的技术特征最多，因此可以认为对比文件 1 是最接近的现有技术。

根据上述对现有技术的分析研究，确定了该发明最接近的现有技术为对比文件 1 中公开的衣架挂钩。下面针对该最接近的现有技术确定该发明所解决的技术问题及解决该技术问题的全部必要技术特征。

3. 针对该项要求保护的主题，确定其要解决的技术问题以及为解决该技术问题所必须包括的全部必要技术特征

在确定了最接近的现有技术之后，就需要针对该最接近的现有技术确定该发明要解决的技术问题，在此基础上，确定该发明中哪些技术特征是解决这一技术问题的必要技术特征。

(1) 确定该发明所解决的技术问题

在专利代理实践中，为委托人检索到的最接近的现有技术（在"专利代理实务"考试中，通常会提供几份对比文件）可能不同于委托人在技术交底书中所描述的现有技术，因此专利代理人（考生）通常需要客观地重新确定发明所解决的技术问题，重新确定的发明所解决的技术问题可能不同于技术交底书中所描述的技术问题。作为一个原则，技术交底书中的任何技术效果都可以作为确定技术问题的基础，只要本领域的技术人员从技术交底书所记载的内容能够得知该技术效果即可。

在相对于最接近的现有技术确定该发明所解决的技术问题时，需要进行客观的分析。具体而言，首先应当分析要求保护的发明与最接近的现有技术相比作出了哪些改进（即发明点），然后根据这些改进所能达到的技术效果确定该发明所解决的技术问题。

如果该发明相对于最接近的现有技术作出了多方面的改进，但其中某一方面的改进是基础，而其他改进是在此改进基础上作出的进一步改进，则应当针对此基础改进所能达到的技术效果确定要解决的技术问题。也就是说，在专利代理实务中（包括在应试中）通常应当将包含区别技术特征最少的那个技术方案所解决的技术问题作为该发明所解决的技术问题。如果该发明相对于最接近的现有技术作出的几方面改进彼此无关，则在实践中应当与委托人进行沟通，以确定哪一方面的改进更为重要，哪一方面的改进最容易在发明产品上市后被仿制，从而将这方面的改进作为该发明的首要改进，并以此来确定该发明相对于最接近的现有技术所解决的技术问题，而将另一方面改进作为该发明进一步的改进。如果两方面的改进都比较重要，均存在在市场上单独被仿制的可能性，则应当针对这几方面改进各撰写一项发明专利申请，以使该发明得到更充分的保护。在实务中可以将这几项发明分别作为多件专利申请提出，也可以将其合并在一件专利申请中提出，然后在实质审查程序中，根据《专利法实施细则》第42条第1款的规定，待审查员发出不符合单一性的审查意见后，再将不具备单一性的主题删除，必要时作为分案申请提出。在应试中，对于该发明相对于最接近的现有技术作出的几方面改进彼此无关的情况，应当将这几方面改进各作为一项要求保护的发明撰写其独立权利要求和相应的从属权利要求，但考虑到这几项发明之间往往不具有单一性，因此在该专利申请中仅将其中一项改进（尤其是与其他主题具有单一性的改进）写入，同时建议委托人针对其他几方面的改进另行提出专利申请。

就本案例来说，技术交底书中所要解决的技术问题是提供一种可以增大衣架挂钩与横杆之间的固定力从而使衣架挂钩不容易在横杆上产生滑动和扭动的挂钩。由于这一技术问题在最接近的现有技术即对比文件1中已经解决，因此应当另行确定该发明要解决的技术问题。通过比较该发明与最接近的现有技术，该发明相对于最接近的现有技术主要进行了两个方面的改进。

一方面的改进是突起物沿横杆轴向的宽度大于衣架挂钩沿横杆轴向的宽度，该技术特征在对比文件1和对比文件2中均未披露。这种加宽突起物的衣架挂钩能获得更好的固定性能，进而带来更好的夹持效果。

另一方面的改进是在衣架挂钩的弯曲部上靠近带有自由端的夹持部的部位设有迂回部，该迂回部的曲率半径小于弯曲部其他部位的曲率半径。这一技术特征在对比文件2中未予披露；而在对比文件1中公开的衣架挂钩的弯曲部上虽然带有小突起弧（相当于该发明中曲率半径小于弯曲部其他部位曲率半径的迂回部），但其位于弯曲部的中间部位，因此其所起的作用是与在其附近的两个突片一起构成容纳悬挂绳的空间，而该发明中该迂回部位于弯曲部上靠近带有自由端的夹持部的部位，因此会形成较大的弹性夹持力，从而可以进一步增强挂钩在横杆上的固定性能。

由上述分析可知，这两方面的改进从结构上彼此并不相关，且这两方面单独作出的改进相对于现有技术而言均使得该发明的衣架挂钩具有突出的实质性特点和显著的进步，因此可以相对这两个方面的改进分别确定其所解决的技术问题，各撰写成一项发明专利申请。就本案例而言，这两方面改进的结构虽然不同，但从两个彼此无关的途径达到相同的技术效果——增强衣架挂钩在横杆上的固定性能，因而该发明针对这两方面的改进都提供了一种不易从横杆上脱落的衣架挂钩，即其解决了衣架挂钩易从横杆上脱落的技术问题。由此可知，在针对本发明所要解决的技术问题确定该发明必要技术特征和撰写独立权利要求时，针对这两种改进结构分别撰写一项独立权利要求。但是在应试中，应当相对于其中一种改进结构（如采用加宽突起物）的衣架挂钩撰写独立权利要求，而以另一方面的改进结构（在弯曲部上靠近带有自由端的夹持部的部位设有迂回部）为附加技术特征撰写成该独立权利要求的从属权利要求。此时，对于另一方面的改进结构（在弯曲部上靠近带有自由端的夹持部的部位设有迂回部）还可以仅针对该改进结构撰写成另一项独立权利要求及其相应的从属权利要求，并建议委托人在同日另行提出一件专利申请。

（2）为解决技术问题所必须包括的全部必要技术特征

现针对以加宽突起物为主要改进结构的衣架挂钩来确定解决"衣架挂钩易从横杆上脱落"这一技术问题的必要技术特征。

在前面分析中列举出的该申请的全部技术特征中，哪一些应当作为解决上述技术问题的必要技术特征写入独立权利要求中呢？下面逐一进行详细分析。

该申请三种衣架挂钩具体结构的共有特征夹持部、弯曲部、自由端、连接端、突起物是要求保护的主题的主要组成部分，且均与上述要解决的技术问题有关，因而是解决上述技术问题的必要技术特征。另外，上述主要组成部分之间的相关连接或者位置关系特征，即两个夹持部彼此相对设置、弯曲部位于连接两个夹持部的上部、其中一个夹持部具有自由端，另一个夹持部具有连接端，突起物分别设置于夹持部的相向内侧均是解决上述技术问题的必要技术特征。这是因为根据技术交底书的内容，只有按照上述连接或者位置关系构成的衣架挂钩才能清楚地限定该独立权利要求的保护范围，因此这些技术特征也是解决所述技术问题的必要技术特征。也就是说，前面所列出的技术特征①～③以及技术特征⑤是该发明解决上述技术问题的必要技术特征。

正如前面所指出，技术特征⑪中的"突起物沿横杆轴向的宽度大于衣架挂钩沿横杆轴向的宽度"是该发明这一种改进结构相对于最接近的现有技术的发明点所在，即只有当衣架挂钩上采用加宽的突起物时，衣架挂钩才能获得更好的固定性能，进而带来更好的夹持效果，因此是解决上述技术问题的必要技术特征。

此外，技术特征⑧"突起物与横杆的外圆周表面线接触"也是解决上述技术问题的必要技术特征。尽管线接触在对比文件中已经被披露，属于现有技术的内容，但是如果加宽的突起物与横杆的外圆周表面为点接触，则加宽突起物并不能起到增强衣架挂钩在横杆上的固定性能的作用，因此若想要在采用加宽的突起物的情况下确保更好的固定性能和夹持效果，突起物与横杆的外圆周表面一定得保持线接触，否则衣架挂钩可能会在横杆上滑动和扭动，不能解决该发明所要解决的技术问题。

另外，技术特征⑨"弯曲部上靠近带有自由端的夹持部的部位设有曲率半径小于弯曲部其他部位曲率半径的迂回部"，虽然也能起到增强衣架挂钩在横杆上的固定性能的作用，但考虑到没有这个技术特征已能增强衣架挂钩在横杆上的固定性能，有了这一技术特征可以更好地使衣架挂钩固定在横杆上，因此为使该专利申请得到更充分的保护，不宜将其作为解决上述技术问题的必要技术特征。

至于针对突起物进一步限定的与突起物数量有关的技术特征⑥"两个夹持部相向内侧的突起物各为两个"以及与突起物形状有关的技术特征⑩"突起物呈山脊形状或者呈半圆柱状""两个突起物之间的连接部分呈Ⅴ形凹陷"等，是为了使衣架挂钩与横杆的外圆周表面保持多个线接触，进一步确保更好的固定性能和夹持效果，并使衣架挂钩可适合于不同直径的各种横杆，因此它们是优选措施，也不是解决上述技术问题的必要技术特征。

技术特征⑦"每个夹持部上的一对突起物之间的间隔小于横杆的外径"是针对每个夹持部上突起物为两个时作出的进一步限定，因为突起物的数量不是该发明要解决的技术问题的必要技术特征，所以这一技术特征也不应当作为解决上述技术问题的必要技术特征。

对于技术特征④"两个夹持部之间形成有横杆插入口"而言，其作用在于使衣架能够悬挂在横杆上，该技术特征已隐含在要求保护主题的名称"挂在横杆上的衣架挂钩"中，因而从权利要求应当简要的角度出发，可以不写入独立权利要求中。

对于有关衣架挂钩材质的技术特征⑫来说，该技术特征将其材质限定为弹性材料是为了使衣架挂钩具有更好的夹持效果，只是解决上述技术问题的一种优选措施；而其进一步优选的弯曲板状结构是为了适应吊挂较重物品，与该发明上述要解决的技术问题无直接关系，因此有关挂钩材质的技术特征⑫并不是解决上述技术问题的必要技术特征。

综上所述，该申请独立权利要求保护的主题"用于挂在横杆上的衣架挂钩"的必要技术特征应当包括：两个夹持部、连接夹持部上部的弯曲部，其中一个夹持部具有自由端，另一个具有连接端，在夹持部的相向内侧设有突起物，所述突起物与横杆的外圆周表面线接触以及突起物沿横杆轴向的宽度大于夹持部沿横杆轴向的宽度。

4. 撰写独立权利要求

在确定该发明专利申请的最接近的现有技术、针对该最接近的现有技术所要解决的技术问题以及为解决该技术问题所必需包含的必要技术特征之后，就可以开始着手撰写独立权利要求，将确定的必要技术特征与最接近的现有技术进行对比分析，把其中与最接近的现有技术共有的技术特征写入独立权利要求的前序部分，而将其他必要技术特征作为与最接近的现有技术的区别特征写入独立权利要求的特征部分。

现仍结合衣架挂钩为例加以说明，前面所确定的必要技术特征中有关两个夹持部、连接夹持部上部的弯曲部、其中一个夹持部具有自由端、另一个具有连接端、在夹持部的相向内侧设有突起物、突起物与横杆的外圆周表面线接触是与最接近的现有技术对比文件1共有的技术特征，将这些技术特征写入独立权利要求的前序部分，而将有关突起物宽度的技术特征作为该发明与最接近的现有技术对比文件1的区别技术特征，写入独立权利要求的特征部分。按照此方式撰写独立权利要求，应当满足了《专利法实施细则》第20条第2款、第21条第1款有关独立权利要求撰写的规定。

此外，按照《专利法实施细则》第19条第4款的规定，权利要求中的技术特征可以引用说明书附图中相应的标记，因而对产品权利要求，最好在其各部件名称后面加上带括号的附图标记。鉴于此，在撰写衣架挂钩的独立权利要求（包括后面撰写的从属权利要求）时，在其各个部件名称后面加上带括号的附图标记。

最后，完成的独立权利要求1如下：

"1. 一种用于挂在横杆上的衣架挂钩，该衣架挂钩具有两个夹持部（17，18；27，28）以及连接所述两个夹持部上部的弯曲部（16；26），其中一个夹持部（17；27）具有自由端（19；29），另一个夹持部（18；28）具有与衣架本体（12；22）相连接的连接端（13；23），在所述两个夹持部（17，18；27，28）的相向内侧上设置有突起物（15；25），当该衣架挂钩挂在横杆（10）上时，所述突起物（15；25）与横杆（10）的外圆周表面线接触，其特征在于：所述突起物（15；25）沿横杆（10）轴向的宽度大于两个夹持部（17，18；27，28）沿横杆（10）轴向的宽度。"

所撰写的上述独立权利要求满足如下几方面的实质性要求。

（1）所撰写的独立权利要求应当包含解决技术问题的必要技术特征

就这一实质性要求而言，前面分析确定该发明的必要技术特征时，已作出了具体说明，在此不再重复。

（2）所撰写的独立权利要求不应当写入非必要技术特征，以使该发明得到充分的保护

前面分析该发明的必要技术特征时，已明显将同样可起到增强固定性能且与突起物加宽无直接关系的另一些技术特征（有关"迂回部""突起物的数量"等技术特征）确定为附加技术特征，因此在独立权利要求中未写入这些技术特征，使该独立权利要求限定的技术方案具有较宽的保护范围。

（3）应当以说明书为依据，清楚、简要地限定要求专利保护的范围

对于独立权利要求以说明书为依据这一实质性要求，就本案例而言，所撰写的独立权利要求相对于委托人的技术交底书作出了合理的概括，因此从应试角度而言，满足了这一要求。而就平时实务而言，若技术交底书中所提供的实施方式尚不足以支持委托人所想要求保护的范围时，可

以要求委托人进一步补充实施方式，以便在撰写说明书的具体实施方式部分时可给出更多的实施方式来支持所撰写的独立权利要求，从而满足权利要求书以说明书为依据的规定。

从权利要求应当清楚地限定要求专利保护范围考虑，在前面分析该发明的必要技术特征时，已将技术特征①~③和技术特征⑤确定为必要技术特征，并写入了独立权利要求1；而从权利要求应当简要地限定要求专利保护的范围考虑，未将隐含在主题名称中的技术特征④写入独立权利要求1。

(4) 所撰写的独立权利要求应当满足新颖性和创造性的要求

在本案例中，对比文件1的附图（参见图Ⅰ-15）所示的侧面图示出了凸部和突片的宽度均未超过挂钩的宽度，对比文件1的说明书文字部分也没有提及凸部和突片的宽度大于挂钩宽度，即对比文件1中未披露独立权利要求特征部分的区别技术特征"突起物沿横杆轴向的宽度大于两个夹持部沿横杆轴向的宽度"，因此所撰写的独立权利要求1相对于对比文件1具备《专利法》第22条第2款规定的新颖性。对比文件2的说明书文字部分也没有指出这些突棱的宽度大于挂钩宽度，而从对比文件2的附图（参见图Ⅰ-17和图Ⅰ-18）中可以看出，悬挂部件的突棱与悬挂部件本身是一体的，这些突棱仅仅是由于夹持部中部弯曲而凸显出的夹臂的一部分，因而，突棱宽度与悬挂部件宽度必然一致，不会比悬挂部件本体宽。由此可知，对比文件2也未公开独立权利要求特征部分的区别技术特征"突起物沿横杆轴向的宽度大于两个夹持部沿横杆轴向的宽度"，因此所撰写的独立权利要求1相对于对比文件2也具备《专利法》第22条第2款规定的新颖性。

所撰写的独立权利要求1相对于最接近的现有技术对比文件1的区别特征为"突起物沿横杆轴向的宽度大于两个夹持部沿横杆轴向的宽度"，因而其相对于最接近的现有技术的衣架挂钩来说，实际解决的技术问题是增强衣架挂钩在横杆上的固定性能，由于该区别技术特征也未被对比文件2中的衣架披露，且也不属于本领域技术人员解决上述技术问题的公知常识，因此对比文件2和本领域的公知常识中未给出将上述区别特征"突起物沿横杆轴向的宽度大于两个夹持部沿横杆轴向的宽度"应用到对比文件1中的衣架挂钩中来解决"增强衣架挂钩在横杆上的固定性能"这一技术问题的技术启示，即独立权利要求1的技术方案相对于对比文件1、对比文件2以及本领域的公知常识是非显而易见的，因而具有突出的实质性特点。此外，"突起物沿横杆轴向的宽度大于两个夹持部沿横杆轴向的宽度"可使该衣架挂钩具有更好的夹持效果，即该独立权利要求1的技术方案相对于现有技术具有有益的效果，因而具有显著的进步。由此可知，所撰写的独立权利要求具备《专利法》第22条第3款规定的创造性。

(5) 所撰写的独立权利要求应当满足单一性的要求

在本案例中，正如前面所指出的，该发明为增加衣架挂钩的夹持力，进行了两方面的改进：其一，加宽了突起物的宽度；其二，设置了迂回部。通过前述分析可知，上述两方面的改进都是体现该发明对现有技术作出新颖性和创造性贡献的技术特征，可以仅针对这两方面改进之一各撰写一项独立权利要求。就针对加宽突起物这一改进所撰写的上述独立权利要求1而言，其特定技术特征为"突起物沿横杆轴向的宽度大于两个夹持部沿横杆轴向的宽度"，而仅针对设置迂回部这一改进撰写的独立权利要求显然不会包括"突起物沿横杆轴向的宽度大于两个夹持部沿横杆轴向的宽度"这一技术特征，也不会包括与这一技术特征相应的技术特征，由此可知这两项独立权利要求之间不可能存在相同或相应的特定技术特征，因此这两项独立权利要求不属于同一发明构思，不具有单一性，不能合案申请。也就是说，在该专利申请中仅撰写一项独立权利要求，即上述独立权利要求1，而另一项仅针对设置迂回部这一改进撰写的独立权利要求及其相应的从属权利要求应当建议委托人在同日另行提出一件专利申请，进而为委托人争取更充分的保护。

5. 撰写从属权利要求

为了增加专利申请取得专利权的可能性和批准专利后更有利于维护专利权，应当撰写合理数量的从属权利要求，尤其要将技术交底书中对创造性起作用的那些技术特征写成相应的从属权利要求。

下面还是结合本案例，具体说明如何撰写合理数量的从属权利要求，以帮助读者更好地理解和把握撰写从属权利要求的总体思路以及如何满足从属权利要求撰写的实质性和形式方面的要求。

首先，撰写的从属权利要求的主题名称仍应当为衣架挂钩，与独立权利要求的主题名称一致。在这些从属权利要求的引用部分先写明其引用的权利要求的编号，在此后写明主题名称"衣架挂钩"，然后在该从属权利要求的限定部分写明对该发明作出进一步限定的附加技术特征，这样撰写的从属权利要求符合《专利法实施细则》第22条第1款有关从属权利要求撰写的格式规定。

在前面理解该发明要求保护主题的实质内容时所列出的技术特征中，共有6个方面的技术特征（即特征④、⑥、⑦、⑨、⑩和⑫）未写入独立权利要求中，现对这些技术特征进行分析，确定是否将其作为从属权利要求的附加技术特征，以完成从属权利要求的撰写。

在这些技术特征中，特征⑨是十分重要的一项改进措施，即使建议委托人就这一方面的改进另行提出一件专利申请，仍然应当将其作为在加宽突起物基础上作出进一步改进的附加技术手段，即应当以其作为从属权利要求限定部分的附加技术特征来撰写一项从属权利要求。正由于这一改进比较重要，可以将其写成从属权利要求2。

技术交底书中针对突起物进一步限定的技术特征（即前面列出的特征⑥、⑦、⑩），也能起到增强挂钩在横杆上的固定作用，因此也可以针对这些技术特征来撰写从属权利要求。在这些技术特征中，一部分特征与夹持部上的突起物数量无关，如特征⑩中有关突起物本身的形状为半圆柱状或山脊形，可以作为进一步限定的附加技术特征直接写成从属权利要求。考虑到这种限定对于独立权利要求1和权利要求2均适用，因此在其引用部分写明这两项权利要求的编号，成为引用这两项权利要求的多项从属权利要求，即从属权利要求3。鉴于《专利法实施细则》第22条第2款规定多项从属权利要求的引用部分应当采用择一引用的方式，因而在引用这两项权利要求时采用"或"结构的表述方式，即其引用部分写成"根据权利要求1或2所述的衣架挂钩"。另一部分技术特征（如特征⑩中两个突起物之间连接部分的形状和特征⑦）是对特征⑥每个夹持部上突起物为两个时的进一步限定，因此应当首先针对特征⑥撰写一项从属权利要求4，尽管这种限定对于独立权利要求1和权利要求2、权利要求3均适用，但考虑到《专利法实施细则》第22条第2款规定多项从属权利要求不得作为另一项多项从属权利要求的基础，因此该从属权利要求仍然只作为权利要求1和权利要求2的从属权利要求，而不引用另一项多项从属权利要求3。对于特征⑩中两个突起物之间连接部分的形状为V形凹陷，由于其仅适用于夹持部上设有两个突起物的情况，因此以这一技术特征作为进一步限定的附加技术特征所撰写的从属权利要求5仅能引用权利要求4，以确保所撰写的从属权利要求清楚地限定要求专利保护的范围。至于特征⑦，它是夹持部上设置两个突起时必定应当满足的条件，鉴于这一条件属于本领域的公知常识，因此不必将其写成一项从属权利要求；相反，如写成权利要求4的从属权利要求，反而会导致权利要求4未清楚限定要求专利保护的范围。

对于反映衣架挂钩材质的特征⑫来说，可以将其写成两种优选方式：优选为弹性材料，或者优选为弯曲的板状结构，即可以将这两种优选方式各撰写一项从属权利要求。同样，对于这两项从属权利要求，其引用部分均可写成"根据权利要求1或2的衣架挂钩"，其考虑出发点见前面对权利要求4的分析。

至于特征④，前面分析该发明必要技术特征时已指出该特征属于本领域的公知常识，且与该发明的改进无直接关系，从简要地限定要求专利保护范围的角度考虑未写入独立权利要求，也就是说，这一特征并不是一种优选措施，因此不应当再将其作为一个附加技术特征来撰写一项从属权利要求，如要写明这一技术特征，只能写入独立权利要求的前序部分。

最后完成的从属权利要求如下：

"2. 根据权利要求1所述的衣架挂钩，其特征在于：所述弯曲部（26）上靠近所述具有自由端（29）的夹持部（27）的部位设有一个迂回部（30），该迂回部（30）的曲率半径小于所述弯曲部（26）其他部位的曲率半径。

3. 根据权利要求1或2所述的衣架挂钩，其特征在于：所述突起物（25）呈山脊形状或者半圆柱状。

4. 根据权利要求1或2所述的衣架挂钩，其特征在于：设置在所述两个夹持部（17，18；27，28）的相向内侧的突起物（15；25）各有两个。

5. 根据权利要求4所述的衣架挂钩，其特征在于：每个夹持部（27，28）上的两个突起物（25）之间的连接部分呈V形凹陷。

6. 根据权利要求1或2所述的衣架挂钩，其特征在于：该衣架挂钩由弹性材料制成。

7. 根据权利要求1或2所述的衣架挂钩，其特征在于：该衣架挂钩为弯曲的板状结构。"

6. 建议委托人另行同日提出专利申请的独立权利要求和从属权利要求

对于建议委托人另行同日提出专利申请的独立权利要求的撰写，基本思路在前面已经说明，不再赘述。在此，需要说明的是，对于建议另行提出专利申请的独立权利要求，在论述其相对于对比文件1和对比文件2具备创造性时，对于技术特征"所述弯曲部上靠近所述具有自由端的夹持部的部位设有迂回部，该迂回部的曲率半径小于弯曲部其他部位的曲率半径"，可以重点强调对比文件1中的弧形小突起位于弯曲部的中部，其所起的作用是小突起弧与突片一起形成容纳悬挂绳的空间，而该发明弯曲部上的迂回部设置在靠近所述具有自由端的夹持部的部位，其为了增强衣架挂钩在横杆上的固定性能，因此应当认定这一技术特征是未被对比文件1披露的区别技术特征，在此基础上说明该区别技术特征也未被对比文件2披露，也不属于本领域技术人员的公知常识，从而认定其具有突出的实质性特点。

建议委托人另行同日提出专利申请的独立权利要求如下：

"1. 一种用于挂在横杆上的衣架挂钩，该衣架挂钩具有两个夹持部（17，18；27，28）以及连接所述两个夹持部上部的弯曲部（16；26），其中一个夹持部（17；27）具有自由端（19；29），另一个夹持部（18；28）具有与衣架本体（12；22）相连接的连接端（13；23），所述两个夹持部（17，18；27，28）的相向内侧上设置有突起物（15；25），当衣架挂钩挂在横杆（10）上时，所述突起物（15；25）与横杆（10）的外圆周表面线接触，其特征在于：所述弯曲部（16；26）上靠近所述具有自由端（19；29）的夹持部（17；27）的部位设有迂回部（30），该迂回部（30）的曲率半径小于弯曲部（16；26）其他部位的曲率半径。"

对于建议委托人另行同日提出专利申请的从属权利要求的撰写，其考虑方式与该专利申请的从属权利要求撰写的思路基本相同，此处不再赘述。需要强调的是，在另行提出的专利申请中，为避免出现重复授权，不能再将加宽的突起物作为附加技术特征撰写从属权利要求。这是因为如果将加宽的突起物作为附加技术特征撰写从属权利要求,那么该从属权利要求的保护范围就会与该专利申请权利要求书中的某个从属权利要求的保护范围相同。当出现这种情况时,审查实务中审查员将会在审查意见通知书中指出这一缺陷,并要求删去这些造成重复授权的从属权利要求。

建议委托人另行同日提出专利申请的从属权利要求如下:

"2. 根据权利要求1所述的衣架挂钩,其特征在于:所述突起物(25)呈山脊形状或者半圆柱状。

3. 根据权利要求1或2所述的衣架挂钩,其特征在于:设置在所述两个夹持部(17,18;27,28)的相向内侧的突起物(15;25)各有两个。

4. 根据权利要求3所述的衣架挂钩,其特征在于:每个夹持部(27,28)上的两个突起物(25)之间的连接部分呈V形凹陷。

5. 根据权利要求1或2所述的衣架挂钩,其特征在于:该衣架挂钩由弹性材料制成。

6. 根据权利要求1或2所述的衣架挂钩,其特征在于:该衣架挂钩为弯曲的板状结构。"

第三节 说明书及其摘要的撰写

专利申请文件中的说明书是准确描述发明以使所属技术领域的技术人员能够理解发明的一个技术性文件,也是一个法律性文件。根据《专利法》第33条的规定,对发明和实用新型专利申请文件的修改不得超出原说明书和权利要求书记载的范围,因此,申请时所提交的说明书的内容是修改的重要依据。根据《专利法》第59条第1款的规定,发明或者实用新型专利权的保护范围以其权利要求的内容为准,说明书及附图可以用于解释权利要求的内容。由此可知,在实践中,说明书撰写的质量,将会影响到专利权是否能够获得,也将对授权专利的稳定性以及对授权专利的保护范围的解释产生影响。因此,作为专利代理人不仅应当为委托人撰写一份能得到充分保护的权利要求书,还应当通过对技术交底书和相关现有技术的理解,为委托人撰写一份充分公开发明创造内容和足以支持权利要求保护范围的说明书。在实际撰写中,专利代理人在撰写说明书时,不应当只是简单地对技术交底书进行整理,而应当充分考虑《专利法》《专利法实施细则》和《专利审查指南2010》对申请文件撰写的规定,结合权利要求书的撰写过程,依据技术交底书提供的内容,包括与委托人进行沟通时由委托人补充的材料,进行再创作。

本节先对撰写说明书的总体要求加以说明,然后结合上述本章第二节中的"衣架挂钩"实例对说明书各个组成部分的撰写要求以及如何撰写说明书的各个组成部分进行具体说明。

一、说明书应当满足的总体要求

根据《专利法》和《专利法实施细则》的有关规定,说明书应当满足如下三个方面的总体要求:充分公开发明创造;支持权利要求的保护范围;用词规范、语句清楚。

1. 说明书应当充分公开发明创造

为了体现《专利法》"以公开换保护"的立法宗旨,《专利法》第26条第3款规定,说明书应当对发明或者实用新型作出清楚、完整的说明,以所属技术领域的技术人员能够实现为准。

说明书对发明或者实用新型作出的清楚、完整的说明,应当达到所属技术领域的技术人员能够实现的程度。也就是说,说明书应当满足充分公开发明或者实用新型的要求。

由此可知,说明书充分公开发明或者实用新型是对说明书的一项基本要求,因此,在撰写时需要确保申请文件对技术方案进行清楚、完整的论述,以保证本领域技术人员能够实现该发明创造。如果申请文件存在未清楚、完整地描述发明创造以致本领域技术人员不能实现的问题时，通常难以通过修改申请文件来克服这一缺陷，该专利申请极有可能因不符合《专利法》第 26 条第 3 款的规定而被驳回。

下面从清楚、完整和能够实现的三个方面来具体说明《专利审查指南 2010》对说明书充分公开的具体要求。

(1) 清楚

清楚是指说明书的内容应当清楚，具体应满足下述要求：

① 主题明确：说明书应当从现有技术出发，明确地写明发明或者实用新型所要解决的技术问题以及解决其技术问题采用的技术方案，并对照现有技术写明发明或者实用新型的有益效果；

② 表述准确：说明书应当使用发明或者实用新型所属技术领域的技术术语来描述，准确地表达发明或者实用新型的技术内容。

(2) 完整

完整是指说明书应当包括有关理解、实现发明或者实用新型所需的全部技术内容，具体包括：

① 帮助理解发明或者实用新型不可缺少的内容；

② 确定发明或者实用新型具备新颖性、创造性和实用性所需的内容；

③ 实现发明或者实用新型所需的内容。

对于克服了技术偏见的发明或者实用新型，说明书中还应当解释为什么说该发明或者实用新型克服了技术偏见，新的技术方案与技术偏见之间的差别以及为克服技术偏见所采用的技术手段。

应当指出，凡是所属技术领域的技术人员不能从现有技术中直接、唯一地得出的有关内容，均应当在说明书中描述。

(3) 能够实现

能够实现是指所属技术领域的技术人员按照说明书记载的内容，就能够实现该发明的技术方案，解决其技术问题，并且产生预期的技术效果。也就是说，能否实现是判断说明书是否清楚、完整的依据。该"实现"包括两方面的含义：再现该申请权利要求请求保护的产品或方法；该产品或方法解决了其所提出的技术问题。

以下各种情况由于缺乏解决技术问题的技术手段而被认为无法实现：

① 说明书中只给出任务和/或设想，或者只表明一种愿望和/或结果，而未给出任何使所属技术领域的技术人员能够实施的技术手段；

② 说明书中给出了技术手段，但对所属技术领域的技术人员来说，该手段是含混不清的，根据说明书记载的内容无法具体实施；

③ 说明书中给出了技术手段，但所属技术领域的技术人员采用该手段并不能解决发明或者实用新型所要解决的技术问题；

④ 申请的主题为由多个技术手段构成的技术方案，对于其中一个技术手段，所属技术领域的技术人员按照说明书记载的内容并不能实现；

⑤ 说明书中给出了具体的技术方案，但未给出实验证据，而该方案又必须依赖实验结果加以证实才能成立。

造成说明书公开不充分的原因是多方面的，其中一方面可能是由于申请人对自己使用的技术非常熟悉，将技术方案中涉及的大部分信息都当做现有技术，认为不需要进行详细说明，另一方面也可能是出于市场竞争的考虑，为了在商业竞争中取得主动地位，希望将发明或实用新型的一些关键要点作为技术秘密保留起来而不写入说明书和权利要求书。

对于前一种情形，作为专利代理人，需要在撰写说明书时与委托人进行充分的沟通，说明应当从本领域普通技术人员的角度进行分析，对于委托人认为简单的技术手段，需要判断其是否属于本领域普通技术人员所公知的技术手段，并进一步分析，如果不写入说明书，是否会导致本领域普通技术人员无法根据申请文件的内容实现该技术方案。

对于出于技术秘密考虑的情形，由于申请人获得其对发明创造的专利权是以向社会公开其发明创造作为代价的，充分公开其发明创造是作为对申请人授予专利权的条件。因此，专利代理人应当向委托人讲清楚什么情况下允许保留技术秘密。对于一份专利申请来说，其发明主要构思必须在说明书中充分公开，以便所属技术领域的技术人员能够实施。保留技术秘密必须以充分公开为前提，当委托人在申请专利并准备保留技术秘密时，就要认真考虑哪些技术要点可以保留不公开，而哪些不可保留，必须公开。解决技术问题的必要技术特征必须在说明书中充分公开，不得作为技术秘密保留下来。可作为技术秘密保留下来的不是解决该发明或实用新型技术问题的必要技术特征，而只是一些附加的技术要点，或不属于要求专利保护的技术内容，没有这些技术要点该所属技术领域的技术人员仍能实施该发明或实用新型，但其效果不如包括这些技术要点的产品或方法，是缺乏市场竞争力的。

需要说明的是，如果将一些附加技术要点作为技术秘密保留起来，申请人是要承担一定风险的。因此在决定保留技术秘密时需要十分慎重。

2. 说明书应当支持权利要求

《专利法》第26条第4款规定权利要求书应当以说明书为依据，而从撰写申请文件来说，如果委托人希望得到一个比较宽的保护范围，则在撰写说明书时应当公开足够的内容来支持权利要求书所要求保护的范围。

如果权利要求中包括上位概括的技术特征，不仅应当在说明书中对该特征作出相应记载，而且还应当能够从说明书所记载的各个实施方式中有关其下位概念的内容得到或概括得出该上位概括的技术特征。

如果权利要求中包括并列选择的技术特征，说明书中应当针对这些并列选择充分公开足够多的实施例或实施方式，以使本领域技术人员可以根据说明书记载的内容能够实现包含并列选择的所有技术方案。

如果产品权利要求中采用功能限定的技术特征，则要求该发明或实用新型的改进之处不在于由什么样的结构来实现这一功能，而在于以该功能限定的技术特征与其他技术特征的组合来解决该发明或实用新型的技术问题。此时，说明书中应当针对该功能限定公开足够数量的能够实现该功能的结构，使本领域技术人员能够明了此功能还可以采用说明书中未提到的其他替代方式来完成。

如果权利要求相对于背景技术的改进涉及数值范围，说明书通常应给出两端值附近（最好是两端值）的实施例，当数值范围较宽时，还应当再给出至少一个中间值的实施例。

此外，权利要求书中所有权利要求的各个技术方案均应当至少体现在说明书的一个具体实施方式中。

3. 说明书应当用词规范、语句清楚

说明书除了应当充分公开发明创造以及支持权利要求之外，还应当满足下述具体要求。

① 不得使用"如权利要求……所述的……"一类引用语，也不得使用商业性宣传用语。

② 应当使用所属技术领域的技术术语。对于国家有规定的自然科学名词应当采用统一术语，

例如，对于国家已有统一规定的"激光"这一术语，就不得采用"镭射"的描述方式。对于国家没有规定的，可以使用所属领域约定俗成的术语或者最新出现的科技术语，或者直接使用外来语，但是其含义应当是清楚的，不会造成理解错误，例如对于"按摩指套"这一保健领域的技术术语，就不应当采用自造词"捏压灵"这一表述方式；必要时可以采用自定义词，但是应当对该自定义词在说明书中给予定义或者给出明确的说明，并且不应当使用在所属技术领域中具有基本含义的词汇来表示其本意之外的其他含义，例如：一种按摩器，其商品名为"月球车"，在说明书中将按摩器称为月球车，由于月球车本身具有公知的基本含义——月球登陆用的登陆车，在此将其用于表示其本意以外的含义是不合适的。

③ 技术术语和符号应前后一致，在说明书的不同位置采用了不一致的技术术语，例如"接收器"和"接收仪"，这是不允许的。

④ 说明书中通常应当使用中文。在不产生歧义的前提下，个别词语可使用外文，例如，本领域技术人员熟知的非中文技术名词 EPROM、CPU 等，在说明书中第一次使用非中文技术名词时，应当使用中文译文加以注释或者使用中文给予说明。此外，计量单位、数学符号、数学公式、各种编程语言、计算机程序、特定意义的表示符号等可以使用非中文形式。

⑤ 说明书中引证了外国专利文件或非专利文件时，该引证文件的出处和相关信息应当使用引证文件公布或发表时的原文所使用的文字，必要时给出中文译文，并将译文放置在括号内。

⑥ 涉及计量单位，应采用国家法定计量单位；必要时可以在括号内同时标注本领域公知的其他计量单位。

⑦ 不可避免使用商品名称时，其后应注明其型号、规格、性能及制造单位；应当避免使用注册商标来确定物质或者产品。这是因为注册商标只能表示一个商标的信息，而不能表示诸如结构、性能这样的技术信息。

⑧ 对于分案申请，为了清楚地表明该申请是分案申请，应当在其说明书的起始部分，即发明所属技术领域之前，说明该申请是哪一件申请的分案申请，并写明原申请的申请日、申请号和发明创造名称。

二、说明书各个组成部分的撰写要求及撰写思路

按照《专利法实施细则》第 17 条第 1 款的规定，发明或者实用新型专利申请的说明书应当写明发明或者实用新型的名称，该名称应当与请求书中的名称一致。说明书通常应包括技术领域、背景技术、发明或者实用新型内容、附图说明和具体实施方式五个组成部分。下面首先对说明书的各组成部分的撰写要求及如何撰写这些部分作进一步的说明，并针对本章第二节给出的"衣架挂钩"发明专利申请中以加宽突起物为主要改进所撰写的权利要求书，对说明书各组成部分如何撰写给予说明。然后以该发明专利申请为例，给出推荐的权利要求书和说明书文本。

（一）说明书各个组成部分的撰写

现针对说明书的各个组成部分具体说明其撰写要求和撰写思路。

1. 发明或实用新型的名称

发明或者实用新型的名称应当清楚、简要、全面地反映发明或实用新型要求保护的技术方案的主题名称以及发明的类型，使发明名称所描述的主题与技术方案相对应。例如，权利要求书要求保护一种高压硼酸保险丝的技术方案，合适的发明名称应该为"高压硼酸保险丝"而不仅仅是"保险丝"。

当权利要求仅有一个独立权利要求或者有多项技术方案主题名称相同的独立权利要求时，则

可以采用该独立权利要求的主题名称作为发明或实用新型的名称。

当权利要求书中有多项独立权利要求，且它们所请求保护的技术方案的主题名称不一样，则发明或者实用新型的名称应当反映这些独立权利要求技术方案的主题名称和发明的类型，例如"光盘及其制备方法以及该方法中所使用的压模"。

发明名称应尽可能提供表明发明所属技术领域的一般信息，并尽量避免使用难以理解的或含意太广泛的词。例如，仅仅有"机器"或"化合物"等字样的发明名称，其并不能反映有关发明的任何信息。

就"衣架挂钩"这一实例来说，由于其仅涉及一项独立权利要求，因而将该独立权利要求技术方案的所涉及的主题名称作为发明名称，即"一种用于挂在横杆上的衣架挂钩"。

2. 发明或者实用新型的技术领域

发明或者实用新型的技术领域是指要求保护的技术方案所属或者直接应用的具体技术领域，既不是发明或实用新型所属或者应用的广义或上位技术领域，也不是其相邻技术领域，更不是发明或者实用新型本身，该技术领域往往与发明在《国际专利分类表》中可能被分入的最低位置有关。这一部分也应体现发明或实用新型要求保护的技术方案的主题名称以及发明的类型。如发明是一种产品和该产品的制造方法，则发明所属技术领域也应包括产品和其制造方法。

这部分常用的格式语句是："本发明（或本实用新型）涉及一种……"或"本发明（或本实用新型）属于……"例如，"本发明涉及一种汽车发动机，特别是一种燃料喷气式汽车发动机，以及一种有关燃料喷气式汽车发动机的燃料供应控制方法"。

对于"衣架挂钩"这一实例来说，由于该发明直接应用的具体技术领域是衣架，其在《国际专利分类表》中的最低位置是："A47G 25/06：衣钩；衣架；有摆动的或伸展臂的外衣支架"，因此，该发明的技术领域部分可以撰写为：本发明涉及一种用于挂在横杆上的衣架挂钩，通过其两夹持部之一的连接端与衣架本体相连。

3. 发明或者实用新型的背景技术

说明书这一部分应当写明对发明或者实用新型的理解、检索、审查有用的背景技术，有可能的话，并引证反映这些背景技术的文件。尤其要引证与发明或实用新型专利申请最接近的现有技术文件。描述现有技术时，除了要给出其出处外，还应当简要地说明其主要结构或原理，并客观地指出其存在的问题，同时应避免对现有技术作任何贬低的评论。除开拓性发明外，至少要引证一篇与该申请最接近的现有技术，必要时可再引用几篇较接近的对比文件，以便使公众和审查员能了解现有技术大体发展状况以及该申请与现有技术之间的关系，但不必详细说明形成现有技术的整个发展过程。

在引用背景技术时，需要注意该背景技术是否已被公开。所引证的非专利文件和外国专利文件的公开日应当在该申请的申请日之前；所引证的中国专利文件的公开日不能晚于该申请的公开日。考虑到对于已被公开和未被公开的背景技术，对后续修改的权限有所不同，因此，在引用背景技术时，需要区别对待：

① 对于申请时已公开的现有技术，需要清楚写明具体的引证文件。对于引用的内容不是与该发明的相关内容具有唯一确定的关系的，需要在说明书撰写时加以明确，例如，现有技术文件A中公开的表层部物质是聚丁二烯、聚异戊二烯或聚丁二烯·苯乙烯共聚物组成……而该发明只适用其中的一种聚异戊二烯，由于该发明的表层部的组成与现有技术A的表层部的组成之间不是唯一确定的关系，则背景技术部分"表层部由现有技术文件A中公开的物质组成"的撰写方式是不合适的，应当写成"表层部由现有技术文件A中公开的聚异戊二烯组成"，否则将不利于

后续的修改，因此，需要加以明确。

② 对于申请时尚未公开的背景技术，主要是指申请人本人的在先申请，这是为方便申请人撰写申请文件所采取的宽容措施，但是该背景技术的公开日不得晚于该申请的公开日，只有这样才能属于该发明或者实用新型公开的内容。

需要特别提醒注意的是，如果引证的背景技术中的有关内容涉及该发明充分公开的情形，根据《专利审查指南 2010》的规定，为了方便专利审查，也为了帮助公众更直接地理解发明，对于那些就满足发明充分公开的要求而言必不可少的内容，不能仅仅采用引证其他文件的方式撰写，而应当将其具体内容写入说明书。

恰当而有针对性地描述背景技术将有助于公众和审查员理解该申请与现有技术之间的关系，并为该申请的专利性提供支持。有些申请案在撰写申请文件前未对现有技术状况进行检索和调研，仅笼统地凭着申请人的直觉撰写了目前国内和国际上现有技术状况，如果申请人对现有技术实际发展状况不是很清楚，不能客观地、有针对性地反映现有技术存在的主要问题，将会造成不能准确地确定该发明或者实用新型要解决的技术问题，因而极容易出现撰写的权利要求保护范围过宽或过窄。因此，在撰写申请文件前，通常需要对与技术交底书中的主题相关的现有技术进行检索和分析，并在背景技术部分对该发明或者实用新型有关的现有技术，尤其是最接近的现有技术作出必要的说明。如果现有技术比较简单，且不需要对该现有技术作出详细说明就能清楚地说明该发明或者实用新型的各种实施方式，则可以只对现有技术作简要说明，给出其出处，主要结构以及客观存在的主要问题。但是，对于描述起来比较复杂的现有技术，尤其是为清楚地描述该发明或者实用新型而需要比较详细地介绍该现有技术的具体结构时，就可以适当结合附图加以描述。

对于"衣架挂钩"这一实例来说，通过对现有技术的检索和分析，一共找到了两篇相关的现有技术。其中对比文件 1 是该申请最接近的现有技术，因此在背景技术部分应当对该对比文件 1 的有关内容加以说明。由于该现有技术比较简单，因此，可以只对该篇最接近的现有技术作简要说明，给出其出处，并对其主要结构以及客观存在的主要问题进行描述。

4. 发明或者实用新型的内容

说明书这一部分应当写明发明或者实用新型所要解决的技术问题、解决其技术问题采用的技术方案，以及发明或者实用新型相对于现有技术所带来的有益效果，这一部分的描述应当与权利要求要求保护的技术方案相适应。

(1) 要解决的技术问题

发明或者实用新型所要解决的技术问题，是指发明或者实用新型要解决的现有技术中存在的技术问题。通常针对最接近的现有技术中存在的技术问题并结合该发明或者实用新型所取得的效果提出。这一部分应当采用正面的、尽可能简洁的语言客观而有根据地反映发明或者实用新型要解决的技术问题。例如："本发明要解决的技术问题是提供一种结构简单且能够有效降低气流冲击列车车体端墙产生的空气阻力的减阻装置"，而不是仅仅采用笼统的描述，如"本发明要解决的技术问题是提供一种新的和改进上述缺点的装置"或者"本发明要解决的技术问题是提供一种减阻装置"。

当发明或实用新型涉及多个要解决的技术问题时，除了写明独立权利要求的技术方案要解决的技术问题，还可以另起一段写明从属权利要求的技术方案进一步解决的技术问题，最好将其写在撰写的独立权利要求的技术方案之后。当涉及多项发明时，应当描述与多项发明相对应的要解决的技术问题，需要强调的是，说明书中所列出的多个要解决的技术问题应当都与一个总的发明构思相关。

对于"衣架挂钩"这一实例来说，按照权利要求撰写时的分析，其相对于最接近的现有技术来说，具有更好的夹持效果，从而增强衣架挂钩在横杆上的固定性能。因此，撰写时应当直接、清楚地写明"本发明要解决的技术问题是提供一种能带来更好夹持效果的衣架挂钩，从而进一步增强其在横杆上的固定性能"，而不应当将其仅写成"提供一种用于挂在横杆上的衣架挂钩"。

(2) 技术方案

在撰写这一部分时，应当注意层次结构，一般情况下，首先应当写明独立权利要求的技术方案，其用语应当与独立权利要求的用语相应或者相同，以发明或者实用新型必要技术特征总和的形式阐明其实质，必要时，说明必要技术特征总和与发明或者实用新型效果之间的关系。然后，另起段通过对该发明或者实用新型的附加技术特征的描述，反映对其作进一步改进的重要从属权利要求的技术方案。

对于有两项或两项以上发明或实用新型的独立权利要求的申请案来说，最好在文字描述上能明显体现它们之间属于一个总的发明构思。对于并列的产品独立权利要求或方法独立权利要求，为了便于审查员的理解，建议采用一个自然段来描述它们之间的共同构思，而不只是分别描述这几个具体技术方案；对于包含有不同类型发明的申请案，例如，既有产品独立权利要求，又有方法独立权利要求，最好对体现它们属于一个总的发明构思的内容加以说明。

对于"衣架挂钩"这一实例来说，由于只有一项独立权利要求，因此，应当先用一个自然段描述该独立权利要求的技术方案。然后，另起段对重要的从属权利要求的附加技术特征（如弯曲部上设有迂回部，该迂回部的曲率半径小于弯曲部其他部位的曲率半径；在两个夹持部的相向内侧各设有两个突起物；每个夹持部上的两个突起物之间形成V形凹陷等）加以说明。

(3) 有益效果

有益效果是确定发明是否具有"显著的进步"或者实用新型是否具有"进步"的重要依据。技术效果与发明或实用新型要解决的技术问题及所采用的技术方案之间具有逻辑对应关系，通过全面、详细、客观地论述发明或实用新型技术方案的技术特征所带来的有益效果，有助于人们对该发明或者实用新型的理解，并对要求保护的发明起到进一步解释的作用。

在说明有益效果时不得仅给出断言，应当通过与现有技术进行比较分析的方式说明有益效果。通常可以采用两种方式：分别从独立权利要求的区别技术特征以及从属权利要求的附加技术特征出发说明所产生的技术效果，这种方式在机械领域和电学领域采用得比较多；从与现有技术的实验对比出发说明其技术效果，这种方式在化学领域经常采用，尤其是采用这种方式来说明化学产品发明的有益效果。

考虑到利于后续修改和对保护的发明的解释，在撰写这部分内容时，除了对独立权利要求的技术方案的技术效果进行分析外，还应对重要从属权利要求的技术方案的有益效果加以分析。对于那些不能通过技术方案直接推断出的效果，由于不允许在申请日后再补入说明书中，而只能提供审查员作为参考，从而可能造成申请人的利益损失，因此，在说明书撰写时，应对这些技术效果进行充分的说明。

在具体描述有益效果时，可以在介绍完所有技术方案后，通过独立的段落分析独立权利要求和从属权利要求技术方案的有益效果。当然，也可以直接将有益效果写在相应技术方案的后面。

对于"衣架挂钩"这一实例来说，采用了后一种描述方式。通过分析独立权利要求与现有技术的区别特征得出其有益效果是：加大了突起物与横杆外圆周表面相接触的部分，这样的衣架挂钩不需采用较粗的材料就能增加衣架挂钩的夹持力，进一步增强衣架挂钩在横杆上的固定性能。同时，在描述重要的从属权利要求时，进一步给出了其相应的有益效果，例如，针对从属权利要求的附加技术特征"弯曲部上靠近带有自由端的夹持部的部位设有迂回部,该迂回部的曲率半径小于弯曲部其他部位的曲率半径"的有益效果是使衣架挂钩的弯曲部形成更大的弹性夹持力,从而进一步增强了衣架挂钩在横杆上的固定性能。

5. 附图说明

说明书有附图的,应当写明各幅附图的图名,并且对图示内容作简要说明。当附图多于一幅时,必要时说明这些附图之间的相互关系。对于各种示意图、透视图、剖视图等来说,都应当在附图说明中说明。

这部分通常以下述格式句开始:"下面结合附图对本发明(或实用新型)的具体实施方式作进一步详细的说明",在这之后再集中给出各幅附图的图名。

对"衣架挂钩"这一实例来说,由于该发明的第一种结构并未反映独立权利要求的区别技术特征,不应当再作为该发明的实施方式,而技术交底书中对于第二种结构是在第一种结构的基础上作出说明,因此在该发明具体实施方式部分应当将前两种结构的附图结合起来描述该发明的第一种实施方式,即需要结合原图Ⅰ-6、图Ⅰ-7、图Ⅰ-8和图Ⅰ-11进行说明,而对第三种结构作为该发明的第二种实施方式,结合原图Ⅰ-12至图Ⅰ-14进行说明。由此可知,该专利申请的说明书附图说明应当对这七幅附图作出说明。

6. 具体实施方式

实现发明或者实用新型的具体实施方式是说明书的重要组成部分,它对于充分公开、理解和实现发明或者实用新型,支持和解释权利要求都极为重要。因此,说明书应当详细描述实现发明或实用新型的具体实施方式,必要时应当举例加以说明,有附图的,应当对照附图进行说明。

在这部分至少应当对一个优选的具体实施方式给予足够详细的描述,使所属技术领域的技术人员根据说明书中对该实施方式具体描述的内容就能够实现该发明或实用新型,而不必再做创造性活动或过多的实验。

当技术交底书的内容没有充分公开发明或实用新型时,应当要求委托人增加或补充有关技术内容,以达到充分公开的要求。同时,在撰写具体实施方式时,应当注意描述的逻辑性和条理性,注意前后承接关系,避免出现前后不一致,逻辑不清等情况,以避免造成说明书不能充分公开的缺陷。

尽管《专利审查指南2010》第二部分第二章第3.2.1节指出,在判断权利要求书是否得到说明书的支持时,应当考虑说明书的全部内容,而不是仅限于具体实施方式部分的内容。但从说明书的撰写来看,为支持权利要求,尤其是当采用概括方式表述技术特征的权利要求具有一个较宽的保护范围时,应当在具体实施方式部分给出足够多的实施方式,以与权利要求的保护范围相适应。对于在这一部分描述多个实施方式的情况,如果这些实施方式之间有着较大的区别或者这些实施方式的结构都比较简单,通常可针对这些实施方式分别作出详细描述。如果其中一部分实施方式之间差别不大,则可以只针对其中一种实施方式进行详细的描述,而对另一些实施方式,只重点说明其与这种实施方式的不同之处,对于相同部分可以采用"其他部分与前一种实施方式相同"等类似的语言作简单说明。

下面针对权利要求书中出现概括技术特征的主要几种情况,具体说明如何使说明书所公开的内容满足对权利要求的支持。

当权利要求中出现上位概括的技术特征时,说明书中最好给出多个具体实施方式,分别以该上位概括的不同下位概念来表述该技术特征,使本领域的技术人员根据说明书所记载的各个实施方式中有关下位概念的内容能够理解该发明或实用新型利用了这些下位概念的共同的特性,并能合理预测说明书给出的具体实施方式的等同替代方式或明显变型方式，都具备相同的性能，由此说明本领域的技术人员根据说明书所记载的各个实施方式中有关下位概念的内容能够得到或概括得出该上位概括的技术特征。

当权利要求中包括并列选择的技术特征时，说明书中应当针对这些并列选择充分公开足够的实施例或实施方式，通常可将这些并列选择的技术特征按照其性质相近分成几组，则对应每一组至少应当有一个实施例或实施方式，由此说明本领域技术人员根据说明书的记载内容能够实现包含并列选择的所有技术方案。

当权利要求书中采用功能性限定的技术特征时，说明书具体实施方式应针对该功能性限定的技术特征公开尽可能多的能实现该功能的结构，这不仅是为了满足说明书支持权利要求保护范围的需要，更因为《专利法》修改后最高人民法院在2009年12月21日通过的《最高人民法院关于审理侵犯专利权纠纷案件应用法律若干问题的解释》中第4条作出如下规定："对于权利要求中以功能或者效果表述的技术特征，人民法院应当结合说明书和附图描述的该功能或者效果的具体实施方式及其等同的实施方式，确定该技术特征的内容。"

当权利要求中出现包含相对于现有技术作出改进的数值范围的技术特征时，具体实施方式部分至少应当给出该技术特征处于该数值范围两端值附近（最好是两端值）的实施例，如果该数值范围对本技术领域来说是较宽的数值范围时，还应当至少给出该技术特征为一个中间值的实施例。例如，权利要求中的一个技术特征为50～200℃的温度范围，则说明书中的实施方式部分至少应当给出温度分别为50℃和200℃或其附近的两个实施例，如果对于本技术领域来说，该温度范围为较宽的数值范围，则还应当至少再给出一个实施例，该实施例温度参数为100℃或150℃等，以支持权利要求的保护范围。

对于"衣架挂钩"这一实例来说，其发明点在于对衣架挂钩结构的改进，因此，为了充分公开体现该发明的技术方案，应当对衣架挂钩的具体结构进行详细的说明，至于与衣架挂钩连接的衣架本体部分，其并不是发明的改进点，不需要对其结构作详细说明。鉴于该案例中各个实施方式的结构比较简单，只需要用文字准确地描述各个实施方式具体结构，不会造成说明书未充分公开发明以致本领域的技术人员无法实现的情况。

正如前面在附图说明部分所指出的，技术交底书中给出的该发明第一种结构并未反映独立权利要求的区别技术特征，不应当再作为该发明的实施方式。但是，考虑到技术交底书中对于第二种结构的说明是在描述的第一种结构的基础上进行的，因此在具体实施方式部分应当将前两种结构结合起来描述，作为该发明的第一种实施方式。然后将技术交底书中的第三种结构作为该发明的第二种实施方式加以具体描述。对于这两种实施方式来说，由于其结构都比较简单，且反映这两种实施方式结构的附图有明显区别，因此，可以针对这两种实施方式分别作出详细描述。此外，对于某个实施方式的某些相关特征也适用于其他实施方式的，最好也在说明书中给予明确的表示，如在对第二种实施方式进行描述时，明确说明"这种在衣架挂钩弯曲部上设置迂回部的结构也适用于第一种实施方式"。此外，在具体实施方式中，最好针对与独立权利要求的区别特征和从属权利要求中的附加技术特征所带来的有益效果进行具体说明。

7. 说明书附图

附图的作用在于用图形补充说明书文字部分的描述，使人能够直观地、形象化地理解发明或者实用新型的每个技术特征和整体技术方案。对于机械和电学领域中的专利申请，附图对于了解说明书所描述的发明创造的内容来说是不可缺少的，因此说明书附图应当清楚地反映发明或者实用新型的内容。

对于说明书附图的绘制，应当满足以下要求：

① 说明书有几幅附图时，按照"图1、图2……"的顺序排列；

② 同一实施方式的各幅图中，同一组成部分的附图标记应当一致，相同的附图标记应当表示同一组成部分，说明书中未提及的附图标记不得在附图中出现，附图中未出现的附图标记也不得在说明书文字部分中提及；

③ 附图中除了必需的词语（如流程图）外，不应当含有其他注释。

对于一件专利申请由于部件较多而在附图中有相当多数量的附图标记的情况，建议可在说明书正文之后，说明书附图之前，给出各附图标记与该附图标记所对应的技术术语的列表，这样既方便说明书具体实施方式部分的撰写，又可以避免出现技术术语和相应的附图标记前后不一致。

在"衣架挂钩"这一实例中，需要结合技术交底书中的图Ⅰ-6、图Ⅰ-7、图Ⅰ-8、图Ⅰ-11以及图Ⅰ-12、图Ⅰ-13和图Ⅰ-14来描述该发明的两种实施方式，因此该发明说明书中共有七幅附图。需要说明的是，技术交底书中原图Ⅰ-6、图Ⅰ-7是描述第一种结构的附图，其突起物沿横杆轴向的宽度等于夹持部沿横杆轴向的宽度，因此作为该发明第一种实施方式的附图需要对这两幅附图进行修改，加宽图中突起物沿横杆轴向的宽度，使其大于夹持部沿横杆轴向的宽度，从而与图Ⅰ-11相匹配，体现该发明第一种实施方式的结构。

8. 说明书摘要

摘要是说明书记载内容的概述，其作用在于使公众通过阅读摘要中简单的文字概括即可快捷地了解发明或者实用新型所涉及的内容。一份好的说明书摘要将有利于专利信息的检索，具有提供强有力的情报信息的作用，从而促进专利信息的流通。

摘要应当写明发明或者实用新型的名称和所属技术领域，并清楚地反映所要解决的技术问题、解决该技术问题的技术方案的要点以及主要用途，其中以技术方案为主，至少应反映独立权利要求所要求保护的技术方案。当其内容过多时，尤其涉及多项独立权利要求时，可以只涉及各项发明相关的主题，而具体内容可以进行结合描述，以使全文（包括标点符号）不超过300字。此外，摘要中不得使用商业性宣传用语。

说明书中有附图的，应指定并提供一幅最能说明该发明或实用新型技术方案的附图作为摘要附图（摘要附图应当是说明书的附图之一）。摘要中的附图标记应加括号。

说明书摘要可采用下述起始格式句："本发明（或实用新型）公开了一种……"

对于"衣架挂钩"这一实例，说明书摘要应当重点写明发明名称"一种用于挂在横杆上的衣架挂钩"和独立权利要求技术方案的要点"突起物具有在横杆轴向方向上比衣架挂钩本体宽的宽度"。鉴于独立权利要求比较简单，因而也可以简要地写入整个独立权利要求的技术方案。由于所写的内容还不到300个字，还可写入其中最重要的一项从属权利要求，即权利要求2的附加技术特征。此外，摘要中还应反映其要解决的技术问题和主要用途。最后，从附图中选择一幅最能反映该发明内容的说明书附图5（即技术交底书中的图Ⅰ-12）作为摘要附图。

上面对说明书的各个组成部分的撰写要求以及如何撰写进行了具体说明，需要强调的是，在整个说明书的撰写过程中，要注意说明书的各组成部分内容之间以及说明书和权利要求书之间的逻辑对应关系，确保说明书的条理清晰，结构合理，并且与权利要求书相适应。

（二）推荐一份发明专利申请的说明书

现针对"衣架挂钩"发明专利申请中以加宽突起物为主要改进所撰写的权利要求书给出推荐的说明书文本。为便于读者将推荐的说明书和前一节给出的权利要求书进行比较，将权利要求书一并给出。

权 利 要 求 书

1. 一种用于挂在横杆上的衣架挂钩，该衣架挂钩具有两个夹持部（17，18；27，28）以及连接所述两个夹持部上部的弯曲部（16；26），其中一个夹持部（17；27）具有自由端（19；29），另一个夹持部（18；28）具有与衣架本体（12；22）相连的连接端（13；23），在所述两个夹持部（17，18；27，28）的相向内侧上设置有突起物（15；25），当该衣架挂钩挂在横杆（10）上时，所述突起物（15；25）与横杆（10）的外圆周表面线接触，其特征在于：所述突起物（15；25）沿横杆（10）轴向的宽度大于两个夹持部（17，18；27，28）沿横杆（10）轴向的宽度。

2. 根据权利要求1所述的衣架挂钩，其特征在于：所述弯曲部（26）上靠近所述具有自由端（29）的夹持部（27）的部位设有一个迂回部（30），该迂回部（30）的曲率半径小于所述弯曲部（26）其他部位的曲率半径。

3. 根据权利要求1或2所述的衣架挂钩，其特征在于：所述突起物（25）呈山脊形状或者半圆柱状。

4. 根据权利要求1或2所述的衣架挂钩，其特征在于：设置在所述两个夹持部（17，18；27，28）的相向内侧的突起物（15；25）各有两个。

5. 根据权利要求4所述的衣架挂钩，其特征在于：每个夹持部（27，28）上的两个突起物（25）之间的连接部分呈V形凹陷。

6. 根据权利要求1或2所述的衣架挂钩，其特征在于：该衣架挂钩由弹性材料制成。

7. 根据权利要求1或2所述的衣架挂钩，其特征在于：该衣架挂钩为弯曲的板状结构。

说 明 书

一种用于挂在横杆上的衣架挂钩

技术领域

本发明涉及一种用于挂在横杆上的衣架挂钩，通过其两夹持部之一的连接端与衣架本体相连接。

背景技术

日常生活中，人们常常利用衣架来晾晒物品。具体地说，将需要晾晒的物品吊挂在衣架的衣架本体上，再将与衣架本体连接的衣架挂钩挂在横杆上进行晾晒。但是，传统的衣架挂钩挂在横杆上时，由于衣架挂钩与横杆之间的接触为点接触，缺乏固定力或固定力较小，衣架挂钩在横杆上容易产生滑动和扭动，风大时甚至有可能从横杆上脱落下来。

在中国专利申请公开说明书，CN1×××××××××A中针对已有的展示衣架在展示架杆上不稳固，容易被来往顾客碰掉的问题，公开了一种用于展示衣物的衣架挂钩，其通过在衣架的挂钩内侧上设置凸部和突片，凸部和突片均与展示架杆的外圆周表面形成线接触，使其在垂直于架杆轴向的方向上配合夹持住架杆，将衣架挂钩较为牢靠地固定在展示架杆上，保证衣架挂在展示架杆上稳定而不易被碰掉。但由于衣架挂钩本体采用一种较细的棒状材料，衣架挂钩与架杆之间的接触面较小，所产生的夹持力较小，从而衣架挂钩在横杆上还是容易产生滑动和扭动，特别是在风大时仍然会从横杆上吹落。

发明内容

本发明要解决的技术问题在于提供一种能带来更好夹持效果的衣架挂钩，从而进一步增强其在横杆上的固定性能。

为解决上述问题，本发明提供了一种用于挂在横杆上的衣架挂钩，该衣架挂钩具有两个夹持部以及连接所述两个夹持部上部的弯曲部，其中一个夹持部具有自由端，另一个夹持部具有与衣架本体相连接的连接端，在所述两个夹持部的相向内侧设置有突起物，当该衣架挂钩挂在横杆上时，所述突起物与横杆的外圆周表面线接触，所述突起物沿横杆轴向的宽度大于两个夹持部沿横杆轴向的宽度。

由于衣架挂钩采用了加宽的突起物，当衣架挂钩挂在横杆上时，加大了突起物与横杆的外圆周表面相接触的部分，这样的衣架挂钩不需采用较粗的材料就能增加挂钩的夹持力，进一步增强了衣架挂钩在横杆上的固定性能。

作为本发明的进一步改进，可以在弯曲部上靠近具有自由端的夹持部的部位设置一个迂回部，该迂回部的曲率半径小于弯曲部其他部位的曲率半径。采用这种结构的弯曲部，可以使衣架挂钩的弯曲部形成更大的弹性夹持力，从而进一步增强了衣架挂钩在横杆上的固定性能。

作为本发明的更进一步改进，突起物为山脊形或半圆柱形，从而当衣架挂钩挂在横杆上时能确保突起物与横杆成线接触，这样保证衣架挂钩在横杆上形成较大的夹持力。尤其是在两个夹持部相向内侧上设置的突起物各为两个时，就能使衣架挂钩与横杆的外圆周表面形成多个线接触，进一步增加了衣架挂钩与横杆的接触部位，从而更进一步增强衣架挂钩在横杆上的固定性能。在此情况下，如果使每个夹持部上的两个突起物之间的连接部分呈V形凹陷，则突起物之间凹陷部的设置可使衣架挂钩能适合于各种不同直径的横杆。

作为本发明的又一种改进，该衣架挂钩由弹性材料制成，就可以进一步提高衣架挂钩的夹持力，以增强衣架挂钩在横杆上的固定性能。此外，若该衣架挂钩采用弯曲的板状结构，就可以适应吊挂较重物品的需要。

附图说明

下面结合附图对本发明的具体实施方式作进一步详细的说明，其中：
图1是具有本发明第一种实施方式衣架挂钩的衣架的透视图；
图2是表示图1中所示衣架挂钩上的突起物的放大透视图；
图3是表示图1中所示衣架挂钩与横杆相配合的示意图；
图4是图1中所示衣架挂钩的局剖侧视图；
图5是具有本发明第二种实施方式衣架挂钩的衣架的透视图；
图6是表示图5中所示衣架挂钩与横杆相配合的示意图；
图7是图5中所示衣架挂钩从右侧后方看的放大透视图。

具体实施方式

图1至图4示出了本发明衣架挂钩的第一种实施方式。如图1所示，整个衣架由衣架挂钩11和衣架本体12组成，其中衣架挂钩11采用弯曲的棒状弹性材料制成。衣架挂钩11具有相对平行的两个夹持部17、18以及连接两个夹持部上部的弯曲部16。夹持部17的下部具有自由端19；夹持部18的下部具有连接端13，以可转动的连接方式装配在衣架本体12上。夹持部17、18两者的下部之间形成供横杆插入的插入口14，从而能够将衣架悬挂在横杆上。在图1至图4所示的挂钩中，两个夹持部17、18的相向内侧各设有两个突起物15，且两两相对称设置，每个突起物15沿横杆10轴向的宽度大于衣架挂钩本体11沿横杆10轴向的宽度。由图2可知，突起物15呈半圆柱状。如图3所示，每个夹持部上的一对突起物15之间的间隔小于横杆10的外径。使用时，使横杆10进入横杆插入口14，对衣架施加向下的拉力，通过横杆10对夹持部17、18的挤压，使衣架挂钩11产生弹性变形，从而将横杆10夹持在四个突起物15之间。衣架挂钩11产生的弹性夹持力使突起物15与横杆10的外圆周表面相接触，形成了如图2所示的与横杆10轴线相平行的支撑线（以点画线示出）。在本发明中，这种加宽的突起物15与横杆10形成了足够宽的线接触部位，形成了更大的夹持力，从而增强了衣架挂钩11在横杆10上的固定性能，使之不容易在横杆上产生滑动和扭动。尤其是，这种衣架挂钩11不需要采用较粗的材料就能获得更好的固定性能。在此需要说明的是，尽管图1至图4所示挂钩的两个夹持部17、18上各有两个突起物15，但是对于本发明来说只要在两个夹持部17、18相向内侧上设置了突起物15即可，例如两个夹持部17、18相向内侧上各设置一个突起物15时，就可借助两个突起物15和弯曲部16的顶部将挂钩固定在横杆上；而每个夹持部17、18上设置两个突起物15为优选，使衣架挂钩11与横杆10外圆周表面形成多处线接触，这种线接触部分的增加使挂钩产生更大的夹持力。

图5至图7示出了本发明衣架挂钩的第二种实施方式。如图5所示，整个衣架由衣架挂钩21和衣架本体22组成。衣架挂钩21采用弯曲的板状弹性材料制成，具有彼此相对的夹持部27、28以及连接两个夹持部上部的弯曲部30，夹持部27的下部具有自由端29，夹持部28的下部具有与衣架本体22相连接的连接端23。在图5至图7所示的挂钩中，夹持部27、28的相向内侧分

别形成两个山脊形状的突起物 25（与第一种实施方式一样，只要在夹持部 27、28 的相向内侧设置突起物即可），突起物 25 沿横杆 10 轴向的宽度大于弯曲部 26 沿横杆 10 轴向的宽度。如图 6 所示，夹持部 27 上的两个突起物 25 之间的连接部分以及夹持部 28 上的两个突起物 25 之间的连接部分均呈 V 形凹陷。当横杆 10 被夹持在突起物 25 之间时，V 形凹陷部分不与横杆 10 的外圆周表面接触，因此突起物 25 均与横杆 10 的外圆周表面形成线接触。这种在突起物之间形成 V 形凹陷部的挂钩特别适合于在不同直径的横杆上使用。在本实施方式中，弯曲部 26 上在靠近具有自由端 29 的夹持部 27 的部位设有曲率半径小于弯曲部其他部位曲率半径的迂回部 30。采用这种结构，当横杆 10 被夹持在夹持部 27、28 之间时，迂回部 30 会产生较大的变形，形成较大的弹性夹持力，从而进一步增强了衣架挂钩本体 21 在横杆 10 上的固定性能。需要说明的是，这种在挂钩弯曲部上设置迂回部的结构也适用于第一种实施方式。

上面结合附图对本发明的实施方式作了详细说明，但是本发明并不限于上述实施方式，在本领域的普通技术人员所具备的知识范围内，还可以对其作出种种变化。例如，在上述实施方式中，挂钩与衣架本体是相互独立的部件，通过组装形成完整的衣架。显然，本发明所述的衣架挂钩也可以与衣架本体一体形成完整的衣架。

说 明 书 附 图

图 1

图 2

图 3

图 4

图 5

图 6

图 7

说 明 书 摘 要

本发明公开一种用于挂在横杆上的衣架挂钩,该衣架挂钩(21)具有两个夹持部(27,28)和连接两夹持部上部的弯曲部(26),其中一夹持部(27)具有自由端(29),另一夹持部(28)具有与衣架本体相连接的连接端(23),两夹持部的相向内侧设有突起物(25),衣架挂钩挂在横杆上时,突起物与横杆外圆周表面线接触,突起物沿横杆轴向的宽度大于夹持部沿横杆轴向的宽度。采用这种加宽突起物的衣架挂钩,加大了突起物与横杆外圆周表面相接触部分,带来更好夹持效果,增强衣架挂钩在横杆上的固定性能。如果弯曲部上靠近具有自由端的夹持部的部位设置了曲率半径小于弯曲部其他部位曲率半径的迂回部(30),则进一步加大夹持力和增强在横杆上的固定性能。

摘 要 附 图

第四节 权利要求书和说明书撰写实例

本节向读者推荐九件发明专利申请撰写实例：综合类发明专利申请撰写实例五件，机械类、电学类、化学类发明专利申请撰写实例各两件。

一、综合类发明专利申请撰写实例

本部分介绍五个综合类发明专利申请撰写实例，其中【案例1】管接头、【案例2】瓶盖组件、【案例4】冷藏箱和【案例5】大型公用垃圾桶属于日常生活类型；【案例3】食品料理机既涉及机械类发明，又涉及电学类发明，还涉及化学类发明。在这五个案例中，【案例1】是新编写的案例；【案例2】和【案例4】分别根据2011年和2012年全国专利代理人资格考试"专利代理实务"科目有关申请文件撰写试题改编而成；【案例3】和【案例5】分别根据2010年和2013年全国专利代理人资格考试"专利代理实务"科目试题改编而成。

【案例1】管接头

（一）申请案情况介绍

该案例涉及一项有关管接头的发明创造，适用于将软管连接到硬管上的连接装置。客户要求针对所提供的技术交底书撰写一份发明专利申请文件。

1. 客户提供的现有技术

一般来说，诸如农用输水软管、天然气输送软管，大多数由塑料等软质材料制成，在将其连接到例如水源或气体供给源的硬管管件上时，需要将其牢固且无泄漏地连接。

图1-1示出了现有技术的一种快速管接头。如图1-1所示，快速管接头1由具有弹性头的接头本体4、压紧环6、推进螺帽5以及防脱套管7构成。使用该快速管接头1前，预先将接头本体4、压紧环6、推进螺帽5以及防脱套管7进行组装。连接时，将完成组装的处于松弛状态的快速管接头1自待连接软管2的前端套上，再将该软管2套装到待连接硬管3外，最后

图1-1

用手直接转动推进螺帽5，使推进螺帽5和压紧环6向软管2的前端方向（如箭头F所示）轴向位移，从而夹紧接头本体1前端的弹性头，进而间接对软管2与硬管3的连接部分提供夹紧力，既可防止其相互松脱，又起到使两者密封连接的作用。

2. 客户的技术交底书中对发明内容的具体说明

客户在技术交底书中指出，采用图1-1所示的快速管接头连接管件时，对于不同的管径，必须用不同的快速管接头，而且，在连接之前，需将快速管接头预先组装，由此造成使用不方便。此外，该管接头由多个部件构成，加工制造成本高。

发明人为克服上述快速软管接头的缺点，发明了可牢固夹紧软管、简化夹紧部件且对不同直径管件通用的管件连接装置。技术交底书中给出两种不同结构的管件连接装置。

客户发明的第一种管件连接装置

图 1-2 为表示该发明第一种管件连接装置用于连接两管件时装配状态的剖视图。

图 1-3 为图 1-2 所示该发明第一种管件连接装置的带状件的立体示意图。

图 1-4 为图 1-2 所示该发明第一种管件连接装置的夹紧件的立体示意图。

图 1-5 为图 1-2 所示该发明第一种管件连接装置变形结构的纵向剖视图。

图 1-2

图 1-3

图 1-4

图 1-5

第一种用于将软管连接到硬管上的管件连接装置如图 1-2 至图 1-5 所示，包括连接时环绕在被连接管件端头以用于连接管件的带状件 11 以及与该带状件 11 的两端卡接以将带状件压紧在管件上的夹紧件 12。

第一种管件连接装置的带状件 11 的横向中间区域设置有通孔 111。如图 1-3 所示，带状件 11 的横向截面是中部向上拱起的台阶形，在该台阶形部位设置有多个沿其长度方向分布的通孔 111。对于这种设置有通孔 111 的带状件 11 来说，其横向中部台阶形最好如图 1-3 所示是中空的，从而可以十分方便地对等厚度的薄金属带进行冲压而得到横向中部为台阶状且在其上冲有通孔 111 的带状件 11。但是，带状件 11 中部拱起的台阶形部分也可以是实心的；对于中部台阶形部位为实心的带状件 11，还可以采用有足够深度的盲孔来代替其上的通孔❶。当然，在后一种情况下，该带状件 11 也可以采用较厚的金属带在其上加工出盲孔，从而该带状件 11 除盲孔部分外具有相等的厚度。

图 1-5 示出了第一种管件连接装置的一种变形结构。其中的带状件 11 的横向截面的中间区

---

❶ 在专利代理实务中，很有可能在技术交底书中并未给出这种"台阶形为实心"和/或"以盲孔代替通孔"的扩展方式，作为专利代理人应当根据所写的技术交底书帮助委托人进行必要的扩展。对于应试来说，为使试题答案较为统一，通常会明确给出这些扩展方式。以下技术交底书中涉及给出替代方式或者最好方式都属于类似的情况，不再作脚注说明。

域设置有多个沿其长度方向分布的凸起112,优选为向外倾斜的卡合爪。对于这种带状件结构,其下表面为能与套在被连接管件上的软管外周面相配合的平面。

在图1-3和图1-5中,该带状件11沿其整个长度方向上设置有通孔111或者凸起112。此时,就可以将该带状件11制成一条长带,根据需要连接的管件尺寸切断长带以得到与该待连接管件的周长相适配的带状件11。当然,对于与被连接管件相配的专用带状件11来说,仅需要在该带状件11的端部附近设置通孔111或者凸起112。

第一种管件连接装置的夹紧件12通常由弹性材料制成。如图1-4所示,夹紧件12整体构成大致为倒U形的弹性变形部,具有两向内预弯曲的侧面区段121以及连接该两侧面区段121的顶部122。侧面区段121的两个端部形成相对设置且向内伸出的卡爪123。当外力作用在两侧面区段121上向外拉时,该夹紧件12将产生一个向内的弹性恢复力。夹紧件12的顶部122可以是平直的,但最好形成向下弯曲的弧面。

在将软管固定连接到硬管的过程中,先将软管15套装到硬管14上,然后将带状件11如图1-2或图1-5那样环绕在该软管15套装到硬管14上的连接部分,然后将如图1-4的夹紧件12的两侧面区段121向外拉,即向其施加一个与其弹性恢复力方向相反的作用力,从而使两端卡爪123之间的间隔距离加大,此时将夹紧件12两端的卡爪123插入带状件11的通孔111(参见图1-2)中或插到带状件11的相邻凸起112之间(参见图1-5),当释放作用在该夹紧件12两侧面区段121上的拉力时,该夹紧件12借助于自身弹性恢复力,使两侧面区段121下端的卡爪123向内靠拢,将带状件11的连接端拉靠到一起。也就是说,带状件11上的通孔111或者凸起112成为带状件11上的卡合部,夹紧件12上的卡爪123成为该夹紧件12上的卡合配合部,通过两者相卡接将带状件11的连接端拉靠到一起,从而将软管15牢固地且无泄漏地压紧在硬管14上。

对于具有中空台阶形的带状件11,为了更好地使夹紧件12通过带状件11将软管压紧在硬管上,可以如图1-2所示,在带状件11和被连接的软管15之间设置一环状件13,环状件13设置在带状件11中空台阶形的空腔部分,在该中空台阶形部分的下部设有向外的扩口,环状件13的两侧端与带状件11的下部扩口相配合,该扩口直接压在环状件13的两侧端上,以增大带状件11与软管15之间的接触面积,从而提供更好的压紧力。

为了使待连接的软管15更牢固地压紧在硬管14上,例如对于较大直径的软管或硬管,可以在连接部分采用多个管件连接装置;也就是说,可借助多个夹紧件12将多条长短一样的带状件11的两端拉靠在一起,从而使软管牢固而无泄漏地连接到硬管上。

采用本发明第一种管件连接装置连接软管和硬管时,不需像现有技术那样在连接之前就要把连接装置预先组装,并预先套装在管件上,因此简化了连接过程。尤其是带状件沿其整个长度方向上设置有通孔(或盲孔)或者凸起时,可以将带状件制成一条很长的带子,根据需要连接的管件尺寸截取所需长度的带状件,因此适用于各种不同尺寸的管件。

客户发明的第二种管件连接装置

该发明的第二种管件连接装置特别适用于管径较大的软管和硬管的连接。

图1-6为该发明第二种管件连接装置的示意图。

图1-7为图1-6所示第二种管件连接装置中带状件的示意图。

图1-8是图1-6所示该发明第二种管件连接装置的变形结构的示意图。

第二种管件连接装置如图1-6和图1-7所示,包括两个彼此对称的近似于半圆形的带状件21和两个形状为对称结构的夹紧件22。

图 1-6

图 1-7

两个半圆形的带状件 21 分别在其横向中间区域的两端形成通孔 211，在图 1-7 中示出的带状件 21 的两端各有两个通孔 211。当然，与第一种管件连接装置中的带状件一样，也可以沿其整个长度方向上设置通孔 211，此时就可以将该带状件 21 制成一条长带，根据需要连接的管件尺寸切断长带以得到与该待连接管件的半个周长相适配的带状件 21，从而当将软管连接到硬件上时，该两带状件 21 可以环绕被连接软管的外表面放置，两带状件 21 的两个端部彼此相靠近。带状件 21 的横截面形状也可以制成与第一种管形连接装置中的带状件类似的近似于台阶形的形状，在中间区域形成有拱起的部分，并且该台阶形最好是中空的；对于该台阶形是实心的情况，可以采用有足够深度的盲孔来代替其上的通孔，当然在后一种情况下，带状件的横向中间部分也可以不形成台阶，直接在较厚的金属带上形成盲孔。

夹紧件 22 上设置有倒 U 形的弹性变形部 221（参见图 1-6），为进一步提高该倒 U 形弹性变形部 221 的弹性恢复力，其连接两侧边的顶部最好也形成向下弯曲的弧面。夹紧件 22 还包括从弹性变形部 221 的两侧边的端部沿圆周方向向外延伸的延伸臂 222，每个延伸臂 222 上设置有多个（图 1-6 中为两个）与带状件 21 两端的多个（图 1-7 中为两个）通孔 211 的位置相对应且与这些通孔 211 相卡合的凸起部 223，这些凸起部 223 如做成如图 1-6 所示的向内倾斜的钩状卡爪能起到更好的卡合效果。

如图 1-6 所示，在将软管固定地连接到硬管上的连接过程中，用其中一个夹紧件 22 连接两个近似于半圆形的带状件 21。具体来说，将夹紧件 22 上两个延伸臂 222 上的钩状卡爪 223 分别与两个带状件 21 上两端的通孔 211 卡合在一起。然后，再用另一个夹紧件 22 连接两个带状件 21 的另外一端，具体来说，对夹紧件 22 上的倒 U 形弹性变形部 221 的两侧边向着两侧延伸臂 222 的方向施力，使夹紧件 22 上的钩状卡爪 223 与带状件 21 上的通孔 223 卡合在一起。卡合之后，释放施加在倒 U 形弹性变形部 221 两侧边上的作用力，则该弹性变形部 221 在其弹性恢复力的作用下，将两带状件 21 连接端牢固地拉靠在一起，从而将软管牢固而无泄漏地压紧在硬管上。

与第一种管件连接装置一样，第二种管件连接装置也可以包括以同样方式设置于带状件和软管之间的环状件（在图 1-8 中未示出）。

图 1-8 示出了第二种管件连接装置的变形结构，在带状件 21 上未设置通孔或盲孔，而是形成多个凸起，最好形成多个如图 1-8 所示的向外倾斜的卡合爪 212，而在夹紧件 22 的延伸臂 222 上形成与带状件 21 上的卡合爪 212 相卡合的卡合通孔 224。这里，设有卡合

图 1-8

爪 212 的带状件 21 的下表面最好是能与被连接软管外表面相配合的平面。

采用该发明第二种管件连接装置，除了能获得第一种管件连接装置的优点之外，由于该管件连接装置由一对带状件和一对夹紧件构成，适用于大尺寸的软管与硬管的连接。尤其是对于超大尺寸的管件连接，还可在大尺寸的管件的周向设置多个带状件 21，通过夹紧件 22 顺次连接而压紧软管，所以，第二种管件连接装置特别适用于超大尺寸的软管与硬管的连接。

采用该发明第二种管件连接装置连接软管与硬管时，与第一种管件连接装置一样，还可在待连接管件的连接部分沿其轴向布置多个管件连接装置，这样，实现了更可靠的管件连接。

3. 检索到的现有技术

在专利代理实践中，在撰写专利申请文件前最好建议客户再进行一次检索以获得相关的现有技术。与此相应，在历年全国专利代理人资格考试"专利代理实务"科目的试题中，通常会给出一篇或几篇经检索而找到的对比文件作为与申请发明相关的现有技术，请考生针对客户提供的现有技术以及检索到的现有技术撰写专利申请文件。在本案例中，在为客户进行补充检索的过程中，找到一篇相关的现有技术，该现有技术公开了一种管件连接装置，其结构如图 1-9 所示。

图 1-9

该管件连接装置包括有开口的紧固环 101、螺母 102 以及螺栓 103。

紧固环 101 由弹性材料构成，可根据被夹持的软管直径在一定范围内变形，适应于直径在一定范围内的软管与硬管的连接。

该紧固环 101 的开口两端向外设有一对彼此对置、供螺栓 103 穿过其上通孔的夹紧部分。在将软管连接到硬管上时，可以先将紧固环 101 套装在软管 104 上，然后将软管套装到与其相连接的硬管上，此时，将螺栓 103 穿过紧固环 101 上夹紧部分的通孔，借助螺母 102 将软管紧固地连接到硬管上。采用这种管件连接装置，不仅可方便实现牢固且无泄漏的连接，并能实现快速连接。

采用该连接装置，可以实现来自如天然气、煤气等气体供给源的硬管与输送气体的软管之间的连接或者用于输送气体的软管和如煤气炉等使用设备的硬管之间的连接。管件内不限于气体，可以是任意的流体。当然，也可通过采用一根硬管或一根两端外径不同的硬管作为连接件来实现软管与软管之间的对接。

(二) 权利要求书和说明书的撰写思路

在对技术交底书的实质性内容理解的基础上，通过分析，可以得知，该发明中的管件连接装置是一种专用于将软管连接到硬管上的管件连接装置，对于这种具有特定应用的产品而言，其要求保护主题的名称应当反映其特定的应用，因此将"用于将软管连接到硬管上的管件连接装置"作为该发明专利申请要求保护的主题名称。

1. 理解客户技术交底书中有关发明的实质内容

通过对技术交底书中结合附图给出的两种管件连接装置的具体结构（包括其变形结构）以及所提供的其他特征信息进行分析，列出该要求保护主题所涉及的全部技术特征。

其中，这两种管件连接装置结构中共有的技术特征包括：

① 在连接时环绕被连接管件端头、用于连接管件的带状件 11、21；

② 用于将带状件 11、21 压紧在管件上的夹紧件 12、22；

③ 带状件 11、21 在其两端部或者沿着其整个长度方向设置有通孔 111、211（或盲孔）或者凸起 112、212（优选为向外倾斜的卡合爪），由技术交底书的内容可知，可将其称作带状件上的卡合部；

④ 带状件 11、21 上的卡合部为通孔 111、211 或盲孔，带状件 11、21 可以为中间拱起的台阶形；其中带状件 11、21 上的卡合部为通孔 111、211 时，优选该台阶形是中空的，尤其是该带状件除通孔 111、211 部分外可以是等厚度的；

⑤ 对于横向截面中间区域具有中空台阶形的带状件 11、21，还包括位于带状件 11、21 和管件之间的环状件 13、23，❶ 带状件 11、21 的中空台阶形部分的下部有扩口，该扩口直接压在环状件 13、23 与该扩口形状相配合的两侧端上；

⑥ 带状件 11、21 上的卡合部为凸起 112、212 时，带状件 11、21 的下表面为平面；凸起 112、212 优选为向外倾斜的卡合爪；

⑦ 夹紧件 12、22 上具有弹性变形部；

⑧ 夹紧件 12、22 上的弹性变形部大致为倒 U 形；

⑨ 夹紧件 12 上具有与带状件 11 上通孔 111（或盲孔）或凸起 112 相配的卡爪 123。由技术交底书中的内容可知，可将该卡爪称作夹紧件上的卡合配合部；夹紧件 22 上具有与带状件 21 上通孔 211（或盲孔）或凸起 212 相配的钩状卡爪 223 或卡合通孔 224，尽管技术交底书中未对钩状卡爪或卡合通孔作出进一步说明，但同样可将其称作夹紧件上的卡合配合部。

这两种管件连接装置中不同的结构主要有如下两个方面：

(i) 第一种管件连接装置中仅有一个带状件和一个夹紧件，而第二种管件连接装置中包括两个带状件和两个夹紧件，甚至包括更多带状件，但是通过分析考虑，认为第一种管件连接装置也可以包括两个带状件和两个夹紧件，第二种管件连接装置也可以仅包括一个带状件和一个夹紧件。

(ii) 第一种管件连接装置中夹紧件 12 的弹性变形部包括两个侧面区段 121 和连接该两侧面区段的顶部 122，作为夹紧件上卡合配合部的卡爪 123 形成在弹性变形部两侧面区段相对置的下端，优选该两侧面区段向内预弯曲，尤其是在弹性变形部的顶部形成向下弯曲的弧面；第二种管件连接装置中夹紧件 22 还包括从其弹性变形部 221 两侧边的端部沿圆周方向向外延伸的延伸臂 222，作为夹紧件上卡合配合部的凸起部（优选为向内倾斜的钩状卡爪 223）或卡合通孔 224 设置在该延伸臂 222 上，优选夹紧件 22 的弹性变形部 221 的顶部也形成向下弯曲的弧面。

通过上述对两种管件连接装置结构的具体特征分析，以确定哪些是两者共有的技术特征和不同的技术特征，为撰写独立权利要求和从属权利要求做好了准备。

2. 从两项相关的现有技术中确定最接近的现有技术

对于该发明申请而言，撰写申请文件前所了解到的相关现有技术共有两份对比文件，一件是客户技术交底书所提到的快速管接头（以下简称"对比文件 1"），另一件是通过检索补充检索到

---

❶ 技术交底书中对于第二种管件连接装置的结构未给出如图 1-2 的装配状态示意图，因而第二种结构的附图中未出现环状件，与此相应在技术交底书中也未给出第二种管件连接装置中环状件的附图标记。鉴于在撰写权利要求书时通常应当给出部件的附图标记，因此在此处补上第二种管件连接装置中环状件的附图标记为 23，相应地在最后完成说明书时应当增加一幅反映第二种管件连接装置用于连接两管件时装配状态的示意图。

的如图 1-9 所示的管件连接装置（以下简称"对比文件 2"）。

先分析对比文件 1 中的快速管接头。该快速管接头为一种用于连接软管和硬管的管件连接装置，其包括接头本体、压紧环、推进螺帽和防脱套管四个部件，在将软管与硬管相连接时，先将快速管接头的部件预先进行组装，并将处于松弛状态的组装件套装在要连接的软管上，再将该软管套装到要连接的硬管上，然后转动推进螺帽，从而间接压紧要连接的管件。这种快速管接头只能适用于连接固定管径的软管和硬管，且该管接头由 4 个部件组成，加工制造成本高，加上该管接头需预先组装，从而使用不方便。

再分析对比文件 2 中的管件连接装置，该管件连接装置用于连接软管与硬管，包括开口的紧固环、螺栓和螺母三个部件，通过将紧固环环绕在被连接管件端头，并通过螺栓与螺母的固定连接实现软管与硬管的连接。这种管件连接装置由 3 个部件组成，加工制造和使用都很方便，此外，该紧固环由弹性材料构成，因而这种管件连接装置适用于直径在一定范围内的软管与硬管的连接。

按照《专利审查指南 2010》第二部分第四章第 3.2.1.1 节的规定，在确定最接近的现有技术时，首先应当考虑与要求保护的发明技术领域相同或相近的现有技术，而在撰写专利申请文件的独立权利要求书时，应当选择相同技术领域的现有技术；其次应当从这些技术领域相同的现有技术中选择与发明或者实用新型解决的技术问题、技术效果或用途最接近和/或公开的技术特征最多的现有技术。

由上述分析可知，对比文件 1 和对比文件 2 与该发明的技术领域相同，该发明相对于对比文件 1 所解决的一部分技术问题（如适用于各种直径的软管与硬管的连接、加工制造和使用方便）在对比文件 2 中已得到一定程度的解决，因而对比文件 2 与对比文件 1 相比，所解决的技术问题和技术效果与该发明更接近，此外，对比文件 1 中快速管接头技术方案的构思与该发明的构思并不相同，而对比文件 2 中管件连接装置与该发明的构思比较接近，也就是说对比文件 2 公开该申请的技术特征最多，因此可以认为对比文件 2 是该发明最接近的现有技术。

3. 根据所选定的最接近的现有技术确定该发明所要解决的技术问题

鉴于客户技术交底书中所写明的该发明相对于对比文件 1 所解决的技术问题（简化夹紧部件、加工使用方便以及适用于各种直径管件）在对比文件 2 中已得到一定程度的解决，因此应当将该发明两种管件连接装置与对比文件 2 中的管件连接装置作进一步比较，以确定其相对于对比文件 2 作出了哪几方面的改进，在此基础上确定以哪一方面的改进作为该发明要解决的技术问题能得到更充分的保护。

通过对比分析可知，该发明相对于对比文件 2 主要作出了两方面的改进：其一，对比文件 2 以螺栓、螺母作为夹紧件，借助螺栓和螺母的螺纹配合夹紧紧固环，从而使软管和硬管形成牢固且无泄漏的连接，而该发明采用了带有卡合配合结构的夹紧件和带状件，借助夹紧件上的弹性变形部的弹性恢复力使两者的卡合配合结构卡合后将带状件压紧在软管上，以实现软管与硬管牢固且无泄漏的连接，从而使该发明的管件连接装置相对于对比文件 2 可以更方便地实现快速连接；其二，该发明两种管件连接装置的带状件上的卡合部（即通孔或凸起）沿着其整个长度方向上设置时，可将该带状件制成一根长带，根据连接的管件尺寸将长带切断成所需要长度的带状件，从而该发明的管件连接装置对于不同直径的管件均能适用。

考虑到该发明中第二方面的改进是在第一方面改进基础上作出的进一步改进，因而若根据第二方面的改进来确定该发明要解决的技术问题，则其保护范围比根据第一方面改进所确定的要解决的技术问题的保护范围窄，因而为使该发明得到更充分的保护，针对第一方面的改进来确定该发明要解决的技术问题,即该发明要解决的技术问题是提供一种能够更方便、快速地将软管牢固且无泄漏地连接到硬管上的管件连接装置。

4. 完成独立权利要求的撰写

根据最接近的现有技术对比文件 2 以及所确定的该发明要解决的技术问题确定该发明的全部必要技术特征,并按照《专利法实施细则》第 21 条第 1 款规定的格式划分前序部分和特征部分,完成独立权利要求的撰写。

(1)确定该发明解决上述技术问题的全部必要技术特征

首先,对该发明两种管件连接装置共有的九个技术特征进行分析。

显然,前两个技术特征(用于连接管件的带状件和用于将带状件压紧在管件上的夹紧件)是该发明管件连接装置的构成要素,因此是必要技术特征。

对于第③个至第⑥个有关带状件的共有技术特征来说,其中第③个技术特征有关带状件上设置通孔(或盲孔)或者凸起是解决技术问题的技术手段之一,为必要技术特征,但是考虑这些通孔(或盲孔)或者凸起可以仅设置在其连接端部附近,也可沿其整个长度方向设置,因此应当将该必要技术确定为"至少在其两端部区域设置有通孔(或盲孔)或者凸起",对于这些通孔、盲孔或凸起可以采用技术交底书中给出的概括用语"卡合部",因此该必要技术特征可确定为"该带状件至少在其两端部区域设有卡合部";第④个、第⑤个和第⑥个这三个技术特征为该发明的几种优选手段,因而不是该发明解决上述技术问题的必要技术特征。

对于第⑦个至第⑨个有关夹紧件的共有技术特征来说,第⑨个技术特征夹紧件上具有卡爪、钩形卡爪、卡合通孔是必要技术特征,同样对卡爪、钩形卡爪、卡合通孔可采用技术交底书中的概括用语"卡合配合部",即该必要技术特征最后确定为"夹紧件上设置有与带状件上卡合部相配合的卡合配合部";第⑦个技术特征"夹紧件具有弹性变形部",确保带状件上的卡合部与夹紧件上的卡合配合部相卡接,从而将带状件相邻两端拉靠在一起,使带状件压紧在软管上,将软管牢固且无泄漏地与硬管相连接,因此也是解决上述技术问题的必要技术特征,而第⑧个技术特征弹性变形部大致为倒 U 形为一种优选结构,因此不是必要技术特征。

然后,再分析两种管件连接装置结构中的不同技术特征。

对于前面所列出的第(i)方面技术特征来说,正如其所指出的,尽管在技术交底书中第一种管件连接装置中仅有一个带状件和一个夹紧件,第二种管件连接装置中有两个或两个以上带状件和夹紧件,但通过分析认为第一种管件连接装置中也可以有两个或两个以上带状件和夹紧件,而第二种管件连接装置也可以仅有一个带状件和夹紧件,因此不必将夹紧件和带状件的具体数量作为该发明的必要技术特征。

前面所列出的第(ii)方面的技术特征是两种管件连接装置中夹紧件的具体结构,就解决该发明上述技术问题而言,只要夹紧件上具有弹性变形部即可,因此夹紧件的其他具体结构对该发明上述技术问题来说都是非必要的。

通过上述分析可知,该发明解决上述技术问题的全部必要技术特征为:
- 用于连接管件的带状件;
- 用于将带状件压紧在管件上的夹紧件;
- 带状件至少在其两端部区域设置有卡合部;
- 夹紧件上设置有与所述带状件上的卡合部相配合的卡合配合部;
- 夹紧件上设有弹性变形部,使带状件上的卡合部与夹紧件上的卡合配合部相卡接。

(2) 确定该发明与最接近的现有技术的共有技术特征和区别技术特征，完成独立权利要求的撰写

按照《专利法实施细则》第 21 条第 1 款的规定撰写独立权利要求时，需要将上述必要技术特征中与对比文件 2 共有的技术特征写入独立权利要求的前序部分，将其余的必要技术特征作为该发明与对比文件 2 的区别技术特征写入独立权利要求的特征部分，用"其特征在于"等类似语言连接，完成独立权利要求的撰写。

显然，在上述五个必要技术特征中，前两个技术特征是与对比文件 2 共有的必要技术特征（尽管在该发明与对比文件 2 中采用了不同的技术术语，但实质上是起相同作用的部件），将其写入前序部分，而后三个技术特征是该发明相对于对比文件 2 的区别技术特征，将其写入特征部分。

此外，根据《专利法实施细则》第 19 条第 4 款的规定，权利要求中的技术特征可以引用说明书附图中相应的标记，因而对产品权利要求，最好在其各部件名称后面加上带括号的附图标记。鉴于此，在撰写管件连接装置的独立权利要求（包括后面撰写的从属权利要求）时，在其各部件名称后面加上相应的带括号的附图标记。

最后完成的管件连接装置的独立权利要求为：

"1. 一种用于将软管连接到硬管上的管件连接装置，包括用于连接管件的带状件（11；21）以及用于将该带状件（11；21）压紧在管件上的夹紧件（12；22），其特征在于：所述带状件（11；21）至少在其两端部区域设置有卡合部（111，112；211，212）；所述夹紧件（12；22）上设置有与所述卡合部（111，112；211，212）相配合的卡合配合部（123；223，224）；所述夹紧件（12；22）上还设有弹性变形部（121，122；221），使所述卡合部（111，112；211，212）与所述卡合配合部（123；223，224）相卡接。"

(3) 所撰写的独立权利要求具备新颖性和创造性

对于客户提供的现有技术对比文件 1 中所披露的管件连接装置来说，其采用压紧环和推进螺帽进行管件的夹紧连接，由此可知，这种管件连接装置不仅未披露独立权利要求 1 前序部分中有关"带状件"的技术特征，更未披露其特征部分的所有区别特征。也就是说，独立权利要求 1 的技术方案未被对比文件 1 披露，其相对于对比文件 1 来说可以简化连接结构，降低制造成本。因此，独立权利要求 1 相对于客户提供的现有技术对比文件 1 具备《专利法》第 22 条第 2 款规定的新颖性。

对于检索到的对比文件 2 所披露的管件连接装置来说，其采用螺栓与螺母的配合连接，通过紧固环夹紧软管，因此检索到的对比文件 2 未披露独立权利要求 1 特征部分的全部技术特征，也就是说，独立权利要求 1 的技术方案未被对比文件 2 披露，其相对于对比文件 2 来说可以更方便地将软管与硬管快速连接。因此，独立权利要求 1 相对于检索到的对比文件 2 具备《专利法》第 22 条第 2 款规定的新颖性。

正如前面所指出的，在这两项现有技术中，检索到的对比文件 2 是该发明最接近的现有技术。独立权利要求 1 与该最接近的现有技术对比文件 2 的区别特征为："所述带状件至少在其两端部区域设有卡合部，所述夹紧件上设置有与所述卡合部相配合的卡合配合部，所述夹紧件上设有弹性变形部，使所述卡合部与所述卡合配合部相卡接"，从而独立权利要求 1 相对于最接近的现有技术对比文件 2 实际要解决的技术问题是提供一种能够更方便、更快速地将软管连接到硬管上的管件连接装置。上述区别技术特征既未在申请人提供的现有技术对比文件 1 中披露，也不属于本领域的技术人员实现方便快速连接软管与硬管的惯用手段，即也不属于本领域技术人员的公

知常识，因而，对比文件1以及本领域的公知常识没有给出将上述区别技术特征应用到最接近的现有技术对比文件2中以解决上述技术问题（提供一种能够更方便、更快速地将软管连接到硬管上的管件连接装置）的启示，由此可知，该独立权利要求1相对于检索到的对比文件2、客户提供的现有技术对比文件1以及本领域的公知常识是非显而易见的，具有突出的实质性特点。

此外，采用独立权利要求1的结构，可以更方便、快速地完成管件的连接，因此独立权利要求1的技术方案相对于上述两项现有技术具有有益的技术效果，即具有显著的进步。

由上述分析可知，独立权利要求1的技术方案相对于检索到的对比文件2、客户提供的现有技术对比文件1以及所属技术领域的公知常识具有突出的实质性特点和显著的进步，具备《专利法》第22条第3款规定的创造性。

5. 撰写从属权利要求

在撰写了独立权利要求之后，首先针对其另一方面的重要改进，即为使其能适用于各种直径的管件所采取的措施（带状件上的卡合部沿其整个长度分布），撰写一项从属权利要求：

"2. 根据权利要求1所述的管件连接装置，其特征在于：所述带状件（11；21）上的卡合部（111，112；211，212）沿着其整个长度方向分布，其中带状件（11；21）两端部区域的卡合部（111，112；211，212）与所述夹紧件（12；22）上的卡合配合部（123；223，224）相卡接。"

其次，针对带状件和夹紧件的优选措施撰写从属权利要求，考虑到这两种管件连接装置中的带状件结构是相同的，而夹紧件在两种管件连接装置为不同的结构，因此先针对带状件的各种优选措施撰写一组从属权利要求，再以此为基础针对夹紧件的各种优选措施撰写一组从属权利要求。

在针对带状件的各种优选措施撰写一组从属权利要求时，考虑到对夹紧件作进一步限定的技术方案对这一组从属权利要求多半都能适用，因而为了在对夹紧件的各种优选措施撰写另一组从属权利要求时不会出现多项从属权利要求作为另一项多项从属权利要求引用基础的情况，因此针对带状件的优选措施撰写一组从属权利要求时均写成只引用一项在前权利要求的从属权利要求。

最后，针对带状件的各种优选措施撰写成的一组从属权利要求3~9为：

"3. 根据权利要求1所述的管件连接装置，其特征在于：所述带状件（11；21）上的卡合部为通孔（111；211）。

4. 根据权利要求3所述的管件连接装置，其特征在于：所述带状件（11；21）的横向截面的中部为台阶形，所述带状件（11；21）上的通孔（111；211）设置在该台阶形部位。

5. 根据权利要求4所述的管件连接装置，其特征在于：所述台阶形为中空的。

6. 根据权利要求5所述的管件连接装置，其特征在于：所述带状件（11；21）除通孔（111；211）部分外具有相同的厚度。

7. 根据权利要求5所述的管件连接装置，其特征在于：所述中空的台阶形的下部有扩口，该管件连接装置还包括位于所述带状件（11；21）和管件之间的环状件（13；23），所述扩口直接压在该环状件（13；23）与该扩口形状相配合的两侧端上。

8. 根据权利要求1所述的管件连接装置，其特征在于：所述带状件（11；21）上的卡合部为凸起（112；212），所述带状件（11；21）的下表面为平面。

9. 根据权利要求8所述的管件连接装置，其特征在于：所述凸起（212）为向外倾斜的卡合爪。"

现对如何撰写成上述这一组从属权利要求作简单说明。

由前面对该发明两种管件连接装置的分析可知，对于带状件的各种优选措施，应当针对"带状件上的卡合部为通孔"和"带状件上的卡合部为凸起"各撰写一项从属权利要求（见上面给出的权利要求 3 和权利要求 8）。首先，这两项从属权利要求是并列的技术方案，因此这两项权利要求之间不得相互引用。此外，需要说明的是，这两项从属权利要求可以引用权利要求 1 或 2，但是正如前面所说明的那样，为防止在对夹紧件的各种优选方案撰写从属权利要求时出现多项从属权利要求引用另一项多项从属权利要求的情况，在此处仅能引用这两项权利要求中的一项。在上面给出的权利要求 3 和权利要求 8 均只引用了权利要求 1，其考虑的出发点是在无效宣告程序时允许从属权利要求采用合并修改方式而得到这两项从属权利要求引用权利要求 2 的技术方案，以及在答复"实质审查通知书"并修改权利要求书时将引用权利要求 1 的技术方案修改成引用权利要求 2 的技术方案比由引用权利要求 2 的技术方案修改成引用权利要求 1 的技术方案更容易被接受。❶

对于带状件上的卡合部为通孔的情况，可以进一步针对"带状件的横向截面的中部为台阶形，带状件上的通孔设置在该台阶形部位""带状件上的台阶形为中空的""带状件除通孔部分外具有相同的厚度"和"中空的台阶形的下部有扩口，该管件连接装置还包括位于所述带状件和管件之间的环状件，该扩口直接压在环状件与该扩口形状相配合的两端上"这四方面的优选措施分别撰写成从属权利要求 4、5、6、7。其中以"带状件的横向截面的中部为台阶形，带状件上的通孔设置在该台阶形部位"为附加技术特征的权利要求 4 是对权利要求 3 的技术方案作进一步限定，因此其只能引用权利要求 3；以"台阶形为中空的"为附加技术特征的权利要求 5 是对权利要求 4 的技术方案作进一步限定，因此其只能引用权利要求 4；以"带状件除通孔部分外具有相同的厚度"为附加技术特征的权利要求 6 是对权利要求 5 的技术方案作进一步限定，因此其只能引用权利要求 5；而以"中空的台阶形的下部有扩口，该管件连接装置还包括位于所述带状件和管件之间的环状件，该扩口直接压在环状件与该扩口形状相配合的两端上"为附加技术特征的权利要求 7 可以是对权利要求 5 的技术方案作进一步限定，也可以是对权利要求 6 的技术方案作进一步限定，鉴于与前面分析权利要求 3 和权利要求 8 的引用部分时同样的考虑，该权利要求 7 也仅引用了权利要求 5。

对于带状件上的卡合部为凸起的情况，可以进一步针对该凸起的形状撰写一项从属权利要求 9，由于其以"凸起为向外倾斜的卡合爪"为附加技术特征，是对权利要求 8 的进一步限定，因此其引用部分仅引用了权利要求 8。

在针对夹紧件撰写从属权利要求时，由于第一种管件连接装置中的夹紧件与第二种管件连接装置中的夹紧件具有不同的结构，因此以这两种管件连接装置中的夹紧件的具体优选结构为附加技术特征分别撰写一组从属权利要求。

对于第一种管件连接装置的夹紧件，无论带状件上的卡合部是通孔还是凸起，其具有相同的结构，因而其对权利要求 1～9 的技术方案均适用。鉴于此，以第一种管件连接装置中夹紧件的各种优选措施为附加技术特征的一组从属权利要求撰写如下：

"10. 根据权利要求 1 至 9 中任一项所述的管件连接装置，其特征在于：所述夹紧件（12）的弹性变形部沿着所述管件的横截面大致为倒 U 形，该倒 U 形弹性变形部的两侧面区段（121）的下端部向内形成相对设置的卡爪（123），成为所述夹紧件（12）上的卡合配合部。

11. 根据权利要求 10 所述的管件连接装置，其特征在于：所述夹紧件（12）的倒 U 形弹性变形部的侧面区段（121）向内预弯曲。

---

❶ 如果客户认为这两项从属权利要求引用权利要求 2 的技术方案是该发明的一项重要改进方案，则这两项从属权利要求的引用部分也可以仅引用权利要求 2。当然，如果客户认为引用权利要求 1 和引用权利要求 2 的方案均很重要，则也可以将该项权利要求分拆成两项从属权利要求来撰写。

12. 根据权利要求 11 所述的管件连接装置，其特征在于：所述倒 U 形弹性变形部的顶部（122）为向下弯曲的弧面。"

其中，权利要求 10 的限定部分对第一种管件连接装置中夹紧件的倒 U 形弹性变形部的主要结构作出了限定，权利要求 11 和权利要求 12 分别对倒 U 形弹性变形部侧面区段或顶部的形状作出进一步限定。在撰写权利要求 12 时，考虑到该顶部形状向下弯曲通常与侧面区段向内预弯曲相配合采用，因此为防止出现多项从属权利要求作为另一项多项从属权利要求引用基础的情况，权利要求 12 的引用部分仅引用了权利要求 11。❶

对于第二种管件连接装置的夹紧件，在带状件上的卡合部为通孔时与带状件上的卡合部为凸起时具有不同的结构，因此应当针对这两种情况分别以相应的夹紧件结构来撰写一组从属权利要求。即其中一组从属权利要求仅作为权利要求 3～7 中任一项的从属权利要求，另一组从属权利要求仅作为权利要求 8 或 9 的从属权利要求。最后完成的这两组从属权利要求如下：

"13. 根据权利要求 3 至 7 中任一项所述的管件连接装置，其特征在于：所述夹紧件（22）的弹性变形部（221）沿着所述管件的横截面大致为倒 U 形，该倒 U 形弹性变形部（221）的两侧面区段的下端部分别设有沿圆周方向向外延伸的延伸臂（222）；所述延伸臂（222）上设置有凸起部（223），该凸起部（223）成为与所述带状件（21）上作为所述卡合部的通孔（211）相卡合的卡合配合部。

14. 根据权利要求 13 所述的管件连接装置，其特征在于：所述延伸臂（222）上的凸起部（223）为向内倾斜的钩状卡爪。

15. 根据权利要求 13 所述的管件连接装置，其特征在于：所述倒 U 形弹性变形部（221）的顶部为向下弯曲的弧面。

16. 根据权利要求 13 所述的管件连接装置，其特征在于：所述带状件由至少两个带状件（21）构成，所述管件连接装置所包括的夹紧件（22）的数量与所述带状件（21）的数量相同。

17. 根据权利要求 8 或 9 所述的管件连接装置，其特征在于：所述夹紧件（22）的弹性变形部（221）沿着所述管件的横截面大致为倒 U 形，该倒 U 形弹性变形部（221）的两侧面区段的下端部分别设有沿圆周方向向外延伸的延伸臂（222）；所述延伸臂（222）上设置有卡合通孔（224），该卡合通孔（224）成为与所述带状件（21）上作为卡合部的凸起（212）相卡合的卡合配合部。

18. 根据权利要求 17 所述的管件连接装置，其特征在于：所述倒 U 形弹性变形部（221）的顶部为向下弯曲的弧面。

19. 根据权利要求 17 所述的管件连接装置，其特征在于：所述带状件至少由两个带状件（21）构成，所述管件连接装置所包括的夹紧件（22）的数量与所述带状件的数量相同。"

在上述权利要求 13～16 和权利要求 17～19 这两组从属权利要求中，彼此之间是并列的技术方案，因此这两组从属权利要求之间不得相互引用。需要说明的是，权利要求 13～16 中的夹紧件的结构是与带状件上的卡合部为通孔的结构相配的，因此其应当为权利要求 3～7 中任一项权利要求的从属权利要求；权利要求 17～19 中的夹紧件的结构是与带状件上的卡合部为凸起的结构相配的，因此其应当为权利要求 8 或 9 的从属权利要求。对于权利要求 13～15，权利要求 13 限定部分对第二种管件连接装置中夹紧件的主要结构（倒 U 形弹性变形部的两侧面区段的下端

---

❶ 当然，如果客户认为侧面区段未向内预弯曲时，该顶部形状向下弯曲也能起到加大夹紧件弹性变形的弹性恢复力，那么此时为防止出现多项从属权利要求引用另一项多项从属权利要求的情况，可以针对该附加技术特征撰写两项从属权利要求，一项仅引用权利要求 10，另一项仅引用权利要求 11。

部设有沿圆周方向向外延伸的延伸臂以及该延伸臂上设置有凸起部)作出了限定,权利要求 14 限定部分以夹紧件的延伸臂上的凸起部的形状作为附加技术特征对权利要求 13 作进一步限定,因此仅引用权利要求 13。权利要求 15 限定部分以夹紧件的倒 U 形弹性变形部的顶部形状作为附加技术特征,虽然其既可以对权利要求 13 作进一步限定,也可以对权利要求 14 作进一步限定,鉴于与前面分析权利要求 3 和权利要求 8 的引用部分时同样的考虑,该权利要求 15 也仅引用了权利要求 13。对于权利要求 17 和权利要求 18,权利要求 17 限定部分对第二种管件连接装置中夹紧件的主要结构(倒 U 形弹性变形部的两侧面区段的下端部设有沿圆周方向向外延伸的延伸臂以及该延伸臂上设置有通孔)作出了限定,权利要求 18 限定部分以夹紧件的倒 U 形弹性变形部的顶部形状作为附加技术特征对权利要求 17 作进一步限定,因此仅引用了权利要求 17。最后,考虑到第二种管件连接装置适用于大直径的软管与硬管的连接,可以采用两个以上的带状件和相应数量的夹紧件,因此针对这两组从属权利要求分别以此优选措施作为附加技术特征各撰写一项从属权利要求,即从属权利要求 16 和权利要求 19,对于权利要求 16 来说,可以引用权利要求 13～15 中的任一项权利要求,对于权利要求 19 来说,可以引用权利要求 17 或 18,鉴于与前面分析权利要求 3 和权利要求 8 的引用部分时同样的考虑,权利要求 16 仅引用了权利要求 13,权利要求 19 仅引用了权利要求 16。

按照上述考虑撰写的从属权利要求不仅清楚地限定了权利要求的技术方案,而且也符合《专利法实施细则》第 22 条和《专利审查指南 2010》第二部分第二章第 3.2.2 节有关从属权利要求撰写的规定:

① 从属权利要求只能引用在前的权利要求;

② 引用两项以上权利要求的多项从属权利要求只能以择一方式引用在前的权利要求,并不得作为被另一项多项从属权利要求引用的基础,即在后的多项从属权利要求不得引用在前的多项从属权利要求;

③ 引用关系符合逻辑,即限定部分作进一步限定的技术特征应当包含在其引用的权利要求中;表示两个并列技术方案的从属权利要求不得互相引用。

6. 在撰写的权利要求书的基础上完成说明书及其摘要的撰写

在完成权利要求书的撰写后,根据技术交底书所介绍的发明内容以及所检索到的最接近的现有技术,结合权利要求书撰写过程所作的考虑,撰写说明书及其摘要。在撰写说明书时,不应局限于技术交底书中所写明的内容,应当充分考虑《专利法》《专利法实施细则》和《专利审查指南 2010》对申请文件撰写的规定,对技术交底书进行再创作,尤其是在实践中,需要与委托人进行必要的沟通,补充必要的内容,以支持权利要求书所要求保护的范围。

说明书及其摘要的撰写应当符合《专利法实施细则》第 17 条、第 18 条和第 23 条的规定。

由于该发明只涉及一项独立权利要求,为了在发明名称中反映保护的主题、类型,根据独立权利要求所要求保护的主题名称,将发明名称确定为:"用于将软管连接到硬管上的管件连接装置"。

对于技术领域部分,由于该发明只涉及产品"用于将软管连接到硬管上的管件连接装置",说明书的技术领域也应当针对该产品作进一步具体说明,可参照独立权利要求的前序部分加以说明。

按照《专利法实施细则》第 17 条的规定,在背景技术部分,要写明对发明或者实用新型的理解、检索、审查有用的背景技术;有可能的,并引证反映这些背景技术的文件。就该专利申请来说,可以简明扼要地对申请人提供的现有技术对比文件 1 公开的快速管接头和检索到的对比文件 2 公开的管件连接装置以及所存在的问题作出说明。

发明内容部分首先写明发明相对于检索到的对比文件 2 所要解决的技术问题:提供一种能够

更方便、快速地将软管牢固且无泄漏地连接到硬管上的管件连接装置。然后，另起段写明解决该技术问题的独立权利要求的技术方案。在此基础上，通过对独立权利要求区别特征的分析，说明这些区别特征为该发明带来的技术效果。

接着，针对该发明的另一方面的重要改进写明该发明进一步要解决的技术问题：提供一种对不同直径管件通用的管件连接装置，并相对于该进一步要解决的技术问题写明与权利要求2相应的技术方案。

此后，在发明内容部分中对重要的反映管件连接装置中的带状件和夹紧件结构的从属权利要求的技术方案分别加以说明，并简单说明其带来的有益效果。

该申请有附图，所以需要有附图说明部分。首先，该申请说明书中应当包含技术交底书中给出的反映第一种管件连接装置（相当于第一种实施方式）的三幅附图和反映其变形结构的一幅附图，以及反映第二种管件连接装置（相当于第二种实施方式）的两幅附图和反映其变形结构的一幅附图。需要说明的是，对于第二种管件连接装置，技术交底书中没有给出反映带状件与软管之间设置环状件结构的附图，尽管在说明书文字部分不借助附图也能说明这一结构，但是，由于权利要求书中出现环状件时需要标明在两种实施方式中采用的不同的附图标记，因此最好相应于第二种管件连接装置也补上一幅与技术交底书中的图3-2相当的附图。对于该发明最接近的现有技术对比文件2的附图，由于其结构比较简单，无需借助附图就能对其作出清楚的说明，因此说明书附图中可以不给出这幅现有技术的附图；而对于技术交底书中所给出的现有技术对比文件1的附图，由于该现有技术在构思上与该发明相距较远，在背景技术部分无需对该现有技术作出详细说明，因此无需将其作为该申请的说明书附图。根据上述考虑，说明书附图共有八幅附图，在附图说明部分集中对这八幅附图的图名作简略说明，其中图1~3是反映第一种管件连接装置结构的附图，图4是反映第一种管件连接装置变形结构的附图，图5~7是反映第二种管件连接装置结构的附图，图8是反映第二种管件连接装置变形结构的附图。

在具体实施方式部分，首先将第一种管件连接装置作为该发明的第一种实施方式，结合图1~3作出详细说明，此后结合图4对该发明第一种实施方式的变形结构作简要说明。然后，结合图5~7对作为该发明第二种实施方式的第二种管件连接装置作出说明，对于其中与第一种实施方式不同之处应当作出详细的说明，此后结合图8对该发明第二种实施方式的变形结构作简要说明。在结合附图对各个实施方式作出说明时，应当在各部件名称之后标注上已出现在各附图中的相应的附图标记，但不得加括号。

此外，为了使说明书更好地支持权利要求，在具体实施方式部分应当作出必要的扩展说明，例如，在对第二种管件连接装置结构作出说明时，对于带状件上的通孔和凸起，也像技术交底书中对第一种管件连接装置中的结构作出说明时那样，写明其构成带状件上的卡合部，对于夹紧件上的凸起部和通孔，写明其构成夹紧件上的卡合配合部；又如，在说明书中增加了对夹紧件的弹性变形部除了倒U形截面结构之外的例如梯形、M形、倒W形等截面结构的描述。

在撰写说明书的上述内容时，应当按照《专利法实施细则》第17条第2款的规定，在说明书的五个部分（技术领域、背景技术、发明内容、附图说明、具体实施方式）之前写明这五个部分的标题。

在完成说明书的撰写之后，按照《专利法实施细则》第23条的规定撰写说明书摘要：写明发明的名称和所属技术领域，清楚地反映所要解决的技术问题、解决该问题的技术方案的要点以及主要用途。在考虑不超过300个字的前提下，除了写明该发明的名称和独立权利要求技术方案的要点及其带来的技术效果外，还针对该发明的另一方面的重要改进作出说明，即还写明权利要求 2 的技术方案和该技术方案所带来的技术效果。对于该申请来说，应当采用一幅最能反映该发明技术方案的说明书附图 4 作为摘要附图。为方便理解说明书摘要内容，可以将已出现在摘要附图中的附图标记标注在相应的部件名称之后，但应当加上括号。

（三）推荐的专利申请文件

根据前面技术交底书给出的有关用于将软管连接到硬管上的管件连接装置的资料和现有技术情况以及最接近的现有技术（检索到的对比文件 2），给出推荐的发明专利申请文件撰写文本。

权 利 要 求 书

1. 一种用于将软管连接到硬管上的管件连接装置，包括用于连接管件的带状件（11；21）以及用于将该带状件（11；21）压紧在管件上的夹紧件（12；22），其特征在于：所述带状件（11；21）至少在其两端部区域设置有卡合部（111，112；211，212）；所述夹紧件（12；22）上设置有与所述卡合部（111，112；211，212）相配合的卡合配合部（123；223，224）；所述夹紧件（12；22）上还设有弹性变形部（121，122；221），使所述卡合部（111，112；211，212）与所述卡合配合部（123；223，224）相卡接。

2. 根据权利要求1所述的管件连接装置，其特征在于：所述带状件（11；21）上的卡合部（111，112；211，212）沿着其整个长度方向分布，其中带状件（11；21）两端部区域的卡合部（111，112；211，212）与所述夹紧件（12；22）上的卡合配合部（123；223，224）相卡接。

3. 根据权利要求1所述的管件连接装置，其特征在于：所述带状件（11；21）上的卡合部为通孔（111；211）。

4. 根据权利要求3所述的管件连接装置，其特征在于，所述带状件（11；21）的横向截面的中部为台阶形，所述带状件（11；21）上的通孔（111；211）设置在该台阶形部位。

5. 根据权利要求4所述的管件连接装置，其特征在于：所述台阶形为中空的。

6. 根据权利要求5所述的管件连接装置，其特征在于：所述带状件（11；21）除通孔（111；211）部分外具有相同的厚度。

7. 根据权利要求5所述的管件连接装置，其特征在于：所述中空的台阶形的下部有扩口，该管件连接装置还包括位于所述带状件（11；21）和管件之间的环状件（13；23），所述扩口直接压在该环状件（13；23）与该扩口形状相配合的两侧端上。

8. 根据权利要求1所述的管件连接装置，其特征在于：所述带状件（11；21）上的卡合部为凸起（112；212），所述带状件（11；21）的下表面为平面。

9. 根据权利要求8所述的管件连接装置，其特征在于：所述凸起（212）为向外倾斜的卡合爪。

10. 根据权利要求1至9中任一项所述的管件连接装置，其特征在于：所述夹紧件（12）的弹性变形部沿着所述管件的横截面大致为倒U形，该倒U形弹性变形部的两侧面区段（121）的下端部向内形成相对设置的卡爪（123），成为所述夹紧件（12）上的卡合配合部。

11. 根据权利要求10所述的管件连接装置，其特征在于：所述夹紧件（12）的倒U形弹性变形部的侧面区段（121）向内预弯曲。

12. 根据权利要求11所述的管件连接装置，其特征在于：所述倒U形弹性变形部的顶部（122）为向下弯曲的弧面。

13. 根据权利要求3至7中任一项所述的管件连接装置，其特征在于：所述夹紧件（22）的弹性变形部（221）沿着所述管件的横截面大致为倒U形，该倒U形弹性变形部（221）的两侧面区段的下端部分别设有沿圆周方向向外延伸的延伸臂（222）；所述延伸臂（222）上设置有凸起部（223），该凸起部（223）成为与所述带状件（21）上作为所述卡合部的通孔（211）相卡合的卡合配合部。

14. 根据权利要求13所述的管件连接装置，其特征在于：所述延伸臂（222）上的凸起部（223）为向内倾斜的钩状卡爪。

15. 根据权利要求13所述的管件连接装置，其特征在于：所述倒U形弹性变形部（221）

的顶部为向下弯曲的弧面。

16. 根据权利要求13所述的管件连接装置,其特征在于:所述带状件由至少两个带状件(21)构成,所述管件连接装置所包括的夹紧件(22)的数量与所述带状件(21)的数量相同。

17. 根据权利要求8或9所述的管件连接装置,其特征在于:所述夹紧件(22)的弹性变形部(221)沿着所述管件的横截面大致为倒U形,该倒U形弹性变形部(221)的两侧面区段的下端部分别设有沿圆周方向向外延伸的延伸臂(222);所述延伸臂(222)上设置有卡合通孔(224),该卡合通孔(224)成为与所述带状件(21)上作为所述卡合部的凸起(212)相卡合的卡合配合部。

18. 根据权利要求17所述的管件连接装置,其特征在于:所述倒U形弹性变形部(221)的顶部为向下弯曲的弧面。

19. 根据权利要求17所述的管件连接装置,其特征在于:所述带状件至少由两个带状件(21)构成,所述管件连接装置所包括的夹紧件(22)的数量与所述带状件的数量相同。

说 明 书

用于将软管连接到硬管上的管件连接装置

技术领域

本发明涉及一种管件连接装置,特别是一种适用于将软管连接到硬管上的管件连接装置,包括用于连接管件的带状件以及用于将该带状件压紧在管件上的夹紧件。

背景技术

一般来说,对于诸如用塑料等软质材料制成的农用输水软管、天然气输送软管,需要将其牢固且无泄漏地连接到如水源或气体供给源的硬管上。

美国专利说明书US××××××××A中公开了一种快速管接头,该快速管接头由接头本体、压紧环、推进螺帽和防脱套管构成。使用该快速管接头之前,预先将接头本体、压紧环、推进螺帽和防脱套管组装成处于松弛状态的快速管接头,将其自待接合软管的前端部套上,再将该软管件套在待接合硬管上,然后用手直接转动推进螺帽,通过压紧环压紧接头本体前端的弹性头,从而对软管与硬管的接合部分提供压紧力,既可防止其相互松脱,又起到使两者密封连接的作用。但是,采用这种快速管接头连接管件时,对于不同的管径,必须用不同的快速管接头,而且,在连接之前,需将快速管接头预先组装,由此造成使用不方便,此外,该快速管接头由多个部件构成,加工制造成本高。

中国实用新型专利说明书CN2×××××××××U中公开了另一种部件数量少、结构简单、方便使用又适用于直径在一定范围内的软管与硬管相连接的管件连接装置,该管件连接装置包括具有开口的紧固环、螺栓和螺母。该紧固环由弹性材料制成,在其开口两端向外设有一对彼此对置且供螺栓穿过其上通孔的夹紧部分。在将软管连接到硬管上时,可以先将紧固环套装在软管上,然后将软管套装到与其相连接的硬管上,此时,将螺栓穿过紧固环上夹紧部分的通孔,借助螺母将软管紧固地连接到硬管上。采用这种管件连接装置,可以方便而快速地将软管和硬管牢固且无泄漏地相连接;此外,由于该紧固环由弹性材料构成,可根据被夹持的软管直径在一定范围内变形,因此适应于直径在一定范围内的软管与硬管的连接。

但是,即使采用这种管件连接装置,仍需要先将紧固环套装到软管上后再将软管与硬管相连接,如果先将软管与硬管相连接后再安装紧固环,就需要将紧固环的开口掰开,从而容易损坏紧固环,因此其使用仍然不太方便。此外,虽然该紧固环可在一定范围内变形,满足一定范围的直径不同的管件的连接,但由于紧固环一旦成型后,仅能根据其自身弹性变形范围,在很小的范围变形,所以,要连接的管件直径可选择的范围很有限,要想用这种管件的连接装置满足各种不同直径尺寸的管件的连接,几乎是不可能的。

发明内容

针对上述现有技术,本发明要解决的技术问题是提供一种能够更方便、快速地将软管牢固且无泄漏地连接到硬管上的管件连接装置。

为解决上述技术问题,本发明用于将软管连接到硬管上的管件连接装置包括用于连接管件的带状件以及用于将该带状件压紧在管件上的夹紧件,该带状件至少在其两端部区域设置有卡合部，该夹紧件上设置有与所述卡合部相配合的卡合配合部，夹紧件上还设有弹性变形部，使所述卡合部与所述卡合配合部相卡接。

采用这样的管件连接装置，就可以在将软管套接到硬管上后，将带状件环绕软管上与硬管相连接部分的外表面放置，然后借助夹紧件上的弹性变形部，使带状件上的卡合部与夹紧件上的卡合配合部相卡合，通过夹紧件上弹性变形部的弹性恢复力将带状件的连接端拉靠在一起，从而向带状件施加压紧力，将软管压紧在硬管上，确保软管与硬管之间牢固且无泄漏地相连接。

作为本发明的进一步改进，本发明进一步要解决的技术问题是提供一种对各种直径的软管和硬管通用的管件连接装置。为此，对于上述管件连接装置，可以使上述带状件的卡合部沿着其整个长度方向上分布，位于该带状件两端部附近的卡合部与夹紧件上的卡合配合部相卡接。采用这种结构的带状件，可将该带状件制成一根长带，根据连接的管件尺寸切断长带以得到所需要长度的带状件，从而本发明管件连接装置对于不同直径的管件均能适用。

作为本发明上述管件连接装置的更进一步改进，带状件上的卡合部为通孔，以供夹紧件上的卡合配合部卡接。

对于本发明具有这种卡合部为通孔的带状件的管件连接装置，可以将该带状件横向截面的中部设计成台阶形；优选该台阶形为中空的，为夹紧件上穿过通孔的卡合配合部提供卡合空间，从而能形成较牢固的卡接。

对于本发明具有这种横向截面中部为中空台阶形的带状件的管件连接装置，优选该带状件除通孔部分外具有相同的厚度。对于这种带状件，可以直接在金属带上通过冲压而制成横截面中部为中空台阶形且其上冲有通孔的带状件，因此这种带状件加工方便。

对于本发明具有这种横向截面中部为中空台阶形的带状件的管件连接装置，还可以在带状件和管件之间设置环状件，上述中空的台阶形的下部有扩口，上述扩口直接压在环状件与该扩口形状相配合的两端上。采用这种带有环状件的管件连接装置，增大了这种横向截面中部为中空台阶形的带状件与软管之间的接触面积，从而提供更好的夹紧力。

作为本发明管件连接装置的另一种更进一步的改进，带状件的下表面为平面，带状件上的卡合部为凸起，其端部两相邻凸起之间供夹紧件上的卡合配合部卡接。

对于本发明具有这种卡合部为凸起的带状件的管件连接装置，优选该凸起为向外倾斜的卡合爪，从而能与夹紧件上的卡合配合部形成较牢固的卡接。

对于本发明具有上述各种带状件的管件连接装置，夹紧件的弹性变形部沿着管件的横截面大致为倒U形，该倒U形弹性变形部的两侧面区段的下端部向内形成相对设置的卡爪，成为夹紧件上的卡合配合部。采用这种卡爪作为夹紧件上的卡合配合部，可以与带状件上的卡合部，尤其是带状件上的通孔或凸起快速卡合，且形成较牢固的卡接。

对于本发明具有这种在其倒U形弹性变形部侧面区段下端部形成卡爪的夹紧件的管件连接装置，优选该侧面区段向内预弯曲，使该弹性变形部具有更大的弹性恢复力，从而通过将带状件的连接端拉靠在一起，使带状件向软管施加更大的压紧力，确保软管与硬管之间形成牢固且无泄漏的连接。同样，在这种管件连接装置中，还可以优选该倒U形弹性变形部的顶部为向下弯曲的弧面，同样可使该弹性变形部具有更大的弹性恢复力。

对于本发明具有卡合部为通孔的带状件的管件连接装置，还可以采用下述结构的夹紧件：其弹性变形部沿着管件的横截面大致为倒U形，该倒U形弹性变形部的两侧面区段的下端部分别设有沿圆周方向向外延伸的延伸臂，该延伸臂上设置有凸起部，该凸起部成为与带状件上作为卡合部的通孔相卡合的卡合配合部。对于这种夹紧件结构，还可进一步优选该凸起部为向内倾斜的钩状卡爪。采用这样的夹紧件，可以借助夹紧件延伸臂上的凸起部，尤其是向内倾斜的钩状卡爪与带状件上的通孔快速卡合，且形成较牢固的卡接。

对于本发明具有卡合部为凸起的带状件的管件连接装置，还可以采用下述结构的夹紧件：其弹性变形部沿着管件的横截面大致为倒U形，该倒U形弹性变形部的两侧面区段的下端部分别设有沿圆周方向向外延伸的延伸臂，该延伸臂上设置有卡合通孔，该卡合通孔成为与带状件上作为卡合部的凸起相卡合的卡合配合部。采用这样的夹紧件，可以借助夹紧件延伸臂上的通孔与带状件上的凸起，尤其是与带状件上向外倾斜的卡合爪快速卡合，且形成较牢固的卡接。

对于本发明具有带延伸臂的夹紧件的管件连接装置，优选其夹紧件中的倒U形弹性变形部的顶部为向下弯曲的弧面，可使该弹性变形部具有更大的弹性恢复力，以使带状件向软管施加更大的压紧力，确保软管与硬管之间形成牢固且无泄漏的连接。

对于本发明具有带延伸臂的夹紧件的管件连接装置，优选其带状件至少由两个带状件构成，管件连接装置所包括的夹紧件的数量与所述带状件的数量相同。这种管件连接装置特别适用于超大尺寸的管件的连接，并可更方便、快速地进行连接。

此外，在利用本发明的连接装置连接管件时，可沿着被连接管件的轴向布置多个管件连接装置，从而在软管与硬管的连接部位上有多处被带状件压紧，这样，实现了更可靠的管件的连接。

总之，使用本发明的连接装置连接软管和硬管时，不需要像现有技术那样在连接之前就要把连接装置预先组装，或者将其预先套装在软管上后再连接软管和硬管，同样也不需要用特定的工具，可人工简单操作，直接将夹紧件的卡爪、钩形卡爪或卡合通孔与带状件连接端的通孔或者卡合爪、凸起相卡接，因此，简化了连接过程，减少了零件，降低了成本。

附图说明

图1为本发明管件连接装置第一种实施方式用于连接两管件时装配状态的纵向剖视图。

图2为图1所示本发明管件连接装置第一种实施方式的带状件的立体示意图。

图3为图1所示本发明管件连接装置第一种实施方式的夹紧件的立体示意图。

图4为图1所示本发明管件连接装置第一种实施方式的变形结构的横向剖视图。

图5为本发明管件连接装置第二种实施方式用于连接两管件时装配状态的纵向剖视图。

图6为反映图5所示本发明管件连接装置第二种实施方式中带状件和夹紧件配合结构的横向剖视图。

图7为图6所示本发明第二种实施方式的连接装置的带状件以展开方式表示的俯视图。

图8为反映图6所示本发明管件连接装置第二种实施方式变形结构中带状件和夹紧件配合结构的横向剖视图。

具体实施方式

下面结合附图对本发明管件连接装置的两种实施方式作详细说明。

本发明用于将软管连接到硬管上的管件连接装置的第一种实施方式如图1至图3所示，该管件连接装置包括在连接时环绕被连接管件端头以用于连接管件的带状件11以及与带状件11的两端相卡接从而将带状件11压紧在管件上的夹紧件12。

图2为带状件11立体示意图。如图2所示，该带状件11的横向截面是中部向上拱起的台阶形，在该带状件11中部台阶形部位设置有通孔111，该通孔111作为带状件11与夹紧件12相卡接的卡合部。对于这种设置有通孔111的带状件11来说，其中部台阶形最好如图1和图2所示

是中空的。在这种情况下，进一步可以优选该带状件11除通孔部分外具有相同的厚度，从而可以十分方便地对具有相同厚度的薄金属带进行冲压，得到横向中部为台阶状并在该台阶形部位上冲有通孔111的带状件11。但是，带状件11中部拱起的台阶形部分也可以是实心的；对于中部台阶形部位为实心的带状件11，还可以采用有足够深度的盲孔来代替其上的通孔。对于采用盲孔的带状件来说，该带状件也可以采用较厚的金属带直接在其上加工出盲孔，而不必在横向中间部位形成台阶，即该带状件除盲孔部分外具有相同的厚度。

在图2中，该带状件11沿其整个长度方向设置有通孔111。此时，就可以将该带状件11制成一条长带，根据需要连接的管件尺寸切断长带，以得到与该待连接管件的周长相适配的带状件。当然，对于与待连接管件尺寸相配的专用带状件11来说，仅需要在该带状件11的端部区域设置通孔111。

本发明管件连接装置的第一种实施方式的夹紧件12由弹性材料制成。如图3所示，该夹紧件12整体构成大致为倒U形的弹性变形部，该倒U形弹性变形部具有两侧面区段121和连接该两侧面区段121的顶部122。该夹紧件12的两侧面区段121优选如图3所示向内预弯曲，以增强该弹性变形部的弹性恢复力。该夹紧件12的顶部122可以是平直延伸的结构，同样可以优选为如图3所示向下弯曲成弧面，以增强该弹性变形部的弹性恢复力。该夹紧件12的两侧面区段121的下端部向内形成相对设置的卡爪123，成为夹紧件12上与带状件11上的卡合部（如图2中所示的通孔111）相卡接的卡合配合部。采用这种夹紧件结构，当向其两侧面区段121施加向外的拉力时，该夹紧件12将产生一个向内的弹性恢复力，从而夹紧件12上的卡爪123牢固地卡合在带状件11的通孔111中。

所属技术领域的技术人员能够理解，为实现夹紧件12的上述功能，弹性变形部并不限于倒U形截面结构，也可以是梯形、M形或者倒W形的截面结构。

图4示出本发明管件连接装置第一种实施方式的变形结构，其夹紧件12与第一种实施方式中的夹紧件12完全相同，其区别仅在于其带状件11上不再设有通孔，而是在带状件11的横向截面的中间区域设置有沿其整个长度方向分布的凸起112（优选为向外倾斜的卡合爪），该凸起112（优选为向外倾斜的卡合爪）成为该带状件11上与夹紧件12上的卡合配合部（夹紧件12两侧面区段121下端部向内设置的卡爪123）相卡接的卡合部。当然，对于与被连接管件相配的专用带状件11，该凸起112也可仅设置在该带状件的两端部区域。这种带状件11的下表面为与套在被连接硬管上的软管外表面相配合的平面。

在将软管固定连接到硬管的过程中，如图1所示，先将软管15套装到硬管14上，然后将带状件11如图1或图4那样环绕在该软管15套装到硬管14上的连接部分，然后向图3或图4所示的夹紧件12的两侧面区段121施加向外（即与上述向内预弯曲相反的方向）的拉力，即施加一个与其弹性恢复力方向相反的作用力，从而使两侧面区段121下端卡爪123之间的间隔距离加大，此时将两卡爪123分别插入到带状件11两端部的通孔111中（参见图1）或者分别插到带状件11两端部的相邻凸起112之间（参见图4），当释放作用在夹紧件12两侧面区段121上的拉力时，该夹紧件12借助于自身弹性恢复力，使两侧面区段121下端的卡爪123向内靠拢，将带状件11两端部拉靠在一起，从而通过带状件11向软管15施加压紧力，将软管15牢固且无泄漏地压紧在硬管14上。

对于横截面中部具有中空台阶形的带状件11来说，为了更好地用夹紧件12通过带状件11将软管压紧在硬管上，如图1所示，可以在带状件11和软管15之间设置一环状件13，环状件13设置在带状件11中空台阶形的空腔部分，在该中空台阶形部分的下部设有向外的扩口，环状件13的两侧端与带状件11的下部扩口相配合，该扩口直接压在环状件13的两侧端上，以增大带状件11与软管15之间的接触面积，从而提供更好的夹紧力。

为了使软管15更牢固地夹紧在待连接的硬管14上，例如对于较大直径的软管或硬管，可以在连接部分采用多个管件连接装置；也就是说，可借助多个夹紧件12将多条长短一样的带状件11的两端拉靠在一起，从而使软管牢固且无泄漏地连接到硬管上。

采用本发明第一种管件连接装置连接软管15和硬管14时，不需像现有技术那样在连接之前就将管件连接装置预先组装，或者将其预先套装在软管上后再连接软管和硬管，可以在将软管15套接到硬管14上后，将带状件11环绕软管15上与硬管14相连接部分的外表面放置，然后直接将夹紧件12的卡爪123插入到带状件11两端部的通孔111中或凸起112之间，借助夹紧件12上的弹性变形部使它们牢固地卡接，从而简化了连接过程，更方便、快速地将软管牢固且无泄漏地连接到硬管14上。尤其是当带状件11沿其整个长度方向上设置有通孔111或者凸起112时，可以将带状件制成一条很长的带子，根据需要连接的管件尺寸截取所需长度的带状件11，因此适用于连接各种不同尺寸的管件。

本发明用于将软管连接到硬管上的管件连接装置的第二种实施方式如图5至图7所示，该管件连接装置包括两个彼此对称的近似于半圆形的带状件21和两个形状为对称结构的夹紧件22，这种管件连接装置特别适用于管径较大的软管和硬管的连接。需要说明的是图中所示的带状件21和夹紧件22均为两个，而对于更大管径的软管与硬管相连接时，还可以采用更多的带状件和夹紧件。当然，也不排除用这种管件连接装置连接较小管径的软管和硬管时，只采用一个带状件和夹紧件。

图7中示出的本发明管件连接装置的第二种实施方式中的带状件21分别在其两端部区域各有两个通孔211，但与第一种实施方式中的带状件11一样，可以沿其整个长度方向上设置通孔211，从而也可以将该带状件21制成一条长带，根据需要连接的管件尺寸切断长带，以得到与该待连接管件的半个周长相适配的带状件21，从而当将软管连接到硬管上时，该两带状件21可以环绕被连接软管的外表面放置，两带状件21的两个端部彼此相靠近。带状件21的横截面形状也可以制成与第一种管件连接装置中的带状件类似的近似于台阶的形状，在中间区域形成有拱起的部分，并且该台阶形最好是中空的；对于该台阶形是实心的情况，可以采用有足够深度的盲孔来代替其上的通孔，当然在后一种情况下，带状件的横向中间部分也可以不形成台阶，直接在较厚的金属带上形成盲孔。

本发明管件连接装置的第二种实施方式与第一种实施方式的不同之处主要在于夹紧件22的结构。如图6所示，夹紧件22上设置有倒U形的弹性变形部221。在图6中，该倒U形弹性变形部221的顶部为平直结构，但是为了进一步提高该倒U形弹性变形部221的弹性恢复力，其连接两侧边的顶部最好也形成向下弯曲的弧面。对于以通孔211作为卡合部的带状件21来说，与其相配用的夹紧件22还包括从弹性变形部221的两侧边的端部沿圆周方向向外延伸的延伸臂222，延伸臂222上设置有多个与带状件21上的多个通孔211的位置相对应且与这些通孔211相卡合的凸起部223，这些凸起部223成为夹紧件上的卡合配合部。这种凸起部223如做成如图6所示的向内倾斜的钩状卡爪223，能起到更好的卡合效果。

如图6所示，在将软管25（参见图5）固定地连接到硬管24上的连接过程中，用其中一个夹紧件22连接两个近似于半圆形的带状件21。具体来说，将夹紧件22上两个延伸臂222上的钩状卡爪223分别与两个带状件21上两端的通孔211卡合在一起。然后，再用另一个夹紧件22连接两个带状件21的另外一端，具体来说，对夹紧件22的倒U形弹性变形部221的两侧边向着两侧延伸臂 222 的方向施力，使夹紧件 22 上的钩状卡爪 223 与带状件 21 上的通孔 211 卡合在一起。卡合之后，释放施加在倒 U 形弹性变形部 221 两侧边上的作用力，则该弹性变形部 221 在其弹性恢复力的作用下，将两带状件 21 的连接端牢固地拉靠在一起，从而将软管牢固且无泄漏地压紧在硬管上。

在本发明管件连接装置的第二种实施方式中，对于横截面中部具有中空台阶形的带状件 21，也可以如图 5 所示，在带状件 21 和软管 25 之间，以与本发明第一种实施方式中同样的方式设置环状件 23。

图 8 示出本发明管件连接装置第二种实施方式的变形结构，其与第二种实施方式的区别在于：在带状件 21 上设置凸起 212（优选为向外倾斜的卡合爪）来代替通孔 211 作为带状件 21 上的卡合部，此时设有凸起 212 的带状件 21 的下表面是能与被连接软管 25 外表面相配合的平面；在夹紧件 22 的延伸臂 222 上设置卡合通孔 224 来代替凸起部 223 作为夹紧件 22 上的卡合配合部。使用本发明管件连接装置第二种实施方式的变形结构来连接软管与硬管的过程与第二种实施方式完全相同，在此不再作重复说明。

采用本发明第二种实施方式的管件连接装置，除了能获得第一种实施方式的优点之外，由于该管件连接装置由一对带状件和一对夹紧件构成，因而能适用于较大尺寸管件的连接。当然，还可在大尺寸的管件的周向设置多个带状件 21，通过夹紧件 22 顺次连接而压紧软管，所以，特别适用于超大尺寸的管件的连接。

采用本发明第二种实施方式的管件连接装置连接软管与硬管时，与第一种实施方式一样，还可在待连接管件的连接部分沿其轴向布置多个管件连接装置，这样，实现了更可靠的软管与硬管的连接。

采用本发明上述两种实施方式的管件连接装置，可以实现来自如天然气、煤气等气体供给源的硬管与输送气体的软管之间的连接或者用于输送气体的软管和例如煤气炉等使用设备的硬管之间的连接。管件内也不限于气体，可以是任意的流体。当然，也可通过采用一根硬管连接直径相同的两根软管或一根两端外径不同的硬管作为连接件来实现不同直径的两根软管之间的对接。

说明书附图

图 1

图 2

图 3

图 4

图 5

图 6

图 7

图 8

说 明 书 摘 要

本发明涉及一种用于将软管连接到硬管上的管件连接装置，包括用于连接管件的带状件（11）以及用于将该带状件压紧在管件上的夹紧件（12），该带状件至少在其两端部区域设置有卡合部（112），该夹紧件上设置有与该卡合部相配合的卡合配合部（123），该夹紧件上还设有弹性变形部（121，122），使所述带状件上的卡合部与所述夹紧件上的卡合配合部相卡接。本发明的管件连接装置，能够方便且快速地将软管牢固且无泄漏地连接到硬管上，尤其是在该带状件上的卡合部沿着其整个长度方向分布时，该管件连接装置能适用于各种不同尺寸的软管与硬管的连接。

摘 要 附 图

【案例2】瓶盖组件[1]

（一）申请案情况介绍

本案例涉及一项有关瓶盖组件的发明创造，客户（A公司）要求针对所提供的技术交底书撰写一件发明专利申请的权利要求书和说明书，并针对该发明创造给出如何向国家知识产权局提出发明专利申请以使该发明创造得到充分保护的建议。

1. 客户提供的现有技术

客户随其技术交底书附上了所了解的三项现有技术：客户提供的现有技术1（以下简称"对比文件1"）、客户提供的现有技术2（以下简称"对比文件2"）和客户提供的现有技术3"（以下简称"对比文件3"）。这三项现有技术均是中国实用新型专利说明书。其中，对比文件1公开了一种内部容纳有调味材料的饮料瓶盖，对比文件2公开了一种内部盛装有茶叶的瓶盖，对比文件3公开了一种内部盛装有调味材料的瓶盖结构。下面分别详细介绍这三份对比文件所披露的技术内容。

（1）客户提供的现有技术1（对比文件1）

本实用新型涉及一种内部容纳有调味材料的饮料瓶盖。

市售的各种加味饮料（如茶饮料、果味饮料等）通过在纯净水中加入调味材料制成。为保证饮料品质、延长保存时间，加味饮料中大都使用各种添加剂，不利于人体健康。

针对加味饮料存在的上述问题，本实用新型提出一种即配式饮料瓶盖。所述饮料瓶盖内部盛装有调味材料（如茶粉、果珍粉等），该瓶盖与盛装矿泉水或纯净水的瓶身配合，构成完整的饮料瓶。饮用时将瓶盖内的调味材料释放到瓶身内与水混合，即可即时配制成加味饮料。由于调味材料与水在饮用前处于隔离状态，因此无需使用添加剂。

图2-1是本实用新型的立体分解图；图2-2是本实用新型在常态下的组合剖视图；图2-3是本实用新型在使用状态下的组合剖视图。

如图2-1至图2-3所示，即配式饮料瓶盖具有顶壁1和侧壁2，侧壁2内侧下部具有与瓶口外螺纹相配合的内螺纹3，侧壁2内侧在内螺纹3上方具有环状凸缘4，隔挡片5固定于环状凸缘4上，隔挡片5优选为一层热压在环状凸缘4上的气密性薄膜。顶壁1、侧壁2和隔挡片5围合成密闭的容置腔室6，容置腔室6内放置调味材料。上述结构即构成完整的即配式饮料瓶盖，该瓶盖可以与盛装矿泉水或纯净水的瓶身相配合使用。直接拧开瓶盖，可以饮用瓶中所装矿泉水或纯净水；撕除或破坏隔挡片5，则可即时配制成加味饮料饮用。

为了能够方便、卫生地破坏隔挡片5，本实用新型的顶壁1由易于变形的弹性材料制成，顶壁1内侧具有向隔挡片5方向延伸的尖刺部。如图2-2所示，常态下尖刺部7与隔挡片5不接触，从而使隔挡片5保持完整和密封。饮用加味饮料时，可以沿图2-3中箭头所示方向按压顶壁1，顶壁1向隔挡片5方向变形，尖刺部7刺破隔挡片5，调味材料进入瓶中与水混合，形成所需口味的饮料。采用弹性顶壁配合尖刺部的结构，使得本实用新型瓶盖的使用十分方便、卫生。

图2-1

---

[1] 此案例根据2011年全国专利代理人资格考试"专利代理实务"科目有关申请文件撰写部分的试题改编而成。

图2-2（图示标注：7尖刺部、1顶壁、6容置腔室、2侧壁、4环状凸缘、3内螺纹、5隔挡片）

图2-3（图示标注：7尖刺部、1顶壁、6容置腔室、2侧壁、4环状凸缘、3内螺纹、5隔挡片）

(2) 客户提供的现有技术2（对比文件2）

本实用新型涉及一种内部盛装有茶叶的瓶盖。

用冷水泡制而成的茶是一种健康饮品，冷泡的方式不会破坏茶叶里的有益物质。目前制作冷泡茶的方式，通常是将茶袋或茶叶投入水杯或矿泉水瓶内进行浸泡。然而茶叶携带起来不方便，特别是在外出时，不便于制作冷泡茶。

本实用新型提出一种茶叶填充瓶盖，在现有瓶盖的基础上，在瓶盖内部增加一个容纳茶叶的填充腔。该瓶盖与矿泉水瓶相配合一同出售，解决了茶叶不易携带的问题。

图2-4是本实用新型的剖面图。

如图2-4所示，本实用新型的瓶盖整体为圆柱形，其上端封闭形成盖顶部1，圆柱形侧壁2的下部具有与瓶口外螺纹配合的内螺纹3，内螺纹3上方设有与侧壁2一体形成的环状凸缘4，透水性滤网5（滤纸或滤布）固定于环状凸缘4上。瓶盖的顶部1、侧壁2和滤网5围合的空间形成茶叶填充腔6。

瓶口处设有封膜7用于密封瓶身内的水。饮用时打开瓶盖并除去瓶口封膜7，然后再盖上瓶盖，将水瓶倒置或横置，瓶中的水透过滤网5进入茶叶填充腔6中充分浸泡茶叶，一段时间后制成冷泡茶。由于滤网5的阻隔作用，茶叶不会进入瓶身，方便饮用。

图2-4（图示标注：6茶叶填充腔、1盖顶部、2侧壁、4环状凸缘、5滤网、3内螺纹、7封膜）

(3) 客户提供的现有技术3（对比文件3）

本实用新型公开了一种内部盛装有调味材料的瓶盖结构。该瓶盖与盛装矿泉水或纯净水的瓶身配合，构成完整的饮料瓶。饮用时可将瓶盖内的调味材料释放到瓶身内与水混合，从而即时配制成加味饮料。

图2-5是本实用新型的剖视图。

如图2-5所示，本实用新型的瓶盖具有顶壁1和侧壁2，侧壁2内侧具有与瓶口外螺纹配合的内螺纹3，顶壁1内侧固定连接一个管状储存器4，该管状储存器4的下端由气密性封膜5密封，所述气密性封膜5优选为塑料薄膜，通过常规的热压方式固定在管状储存器4的下缘。顶壁1、管状储存器4和封膜5围合的空间形成密闭的容置腔室6，容置腔室6内放置有调味材料。如图2-5所示，将瓶盖旋转连接在瓶身上时，瓶口部分进入侧壁2与管状储存器4之间的环状空间内。

图2-5（图示标注：4管状储存器、1顶壁、6容置腔室、2侧壁、5封膜、3内螺纹）

想饮用加味饮料时,打开瓶盖撕除或者破坏封膜5,然后再盖上瓶盖,容置腔室6中的调味材料进入瓶中,与水混合形成所需口味的饮料。

2. 客户技术交底书中对发明内容的具体说明

客户在技术交底书中指出,A公司对现有技术1至现有技术3公开的瓶盖进行研究后发现它们各有不足。现有技术1所述瓶盖的顶壁由易变形的弹性材料制成,在搬运和码放过程中容易受压向下变形,使尖刺部刺破隔挡片,容置腔室内的调味材料进入水中,因此导致饮料容易变质,从而达不到预期效果。现有技术2和现有技术3所述瓶盖,饮用时需先打开瓶盖用手除去封膜,使用不方便、不卫生。

在上述现有技术的基础上,A公司提出改进的内置调味材料的瓶盖组件。

图2-6至图2-8示出A公司研发出的第一种内置调味材料的瓶盖组件。如图2-6和图2-7所示,改进的瓶盖组件包括瓶盖本体1和盖栓2。所述瓶盖本体1具有顶壁、侧壁和容置腔室3,容置腔室3底部由气密性隔挡片4密封,容置腔室3内放置有调味材料,侧壁内侧下部设有与瓶口外螺纹配合的内螺纹。

图2-6

图2-7

如图2-7所示,瓶盖本体1的顶壁开设孔5,与顶壁一体成型的中空套管6从该孔5的位置向瓶盖本体1开口方向延伸,中空套管6的内壁带有内螺纹。盖栓2由栓帽21和栓体22两部分构成,栓体22设有外螺纹,其上端与栓帽21相连接,其下端具有刺破部23,用于刺破隔挡片4,栓体22穿过孔5进入容置腔室3内,且能够在孔5中上下相对运动,栓体22的外螺纹与中空套管6的内螺纹配合。

如图2-6所示,组装瓶盖组件时,将盖栓2旋转连接于中空套管6中,将刺破部23限制在隔挡片4上方合适的位置。此时,该瓶盖组件如同普通瓶盖一样使用。想饮用加味饮料时,

图2-8

如图2-8所示,旋转栓帽21,盖栓2借助螺纹向下运动,栓体22下端的刺破部23刺破隔挡片4;然后反向旋转盖栓2使其向上运动,容置腔室3中的调味材料从隔挡片4的破损处进入瓶身。

图2-9至图2-11示出A公司研发出的第二种内置调味材料的瓶盖组件。其与第一种瓶盖组件的主要区别在于,盖栓2与瓶盖本体1之间并非螺纹连接关系,并且省去了中空套管。如图2-9和图2-10所示,盖栓2的栓体22具有光滑的外表面,栓体22穿过顶壁的孔5进入容置腔室3内,且能够在孔5中上下相对运动。栓体22外套设弹簧7,弹簧7的一端抵靠在栓帽21上,

另一端抵靠在顶壁上。一侧带有开口的卡环 8 围绕弹簧 7 卡扣在栓帽 21 和顶壁之间，需要时，可借助卡环 8 的开口将其从该位置处卸下。如图 2-9 所示，常态下，卡环 8 卡扣在栓体 22 外周限制盖栓 2 向下运动。此时，该瓶盖组件如同普通瓶盖一样使用。想饮用加味饮料时，如图 2-11 所示，卸下卡环 8，并沿着图 2-11 中箭头所示方向，向下按压栓帽 21，栓体 22 在孔 5 中向下运动，其下端的刺破部 23 刺破容置腔室 3 底部的隔挡片 4，松开栓帽 21 后，在弹簧 7 的作用下，盖栓 2 向上运动回位，容置腔室 3 中的调味材料从隔挡片 4 的破损处进入瓶身。

图 2-9　　　　图 2-10　　　　图 2-11

需要说明的是，对于以上两种内置调味材料的瓶盖组件，容置腔室的具体结构有多种选择。如图 2-6 和图 2-9 所示，容置腔室由顶壁、侧壁和隔挡片围合形成，其中隔挡片固定于侧壁内侧的环状凸缘上。此外，容置腔室还可以如一些现有技术那样，由顶壁、从顶壁内侧向下延伸的管状储存器和固定于管状储存器下缘的隔挡片围合形成。

图 2-12 至图 2-14 示出 A 公司研发出的第三种内置调味材料的瓶盖组件。如图 2-12 和图 2-13 所示，改进的瓶盖组件包括瓶盖本体 31 和拉环 32。所述瓶盖本体 31 具有顶壁、侧壁和容置腔室 33，侧壁内侧下部设有与瓶口外螺纹配合的内螺纹。侧壁内侧位于内螺纹上方具有环状凸缘 34，气密性隔挡片 35 固定于环状凸缘 34 上。顶壁、侧壁和隔挡片 35 共同形成密闭的容置腔室 33，容置腔室 33 内放置有调味材料。拉环 32 连接在瓶盖本体 31 的下缘，且易于从瓶盖本体 31 上撕除。

图 2-12　　　　图 2-13　　　　图 2-14

如图 2-12 所示，常态下，拉环 32 连接于瓶盖本体 31 上，瓶口上缘与隔挡片 35 之间具有适当的间隔。想饮用加味饮料时，撕除拉环 32，旋转瓶盖本体 31 使其相对于瓶身继续向瓶口方向运动，瓶口上缘就会如图 2-14 所示那样与隔挡片 35 接触，并逐渐对隔挡片 35 施加向上的压力，使隔挡片 35 破裂，容置腔室 33 内的调味材料进入瓶身。

可撕除的拉环目前已经广泛应用于各种瓶盖，其结构以及与瓶盖本体的连接方式属于本领域公知的技术。图2-13示出了其中一种具体结构，拉环32通过多个连接柱36固定在瓶盖本体31的下缘，拉环32具有开口37，开口37的一侧设有拉环扣38，通过牵拉拉环扣38使连接柱36断裂，从而将拉环32从瓶盖本体31上撕除。该拉环与第二种瓶盖组件中的卡环功能相近，均起到限制相关部件进一步运动的作用，因而也可以采用卡环或其他能起到限制相关部件进一步运动的可移除的环状部件来代替拉环。

最后，客户在技术交底书中还提出了一个咨询问题：现有的隔挡片也能适用于本发明，现已研制出了具有更好效果的隔挡片材料，但希望以商业秘密的方式加以保护，如果所撰写的该申请的说明书中不记载改进后的隔挡片材料能否满足说明书充分公开发明的要求。

（二）权利要求书和说明书的撰写思路

由客户提供的技术交底书可知，该发明创造的内容仅涉及一个要求保护的主题：内置调味材料的瓶盖组件，但是该要求保护的主题主要涉及三种不同的结构，即该要求保护的主题涉及三种实施方式。

对于这类申请案而言，通常可按照下述主要思路来撰写权利要求书和说明书：理解技术交底书中有关发明的实质内容，分析该要求保护的主题涉及的三种结构彼此之间的关系，以初步确定权利要求书中各权利要求的总体布局；针对要求保护的主题撰写独立权利要求和从属权利要求；撰写该专利申请的说明书。

1. 理解技术交底书中有关发明的实质内容，分析其所涉及的保护主题

通过阅读技术交底书得知，客户发明了一种与现有技术结构不同的内置调味材料的瓶盖组件，显然，应当将此作为专利申请要求保护的主题。

就该申请要求保护的主题而言，客户在技术交底书中对于对比文件1所公开的瓶盖组件所存在的弹性顶壁在搬运和码放过程受压变形而使其下方的尖刺部刺破隔挡片的缺陷，给出了三种不同的阻止尖刺部与隔挡片在搬运和码放过程中作相对运动的结构，因此需要首先分析这三种不同的结构彼此之间的关系，即确定这三种不同的结构是三种并列方案还是主从方案，以便初步确定权利要求的总体布局。

现对三种结构的瓶盖组件进行初步分析：在第一种结构的瓶盖组件中，在瓶盖顶壁开口处设置有向着隔挡片方向延伸的、带内螺纹的中空套管，其栓体上带有外螺纹、栓体下端成为刺破部的盖栓从瓶盖顶壁开口处旋入到该中空套管中，借助于该栓体与中空套管的螺纹配合来阻止该盖栓在搬运和码放过程中受压向下运动，进而阻止位于栓体下端的刺破部向下运动刺破隔挡片；在第二种结构的瓶盖组件中，盖栓的栓体经瓶盖顶壁开口伸入到容置腔室，通过在盖栓的栓帽和瓶盖本体顶壁之间设置可移除的卡环来阻止该盖栓在搬运和码放过程中受压向下运动，进而阻止栓体下端的刺破部向下运动刺破隔挡片；在第三种结构的瓶盖组件中，将与该瓶盖组件配用的饮料瓶本体的瓶口作为在饮用时用于刺破隔挡片的刺破部，在瓶盖本体下缘设置了可撕除的拉环以阻止瓶盖本体连同隔挡片在搬运和码放过程中向着瓶口移动，进而阻止瓶口刺破隔挡片。显然，这三种结构瓶盖组件中任何一种均不是在另一种结构瓶盖组件的基础上作出的进一步改进，因此这三种结构的瓶盖组件属于并列的改进方案。

对于这三种并列的、不同结构的内置调味材料的瓶盖组件来说，为了争取更宽的保护范围，应当尽可能地撰写一项将这三种结构的瓶盖组件都概括在其保护范围之内的独立权利要求。

但是，由上述对三种结构瓶盖组件的初步分析可知，该申请相对于现有技术对比文件1中的瓶盖组件主要作了两方面的改进：其一，采用了不同的刺破部结构；其二，设置了一个阻止该刺破部在搬运和码放过程中相对于隔挡片移动的机构。对于前一方面的改进，第一种结构和第二种结构的瓶盖组件将盖栓伸入到容置腔室的栓体下端作为刺破部，而第三种结构的瓶盖组件采用了与其配用的饮料瓶的瓶口作为刺破隔挡片的刺破部，因此无法针对这三种刺破部结构进行概括；而对于后一方面的改进，第一种结构的瓶盖组件通过栓体上的外螺纹和中空套管的内螺纹配合来实现，而第二种结构和第三种结构的瓶盖组件通过卡环或拉环类可移除环状部件来实现，因而也无法从后一方面的改进对三种结构的瓶盖组件进行概括。由此可知，该申请无法针对这三种结构的瓶盖组件撰写一项能将这三种结构瓶盖组件都概括在其保护范围之内、且符合《专利法》《专利法实施细则》和《专利审查指南2010》规定的独立权利要求。❶

在这种情况下，应当考虑可否对其中两种内置调味材料的瓶盖组件的不同结构撰写成一项能将两者都概括在其保护范围之内的独立权利要求。如果有这种可能，则可针对这两种不同结构的瓶盖组件撰写一项独立权利要求，而针对另一种结构的瓶盖组件再撰写一项独立权利要求。在这种情况下，若这两项独立权利要求之间符合《专利法》第31条有关单一性的规定，则合案申请；若这两项独立权利要求之间不符合单一性的规定，则考虑是否提出两件申请。相反，如果对这三种不同结构瓶盖组件中的任何两种都无法撰写成一项能将两者都概括在其保护范围之内的独立权利要求，则可以考虑针对每一种结构的瓶盖组件各撰写一项独立权利要求，然后考虑这三项独立权利要求是否符合单一性规定以确定可否合案申请。

就该申请要求保护的主题而言，第一种结构和第二种结构的内置调味材料的瓶盖组件都是将盖栓伸入到容置腔室的栓体下端作为刺破部，不同之处仅仅在于采用了不同的结构来阻止该刺破部在搬运和码放过程中相对于隔挡片移动，因此可以考虑针对第一种结构和第二种结构的内置调味材料的瓶盖组件撰写一项能将这两种瓶盖组件都概括在其保护范围之内的独立权利要求。

基于以上分析可知，确定该申请要求保护的主题内置调味材料的瓶盖组件的权利要求的总体布局是：针对第一种结构和第二种结构的瓶盖组件完成独立权利要求和从属权利要求的撰写，并针对第三种结构的瓶盖组件完成独立权利要求和从属权利要求的撰写。最后根据撰写的这两项独立权利要求是否符合单一性的规定确定是否合案申请。

2. 针对第一种结构和第二种结构的瓶盖组件撰写独立权利要求和从属权利要求

针对第一种结构和第二种结构的内置调味材料的瓶盖组件撰写独立权利要求和从属权利要求通常可以按照下述步骤进行：针对这两种结构的瓶盖组件列出其全部技术特征，对于两者不同的技术特征考虑采用什么样的技术特征加以概括；确定最接近的现有技术及要解决的技术问题；确定解决技术问题的必要技术特征，完成独立权利要求的撰写；针对其他技术特征进行分析，完成从属权利要求的撰写。

（1）列出该发明第一种结构和第二种结构的瓶盖组件的全部技术特征

在申请主题存在多个不同结构（即不同实施方式）的情况下，在撰写权利要求时，要考虑对这些实施方式进行适当概括。专利代理人的工作不能仅限于对申请人给出的技术交底材料的字面理解，一味照抄与这些实施方式相应的具体结构，导致权利要求的保护范围太小，而应当

---

❶ 如果非要进行概括，则其相对于最接近的现有技术的区别最后只能概括成一个与其要解决的技术问题相当的功能性技术特征，即"包括一个可以用于阻止瓶盖组件的顶壁在受压时会导致其隔挡片被刺破的机构"，这一区别仅仅相当于"要解决的技术问题"的"机构"或者"要解决的技术问题"的"部件"，而没有给出解决该技术问题的任何技术手段，则这样撰写的独立权利要求未清楚地限定其要求专利保护的范围，不符合《专利法》第26条第4款的规定。

帮助申请人充分挖掘相关的技术方案，进行适当概括后形成相应的权利要求。一项概括得当的权利要求应当尽可能覆盖本领域技术人员在这些实施方式的基础上所能合理预测的所有等同替代方式或者明显变型方式。需要说明的是，在实际从事专利代理工作的过程中，可以根据现有技术的掌握情况适当增加、补充有关技术内容，但考试答题时应当注意以不超出题目素材公开的范围为前提，对各种实施方式进行适当概括，因此，下面针对该申请要求保护的主题所涉及的第一种结构和第二种结构的瓶盖组件进行分析时仅局限在前面技术交底书所给出的技术内容的范围。

下面，依据技术交底书中结合附图给出的第一种结构和第二种结构的瓶盖组件的具体结构，列出该要求保护主题所涉及的全部技术特征。

为清楚起见，首先列出两种结构瓶盖组件相同的技术特征：

① 瓶盖组件包括瓶盖本体 1 和盖栓 2；

② 瓶盖本体 1 具有顶壁、侧壁和放置有调味材料的容置腔室 3；

③ 固定于瓶盖本体 1 的侧壁内侧的环状凸缘上或者固定于从顶壁内侧向下延伸的管状储存器下缘的气密性隔挡片 4；与此相应，容置腔室 3 由顶壁、侧壁和气密性隔挡片围合形成或者由顶壁、从顶壁内侧向下延伸的管状储存器和气密性隔挡片围合形成，其中容置腔室 3 的底部由气密性隔挡片 4 密封；

④ 瓶盖本体 1 的顶壁开设孔 5，瓶盖本体 1 的侧壁内侧下部设有与瓶口外螺纹配合的内螺纹；

⑤ 盖栓 2 由栓帽 21 以及其上端与栓帽 21 相连接的栓体 22 两部分组成；

⑥ 盖栓 2 的栓体 22 的下端具有刺破部 23，栓体 22 穿过顶壁的孔 5 进入容置腔室 3 内，且能够在孔 5 中上下相对运动。

在列出两种结构瓶盖组件相同的技术特征之后，再来分析两种结构瓶盖组件不同的技术特征：

⑦ 在第一种结构的瓶盖组件中，瓶盖本体 1 与盖栓 2 之间为螺纹连接关系，瓶盖本体 1 包括与顶壁一体成型的中空套管 6，该中空套管 6 从孔 5 的位置向瓶盖本体 1 开口方向延伸，中空套管 6 的内壁带有内螺纹，栓体 22 设有外螺纹，栓体 22 的外螺纹与中空套管 6 的内螺纹相配合，将位于栓体下端的刺破部 23 限制在隔挡片 4 上方合适的位置；

⑧ 在第二种结构的瓶盖组件中，盖栓 2 的栓体 22 具有光滑的外表面，栓体 22 穿过顶壁的孔 5 进入容置腔室 3，栓体 22 外套设弹簧 7，弹簧 7 的一端抵靠在栓帽 21 上，另一端抵靠在顶壁上，一侧带有开口的卡环 8 围绕弹簧 7 卡扣在栓帽 21 和顶壁之间，常态下卡环 8 限制盖栓 2 向下运动，想饮用饮料时，可借助卡环 8 的开口将其从该位置处卸下。

上述第一种结构瓶盖组件和第二种结构瓶盖组件的区别仅在于：前者采用上述特征⑦中的螺纹结构来限制盖栓受压时向隔挡片方向运动，后者采用上述特征⑧中的卡环结构来限制盖栓受压时向隔挡片方向运动，并且在本申请的技术交底书中明确给出了"限制"作用的提示。因此，可以考虑对这两种瓶盖组件中限制盖栓受压时向隔挡片方向运动的不同结构（即螺旋结构和卡环结构）概括成一个功能性限定的技术特征"所述瓶盖组件还包括限制盖栓受压时向隔挡片方向运动的机构"，以形成一个保护范围较宽的技术方案。

通过上述对第一种结构和第二种结构的瓶盖组件的具体特征分析，为撰写针对第一种结构和第二种结构的瓶盖组件的独立权利要求和从属权利要求做好准备。

(2) 针对第一种结构和第二种结构的瓶盖组件确定最接近的现有技术及要解决的技术问题

对于该申请而言，撰写申请文件前所了解到的相关现有技术共有三份对比文件。❶

按照《专利审查指南 2010》第二部分第四章第 3.2.1.1 节的规定，最接近的现有技术是指现有技术中与要求保护的发明最密切相关的一个技术方案，它是判断发明是否具有突出的实质性特点的基础。最接近的现有技术，例如可以是，与要求保护的发明技术领域相同，所要解决的技术问题、技术效果或者用途最接近和/或公开了发明的技术特征最多的现有技术，或者虽然与要求保护的发明技术领域不同，但能够实现发明的功能，并且公开发明的技术特征最多的现有技术，应当注意的是，在确定最接近的现有技术时，应首先考虑技术领域相同或相近的现有技术。

在这三项现有技术中，对比文件 1 披露了一种内部容纳有调味材料的饮料瓶盖，具有由顶壁、侧壁和隔挡片围成的放置有调味材料的密闭容置腔室，其顶壁由易变形的弹性材料制成，且在顶壁上设置有向下伸出、用于在饮用时刺破隔挡片的尖刺部，使用方便卫生；对比文件 2 披露了一种内部盛装有茶叶的瓶盖，具有由盖顶部、侧壁和滤网围合的空间形成的填充腔，填充腔内装有茶叶，透水性滤网固定于环状凸缘上，由于所述滤网的阻隔作用，茶叶不会进入瓶身，方便饮用且解决了茶叶不易携带的问题，但是为防止饮料瓶内的水在储存和运输过程中就与茶叶接触，需要在饮料瓶的瓶口处设置封膜；对比文件 3 披露了一种内部盛装有调味材料的瓶盖结构，具有由顶壁、管状储存器和气密封膜围合的空间形成的密闭容置腔室，容置腔室内放置有调味材料，打开瓶盖撕除或者破坏气密封膜，容置腔室中的调味材料进入瓶中，与水混合形成所需口味的饮料。

由上述分析可知，三份对比文件公开的现有技术与该申请的技术领域均相同。而从这三项现有技术所解决的技术问题、技术效果和用途的接近程度和披露该发明技术特征多少的角度来看，对比文件 1 中瓶盖组件的瓶盖顶壁上设置有可供饮用时用于刺破隔挡片的尖刺部，从而使用方便卫生，但是由于该顶壁由易变形的弹性材料制成，则在搬运和码放过程中容易受压向下变形而使尖刺部刺破隔挡片，导致饮料容易变质，达不到预期效果；对比文件 2 中的瓶盖组件未公开在饮用时用于刺破位于饮料瓶口处的封膜的刺破部，在饮用时需要用手除去该封膜，使用不方便，但不会使饮料变质；对比文件 3 中的瓶盖组件也未公开在饮用时用于刺破容置腔室底部的气密封膜的刺破部，在饮用时需先打开瓶盖用手撕除或者破坏该气密封膜，使用不方便、不卫生，但也不会使饮料变质。由此可知，在这三项现有技术中，对比文件 1 中公开的现有技术与该申请解决的技术问题、技术效果更接近，公开了该发明更多的技术特征，因此可以认为对比文件 1 是该发明最接近的现有技术。

通过将该申请技术交底书中给出的第一种结构和第二种结构的瓶盖组件与对比文件 1 中的瓶盖进行对比分析可知，该申请相对于最接近的现有技术对比文件 1 中的瓶盖作出的改进主要解决了对比文件 1 中的瓶盖在搬运和码放过程中弹性顶壁受压变形使尖刺部刺破密封隔挡片而导致饮料变质的技术问题。

(3) 针对第一种结构和第二种结构的瓶盖组件撰写独立权利要求

根据最接近的现有技术和所确定的该发明要解决的技术问题，确定独立权利要求的全部必要技术特征，并按照《专利法实施细则》第 21 条第 1 款规定的格式划分前序部分和特征部分，完

---

❶ 需要说明的是，平时专利代理实践中，专利代理人有可能找到其他更合适的有关瓶盖组件的现有技术，但为了更接近原试题同时兼顾专利代理人资格考试的实际情况，本案例仍采用试题中给出的客户所提供的三份对比文件作为该申请的现有技术。

成独立权利要求的撰写。

现对前面列出的①至⑧八个技术特征进行分析，确定其中哪些技术特征是解决该发明技术问题（防止尖刺部在搬运和码放过程中刺破密封隔挡片而导致饮料变质）的必要技术特征。

特征①、②和⑤分别为"瓶盖组件包括瓶盖本体1和盖栓2""瓶盖本体1具有顶壁、侧壁和放置有调味材料的容置腔室3"和"盖栓2由栓帽21以及其上端与栓帽21相连接的栓体22两部分构成"，这三个技术特征是构成瓶盖组件的基本的结构特征，而且是解决该发明上述技术问题的技术手段，因此上述特征①、②和⑤是解决该发明上述技术问题的必要技术特征。

对于特征③来说，其给出了特征②中容置腔室3的两种具体结构，这两种具体结构对于第一种结构瓶盖组件和第二种结构瓶盖组件均适用。在其中一种具体结构中，气密性隔挡片4固定于瓶盖本体1的侧壁内侧的环状凸缘上，从而容置腔室由顶壁、侧壁和气密性隔挡片围合形成；而在另一种具体结构中，气密性隔挡片4固定于从瓶盖本体1顶壁内侧向下延伸的管状储存器的下缘，从而容置腔室由顶壁、管状储存器和气密性隔挡片围合形成。显然这两种具体结构是第一种结构和第二种结构瓶盖组件有关容置腔室的优选结构，不应当作为该发明解决上述技术问题的必要技术特征，而可以将这两种优选结构作为附加技术特征来撰写从属权利要求。但是需要注意的是，在这两种具体结构中，气密性隔挡片均构成该容置腔室的底部，考虑到该发明与现有技术相比解决技术问题的关键技术手段就在于还包括一个限制盖栓受压时向隔挡片方向运动的机构（见后面对特征⑦和特征⑧的分析），因此，气密性隔挡片是解决该发明技术问题的必要技术手段，与此相应，还需要清楚写明该气密性隔挡片与容置腔室的结构关系，由此可知，应当将特征③中有关"容置腔室3的底部由气密性隔挡片4密封"的内容作为解决该发明上述技术问题的必要技术特征。

特征④涉及两方面内容："瓶盖本体1的顶壁开设孔5"和"瓶盖本体1的侧壁内侧下部设有与瓶口外螺纹配合的内螺纹"。前一方面的内容"瓶盖本体1的顶壁开设孔5"是对瓶盖本体1的顶壁进行限定的技术特征，由于该发明中的重要组成部件盖栓的栓体要从瓶盖本体顶壁开设的孔中穿过，因此"瓶盖本体1的顶壁开设孔5"是解决该发明技术问题的技术手段之一，是必要技术特征。至于后一方面的内容"瓶盖本体1的侧壁内侧下部设有与瓶口外螺纹配合的内螺纹"是现有技术已经披露的技术特征，由于其与该发明要解决的技术问题没有直接关系，即其不是与该发明解决技术问题的技术方案密切相关的技术特征，因而根据《专利审查指南2010》第二部分第二章第3.3.1节的规定，无需将其作为解决该发明技术问题的必要技术特征写入独立权利要求。

对于特征⑥来说，涉及第一种结构和第二种结构的瓶盖组件中盖栓的共同结构，即盖栓2的栓体22的下端具有刺破部23，栓体22穿过顶壁的孔5进入容置腔室3内，且能够在孔5中上下相对运动。该特征⑥是与最接近的现有技术相区别的一个重要技术特征，是解决该发明技术问题必不可少的技术手段，因此是解决该发明上述技术问题的必要技术特征。

前面已经指出，特征⑦为第一种结构的瓶盖组件的结构特征，特征⑧为第二种结构的瓶盖组件的结构特征，这两个结构特征均起到阻止盖栓在搬运和码放过程中受压时向着隔挡片方向运动的作用，如果该发明不包含上述两个特征之一，就不能解决该发明的上述技术问题。但是，这两个具体结构特征分别是一种优选结构，不应当直接将它们作为必要技术特征写入独立权利要求，而应当采用概括这两个结构特征的表述方式作为该发明解决上述技术问题的必要技术特征。鉴于对这两个结构特征无法用上位的结构特征进行概括，而在该申请的技术交底书中明确给出了这两个结构特征在盖栓受压时起到"限制"盖栓的栓体向隔挡片方向移动的作用，因此可以如前面在列出第一种结构和第二种结构瓶盖组件的全部技术特征时对这两个特征作出的说明那样，对这两种瓶盖组件中限制盖栓受压时向隔挡片方向运动的不同结构概括成一个功能性限定的技术特征"所述瓶盖组件还包括限制盖栓受压时向隔挡片方向运动的机构",形成一个较上位的技术特征。

通过上述分析可知,该发明解决上述技术问题的全部必要技术特征为特征①、特征②、特征③中有关"容置腔室3底部由气密性隔挡片4密封"的内容、特征④中有关"瓶盖本体1的顶壁开设孔5"的内容、特征⑤、特征⑥以及针对特征⑦和特征⑧概括而成的功能限定的技术特征"所述瓶盖组件还包括限制盖栓受压时向隔挡片方向运动的机构":

- 瓶盖组件包括瓶盖本体1和盖栓2
- 瓶盖本体1具有顶壁、侧壁和放置有调味材料的容置腔室3
- 所述容置腔室3的底部由气密性隔挡片4密封
- 瓶盖本体1的顶壁开有孔5
- 盖栓2由栓帽21以及其上端与栓帽21相连接的栓体22两部分组成
- 盖栓2的栓体22的下端具有刺破部23,栓体22穿过孔5进入容置腔室3内,且能够在孔5中上下相对运动
- 所述瓶盖组件还包括限制盖栓2受压时向隔挡片4方向运动的机构

按照《专利法实施细则》第21条第1款的规定撰写独立权利要求时,需要将上述必要技术特征中与对比文件1共有的技术特征写入独立权利要求的前序部分,将其余的必要技术特征作为该发明与对比文件1的区别技术特征写入独立权利要求的特征部分,用"其特征在于"等类似语言连接,完成独立权利要求的撰写。显然,在上述必要技术特征中,"瓶盖本体具有顶壁、侧壁和放置有调味材料的容置腔室,容置腔室底部由气密性隔挡片密封"是与现有技术共有的技术特征,将其写入前序部分,而其余特征是该发明相对于对比文件1的区别技术特征,将其写入特征部分。此外,撰写独立权利要求时,在不改变其保护范围的前提下,对其中的部分特征的表述方式作了适当调整。

根据《专利法实施细则》第19条第4款的规定,权利要求中的技术特征可以引用说明书附图中相应的标记,因而对产品独立权利要求,最好在其各部件名称后面加上带括号的附图标记。鉴于此,在撰写该发明瓶盖组件的独立权利要求(包括后面撰写的从属权利要求)时,在其各个部件名称后面加上相应的带括号的附图标记。

最后完成的独立权利要求1如下:

"1. 一种内置调味材料的瓶盖组件,包括瓶盖本体(1),所述瓶盖本体(1)具有顶壁、侧壁和放置有调味材料的容置腔室(3),所述容置腔室(3)的底部由气密性隔挡片(4)密封,其特征在于:所述瓶盖组件还包括盖栓(2),所述盖栓(2)由下端具有刺破部(23)的栓体(22)以及与所述栓体(22)的上端相连接的栓帽(21)组成,所述瓶盖本体(1)的顶壁上开有孔(5),所述栓体(22)穿过所述孔(5)进入所述容置腔室(3)内,且能够在所述孔(5)中上下相对运动,所述瓶盖组件还包括限制所述盖栓(2)受压时向所述隔挡片(4)方向运动的机构。"

对于对比文件1中所披露的即配式饮料瓶盖来说,其采用易于变形的弹性材料来制作顶盖,通过按压顶盖使其向下伸出的尖刺部刺破气密性隔挡片,未采用该发明的盖栓结构刺破气密性隔挡片;此外,该对比文件1也未披露限制尖刺部向着隔挡片方向运动的内容。由此可知,这种即配式饮料瓶盖没有披露独立权利要求1中特征部分的所有区别特征。也就是说,独立权利要求1的技术方案未被该现有技术披露,其相对于该现有技术来说可以克服瓶盖受压向下变形而使尖刺部刺破隔挡片导致饮料变质的缺陷。因此,独立权利要求1相对于现有技术对比文件1具备《专利法》第22条第2款规定的新颖性。

对于对比文件2所披露的内部盛装有茶叶的瓶盖来说，其采用"透水性滤网"将茶叶阻隔在茶叶填充腔内，解决茶叶不便于携带的问题，与这种瓶盖配用的饮料瓶为防止搬运和码放时瓶中的水浸泡茶叶，在瓶口处设有封膜，仅在饮用时才打开瓶盖除去封膜，以制成冷泡茶，其未采用该发明的盖栓结构来除去封膜，进而更不会披露限制盖栓向下运动的内容。由此可知，对比文件2没有披露独立权利要求1特征部分的全部技术特征，也就是说，独立权利要求1的技术方案未被该对比文件2披露，因此，独立权利要求1相对于对比文件2具备《专利法》第22条第2款规定的新颖性。

对于对比文件3所披露的内部盛装有调味材料的瓶盖结构来说，其采用"由气密性薄膜密封的管状储存器"来盛装调味材料，在饮用时打开瓶盖撕除管状储存器下缘的气密性薄膜，即时配制成加味饮料，其也未采用该发明的盖栓结构来除去气密性封膜，进而更不会披露限制盖栓向下运动的内容。由此可知，对比文件3没有披露独立权利要求1特征部分的全部技术特征，也就是说，独立权利要求1的技术方案未被该对比文件3披露，因此，独立权利要求1相对于对比文件3具备《专利法》第22条第2款规定的新颖性。

正如前面所指出的，在这三项现有技术中，对比文件1是该发明最接近的现有技术。独立权利要求1与对比文件1的区别特征为："瓶盖组件还包括盖栓，所述盖栓由下端具有刺破部的栓体以及与栓体上端相连接的栓帽组成，顶壁上开有孔，栓体穿过孔进入容置腔室内，且能够在孔中上下相对运动，所述瓶盖组件还包括限制盖栓受压时向隔挡片方向运动的机构"，从而独立权利要求1相对于对比文件1实际要解决的技术问题是提供一种在搬运和码放过程中不会因瓶盖顶壁受压刺破密封隔挡片而导致饮料变质的瓶盖组件。上述区别技术特征既未在对比文件2和对比文件3中披露，也不属于本领域技术的惯用手段，因而，上述对比文件2和对比文件3以及本领域的公知常识没有给出将上述区别技术特征应用到最接近的现有技术对比文件1中，以解决在搬运和码放过程中瓶盖顶壁受压刺破密封隔挡片而导致饮料变质这一技术问题的任何启示。由此可知，独立权利要求1相对于对比文件1、对比文件2、对比文件3以及本领域的公知常识来说是非显而易见的，具有突出的实质性特点。

此外，采用独立权利要求1的瓶盖组件结构，在搬运和码放过程中无需担心误压瓶盖会导致饮料变质，这样搬运和码放更加方便，而在饮用时仍能方便地刺破密封隔挡片制成所需加味饮料且不必用手撕除密封隔挡片，确保卫生，因此独立权利要求的技术方案相对于上述三项现有技术具有有益的技术效果，即具有显著的进步。

由上述分析可知，独立权利要求1的技术方案相对于对比文件1、对比文件2、对比文件3以及所属技术领域的公知常识具有突出的实质性特点和显著的进步，具备《专利法》第22条第3款规定的创造性。

(4) 针对第一种结构和第二种结构的瓶盖组件撰写从属权利要求

在完成独立权利要求的撰写之后，为了形成较好的保护梯度，应当根据两种具体实施方式撰写适当数量的从属权利要求。

首先，针对该发明相对于最接近的现有技术的主要改进方面，即针对上述独立权利要求1中的"所述限制盖栓受压时向隔挡片方向运动的机构"这一概括性描述的优选实现方式撰写从属权利要求。客户在技术交底书中的第一种结构瓶盖组件中给出了螺纹结构的实现方式，在第二种结构瓶盖组件中给出了卡环结构的实现方式。因此，可以针对上文分析中涉及螺纹结构的特征⑦和涉及卡环结构的特征⑧各撰写一项从属权利要求。

对于特征⑦"瓶盖本体1包括与顶壁一体成型的中空套管6，该中空套管6从孔5的位置向瓶盖本体开口方向延伸，中空套管 6 的内壁带有内螺纹，栓体 22 设有外螺纹，栓体 22 的外螺纹与中空套管 6 的内螺纹相配合，将位于栓体下端的刺破部 23 限制在隔挡片 4 上方合适的位置"，为使所撰写的从属权利要求符合《专利法》第 26 条第 4 款有关权利要求应当清楚限定要求专利保护范围的规定，应当从独立权利要求出现过的技术特征"限制盖栓受压时向隔挡片方向运动的机构"出发加以限定，写明该机构的组成，然后再对其组成作进一步具体说明。最后针对特征⑦的优选实现方式所撰写的从属权利要求 2 如下：

"2. 根据权利要求 1 所述的内置调味材料的瓶盖组件，其特征在于：所述限制盖栓（2）受压时向隔挡片（4）方向运动的机构由内壁带有内螺纹的中空套管（6）和带有外螺纹的所述栓体（22）构成，所述中空套管（6）与所述瓶盖本体（1）的顶壁一体成型并从所述孔（5）的位置向所述瓶盖本体（1）的开口方向延伸。"

对于上文中分析过的特征⑧"盖栓 2 的栓体 22 具有光滑的外表面，栓体 22 穿过顶壁的孔 5 进入容置腔室 3，栓体 22 外套设弹簧 7，弹簧 7 的一端抵靠在栓帽 21 上，另一端抵靠在顶壁上，一侧带有开口的卡环 8 围绕弹簧 7 卡扣在栓帽 21 和顶壁之间，常态下卡环 8 限制盖栓 2 向下运动，想饮用饮料时，可借助卡环 8 的开口将其从该位置处卸下"，在撰写相应的从属权利要求 3 时，考虑到与第二种结构瓶盖组件中的卡环功能相近且也能起到限制相关部件进一步运动的部件还包括可撕除的拉环，这种可撕除的拉环目前已经广泛地应用于各种瓶盖的设计上，这种拉环的结构以及拉环与瓶盖本体的连接方式等均属于本领域公知的技术，这一点客户在技术交底书中已经进行了说明，因此，为了使权利要求具有尽可能大的保护范围，在从属权利要求 3 的撰写中，可以考虑以"可移除的环状部件"❶对拉环和卡环进行上位概括，而不仅限于"拉环"或者"卡环"。然后，再以所撰写的从属权利要求 3 为基础，分别对"拉环"和"卡环"作进一步限定，从而形成有层次的保护。此外，该特征⑧中包含有弹簧 7，其所起作用是在除去可移除环状部件刺破气密性隔挡片后盖栓借助该弹簧的弹性力自动弹起让调味材料从刺破处落入饮料瓶中，没有该弹簧时可移除环状部件仍能限制盖栓向隔挡片方向运动，在刺破气密性隔挡片后可以用手提起盖栓，因而该弹簧是这种限制盖栓向隔挡片方向运动的机构的优选技术手段，不必写入从属权利要求 3 中，而将其单独作为附加技术特征另撰写一项从属权利要求。最后，撰写完成的四项从属权利要求 3、4、5 和 6 如下：

"3. 根据权利要求 1 所述的内置调味材料的瓶盖组件，其特征在于：所述限制盖栓（2）受压时向隔挡片（4）方向运动的机构为可移除的环状部件，所述可移除的环状部件卡扣在所述栓帽（21）和所述瓶盖本体（1）的顶壁之间。

4. 根据权利要求 3 所述的内置调味材料的瓶盖组件，其特征在于：所述可移除的环状部件为一侧带有开口的卡环（8）。

5. 根据权利要求 3 所述的内置调味材料的瓶盖组件，其特征在于：所述可移除的环状部件为连接在所述栓帽（21）上并且可撕除的拉环（32）。

---

❶ 在平时专利代理实务中，应当主动与客户一起寻求"卡环"的替代手段"可撕除的拉环"，并在此基础上将其上位到可移除部件。在当年的考试试题中在对第三种结构的瓶盖组件的描述中已明确写明可撕除拉环与第二种结构瓶盖组件中的卡环功能相近，均起到限制相关部件进一步运动的作用，因此在考试时应当根据试题中的上述提示，想到可以在第二种结构瓶盖组件中用可撕除的拉环来代替卡环，并将其上升为可移除的环状部件。

6. 根据权利要求3❶所述的内置调味材料的瓶盖组件,其特征在于:在所述可移除的环状部件内部设置一个套设在所述栓柱(22)之外的弹簧(7)。"

此外,客户在技术交底书中还给出两种不同结构的容置腔室,且明确指出这两种结构的容置腔室都适用于第一种结构和第二种结构的瓶盖组件,因此可以将该容置腔室的两种具体结构作为进一步限定的附加技术特征,撰写从属权利要求。所撰写的从属权利要求7和8如下:

"7. 根据权利要求1至6中任意一项所述的内置调味材料的瓶盖组件,其特征在于:所述瓶盖本体(1)的侧壁内侧设有环状凸缘,所述隔挡片(4)固定于所述环状凸缘上,所述顶壁、侧壁和隔挡片(4)共同形成所述容置腔室(3)。

8. 根据权利要求1至6中任意一项所述的内置调味材料的瓶盖组件,其特征在于:从所述瓶盖本体(1)的顶壁内侧设置向下延伸的管状存储器,所述隔挡片(4)固定于所述管状存储器下缘,所述顶壁、管状存储器和隔挡片(4)共同形成所述容置腔室(3)。"

按照上述考虑撰写的从属权利要求不仅清楚地限定了权利要求的技术方案,而且也符合《专利法实施细则》第22条和《专利审查指南2010》第二部分第二章第3.2.2节有关从属权利要求撰写的规定:

① 从属权利要求只能引用在前的权利要求;

② 引用两项以上权利要求的多项从属权利要求只能以择一方式引用在前的权利要求,并不得作为另一项多项从属权利要求的基础,即在后的多项从属权利要求不得引用在前的多项从属权利要求(参见前面对权利要求6引用部分所作的脚注说明);

③ 引用关系符合逻辑,即对限定部分作进一步限定的技术特征应当包含在其引用的权利要求中;表示两个并列技术方案的从属权利要求(如权利要求2和权利要求3,权利要求4和权利要求5,权利要求7和权利要求8)不得互相引用。

3. 针对第三种结构的瓶盖组件撰写独立权利要求和从属权利要求

第一种结构的瓶盖组件和第二种结构的瓶盖组件均是在瓶盖本体上设置盖栓,瓶盖本体的顶壁上开设孔,通过适当的机构实现或者限制盖栓在孔中的上下相对运动,当其向下运动时,位于栓体下端的刺破部刺破隔挡片,属于同一发明构思。第三种结构的瓶盖组件则是通过撕除环状部件从而使瓶盖相对于瓶口进一步旋转,借助瓶口上缘破坏隔挡片。第三种结构的瓶盖组件与第一种结构和第二种结构的瓶盖组件不属于一个总的发明构思,它们之间不存在相同或者相应的特定技术特征。因此,将第三种结构的瓶盖组件对应的技术方案另行提出专利申请。

建议客户另行提出专利申请的独立权利要求如下:

"1. 一种用于与带外螺纹瓶口的饮料瓶配合使用的内置调味材料的瓶盖组件,包括瓶盖本体(31),所述瓶盖本体(31)具有顶壁、其内侧下部带有内螺纹的侧壁和位于侧壁内侧内螺纹上方的环状凸缘(34),气密性隔挡片(35)固定于所述环状凸缘(34)上,所述顶壁、侧壁和隔挡片(35)共同形成密闭的放置有调味材料的容置腔室(33),其特征在于:该瓶盖组件还包括位于所述瓶盖本体(31)下缘的可移除的环状部件,移除所述环状部件后,所述瓶盖本体(31)能

---

❶ 该权利要求6的附加技术特征也可作为对权利要求4和5进一步限定的技术特征,也就是说权利要求6可以引用权利要求3至5中任一项,但是为防止后面所撰写的权利要求7和权利要求8出现多项从属权利要求引用多项从属权利要求的缺陷,故权利要求6仅引用了权利要求3。

够进一步旋转并向瓶口方向运动,瓶口上缘对隔挡片(35)施加向上的压力使隔挡片(35)破裂。"❶

对于建议客户另行提出专利申请的独立权利要求的撰写,基本思路在前面已经说明,此处不再赘述。这里需要说明的是,"气密性隔挡片(35)固定于环状凸缘(34)上,顶壁、侧壁和隔挡片(35)共同形成密闭的放置有调味材料的容置腔室(33)"之所以作为必要技术特征,原因在于第三种结构的瓶盖组件与第一种结构和第二种结构的瓶盖组件的结构不同,第三种结构的瓶盖组件是通过移除位于瓶盖本体下缘的环状部件从而使瓶盖相对于瓶口进一步旋转,借助瓶口上缘破坏隔挡片,因此根据技术交底书的记载,气密性隔挡片一定要固定于环状凸缘上才能够使得在瓶盖相对于瓶口进一步旋转时借助瓶口上缘来破坏隔挡片,即第三种结构的瓶盖组件需要与饮料瓶的瓶口配合使用才能够解决发明所要解决的技术问题,而管状储存器结构的容置腔室不能够实现上述功能。

对于建议客户另行提出专利申请的从属权利要求的撰写,其考虑方式与该专利申请的从属权利要求撰写的思路基本相同,此处不再赘述。建议客户另行提出专利申请的从属权利要求如下:

"2. 根据权利要求1所述的内置调味材料的瓶盖组件,其特征在于,所述可移除的环状部件为可撕除的拉环(32)。

3. 根据权利要求2所述的内置调味材料的瓶盖组件,其特征在于,所述拉环(32)通过多个连接柱(36)固定在瓶盖本体(31)的下缘,拉环(32)具有开口(37),开口(37)的一侧设有拉环扣(38)。

4. 根据权利要求1所述的内置调味材料的瓶盖组件,其特征在于,所述可移除的环状部件为一侧带有开口的卡环(8)。"

4. 针对技术交底书中"说明书中不记载改进后的隔挡片材料能否满足充分公开的要求"这一咨询问题的分析

《专利法》第26条第3款规定,说明书应当对发明或者实用新型作出清楚、完整的说明,以所属技术领域的技术人员能够实现为准。判断说明书是否对发明作出充分的公开,主要是看所属技术领域的技术人员按照说明书记载的内容,能否实现该发明的技术方案,解决其技术问题,并且产生预期的技术效果。

对该申请而言,客户在提出问题时已经说明,现有的隔挡片也能适用于该发明,因此所属技术领域的技术人员只要将现有技术中已有的隔挡片应用于技术交底书的技术方案中,就能够实现相应的方案,解决其技术问题,并且产生预期的技术效果。客户改进的隔挡片材料是一种更加优选的技术手段,但并不是实现该发明所必需的技术信息。因此,说明书中即便不公开客户改进后

---

❶ 需要说明的是,在平时专利代理实践中可以考虑针对第三种结构的瓶盖组件撰写一项可合案申请的独立权利要求:"一种用于与带外螺纹瓶口的饮料瓶配合使用的内置调味材料的瓶盖组件,包括瓶盖本体(31),所述瓶盖本体(31)具有顶壁以及其内侧下部带有内螺纹的侧壁,在该侧壁内侧的内螺纹上方设置有环状凸缘(34),所述环状凸缘(34)上固定有气密性隔挡片(35),所述顶壁、侧壁和隔挡片(35)共同形成放置有调味材料的容置腔室(3),其特征在于,所述瓶盖组件还包括位于所述瓶盖本体(31)侧壁下方的可移除的环状部件,该可移除的环状部件成为瓶盖本体(31)受压时限制所述瓶盖本体(31)连同所述隔挡片(35)向着瓶口方向运动的机构。"其中,上述独立权利要求特征部分的特定技术特征"该可移除的环状部件成为瓶盖本体受压时限制所述瓶盖本体连同所述隔挡片向着瓶口方向运动的机构"与第一组独立权利要求的特定技术特征"限制所述盖栓受压时向所述隔挡片方向运动的机构"为相应的特定技术特征,因此这两项独立权利要求的技术方案在技术上相互关联,属于一个总的发明构思,符合《专利法》第31条第1款有关单一性的规定,可以合案申请。

的隔挡片材料，也不影响技术方案的实现，能够满足说明书充分公开发明的要求。

5. 针对第一种结构和第二种结构的瓶盖组件撰写的权利要求书完成其说明书和摘要的撰写

在完成权利要求书的撰写后，根据技术交底书所介绍的发明内容以及最接近的现有技术，结合权利要求书撰写过程所作的考虑，撰写说明书及其摘要。在撰写说明书时，不应局限于技术交底书中所写明的内容，应当充分考虑《专利法》《专利法实施细则》和《专利审查指南 2010》对申请文件撰写的规定，对技术交底书进行再创作，尤其在实践中，需要与委托人进行必要的沟通，补充必要的内容，以支持权利要求书所要求保护的范围。

说明书及其摘要的撰写应当符合《专利法实施细则》第 17 条、第 18 条和第 23 条的规定。

由于该申请只涉及一项独立权利要求，为了在发明名称中反映保护的主题、类型，根据独立权利要求所要求保护的主题名称，将发明名称确定为：一种内置调味材料的瓶盖组件。

对于技术领域部分，由于该申请只涉及产品"瓶盖组件"，说明书的技术领域也应当针对该产品作进一步具体说明，可参照独立权利要求的前序部分加以说明。

按照《专利法实施细则》第 17 条的规定，在背景技术部分写明对发明或者实用新型的理解、检索、审查有用的背景技术；有可能的，并引证反映这些背景技术的文件。就该申请来说，可以简明扼要地对客户提供的现有技术对比文件 3 和对比文件 1 中公开的即配式饮料瓶盖以及所存在的问题作出说明。

发明内容部分首先写明该申请要求保护的主题相对于对比文件 1 所要解决的技术问题：提供一种不仅使用方便卫生，而且在搬运和码放过程中不会因瓶盖顶壁受压刺破密封隔挡片而导致饮料变质的瓶盖组件。

然后，另起段写明解决该技术问题的独立权利要求的技术方案。在此基础上，通过对独立权利要求区别特征的分析，说明这些区别特征为该发明带来的技术效果。

接着，可以针对该发明中"限制盖栓受压时向隔挡片方向运动的机构"进一步写明与从属权利要求 2 和从属权利要求 3 相应的两种具体改进的技术方案。

此后，可以在发明内容部分对重要的反映瓶盖组件中的"可移除的环状部件""容置腔室"优选手段的从属权利要求的技术方案分别加以说明，并简单说明其带来的有益效果。

该申请有附图，所以需要有附图说明部分。首先，该申请说明书中应当包含技术交底书中给出的反映第一种瓶盖组件（相当于第一种实施方式）的三幅附图，反映第二种瓶盖组件（相当于第二种实施方式）的三幅附图，需要提请注意的是，应当将这六幅附图中的中文文字去除。根据上述考虑，说明书附图共有六幅附图，在附图说明部分集中对这六幅附图的图名作简略说明，其中图 1 至图 3 是反映第一种瓶盖组件结构的附图，图 4 至图 6 是反映第二种瓶盖组件结构的附图。

在具体实施方式部分，首先将第一种瓶盖组件作为该发明的第一种实施方式，结合图 1 至图 3 作出详细说明。然后，结合图 4 至图 6 对作为该发明第二种实施方式的第二种瓶盖组件作出说明，对于其中与第一种实施方式不同之处应当作出详细的说明。在结合附图对两种实施方式作出具体说明时，应当在各部件名称之后标注上已出现在各附图中的相应的附图标记，但不得加括号。

在撰写说明书的上述内容时，应当按照《专利法实施细则》第 17 条第 2 款的规定，在说明书的五个部分（技术领域、背景技术、发明内容、附图说明、具体实施方式）之前写明这五个部分的标题。

在完成说明书的撰写之后，按照《专利法实施细则》第 23 条的规定撰写说明书摘要：写明发明的名称和所属技术领域，清楚地反映所要解决的技术问题、解决该问题的技术方案的要点以及主要用途。在考虑不超过 300 个字的前提下，除重点写明该发明的名称和独立权利要求技术方案的要点及其带来的技术效果外，还可对两种实施方式作简要说明。对于该申请来说，应当采用一幅最能反映该发明技术方案的说明书附图 1 作为摘要附图。为方便理解说明书摘要内容，可以将已出现在摘要附图中的附图标记标注在相应的部件名称之后，但应当加上括号。

（三）推荐的专利申请文件

根据前面技术交底书给出的关于内置调味材料的瓶盖组件的资料和现有技术的情况以及最接近的现有技术（对比文件 1），给出推荐的发明专利申请撰写文本。

权 利 要 求 书

1. 一种内置调味材料的瓶盖组件，包括瓶盖本体（1），所述瓶盖本体（1）具有顶壁、侧壁和放置有调味材料的容置腔室（3），所述容置腔室（3）的底部由气密性隔挡片（4）密封，其特征在于：所述瓶盖组件还包括盖栓（2），所述盖栓（2）由下端具有刺破部（23）的栓体（22）以及与所述栓体（22）的上端相连接的栓帽（21）组成，所述瓶盖本体（1）的顶壁上开有孔（5），所述栓体（22）穿过所述孔（5）进入所述容置腔室（3）内，且能够在所述孔（5）中上下相对运动，所述瓶盖组件还包括限制所述盖栓（2）受压时向所述隔挡片（4）方向运动的机构。

2. 根据权利要求1所述的内置调味材料的瓶盖组件，其特征在于：所述限制盖栓（2）受压时向隔挡片（4）方向运动的机构由内壁带有内螺纹的中空套管（6）和带有外螺纹的所述栓体（22）构成，所述中空套管（6）与所述瓶盖本体（1）的顶壁一体成型并从所述孔（5）的位置向所述瓶盖本体（1）的开口方向延伸。

3. 根据权利要求1所述的内置调味材料的瓶盖组件，其特征在于：所述限制盖栓（2）受压时向隔挡片（4）方向运动的机构为可移除的环状部件，所述可移除的环状部件卡扣在所述栓帽（21）和所述瓶盖本体（1）的顶壁之间。

4. 根据权利要求3所述的内置调味材料的瓶盖组件，其特征在于：所述可移除的环状部件为一侧带有开口的卡环（8）。

5. 根据权利要求3所述的内置调味材料的瓶盖组件，其特征在于：所述可移除的环状部件为连接在所述栓帽（21）上并且可撕除的拉环（32）。

6. 根据权利要求3所述的内置调味材料的瓶盖组件，其特征在于：在所述可移除的环状部件内部设置一个套设在所述栓柱（22）之外的弹簧（7）。

7. 根据权利要求1至6中任意一项所述的内置调味材料的瓶盖组件，其特征在于：所述瓶盖本体（1）的侧壁内侧设有环状凸缘，所述隔挡片（4）固定于所述环状凸缘上，所述顶壁、侧壁和隔挡片（4）共同形成所述容置腔室（3）。

8. 根据权利要求1至6中任意一项所述的内置调味材料的瓶盖组件，其特征在于：从所述瓶盖本体（1）的顶壁内侧设置向下延伸的管状存储器，所述隔挡片（4）固定于所述管状存储器下缘，所述顶壁、管状存储器和隔挡片（4）共同形成所述容置腔室（3）。

说 明 书

一种内置调味材料的瓶盖组件

技术领域

本发明涉及一种内置调味材料的瓶盖组件，该瓶盖组件的瓶盖本体具有顶壁、侧壁以及底部由气密性隔挡片密封且其中放置有调味材料的容置腔室。

背景技术

一般来说，市售的各种加味饮料（如茶饮料、果味饮料等）通过在纯净水中加入调味材料制成。为保证饮料品质、延长保存时间，加味饮料中大都使用各种添加剂，不利于人体健康。

为解决加味饮料中含有添加剂不利于人体健康的问题，中国实用新型专利说明书CN2×××××××××U公开了一种内部盛装有调味材料的瓶盖，该饮料瓶盖借助气密性封膜将调味材料（如茶粉、果珍粉等）封装在该饮料瓶盖内，该瓶盖与盛装矿泉水或纯净水的瓶身配合，构成完整的饮料瓶，为了在饮用时将瓶盖内的调味材料释放到瓶身内与水混合，需先用手除去封膜，使用不方便、不卫生。为方便、卫生地破坏上述瓶盖组件中的封膜，中国实用新型专利说明书CN2×××××××××U公开了一种饮用时无需用手直接撕除气密性封膜的瓶盖，该瓶盖的顶壁由弹性材料制成，顶壁下方具有与其连成一体并且向着气密性封膜方向延伸的尖刺部，饮用时按压该瓶盖的弹性顶壁，尖刺部向下运动，刺破气密性封膜，便可将瓶盖内的调味材料释放到瓶身内与水混合，即时配制成加味饮料；但是，由于该瓶盖的顶壁由易变形的弹性材料制成，在搬运和码放过程中容易受压向下变形，使尖刺部刺破隔挡片，容置腔室内的调味材料进入水中，导致饮料容易变质，从而达不到预期效果。

发明内容

针对上述现有技术，本发明要解决的技术问题是提供一种不仅使用方便卫生、且在搬运和码放过程中不会因瓶盖顶壁受压刺破密封隔挡片而导致饮料变质的瓶盖组件。

为解决上述技术问题，本发明提供了一种内置调味材料的瓶盖组件，包括瓶盖本体和盖栓，所述瓶盖本体具有顶壁、侧壁和放置有调味材料的容置腔室，所述容置腔室底部由气密性隔挡片密封，所述盖栓由下端具有刺破部的栓体以及与该栓体的上端相连接的栓帽组成，瓶盖本体的顶壁上开有孔，栓体穿过该孔进入容置腔室内，且能够在该孔中上下相对运动，所述瓶盖组件还包括限制盖栓受压时向隔挡片方向运动的机构。

在上述瓶盖组件中，其在饮用时用于刺破气密性隔挡片的刺破部为盖栓的栓体下端部。由于该瓶盖组件还包括限制盖栓受压时向隔挡片方向运动的机构，因而在搬运和码放过程中即使按压了瓶盖也不会使盖栓向下运动，其栓体下端的刺破部就不会刺破隔挡片，也就不会使调味材料过早地溶入饮料瓶内的水中，从而确保其饮用时饮料不变质；而当饮用时可以去除该限制而借助栓体下端的刺破部刺破隔挡片，从而方便且卫生地配制成加味饮料。

作为本发明的改进，限制盖栓受压时向隔挡片方向运动的机构由内壁带有内螺纹的中空套管和带有外螺纹的所述栓体构成，所述中空套管与顶壁一体成型并从所述孔的位置向瓶盖本体开口方向延伸。在搬运和码放过程中，当盖栓受压时，中空套管的内螺纹和栓体外螺纹的配合结构起到了阻止盖栓向隔挡片方向运动的作用；而在饮用时，通过旋转盖栓而使其向着隔挡片方向运动，栓体下端的刺破部刺破隔挡片，将调味材料释放到瓶内，即时配制成加味饮料。

作为本发明的另一种改进，限制盖栓受压时向隔挡片方向运动的机构为可移除的环状部件，所述可移除的环状部件卡扣在栓帽和瓶盖本体的顶壁之间。在搬运和码放过程中，当盖栓受压时，由于该可移除的环状部件的存在，盖栓不会向隔挡片方向运动，从而栓体下端的刺破部不会刺破隔挡片；而在饮用时，移走该环状部件，向该盖栓施压就可以很方便地借助栓体下端的刺破部将隔挡片刺破，将调味材料释放到瓶内，即时配制成加味饮料。

作为对本发明采用可移除环状部件结构的进一步改进，所述可移除的环状部件可以是一侧带有开口的卡环，也可以是连接在栓帽上并且可撕除的拉环。采用上述两种结构的可移除环状部件，在饮用时很容易将一侧带有开口的卡环或将连接在栓帽上的可撕除拉环移除，因此饮用时十分方便。

作为本发明的又一种改进，在瓶盖本体的侧壁内侧设有环状凸缘，所述隔挡片固定于环状凸缘上，顶壁、侧壁和隔挡片共同形成所述容置腔室。

作为本发明的再一种改进，从瓶盖本体的顶壁内侧设置向下延伸的管状存储器，所述隔挡片固定于管状存储器下缘，顶壁、管状存储器和隔挡片共同形成所述容置腔室。

综上所述，采用上述瓶盖结构，不必担心在搬运和码放过程中会由于操作不当而使瓶盖组件中的刺破部刺破气密性隔挡片，因而对饮料瓶的搬运和码放更加方便；而在饮用时又可以十分方便、卫生地借助栓体下端的刺破部来刺破隔挡片，即时配制成加味饮料。

附图说明

图1是本发明的瓶盖组件的第一种实施方式在常态下的组合剖视图；
图2是本发明的瓶盖组件的第一种实施方式的部件分解剖视图；
图3是本发明的瓶盖组件的第一种实施方式在使用状态下的组合剖视图；
图4是本发明的瓶盖组件的第二种实施方式在常态下的组合剖视图；
图5是本发明的瓶盖组件的第二种实施方式的部件分解透视图；
图6是本发明的瓶盖组件的第二种实施方式在使用状态下的组合剖视图。

具体实施方式

下面结合附图对本发明瓶盖组件的两种实施方式作详细说明。

图1至图3示出本发明内置调味材料的瓶盖组件的第一种实施方式。如图1和图2所示，该瓶盖组件包括瓶盖本体1和盖栓2。所述瓶盖本体1具有顶壁、侧壁，该侧壁内侧的下部具有与饮料瓶瓶口外螺纹相配合的内螺纹，在该内螺纹的上方的侧壁内侧设置有向内伸出的环状凸缘，气密性隔挡片4可通过热压或粘接固定在该环状凸缘上，从而由该瓶盖本体1的顶壁、侧壁和气密性隔挡片4围合成容置腔室3，其底部由气密性隔挡片4密封，容置腔室3内放置有调味材料。

如图2所示，瓶盖本体1的顶壁开设孔5，与顶壁一体成型的中空套管6从该孔5的位置向瓶盖本体1的开口方向延伸，中空套管6的内壁带有内螺纹。盖栓2由栓帽21和栓体22两部分构成，栓体22设有外螺纹，其上端与栓帽21相连接，其下端具有用于刺破隔挡片4的刺破部23，栓体22穿过孔5进入容置腔室3内，且能够在孔5中上下相对运动，栓体22的外螺纹与中空套管6的内螺纹相配合。

如图1所示，组装瓶盖组件时，将盖栓2旋转连接于中空套管6中，将刺破部23调整到隔挡片 4 上方合适的位置。此时，该瓶盖组件如同普通瓶盖一样使用，旋拧到装有纯净水或矿泉水的饮料瓶上。对于这样组装的饮料瓶，在搬运和码放过程中即使按压瓶盖和盖栓，栓体 22 的外螺纹与中空套管 6 的内螺纹配合结构起到了限制盖栓向隔挡片方向运动的作用，因而不会使栓体下端的刺破部刺破隔挡片，从而不会过早地将调味材料添加到饮料瓶内的纯净水或矿泉水中。想饮用调味饮料时，可以如图 3 所示，旋转盖栓 2 的栓帽 21，盖栓 2 借助螺纹向下运动，位于栓体 22 下端的刺破部 23 将随着盖栓 2 向下运动，刺破隔挡片 4；然后反向旋转盖栓 2 使其向上运动，容置腔室 3 中的调味材料从隔挡片 4 的破损处进入瓶身，配制成所需要的加味饮料。

图 4 至图 6 示出本发明内置调味材料的瓶盖组件的第二种实施方式。与第一种实施方式的主要区别在于，其不是采用栓体 22 的外螺纹与中空套管 6 的内螺纹配合结构来限制盖栓向隔挡片方向运动，而是采用位于卡扣在盖栓 2 的栓帽 21 和瓶盖本体 1 的顶壁之间的可移除卡环来限制盖栓向隔挡片方向运动。与此相应，瓶盖组件的第二种实施方式相对于第一种实施方式省去了中空套管。如图 4 和图 5 所示，盖栓 2 的栓体 22 具有光滑的外表面，栓体 22 穿过顶壁的孔 5 进入容置腔室 3，其下端的刺破部与气密性隔挡片相距一定间隔。栓体 22 外套设弹簧 7，弹簧 7 的一端抵靠在栓帽 21 上，另一端抵靠在顶壁上。一侧带有开口的卡环 8 围绕弹簧 7 卡扣在栓帽 21 和顶壁之间。如图 4 所示，常态下，卡环 8 卡扣在栓体 22 外周限制盖栓 2 向下运动，此时，可以将该瓶盖组件如同普通瓶盖一样旋拧到装有纯净水或矿泉水的饮料瓶上。对于这样组装的饮料瓶，在搬运和码放过程中即使按压瓶盖和盖栓，由于卡环的存在，阻止盖栓向下运动，栓体下端的刺破部仍保持在原有位置，不会刺破气密性隔挡片 4，从而不会过早地将调味材料添加到饮料瓶内的纯净水或矿泉水中。想饮用调味饮料时，可借助卡环 8 的开口将其从该位置处卸下，并如图 6 所示，向下按压盖栓 2 的栓帽 21，位于栓体 22 下端的刺破部 23 将随着栓体 22 向下运动而刺破容置腔室 3 底部的隔挡片 4，松开栓帽 21 后，在弹簧 7 的作用下，盖栓 2 向上回位，容置腔室 3 中的调味材料从隔挡片 4 的破损处进入瓶身，配制成所需要的加味饮料。

需要说明的是，本发明并不局限于上述两种实施方式。例如，在第二种实施方式中，可以不设置弹簧 7，在这种情况下，想饮用加味饮料时，卸下卡环 8 后，向下按压盖栓 2 的栓帽 21，待位于栓体下端的刺破部 23 刺破隔挡片后再向上提起盖栓 2 的栓帽，就可使位于容置腔室 3 中的调味材料添加到饮料瓶内的纯净水或矿泉水中。此外，在图 4 至图 6 中的拉环也可以用其他与卡环功能相近且也能起到限制相关部件进一步运动的作用的部件来代替，例如，可以采用目前各种瓶装饮料中位于瓶盖下沿的可撕除拉环，该拉环通过多个连接柱固定在栓帽的下缘，拉环具有开口，开口的一侧设有拉环扣，通过牵拉拉环扣使连接柱断裂，从而将拉环从栓帽上撕除。

同样，对于上述两种实施方式，容置腔室的具体结构并不局限于如图 1 和图 4 中的结构，在图 1 和图 4 中，气密性隔挡片 4 固定于瓶盖本体 1 的侧壁内侧的环状凸缘上，容置腔室 3 由瓶盖本体 1 的顶壁、侧壁和气密性隔挡片 4 围合形成。除此之外，还可以将气密性隔挡片 4 固定于从瓶盖本体 1 的顶壁向下延伸的管状储存器的下缘，容置腔室 4 由瓶盖本体 1 的顶壁、从顶壁内侧向下延伸的管状储存器和气密性隔挡片围合形成。

说 明 书 附 图

图 1

图 2

图 3

图 4

图 5

图 6

说　明　书　摘　要

　　本发明涉及一种内置调味材料的瓶盖组件，包括瓶盖本体（1）和盖栓（2），瓶盖本体具有顶壁、侧壁和放置有调味材料的容置腔室（3），容置腔室底部由气密性隔挡片（4）密封，盖栓由栓帽和栓体组成，顶壁上开有孔，栓体的下端具有刺破部，栓体穿过孔进入容置腔室内，且能够在孔中上下相对运动，该瓶盖组件还包括限制盖栓受压时向隔挡片方向运动的机构。该限制盖栓受压时向隔挡片方向运动的机构可以由内壁带有内螺纹的中空套管（6）和带有外螺纹的栓体构成，也可以是位于栓帽和顶壁之间的可移除环状部件（如一侧开口的卡环或可撕除的拉环）。采用上述瓶盖结构，搬运和码放过程不会操作不当刺破隔挡片而使饮料变质，且饮用时更加方便、卫生。

摘 要 附 图

【案例3】食品料理机❶

（一）申请案情况介绍

本案例涉及一件有关食品料理机的发明创造，客户（××公司）要求针对所提供的技术交底书撰写一件发明专利申请文件，并针对该发明创造给出如何向国家知识产权局提出发明专利申请以使该发明创造得到充分保护的建议。

1. 客户提供的现有技术❷

客户随其技术交底书附上了所了解的现有技术（以下简称"客户所提供的现有技术"或"对比文件1"），该对比文件1是一件中国实用新型专利说明书，其公开了一种能在高于沸点时对豆浆持续加热的豆浆机。

豆浆机在刀片旋转制浆完成后需要在常压下加热豆浆，加热过程中不断产生热蒸汽和气泡，豆浆体积迅速热膨胀，为避免煮沸时溢锅，需要暂停加热，待液面下降后再行加热，如此反复加热、停止几次才能制熟豆浆。这样制备的豆浆加热温度限于100℃之内，品质和口味受到影响。

为改善所制备豆浆的品质和口味，该实用新型专利说明书中公开的对豆浆持续加热的豆浆机如图3-1所示，该豆浆机包括电机1、刀片2、滤罩3、电热盘4、制浆装置5及电路控制器件。该制浆装置5由外桶51、内桶52和桶盖53组成，内桶52上端卡装在桶盖53内面上，桶盖53扣装在外桶51上端，内桶52的侧壁上设置有连通孔54、内桶52的底部设置有循环孔55，外桶51置于电热盘4上。滤罩3上端卡装在桶盖53内面上，刀片2伸入滤罩内。使用时，将豆子装入滤罩3内，水放入到制浆装置5中，电热盘4加热，电机1启动刀片2打豆制浆，经滤罩3过滤，豆渣残留在滤罩3内，而豆浆液流入制浆装置5的内桶52和外桶51内。豆浆液加热煮沸时，内桶52上部形成高于大气压10~20千帕的微压，内桶52内豆浆液面升高到内桶52侧壁上的连通孔54处，从连通孔54流入外桶51，再经内桶52底部设置的循环孔55回流到内桶52中。豆浆液在制浆装置内循环流动，持续加热3~8分钟，加热温度保持在100~105℃，豆浆煮沸制熟。

图3-1

---

❶ 此案例根据2010年全国专利代理人资格考试"专利代理实务"科目试题改编而成。改编时，考虑到原技术交底书中有关"控制电机周期性正转、停转、反转、停转运行"的改进方案会因电机反转而降低浆液循环和粉碎效率，因此改为"控制电机旋转和停转循环运行"。

❷ 为适应技术交底书中有关电机运行由"周期性正转、停转、反转、停转运行"改为"周期性旋转、停转循环运行"，对现有技术的情况也作了相应的改动，进一步明确现有技术中的豆浆机的刀片在制浆过程中均是持续旋转的，或者在刀片持续旋转完成制浆后再对豆浆液进行间隙式加热，即现有技术中还没有出现过刀片周期性旋转、停转制浆的豆浆机，在此基础上考虑如何提出专利申请。

2. 客户技术交底书中对发明内容的具体说明

客户在技术交底书中指出，在上述豆浆机中，由于刀片位于滤罩内，即使豆浆液在制浆装置内循环流动，仍不能实现对豆浆液的再次粉碎，因此浆液相对较粗；此外，残留在滤罩上的豆渣，尤其是位于滤罩死角处的豆渣难以清洗。为克服上述缺陷，发明了一种粉碎制浆效果更好、且清洗方便的食品料理机。

客户发明的食品料理机10如图3-2所示，包括机头101，其内设置有电机102和对电机102进行控制的电路控制器件103；刀轴104，从机头101的下盖伸出，其前端固定安装刀片105；U形管状的电热器106，从机头101下盖伸出；以及杯体107。此外，食品料理机10还包括一个上下开口中空筒状的引流罩108，其上部卡合固定在机头101的下盖上，下部不接触杯体107内侧底部，即其下边缘与杯体107内侧底部形成间隙。引流罩108上设置有多个供水和制浆物料通过的引流孔109，引流孔109的形状可以为圆形、椭圆形或者矩形，位置为交错分布。

使用时，将水和制浆物料放入杯体107内，将引流罩108卡合固定到机头101的下盖上；机头101扣装在杯体107上，安装在刀轴104上的刀片105在引流罩108内伸入水中，该刀片105在引流罩108内的高度位置与引流罩108侧壁上的引流孔109的位置相当。接通电源，电机102工作，直接位于引流罩108内的刀片105旋转，在引流罩108内形成不规则的涡流和负压，将制浆物料和水从杯体107的底部吸入、提升到引流罩108内混合。被提升到刀片105附近的制浆物料被旋转的刀片105打碎，与邻近的水形成浆液。该浆液在刀片105旋转时形成的离心力的作用下被不断甩出，从引流孔109射出后回流到杯体107内。此时刀片105旋转形成的不规则涡流以及将浆液甩出而形成的负压再次将回流到杯体107内的浆液从底部吸入、提升到引流罩108内，浆液中的物料颗粒进一步被旋转的刀片105打碎。于是，浆液在杯体107和引流罩108之间反复循环（参见图3-3），且不断被旋转的刀片105打碎，直到浆液成为均匀细料浆液，制浆过程完成。

该食品料理机可以处理大豆、花生、核桃、玉米等五谷杂粮原材料，用以自制豆浆、花生浆、核桃浆、玉米浆，甚至混合五谷浆等。如果该食品料理机中设置有加热器件（如U形管状电热器），就可以直接制成各种热饮品。

由于制浆物料是在杯体107和引流罩108内随水在大范围内循环粉碎制浆，不是在过滤网罩内被粉碎制浆，因而粉碎制浆效果更好，营养更好地溶解在浆液中。此外，对于其中需要加热煮沸后才能饮用的豆浆、玉米浆而言，由于豆浆、玉米浆可以在杯体107和引流罩108之间反复循环，因此可以持续加热3～8分钟，加热温度保持在100～105℃，能去除豆浆和玉米浆的生涩味，改善其饮用口感。

对于引流罩108上的引流孔109，还可以如图3-3所示那样，在引流孔109的上部设置外凸的引流帽110，当制浆物料经刀片105打碎后，继续高速旋转，沿引流孔109射出，由于受到外凸引流帽110的阻挡，降低出浆高度并有效回流，缩短了打浆循环时间。

通过实验发现，引流罩108的下边沿与杯体107内侧底部距离为15～25毫米时，制浆物料的粉碎和循环效果较佳。最上端的引流孔109的上边沿与引流罩108上边沿的距离为引流罩108总高度的1/5～1/6时，制浆物料的粉碎和循环效果较好。

此食品料理机还可采用一种与传统豆浆机中刀片连续旋转打浆不同的周期性控制刀片旋转的控制方式，❶ 所述控制方式可采用如图3-4所示电路控制器件103来实现，该电路控制器件103包括：电源模块1031，用于提供微处理机控制单元1033和电机102的工作电压；时间检测模块1032，用于检测电机旋转时间和停转时间，并在其达到设定时间值时，发出相应输出信号；微处理机控制单元1033，通过所述电机驱动模块1034启动电机102运行，且根据来自时间检测模块1032的输出信号向电机驱动模块1034发出控制电机旋转或停转的信号，并在电机102旋转停转循环运行达到设定循环次数时向电源模块1031发出断电信号；以及电机驱动模块1034，根据来自微处理机控制单元1033的控制电机旋转或停转的信号驱动电机102旋转或使电机102停转。

图3-4

上述电路控制器件103工作时，按照下述方式控制食品料理机中的电机运行：接通电源后，电源模块1031向微处理机控制单元1033和电机102提供工作电压，微处理机控制单元1033向电机驱动模块1034发出驱动电机运行的信号，使电机102旋转并带动刀片旋转粉碎制浆物料；时间检测模块1032对电机102的旋转时间进行检测，当测得的电机102旋转时间达到旋转时间设定值A秒时，向微处理机控制单元1033发出旋转时间已到信号；微处理机控制单元1033向电机驱动模块1034发出停止旋转信号，电机停转；时间检测模块1032对电机102的停转时间进行检测，当测得的停转时间达到停转时间设定值B秒时，向微处理机控制单元1033发出停转时间已到信号；微处理机控制单元1033再次向电机驱动模块1034发出驱动电机旋转的信号，电机102再次旋转带动刀片旋转进一步粉碎制浆物料；重复上述过程，当循环粉碎达到设定循环次数N次后，完成制浆。图3-5给出上述制浆过程中使电机旋转、停转循环运行的具体控制步骤图。

---

❶ 正如前面的脚注指出的那样，在本案例改编时，对周期性控制刀片旋转的控制方式由"周期性控制电机正转、停转、反转、停转运行"改为"周期性控制电机旋转、停转循环运行"。

```
                  ┌─────────────────┐
                  │    接通电源      │
                  └────────┬────────┘
                           ↓
          ┌──────────────────────────────┐
    ┌────→│ 微处理机控制单元通过           │
    │     │ 电机驱动模块使电机旋转         │
  电 │     └──────────────┬───────────────┘
  机 │                    ↓
  运 │    ┌──────────────────────────────┐
  行 │    │ 时间检测模块检测电机旋转时间,  │
  停 │    │ 达到设定值A秒后发出旋转时间已到信号│
  转 │    └──────────────┬───────────────┘
  循 │                    ↓
  环 │    ┌──────────────────────────────┐
  次 │    │ 微处理机控制单元通过           │
  数 │    │ 电机驱动模块使电机停转         │
  小 │    └──────────────┬───────────────┘
  于 │                    ↓
  设 │    ┌──────────────────────────────┐
  定 │    │ 时间检测模块检测电机停转时间,  │
  值 │    │ 达到设定值B秒后发出停转时间已到信号│
  N  │    └──────────────┬───────────────┘
  次 │                    ↓
       ┌──────────────────────────────┐
       │ 电机旋转、停转循环达到设定值N次,│
       │ 微处理机控制单元发出断电信号,完成制浆│
       └──────────────────────────────┘
```

图 3-5

上述制浆过程中,在刀片 105 旋转时瞬间停转,刀片 105 附近的浆料随之停止旋转,而其他部分浆料由于惯性作用,来不及停止旋转,与已停止旋转的浆料相撞击,起到了撞击摩擦作用,经过多次旋转停转产生的撞击摩擦作用,可使浆料的粉碎效果更好。

电机旋转时间、停转时间以及循环的次数根据浆料不同可作不同设置,经过对各种不同设置的测试结果得知,电机旋转的时间较长而停转时间较短能取得更好的效果。根据上述不同设置的测试结果,优选电机旋转时间的设定值 A 为 20～30 秒,电机停转时间的设定值 B 为 3～5 秒,而且电机旋转、停转循环运行的设定次数 N 为 5～15 次。

客户还针对食品料理机中电热器的合金材料提出咨询:经实验发现,食品料理机中电热器的合金材料,其组分和含量(重量百分比)为 0.1%～0.3% 的 C、0.5%～1% 的 Mn、P≤0.03%、S≤0.03%、余量为 Fe 时,加热效果较好。特别是组分和含量(重量百分比)为 0.18%～0.27% 的 C、0.5%～1% 的 Mn、P≤0.03%、S≤0.03%、余量为 Fe 时,既能保证力学性能,有利于加工工艺,又能防止 MnS 夹杂物的析出以提高电热器的纯净度,从而可获得更好的加热效果。但是,其公司已于 4 个月前向国家知识产权局提交过一份有关豆浆机的实用新型专利申请,该申请至今尚未发出授权通知书,但在该实用新型专利申请的说明书中,明确记载了"豆浆机中电热器的合金材料的组分和含量(重量百分比)为:C 含量为 0.18%～0.27%,Mn 含量为 0.5%～1%,P 含量为≤0.03%,S 含量为≤0.03%,余量为 Fe"的内容。在这种情况下,是否还可针对该电热器的合金材料要求专利保护。

3. 检索到的现有技术

对于本案例,在为客户进行补充检索的过程中,找到了两篇相关的现有技术。其中,针对客户要求保护的食品料理机找到了一件有关搅拌机的实用新型专利说明书❶（以下简称"检索到的现有技术"或者"对比文件2"），针对客户要求保护的电热器的合金材料找到了另一件有关U形电热管的合金材料的中国实用新型专利说明书❷（以下简称"对比文件3"），其申请日在1年之前，授权公告日在2个月前，即授权公告日晚于客户所提出的有关豆浆机的实用新型专利申请的申请日。

对比文件2中公开了一种推进式搅拌机，其相对于传统的搅拌机来说是一种结构简单、搅拌效率高、搅拌效果好，以及当用于固体颗粒悬浮液体时可实现分层效果的推进式搅拌机。

该对比文件2公开的搅拌机如图3-6所示，包括反应器10、叶片2、传动杆3和导流筒4，导流筒4侧壁的上、下部分别均匀开有上孔51、下孔52，导流筒4下端是开口的，上端与安装在反应器10中的传动杆3活动连接，叶片2位于导流筒4下孔52的下方。

当反应器10中充满液体时，启动搅拌机1，导流筒4内的液体在叶片2的作用下向下运动，液体流出导流筒4后在反应器10的作用下向上运动，当到达下孔52时，一部分液体通过下孔52进入导流筒4，其余的液体通过上孔51进入导流筒4，然后向下运动，如此反复循环，达到搅拌、

图3-6

混合的目的。用于搅拌含固体颗粒悬浮液时，一部分液体通过下层孔52进入导流筒4后，液体的流速明显变慢，反应器10内液体流速不同，从而使其中的固体颗粒按颗粒大小分为两层。

对比文件3公开了一种放在热水瓶内使用的U形热得快。该热得快由导线及插头、瓶塞体、U形电热管和防尘防烫伤外壳组成，其中用来制造U形电热管的合金材料的组分和含量（重量百分比）为：0.15%的C，0.7%的Mn，0.01%的P，0.01%的S，其余为Fe。

（二）权利要求书和说明书的撰写思路

由客户提供的技术交底书可知，发明创造的内容可能涉及多个要求保护的主题。对于这类申请案而言，通常可按照下述主要思路来撰写权利要求书和说明书：在理解技术交底书的基础上，分析并确定该发明创造所涉及的主题；针对其中最重要的主题撰写独立权利要求和从属权利要求；对哪些与最重要的主题之间满足单一性的主题撰写并列独立权利要求和相应的从属权利要求，而对另一些与最重要的主题之间不满足单一性的主题另行提出专利申请（因为篇幅关系，在本案例中仅说明如何撰写独立权利要求和相应的从属权利要求）；撰写该专利申请的说明书及其摘要。

1. 理解客户技术交底书中有关发明的实质内容，分析其所涉及的保护主题

通过阅读技术交底书得知，客户发明了一种与现有技术结构不同的食品料理机，显然，应当将此作为专利申请要求保护的一个主题。与此同时，由技术交底书第三段的内容可知，该食品料理机采用了与现有技术不同的制浆原理，从而形成了与现有技术不同的食品制浆方法，而且该食品制浆方法与此食品料理机的结构密切相关，因此可初步认为两者之间满足单一性的要求，也就

---

❶ 这篇检索到的对比文件与客户要求保护的食品料理机属于不同的技术领域，显然客户提供的现有技术比这篇检索到的对比文件与该发明创造更相关，且从实践来看，有可能找到其他合适的有关食品料理机的现有技术，但为了更接近原试题，仍采用原试题中所给出的检索到的对比文件。

❷ 原试题中，此对比文件是客户针对电热器的合金材料提供的现有技术。

是说，可以将这两项发明作为一件申请案向国家知识产权局提出专利申请。

此外，由技术交底书第八段至第十一段可知，此食品料理机还采用了一种与传统豆浆机中刀片连续旋转打浆不同的周期性控制刀片旋转的控制方式，即食品料理机中控制电机运行的电路控制器件和电路控制方法相对于现有技术也作出了改进。对于这一方面的改进来说，既可以作为食品料理机和制浆方法这两项要求保护主题所作改进的一部分，也可以将该电路控制器件和电路控制方法单独作为要求保护的主题。初步来看，这两项主题与食品料理机和制浆方法之间不满足单一性的要求，有可能需要另行提出一件专利申请。

由客户在技术交底书所提出的咨询问题可知，客户还想对用于制造电热器的合金材料要求保护，初步分析这也可以作为一项要求保护的主题。但是，该主题不仅与食品料理机和食品制浆方法之间不满足单一性的要求，而且与控制电机运行的电路控制器件和电路控制方法之间也不满足单一性的要求，因此有可能还需要单独提出一件专利申请。

通过上述分析，客户的技术交底书中有关发明创造的内容涉及五项要求保护的主题。

2. 针对食品料理机和食品制浆方法撰写独立权利要求和从属权利要求

按照技术交底书所写明的内容，客户首先想保护的主题是食品料理机，其次是该食品料理机的制浆方法，似乎应当针对食品料理机撰写第一项独立权利要求，而将该食品料理机的制浆方法作为并列独立权利要求。但是，这样撰写成的制浆方法实际上成为食品料理机的操作方法，完全由食品料理机的结构所决定，从而使该方法独立权利要求失去了其所要求保护的意义。

但是，通过对技术交底书的仔细阅读可以得知，食品料理机采用了与现有技术中的食品制浆方法不同的工作原理，因此该专利申请要求保护的主题可以先确定为与食品料理机具体结构无关的食品制浆方法，然后再以实现该制浆方法的食品料理机作为另一个要求保护的主题。按照这一方式撰写的两项发明，其食品料理机的保护范围与按前一方式撰写的食品料理机的保护范围没有本质变化，而食品制浆方法并不限定于该食品料理机的具体结构，因此其保护范围应当大于按前一方式撰写的食品制浆方法的保护范围。

基于上述考虑，确定针对食品制浆方法撰写第一项独立权利要求，而针对实现上述食品制浆方法的食品料理机撰写并列独立权利要求。❶

（1）列出该发明食品制浆方法的全部技术特征

根据技术交底书中所涉及的食品制浆方法的内容（见技术交底书第三段至第五段以及第九段至第十一段），列出该发明食品制浆方法的全部技术特征。为了使所撰写的食品制浆方法不局限于该发明食品料理机的具体结构，在列出本发明食品制浆方法的技术特征时，尽可能不写入该发明食品料理机的具体部件和结构，最后列出的该发明食品制浆方法的全部技术特征为：

① 接通电源，电机带动刀片旋转；
② 刀片旋转形成的不规则涡流和负压将位于制浆容器下部的制浆物料和水提升；
③ 提升到刀片附近的制浆物料被旋转的刀片打碎，并与邻近的水形成浆液；

---

❶ 就2011年全国专利代理人资格考试而言，当年"专利代理实务"科目试题的考点主要放在食品料理机的独立权利要求和从属权利要求的撰写上，而对制浆方法独立权利要求和从属权利要求的撰写放在相当次要的地位，因此考生在应试时可以重点放在针对食品料理机撰写本专利申请第一项独立权利要求及其相应的从属权利要求，该独立权利要求和从属权利要求的撰写思路与下面介绍的本专利申请中的并列独立权利要求6及其相应的从属权利要求相同，只是其独立权利要求前序部分中的主题名称为"食品料理机"，无需再写明该食品料理机与食品制浆方法独立权利要求之间的关系。

④ 该浆液在刀片旋转时形成的离心力的作用下被甩出；

⑤ 由刀片旋转形成的不规则涡流以及浆液甩出时形成的负压再次将位于制浆容器下部的浆液提升，浆液中的物料颗粒继续被旋转的刀片打碎；

⑥ 重复上述浆液循环和打碎过程，直到制浆过程完成；

⑦ 制浆物料为大豆、花生、核桃和/或玉米；

⑧ 在制浆过程中对浆液进行加热；

⑨ 刀片旋转和停转交替进行，旋转时间大于停转时间，优选旋转时间为20～30秒，停转时间为3～5秒，交替循环次数为5～15次。

(2) 确定该发明食品制浆方法的最接近的现有技术和要解决的技术问题

按照《专利审查指南2010》第二部分第四章第3.2.1.1节的规定，最接近的现有技术，是指现有技术中与要求保护的发明最密切相关的一个技术方案，它是判断发明是否具有突出的实质性特点的基础。最接近的现有技术，例如可以是，与要求保护的发明技术领域相同，所要解决的技术问题、技术效果或者用途最接近和/或公开了发明的技术特征最多的现有技术，或者虽然与要求保护的发明技术领域不同，但能够实现发明的功能，并且公开发明的技术特征最多的现有技术。应当注意的是，在确定最接近的现有技术时，应首先考虑技术领域相同或相近的现有技术。

由于检索到的主题为U形热得快的现有技术（即对比文件3）中公开的用于热水瓶内的电热器与该发明的食品制浆方法无关，因此在确定该发明食品制浆方法的最接近的现有技术时无需考虑对比文件3，仅仅从客户提供的现有技术（即对比文件1）和检索到的主题为推进式搅拌机的现有技术（即对比文件2）两者中进行选择。

就技术领域而言，对比文件1公开了豆浆机制浆的方法，与该发明食品制浆方法属于相同的技术领域，而对比文件2中公开的推进式搅拌机涉及的制浆方法是将建筑材料这样的固体颗粒物料与水混合，不具有将固体物料打碎的功能，因而与该发明食品制浆方法的技术领域不同，根据专利审查指南的规定，在确定最接近的现有技术时，优先考虑相同和相近的技术领域，从这一点考虑，对比文件1比对比文件2更适宜作为该发明食品制浆方法的最接近的现有技术。

对于要解决的技术问题、技术效果和用途来说，对比文件1与该发明的制浆方法均用于将食品原料打碎制浆，且要取得细颗粒的浆液，而对比文件2中公开的推进式搅拌机所涉及的制浆方法用于将建筑材料这样的固体颗粒物料与水混合以得到搅拌效果好且按颗粒大小分成两层的浆液，因而从该发明要解决的技术问题、技术效果和用途考虑，对比文件1比对比文件2更接近本发明。

从披露该发明食品制浆方法技术特征更多这一角度来看，在对比文件1公开的豆浆机的制浆方法中，浆液通过加热向上部运动，且由于所产生的压差向外流出，从而浆液在其中的内桶和外桶之间形成循环流动，豆浆循环流动的方向与本发明浆液循环流动方向相同，而在对比文件2中公开的推进式搅拌机的制浆方法中，其通过叶片的旋转作用使悬浮液体向下运动，然后再向外并向上流动后再分两层向内流入，其悬浮液循环流动方向与本发明浆液循环流动方向相反，且其起到的效果是使固体颗粒按颗粒大小分为两层，此外，对比文件1中的刀片与该发明中的刀片都起到粉碎食品原料的作用，而对比文件2中的叶片只起到使固体颗粒物料与水混合搅拌的作用，并不对固体颗粒物料起粉碎作用，由此可知应当认为对比文件1相对于对比文件2披露了该发明食品制浆方法更多的技术特征。

综上所述，对比文件1与该发明属于相同的技术领域，对比文件2与该发明属于不同的技术领域；对比文件1与对比文件2相比，其要解决的技术问题、技术效果和用途与该发明食品制浆方法更接近，披露的技术特征更多，因此应当将对比文件1作为该发明食品制浆方法最接近的现有技术。

将该发明的食品制浆方法与对比文件1中公开的制浆方法相比，可知该发明的食品制浆方法所制得的浆液比对比文件1中制浆方法所制得的浆液更均匀更细，即该发明的制浆方法的粉碎效果更好。因此，该发明的食品制浆方法相对于对比文件1中公开的制浆方法所解决的技术问题是提供一种粉碎效果更好、制得的浆液更均匀更细的食品制浆方法。

（3）撰写该发明食品制浆方法的独立权利要求

在确定了该发明食品制浆方法相对于最接近的现有技术对比文件1所解决的技术问题后，进一步分析前面列出的技术特征中哪些是该发明食品制浆方法解决上述技术问题的必要技术特征。

由技术交底书中第三段和第十段的内容可知，该发明的食品制浆方法为使制得的浆液颗粒更均匀更细作出了两方面的改进：其一，通过刀片旋转形成的不规则涡流以及浆液在刀片旋转时产生的离心力作用下甩出而形成的负压使浆液重复循环流动而多次打碎物料；其二，电机周期性地带动刀片旋转和停转。但是，为使独立权利要求取得更宽的保护，无需将这两方面的改进均作为必要技术特征写入独立权利要求，而只需将其中一方面改进中的必要技术手段写入独立权利要求。由于这两方面的改进彼此是独立的，并无依从关系，因此可以针对其中一个方面的改进来撰写独立权利要求。就该发明来看，在技术交底书中客户更关注的是第一方面有关浆液重复循环和打碎过程的改进，而且第二方面有关电机周期性地带动刀片旋转和停转的改进实际上是对电机运行的控制方法，也就是准备另行提出的另一发明专利申请要求保护的主题，因此该专利申请中有关食品制浆方法的保护主题应当针对上述第一方面有关浆液重复循环和打碎过程的改进来撰写食品制浆方法的独立权利要求。

通过上述分析，在上述列出的食品制浆方法的全部技术特征中，技术特征①至⑥是使浆液更均匀更细的食品制浆方法的必要技术特征，而技术特征⑨不是必要技术特征。

至于技术特征⑦，由技术交底书的第四段可知，除了列出的四种制浆物料外，还可以是其他的五谷杂粮原材料，因此技术特征⑦不是该发明食品制浆方法的必要技术特征。

至于技术特征⑧，由技术交底书的第四段和第五段可知，该食品制浆方法对于需要加热煮沸后才能饮用的浆液（如豆浆、玉米浆）才需要加热，而对于那些无需加热就可饮用的浆液就不必进行加热，因此技术特征⑧也不是该发明食品制浆方法的必要技术特征。

根据上述分析，将上述技术特征①至⑥作为独立权利要求1的必要技术特征，以此为基础完成该发明食品制浆方法独立权利要求的撰写。但是，为了使撰写成的食品制浆方法独立权利要求尽可能不受食品料理机的具体结构限制，在撰写独立权利要求1时，对于上述技术特征，尽可能不要涉及食品料理机中的部件，例如"电机带动刀片旋转"，只需写明"刀片❶旋转"即可，不必再写入"电机"。

最后，完成的制浆方法的独立权利要求1为：

"1.一种食品制浆方法，包括如下步骤：

接通电源后，刀片旋转形成不规则的涡流和负压将位于制浆容器下部的制浆物料和水提升；

---

❶ 由于该发明制浆方法中浆液的循环流动是借助刀片旋转形成的不规则涡流以及刀片旋转使浆液产生离心力而甩出形成负压来实现的，而此循环原理是该发明与对比文件1中的本质区别，必须反映在制浆方法的独立权利要求中，因此食品料理机中的"刀片"部件还必须保留在该独立权利要求中，但由于按此工作原理运行的食品料理机必定包含有刀片，因此这样撰写不会影响权利要求的保护范围。

旋转的刀片将提升到其附近的制浆物料打碎,被打碎的制浆物料与邻近的水形成浆液;

该浆液在刀片旋转时形成的离心力的作用下被甩出,此时由刀片旋转形成不规则的涡流以及将浆液甩出形成的负压再次将位于制浆容器下部的浆液提升,与此同时浆液中的物料颗粒进一步被旋转的刀片打碎;

重复此循环和打碎过程,直到该浆液成为均匀细粒浆液后完成制浆过程。"

所撰写的独立权利要求 1 与客户提供的现有技术对比文件 1 中公开的制浆方法相比,对比文件 1 中的制浆方法是刀片在滤罩内将制浆物料打碎,经滤罩过滤得到较细的浆液,然后通过对浆液加热在内桶上部形成高压而形成反复循环,由于刀片位于滤罩中,在循环过程中不再打碎浆液,仅对浆液持续加热而使豆浆煮沸制熟,因此对比文件 1 中制浆方法的循环流动不是借助刀片旋转形成的不规则涡流和负压来形成的,且在循环流动过程中不会对加热后升高的浆液再次进行打碎,由此可知对比文件 1 未公开权利要求 1 要求保护的食品制浆方法前三个步骤中有关"通过刀片旋转形成不规则的涡流以及浆液在刀片旋转时形成的离心力作用下甩出而形成负压"来使浆液循环流动的内容,也未公开本食品制浆方法第三个技术特征中有关"被提升的浆液中的物料颗粒进一步被旋转刀片打碎"的内容,也就是说权利要求 1 中的技术方案并未被对比文件 1 公开,因此权利要求 1 相对于对比文件 1 具备《专利法》第 22 条第 2 款规定的新颖性。

对比文件 2 公开了一种建筑行业中用于将水泥等建筑材料与水进行混合搅拌的推进式搅拌机,其浆液混合搅拌方法与本发明食品制浆方法是完全不同的技术领域,而且其中建筑材料与水在该搅拌机中仅仅进行混合搅拌,并不再被粉碎,其悬浮液循环流动的方向与该发明食品制浆方法中浆液的流动方向相反,循环流动所起的作用是使固体颗粒按颗粒大小分层,也与该发明食品制浆方法中循环流动而将物料颗粒不断打碎的作用完全不同。也就是说,权利要求 1 的技术方案也未被对比文件 2 公开,因此权利要求 1 相对于对比文件 2 也具备《专利法》第 22 条第 2 款规定的新颖性。

在确定该发明食品制浆方法的最接近的现有技术时已指出其最接近的现有技术是对比文件 1。由前面对权利要求 1 相对于对比文件 1 具备新颖性所进行的分析可知,权利要求 1 要求保护的技术方案与对比文件 1 公开的制浆方法相比的区别是:"浆液循环流动是通过刀片旋转形成不规则的涡流以及浆液在刀片旋转时形成的离心力作用下甩出而形成负压来实现的"和"被提升的浆液中的物料颗粒进一步被旋转刀片打碎"。由此可知,权利要求 1 的技术方案相对于对比文件 1 要解决的技术问题是提供一种浆液颗粒更细更均匀的制浆方法。

对于前一区别特征来说,虽然对比文件 2 中公开了叶片旋转形成的不规则涡流能起到使悬浮液流动的作用,但是对比文件 2 中叶片旋转形成的不规则涡流是使悬浮液向下流动,与该发明食品制浆方法的浆液循环流动方向相反,且该方向相反的循环流动并不是为了将悬浮液中颗粒物料进一步打碎,尤其是对比文件 2 公开的建材固体颗粒物料与水混合搅拌的方法与本发明食品制浆方法是完全不同的技术领域,因此本领域的技术人员在面对着对比文件 1 中的制浆方法颗粒不够细的技术问题时,即使看到对比文件 2,也没有动机将对比文件 2 中公开的"通过叶片旋转形成的不规则涡流"这一技术措施应用到对比文件 1 的制浆方法中来解决其颗粒不够细的技术问题。更何况,对比文件 2 并未公开前一区别特征中的借助刀片旋转将浆液甩出以形成负压的技术手段,此外,对比文件 2 中叶片旋转仅起到将建材固体颗料物料与水混合搅拌的作用,并不起到粉碎固体颗粒物料的作用,即对比文件 2 并未公开后一区别特征,而且这两个区别技术特征也不是本技术领域用来解决食品制浆方法中浆液不够细这一技术问题的常用技术手段。由此可知,本领域技术人员由对比文件 1 和对比文件 2 公开的内容和本领域的公知常识难以得到权利要求 1 所要求保护的技术方案,即权利要求1相对于对比文件1、对比文件2和本领域的公知常识是非显而易见的,具有突出的实质性特点。

此外,权利要求1的技术方案相对于上述两项现有技术能得到颗粒更细更均匀的浆液,具有有益的技术效果,因而具有显著的进步。

综上所述,权利要求1相对于对比文件1、对比文件2和本领域的公知常识具有突出的实质性特点和显著的进步,具备《专利法》第22条第3款规定的创造性。❶

(4) 撰写该发明食品制浆方法的从属权利要求

完成独立权利要求1的撰写后,着手撰写食品制浆方法的从属权利要求。对于前面列出的技术特征⑦、⑧和⑨来说,可以分别撰写一项从属权利要求,由于这三个技术特征无明显的从属关系,因此可写成三项并列的从属权利要求。考虑到其中技术特征⑨相对于另两个技术特征来说更为重要,可以有两种写法:其一,先针对技术特征⑨撰写从属权利要求2,再针对另两个技术特征分别撰写引用权利要求1或2的多项从属权利要求;其二,先针对另两个技术特征撰写并列的从属权利要求2或3,再针对技术特征⑨撰写引用权利要求1至3中任一项的多项从属权利要求。就该申请案而言,在针对食品料理机撰写并列独立权利要求时,技术特征⑧和⑨都会导致食品料理机要增加技术特征,因此为方便撰写食品料理机这一并列独立权利要求采用写明与食品制浆方法权利要求之间关系,故采用后一写法,先针对技术特征⑦撰写一项仅引用权利要求1的从属权利要求2,再针对技术特征⑧撰写一项仅引用权利要求1的从属权利要求3,然后再针对技术特征⑨撰写一项引用权利要求1至3中任一项的多项从属权利要求4,但是技术特征⑨包含有优选的技术方案,在撰写权利要求4时不应写入有关优选的内容,而针对优选的技术方案再撰写一项引用权利要求4的从属权利要求5。

最后完成的食品制浆方法的从属权利要求2至5为:

"2. 按照权利要求1所述的食品制浆方法,其特征在于,所述制浆物料为大豆、花生、核桃和/或玉米。

3. 按照权利要求1所述的食品制浆方法,其特征在于,在制浆过程中对浆液进行加热。

4. 按照权利要求1至3中任一项所述的食品制浆方法,其特征在于,其中刀片旋转和停转交替进行,刀片旋转的时间大于停转的时间。

5. 按照权利要求4所述的食品制浆方法,其特征在于,刀片旋转时间为20~30秒,停转时间为3~5秒,刀片旋转、停转循环次数为5~15次。"

(5) 列出该发明食品料理机的全部技术特征

在撰写完成食品制浆方法的独立权利要求和从属权利要求后,着手撰写食品料理机的独立权利要求和从属权利要求。为此,根据技术交底书第二段至第四段以及第六段至第八段的内容列出食品料理机的全部技术特征:

① 机头,设置于机头内的电机和对电机进行控制的电路控制器件;
② 从机头下盖伸出的刀轴和固定安装在刀轴前端的刀片;
③ 从机头下盖伸出的U形电热器;
④ 杯体;

---

❶ 在上述对"权利要求1具有新颖性和创造性"的分析中,由于对比文件3未公开任何与食品制浆方法有关的内容,且原试题中第一题和第二题中也未出现对比文件3,因而此处所作分析未引入与对比文件3的分析对比。

⑤ 上下开口中空筒状引流罩，其上部卡合固定在机头的下盖上，下部与杯体内侧底部形成间隙；

⑥ 引流罩侧壁上设置有引流孔；

⑦ 引流孔的形状为圆形、椭圆形或矩形，位置为交错分布；

⑧ 刀片直接位于引流罩内，且其位于引流罩中的高度位置与引流罩侧壁上引流孔的位置相当；

⑨ 引流孔的上部设置外凸的引流帽；

⑩ 引流罩下边沿与杯体内侧底部距离为15～25毫米；

⑪ 引流孔上边沿与引流罩上边沿的距离为引流罩总高度的1/5～1/6；

⑫ 电路控制器件包括电源模块、时间检测模块、微处理机控制单元和电机驱动模块，以及这四个电路控制器件组成部分之间必要的信号传递关系。

(6) 确定该发明食品料理机的最接近的现有技术和要解决的技术问题

出于与前面分析本发明食品制浆方法的最接近的现有技术时同样的考虑，由于对比文件3公开的用于热水瓶内的电热器并不涉及食品料理机，因此在确定该发明食品料理机的最接近的现有技术时不再考虑对比文件3，仅仅从对比文件1和对比文件2两者中加以选择。

就技术领域而言，对比文件1中公开的豆浆机与该发明的食品料理机一样，是一种食品加工机械，用于将食品原料打碎并与水均匀混合，因此两者为相同的技术领域；而对比文件2公开的推进式搅拌机是一种建筑行业用的搅拌机，其仅仅用于使固体颗粒物料与水混合，不具有将固体颗粒物料打碎的功能，因而与该发明专食品料理机的技术领域不同。根据《专利审查指南2010》规定，在确定最接近的现有技术时，优先考虑相同和相近的技术领域。从这一点考虑，对比文件1比对比文件2更适宜作为该发明食品料理机的最接近的现有技术。

从要解决的技术问题、技术效果和用途来看，对比文件1与该发明均用于将食品原料打碎制浆，且要取得细颗粒的浆液，而对比文件2中的推进式搅拌机主要用于将建筑材料，尤其是固体颗粒物料与水进行混合以得到搅拌效果好且按颗粒大小分成两层的浆液，因而从要解决的技术问题、技术效果和用途考虑，对比文件1公开的豆浆机比对比文件2公开的推进式搅拌机更接近该发明的食品料理机。

从披露该发明食品料理机的技术特征更多来看，就与该发明食品料理机的技术方案有关的技术特征而言，对比文件1与对比文件2均公开了与该发明引流罩相当的内桶或导流筒，其上也均有与引流孔相当的连通孔或上、下孔；但是，对比文件1中的刀片与该发明一样，具有打碎物料颗粒的功能，因而必定带有刀刃，而对比文件2中的叶片仅有搅拌混合功能而没有打碎物料的功能，因而不带有刀刃。此外，对比文件1中制浆物料的循环路径与该发明食品料理机中的相同，而对比文件2与该发明食品料理机相反，由此可知，应当认为对比文件1相对于对比文件2披露了该发明食品料理机更多的技术特征。

综上所述，对比文件1与对比文件2相比，其与该发明技术领域相同，要解决的技术问题、技术效果和用途更接近该发明，披露该发明食品料理机的技术特征更多，因此应当以对比文件1作为该发明食品料理机的最接近的现有技术。

显然，该发明食品料理机相对于对比文件1公开的豆浆机能提供颗粒更细更均匀的浆液，因此该发明食品料理机相对于最接近的现有技术对比文件1所解决的技术问题是提供一种能得到颗粒更均匀更细的浆液的食品料理机。

（7）撰写该发明食品料理机的独立权利要求

与前面分析食品制浆方法一样，为解决浆液颗粒不够细这一技术问题，该发明食品料理机在结构上作出了两方面的改进：其一，使浆液循环流动并将物料颗粒多次打碎的结构；其二，控制电机周期性旋转和停转的控制电路器件的结构。显然，为使食品料理机具有更宽的保护范围，无需将这两方面的结构改进均写入该发明食品料理机的独立权利要求中。由于前面所撰写的食品制浆方法相对于现有技术的特定技术特征与浆液循环流动和将浆液多次打碎有关，因此，为使所撰写的该食品料理机的独立权利要求与前面所撰写的食品制浆方法独立权利要求之间满足单一性的要求，该发明食品料理机独立权利要求中应当写入"使浆液循环流动并将物料颗粒多次打碎的结构"。

现分析上述"使浆液循环流动并将物料颗粒多次打碎的结构"中哪些是应当写入该发明食品料理机独立权利要求中的必要技术特征。

显然，上面列出的12个技术特征中，除技术特征③和技术特征⑫外，其余10个技术特征都是与"使浆液循环流动并将物料颗粒多次打碎的结构"有关的技术特征，但是由技术交底书所介绍的内容可知，其中的技术特征⑦、⑨、⑩和⑪这四个技术特征是上述结构的优选措施，并不是解决上述技术问题的必要技术特征，因而不需要将其写入该发明食品料理机的独立权利要求中。也就是说，仅仅技术特征①、②、④、⑤、⑥和⑧这六个技术特征是解决上述技术问题的必要技术特征，应当写入该发明食品料理机的独立权利要求中，但是对于其中的技术特征①中的电路控制器件来说，并不是一定要设置在机头内，因而只需要写成食品料理机包括"对电机进行控制的电路控制器件"。

然后对这六个技术特征进行分析，显然最接近的现有技术对比文件1中公开的豆浆机除了未披露技术特征⑧以及其内桶（相当于该发明的引流罩）形状不是上下开口的中空筒状之外，其余的技术特征均已公开，因此仅仅将技术特征⑧以及引流罩总体形状写入独立权利要求的特征部分外，其余的技术特征均写入前序部分。

为了更好地体现出食品料理机与制浆方法之间的关系，食品料理机前序部分中的主题名称采用了引用在前方法权利要求的写法，由于该独立权利要求所限定的结构只能实现权利要求1和2中的制浆方法，而不能实现权利要求3、4、5的制浆方法，因此其主题名称写成"一种实现权利要求1或2所述食品制浆方法的食品料理机"。

此外，根据《专利法实施细则》第19条第4款的规定，权利要求中的技术特征可以引用说明书附图中相应的标记，因而对产品独立权利要求，最好在其各部件名称后面加上带括号的附图标记。鉴于此，在撰写该发明食品料理机的独立权利要求（包括后面撰写的从属权利要求）时，在其各个部件名称后面加上相应的带括号的附图标记。

最后完成的食品料理机的独立权利要求6为：

"6. 一种实现权利要求1或2所述食品制浆方法的食品料理机，包括机头（101）、杯体（107）、引流罩（108）、从所述机头（101）下盖伸出的刀轴（104）、固定安装在该刀轴（104）前端的刀片（105）、内置于所述机头（101）中的电机（102）、对该电机（102）进行控制的电路控制器件（103），所述引流罩（108）的上部卡合固定在所述机头（101）的下盖上、下部与所述杯体（107）内侧底部形成间隙、侧壁上设置有引流孔（109），其特征在于：所述引流罩（108）为上下开口的中空筒状，所述刀片（105）直接位于所述引流罩（108）内，且所述刀片（105）位于所述引流罩（108）中的高度位置与所述引流罩（108）侧壁上的引流孔（109）的位置相当。"

所撰写的独立权利要求6与客户提供的现有技术对比文件1中公开的豆浆机相比，对比文件1中豆浆机的刀片置于滤网中，并未直接置于内桶（相当于该发明食品料理机中的引流罩）中，该对比文件 1 中的豆浆机也未公开其刀片的高度位置与内桶侧壁的连通孔（相当于该发明食品料理机中引流罩上的引流孔）的位置相当，而且其内桶的底部设有循环孔，并不像该发明食品料理机中引流罩的底部那样是中空的，即对比文件 1 中的豆浆机并未披露权利要求 6 特征部分的技术特征：引流罩为上下开口的中空筒状，刀片直接位于引流罩内，且刀片位于引流罩中的高度位置与引流罩侧壁上的引流孔位置相当。正是独立权利要求 6 特征部分中的这些区别技术特征，使该发明食品料理机中的浆液循环流动的工作原理不同于对比文件 1 中的豆浆机，且旋转刀片能进一步将提升到刀片附近的浆液中的物料颗粒打碎。由此可知，权利要求 6 的技术方案并未被对比文件 1 公开，因此权利要求 6 相对于对比文件 1 具备《专利法》第 22 条第 2 款规定的新颖性。

对比文件 2 公开的推进式搅拌机是建筑行业中用于将水泥等建筑材料与水进行混合的搅拌机械，而独立权利要求 6 要求保护的食品料理机是食品加工机械，两者属于不同的技术领域。其次，推进式搅拌机只需要得到搅拌效果好、且按颗料大小分成两层的浆液，无需对固体颗料进行粉碎，因而其安装在电机转轴上的叶片不具有刀刃，而权利要求 6 要求保护的食品料理机需要制得颗料更细的浆液，其安装在转轴上的刀片必定带有刀刃，由此可知对比文件 2 中公开的叶片与本权利要求 6 要求保护的食品料理机中的刀片在结构上不一样，所取得的技术效果也不同，从而可以认定对比文件 2 未披露权利要求 6 要求保护的技术方案中的"刀片"这一技术特征。此外，对比文件 2 中的叶片安装在内桶下部，浆液循环流动方向在导流筒内由上至下流入反应器，并在反应器的作用下在反应器内向上运动后再从导流筒的下孔和上孔流入导流筒，形成循环；而权利要求 6 中要求保护的食品料理机中的刀片位于引流罩的上部与引流孔高度相当的位置，借助形成不规则涡流和负压以及离心作用形成与对比文件 2 中方向相反的循环流动，由此可知对比文件 2 也未披露权利要求 6 特征部分中有关"刀片位置"的特征。综上所述，对比文件 2 中的推进式搅拌机与权利要求 6 中的食品料理机相比，技术领域不同、技术效果不同、技术方案也不同，因此权利要求 6 要求保护的食品料理机未被对比文件 2 披露，也就是说权利要求 6 的技术方案相对于对比文件 2 也具备《专利法》第 22 条第 2 款规定的新颖性。

如前所述，权利要求 6 要求保护的食品料理机的最接近的现有技术是对比文件 1，其与对比文件 1 的区别技术特征是：引流罩为上下开口的中空筒状，刀片直接位于引流罩内，且刀片位于引流罩中的高度位置与引流罩侧壁上的引流孔位置相当。从而，该发明的食品料理机能通过形成不规则涡流和负压以及离心作用使浆液反复循环流动，旋转刀片将浆液多次打碎得到更细的颗粒，也就是说权利要求 6 相对于对比文件 1 要解决的技术问题是提供一种能得到颗粒更细更均匀浆液的食品料理机。

对比文件 2 中的推进式搅拌机与权利要求 6 要求保护的食品料理机属于不同的技术领域，且解决的技术问题和技术效果与食品料理机也完全不同，因此本领域技术人员通常不会到推进式搅拌机中寻找解决技术问题的技术措施。另外，对比文件 2 中的推进式搅拌机虽然公开了"叶片直接位于导流筒内"和"导流筒下端开口"这两个技术特征，但其是为了得到更好的搅拌效果，并使浆液按颗粒大小分成两层，因而其叶片不带刀刃，不会对浆液颗粒起到进一步打碎的作用，由此可知本领域技术人员即使看到了对比文件 2，也不易想到将这一技术特征应用到对比文件 1 中来解决使浆液具有更细颗粒这一技术问题，即没有动机将对比文件 2 中公开的上述技术特征应用到对比文件 1 中来解决上述技术问题，或者说对比文件 2 没有给出将其公开的上述两个技术特征应用到对比文件 1 中解决上述技术问题的结合启示。更何况，推进式搅拌机中的叶片位于导流筒内的下部，并不是位于导流筒中与其侧壁上的上孔或下孔相当的位置，也就是说，其并未披露上述区别特征中的最后一个特征"刀片位于引流罩中的高度位置与引流罩侧壁上的引流孔位置相当"，因此由对比文件1和对比文件2所记载的内容得到权利要求6的技术方案对本领域的技术人员来说是非显而易见的。此外，上述区别技术特征也不是本领域技术人员解决上述技术问题的惯用手段，即不属于本领域的公知常识。由此可知，权利要求6相对于对比文件1、对比文件2和本领域的公知常识，具有突出的实质性特点。

在权利要求6的技术方案中，由于产生不规则涡流和负压，并在离心力作用下在食品料理机的引流罩和杯体之间形成反复循环流动，从而刀片将浆液中的颗粒进一步打碎，可得到更细颗粒的制浆效果。此外，相对于对比文件1还省去滤罩，且引流罩下端是开口的，不仅便于清洗，还简化结构。由此可知，权利要求6的食品料理机具有更好的技术效果，即具有显著的进步。

综上所述，权利要求6相对于对比文件1、对比文件2和本领域的公知常识具有突出的实质性特点和显著的进步，具备《专利法》第22条第3款规定的创造性。❶

现分析一下独立权利要求6与独立权利要求1之间是否满足单一性的要求。通过将两项独立权利要求分别与对比文件1和对比文件2进行对比分析可知：权利要求1的特定技术特征是："浆液循环流动是通过刀片旋转形成不规则的涡流以及浆液在刀片旋转时形成的离心力作用下甩出而形成负压来实现的"和"被提升的浆液中的物料颗粒进一步被旋转刀片打碎"；权利要求6的特定技术特征是"刀片直接位于引流罩内"和"刀片位于引流罩中的高度位置与引流罩侧壁上的引流孔位置相当"。显然，在权利要求6的技术方案中，将食品料理机中的刀片设置在与引流罩侧壁上引流孔的相当位置处是为了在刀片旋转时形成不规则的涡流以及浆液在离心力的作用下从引流孔甩出形成负压而将浆液提升到刀片附近，从而使浆液循环流动，因而权利要求6中的特定技术特征"刀片位于引流罩中的高度位置与引流罩侧壁上的引流孔位置相当"和权利要求1中的特定技术特征"浆液循环流动是通过刀片旋转形成不规则的涡流以及浆液在刀片旋转时形成的离心力作用下甩出而形成负压来实现的"是相应的特定技术特征；在权利要求6的技术方案中，将刀片直接设置在引流罩内是为了将提升到刀片附近的浆液中的物料颗粒进一步打碎，因而权利要求6中的特定技术特征"刀片直接位于引流罩内"与"被提升的浆液中的物料颗粒进一步被旋转刀片打碎"也是相应的特定技术特征。由此可知，独立权利要求6和独立权利要求1具有两个相应的特定技术特征，在技术上相互关联，因而这两项独立权利要求属于一个总的发明构思，两者之间满足《专利法》第31条第1款规定的单一性要求。

（8）撰写该发明食品料理机的从属权利要求

在完成食品料理机独立权利要求的撰写后，针对前面列出的技术特征③、⑦、⑨、⑩、⑪和⑫来撰写食品料理机的从属权利要求。

上述六个技术特征彼此之间没有依从关系，因此可以写成并列的从属权利要求。考虑到这六个技术特征中，技术特征⑨是比较重要的附加技术特征，因此先针对这一技术特征撰写从属权利要求7，而对于其余几个技术特征来说，均撰写成引用权利要求6或7的多项从属权利要求。❷此外，对于技术特征⑦来说，引流孔的形状和位置分布两者不是密不可分的技术特征，因此针对该技术特征⑦中的引流孔的形状和引流孔的位置分布分别撰写一项从属权利要求。另外，在针对

---

❶ 出于与前面对食品制浆方法具有新颖性和创造性分析时同样的原因，此处在对本发明食品料理机具有新颖性和创造性进行分析时，也未引入与对比文件3的分析对比。

❷ 从这几个技术特征的内容来看彼此之间是相容的，就此而言这几项从属权利要求彼此之间也可以相互引用，但是为了满足《专利法实施细则》第22条第3款规定的"多项从属权利要求不得作为另一项多项从属权利要求基础"的要求，这几项从属权利要求均只引用了权利要求6或7。

技术特征③撰写从属权利要求时，由于该电热器还可以采用其他形状和设置在其他位置，例如设置在食品料理机底部的盘状电热器，因此无需对其形状和位置作出限定。最后完成的食品料理机的从属权利要求7至13为：

"7. 按照权利要求6所述的食品料理机，其特征在于，在所述引流罩（108）的引流孔（109）的上部设置外凸的引流帽（110）。

8. 按照权利要求6或7所述的食品料理机，其特征在于，所述引流罩（108）的下边沿与所述杯体（107）内侧底部的距离为15～25毫米。

9. 按照权利要求6或7所述的食品料理机，其特征在于，所述引流孔（109）的上边沿与所述引流罩（108）上边沿的距离为所述引流罩（108）总高度的1/5～1/6。

10. 按照权利要求6或7所述的食品料理机，其特征在于，所述引流孔（109）的形状为圆形、椭圆形或者矩形。

11. 按照权利要求6或7所述的食品料理机，其特征在于，所述引流孔（109）的位置交错分布。

12. 按照权利要求6或7所述的食品料理机，其特征在于，该食品料理机还包括用于对浆液进行加热的电热器（106）。

13. 按照权利要求6或7所述的食品料理机，其特征在于，所述电路控制器件（103）包括电源模块（1031）、时间检测模块（1032）、微处理机控制单元（1033）和电机驱动模块（1034）；所述电源模块（1031）用于向所述微处理机控制单元（1033）和所述电机（102）提供工作电压；所述时间检测模块（1032）用于检测所述电机（102）的旋转时间和停转时间，并在其达到设定时间值时发出相应输出信号；所述微处理机控制单元（1033）通过所述电机驱动模块（1034）启动电机（102）运行，且根据来自时间检测模块（1032）的输出信号向电机驱动模块（1034）发出控制电机旋转或停转的信号，并在电机（102）旋转、停转循环运行达到设定循环次数时向电源模块（1031）发出断电信号；所述电机驱动模块（1034）根据来自微处理机控制单元（1033）的控制电机旋转或停转的信号驱动电机（102）旋转或使电机（102）停转。"

3. 针对食品料理机中控制电机运行的控制器件和控制方法撰写独立权利要求和从属权利要求

在完成食品制浆方法和食品料理机两项发明的独立权利要求和从属权利要求之后，将针对技术交底书第八段至第十一段所描述的食品料理机中控制电机运行的电路控制器件和电路控制方法撰写独立权利要求和从属权利要求。

正如前面分析食品制浆方法和食品料理机两者满足单一性要求中所指出的，食品制浆方法独立权利要求的特定技术特征为"浆液循环流动是通过刀片旋转形成不规则的涡流以及浆液在刀片旋转时形成的离心力作用下甩出而形成负压来实现的"和"被提升的浆液中的物料颗粒进一步被旋转刀片打碎"，食品料理机独立权利要求的特定技术特征为"刀片直接位于引流罩内"和"刀片位于引流罩中的高度位置与引流罩侧壁上的引流孔位置相当"。而对于电路控制器件和电路控制方法这两项发明来说，其独立权利要求不可能包含与上述特定技术特征相同或相应的特定技术特征，由此可以初步认定，这两项发明与"食品制浆方法"和"食品料理机"在技术上相互并不关联，不属于一个总的发明构思，即这两项发明与本申请的"食品制浆方法"和"食品料理机"两项发明之间不具有《专利法》第31条第1款规定的单一性，❶因此"电路控制器件"和"电路控制方法"应当另行提出一件发明专利申请。此外，由于按照《专利法》第22条第2款的规定，

---

❶ 在撰写了电路控制器件的独立权利要求之后，将会进一步具体说明为何其与食品制浆方法和食品料理机两项独立权利要求之间不具有单一性。

申请人后一申请要求保护的主题已经记载于其本人在申请日前提出申请，并在申请日后公开的中国专利申请文件，则后者也构成申请人本人后一申请的抵触申请，因此另一件有关"电路控制器件"和"电路控制方法"的发明专利申请应当与这一件有关"食品制浆方法"和"食品料理机"的发明专利申请在同一日向国家知识产权局提出。

鉴于在撰写电路控制方法独立权利要求时必定会涉及电路控制器件的具体组成部分，因此应当先针对电路控制器件撰写独立权利要求，其主题名称为："一种设置在食品料理机中用于控制电机运行的电路控制器件"，然后再针对电路控制方法撰写独立权利要求，且采用引用前一独立权利要求电路控制器件的方式，其主题名称为："一种由权利要求1所述电路控制器件控制食品料理机中电机运行的电路控制方法。"这样，所撰写的电路控制方法独立权利要求中出现电路控制器件中的各组成部分就顺理成章了。

（1）撰写另一件专利申请中的电路控制器件独立权利要求

对于电路控制器件这一类独立权利要求来说，通常应当先写明该电路的各个组成部分以及各个组成部分之间的连接关系、信号传送关系或相互作用关系。如果该电路相对于最接近的现有技术的改进在于对其中一个或几个组成部分的具体电路结构作出变化，则应当进一步写明反映这些具体电路结构变化的必要技术特征；如果该电路相对于最接近的现有技术的改进并不在于其各个组成部分的电路结构变化，而在于这些组成部分的连接关系、信号传送关系或相互作用关系作出变化，则该独立权利要求只要反映出各组成部分连接关系、信号传送关系或相互作用关系变化的必要技术特征即可，而无需再进一步给出各个组成部分的具体电路结构变化的技术特征。

客户提供的现有技术并未写明豆浆机在制浆过程中刀片旋转和停转交替进行，且在相应的脚注处明确说明现有技术中豆浆机的刀片在制浆过程中均是持续旋转的或者在刀片持续旋转完成制浆后再对豆浆液进行间隙式加热，即现有技术中还没有出现过刀片周期性交替旋转、停转制浆的豆浆机。由此可知，另一件专利申请中有关电路控制器件的发明相对于最接近的现有技术作出的改进体现在其各个组成部分以及这些组成部分的连接关系、信号传送关系或相互作用关系。这样一来，其独立权利要求只需写明其各个组成部分以及这些组成部分的连接关系、信号传送关系或相互作用关系即可，至于各个组成部分的具体电路结构可以作为附加技术特征来撰写从属权利要求。❶

由技术交底书第八段所给出的有关周期性控制刀片旋转的电路控制器件的内容可知，该电路控制器件包括电源模块、微处理机控制单元、时间检测模块和电机驱动模块，而这四个组成部分是该电路控制器件实现对带动刀片旋转的电机进行周期性交替旋转、停转控制的必要组成部分，因此有关这四个组成部分是电路控制器件解决上述技术问题的必要技术特征，应当写入电路控制器件的独立权利要求中。技术交底书第八段中还写明了这四个组成部分彼此之间的作用关系，经分析，这一段中所列出的这四个组成部分彼此之间的作用关系也是实现电机周期性交替旋转、停转所不可缺少的，因此也应当将这四个组成部分彼此之间的作用关系写入独立权利要求中。

需要说明的是，技术交底书第八段描述上述内容时，在给出电路控制器件的每一个组成部分的名称后，直接写明其与其他组成部分的关系；如果在撰写电路控制器件独立权利要求时也采用

---

❶ 目前的技术交底书中未对电路控制器件各个组成部分的具体电路结构作出说明，在平时实务中应当与客户进行必要的沟通，请他们补充有关的技术内容，从而针对这些补充的内容撰写相应的从属权利要求；而在考试时仅需针对技术交底书中给出的材料撰写，因而无需再撰写反映电路控制器件各组成部分具体电路结构的从属权利要求。

技术交底书中的类似写法，那么在撰写前一组成部分时就要出现与该独立权利要求后面部分才提到的组成部分之间关系的技术特征，这样撰写成的权利要求就不十分妥当。为此，建议在撰写该独立权利要求时对技术交底书第八段中文字顺序作适当调整，先写明电路控制器件所包括的四个组成部分，然后再写明各组成部分彼此之间的作用关系，使该权利要求清楚地限定要求专利保护的范围。

根据《专利法实施细则》第19条第4款的规定，权利要求中的技术特征可以引用说明书附图中相应的标记，因而在撰写有关电路产品独立权利要求时，最好在相应的电路组成部分之后加上带括号的附图标记。

最后完成的另一件专利申请的电路控制器件的独立权利要求为：

"1. 一种设置在食品料理机中用于控制电机运行的电路控制器件，其特征在于❶：该电路控制器件包括电源模块（1031）、时间检测模块（1032）、微处理机控制单元（1033）和电机驱动模块（1034）；

所述电源模块（1031）用于向所述微处理机控制单元（1033）和所述电机（102）提供工作电压；

所述时间检测模块（1032）用于检测所述电机（102）的旋转时间和停转时间，并在其达到设定时间值时，发出相应输出信号；

所述微处理机控制单元（1033）通过所述电机驱动模块（1034）启动电机（102）运行，且根据来自所述时间检测模块（1032）的输出信号向所述电机驱动模块（1034）发出控制电机旋转或停转的信号，并在所述电机（102）旋转、停转循环运行达到设定循环次数时向所述电源模块（1031）发出断电信号；

所述电机驱动模块（1034）根据来自所述微处理机控制单元（1033）的控制电机旋转或停转的信号驱动所述电机（102）旋转或使所述电机（102）停转。"

显然，对比文件1中的豆浆机未公开由电源模块、时间检测模块、微处理机控制单元和电机驱动模块组成的电路控制器件，更未公开使电机周期性旋转、停转循环运行的技术内容，因而对比文件1未公开权利要求1的技术方案。由此可知，权利要求1相对于对比文件1具备《专利法》第22条第2款规定的新颖性。

对比文件2中的推进式搅拌器也未公开由电源模块、时间检测模块、微处理机控制单元和电机驱动模块组成的电路控制器件，同样也未公开使电机周期性旋转、停转循环运行的技术内容，更何况推进式搅拌器与食品料理机是不同的技术领域，因而对比文件2也未公开权利要求1的技术方案。由此可知，权利要求1相对于对比文件2也具备《专利法》第22条第2款规定的新颖性。

在上述两项现有技术中，对比文件1是电路控制器件的最接近的现有技术，权利要求1的电路控制器件与该对比文件1的区别是："电路控制器件中包括用于检测电机旋转时间和停转时间的时间检测模块，并在电机旋转时间或停转时间达到设定值时发出相应输出信号，微处理机控制单元根据该相应输出信号通过电机驱动模块控制电机旋转或停转。"从而权利要求1的技术方案相对于最接近的现有技术实际解决的技术问题是使该食品料理机所制得的浆液具有更好的粉碎效

---

❶ 严格说来，此独立权利要求难以相对于最接近的现有技术划分前序部分和特征部分，因此可以不采用划分前序部分和特征部分的撰写格式，写成："一种设置在食品料理机中用于控制电机运行的电路控制器件，包括电源模块……"

果。上述区别特征既未在对比文件2中披露，也不属于本技术领域解决上述技术问题的惯用手段，因而该权利要求1相对于对比文件1、对比文件2和本领域的公知常识具有突出的实质性特点。此外，该权利要求1的技术方案能使食品料理机所制得的浆液具有更好的粉碎效果，因而也具有显著的进步。综上所述，权利要求1相对于对比文件1、对比文件2和本领域的公知常识具备《专利法》第22条第3款规定的创造性。❶

通过上述分析可知，电路控制器件独立权利要求1相对于现有技术具备新颖性和创造性的特定技术特征是与使电机周期性旋转、停转循环运行有关的技术特征，而在前面的分析中已指出本专利申请中食品制浆方法和食品料理机的独立权利要求的特定技术特征分别是"浆液循环流动是通过刀片旋转形成不规则的涡流以及浆液在刀片旋转时形成的离心力作用下甩出而形成负压来实现的，被提升的浆液中的物料颗粒进一步被旋转刀片打碎"和"刀片直接位于引流罩内，刀片位于引流罩中的高度位置与引流罩侧壁上的引流孔位置相当"。也就是说，电路控制器件独立权利要求的特定技术特征与该专利申请食品制浆方法独立权利要求的特定技术特征，或者与该专利申请食品料理机独立权利要求的特定技术特征既不相同，也不相应，因此电路控制器件独立权利要求与本专利申请食品制浆方法和食品料理机的独立权利要求在技术上并不相互关联，不属于一个总的发明构思，不满足《专利法》第31条第1款有关单一性的要求，应当另行提出一件专利申请。

目前的技术交底书中对电路控制器件未再提供进一步的技术内容，在平时实务中应当与客户进行必要的沟通，请客户补充其他必要的内容，然后针对这些补充的内容撰写相应的从属权利要求。而就考试而言，在本案例的情况下，完成独立权利要求的撰写后，就可不再撰写从属权利要求了。

（2）撰写另一件专利申请中的电路控制方法独立权利要求和从属权利要求

至于电路控制方法独立权利要求，可以按照技术交底书第九段中给出的文字说明和图3-5给出的步骤来撰写电路控制方法。

需要说明的是，虽然在技术交底书第九段和附图3-5中与时间检测模块检测电路旋转或停转时间有关的技术特征中出现了"达到旋转时间设定值A秒""达到停转时间设定值B秒"的表述方式，与微处理机控制单元发出断电信号有关的技术特征中出现了"达到设定循环次数N次"的表述方式，但是在撰写电路控制方法独立权利要求时只要指出达到相应的设定值即所，无需将A秒、B秒和N次写入相应的技术特征中。因为若在该独立权利要求中写明为设定值A秒、设定值B秒和设定循环次数N次，而不再对A秒、B秒和N次给出相应的数值范围，就会造成该独立权利要求未清楚地限定要求专利保护的范围；相反，若在该独立权利要求中写明为设定值A秒、设定值B秒和设定循环次数N次，并对A秒、B秒和N次给出相应的数值范围，由于技术交底书中所给出的数值范围已写明是优选数值范围，则必定导致该权利要求保护范围过窄。

最后完成的电路控制方法的独立权利要求为：

"2. 一种由权利要求1所述电路控制器件控制食品料理机中电机运行的电路控制方法，包括如下步骤：

（1）接通电源，由电源模块向微处理机控制单元和电机提供工作电压；

（2）微处理机控制单元向电机驱动模块发出驱动电机运行的信号，使电机旋转；

---

❶ 在上述对电路控制器件独立权利要求1具备新颖性和创造性的分析中，由于对比文件3未公开任何与电路控制器件有关的内容，且原试题中第一题和第二题中也未出现对比文件3，因而此处所作分析未引入与对比文件3的分析对比。

(3) 时间检测模块检测电机旋转时间，当测得的电机旋转时间达到旋转时间设定值时，向微处理机控制单元发出旋转时间已到信号，微处理机控制单元向电机驱动模块发出停止旋转信号，使电机停转；

(4) 时间检测模块检测电机的停转时间，当所测得的停转时间到达停转时间设定值时，向微处理机控制单元发出电机停转时间已到信号，微处理机控制单元向电机驱动模块发出驱动电机旋转的信号，使电机再次旋转；

(5) 重复上述电机旋转、停转循环过程，当循环运行达到设定循环次数时，微处理机控制单元向电源模块发出断电信号，完成制浆。"

显然，对比文件 1 并未公开用电路控制器件控制豆浆机中电机周期性旋转、停转循环运行的控制方法。也就是说，对比文件 1 未公开另一件专利申请权利要求 2 所要求保护的电路控制方法，因此上述权利要求 2 相对于对比文件 1 具备《专利法》第 22 条第 2 款规定的新颖性。

同样，对比文件 2 也未公开用电路控制器件控制推进式搅拌机中电机周期性旋转、停转循环运行的控制方法。也就是说，对比文件 2 也未公开另一件专利申请权利要求 2 所要求保护的电路控制方法，因此上述权利要求 2 相对于对比文件 2 也具备《专利法》第 22 条第 2 款规定的新颖性。

鉴于体现权利要求 2 与最接近的现有技术对比文件 1 之间区别的有关"电路控制器件控制食品料理机中电机周期性旋转、停转循环运行"的技术特征在对比文件 2 中也未披露，且也不属于本领域解决浆液具有更好粉碎效果这一技术问题的惯用手段，因此权利要求 2 的技术方案相对于对比文件 1、对比文件 2 和本领域的公知常识是非显而易见的，具有突出的实质性特点。此外，权利要求 2 的技术方案相对于上述现有技术能带来更好的粉碎效果，因而具有显著的进步。由此可知，权利要求 2 的技术方案相对于对比文件 1、对比文件 2 和本领域的公知常识具备《专利法》第 22 条第 3 款的创造性。❶

通过上述分析可知，电路控制方法独立权利要求的特定技术特征是反映"电路控制器件控制食品料理机中电机周期性旋转、停转循环运行"的步骤，因此与前面所指出的食品制浆方法和食品料理机这两项独立权利要求的特定技术特征既不相同，也不相应，因此该电路控制方法独立权利要求与本申请的食品制浆方法独立权利要求和食品料理机独立权利要求在技术上并不相互关联，不属于一个总的发明构思，不具有单一性，应当另行提出一件专利申请。但是，电路控制方法独立权利要求的特定技术特征与前面给出的电路控制器件独立权利要求的特定技术特征都与控制食品料理机中电机周期性旋转、停转循环运行有关。也就是说，这两项独立权利要求的特定技术特征是相应的特定技术特征，两者在技术上相互关联，属于一个总的发明构思，具有单一性，因此这两项独立权利要求可以在另一件专利申请中合案申请。

在撰写电路控制方法的独立权利要求 2 后，还可针对技术交底书中给出的优选电机旋转时间的设定值、优选电机停转时间的设定值和优选的电机旋转、停转循环运行的设定次数撰写一项从属权利要求 3：

"3. 按照权利要求 2 所述的电路控制方法，其中电机旋转时间的设定值为 20～30 秒，电机

---

❶ 由于对电路控制方法独立权利要求的新颖性和创造性的分析与对电路控制器件独立权利要求的新颖性和创造性的分析没有本质区别，因此为节约篇幅此处只作简单说明。此外，出于与前面对电路控制器件具有新颖性和创造性分析时同样的原因，此处在对电路控制方法具有新颖性和创造性进行分析时，也未引入与对比文件 3 的分析对比。

停转时间的设定值为3~5秒,电机旋转、停转循环运行设定次数为5~15次。"

4. 针对技术交底书就食品料理机中电热器的合金材料提出的咨询问题进行分析

由技术交底书中客户对食品料理机中电热器的合金材料所介绍的内容可知,客户本身研发出了一种因具有较好加热效果而适于用作电热器的合金材料,其组分和含量(重量百分比)为0.1%~0.3%的C,0.5%~1%的Mn,P≤0.03%,S≤0.03%,余量为Fe;尤其是其中组分C的含量为0.18%~0.27%(重量百分比)时,不仅能便于加工,还能取得更好的加热效果。对于其中组分C的含量为0.18%~0.27%(重量百分比)的技术方案,已在4个月前提交的有关豆浆机的实用新型专利申请中记载了此电热器合金材料的有关内容。目前想就该电热器合金材料提出发明专利申请,请对此给出咨询意见。

按照技术交底书中所介绍的情形看,该合金材料仍然有可能向国家知识产权局提出发明专利申请。显然,该合金材料涉及两个保护范围,其中组分C含量为0.1%~0.3%(重量百分比)的合金材料具有较宽的范围,而组分C含量为0.18%~0.27%(重量百分比)的合金材料为较窄的范围。考虑到该较窄范围合金材料的组分和含量已记载在客户本人在先提出的在先实用新型专利申请的说明书中,虽然该在先提出的实用新型专利申请尚未授权公告,但是一旦其被授权公告就将成为该发明专利申请中较窄范围合金材料的抵触申请,鉴于该在先实用新型专利申请是在4个月前提出的,尚未超出12个月的优先权期限,因而该发明专利申请想要求保护较窄范围的合金材料时,可以要求该在先提出的实用新型专利申请的优先权,与此同时由于该在先实用新型专利申请将被视为撤回,还应当再提出一份要求保护豆浆机的实用新型专利申请,也要求该在先实用新型专利申请的优先权。对于该较宽范围合金材料,由于其未记载于在先提出的实用新型专利申请中,因而该较宽范围合金材料不能享受在先提出的实用新型专利申请的优先权。基于上述考虑,可以在此发明专利申请中撰写一项相当于较宽范围合金材料的独立权利要求,然后以优选的组分C含量作为附加技术特征撰写一项从属权利要求,这两项权利要求中独立权利要求不能享受在先实用新型专利申请的优先权,而从属权利要求可以享受在先实用新型专利申请的优先权。

由于检索到的对比文件3是一件已在2个月前公告的中国实用新型专利说明书,其公开的U形电热管的合金材料的组分和含量(重量百分比)为0.15%的C,0.7%的Mn,0.01%的P,0.01%的S,其余为Fe。由此可知,该对比文件3中公开的电热管合金材料的各个组分与此发明专利申请要求保护的合金材料的组分相同,各组分的含量又都落在此发明专利申请要求保护的较宽保护范围合金材料的各组分含量的范围之中,因而此发明专利申请中较宽保护范围合金材料的独立权利要求相对于对比文件3不具备《专利法》第22条第2款规定的新颖性。

现分析一下检索到的对比文件3是否影响此发明专利申请较窄范围合金材料的权利要求的新颖性和创造性。由于此发明专利申请较窄范围合金材料的权利要求可以享受在先实用新型专利申请的优先权,而该检索到的对比文件3为一件申请日在本发明专利申请的优先权日之前、公开日在优先权日之后的中国实用新型专利文件,则该对比文件3只能用作判断该较窄范围合金材料权利要求新颖性的对比文件,不能用作判断该较窄范围合金材料权利要求创造性的对比文件。就对比文件3公开的电热管合金材料而言,虽然其组分与本申请较窄范围合金材料的组分相同,但其组分C的含量0.15%并未落在此发明专利申请较窄范围合金材料组分C的含量为0.18%~0.27%(重量百分比)之中,两者是不同的技术特征,因而对比文件3中公开的U形电热管的合金材料与此发明专利申请中较窄范围合金材料是不同的,也就是说此发明专利申请中较窄范围合金材料相对于对比文件3中公开的U形电热管的合金材料具备《专利法》第22条第2款规定的新颖性。由此可知，检索到的对比文件3不能影响此发明专利申请中较窄范围合金材料的新颖性和创造性，即该较窄范围合金材料相对于目前的检索结果能够得到专利保护。

基于上述考虑，对于此发明专利申请中较窄范围的合金材料撰写独立权利要求：

"1. 一种用于电热器的合金材料，其组分和含量（重量百分比）为：

C　0.18%～0.27%，

Mn　0.5%～1%，

P≤0.03%，

S≤0.03%，

余量为Fe。"❶

5. 在撰写的权利要求书的基础上完成说明书及其摘要的撰写

由前面的分析可知，根据客户提供的技术交底书中所涉及的发明创造内容，可以提出三件发明专利申请。但是，客户提供的技术交底书仅对食品制浆方法和食品料理机这一件专利申请作出了比较详细的说明，而对于其他三项要求保护的主题（电路控制器件、电路控制方法和合金材料）提供的材料偏少，如果要对这三项要求保护的主题提出发明专利申请的话，还需要客户补充必要的材料。因此，对于本案例来说，仅针对食品制浆方法和食品料理机这一件专利申请撰写了说明书以及给出权利要求书和说明书的推荐文本。

在完成有关食品制浆方法和食品料理机这一件专利申请的权利要求书的撰写后，根据技术交底书所介绍的发明内容以及所检索到的最接近的现有技术，结合权利要求书撰写过程所作的考虑，撰写说明书及其摘要。

说明书及其摘要的撰写应当符合《专利法实施细则》第17条、第18条和第23条以及《专利审查指南2010》第二部分第二章第2节，尤其是第2.2节的有关规定。

由于该发明专利申请的权利要求书中包含两项不同类型的独立权利要求，因而发明名称中应当反映这两项独立权利要求限定的技术方案所要求保护的主题和类型。权利要求书中这两项独立权利要求的主题名称分别为"食品制浆方法"和"食品料理机"，与此相应将该专利申请的发明名称确定为："食品制浆方法和食品料理机"。

对于技术领域部分，应当反映这两项发明的技术领域。在针对食品制浆方法写明其所属技术

---

❶ 在平时代理实务中，还可以进一步考虑如何为客户撰写出得到更充分保护的权利要求书。例如可以采用下述两种方式撰写权利要求书：前一种是独立权利要求中组分C的含量范围为0.18%～0.3%，然后再针对组分C的含量范围为0.18%～0.27%撰写一项从属权利要求；后一种是再写一项与上述独立权利要求1并列的独立权利要求2，其中组分C的含量范围为0.27%～0.3%。按这两种方式撰写的权利要求书的保护范围实质上是相同的，但是由于按照前一种方式撰写的独立权利要求以及按照后一种方式撰写的独立权利要求2均不能享受客户本人的在先实用新型专利申请的优先权，因此检索到的对比文件3成为这两项独立权利要求的现有技术，可以用来判断这两项独立权利要求的创造性，考虑到采用后一种写法时在论述独立权利要求2相对于对比文件3具备创造性时要比论述前一种撰写方式中论述独立权利要求相对于对比文件3具备创造性更有说服力，故建议采用后一种写法。下面给出后一种写法的独立权利要求2：

"2. 一种用于电热器的合金材料，其组分和含量（重量百分比）为：

C　0.27%～0.3%，

Mn　0.5%～1%，

P≤0.03%，

S≤0.03%，

余量为Fe。"

领域时，除写明其主题名称外，可以进一步写明"尤其是在食品料理机中将食品原料粉碎制成供饮用的食品浆液的方法"。在针对食品料理机写明其所属技术领域时，除写明其主题名称外，可以进一步给出对比文件1中所披露的本发明独立权利要求6前序部分中的比较重要的部件，通常可采用对比文件1中的部件名称。

按照《专利法实施细则》第17条的规定，在背景技术部分，要写明对发明或者实用新型的理解、检索、审查有用的背景技术；有可能的，并引证反映这些背景技术的文件。就该专利申请来说，可以简明扼要地对客户提供的现有技术对比文件1公开的豆浆机作出说明，并参考技术交底书中第一段的内容说明此豆浆机所存在的问题。至于检索到的对比文件2，由于其与该专利申请的两项发明属于不同的技术领域，且其披露的内容中与该专利申请两项发明有关的内容基本上均已被对比文件1披露，因此在背景技术部分可以不必对检索到的对比文件2作出说明。

发明内容部分首先写明发明相对于对比文件1所要解决的技术问题，由于两项发明解决的技术问题相同，因而可以合在一起写："要解决的技术问题是提供一种粉碎效果更好、能得到颗粒更细更均匀浆液的食品制浆方法和食品料理机。"

然后，先写明食品制浆方法独立权利要求的技术方案，并通过对该独立权利要求与对比文件1制浆方法不同的技术特征的分析，说明这些技术特征为该发明带来的技术效果。

在此基础上另起段针对食品制浆方法中比较重要的从属权利要求给出其改进技术方案，并说明这些改进方案带来的技术效果。

接着，再另起段写明食品料理机独立权利要求的技术方案，并通过对该独立权利要求特征部分区别技术特征的分析，说明这些区别特征为该发明带来的技术效果。

在此基础上再针对食品料理机中比较重要的从属权利要求写明其改进技术方案和这些改进方案带来的技术效果。

该申请有附图，所以说明书有附图说明部分。该申请说明书中至少应当采用技术交底书中给出的反映食品料理机具体结构的两幅图（即前面给出图3-2和图3-3）作为该申请的附图1和附图2，但需要将其中的文字去除。此外，由于撰写的食品料理机中还涉及电路控制器件具体结构的从属权利要求，且该从属权利要求实际上还与电路控制方法的具体步骤有一定关系，因此还应当采用技术交底书中给出的有关控制食品料理机中电机交替旋转、停转循环运行的电路控制器件和电路控制方法这两幅图（即前面给出图3-4和图3-5）作为该申请的附图3和附图4。在附图说明部分集中对这四幅附图的图名作简略说明。

就具体实施方式这一部分来说，对于本案例，可以将客户技术交底书中与该发明专利申请两项发明有关的内容（即除技术交底书第一段和最后一段外的其他各段内容）均写入这一部分，必要时还可以要求客户补充有关技术内容。对于本案例技术交底书中所作出的说明的情况来看，在撰写这一部分时基本上可以采用技术交底书中各段的原有顺序，只需要对其中部分内容略作调整；但是，考虑到该专利申请的第一项独立权利要求为食品制浆方法，因此在具体实施方式部分先相应于独立权利要求1对食品制浆方法作一总体上的介绍，然后再结合附图具体说明食品料理机的具体结构以及该食品料理机的具体制浆方法。在结合附图对本发明作具体说明时，应当将各附图中出现的附图标记标注在相应的部件之后，但不得加括号。

在撰写说明书的上述内容时，应当按照《专利法实施细则》第17条第2款的规定，在说明书的五个部分（技术领域、背景技术、发明内容、附图说明、具体实施方式）之前写明这五个部分的标题。

在完成说明书的撰写之后，按照《专利法实施细则》第23条的规定撰写说明书摘要：写明发明的名称和所属技术领域，清楚地反映所要解决的技术问题、解决该问题的技术方案的要点以及主要用途。由于受到说明书摘要不超过 300 个字的限制，除写明该专利申请两项发明的主题名称外，重点对两项发明独立权利要求技术方案的要点作出说明，而对其余部分采用尽可能简洁的文字作出说明。对于该申请来说，应当采用最能反映该专利申请两项发明技术方案的主要技术特征的说明书附图 1（即前面给出图 3-2）作为摘要附图。为方便理解说明书摘要内容，可以将已出现在摘要附图中的附图标记标注在相应的部件名称之后，但应当加上括号。

（三）推荐的专利申请文件

根据前面客户提出的技术交底书中有关食品制浆方法和食品料理机的内容和该发明专利申请的最接近的现有技术（即客户提供的现有技术对比文件 1），给出推荐的发明专利申请撰写文本。

权 利 要 求 书

1. 一种食品制浆方法，包括如下步骤：

接通电源后，刀片旋转形成不规则的涡流和负压将位于制浆容器下部的制浆物料和水提升；

旋转的刀片将提升到其附近的制浆物料打碎，被打碎的制浆物料与邻近的水形成浆液；

该浆液在刀片旋转时形成的离心力的作用下被甩出，此时由刀片旋转形成不规则的涡流以及将浆液甩出形成的负压再次将位于制浆容器下部的浆液提升，与此同时浆液中的物料颗粒进一步被旋转的刀片打碎；

重复此循环和打碎过程，直到该浆液成为均匀细粒浆液后完成制浆过程。

2. 按照权利要求1所述的食品制浆方法，其特征在于，所述制浆物料为大豆、花生、核桃和/或玉米。

3. 按照权利要求1所述的食品制浆方法，其特征在于，在制浆过程中对浆液进行加热。

4. 按照权利要求1至3中任一项所述的食品制浆方法，其特征在于，其中刀片旋转和停转交替进行，刀片旋转的时间大于停转的时间。

5. 按照权利要求4所述的食品制浆方法，其特征在于，刀片旋转时间为20～30秒，停转时间为3～5秒，刀片旋转、停转循环次数为5～15次。

6. 一种实现权利要求1或2所述食品制浆方法的食品料理机，包括机头（101）、杯体（107）、引流罩（108）、从所述机头（101）下盖伸出的刀轴（104）、固定安装在该刀轴（104）前端的刀片（105）、内置于所述机头（101）中的电机（102）、对该电机（102）进行控制的电路控制器件（103），所述引流罩（108）的上部卡合固定在所述机头（101）的下盖上、下部与所述杯体（107）内侧底部形成间隙、侧壁上设置有引流孔（109），其特征在于：所述引流罩（108）为上下开口的中空筒状，所述刀片（105）直接位于所述引流罩（108）内，且所述刀片（105）位于所述引流罩（108）中的高度位置与所述引流罩（108）侧壁上的引流孔（109）的位置相当。

7. 按照权利要求6所述的食品料理机，其特征在于，在所述引流罩（108）的引流孔（109）的上部设置外凸的引流帽（110）。

8. 按照权利要求6或7所述的食品料理机，其特征在于，所述引流罩（108）的下边沿与所述杯体（107）内侧底部的距离为15～25毫米。

9. 按照权利要求6或7所述的食品料理机，其特征在于，所述引流孔（109）的上边沿与所述引流罩（108）上边沿的距离为所述引流罩（108）总高度的1/5～1/6。

10. 按照权利要求6或7所述的食品料理机，其特征在于，所述引流孔（109）的形状为圆形、椭圆形或者矩形。

11. 按照权利要求6或7所述的食品料理机，其特征在于，所述引流孔（109）的位置交错分布。

12. 按照权利要求6或7所述的食品料理机，其特征在于，该食品料理机还包括用于对浆液进行加热的电热器（106）。

13. 按照权利要求6或7所述的食品料理机，其特征在于，所述电路控制器件（103）包括电源模块（1031）、时间检测模块（1032）、微处理机控制单元（1033）和电机驱动模块（1034）；所述电源模块（1031）用于向所述微处理机控制单元（1033）和所述电机（102）提供工作电压；所述时间检测模块（1032）用于检测所述电机（102）的旋转时间和停转时间，并在其达到设定时间值时发出相应输出信号；所述微处理机控制单元（1033）通过所述电机驱动模块（1034）启动电机（102）运行，且根据来自时间检测模块（1032）的输出信号向电机驱动模块（1034）发出控制电机旋转或停转的信号，并在电机（102）旋转停转循环运行达到设定循环次数时向电源模块（1031）发出断电信号；所述电机驱动模块（1034）根据来自微处理机控制单元（1033）的控制电机旋转或停转的信号驱动电机（102）旋转或使电机（102）停转。

说　明　书

食品制浆方法和食品料理机

技术领域

　　本发明涉及一种食品制浆方法，尤其是在食品料理机中将食品原料粉碎制成供饮用的食品浆液的方法。

　　本发明还涉及一种用于实现上述食品制浆方法的食品料理机，包括机头、电机、安装在电机轴上的刀片、外桶、带连通孔的内桶。

背景技术

　　通常食品料理机，例如豆浆机在完成制浆后需要在常压下加热。为避免豆浆机中的豆浆在煮沸时溢锅，需要暂停加热，反复加热几次才能制熟豆浆，这样制备的豆浆加热温度限于100℃之内，品质和口味受到影响。

　　为改善所制备豆浆的品质和口味，现有技术中出现了一种对豆浆持续加热的豆浆机。中国实用新型专利说明书CN2×××××××Y就公开了这种对豆浆可持续加热的豆浆机。该豆浆机包括电机、刀片、滤罩、电热盘、制浆装置及电路控制器件。该制浆装置由外桶、内桶和桶盖组成，内桶的侧壁上设置有连通孔、内桶的底部设置有循环孔，外桶置于电热盘上。滤罩上端卡装在桶盖内面，刀片伸入滤罩内。使用时，将豆子装入滤罩内，水放入到制浆装置中，电热盘加热，电机启动刀片打豆制浆，经滤罩过滤，豆渣残留在滤罩内，而豆浆液流入制浆装置的内桶和外桶内。豆浆液加热煮沸时，内桶上部形成高于大气压10～20千帕的微压，内桶内豆浆液面升高到内桶侧壁上的连通孔处，从连通孔流入外桶，再经内桶底部设置的循环孔回流到内桶中。豆浆液在制浆装置内循环流动，持续加热3～8分钟，加热温度保持在100～105℃，豆浆煮沸制熟。

　　在上述豆浆机中，由于刀片位于滤罩内，即使豆浆液在制浆装置内循环流动，仍不能实现对豆浆液的再次粉碎，因此浆液相对较粗；此外，残留在滤罩上的豆渣，尤其是位于滤罩死角处的豆渣难以清洗。

发明内容

　　本发明要解决的技术问题是提供一种粉碎效果更好、能得到颗粒更细更均匀浆液的食品制浆方法和食品料理机。

　　为得到颗粒更细更均匀的浆液，本发明的食品制浆方法包括如下步骤：接通电源后，刀片旋转形成不规则的涡流和负压将位于制浆容器下部的制浆物料和水提升；旋转的刀片将提升到其附近的制浆物料打碎，被打碎的制浆物料与邻近的水形成浆液；该浆液在刀片旋转时形成的离心力的作用下被甩出，此时由刀片旋转形成不规则的涡流以及将浆液甩出形成的负压再次将位于制浆容器下部的浆液提升，与此同时浆液中的物料颗粒进一步被旋转的刀片打碎；重复此循环和打碎过程，直到该浆液成为均匀细粒浆液后完成制浆过程。

　　由于本发明的食品制浆方法通过刀片旋转形成不规则的涡流和负压将位于制浆容器下部的制浆物料和水提升，并将被刀片旋转打碎的制浆物料在刀片旋转时形成的离心力作用下甩出，从而形成将制浆物料提升、打碎、甩出的循环打碎过程，使制得的浆料具有更好的粉碎效果，浆液的颗粒更细更均匀。

在上述制浆方法中，制浆物料可为大豆、花生、核桃、玉米等五谷杂粮原料，用以自制豆浆、花生浆、核桃浆、玉米浆甚至混合五谷浆。对于自制豆浆、玉米浆这类需要加热煮沸后才能饮用的浆液，还可在制浆过程中对浆液进行加热。

作为对本发明上述食品制浆方法的进一步改进，可以周期性地使刀片旋转、停转交替进行，其中刀片旋转的时间大于停转的时间。优选方案是刀片旋转时间为20~30秒，停转时间为3~5秒，刀片旋转、停转循环次数为5~15次。

为得到颗粒更细更均匀的浆液，本发明的食品料理机包括机头、杯体、引流罩、从机头下盖伸出的刀轴、固定安装在刀轴前端的刀片、内置于机头中的电机、对电机进行控制的电路控制器件，引流罩的上部卡合固定在机头的下盖上、下部与杯体内侧底部形成间隙、侧壁上设置有引流孔，引流罩为上下开口的中空筒状，刀片直接位于所述引流罩内，且刀片位于引流罩中的高度位置与引流罩侧壁上的引流孔的位置相当。

在上述食品料理机中，由于刀片位于引流罩中的高度位置与引流罩侧壁上的引流孔的位置相当，因而刀片旋转形成的不规则涡流和负压将位于杯体底部的制浆物料提升到刀片附近，而被刀片打碎的物料在刀片旋转时形成的离心力作用下就能从引流罩的引流孔处甩出，从而浆液在杯体和引流罩之间形成循环流动；而正由于刀片直接位于引流罩内，在杯体和引流罩中反复循环流动的浆液中的物料颗粒不断被旋转的刀片打碎，因而所制得的浆液与现有技术中的豆浆机相比能制得颗粒更细更均匀的浆液，具有更好的粉碎效果。此外，由于该食品料理机中省去了滤罩，且引流罩下端是开口的，不仅便于清洗，还简化了结构。

作为本发明食品料理机的进一步改进，在其中引流罩侧壁上的引流孔的上部设置外凸的引流帽，从而当制浆物料经刀片打碎后，在离心力作用下从引流孔射出，由于受到外凸引流帽的阻挡，降低出浆高度并有效回流，缩短打浆循环时间，从而提高了制浆效率和进一步改善制浆效果。

作为本发明上述食品料理机更进一步的改进，将其中引流罩下边沿与杯体内侧底部的距离设计成15~25毫米，制浆物料的粉碎和循环效果较佳。同样，若将引流孔上边沿与引流罩上边沿的距离设计为引流罩总高度的1/5~1/6，也能得到较好的粉碎和循环效果。

作为本发明上述食品料理机的另一种改进，用于控制其中电机运行的电路控制器件包括电源模块、时间检测模块、微处理机控制单元和电机驱动模块；其中电源模块用于向微处理机控制单元和电机提供工作电压；时间检测模块用于检测电机的旋转时间和停转时间，并在其达到设定时间值时发出相应输出信号；微处理机控制单元通过电机驱动模块启动电机运行，且根据来自时间检测模块的输出信号向电机驱动模块发出控制电机旋转或停转的信号，并在电机旋转、停转循环运行达到设定循环次数时向电源模块发出断电信号；电机驱动模块根据来自微处理机控制单元的控制电机旋转或停转的信号驱动电机旋转或使电机停转。

综上所述，本发明食品制浆方法和食品料理机与现有技术中的食品制浆方法和食品料理机相比，具有更好的粉碎效果，能制得颗粒更细更均匀的浆液。此外，本发明的食品料理机能方便地清洗，且简化了结构。

附图说明

下面结合附图和本发明的实施方式对本发明作进一步详细的说明。

图1示出本发明食品料理机的具体结构。

图2示出本发明食品料理机中浆液循环流动的原理图。

图3示出本发明食品料理机中控制电机周期性旋转、停转的电路控制器件的电路结构组成。

图4示出本发明食品料理机中控制电机周期性旋转、停转的电路控制方法的具体步骤。

具体实施方式

本发明的食品制浆方法是通过刀片的旋转形成的不规则涡流和负压将制浆物料提升到刀片附近，刀片旋转时将制浆物料打碎，被打碎的制浆物料在刀片旋转产生的离心力作用下甩出，从而形成浆料的循环流动，循环流动中的浆料继续被旋转的刀片打碎，从而得到颗粒更细更均匀的浆液。具体来说，该食品制浆方法包括如下步骤：

（1）接通电源后，刀片旋转形成不规则的涡流和负压将位于制浆容器下部的制浆物料和水提升；

（2）旋转的刀片将提升到其附近的制浆物料打碎，被打碎的制浆物料与邻近的水形成浆液；

（3）该浆液在刀片旋转时形成的离心力的作用下被甩出，此时由刀片旋转形成不规则的涡流以及将浆液甩出形成的负压再次将位于制浆容器下部的浆液提升，与此同时浆液中的物料颗粒进一步被旋转的刀片打碎；

（4）重复此循环和打碎过程，直到该浆液成为均匀细粒浆液后完成制浆过程。

本发明用于实现上述食品制浆方法的食品料理机10如图1所示，包括机头101，其内设置有电机102；刀轴104，从机头101的下盖伸出，其前端固定安装刀片105；对电机102进行控制的电路控制器件103，优选如图1所示设置在机头101中；以及杯体107。此外，食品料理机10还包括一个上下开口中空筒状的引流罩108，其上部卡合固定在机头101的下盖上，下部不接触杯体107内侧底部，即其下边缘与杯体107内侧底部形成间隙。引流罩108上设置有多个供水和制浆物料通过的引流孔109，引流孔109的形状可以为圆形、椭圆形或者矩形，位置为交错分布。

使用时，将水和制浆物料放入杯体107内，将引流罩108卡合固定到机头101的下盖上；机头101扣装在杯体107上，安装在刀轴104上的刀片105在引流罩108内伸入水中，该刀片105在引流罩108内的高度位置与引流罩108侧壁上的引流孔109的位置相当。接通电源，电机102工作，直接位于引流罩108内的刀片105旋转，在引流罩108内形成不规则的涡流和负压，将制浆物料和水从杯体107的底部吸入、提升到引流罩108内混合。被提升到刀片105附近的制浆物料被旋转的刀片105打碎，与邻近的水形成浆液。该浆液在刀片105旋转时形成的离心力的作用下被不断甩出，从引流孔109射出后回流到杯体107内。此时刀片105旋转形成的不规则涡流以及将浆液甩出而形成的负压再次将回流到杯体107内的浆液从底部吸入、提升到引流罩108内，浆液中的物料颗粒进一步被旋转的刀片105打碎。于是，浆液在杯体107和引流罩108之间反复循环流动（其循环流动方向如图2中的箭头方向所示），且不断被旋转的刀片105打碎，直到浆液成为均匀细料浆液，制浆过程完成。

该食品料理机可以用于自制豆浆、花生浆、核桃浆、玉米浆，甚至混合五谷浆等。如果该食品料理机中设置有加热器（如图1中所示出的从机头101下盖伸出的U形管状的电热器106），就可以直接制成各种热饮品。

由于制浆物料是在杯体107和引流罩108内随水在大范围内循环粉碎制浆，不是在过滤网罩内被粉碎制浆，因而粉碎制浆效果更好，营养更好地溶解在浆液中。此外，对于其中需要加热煮沸后才能饮用的豆浆、玉米浆而言，由于豆浆、玉米浆可以在杯体107和引流罩108之间反复循环，因此可以持续加热3～8分钟，加热温度保持在100～105℃，能去除豆浆和玉米浆的生涩味，改善其饮用口感。

对于引流罩108上的引流孔109，还可以如图2所示那样，在引流孔109的上部设置外凸的引流帽110，当制浆物料经刀片105打碎后，继续高速旋转，从引流孔109射出，由于受到外凸引流帽110的阻挡，降低出浆高度并有效回流，缩短了打浆循环时间。

通过实验发现，引流罩108的下边沿与杯体107内侧底部距离为15～25毫米时，制浆物料的粉碎和循环效果较佳。最上端的引流孔109的上边沿与引流罩108上边沿的距离为引流罩108总高度的1/5～1/6时，制浆物料的粉碎和循环效果较好。❶

此外，本发明的食品制浆方法和食品料理机还可采用一种与传统豆浆机中刀片连续旋转打浆不同的周期性控制刀片旋转的控制方式，所述控制方式可采用如图3所示电路控制器件103来实现。该电路控制器件103包括电源模块1031、时间检测模块1032、微处理机控制单元1033和电机驱动模块1034。其中的电源模块1031用于提供微处理机控制单元1033和电机102的工作电压；时间检测模块1032用于检测电机旋转时间和停转时间，并在其达到设定时间值时发出相应输出信号；微处理机控制单元1033通过所述电机驱动模块1034启动电机102运行，且根据来自时间检测模块1032的输出信号向电机驱动模块1034发出控制电机旋转或停转的信号，并在电机102旋转、停转循环运行达到设定循环次数时向电源模块1031发出断电信号；电机驱动模块1034根据来自微处理机控制单元1033的控制电机旋转或停转的信号驱动电机102旋转或使电机102停转。

上述电路控制器件103工作时，按照下述方式控制食品料理机中的电机运行：接通电源后，电源模块1031向微处理机控制单元1033和电机102提供工作电压，微处理机控制单元1033向电机驱动模块1034发出驱动电机运行的信号，使电机102旋转并带动刀片旋转粉碎制浆物料；时间检测模块1032对电机102的旋转时间进行检测，当测得的电机102旋转时间达到设定值A秒时，向微处理机控制单元1033发出旋转时间已到信号；微处理机控制单元1033向电机驱动模块1034发出停转信号，电机停止旋转；时间检测模块1032对电机102的停转时间进行检测，当测得的停转时间达到设定值B秒时，向微处理机控制单元1033发出停转时间已到信号；微处理机控制单元1033再次向电机驱动模块1034发出驱动电机旋转的信号，电机102再次运行带动刀片旋转进一步粉碎制浆物料；重复上述过程，当电机旋转、停转循环运行达到设定循环次数N次后，完成制浆。图4给出上述制浆过程中使电机旋转、停转循环运行的具体控制步骤图。

上述制浆过程中，在刀片105旋转时瞬间停转，刀片105附近的浆料随之停止旋转，而其他部分浆料由于惯性作用，来不及停止旋转，与已停止旋转的浆料相撞击，起到了撞击摩擦作用，经过多次旋转停转产生的撞击摩擦作用，可使浆料的粉碎效果更好。

电机旋转时间、停转时间以及循环次数根据不同浆料可作不同设置，经过对各种不同设置的测试结果得知，电机旋转的时间较长而停转时间较短能取得更好的效果。根据上述不同设置的测试结果，优选电机旋转时间的设定值A为20～30秒，电机停转时间的设定值B为3～5秒，而且电机运行、停转循环运行的设定循环次数N为5～15次。❷

---

❶ 在阅读技术交底书后可以要求客户补充有关这方面的实验数据，并在此处可以用列表方式给出有关实验方法和实验数据。

❷ 在阅读技术交底书后可以要求客户补充有关这方面的测试数据，从而可以在此处用列表方式给出有关测试方法和测试数据。

上面结合附图和具体实施方式对本发明的食品制浆方法和食品料理机作了详细的说明。但是，本发明并不限于上面所描述的内容，例如对于食品料理机，可以在杯体侧壁上伸出一个带有循环孔的环形托架来代替引流罩，其也能借助刀片旋转形成的不规则涡流和负压来实现浆液的循环流动，即这种食品料理机也采用了本发明的食品制浆方法。总之，在本领域技术人员所具备的知识范围内，不脱离本发明构思作出的各种变化，仍落在本发明的保护范围。

说 明 书 附 图

图 1

图 2

```
        ┌──────────┐                电路控制器件
        │ 电机 102  │◄──────────┐      103
        └──────────┘            │
             ▲                  │
    ┌────────┼──────────────────┼──────────┐
    │  ┌──────────┐      ┌──────────────┐  │
    │  │ 电源模块 │◄─────│ 时间检测模块 │  │
    │  │  1031    │      │    1032      │  │
    │  └──────────┘      └──────────────┘  │
    │        ▲                  │          │
    │        │                  ▼          │
    │  ┌──────────────┐  ┌──────────────────┐ │
    │  │ 电机驱动模块 │◄─│ 微处理机控制单元 │ │
    │  │    1034      │  │      1033        │ │
    │  └──────────────┘  └──────────────────┘ │
    └─────────────────────────────────────────┘
```

图 3

```
                   ┌──────────┐
                   │ 接通电源 │
                   └────┬─────┘
                        ▼
          ┌──────────────────────────┐
      ┌──►│ 微处理机控制单元通过     │
      │   │ 电机驱动模块使电机旋转   │
      │   └────────────┬─────────────┘
      │                ▼
      │   ┌──────────────────────────────────────┐
      │   │ 时间检测模块检测电机旋转时间,        │
      │   │ 达到设定值A秒后发出旋转时间已到信号  │
      │   └────────────┬─────────────────────────┘
  电                   ▼
  机   ┌──────────────────────────┐
  运   │ 微处理机控制单元通过     │
  行   │ 电机驱动模块使电机停转   │
  停   └────────────┬─────────────┘
  转                ▼
  循   ┌──────────────────────────────────────┐
  环   │ 时间检测模块检测电机停转时间,        │
  次   │ 达到设定值B秒后发出停转时间已到信号  │
  数   └────────────┬─────────────────────────┘
  小                ▼
  于   ┌──────────────────────────────────────┐
  设   │ 电机旋转、停转循环达到设定值N次,     │
  定   │ 微处理机控制单元发出断电信号,完成制浆│
  值   └──────────────────────────────────────┘
  N
  次
```

图 4

说　明　书　摘　要

　　本发明涉及食品制浆方法和食品料理机。食品制浆方法通过刀片旋转形成不规则涡流和负压将制浆物料提升到刀片附近，刀片旋转将制浆物料打碎，打碎的浆料在刀片旋转产生的离心力作用下甩出，形成浆料循环流动，循环流动中的浆料继续被旋转刀片打碎，得到均匀细粒浆液。实现上述食品制浆方法的食品料理机包括内置电机（102）的机头（101）、杯体（107）、引流罩（108）和固定安装在刀轴（104）前端的刀片（105），本食品料理机通过将刀片在引流罩中的高度位置设计得与引流罩侧壁上的引流孔（109）位置相当而实现浆液循环流动，通过将刀片直接设置在引流罩内实现浆液在循环流动中被旋转刀片继续打碎，得到均匀细粒浆液。

摘 要 附 图

【案例 4】冷藏箱❶

（一）申请案情况介绍

本案例涉及一项有关冷藏箱的发明创造，客户要求针对所提供的技术交底材料记载的内容以及所附的四项现有技术（对比文件 1 至 4）撰写一份能够有效且合理地保护发明创造的发明专利申请文件，并针对该发明创造给出如何向国家知识产权局提出发明专利申请以使该发明创造得到充分保护的建议。

1. 客户提供的现有技术

客户随其技术交底材料附上了其所了解的四项现有技术（对比文件 1 至对比文件 4），这四份对比文件均是中国实用新型专利的说明书（包括其附图❷），略去了其中的权利要求书。下面分别详细介绍这四份对比文件所披露的技术内容。

（1）对比文件 1（客户本人的在先中国实用新型专利）

冷藏箱

本实用新型涉及一种冷藏箱。

人们在外出旅游或参加户外活动时，经常会使用箱子携带一些冷饮料，以达到消暑降温的目的。现有的箱子一般由箱本体和盖于其上的盖体构成，但因为箱本体没有保温设计，同时也没有冷源给饮料保温或降温，所以无法使装在箱本体内的饮料长时间保持低温状态。

本实用新型采用如下技术方案：一种冷藏箱，包括箱本体和盖体，所述箱本体的内部形成一个上部开口的容纳空间，所述盖体设置于箱本体的上方，用于打开、关闭所述容纳空间的开口，所述箱本体包括防水外层、保温中间层及防水内层，所述箱本体的容纳空间内固设有若干个装有蓄冷剂的密封的蓄冷剂包。

本实用新型的箱本体结构为多层复合层，能阻止箱本体内、外的热量交换，为箱内物品保温；箱本体内的蓄冷剂包能够为箱内的物品降温；同时，蓄冷剂包固定在箱本体内，能防止运输过程中相互碰撞或堆积在一起。此外，箱本体和盖体的连接处设置有拉链。在盖体上设有能盖住拉链的挡片，以减少箱本体内、外空气的对流，延长箱内物品的冷藏时间。因此，本实用新型的冷藏箱能长时间为所容纳的物品提供低温环境。

图 4-1 是本实用新型实施方式的立体图，其中挡片被局部除去；

图 4-2 是本实用新型实施方式中箱本体的俯视剖视图。

如图 4-1、图 4-2 所示，本实施方式的冷藏箱由箱本体 1、设置在箱本体 1 上部的盖体 2 构成。箱本体 1 为多层复合层结构，其内部形成一个上部开口的容纳空间，用于容纳被冷藏的物品。如图 4-2 所示，优选地，箱本体 1 的外层 3 和内层 5 由防水材料制成，中间层 4 为保温层。若干个蓄冷剂包 6 固定设置于箱本体 1 的容纳空间内。蓄冷剂包 6 为一密封的装有蓄冷剂的包状结构。将冷藏箱放入冰箱充分冰冻后，蓄冷剂包 6 即可作为冷源长时间给冷藏箱内的物品降温。箱本体 1 和盖体 2 的连接处设置有拉链 7，通过打开或闭合拉链 7，使得盖体 2 打开或关闭容纳空间的开口。在盖体 2 上设有能盖住拉链 7 的挡片 8。此外，为了增强箱本体 1 的保温效果，箱

---

❶ 此案例根据 2012 年全国专利代理人资格考试"专利代理实务"科目有关申请文件撰写部分的试题改编而成。

❷ 为方便读者理解对比文件的技术内容，在这些对比文件的附图中除了对图中所示的各个部件给出相应的附图标记外，还与全国专利代理人资格考试"专利代理实务"科目试题一样给出了与各附图标记相应的部件名称。

本体1的保温中间层4采用泡沫材料。

图 4-1

图 4-2

(2) 对比文件2

冷藏箱

本实用新型公开了一种冷藏箱。

(背景技术、实用新型内容部分略)

图4-3是本实用新型冷藏箱盖体打开状态的立体图；

图4-4是本实用新型冷藏箱盖体关闭状态的立体图。

如图4-3、图4-4所示，冷藏箱包括箱本体1和盖体2。箱本体1包括内外两层防水尼龙面料层及保温中间层。箱本体1的内部形成放置物品的容纳空间，容纳空间上部为开口。用于盖合容纳空间开口的盖体2设于箱本体1的上方。箱本体1和盖体2上设有相互配合的连接件3。容纳空间内固定设置有若干个装有蓄冷剂的密封的蓄冷剂包（图中未示出）。

平时须将冷藏箱放置于冰箱内以冷冻蓄冷剂包。使用时打开盖体2，把需要冷藏的物品放置于箱本体1的容纳空间内，然后盖上盖体2，以减少容纳空间内的冷空气散失。本实用新型的冷藏箱特别适用于旅行中对食品、饮料的冷藏。

图 4-3

图 4-4

(3) 对比文件3

冷藏桶

本实用新型涉及一种冷藏桶。

(背景技术、实用新型内容部分略)

图4-5是本实用新型冷藏桶的立体图。

如图4-5所示，冷藏桶包括桶本体1和设于桶本体1上方的盖体2。桶本体1和盖体2由外向内依序设有防水尼龙面料层、硬质材料层、保温层及防水尼龙面料层。桶本体1具有侧壁和桶底，在侧壁的顶部边缘及盖体2的边缘设有拉链3。为了使冷藏桶具有冷藏功能，还需在冷藏桶的桶本体1内放置若干个装有冰块的密封的冰块包（图中未示出），使得冷藏桶能够用于运输和存放饮料、食品等需要低温保存的物品。为了仅将冰块包放入冰箱内冷冻而无需将冷藏桶一并放入冰箱，所有冰块包均是直接放置在桶本体1内。此外，保温层可以采用泡沫材料。

平时把所有冰块包都放在冰箱中充分冷冻。使用时拉开拉链3，打开盖体2，把需要冷藏的物品和若干个冰块包放置于桶本体1内，再将盖体2盖合于桶本体1上，并闭合拉链3。

图4-5

(4) 对比文件4

便携式冷藏箱

本实用新型涉及一种便携式冷藏箱。

(背景技术、实用新型内容部分略)

图4-6是本实用新型冷藏箱盖体打开状态的立体图；

图4-7是本实用新型冷藏箱盖体关闭状态的立体图。

如图4-6、图4-7所示，冷藏箱包括箱本体1和盖体2，盖体2设于箱本体1的上方。箱本体1内形成放置被冷藏物品的容纳空间，容纳空间的上部具有用于取、放物品的开口。盖体2朝向容纳空间的一侧设有与容纳空间的开口相匹配的凸起3。凸起3由弹性材料制成且能紧密插入到容纳空间的开口中，使得盖体2牢固盖合在箱本体1上。此外，在盖体2的边缘处固定设置有挡片4，人们可以通过手握挡片4将盖体2向上提起，拔出容纳空间开口中的凸起3，进而将盖体2从箱本体1上打开。在容纳空间内固定设置若干个装有蓄冷剂的密封的蓄冷剂包（图中未示出），以便长时间为冷藏箱内放置的例如饮料、食物等物品降温。

平时须将冷藏箱放置于冰箱内冷冻蓄冷剂包，经充分冷冻后可随时取出使用。

图 4-6

图 4-7

2. 客户提供的技术交底材料

现有技术的冷藏箱/桶，在使用过程中必须打开整个盖体取放物品，加大了冷藏箱内外空气对流，减少物品的冷藏保存时间；此外，其蓄冷剂包固定放置（需将整个冷藏箱放入冰箱冷冻导致占用冰箱空间过大）或者蓄冷剂包不固定放置（运输过程中会相互碰撞或堆积在一起）带来使用不便。

在现有技术的基础上，我公司提出改进的冷藏桶。

一种冷藏桶，包括桶本体1、盖体2和上盖3。桶本体1的顶部开口，盖体2盖合在桶本体1的开口上，以打开和关闭该开口。盖体2上开有窗口4，上盖3能打开和盖合窗口4，以便在不打开盖体2的情况下，就能取放物品。作为冷源的若干个密封的冰块包或蓄冷剂包放置在桶本体1内，最好以可拆卸的方式例如通过粘扣等与桶本体1连接。

如图4-8、图4-9所示，上盖3为圆形薄盖，盖合在盖体2上，上盖3开有口部5。平时，口部5与窗口4彼此完全错开，上盖3除口部5以外的其他部分盖合在窗口4上。当取放物品时，将上盖3相对于盖体2水平转动，使上盖3上的口部5与盖体2上的窗口4相对准，从而打开窗口4。

如图4-10、图4-11所示，上盖3为薄片状，其外形尺寸能盖住窗口4，上盖3通过设置在盖体2上的竖直转轴6与盖体2连接。平时，上盖3盖合在窗口4上。当取放物品时，将上盖3以竖直转轴6为轴相对于盖体2水平转动，从而打开窗口4。

如图4-12、图4-13所示，上盖3为薄片状，其外形尺寸能盖住窗口4，上盖3通过设置在盖体2上的水平转轴7与盖体2连接。平时，上盖3盖合在窗口4上。当取放物品时，将上盖3以水平转轴7为轴相对于盖体2向上转动翻开，从而打开窗口4。

对于图4-12、图4-13所示的冷藏桶，为避免在保存冷藏物品期间不会因冷藏桶的晃动而将上盖打开，可以采用现有技术中的已知手段，例如通过相互配合的粘扣、磁性件等使上盖3紧密盖合在盖体2上，以获得更好的冷藏效果。

此外，对于上述三种冷藏桶，窗口4的大小可以设置成不同规格，以适应取放不同物品的需要。

图 4-8

图 4-9

图 4-10

图 4-11

图 4-12

图 4-13

（二）该发明专利申请文件权利要求书和说明书的撰写思路

对于这类申请案而言，通常可按照下述思路撰写权利要求书和说明书：阅读理解技术交底材料中涉及的发明创造，确定专利申请要求保护的主题；针对该专利申请要求保护的最重要的发明创造撰写独立权利要求；针对该最重要的发明创造撰写从属权利要求；针对其他发明创造撰写独立权利要求（必要时包括从属权利要求）；确定专利申请策略；撰写说明书及其摘要。❶

1. 阅读理解技术交底材料中涉及的发明创造，确定专利申请要求保护的主题

通过阅读技术交底材料可知，客户发明了一种与现有技术结构不同的冷藏桶，显然，应当将此作为专利申请要求保护的主题。

就该申请要求保护的主题而言，由技术交底材料第一段可知，现有技术的冷藏箱/桶存在两方面的技术问题：在使用过程中必须打开整个盖体取放物品，加大了冷藏箱内外空气对流，减少物品的冷藏保存时间；此外，其蓄冷剂包固定放置或者冰块包不固定放置带来使用不便。该发明针对现有技术所存在的上述两方面技术问题，作出了两方面改进：桶盖包括盖体和上盖，盖体上开有窗口，上盖能打开和盖合窗口；冰块包或蓄冷剂包以可拆卸的方式（例如通过粘扣等）与桶本体连接。

通过对这两方面改进的分析可知，这两方面的结构改进为并列关系，因此可分别针对这两方面改进撰写独立权利要求。初步判断这两方面改进不属于一个总的发明构思，需要分别提出专利申请。

由技术交底材料介绍的内容可知，第一方面改进是该申请中最重要的一项发明创造，而另一方面改进不仅可以作为另一项发明创造撰写独立权利要求，还可以将其作为第一方面改进的进一步改进撰写从属权利要求。

2. 针对该专利申请要求保护的最重要的发明创造撰写独立权利要求

技术交底材料针对作出第一方面改进的冷藏桶给出了三种结构，这三种结构为并列的技术方案。对于这三种并列结构的冷藏桶，在撰写独立权利要求时，通常按照下述步骤来进行：分析并列出三种结构的冷藏桶的全部技术特征中，哪些是共有的或相同的技术特征，哪些是不同的技术特征，对于三者不同的技术特征需考虑采用什么样的技术术语进行概括；确定最接近的现有技术及要解决的技术问题；确定解决技术问题的必要技术特征，完成独立权利要求的撰写。

（1）分析并列出三种结构的冷藏桶的全部技术特征

下面，依据技术交底材料中结合附图给出的三种结构的冷藏桶的具体结构，列出该要求保护主题所涉及的全部技术特征。

为清楚起见，首先列出三种结构的冷藏桶相同的技术特征：

① 桶本体；

② 盖体；

③ 上盖；

④ 桶本体的顶部开口，盖体盖合在桶本体的开口上，以打开和关闭该开口；

⑤ 盖体上开有窗口，上盖能打开和盖合窗口；

⑥ 置于桶本体内的冷源（如若干个密封的冰块包或蓄冷剂）；

⑦ 冷源以可拆卸的方式（例如通过粘扣等）与桶本体连接。

---

❶ 在全国专利代理人资格考试"专利代理实务"科目中，涉及申请文件撰写的试题中通常不会要求撰写说明书全文，仅仅涉及说明书中的某一部分或某几部分。

在列出三种结构的冷藏桶相同的技术特征之后,再来分析三种结构的冷藏桶不同的技术特征:

(i) 上盖为圆形薄盖,其上开有口部,上盖以可相对于盖体水平转动的方式盖合在盖体上,随着两者相对转动可使上盖的口部与盖体上的窗口相对准或完全错开;

(ii) 上盖为薄片状,其外形尺寸能盖住窗口,上盖通过设置在盖体上的竖直转轴与盖体连接,上盖可以以竖直转轴为轴相对于盖体水平转动,以打开窗口;

(iii) 上盖为薄片状,其外形尺寸能盖住窗口,上盖通过设置在盖体上的水平转轴与盖体连接,上盖可以以水平转轴为轴相对于盖体向上转动翻开,以打开窗口;

(iv) 对最后一种结构的冷藏桶,上盖通过相互配合的粘扣、磁性件等紧密盖合在盖体上。

由于三种结构为并列关系,对于三者不同的技术特征应当采用概括表述方式。也就是说,在申请主题存在多个不同结构(即不同实施方式)的情况下,撰写权利要求时应当对这些实施方式进行适当概括。专利代理人的工作应当帮助申请人充分挖掘相关的技术方案,进行适当概括后形成相应的权利要求,而不能仅限于对申请人给出的技术交底材料的字面理解,一味照抄与这些实施方式相应的具体结构,进而导致权利要求的保护范围太小。

一项概括得当的权利要求应当尽可能覆盖本领域技术人员在这些实施方式的基础上所能合理预测的所有等同替代方式或者明显变型方式。需要说明的是,在实际从事专利代理工作的过程中,可以根据现有技术的掌握情况适当增加、补充有关技术内容,但在应试答题时应当注意以不超出试题素材公开的范围为前提,对各种实施方式进行适当概括。因此,下面针对该申请要求保护的主题所涉及的三种结构的盖体进行分析时,仅局限在前面技术交底材料所给出的技术内容的范围。

在技术交底材料中,已经给出了对三种结构的盖体和上盖之间的关系进行的概括:"盖体 2 上开有窗口 4,上盖 3 能打开和盖合窗口 4"(见技术交底材料第 3 段),也就是上面列出的特征⑤。但是,技术交底材料中给出的三种结构都是通过将上盖相对于盖体转动来实现打开和盖合盖体上的窗口,技术交底材料给出的概括明显地超出了这三种结构合理概括的范围,因此在平时的代理实务中应当与申请人沟通是否还存在除转动上盖以外的其他打开和盖合盖体窗口的结构,并将些补充到说明书的实施方式部分,以便所概括的独立权利要求得到说明书的支持,然后采用一种对该三种结构更合适的概括方式撰写从属权利要求。就应试而言,可以考虑采用试题技术交底材料中给出的概括方式来撰写独立权利要求;❶ 为了更好地得到有层次的保护,还应当在独立权利要求 1 之后撰写一项合理概括这三种结构的从属权利要求 2。

通过上述分析可知,上述三种结构的冷藏桶的共同技术特征为上述特征①至⑦以及更合适概括这三种上盖与盖体之间关系的技术特征⑧"上盖通过其相对于盖体的转动来打开和盖合盖体上的窗口"。

通过上述对三种结构的冷藏桶的具体特征分析,为撰写权利要求书做好准备。

(2) 确定最接近的现有技术及要解决的技术问题

就本案而言,撰写前所了解到的与该发明现有技术相关的对比文件共有四份,即从对比文件 1 至 4 所反映的现有技术中确定最接近的现有技术。

按照《专利审查指南 2010》第二部分第四章第 3.2.1.1 节规定的确定最接近的现有技术的

---

❶ 在给出此答案时最好作一说明,表示已根据与申请人的沟通,在撰写说明书具体实施方式时补充了还可采用上盖与盖体之间的卡拔式结构来打开和盖合盖体上的窗口的实施方式的说明。

原则，首先，选出那些与要求保护的发明技术领域相同或相近的现有技术，而在撰写专利申请文件的独立权利要求时，应当选择相同技术领域的现有技术；其次，从这些现有技术中选出所要解决的技术问题、技术效果或者用途最接近和/或公开了发明的技术特征最多的那一项现有技术作为最接近的现有技术。

就该发明冷藏桶第一方面改进而言，四项现有技术与该发明相接近的程度差不多，公开该发明的技术特征数量也基本相同，考虑到客户是在其本人的实用新型专利基础上作出的改进，因此可以将对比文件1作为最接近的现有技术。

针对第一方面的改进，该发明专利申请相对于对比文件1要解决的技术问题确定为：减少冷藏桶内外的空气对流，延长冷藏桶内所保存物品的冷藏时间。

（3）确定解决技术问题的必要技术特征，完成独立权利要求的撰写

针对前面确定的该发明专利申请相对于最接近的现有技术（对比文件1）所解决的技术问题，确定解决该技术问题的全部必要技术特征，并按照《专利法实施细则》第20条第1款规定的格式划分前序部分和特征部分，完成独立权利要求的撰写。

特征①和特征②是该发明三种结构冷藏桶以及现有技术中冷藏箱/桶的主要组成部件（桶本体和盖体），是冷藏桶必不可少、且与该发明第一方面要解决的技术问题密切相关的部件；特征④给出桶本体的具体结构以及写明桶本体和盖体之间关系，也与该发明第一方面要解决的技术问题密切相关；特征③和特征⑤是该发明要解决的技术问题"减少冷藏桶取放物品时内外空气的对流以延长保存物品的冷藏时间"的关键必要技术特征；因此这五个技术特征是该发明第一方面改进所要解决的技术问题的必要技术特征。特征⑥"冷源"也是该发明冷藏桶必定要有的部件，但其与该发明第一方面改进要解决的技术问题并不密切相关，当独立权利要求采用开放式写法时，可以不将该技术特征作为解决该技术问题的必要技术特征写入到独立权利要求，但是考虑到在该申请中还要针对该第二方面的改进撰写从属权利要求，因此也可以将其写入到独立权利要求中。特征⑦是该发明冷藏桶第二方面改进所采用的技术手段，相对于该发明第一方面改进来说是特征⑥的优选结构，因此不应当将其作为必要技术特征。至于特征⑧来说，尽管其是上述三种结构冷藏桶的盖体和上盖之间更合适的概括方式，正如前面所指出的，客户在技术交底材料中希望得到更充分的保护而给出了一种对上盖和盖体之间关系更宽的概括方式，且这是可以通过在说明书中补充实施方式而扩大其保护范围的，因此采用上述特征⑤的概括方式，这样一来，特征⑧为特征⑤的优选结构，因此不应将其作为该发明第一方面改进所解决的技术问题的必要技术特征。由上述分析，确定上述特征①至⑥是该发明冷藏桶第一方面改进的必要技术特征。

在确定了上述必要技术特征后，将这些技术特征与最接近的现有技术对比文件1公开的冷藏箱进行对比分析，可知其中的必要技术特征①、②、④、⑥在对比文件1中公开的冷藏箱中已有记载，因此这四个特征是该发明作出第一方面改进的冷藏桶与最接近的现有技术对比文件1公开的冷藏箱共有的必要技术特征，将其写入独立权利要求的前序部分，然后将该发明作出第一方面改进的冷藏桶的另两个必要技术特征写入特征部分，即将特征③和特征⑤（在不改变其含义下从文字表述上对这两个特征作了改写）写入特征部分，以完成独立权利要求的撰写。

根据《专利法实施细则》第19条第4款的规定，权利要求中的技术特征可以引用说明书附图中的相应标记，因而对产品独立权利要求来说，最好在其各部件名称后面加上带括号的附图标记，因此在撰写该发明冷藏桶的独立权利要求（包括后面撰写的从属权利要求）时，在其各个部件名称后面加上相应的带括号的附图标记。

最后完成的独立权利要求1如下：

"1. 一种冷藏桶，包括桶本体（1）和盖体（2），该桶本体（1）的顶部开口，该盖体（2）盖合在该桶本体（1）的开口上，在该桶本体（1）内设置有冷源，其特征在于：所述盖体（2）上开有窗口（4），并设有一个能打开和盖合所述盖体（2）上窗口（4）的上盖（3）。"❶

（4）所撰写的独立权利要求具备新颖性和创造性

四份对比文件中公开的现有技术冷藏箱/桶均没有披露上述独立权利要求特征部分的技术特征"所述盖体上开有窗口（4），并设有一个能打开和盖合所述盖体上窗口的上盖"，因此这四份对比文件中任何一份公开的冷藏箱/桶都未披露独立权利要求1的技术方案。由此可知，独立权利要求1分别相对于对比文件1、对比文件2、对比文件3或者对比文件4中公开的现有技术冷藏箱/桶具备《专利法》第22条第2款规定的新颖性。

正如前面指出的，在这四项现有技术中，对比文件1公开的冷藏箱是该发明最接近的现有技术。

独立权利要求1要求保护的冷藏桶未被最接近的现有技术对比文件1公开的冷藏箱披露的区别特征是："所述盖体上开有窗口，并设有一个能打开和盖合所述盖体上窗口的上盖"。从而，独立权利要求1相对于对比文件1公开的最接近的现有技术实际要解决的技术问题是：减少冷藏桶内外的空气对流，延长冷藏桶内所保存物品的冷藏时间。

上述区别特征既没有在对比文件2至4中披露，也不属于本领域解决上述技术问题的惯用技术手段，因而，上述对比文件2至4以及本领域的公知常识中均没有给出将上述区别特征应用到最接近的现有技术中，以解决"减少冷藏桶内外的空气对流，延长冷藏桶内所保存物品的保藏时间"这一技术问题的技术启示。由此可知，独立权利要求1相对于对比文件1以及对比文件2至4和本领域的公知常识来说是非显而易见的，具有突出的实质性特点。

此外，采用独立权利要求1的冷藏桶，通过在盖体上设立窗口以及设置一个能打开和盖合窗口的上盖，就可以在取放较小的冷藏物品时，只通过上盖打开盖体上的窗口而无需打开整个盖体，与现有技术相比，能够减少冷藏桶内外的空气对流，达到延长所保存物品的冷藏时间的有益效果，具有显著的进步。

由上述分析可知，独立权利要求1的技术方案相对于对比文件1以及对比文件2至4和所属技术领域的公知常识具有突出的实质性特点和显著的进步，具备《专利法》第22条第3款规定的创造性。

3. 针对该最重要的发明创造撰写从属权利要求

在完成独立权利要求的撰写之后，为了形成较好的保护梯度，应当根据技术交底材料披露的技术内容，对从属权利要求进行合理布局，撰写适当数量的从属权利要求。

就该发明专利申请案而言，正如前面指出，为使权利要求书得到说明书的支持，在撰写独立权利要求之后，首先针对三种结构的冷藏桶撰写一项更为具体、概括更为合理的从属权利要求2，以便国家知识产权局在实质审查阶段认为独立权利要求得不到说明书支持时将该从属权利要求上升为独立权利要求，或者在无效宣告程序中针对独立权利要求得不到说明书支持的无效宣告理由时，该从属权利要求2仍能成为一项合理概括技术交底材料中所给出的三种冷藏桶结构的技术方案。

---

❶ 在国家知识产权局条法司编写的《2012年全国专利代理人资格考试试题解析》中"专利代理实务"科目有关申请文件撰写部分试题的参考答案中，还在前序部分写明了"由硬质材料制成"，考虑到现有技术中不论是冷藏箱还是冷藏桶，都是由硬质材料制成的，若是非硬质材料制成的，通常就称作冷藏袋，因此冷藏桶的主题名称中就已暗含了其由硬质材料制成这一特征，且该特征与该发明第一方面改进要解决的技术问题并不密切相关，故不必在独立权利要求中给予明确。

技术交底材料中针对上盖的结构及其与盖体的配合方式给出了三种实施方式。在上述实施方式中，虽然上盖的具体结构及其与盖体的配合方式不同，但其均是通过相对于盖体转动的方式来打开和盖合盖体的窗口，由此可以将上述三种实施方式概括成一项从属权利要求2。

"2. 按照权利要求1所述的冷藏桶，其特征在于：所述上盖（3）通过其相对于所述盖体（2）转动来打开和盖合所述盖体（2）上的窗口（4）。"

接着针对该发明冷藏桶作出第一方面改进的三种结构撰写从属权利要求。通常，对于某一方面的改进给出三种并列具体结构的情形，还需分析是否存在针对其中两种结构进行概括的更具体一些的技术方案，如果存在，可接下来撰写下一层级的从属权利要求，然后再针对各个结构撰写更下一层级的从属权利要求。

对该发明专利而言，通过分析可知，由图4-8、4-9所示的第一种结构（在撰写说明书时可将其作为该发明的第一种实施方式）和由图4-10、4-11所示的第二种结构（撰写说明书时可将其作为第二种实施方式）都是通过上盖相对于盖体水平转动的方式来打开和盖合盖体的窗口，但两者水平转动的具体方式不同，因此可以针对这两种结构先撰写一项将这两种结构概括在内的从属权利要求3，然后再针对第一种具体结构（即前面针对第一种结构列出的特征（i）的内容）和第二种具体结构（即前面针对第二种结构列出的特征（ii）中的内容）撰写两项下一层级的从属权利要求4和5。

"3. 按照权利要求2所述的冷藏桶，其特征在于：所述上盖（3）相对于所述盖体（2）的转动为水平转动。

4. 按照权利要求3所述的冷藏桶，其特征在于：所述上盖（3）为开有口部（5）的圆形薄盖，其以可相对于所述盖体（2）水平转动的方式盖合在所述盖体（2）上，随着两者相对转动可以使所述上盖（3）上的口部（5）与所述盖体（2）上的窗口（4）相对准或者完全错开。

5. 按照权利要求3所述的冷藏桶，其特征在于：所述上盖（3）为薄片状，外形尺寸能盖住所述盖体（2）上的窗口（4），其与所述盖体（2）相连接的转轴为设置在所述盖体（2）上的竖直转轴（6），从而所述上盖（3）能以该竖直转轴（6）为轴相对于所述盖体（2）水平转动以打开或者盖合所述盖体（2）上的窗口（4）。"

此外，在由图4-10、4-11所示的第二种结构（撰写说明书时可将其作为第二种实施方式）与由图4-12、4-13所示的第三种结构（撰写说明书时可将其作为第三种实施方式）中，两者的上盖不仅结构相同，而且均是通过转轴与盖体连接，因而也可以针对第二种结构和第三种结构的共同特征（即"上盖为薄片状，其外形尺寸能盖住窗口，上盖通过设置在盖体上的转轴与盖体连接"）撰写一项对这两种结构作出概括、且与权利要求3为同一层级的从属权利要求6（这项从属权利要求与前面针对前两种结构进行概括的从属权利要求3均以上述从属权利要求2作为引用基础），然后，再分别针对第二种具体结构（即前面针对第二种结构列出的特征（ii）中的后半部分）和第三种具体结构（即前面针对第三种结构列出的特征（iii）中的后半部分）各撰写一项下一层级的从属权利要求7和8。

"6. 按照权利要求2所述的冷藏桶，其特征在于：所述上盖（3）为薄片状，其外形尺寸能盖住所述盖体（2）上的窗口（4），所述上盖（3）通过转轴与所述盖体（2）连接。

7. 按照权利要求6所述的冷藏桶，其特征在于：所述上盖（3）与所述盖体（2）相连接的转轴为设置在所述盖体（2）上的竖直转轴（6），所述上盖（3）能以该竖直转轴（6）为轴相对于所述盖体（2）水平转动以打开或者盖合所述盖体（2）上的窗口（4）。

8. 按照权利要求6所述的冷藏桶，其特征在于：所述上盖（3）与所述盖体（2）相连接的转轴为设置在所述盖体（2）上的水平转轴（7），所述上盖（3）能以该水平转轴（7）为轴相对于所述盖体（2）向上或者向下转动以翻开或者盖合所述盖体（2）上的窗口（4）。"

但是，按照上述方式撰写，则针对由图4-10、4-11所示的第二种具体结构撰写了两项保护范围实质相同的从属权利要求5和7，即上述从属权利要求5和7仅能保留一项。就该申请来说，由于第二种结构与第三种结构更为相近，因此保留从属权利要求7，而删除从属权利要求5。与此相应，将对第二种结构和第三种结构进行概括的从属权利要求作为从属权利要求5，而将针对第二种结构和第三种结构所撰写的下一层级从属权利要求修改为引用从属权利要求5的从属权利要求6和7。这样一来，最后撰写成下述五项从属权利要求。

"3. 按照权利要求2所述的冷藏桶，其特征在于：所述上盖（3）相对于所述盖体（2）的转动为水平转动。

4. 按照权利要求3所述的冷藏桶，其特征在于：所述上盖（3）为开有口部（5）的圆形薄盖，其以可相对于所述盖体（2）水平转动的方式盖合在所述盖体（2）上，随着两者相对转动可以使所述上盖（3）上的口部（5）与所述盖体（2）上的窗口（4）相对准或者完全错开。

5. 按照权利要求2所述的冷藏桶，其特征在于：所述上盖（3）为薄片状，其外形尺寸能盖住所述盖体（2）上的窗口（4），所述上盖（3）通过转轴与所述盖体（2）连接。

6. 按照权利要求5所述的冷藏桶，其特征在于：所述上盖（3）与所述盖体（2）相连接的转轴为设置在所述盖体（2）上的竖直转轴（6），所述上盖（3）能以该竖直转轴（6）为轴相对于所述盖体（2）水平转动以打开或者盖合所述盖体（2）上的窗口（4）。

7. 按照权利要求5所述的冷藏桶，其特征在于：所述上盖（3）与所述盖体（2）相连接的转轴为设置在所述盖体（2）上的水平转轴（7），所述上盖（3）能以该水平转轴（7）为轴相对于所述盖体（2）向上或者向下转动以翻开或者盖合所述盖体（2）上的窗口（4）。"

对于第三种结构，还可针对其优选结构，即前面列出的针对第三种结构列出的特征（iv）撰写更下一层级的引用权利要求7的从属权利要求8。

"8. 按照权利要求7所述的冷藏桶，其特征在于：所述上盖（3）通过相互配合的粘扣或磁性件紧密盖合在所述盖体（2）上。"

在针对该发明第一方面改进撰写了从属权利要求之后，还可以将对该发明所作的第二方面改进（即冷源的具体连接方式和冷源的类型）作为附加技术特征，对上述权利要求作进一步限定，撰写成相应的从属权利要求。

"9. 按照权利要求1至8中任一项权利要求所述的冷藏桶，其特征在于：所述冷源可拆卸地与所述桶本体（1）连接。

10. 按照权利要求9所述的冷藏桶，其特征在于：所述冷源可拆卸地与所述桶本体（1）相连接是通过粘扣来实现的。

11. 按照权利要求9所述的冷藏桶，其特征在于：所述冷源为冰块包。"❶

---

❶ 在国家知识产权局条法司编写的《2012年全国专利代理人资格考试试题解析》中"专利代理实务"科目有关申请文件撰写部分试题的参考答案中，该从属权利要求限定部分的附加特征为"所述冷源为蓄冷剂包或者冰块包"，显然冰块包为蓄冷剂包的下位概念，按照《专利审查指南2010》第二部分第二章第3.3节的规定，并列选择概括的具体内容应当是等效的，不得将上位概念概括的内容，用"或者"与其下位概念并列，因此该附加技术特征的写法不符合上述规定，故在此处给出的从属权利要求中将限定部分的附加技术特征改为"所述冷源为冰块包"。

按照上述考虑撰写的从属权利要求不仅清楚地限定了权利要求的技术方案，而且也符合《专利法实施细则》第21条和《专利审查指南2010》第二部分第二章有关从属权利要求撰写的规定：

① 从属权利要求只能引用在前的权利要求；

② 引用两项以上权利要求的多项从属权利要求只能以择一方式引用在前的权利要求，并不得作为另一项多项从属权利要求的基础，即在后的多项从属权利要求不得引用在前的多项从属权利要求，就该发明专利申请案而言，为避免后面撰写的多项从属权利要求9不会出现引用在前的多项从属权利要求的情况，对于从属权利要求3来说，仅引用了权利要求2，而未引用权利要求1或2，同理，为避免从属权利要求11成为引用一项在前的多项从属权利要求9的多项从属权利要求，该从属权利要求11也仅引用了从属权利要求9，未再引用从属权利要求10；

③ 引用关系符合逻辑，除了满足从属权利要求在限定部分作进一步限定的技术特征应当包含在其引用的权利要求中这一要求外；还应当满足两个并列技术方案的从属权利要求不得互相引用的要求，例如，从属权利要求3和从属权利要求5是两项并列的技术方案，因此这两项从属权利要求均只引用权利要求2，两者之间未相互引用，同理，权利要求6和权利要求7也是两项并列的技术方案，故这两项从属权利要求也只引用权利要求5，两者之间也未相互引用；此外，针对适用于一种结构的进一步改进撰写的从属权利要求仅能引用相应结构的从属权利要求，例如从属权利要求8限定部分的技术特征仅适用第三种结构，而不适用于第一种结构和第二种结构，因此该从属权利要求仅引用了从属权利要求7。

4. 针对其他发明创造撰写独立权利要求

技术交底材料中对该发明另一项改进是冰块包或蓄冷剂包以可拆卸的方式（例如通过粘扣等）与桶本体连接，其相对于最接近的现有技术所解决的技术问题是提供一种对其中的蓄冷剂包这样的冷源进行冷冻时占用冰箱空间较少的冷藏桶。

对于这样的冷藏桶，其主要组成部件"桶本体、盖体和冷源"是必要技术特征，此外，解决上述技术问题的必要技术特征还应当包括反映这些部件之间关系的特征：桶本体的顶部开口，该盖体盖合在桶本体的开口上；所述冷源可拆卸地连接在桶本体上。即该发明另一项改进解决技术问题的必要技术特征为这五个技术特征。

在上述五个技术特征中，前四个特征（"桶本体""盖体""冷源"以及"桶本体顶部开口，该盖体盖合在桶体的开口上"）是该发明作出另一方面改进的冷藏桶与最接近的现有技术对比文件1中公开的冷藏箱共有的技术特征，应当写入到该独立权利要求的前序部分，而最后一个特征"所述冷源可拆卸地连接在桶本体内"是该发明作出另一方面改进的冷藏桶与最接近的现有技术对比文件1中公开的冷藏箱相比的区别技术特征，应当写入到该独立权利要求的特征部分。同样，在该独立权利要求中的部件名称之后加上相应的带括号的附图标记。

针对该发明创造撰写的独立权利要求如下：

"1. 一种冷藏桶，包括桶本体（1）、盖体（2）和冷源，该桶本体（1）的顶部开口，该盖体（2）盖合在该桶本体（1）的开口上，其特征在于：所述冷源可拆卸地连接在所述桶本体（1）内。"

5. 确定专利申请策略

针对该发明作出第一方面改进的冷藏桶撰写的独立权利要求相对于上述由对比文件1至4反映的现有技术作出贡献的特定技术特征为"盖体上开有窗口，并设有一个能打开和盖合盖体上窗口的上盖"，以便在不打开盖体的情况下，就能取放冷藏物品，从而在取放冷藏物品时减少内外空气的对流，延长所保存物品的冷藏时间。

针对该发明作出另一方面改进的冷藏桶撰写的独立权利要求相对于上述由对比文件1至4反映的现有技术作出贡献的特定技术特征为"冷源可拆卸地连接在桶本体内"，从而无需将整个冷藏桶都放入冰箱中就能对蓄冷剂包这样的冷源进行冷冻，从而能减少占用冰箱的空间。

由此可见，这两项独立权利要求相对于现有技术作出贡献的特定技术特征既不相同，彼此之间在技术上也无相互关联，即它们之间也不是相应的特定技术特征，因此两者的独立权利要求之间并不包含相同或相应的特定技术特征，不属于一个总的发明构思，彼此之间不具有单一性，不符合《专利法》第31条第1款的规定，应当分别作为两份专利申请提出。

6. 针对该发明专利申请完成说明书及其摘要的撰写

在完成该发明专利申请的权利要求书的撰写后，根据技术交底书材料所介绍的发明内容以及最接近的现有技术，结合权利要求书撰写过程所作的考虑，撰写说明书及其摘要。

在撰写说明书时，不应局限于技术交底材料中所写明的内容，应当充分考虑《专利法》《专利法实施细则》和《专利审查指南2010》对申请文件撰写的规定，对技术交底材料进行再创作，尤其在实践中，需要与委托人进行必要的沟通，补充必要的内容，以支持权利要求书所要求保护的范围。

说明书及其摘要的撰写应当符合《专利法实施细则》第17条、第18条和第23条的规定。

由于该申请只涉及一项独立权利要求，为了在发明名称中反映保护的主题和类型，根据独立权利要求所要求保护的主题名称，将发明名称确定为：冷藏桶。

对于技术领域部分，由于该申请只涉及产品"冷藏桶"，说明书的技术领域也应当针对该产品作进一步具体说明，可参照独立权利要求的前序部分加以说明，但可更简洁些。

对于背景技术部分，按照《专利法实施细则》第17条的规定，应当在背景技术部分写明对发明或者实用新型的理解、检索、审查有用的背景技术；有可能的，并引证反映这些背景技术的文件。就该申请来说，可以简明扼要地对客户提供的对比文件1中公开的冷藏箱以及所存在的问题作出说明。

发明内容部分首先写明该申请要求保护的主题相对于对比文件1所要解决的技术问题是提供一种在取放冷藏物品时能够减少其内外空气对流以延长所保存物品冷藏时间的冷藏桶。然后，另起一段写明解决该技术问题的独立权利要求的技术方案。在此基础上，通过对独立权利要求区别特征的分析，说明这些区别特征为该发明带来的技术效果：通过在盖体上开有窗口以及设有一个能打开和盖合窗口的上盖就可以在取放较小冷藏物品时，只通过上盖打开盖体上的窗口而无需打开整个盖体，从而减少冷藏桶内外的空气对流，延长了所保存物品的冷藏时间。❶ 此外，还可以进一步写明从属权利要求具体改进的技术方案，并简单说明其带来的有益效果。

该申请有附图，所以需要有附图说明部分。此外，该申请说明书中应当包含技术交底材料中

---

❶ 在2012年全国专利代理人资格考试"专利代理实务"科目中有关申请文件撰写部分的试题中包含一道简答题，要求应试者简述所撰写的两项独立权利要求相对于对比文件1所解决的技术问题和取得的技术效果，因此在此处参照当年试题解析中的答案给出了写入该发明专利申请中独立权利要求1解决的技术问题和取得的技术效果。另一项独立权利要求所解决的技术问题和取得的技术效果可以参照下述方式撰写：针对该发明作出另一方面改进的冷藏桶撰写的独立权利要求相对于对比文件1所解决的技术问题为"在对冷藏桶中蓄冷剂包这样的冷源进行冷冻时减少占用冰箱的空间"；其取得的技术效果为"通过将对比文件1中固定设置在冷藏桶本体上的蓄冷剂包改为可拆卸地设置在冷藏桶本体上，就可以在需要冷冻蓄冷剂包时将其从桶本体上取下，放入冰箱中进行冷冻，完成冷冻后再将其安装在冷藏桶本体上，这样可以节省其在冷冻时所占用冰箱的空间"。

给出的六幅附图（图1至图6），但在附图中应当仅保留附图标记，而删去对附图标记的文字说明。

在具体实施方式部分，首先将该发明冷藏箱的第一种改进结构（作为该发明第一种实施方式）结合图4-8和图4-9作出详细说明。其次，针对该发明冷藏箱的第二种改进结构（作为该发明第二种实施方式）结合图4-10和图4-11作出详细说明。最后，针对该发明冷藏箱的第三种改进结构（作为该发明第三种实施方式）结合图4-12和图4-13作出说明，其中与第二实施方式的不同之处应当作详细说明。且为了支持所撰写的独立权利要求的保护范围，在说明书最后说明该发明不局限于这三种实施方式，最好进一步写明还可以采用卡拔式结构的上盖来打开和盖合盖体上的窗口。

此外，在撰写说明书的上述内容时，应当按照《专利法实施细则》第17条第2款的规定，在说明书的五个部分（技术领域、背景技术、发明内容、附图说明、具体实施方式）之前写明这五个部分的标题。

在完成说明书的撰写之后，按照《专利法实施细则》第23条的规定撰写说明书摘要：写明发明的名称和所属技术领域，清楚反映所要解决的技术问题、解决该问题的技术方案的要点以及主要用途。在考虑不超过300个字的前提下，除重点写明该发明的名称和独立权利要求技术方案的要点及其带来的技术效果外，还可对反映三种实施方式的、重要的从属权利要求作简要说明。对于该申请来说，应当采用最能反映该发明技术方案的说明书附图1作为摘要附图。为方便理解说明书摘要内容，可以将已出现在摘要附图中的附图标记标注在摘要中相应的部件名称之后，但应当加上括号。

（三）推荐的专利申请文件

根据前面技术交底材料中有关该发明冷藏桶的技术内容和现有技术的情况以及最接近的现有技术，给出推荐的发明专利申请撰写文本。

权 利 要 求 书

1. 一种冷藏桶，包括桶本体（1）和盖体（2），该桶本体（1）的顶部开口，该盖体（2）盖合在该桶本体（1）的开口上，在该桶本体（1）内设置有冷源，其特征在于：所述盖体（2）上开有窗口（4），并设有一个能打开和盖合所述盖体（2）上窗口（4）的上盖（3）。

2. 按照权利要求1所述的冷藏桶，其特征在于：所述上盖（3）通过其相对于所述盖体（2）转动来打开和盖合所述盖体（2）上的窗口（4）。

3. 按照权利要求2所述的冷藏桶，其特征在于：所述上盖（3）相对于所述盖体（2）的转动为水平转动。

4. 按照权利要求3所述的冷藏桶，其特征在于：所述上盖（3）为开有口部（5）的圆形薄盖，其以可相对于所述盖体（2）水平转动的方式盖合在所述盖体（2）上，随着两者相对转动可以使所述上盖（3）上的口部（5）与所述盖体（2）上的窗口（4）相对准或完全错开。

5. 按照权利要求2所述的冷藏桶，其特征在于：所述上盖（3）为薄片状，其外形尺寸能盖住所述盖体（2）上的窗口（4），所述上盖（3）通过转轴与所述盖体（2）连接。

6. 按照权利要求5所述的冷藏桶，其特征在于：所述上盖（3）与所述盖体（2）相连接的转轴为设置在所述盖体（3）上的竖直转轴（6），所述上盖（3）能以该竖直转轴（6）为轴相对于所述盖体（2）水平转动以打开或者盖合所述盖体（2）上的窗口（4）。

7. 按照权利要求5所述的冷藏桶，其特征在于：所述上盖（3）与所述盖体（2）相连接的转轴为设置在所述盖体（3）上的水平转轴（7），所述上盖（3）能以该水平转轴（7）为轴相对于所述盖体（2）向上或者向下转动以翻开或者盖合所述盖体（2）上的窗口（4）。

8. 按照权利要求7所述的冷藏桶，其特征在于：所述上盖（3）通过相互配合的粘扣或磁性件紧密盖合在所述盖体（2）上。

9. 按照权利要求1至8中任一项权利要求所述的冷藏桶，其特征在于：所述冷源可拆卸地与所述桶本体（1）连接。

10. 按照权利要求9所述的冷藏桶，其特征在于：所述冷源可拆卸地与所述桶本体（1）相连接是通过粘扣来实现的。

11. 按照权利要求9所述的冷藏桶，其特征在于：所述冷源为冰块包。

说　明　书

冷藏桶

技术领域

本发明涉及一种冷藏桶，特别是涉及一种包括桶本体、盖体和冷源的冷藏桶，盖体盖合在桶本体的顶部开口上。

背景技术

人们在外出旅游或参加户外活动时，经常会使用冷藏桶/箱携带一些冷饮料，以达到消暑降温的目的。

例如，公告号为 CN 201×××××××U 的中国实用新型专利就公开了一种冷藏箱，包括箱本体和盖体，所述箱本体的内部形成一个上部开口的容纳空间，所述盖体设置于箱本体的上方，用于打开、关闭所述容纳空间的开口，所述箱本体包括防水外层、保温中间层及防水内层，所述箱本体的容纳空间内固设有若干个装有蓄冷剂的密封的蓄冷剂包。

对于这种冷藏桶/箱，在使用过程中必须打开整个盖体取放物品，从而在取放冷藏物品时内外空气对流较多，会减少所保存物品的冷藏时间，且由于蓄冷剂包固定设置在桶/箱本体内，致使在对蓄冷剂包进行冷冻时需将整个冷藏桶/箱置入冰箱而占用冰箱空间过大。

发明内容

本发明要解决的技术问题是提供一种在取放冷藏物品时能够减少内外空气对流以延长物品冷藏保存时间的冷藏桶。

为解决上述技术问题，本发明提供了一种冷藏桶，包括桶本体、盖体，桶本体的顶部开口，盖体盖合在桶本体的开口上，在桶本体内设置有冷源，盖体上开有窗口，并设有一个能打开和盖合盖体上窗口的上盖。

在上述冷藏桶中，通过在盖体上开有窗口以及设有一个能打开和盖合盖体上窗口的上盖，就可以在需要取放较小的冷藏物品时，只通过上盖打开盖体上的窗口而无需打开整个盖体，从而减少冷藏桶内外的空气对流，延长了所保存物品的冷藏时间。

作为本发明的进一步改进，上盖通过其相对于盖体转动的方式来打开和盖合盖体上的窗口，从而能够十分方便地将盖体上的窗口打开或者将其盖合。

通过上盖相对于盖体转动来打开或盖合盖体上窗口的方式可以是相对于盖体作水平转动，优选将上盖设计成开有口部的圆形薄盖，其以可相对于盖体水平转动的方式盖合在盖体上，随着两者相对转动可以使上盖上的口部与盖体上的窗口相对准或完全错开。采用这种结构，其盖合窗口的效果较好，且打开窗口也十分方便。

作为通过上盖相对于盖体转动方式打开或者盖合盖体上窗口的另一种结构，上盖设计成薄片状，其外形尺寸能盖住盖体上的窗口，上盖通过转轴（竖直转轴或者水平转轴）与盖体连接，以便让上盖围绕竖直转轴作水平转动或者围绕水平转轴向上或向下转动来实现打开或者盖合盖体上的窗口。对于上盖通过水平转轴与盖体连接的情形，优选让上盖通过相互配合的粘扣或磁性件紧密盖合在所述盖体上。

作为本发明更进一步的改进，冷源（优选为冰块包）可拆卸地设置在冷藏桶本体上，优选采用粘扣实现可拆卸地连接。采用这种结构，在需要冷冻冰块包时，就可将其从桶本体上取下，放入冰箱中进行冷冻，完成冷冻后再将其安装在冷藏桶本体上，这样可以减少冷冻时所占用冰箱的空间。

附图说明

下面结合附图对本发明的具体实施方式作进一步详细的说明，其中：
图 1 为本发明冷藏桶第一种实施方式的立体图；
图 2 为图 1 所示的本发明冷藏桶第一种实施方式的部件分解示意图；
图 3 为本发明冷藏桶第二种实施方式的立体图，其中盖体上的窗口位于被打开的状态；
图 4 为本发明冷藏桶第二种实施方式的立体图，其中盖体上的窗口位于被上盖盖合的状态；
图 5 为本发明冷藏桶第三种实施方式的立体图，其中盖体上的窗口位于被打开的状态；
图 6 为本发明冷藏桶第三种实施方式的立体图，其中盖体上的窗口位于被上盖盖合的状态。

具体实施方式

本发明的冷藏桶由硬质保温材料制成，包括桶本体 1、盖体 2、上盖 3 和冷源。桶本体 1 的顶部开口，盖体 2 盖合在桶本体 1 的开口上，以打开和关闭该开口。为了减少取放冷藏物品时内外空气的对流，在盖体 2 上开有窗口 4，上盖 3 设计成能打开和盖合盖体 2 上窗口 4 的结构，这样一来，在取放冷藏物品时，可以不打开盖体 2，仅仅打开盖体上的窗口就可实现取放物品。作为冷源的若干个密封的冰块包或蓄冷剂包放置在桶本体 1 内，最好以可拆卸的方式例如通过粘扣等与桶本体 1 连接。

在图 1 和图 2 所示的本发明第一种实施方式中，上盖 3 为圆形薄盖，盖合在盖体 2 上，上盖 3 开有口部 5。冷藏箱内存放着冷藏物品时，上盖 3 上的口部 5 与盖体 2 上的窗口 4 彼此完全错开，上盖 3 除口部 5 以外的其他部分盖合在窗口 4 上，内外空气无法进行对流，环境中的热量基本上不会传递到冷藏箱内。当取、放物品时，可将上盖 3 相对于盖体 2 水平转动，使上盖 3 上的口部 5 与盖体 2 上的窗口 4 相对准，使盖体上的窗口 4 完全露出，于是就可从打开的窗口 4 取放物品。由于在取放物品时无需打开整个盖体 2，仅仅打开盖体 2 上的窗口 4，大大减少了内外空气的对流，即减少了由环境通过对流传递给冷藏箱内部的热量，从而延长了冷藏箱内所保存物品的冷藏时间。

在图 3 和图 4 所示的本发明第二种实施方式中，上盖 3 为薄片状，其外形尺寸能盖住盖体 2 上的窗口 4，上盖 3 通过设置在盖体 2 上的竖直转轴 6 与盖体 2 连接。冷藏箱内存放着冷藏物品时，上盖 3 盖合在窗口 4 上，内外空气无法进行对流，环境中的热量基本上不会传递到冷藏箱内。当取放物品时，将上盖 3 以竖直转轴 6 为轴相对于盖体 2 水平转动，露出盖体 2 上的窗口 4，于是可从打开的窗口 4 取放物品。在这种实施方式中，也无需打开整个盖体 2，仅仅打开盖体 2 上的窗口 4 就可取放物品，因此也减少了内外空气的对流，从而延长了冷藏箱内所保存物品的冷藏时间。

图 5 和图 6 所示的本发明第三种实施方式与图 3 和图 4 所示的本发明第二种实施方式的区别仅仅在于上盖 3 与盖体 2 相连接的转轴位置不同，在第二种实施方式中，连接上盖 3 与盖体 2 的转轴为竖直转轴 6；而在第三种实施方式中，连接上盖 3 与盖体 2 的转轴是设置在盖体 2 上的水平转轴 7，从而可使上盖 3 以水平转轴 7 为轴相对于盖体 2 向上向下转动，向下转动时使上盖 3

盖合在盖体2的窗口4上；向上转动时翻开上盖2，露出窗口4，从而可通过打开的窗口4取放物品。在这种实施方式中，在取放物品时同样减少了内外空气的对流，从而延长了冷藏箱内所保存物品的冷藏时间。

对于第三种实施方式的冷藏桶，在外出携带时，为了避免在保存冷藏物品期间因冷藏桶的晃动而将上盖打开，可以采用现有技术中的已知手段（例如通过相互配合的粘扣、磁性件等）使上盖3紧密盖合在盖体2上，以获得更好的冷藏效果。

此外，对于三种实施方式的冷藏桶，窗口4的大小均可以设置成不同规格，以适应取放不同物品的需要。

上面结合附图对本发明的实施方式作了详细说明，但是本发明并不限于上述三种实施方式，在本领域普通技术人员所具备的知识范围内，还可以对其作出种种变化。例如，在上述三种实施方式中，上盖都是通过相对于盖体转动来打开和盖合盖体上的窗口，但本发明还可以采用其他结构来实现打开和盖合盖体上的窗口，如在上盖与盖体的窗口之间采用卡拔式的嵌合连接结构，通过向上提拉上盖，将上盖拔起而打开窗口，并通过向下按压上盖，将上盖盖合在盖体的窗口上。

说 明 书 附 图

图 1

图 2

图 3

图 4

图 5

图 6

说 明 书 摘 要

本发明提供了一种冷藏桶,包括顶部开口的桶本体(1)、开有窗口(4)并盖合在桶本体上的盖体(2)以及一个能打开和盖合盖体上窗口的上盖(3)。具有上述结构的冷藏桶,可通过上盖打开盖体上的窗口取放较小的冷藏物品,减少冷藏桶内外的空气对流,延长保存物品的冷藏时间。优选上盖可相对于盖体转动,以打开和盖合盖体上的窗口;该上盖可以是开有口部(5)的圆形薄盖,以可相对于盖体水平转动方式盖合在盖体上,从而使上盖上的口部与盖体上的窗口对准或完全错开;该上盖还可为外形尺寸能盖住盖体上窗口的薄片状上盖,通过竖直转轴或水平转轴与盖体连接,从而让上盖围绕竖直转轴作水平转动或围绕水平转轴上下转动来打开或盖合盖体上的窗口。

摘 要 附 图

【案例5】大型公用垃圾箱[1]

（一）申请案情况介绍

本案例涉及一项有关大型公用垃圾箱的发明创造，客户要求针对所提供的技术交底材料记载的内容以及所附的三项现有技术（对比文件1至3），撰写一份能够有效且合理保护发明创造的发明专利申请文件，并针对该发明创造给出如何向国家知识产权局提出发明专利申请以使该发明创造得到充分保护的建议。

1. 客户提供的技术交底材料

我公司致力于大型公用垃圾箱的研发与制造，产品广泛应用于小区、街道、垃圾站等场所。经调研发现，市场上常见的一种垃圾桶/箱，在桶体内设有滤水结构，能够分离垃圾中的固态物和液态物，便于垃圾清理和移动（参见对比文件1）。但是垃圾内部仍然残存湿气，尤其是对于大型垃圾桶/箱，其内部由于通风不畅容易导致垃圾缺氧而腐化发臭，不利于公共环境卫生。有厂家设计了一种家用垃圾桶，其桶底设有孔，方便空气进出（参见对比文件2）。

在上述现有技术的基础上，我公司提出改进的大型公用垃圾箱。

如图5-1和5-2所示，一种大型公用垃圾箱，主要包括箱盖1、上箱体2和下箱体3。箱盖1上设有垃圾投入口4。上箱体2和下箱体3均为顶部开口结构，箱盖1盖合在上箱体2的顶部开口处，上箱体2可分离地安装在下箱体3上，上箱体2的底部为水平设置的滤水板5。在下箱体3的侧壁上部开设有通风孔6。通风孔6最好为两组，并且分别设置在下箱体3相对的侧壁上。

在使用时，当垃圾倒入垃圾箱后，其中的固态物留在滤水板5上，而液态物则经滤水板5进入下箱体3，从而上箱体2内部构成固体垃圾存放区，下箱体3内部构成液体垃圾存放区。空气从通风孔6进入下箱体3，会同垃圾箱内的湿气向上流动，依次经上箱体2的滤水板5和固体垃圾存放区，最终从垃圾投入口4向外排出。在设置了相对的两组通风孔6的情况下，空气还可以从一侧的通风孔6进入，从另一侧的通风孔6排出。通过设置在下箱体3的侧壁上部的通风孔6以及在箱盖1上的垃圾投入口4，垃圾箱内产生由下而上的对流和内外循环，从而起到防止垃圾腐化，减少臭味，提高环境清洁度的作用。

当上箱体2内堆积的垃圾较多时，空气流动受到阻碍，不利于湿气及时排出。为解决该问题，进一步提高通风效果，如图5-3和5-4所示，在上箱体2的侧壁内侧设置多个竖直布置的空心槽状隔条7，其与上箱体2的侧壁之间限定形成多个空气通道。空心槽状隔条7上端与上箱体2的上边缘基本齐平，以避免空气通道被垃圾堵塞；下端延伸至接近滤水板5。

在使用时，空气从通风孔6进入下箱体3，会同垃圾箱内的湿气向上流动，由于受到上箱体2内固体垃圾的阻碍，部分气体从空心槽状隔条7与滤水板5之间的缝隙进入到空心槽状隔条7中，并沿着空心槽状隔条7与上箱体2的侧壁之间形成的空气通道向上流动，最终从垃圾投入口4向外排出。

此外，也可以在上箱体2的侧壁上设置其他通风结构（例如通风孔）或者将两种通风结构组合在一起使用。

---

[1] 此案例根据2013年全国专利代理人资格考试"专利代理实务"科目有关撰写权利要求书的试题改编而成。

我公司此前设计了一种自卸式垃圾箱，将垃圾箱的底板设计成可移动的，该底板可沿着箱体底部的导轨水平拉出以便从底部卸出垃圾，从而解决了从垃圾箱顶部开口向外倾倒垃圾容易造成扬尘的缺陷（参见对比文件3）。但是这种垃圾箱的导轨容易积尘而卡住底板。

针对该问题，滤水板5被进一步设置成可转动的。如图5-5所示，滤水板5一端通过铰接件8与上箱体2的侧壁底边连接，相对的另一端通过锁扣件9固定在水平闭合位置。如图5-6所示，当打开锁扣件9时，滤水板5在重力作用下以铰接件8为轴相对于上箱体2向下转动而卸出垃圾。锁扣件9包括设置在上箱体2侧壁上的活动插舌91和对应设置在滤水板5上的插口92，所述活动插舌91与插口92可以互相咬合或脱离。锁扣件9还可以采用其他形式，各种现有的锁扣件均可以使用。

当垃圾箱内垃圾装满需要清理时，吊起上箱体2，使得上箱体2与下箱体3分离；当上箱体2被移至合适位置后，打开锁扣件9，滤水板5在重力作用下以铰接件8为轴向下转动，打开上箱体2的底部，内部的固体垃圾掉落到垃圾车或者传送带上运走。下箱体3内的液体垃圾则另行处理。

就这两种底板相对于箱体可运动的结构来说，其底板可相对于箱体向下转动的垃圾箱与底板可沿导轨相移动的垃圾箱相比，底部不容易损坏，使用寿命更长。需要说明的是，垃圾箱的箱体不限于本技术交底材料所设计的具体形式，其他垃圾箱也可以采用上述底部结构。

我公司还发明了一种利用公用垃圾箱进行广告宣传的方法，通过在箱体的至少一个外侧面上印上商标、图形或文字，起到广告宣传的作用，同时又美化了城市环境。这种广告宣传方法具有成本低廉、应用范围广的优点。

图5-1 立体透视图　　　　图5-2 A-A截面

图 5-3

图 5-4 B-B 截面（滤水板略去）

图 5-5 装垃圾状态（通风结构略去）

图 5-6 卸垃圾状态（通风结构略去）

2. 客户提供的现有技术

客户随其技术交底材料附上了所了解的三项现有技术：对比文件1、对比文件2和对比文件3，这三份对比文件均为中国实用新型专利的说明书（包括其附图❶），略去了其中的权利要求书。

---

❶ 为方便读者理解对比文件的技术内容，在这些对比文件的附图中对图中所示的各个部件除了给出相应的附图标记外，还与全国专利代理人资格考试"专利代理实务"科目试题一样给出了与各附图标记相应的部件名称。

(1) 对比文件 1

防臭垃圾桶/箱

本实用新型涉及一种防臭垃圾桶/箱。

常用的垃圾桶/箱通常固液不分,污水积存在垃圾中容易造成垃圾腐烂,发出酸臭气味,不利于环境卫生;而且垃圾运输和处理中也存在很多问题,增加了处理成本。

为了克服上述现有技术存在的缺点,本实用新型提供了一种垃圾桶/箱,通过对垃圾进行固液分离以获得防臭的效果。

图 5-7 是本实用新型垃圾桶的正面剖视图。

如图 5-7 所示,该防臭垃圾桶包括桶盖 1、上桶体 2 和下桶体 3,桶盖 1 上设有垃圾投入口 4。下桶体 3 的上边缘设置成 L 形台阶状,上桶体 2 放置在下桶体 3 的该 L 形台阶上。上桶体 2 的底部设有多个滤水孔 5。在使用时,垃圾中的污水经上桶体 2 底部的滤水孔 5 流至下桶体 3 中,实现固态物和液态物分离。积存在下桶体 3 中的污水,在需要时集中倾倒。

这种防臭垃圾桶/箱可大可小,既可制成小型的家用垃圾桶,也可制成大型的公用垃圾桶/箱,对于大型垃圾桶/箱,可在底部设置排出阀以便于污水排出。

图 5-7

（标注：1 桶盖、4 垃圾投入口、2 上桶体、5 滤水板、3 下桶体）

(2) 对比文件 2

一种垃圾桶

本实用新型涉及一种家用垃圾桶。

目前人们收集日常生活垃圾的方式,普遍是使用一次性塑料垃圾袋套在垃圾桶内,但是,在套垃圾袋的过程中由于垃圾袋与桶壁之间构成封闭空间,空气留在垃圾桶里面不易排出,导致垃圾袋无法完全展开。

本实用新型的目的是提供一种家用的功能性垃圾桶。

图 5-8 是本实用新型的结构示意图。

如图 5-8 所示,本实用新型的垃圾桶由桶罩 1、桶壁 2 和桶底 3 组成。桶底 3 上设有多个通气孔 4；桶壁 2 和桶底 3 一次性注塑而成。桶口上设有可分离的桶罩 1,用于固定住垃圾袋。

使用时,将垃圾袋套在垃圾桶上,通气孔 4 的设计方便排出垃圾袋与桶壁 2、桶底 3 之间的空气，使垃圾袋在桶内服帖地充分展开；取垃圾袋的时候，空气经通气孔4从底部进入，避免塑料垃圾袋与桶壁2、桶底3之间产生负压，从而可以轻松地取出垃圾袋，不会摩擦弄破垃圾袋。

图5-8

(3) 对比文件3

自卸式垃圾箱

本实用新型涉及一种垃圾箱，尤其是一种适合与垃圾车配合使用的自卸式垃圾箱。
（背景技术、实用新型内容部分略）
图5-9是本实用新型垃圾箱装垃圾状态的正视图；
图5-10是本实用新型垃圾箱卸垃圾状态的正视图；
在图5-9和5-10中，箱体2的下部被局部剖开。

本实用新型的自卸式垃圾箱，该垃圾箱的顶盖1可开启，垃圾箱的箱体2下部和底板3均为方形，底板3水平插接在箱体2的底部，底板3的一侧设有把手31，与把手31相对的一侧设有限位块32。箱体2的底部设有供底板3滑动的导轨4。卸垃圾时，拉住底板3的把手31，底板3向一侧水平滑动，垃圾就从箱体2底部自动卸出。所述自卸式垃圾箱不需要把箱体2翻转过来倾倒垃圾，既省力又避免灰尘飞扬。

图5-9　　　　图5-10

(二)该发明专利申请文件权利要求书和说明书的撰写思路

对于这类申请案而言,通常可按照下述思路来撰写权利要求书和说明书:阅读理解技术交底材料中涉及的发明创造,确定专利申请要求保护的主题;针对该专利申请要求保护的最重要的发明创造撰写独立权利要求;针对该最重要的发明创造撰写从属权利要求;针对其他发明创造撰写独立权利要求(必要时包括从属权利要求);确定专利申请策略;针对该发明专利申请完成说明书及其摘要的撰写。[1]

1. 阅读理解技术交底材料中涉及的发明创造,确定专利申请要求保护的主题

由客户提供的技术交底材料的第2段和最后一段可知,客户拟对该发明创造的内容要求保护两个主题:大型公用垃圾箱和利用公用垃圾箱进行广告宣传的方法。显然,后一主题不是技术方案,不符合《专利法》第2条第2款的规定,不属于发明专利申请的保护客体,应当将其排除,因此该发明创造的内容仅涉及大型公用垃圾箱这一个要求保护的主题。

通过阅读技术交底材料可知,该发明大型公用垃圾箱相对于现有技术来说作出了三方面的改进:其一,通过在下箱体侧壁上部设置通风孔,以解决垃圾桶内部残存湿气和通风不畅导致的垃圾腐烂发臭问题;其二,通过在上箱体侧壁设置通风结构(开设通风孔和/或竖直布置空心槽状隔条)解决垃圾堆积过多时导致通风不畅的问题;其三,通过将上箱体底部的滤水板设计成可相对于上箱体向下转动而方便卸出垃圾,且这种滤水板可向下转动的方式相对于对比文件3(客户在先已授权的实用新型专利)中的自卸式垃圾箱来说,可解决其底板沿箱体底部导轨拉动时易被积尘卡住而不便抽出的问题。

对比文件1防臭垃圾桶/箱是该发明最接近的现有技术,其包括桶盖、上桶体和下桶体、上桶体放置在下桶体上边缘处的L形台阶上,上桶体的底部设有多个滤水孔。

对比文件2家用垃圾桶的桶底设有方便空气进出的通气孔,但其作用是为了在套装垃圾袋时方便排出垃圾袋与桶壁、桶底之间的空气,使垃圾袋贴合在桶壁和桶底上,而取走垃圾袋时由于空气经通气孔进入,可轻松地取出垃圾袋。

对比文件3自卸式垃圾箱在箱体底部设有供底板滑动的导轨,卸垃圾时,拉住底板一侧的把手可使底板向一侧水平滑动,垃圾就从箱体底部自动卸出,该自卸式垃圾箱不需要将箱体翻转倾倒垃圾,既省力又避免灰尘飞扬。

技术交底材料中针对这一主题给出三方面的改进结构,分析这三方面的改进结构之间的关系可知:第二方面改进结构(即为了解决垃圾堆积过多时通风不畅的问题而采用的结构)是在第一方面改进结构(即为了解决垃圾桶内部残存湿气和通风不畅导致垃圾腐烂发臭的问题而采用的结构)的基础上作出的进一步改进,即为主从关系;而第三方面改进结构(即为了方便而顺畅地卸出垃圾而采用的结构)与第一方面改进结构是彼此并不直接相关的并列关系。由上述分析可知,可以分别针对第一方面改进结构和第三方面改进结构的改进之处撰写独立权利要求。初步判断针对这两方面改进结构分别撰写的独立权利要求不属于一个总的发明构思,需要分别提出专利申请。

从技术交底材料所介绍的内容来看,客户主要想解决防止垃圾腐烂发臭的技术问题,因此应当将第一方面改进结构以及第二方面的进一步改进结构作为该专利申请最重要的发明创造,而对于第三方面改进结构,既可以针对其改进之处撰写另一项独立权利要求,也可以将其作为对前两

---

[1] 在全国专利代理人资格考试"专利代理实务"科目中涉及申请文件撰写的试题中通常不会要求撰写说明书全文,仅仅涉及说明书中的某一部分或某几部分。

方面改进结构的进一步改进，撰写为该最重要的发明创造的从属权利要求。

2. 针对该专利申请要求保护的最重要的发明创造撰写独立权利要求

（1）对第一种改进结构的大型公用垃圾箱进行分析，并列出其全部技术特征

在对第一种改进结构进行分析前，可根据技术交底材料的内容确定该专利申请要求保护的最重要的发明创造要求保护的主题名称为"大型公用垃圾箱"。❶

下面，依据技术交底材料中结合附图给出的第一种改进结构的大型公用垃圾箱的具体结构，列出该要求保护主题所涉及的全部技术特征。

针对第一方面改进结构，即解决垃圾桶内部残存湿气和通风不畅导致垃圾腐烂发臭这一技术问题的改进，技术交底材料中列出的技术特征有：箱盖、上箱体、下箱体；箱盖上设有垃圾投入口，箱盖盖合在上箱体的顶部开口处；上箱体和下箱体均为顶部开口结构，上箱体的底部为水平设置的滤水板；上箱体安装在下箱体上，可分离地安装在下箱体上；下箱体的侧壁上部开设有通风孔；通风孔为两组，设置在下箱体相对的侧壁上。

（2）确定最接近的现有技术以及该发明专利申请相对于最接近的现有技术要解决的技术问题

就该案而言，撰写前所了解到的该发明现有技术相关的对比文件共有三份，则从对比文件1至3所反映的现有技术中确定最接近的现有技术。

按照《专利审查指南2010》第二部分第四章第3.2.1.1节规定的确定最接近的现有技术的原则，首先，选出那些与要求保护的发明技术领域相同或相近的现有技术，而在撰写专利申请文件的独立权利要求时，应当选择相同技术领域的现有技术；其次，从这些现有技术中选出所要解决的技术问题、技术效果或者用途最接近和/或公开了发明的技术特征最多的那一项现有技术作为最接近的现有技术。

从这三份对比文件公开的内容来看，对比文件1和对比文件3均涉及公用垃圾箱，技术领域均与该发明专利申请的技术领域相同，而对比文件2涉及家用垃圾桶，技术领域与该专利申请的技术领域相近，因此应当从对比文件1和对比文件3中选择最接近的现有技术。而由技术交底材料第1段和第3段记载的内容与对比文件1第5段记载的内容和对比文件3最后一段记载的内容相比较可知，对比文件1与该发明第一种改进结构的大型公用垃圾箱相比，在解决的技术问题上比对比文件3更为接近（防臭），且公开了更多的技术特征（上下箱体、带垃圾投入口的箱盖、滤水板），因此对比文件1是该发明最接近的现有技术。

由技术交底材料第1段、第3段和第4段可知，该发明第一种改进结构的大型公用垃圾箱相对于对比文件1所解决的技术问题是防止垃圾桶内部的垃圾和残存湿气因通风不畅导致的垃圾缺氧而腐烂发臭的问题，以提高环境清洁度。

（3）确定解决技术问题的必要技术特征，完成独立权利要求的撰写

针对前面确定的该发明专利申请相对于最接近的现有技术对比文件1要解决的技术问题，确定解决该技术问题的全部必要技术特征，并按照《专利法实施细则》第20条第1款规定的格式划分前序部分和特征部分，完成独立权利要求的撰写。

技术特征"箱盖、上箱体和下箱体"是构成要求保护的产品"大型公用垃圾箱"的组成要素类技术特征，"箱盖盖合在上箱体的顶部开口处"和"上箱体安装在下箱体上"是反映上述组成

---

❶ 从应试角度，除特殊情况外，一般可采用技术交底材料中给出的主题名称，因此可确定主题名称为"大型公用垃圾箱"，但严格说来，主题名称中最好不要出现"大型"这样的词语，因此在平时实务中建议该主题名称选用"公用垃圾箱"更好。

要素之间相互关系的技术特征,这些特征与该发明要解决的技术问题密切相关,属于必要技术特征;而"箱盖上设有垃圾投入口""上箱体和下箱体均为顶部开口结构""上箱体的底部为水平设置的滤水板"和"下箱体的侧壁上部开设有通风孔"是上述三个组成要素的具体结构特征,这些具体结构使空气进入下箱体后会同垃圾箱内的湿气向上流动,依次经过上箱体底部的滤水板和固体垃圾存放区,最终从垃圾投入口排出,从而确保垃圾箱内外通风畅通而防止垃圾腐烂发臭,因而这些技术特征也是解决上述技术问题的必要技术特征。

接下来,将包括上述必要技术特征的技术方案与对比文件1中的防臭垃圾箱进行对比分析,可知其中的"箱盖、上箱体和下箱体,箱盖盖合在上箱体的顶部开口处,上箱体安装在下箱体上,箱盖上设有垃圾投入口,上箱体和下箱体均为顶部开口结构,上箱体底部为水平设置的滤水板"为该发明与最接近的现有技术共有的技术特征,将这些技术特征写入到独立权利要求的前序部分;并将余下的技术特征"下箱体的侧壁上部开设有通风孔"写入到特征部分,以完成独立权利要求的撰写。

根据《专利法实施细则》第19条第4款的规定,权利要求中的技术特征可以引用说明书附图中的相应标记,因而对于产品独立权利要求来说,最好在其各部件名称后面加上带括号的附图标记,因此在撰写该发明大型公用垃圾箱的独立权利要求(包括后面撰写的从属权利要求)时,在其各个部件名称后面加上相应的带括号的附图标记。

最后,撰写完成的独立权利要求如下:

"1. 一种大型公用垃圾箱,包括箱盖(1)、上箱体(2)和下箱体(3),所述箱盖(1)上设有垃圾投入口(4),所述上箱体(2)和下箱体(3)均为顶部开口结构,所述上箱体(2)的底部为水平设置的滤水板(5),所述上箱体(2)安装在所述下箱体(3)上,所述箱盖(1)盖合在所述上箱体(2)的顶部开口处,其特征在于:所述下箱体(3)的侧壁上部开设有通风孔(6)。"

(4)所撰写的独立权利要求具备新颖性和创造性

对比文件1公开的防臭垃圾桶/箱未披露权利要求1特征部分的技术特征"下箱体的侧壁上部开设有通风孔",由此可知,对比文件1未披露权利要求1的技术方案,因此独立权利要求1相对于对比文件1具备《专利法》第22条第2款规定的新颖性。

对比文件2公开的家用垃圾桶未披露权利要求1中的上箱体、下箱体、滤水板等诸多特征,由此可知,对比文件2也未披露权利要求1的技术方案,因此独立权利要求1相对于对比文件2也具备新颖性。

对比文件3公开的自卸式垃圾箱除了未披露权利要求1中的上箱体、下箱体和滤水板外,还未披露权利要求1特征部分的技术特征"下箱体的侧壁上部开设有通风孔",由此可知,对比文件3更未披露权利要求1的技术方案,因此独立权利要求1相对于对比文件3也具备新颖性。

正如前面所指出的,在这三项现有技术中,对比文件1中公开的防臭垃圾桶/箱与该申请的技术领域相同,解决的技术问题、技术效果更接近,且披露的技术特征最多,因此是该申请最接近的现有技术。

正如前面所指出的,对比文件1未披露独立权利要求1特征部分的技术特征,即独立权利要求1与对比文件1公开的防臭垃圾桶/箱披露的区别特征为"下箱体的侧壁上部开设有通风孔",所解决的技术问题是提供一种能防止垃圾桶内部的垃圾和残存湿气因通风不畅导致的垃圾缺氧而腐烂发臭的大型公用垃圾箱。

对比文件2中的家用垃圾桶虽然公开了"通气孔",但该通气孔设置在桶底上,所起的作用是在放置垃圾袋时便于空气排出而使垃圾袋在桶内服帖地充分展开，而取垃圾袋时便于空气经通气孔从底部进入而避免桶壁与垃圾袋之间产生负压以实现轻松取出垃圾袋。可见，对比文件2的家用垃圾桶与该发明大型公共垃圾箱的应用领域存在差别；对比文件2的"通气孔"与该发明的"通风孔"的设置位置、解决技术问题所起的作用均不相同。即对比文件2没有公开权利要求1中的技术特征"所述下箱体的侧壁上部设有通风孔"，更未给出在下箱体的侧壁上部设置通风孔以解决上述技术问题的启示。而对比文件3根本未披露垃圾桶下部设有通气孔的内容。此外在下箱体侧壁上部设置通气孔也不是本领域解决上述技术问题的公知常识。因此，权利要求1的技术方案相对于对比文件1以及对比文件2、3和本领域的公知常识是非显而易见的，具有突出的实质性特点。

权利要求1的技术方案通过在下箱体的侧壁上部设置通风孔，从而促进了垃圾箱内形成由下而上的空气对流，避免垃圾腐烂，减少臭味的产生，相对于上述现有技术具有有益的技术效果。因此，权利要求1具有显著的进步。

综上所述，独立权利要求1相对于对比文件1以及对比文件2、3和本领域的公知常识具有突出的实质性特点和显著的进步，符合《专利法》第22条第3款关于创造性的规定。

3. 针对该最重要的发明创造撰写从属权利要求

在完成独立权利要求的撰写之后，为了形成较好的保护梯度，应当根据技术交底材料披露的技术内容，对从属权利要求进行合理布局，撰写适当数量的从属权利要求。

首先，针对第一种改进结构的大型公用垃圾箱撰写从属权利要求：在这种改进结构的垃圾箱中还有两个特征"上箱体可分离地安装在下箱体上""通风孔为两组，并且分别设置在下箱体的相对侧壁上"未写入独立权利要求，其中"上箱体可分离地安装在下箱体上"这一技术特征与第一种结构的改进（即为了解决垃圾桶内部残存湿气和通风不畅而导致垃圾腐烂发臭的问题而采用的结构）之处并不直接相关，而是第三种改进结构（即为了方便且顺畅地卸出垃圾而采用的结构）进一步改进所必需的结构，因此可先不针对此特征撰写从属权利要求，而在针对第三种改进结构撰写从属权利要求时再考虑以该特征撰写从属权利要求；另一技术特征"通风孔为两组，并且分别设置在下箱体的相对侧壁上"是第一种改进结构的优选方案，且带来更好的通风效果，应先以此特征作为附加技术特征撰写从属权利要求2。

"2. 按照权利要求1所述的大型公用垃圾箱，其特征在于：所述通风孔（6）为两组，并且分别设置在所述下箱体（3）的相对侧壁上。"

其次，由于第二种改进结构（即为了解决垃圾堆积过多时通风不畅的问题而采用的结构）是对第一种改进结构的进一步改进，因此针对技术交底材料中有关第二种改进结构的第5段描述的进一步改进"上箱体侧壁内侧设置多个竖直布置、形成上箱体和侧壁之间空气通道的空心槽状隔条"撰写一项从属权利要求，但考虑到在第7段中又写明还可采用其他通风结构（如通风孔），因此可以先针对这两者的上位概念"通风结构"撰写一项从属权利要求，然后再针对这两种具体结构撰写进一步的从属权利要求。在针对这两种具体结构撰写进一步的从属权利要求时，根据技术交底材料第7段的文字，其技术方案可包括采用其中任一种结构或同时采用两种具体结构的技术方案，因此所撰写的从属权利要求应当包括三个技术方案。此外，对于其中包含空心槽状隔条这一技术特征的从属权利要求，还可针对其优选结构"空心槽状隔条的上端与上箱体的上边缘基本齐平，下端延伸至接近滤水板"再撰写下一层级的从属权利要求。

对于第二种改进结构，建议撰写成如下五项从属权利要求：[1]

"3. 按照权利要求1或2所述的大型公用垃圾箱，其特征在于：所述上箱体（2）的侧壁上设置有通风结构。

4. 按照权利要求3所述的大型公用垃圾箱，其特征在于：所述通风结构为竖直布置在所述上箱体（2）侧壁内侧的空心槽状隔条（7），所述空心槽状隔条（7）与所述上箱体（2）侧壁之间形成空气通道。

5. 按照权利要求3所述的大型公用垃圾箱，其特征在于：所述通风结构为开设在所述上箱体（2）侧壁上的通风孔，以及竖直布置在所述上箱体（2）侧壁内侧的空心槽状隔条（7），所述空心槽状隔条（7）与所述上箱体（2）侧壁之间形成空气通道。

6. 按照权利要求4或5所述的大型公用垃圾箱，其特征在于：所述空心槽状隔条（7）的上端与所述上箱体（2）的上边缘基本齐平，下端延伸至接近所述滤水板（5）。

7. 按照权利要求3所述的大型公用垃圾箱，其特征在于：所述通风结构为开设在所述上箱体（2）侧壁上的通风孔。"

技术交底材料中大型公用垃圾箱的第三种改进结构（即为了方便且顺畅卸出垃圾而采用的结构）与第一种和第二种改进结构是并列关系，因此可以针对第三种改进结构的大型公用垃圾箱撰写独立权利要求，但其也可以作为在该发明大型公用垃圾箱前两种改进结构的基础上作出的进一步改进，因此在该专利申请中还可以针对垃圾箱的第三种改进结构撰写从属权利要求。

在针对第三种改进结构撰写从属权利要求时，需以上下箱体可分离为前提，因此可以针对这一前提条件撰写一项从属权利要求。按照技术交底材料来看，其可分离的目的是为了能使底板相对于下箱体向下转动而卸出垃圾，考虑到对比文件3中沿轨道滑动打开底板以卸出垃圾的方式，先撰写一项将这些打开底板方式概括在内的从属权利要求，然后以此为基础针对这些打开方式分别撰写下一层级从属权利要求，最后针对转动打开方式的优选结构撰写更下一层级的从属权利要求。撰写的从属权利要求如下：

"8. 按照权利要求1或2所述的大型公用垃圾箱，其特征在于：所述上箱体（2）以可分离的方式安装在所述下箱体（3）上。

9. 按照权利要求8所述的大型公用垃圾箱，其特征在于：所述滤水板（5）可相对于所述上箱体（2）运动以打开所述上箱体（2）的底部。

---

[1] 国家知识产权局条法司编写的《2013年全国专利代理人资格考试试题解析》一书中"专利代理实务"科目试卷的参考答案给出的三项从属权利要为：

"3. 按照权利要求1或2所述的大型公用垃圾箱，其特征在于：所述垃圾箱还包括设置在所述上箱体（2）侧壁上的通风结构。

4. 按照权利要求3所述的大型公用垃圾箱，其特征在于：所述通风结构为开设在上箱体（2）侧壁上的通风孔和/或竖直布置在上箱体（2）的侧壁内侧的空心槽状隔条（7），所述空心槽状隔条（7）与上箱体（2）的侧壁之间限定形成空气通道。

5. 按照权利要求4所述的大型公用垃圾箱，其特征在于：所述空心槽状隔条（7）的上端与上箱体（2）的上边缘基本齐平，下端延伸至接近滤水板（5）。"

这样撰写的从属权利要求通过在权利要求4中采用了"和/或"结构表示三个技术方案，看上去似乎撰写的从属权利要求项数少了，显得比较简洁；但是，由于其后的从属权利要求5限定部分所进一步限定的"空心槽状隔条"技术特征仅在权利要求4中的两个技术方案中出现过，而在其中通风结构仅为通风孔的技术方案中未出现过，致使权利要求5引用权利要求4中的这一技术方案未清楚限定要求专利保护的范围，故建议按上面所建议的五项从属权利要求撰写。

10. 按照权利要求9所述的大型公用垃圾箱，其特征在于：所述滤水板（5）可相对于所述上箱体（2）的运动为向下转动。

11. 按照权利要求10所述的大型公用垃圾箱，其特征在于：所述滤水板（5）的一端通过铰接件（8）与所述上箱体（2）的侧壁底边连接，相对的另一端通过锁扣件（9）固定在水平闭合位置，从而所述滤水板（5）可相对于所述上箱体（2）向下转动。

12. 按照权利要求11所述的大型公用垃圾箱，其特征在于：所述锁扣件（9）包括设置在所述上箱体（2）侧壁上的活动插舌（91）和对应设置在所述滤水板（5）上的插口（92），所述活动插舌（91）与插口（92）可互相咬合或脱离。

13. 按照权利要求9所述的大型公用垃圾箱，其特征在于：所述滤水板（5）可相对于所述上箱体（2）的运动为可沿着所述上箱体（2）底部的导轨水平拉动。"❶

按照上述考虑撰写的从属权利要求不仅清楚地限定了权利要求的技术方案，而且也符合《专利法实施细则》第21条和《专利审查指南2010》第二部分第二章有关从属权利要求撰写的规定：

① 从属权利要求只能引用在前的权利要求；

② 引用两项以上权利要求的多项从属权利要求只能以择一方式引用在前的权利要求，并不得作为另一项多项从属权利要求的基础，即在后的多项从属权利要求不得引用在前的多项从属权利要求，正因为此，所撰写的权利要求8仅引用了权利要求1或2，未再引用多项从属权利要求3及该从属权利要求3的下一层次或下几层级的从属权利要求4至7，以符合多项从属权利要求不得作为另一项多项从属权利要求基础的规定；

③ 引用关系符合逻辑，即对其限定部分作进一步限定的技术特征应当包含在其引用的权利要求中（见前面有关将国家知识产权局条法司的参考答案中的权利要求4改写成三项并列从属权利要求的说明，以及上述从属权利要求6仅作为权利要求4或5的从属权利要求，而未再作为另一从属权利要求7的从属权利要求，与此相应将该从属权利要求6的技术方案置于从属权利要求7的技术方案之前）；表示两个并列技术方案的从属权利要求不得互相引用（即从属权利要求4、从属权利要求5和从属权利要求7为三项并列的技术方案，不能互相引用；同样，从属权利要求10和权利要求13也为两项并列的技术方案，也不能互相引用）。

4. 针对其他发明创造撰写独立权利要求

正如前面所分析的，可以针对第三种改进结构的垃圾箱（即为了方便且顺畅地卸出垃圾而采用的结构）单独撰写一项独立权利要求。

由于技术交底材料描述大型公用垃圾箱的第三种改进结构时在倒数第2段中明确写明这种结构的"垃圾箱的箱体不限于本技术交底材料所设计的具体形式，其他垃圾箱也可以采用上述底部结构"，因而在撰写这一项独立权利要求时不必将其限定成由盖体、上下箱体构成的大型公用垃圾箱，鉴于此，该独立权利要求的主题名称应当确定为"垃圾箱"。

在针对第三种改进结构的垃圾箱撰写独立权利要求时，由于对比文件3（申请人本人在先已授权公告的实用新型专利）已公开了一种可方便卸出垃圾的垃圾箱，因此其相对于对比文件1和对比文件2来说，要解决的技术问题与第三种改进结构的垃圾箱更为接近，且公开了底板可相对

---

❶ 在平时实务中，当权利要求的数量超过十项时，可以不再撰写这一项从属权利要求，因为对于发明专利申请来说，当该从属权利要求所引用的权利要求不具备新颖性和创造性时，该从属权利要求也不具备新颖性和创造性。

于箱体运动的技术特征，即公开了第三种改进结构的垃圾箱更多的技术特征，因此应当以对比文件3作为针对第三种改进结构的垃圾箱撰写独立权利要求时的最接近的现有技术。

最后，撰写成的独立权利要求为：

"1. 一种垃圾箱，包括箱体和底部，其特征在于，所述底部可相对于箱体向下转动而打开箱体的底部。"❶

5. 确定专利申请策略

对于该申请针对第一种改进结构撰写的独立权利要求1来说，其相对于这三项现有技术的特定技术特征为"下箱体的侧壁上部开设有通风孔"，其起到通风的作用以防止垃圾腐烂发臭。

针对第三种改进结构撰写的独立权利要求相对于这三项现有技术的特定技术特征为"底部可相对于箱体向下转动"，其相对于导轨结构的垃圾箱来说不易损坏，延长使用寿命。

显然，这两项独立权利要求的特定技术特征不是相同的技术特征，且这两个技术特征所起的作用也完全不同，因此也不是相应的特定技术特征，也就是说，这两项独立权利要求的特定技术特征既不相同，也不相应，即这两项独立权利要求之间在技术上并不相互关联，不属于一个总的发明构思，彼此之间不具有单一性，因此按照《专利法》第31条第1款的规定，这两项独立权利要求应当作为两份专利申请提出，也就是说针对第三种结构改进撰写的发明应当另行提出一件专利申请。

6. 针对该发明专利申请完成说明书及其摘要的撰写

在完成该发明专利申请的权利要求书的撰写后，根据技术交底材料所介绍的发明内容以及最接近的现有技术，结合权利要求书撰写过程所作的考虑，撰写说明书及其摘要。

在撰写说明书时，不应局限于技术交底材料中所写明的内容，应当充分考虑《专利法》《专利法实施细则》和《专利审查指南2010》对申请文件撰写的规定，对技术交底材料进行再创作，尤其在实践中，需要与委托人进行必要的沟通，补充必要的内容，以支持权利要求书所要求保护的范围。

说明书及其摘要的撰写应当符合《专利法实施细则》第17条、第18条和第23条的规定。

由于该申请只涉及一项独立权利要求，为了在发明名称中反映保护的主题、类型，根据独立权利要求所要求保护的主题名称，将发明名称确定为：大型公用垃圾箱。

对于技术领域部分，由于该申请只涉及产品"大型公用垃圾箱"，说明书的技术领域也应当针对该产品作进一步具体说明，可参照独立权利要求的前序部分加以说明，但可更简洁些，如只写明其主要组成部分。

对于背景技术部分，按照《专利法实施细则》第17条的规定，应当写明对发明或者实用新型的理解、检索、审查有用的背景技术，并且尽可能引证反映这些背景技术的文件。就该申请来说，可以简明扼要地对客户提供的对比文件1中公开的防臭垃圾桶以及所存在的问题作出说明。

发明内容部分首先写明该申请要求保护的主题相对于对比文件1所要解决的技术问题是提供一种防止其内部残存湿气和通风不畅导致垃圾腐烂发臭的大型公用垃圾箱。然后，另起段写明解决该技术问题的独立权利要求的技术方案。在此基础上，通过对独立权利要求区别特征的分析，说明这些区别特征为该发明带来的技术效果。此外，还可以进一步写明与从属权利要求具体改进

---

❶ 如果考虑到相对于对比文件3更为准确的划界，建议写成："一种垃圾箱，包括箱体和底部，所述底部可相对于所述箱体运动而打开所述箱体的底部，其特征在于：所述底部相对于所述箱体的运动为相对于箱体向下转动。"

的技术方案，并简单说明其带来的有益效果。

该申请有附图，所以需要有附图说明部分。此外，该申请说明书中应当包含技术交底材料中给出的六幅附图，但在附图中应当仅保留附图标记，而删去对附图标记的文字说明。

在具体实施方式部分，结合附图对该发明大型公用垃圾箱的三种改进结构作出详细说明。由于在该专利申请中，第三种改进结构是作为对前两种改进结构的进一步改进，因此应当将技术交底材料中为针对第三种改进结构单独提出一件发明专利申请时需要作出扩展的内容删去。

另外，在撰写说明书的上述内容时，应当按照《专利法实施细则》第17条第2款的规定，在说明书的五个部分（技术领域、背景技术、发明内容、附图说明、具体实施方式）之前写明这五个部分的标题。

在完成说明书的撰写之后，按照《专利法实施细则》第23条的规定撰写说明书摘要：写明发明的名称和所属技术领域，清楚地反映所要解决的技术问题、解决该问题的技术方案的要点以及主要用途。在考虑不超过300个字的前提下，除重点写明该发明的名称和独立权利要求技术方案的要点及其带来的技术效果外，还可对重要的从属权利要求作简要说明。对于该申请来说，应当采用最能反映该发明技术方案的说明书附图3作为摘要附图。为方便理解说明书摘要内容，可以将已出现在摘要附图中的附图标记标注在摘要中相应的部件名称之后，但应当加上括号。

（三）推荐的专利申请文件

根据前面技术交底材料中有关该发明大型公用垃圾箱的技术内容和现有技术的情况以及最接近的现有技术，给出推荐的发明专利申请撰写文本。

权 利 要 求 书

1. 一种大型公用垃圾箱，包括箱盖（1）、上箱体（2）和下箱体（3），所述箱盖（1）上设有垃圾投入口（4），所述上箱体（2）和下箱体（3）均为顶部开口结构，所述上箱体（2）的底部为水平设置的滤水板（5），所述上箱体（2）安装在所述下箱体（3）上，所述箱盖（1）盖合在所述上箱体（2）的顶部开口处，其特征在于：所述下箱体（3）的侧壁上部开设有通风孔（6）。

2. 按照权利要求1所述的大型公用垃圾箱，其特征在于：所述通风孔（6）为两组，并且分别设置在所述下箱体（3）的相对侧壁上。

3. 按照权利要求1或2所述的大型公用垃圾箱，其特征在于：所述上箱体（2）的侧壁上设置有通风结构。

4. 按照权利要求3所述的大型公用垃圾箱，其特征在于：所述通风结构为竖直布置在所述上箱体（2）侧壁内侧的空心槽状隔条（7），所述空心槽状隔条（7）与所述上箱体（2）的侧壁之间形成空气通道。

5. 按照权利要求3所述的大型公用垃圾箱，其特征在于：所述通风结构为开设在所述上箱体（2）侧壁上的通风孔，以及竖直布置在所述上箱体（2）侧壁内侧的空心槽状隔条（7），所述空心槽状隔条（7）与所述上箱体（2）侧壁之间形成空气通道。

6. 按照权利要求4或5所述的大型公用垃圾箱，其特征在于：所述空心槽状隔条（7）的上端与所述上箱体（2）的上边缘基本齐平，下端延伸至接近所述滤水板（5）。

7. 按照权利要求3所述的大型公用垃圾箱，其特征在于：所述通风结构为开设在所述上箱体（2）侧壁上的通风孔。

8. 按照权利要求1或2所述的大型公用垃圾箱，其特征在于：所述上箱体（2）以可分离的方式安装在所述下箱体（3）上。

9. 按照权利要求8所述的大型公用垃圾箱，其特征在于：所述滤水板（5）可相对于所述上箱体（2）运动以打开所述上箱体（2）的底部。

10. 按照权利要求9所述的大型公用垃圾箱，其特征在于：所述滤水板（5）可相对于所述上箱体（2）的运动为向下转动。

11. 按照权利要求10所述的大型公用垃圾箱，其特征在于：所述滤水板（5）的一端通过铰接件（8）与所述上箱体（2）的侧壁底边连接，相对的另一端通过锁扣件（9）固定在水平闭合位置，从而所述滤水板（5）可相对于所述上箱体（2）向下转动。

12. 按照权利要求11所述的大型公用垃圾箱，其特征在于：所述锁扣件（9）包括设置在所述上箱体（2）侧壁上的活动插舌（91）和对应设置在所述滤水板（5）上的插口（92），所述活动插舌（91）与插口（92）可互相咬合或脱离。

13. 按照权利要求9所述的大型公用垃圾箱，其特征在于：所述滤水板（5）可相对于所述上箱体（2）的运动为可沿着所述上箱体（2）底部的导轨水平拉动。

说 明 书

大型公用垃圾箱

技术领域

本发明涉及一种大型公用垃圾箱，特别是涉及一种由箱盖、上箱体和下箱体构成的公用垃圾箱。

背景技术

现有技术中研发与制造的大型公用垃圾箱产品广泛应用于小区、街道、垃圾站等场所。为了解决公用垃圾桶中固液不分、污水积存在垃圾中容易造成垃圾腐烂发出酸臭气味而不利于环境卫生的问题，已经出现了一种如公告号为CN201××××××U的中国实用新型专利公开的防臭垃圾桶，包括设有垃圾投入口的桶盖、底部设有多个滤水孔的上桶体和顶部带有L形台阶的下桶体，上桶体放置的在下桶体的L形台阶上，投入到上箱体内的垃圾中的污水经上桶体底部的滤水孔流至下桶体中，实现垃圾中的固态物和液态物的分离。但是这样的防臭垃圾桶的垃圾内部仍残存湿气，且其内部通风不畅（尤其是上箱体垃圾堆积过多时）仍会导致垃圾缺氧而腐烂发臭；此外，这样的公用垃圾桶在卸除垃圾时需将上箱体抬起将垃圾倾倒到垃圾车中，十分不便，而且还会造成灰尘飞扬。

发明内容

本发明要解决的技术问题是提供一种能够防止其内部残存湿气和通风不畅导致垃圾腐化发臭的大型公用垃圾箱。

为解决上述技术问题，本发明的大型公用垃圾箱包括箱盖、上箱体和下箱体，箱盖上设有垃圾投入口，上箱体和下箱体均为顶部开口结构，上箱体底部为水平设置的滤水板，上箱体安装在下箱体上，箱盖盖合在上箱体的顶部开口处，下箱体侧壁上部开设有通风孔。

本发明通过在下箱体的侧壁上部开设通风孔，使得空气进入下箱体，会同垃圾箱内的湿气向上流动，依次经上箱体底部的滤水板和固体垃圾存放区，最终从箱盖上的垃圾投入口向外排出，使垃圾箱内产生由下而上的对流和内外循环，从而起到防止垃圾腐烂、减少臭味，提高了环境清洁度。

作为本发明的进一步改进，下箱体侧壁上的通风孔为两组，设置在下箱体相对的两侧壁上。采用这样的结构，空气从下箱体一侧的通风孔流入，会同下箱体内的湿气直接从另一侧的通风孔排出。

作为本发明的更进一步改进，在上箱体的侧壁内侧竖直布置空心槽状隔条，其与侧壁形成由下而上的空气通道，和/或在上箱体的侧壁上设置通风孔这样的通风结构。采用上述结构时，当上箱体内垃圾堆积过多过实影响空气流动时，仍能确保空气从下箱体侧壁上的通风孔流入后，会同垃圾箱内的湿气流经滤水板以及空心槽状隔条与侧壁形成的空气通道，再从箱盖上的垃圾投入口排出，和/或经滤水板和上箱体侧壁上的通风孔排出，从而确保上箱体垃圾箱内垃圾堆积过多过实时仍能将垃圾箱内的湿气排出，防止垃圾腐烂发臭。

对于上述在上箱体侧壁内侧竖直布置空心槽状隔条的技术方案，优选空心槽状隔条的上端与上箱体的上边缘基本齐平，下端延伸至接近滤水板，从而可防止垃圾堆积过多时进入空心槽状隔条与侧壁形成的空气通道内，以保证空气由下向上流动的通畅。

作为本发明的又一种改进，上箱体以可分离的方式安装在下箱体上，对于这种结构的大型公用垃圾箱，可以将下箱体的滤水板设计成可相对于下箱体运动以打开下箱体的底部，这样可以将上箱体抬起后打开下箱体的滤水板而将垃圾直接卸到位于其下方的垃圾车中。优选该下箱体的滤水板可相对于上箱体向下转动，尤其是滤水板的一端通过铰接件与上箱体的侧壁底边连接，相对的另一端通过锁扣件固定在水平闭合位置，从而滤水板可相对于上箱体向下转动，就不会出现像采用底板沿其底部导轨水平拉出的垃圾箱在通过拉动底板卸出垃圾时因积尘过多卡住导轨的现象，因而可以更方便、更通畅地将上箱体的垃圾卸放到垃圾车上。

附图说明

下面结合附图对本发明的具体实施方式作进一步详细的说明，其中：

图1示出本发明大型公用垃圾箱第一种改进结构的透视图；

图2为图1所示本发明大型公用垃圾箱第一种改进结构沿A-A线的剖面图；

图3示出本发明大型公用垃圾箱第一种和第二种改进结构的正视图；

图4为图3所示本发明大型公用垃圾箱的第一种和第二种改进结构沿B-B线截面的断面图；

图5示出本发明大型公用垃圾箱第三种改进结构装垃圾状态时的断面图（略去通风结构）；

图6示出本发明大型公用垃圾箱第三种改进结构中的上箱体在卸垃圾状态时的断面图（略去通风结构）。

具体实施方式

如图1和图2所示的大型公用垃圾箱，主要包括箱盖1、上箱体2和下箱体3。箱盖1上设有垃圾投入口4。上箱体2和下箱体3均为顶部开口结构，箱盖1盖合在上箱体2的顶部开口处，上箱体2安装在下箱体3上，优选以可分离的方式安装在下箱体3上。上箱体2的底部为水平设置的滤水板5。下箱体3的侧壁上部开设有通风孔6。通风孔6最好为两组，并且分别设置在下箱体3相对的侧壁上。

使用时，当垃圾倒入垃圾箱后，其中的固态物留在滤水板5上，而液态物则经滤水板5上的滤水孔进入下箱体3，从而上箱体2内部为固体垃圾存放区，下箱体3内部为液态垃圾存放区。空气从通风孔6进入下箱体3，会同垃圾箱内的湿气向上流动，依次经上箱体2的滤水板5和固体垃圾存放区，最终从垃圾投入口4向外排出。在设置了相对的两组通风孔6的情况下，空气还可以从一侧的通风孔6进入，从另一侧的通风孔6排出。通过设置在下箱体3的侧壁上部的通风孔6以及在箱盖1上的垃圾投入口4，垃圾箱内产生由下而上的对流和内外循环，从而起到防止垃圾腐烂、减少臭味的有益效果，提高了环境清洁度。

当上箱体2内堆积的垃圾过多过实时，空气流动受到阻碍，不利于湿气及时排出。为进一步提高通风效果，如图3和图4所示，可以在上箱体2的侧壁内侧设置多个竖直布置的空心槽状隔条7，其与上箱体2的侧壁之间形成多个空气通道。空心槽状隔条7的上端最好与上箱体2的上边缘基本齐平，以避免空气通道被垃圾堵塞，下端延伸至接近滤水板5。

使用时，空气从通风孔6进入下箱体3，会同垃圾箱内的湿气向上流动，由于受到上箱体2内固体垃圾的阻碍，部分气体从空心槽状隔条7与滤水板5之间的缝隙进入到空心槽状隔条7中，并沿着空心槽状隔条7与上箱体2的侧壁之间形成的空气通道向上流动，最终从垃圾投入口

4向外排出。

此外，还可以在上箱体2的侧壁上设置通风孔这样的通风结构，或者将竖直布置在上箱体侧壁内侧的空心槽状隔条和上箱体侧壁上的通风孔这两种通风结构组合在一起使用。

为了方便卸出垃圾，可将作为上箱体2底部的滤水板5设计成相对于上箱体2的侧壁可运动的结构，以便打开上箱体2的底部。如图5所示，滤水板5的一端通过铰接件8与上箱体2的侧壁底边连接，相对的另一端通过锁扣件9固定在水平闭合位置，形成上箱体2的滤水板5可相对于上箱体2向下转动的结构。如图6所示，当打开锁扣件9时，滤水板5在重力作用下以铰接件8为轴相对于上箱体2向下转动从而卸出垃圾。锁扣件9包括设置在上箱体2侧壁上的活动插舌91和对应设置在滤水板5上的插口92，所述活动插舌91与插口92可以互相咬合或脱离。锁扣件9还可以采用其他形式，各种现有的锁扣件均可以使用。

当垃圾箱内垃圾装满需要清理时，吊起上箱体2，使得上箱体2与下箱体3分离；当上箱体2被移至合适位置后，打开锁扣件9，滤水板5在重力作用下以铰接件8为轴向下转动，打开上箱体2的底部，内部的固体垃圾掉落到垃圾车或者传送带上运走。下箱体3内的液体垃圾则另行处理。

当然，为打开上箱体2的底部，还可以将滤水板5设计成可以沿上箱体2底部的导轨水平拉出的方式，从而打开上箱体2的底部。但这种打开上箱体2的结构会因导轨积尘而卡住滤水板，因此采用可向下转动的滤水板结构的大型公用垃圾箱与采用可沿着导轨水平拉出的滤水板结构的大型公用垃圾箱相比，其滤水板不容易损坏，使用寿命更长。

上面结合附图对本发明的实施方式作了详细说明，但是本发明并不限于上述实施方式，在本领域技术人员所具备的知识范围内，还可以对其作出种种变化。

说 明 书 附 图

图 1

图 2

图 3

图 4

图 5

图 6

说明书摘要

本发明提供了一种大型公用垃圾箱，包括箱盖（1）、上箱体（2）和下箱体（3），箱盖上设有垃圾投入口（4），上箱体和下箱体均为顶部开口结构，箱盖盖合在上箱体的顶部开口处，上箱体安装在下箱体上，上箱体底部为水平设置的滤水板（5），下箱体侧壁上部开设有通风孔（6）；优选为两组设置在下箱体相对两侧壁上的通风孔。通过设置在下箱体侧壁上部的通风孔以及箱盖上的垃圾投入口，垃圾箱内产生由下而上的对流和内外循环，从而起到防止垃圾腐烂，减少臭味，提高了环境清洁度。此外，为防止垃圾堆积过多阻碍空气流动，还可在上箱体的侧壁内侧设置多个竖直布置的空心槽状隔条（7）和/或在上箱体的侧壁上设置通风孔。

摘 要 附 图

二、机械类发明专利申请撰写实例

机械领域属于制造领域，该领域的很多发明创造都与国民经济的发展以及工业制造生产水平紧密关联，甚至一定程度上代表一个国家的生产力发展水平。但是，由于机械领域的产品上市后，很容易被竞争对手仿制，因此，机械领域的发明创造在世界各国多半都通过专利申请给予保护，只有个别产品的制造方法可通过技术秘密保护起来。

机械领域产品的结构一般较为复杂，作为构成某一产品要素的零部件数目繁多，零部件之间的位置关系、连接关系和配合关系复杂。在针对要求保护的机械领域产品撰写专利申请文件时，要清楚描述该产品的具体结构以及清楚限定其保护范围相当困难。在撰写说明书时，为清楚描述其组成零部件的形状以及这些零部件与其他零部件之间的位置关系、连接关系和配合关系，往往需要结合较多的附图加以描述；尤其是该发明创造具有多个属于一个总的发明构思的不同结构时，需要的附图就更多了。而在撰写权利要求书时，为限定所要求保护的产品的保护范围，不仅需要给出这些零部件的名称，有时还需要描述其中部分零部件的形状以及这部分零部件与其他零部件之间的配合关系，这往往难以用较少的文字作出清楚的限定，尤其是对多个属于一个总的发明构思而结构不同的产品，如何合理地概括一个较宽的独立权利要求难度就更大，这就需要专利代理人通过多年实践不断积累经验来加以完善和提高。

对机械领域的专利申请，就其权利要求书而言，有时会涉及多个主题。例如，有关沸腾液体传热壁的专利申请就涉及沸腾液体传热壁、沸腾液体传热壁的制造方法和实现该方法的专用铲刮刀具三个主题，❶ 2008年全国专利代理人资格考试"专利代理实务"科目中的试题中给出的专利申请就涉及油炸食品的制造方法和实现该方法的设备两个主题。但是，需要说明的是，对一件产品的工作原理，尤其是反映其工作原理的工作过程需要结合该产品的具体结构来加以限定，相当于该产品的操作方法，由该产品的结构所决定，从实践来看这样的方法权利要求的保护没有实际价值，因此一般不再撰写一项方法独立权利要求。

本部分介绍两个机械类发明专利申请撰写实例，其中【案例6】"轴密封装置"是根据2002年全国专利代理人资格考试"专利申请文件的撰写"科目机械专业试题略作改编而成；【案例7】"光催化空气净化器"是根据2014年全国专利代理人资格考试"专利代理实务"科目有关申请文件撰写试题改编而成。由于机械领域专利申请撰写难度较大，为简化起见，这两个机械领域的案例均只涉及产品发明，而不再涉及方法发明。

【案例6】轴密封装置❷

（一）申请案情况介绍

本案例是一项有关轴密封装置的发明创造，客户要求针对所提供的技术交底书撰写一份发明专利申请文件。

1. 客户提供的现有技术

客户随其技术交底书附上了所了解的现有技术（以下简称"客户提供的现有技术"或"对比文件1"），该对比文件1中国实用新型专利CN2×××××××U公开了一种使用压盖填料的轴

---

❶ 参见：吴观乐. 专利代理实务［M］. 3版. 北京：知识产权出版社，2015. 吴观乐. 发明和实用新型专利申请文件撰写案例剖析［M］. 3版. 北京：知识产权出版社，2011.

❷ 此案例根据2002年全国专利代理人资格考试"专利申请文件撰写"科目机械专业试题改编而成。

密封装置。其具体结构如图6-1所示，该轴密封装置在机器壳体6的内部区域（即封液区域）7装有具有一定压力的流体（气体或液体）。转轴9可旋转地贯穿该机器壳体6，并从内部区域7延伸到外部区域（即大气压区域）8。在流体压力的作用下，机器壳体6内的流体可能会从封液区域7向大气压区域8泄漏。为保证机器正常运转，对转轴9与相邻部件之间进行密封。

在图6-1所示的使用压盖填料的轴密封装置中，机器壳体6与转轴9之间形成环状筒形密封空间10。在该密封空间10内，沿转轴9的轴向并列地配置了多个填料2。用配置在密封空间10的大气压区域8一侧的压盖4夹压这些填料2，使其产生沿转轴9径向的位移，实现对机器壳体6的内部区域（即封液区域）7和外部区域（即大气压区域）8之间的轴密封。

机器壳体6兼作填料箱，即其与填料箱1为一体结构。大气压区域8侧的压盖4支承在螺纹轴28上并可沿轴线方向移动，螺纹轴28固定在填料箱1上。旋拧螺母29，便可通过压盖4将填料2向封液区域7的方向推压。螺母29的拧紧程度对填料2所承受的压力起调节作用。

图6-1

图6-2

2. 客户技术交底书中对发明内容的具体说明

客户在技术交底书中指出，现有技术中这种使用压盖填料的轴密封装置在密封效果上存在两方面问题。其一，由于填料箱1与机器壳体6为整体结构，因此，只能从大气压区域8侧拧紧螺母29以使压盖4向封液区域7移动来推压填料2，该推压力（见图6-2）直接作用在最靠近大气压区域8的填料2上，依次向靠近封液区域7的填料2传递，作用在填料2上的夹紧压力（轴向压缩力）越接近封液区域7越小。填料2与转轴9及填料箱1的接触压力，即轴密封力P如图6-2所示，最靠近封液区域7的填料2处的轴密封力P最小。这样，流体会从轴密封力P最小处向轴密封力P最大处泄漏，从而导致轴密封不良，不能实现良好且可靠的轴密封。其二，由于填料箱1与机器壳体6为整体结构，在转轴9产生轴向振动或由偏心产生径向跳动的情况下，填料箱1与转轴9的相对位置可能在轴向和/或径向上发生变化，从而造成转轴9与填料2间的接触压力在圆周方向上分布不均匀。在接触压力增大处，填料2与转轴9接触紧密，容易产生异常磨损，在接触压力减小处，填料2甚至会处于过分松弛状态，这种接触压力的周期性变化，加速了填料的老化，进一步导致轴密封不良，总体轴密封效果下降，随着使用时间变长，甚至导致轴密封功能的丧失，也就是说不能实现良好且稳定的轴密封。

客户为克服现有轴密封装置的上述缺点，发明了两种使用压盖填料的轴密封装置。

客户发明的第一种使用压盖填料的轴密封装置

第一种轴密封装置的结构如图6-3所示，图6-3是这种轴密封装置的局部纵向剖视图，其中仅示出其上部结构，省略了与之对称的下部。

为叙述方便，下面所称的"左""右"与附图本身的左、右方向一致。第一种使用压盖填料的轴密封装置简称为"轴密封装置S1"，封液区域7侧（此侧为左）的压盖简称为"第一压盖"；大气压区域8侧（此侧为右）的压盖简称为"第二压盖"。

图6-3

图6-4

如图6-3所示，填料箱1呈中空圆筒形，套装于转轴9以及其上的部件上，转轴9贯穿机器壳体6，由封液区域7延伸到大气区域8，在填料箱1的左右端部分别形成第一凸缘1a和第二凸缘1b。为了在填料箱1的内周面与转轴9的外周面之间形成必要且充分的环状筒形密封空间10，以便装入填料2，应当根据转轴9的外径适宜地设定填料箱1的内径。填料2填充在密封空间10内，沿着转轴9的轴线方向左右并列配置，填料2的左右两侧分别被封液区域7侧的第一压盖3和大气区域8侧的第二压盖4夹压。第一压盖3位于填料箱1的左侧，即靠近封液区域7的一侧，它具有向密封空间10突出的轴向突出部3b，成为一中空圆筒形构件。通过螺栓等固定件11将第一压盖3左端部一体形成的环状凸缘3a安装在机器壳体6上，使第一压盖3固定在机器壳体6上。另外，在第一压盖3的轴向突出部3b与填料箱1的相向周面之间以及在凸缘3a与机器壳体6的接触端面之间，分别装入O形密封环12、13。第二压盖4位于填料箱1的右侧，即靠近大气压区域8的一侧，它是向密封空间10突出的中空圆筒形构件。通过螺栓等固定件14将第二压盖4右端部一体形成的环状凸缘4a安装在填料箱1的第二凸缘1b上。

填料夹紧机构5这样构成：在第一压盖3的凸缘3a上设有多个以规定间隔沿圆周方向分布的螺纹孔，以便将两端带有螺纹的螺纹轴15的一端以螺纹连接方式固定在第一压盖3的凸缘3a上，在填料箱1的第一凸缘1a上与凸缘3a上的螺纹孔位置相对应处设有多个孔径大于螺纹轴15直径一个预定量的通孔16，供螺纹轴15的另一端穿过。将螺母17拧在螺纹轴15穿过第一凸缘1a的另一端螺纹上，且将一个螺旋压缩弹簧18套装在第一凸缘1a与螺母17之间的螺纹轴15上，以这样的填料夹紧机构5将填料箱1和第一压盖3连接起来。

对于具有上述结构的轴密封装置S1，由于填料箱1左侧具有第一压盖3，且该第一压盖3具有向密封空间10突出的轴向突出部3b，因此拧紧螺母17（使螺母向左移动）时，填料箱1与第二压盖4一起向左移动，即第一压盖3相对于填料箱1和第二压盖4向右移动，因而从封液区域7侧伸进密封空间10的轴向突出部3b将填料2向大气区域8侧的第二压盖4推压，从而调节填料2承受的夹紧压力。因此，与现有技术中的轴密封装置相反，填料2承受的夹紧压力即轴密封力P在最靠近封液区域7的填料2处最大，如图6-4（表示轴密封装置S1的填料所承受的轴密封力分布示意图）所示。由于流体不易从轴密封力P最大处向轴密封力P最小处泄漏，因此能够实现良好而可靠的轴密封。

在具有上述结构的轴密封装置 S1 中，由于在填料箱 1 的第一凸缘 1a 上设置的通孔 16 的孔径大于螺纹轴 15 的直径，该填料箱 1 就可以随着转轴 9 一起径向移动，其径向移动的范围取决于螺纹轴 15 与通孔 16 的直径之差，于是可根据转轴 9 的加工偏心度来确定螺纹轴 15 与通孔 16 的直径之差，这样就可保证填料箱 1 与转轴 9 之间的相对位置不因转轴 9 的偏心而改变。由于在填料箱 1 的第一凸缘 1a 与螺母 17 之间的螺纹轴 15 上套装有螺旋压缩弹簧 18，当转轴 9 发生轴向振动时，填料箱 1 可以随着转轴 9 一起轴向移动，其轴向移动的范围取决于弹簧 18 的伸缩范围，只要根据预计的转轴 9 的轴向振动选用弹簧 18 使该弹簧的伸缩范围与转轴 9 的轴向振动相当，就可以保证填料箱 1 与转轴 9 之间的相对位置不因转轴 9 的轴向振动而改变。由此可知，采用这样的结构，填料箱 1 以可沿轴向和径向移动的方式间接地支承在机器壳体 6 上，因此当转轴 9 产生轴向振动和/或由偏心产生径向跳动时，填料箱 1 随之移动，但它与转轴 9 之间的相对位置不发生变化而保持一定。也就是说，填料箱 1 和转轴 9 之间的密封空间 10 内的填料 2 对转轴 9 及填料箱 1 的接触压力不发生变化，实现了良好且稳定的轴密封。

客户发明的第二种使用压盖填料的轴密封装置

第二种轴密封装置的结构如图 6-5 所示，图 6-5 是这种轴密封装置的局部纵向剖视图，其中仅示出其上部结构，省略了与之对称的下部。

图 6-5

图 6-6

这种使用压盖填料的轴密封装置简称为"轴密封装置 S2"，除了在填料箱 1 与第二压盖 4 之间设置第二填料夹紧机构 20 以外，其他与轴密封装置 S1 的结构相同，为了简便，下面仅叙述不同部分。

第二填料夹紧机构 20 的结构和原理类似于第一填料夹紧机构 5，具体为：在填料箱 1 的第二凸缘 1b 上设有多个以规定间隔沿圆周方向分布的螺纹孔，以便将两端带有螺纹的螺纹轴 21 的一端以螺纹连接方式固定在填料箱 1 的第二凸缘 1b 上，在第二压盖 4 的凸缘 4a 上与填料箱 1 的第二凸缘 1b 上的螺纹孔位置相对应处设有多个孔径大于螺纹轴 21 直径一个预定量的通孔 22，供螺纹轴 21 的另一端穿过。将螺母 23 拧在螺纹轴 21 穿过通孔 22 的另一端螺纹上，且在凸缘 4a 与螺母 23 之间的螺纹轴 21 上套装有螺旋压缩簧 24。这样，就将填料箱 1 和第二压盖 4 可相对移动地连接起来。利用第二填料夹紧机构 20，当拧紧螺母 23 向左移动时，两凸缘 1b、4a 相互接近，第二压盖 4 向着密封空间 10 伸出的轴向突出部 4b 向左移动，从大气区域 8 侧将填料 2 向左推压。另外，在第二压盖 4 轴向突出部 4b 与填料箱 1 的相向周面之间装入 O 形密封环 25。

在轴密封装置 S2 中，通过拧紧螺母 17、23，分别从左右两侧夹紧填料 2，如图 6-6（轴密封装置 S2 的填料承受的轴密封力分布示意图）所示，填料 2 承受的夹紧压力以及轴密封力 P，在最靠近封液区域 7 的填料 2（最左侧的填料）和最靠近大气区域 8 的填料 2（最右侧的填料）两处最大，总的轴密封力 P 大于仅仅从左侧或右侧推压填料 2 的轴密封装置的轴密封力。鉴于"两侧大、中间小"的轴密封力分布和总的轴密封力加大，可以确保有较好的密封效果，因而能实现良好且可靠的轴密封。

与第一种轴密封装置 S1 相类似，即使转轴 9 产生轴向振动和/或由偏心造成的径向跳动，通过第一和第二填料夹紧机构 5、20，可调节填料箱 1 相对于第一压盖 3 或第二压盖 4 的相对位置。也就是说，填料箱 1 和第二压盖 4 随动于转轴 9 移动，因此轴向振动和/或由偏心造成的径向跳动不会周期性地作用于填料 2 上，从而能够实现良好且稳定的轴密封。

需要说明的是，图 6-3、图 6-5 所示的夹紧机构 5、20 中采用的是螺旋压缩弹簧 18、24，但并不仅限于此，可以用可压缩的其他弹性部件如橡胶弹性套筒部件等代替。

另外，上述的轴密封装置 S1、S2 和各构成部件，除了填料 2 及 O 形密封环 12、13、25 以外，其他均由根据轴密封条件选定的金属材料构成。

3. 检索到的现有技术

开发出上述产品后，在为发明专利申请撰写权利要求书和说明书之前，最好建议客户对现有技术再进行一次检索。本案例中，在为客户进行补充检索的过程中，又检索到了一篇相关的对比文件中国发明专利申请公开说明书 CN1××××××××A（以下简称"检索到的对比文件"或"对比文件 2"）。该对比文件 2 也公开了一种使用压盖填料的轴密封装置，其具体结构如图 6-7 所示。

图 6-7　　　　　　　　　　　图 6-8

图 6-7 所示的使用压盖填料的轴密封装置与客户提供的现有技术在结构上的不同点在于：围绕转轴 9 设置有中空圆筒形填料箱 1，该填料箱 1 与机器壳体 6 为分体结构，而与压盖 3 为整体结构，通过螺栓等安装在机器壳体 6 上。在该填料箱 1 与转轴 9 之间形成环状筒形密封空间 10。在该密封空间 10 内，在转轴 9 的轴向上，左右并列地装有多个填料 2。通过用配置在密封空间 10 内的大气压区域 8 侧的压盖 4 夹压这些填料 2，在机器壳体 6 的内部区域即封液区域 7 和外部区域即大气压区域 8 之间实现轴密封。

但是，图 6-7 所示的轴密封装置，由于填料箱 1 与压盖 3 为整体结构，通过螺栓等安装在机器壳体 6 上，即填料箱 1 固定在机器壳体 6 上，与机器壳体 6 构成整体结构，所以，也只能从大气压区域 8 侧，通过压盖 4 向封液区域 7 的移动来推压填料 2，该推压力（见图 6-8）直接作用在最靠近大气压区域 8 的填料 2 上，依次向靠近封液区域 7 的填料 2 传递，作用在填料 2 上的夹紧压力（轴线方向的压缩力）越接近封液区域 7 越小。结果，与图 4-1 所示现有技术一样，流体会从轴密封力 P 最小处向轴密封力 P 最大处泄漏，从而导致轴密封不良，不能实现良好而可靠的轴密封。

在转轴 9 产生轴向振动或由偏心造成径向跳动时，与图 6-1 所示的现有技术类似，填料箱 1 与转轴 9 的相对位置可能在轴向和/或径向上发生变化，从而造成转轴 9 与填料 2 间的接触压力在圆周方向上分布不均匀。在接触压力增大处，填料 2 与转轴 9 接触紧密，容易产生异常磨损，在接触压力减小处，填料 2 甚至会处于过分松弛状态，这种接触压力的周期性变化，加速了填料的老化，进一步导致轴密封不良，总体轴密封效果下降，随着使用时间变长，甚至导致轴密封功能的丧失，也就是说不能实现良好且稳定的轴密封。

（二）权利要求书和说明书的撰写思路

对于前面所介绍的轴密封装置专利申请案来说，仅涉及一项可授予专利权的主题"使用压盖填料的轴密封装置"。对于这种只涉及一项主题的专利申请，可以按照下述主要思路来撰写权利要求书和说明书：分析、理解技术交底书的实质内容；分析现有技术并确定最接近的现有技术；根据选定的最接近的现有技术确定该申请要解决的技术问题；确定解决该技术问题的必要技术特征以完成独立权利要求的撰写；在此基础上完成从属权利要求的撰写；最后针对所撰写的权利要求书完成说明书及其摘要的撰写。

1. 理解客户技术交底书中有关发明的实质内容

由客户的技术交底书可知，该发明相对于现有技术中使用压盖填料的轴密封装置给出了两种改进结构，相当于该发明的两种实施方式。

通过分析比较可知，图 6-3 和图 6-5 所示的两种实施方式的主要区别仅在于填料箱与第二压盖的连接方式：在第一种实施方式中，第二压盖通过螺栓与填料箱靠近大气区域侧的一端固定连接；而在第二种实施方式中，第二压盖是通过第二填料夹紧机构与填料箱靠近大气区域侧的一端可调节地连接。而这两种实施方式相对于现有技术却有着许多共同改进之处：

① 填料箱 1 与第一压盖 3 为分体结构；第一压盖 3 具有伸向密封空间 10 中的轴向突出部 3b；通过螺栓等固定件 11 将第一压盖 3 固定在机器壳体 6 上。

② 对于具有上述结构第一压盖的轴密封装置，在第一压盖 3 和填料箱 1 之间用填料夹紧机构 5 来连接，例如该填料夹紧机构 5 可以由至少一端带有螺纹的螺纹轴 15 及可拧在该螺纹轴端部螺纹上的螺母 17 构成。在图 6-3 所示的该发明第一种实施方式中，第二压盖 4 与填料箱 1 之间固定连接，采用这样的结构，通过所述填料夹紧机构 5 的螺母 17，将使填料箱 1 沿着第一压盖 3 的轴向伸出的突出部 3b 向着封液区域 7 作轴向移动，即轴向伸出的突出部 3b 推压填料 2，向填料 2 施加夹紧压力（即轴向压缩力），使最靠近封液区域 7 的填料 2 的轴密封力 P 最大（如图 6-4 所示），鉴于流体不易从轴密封力最大处向轴密封力 P 最小处泄漏，因此能够实现良好而可靠的轴密封。而在图 6-5 所示的该发明的第二种实施方式中，由于在左、右两侧均采用了填料夹紧机构的轴密封装置，可以从两侧夹压填料 2，填料 2 所受的夹紧压力以及轴密封力，在最靠近封液区域 7 的填料和最靠近大气区域 8 的填料两处最大（如图 6-6 所示），且总的轴密封力 P 大于仅仅从一侧推压填料 2 的轴密封装置的轴密封力，因而也能够实现良好且可靠的轴密封。

③ 对于具有上述结构第一压盖 3 和填料夹紧机构 5 的轴密封装置，当使填料箱 1 的第一凸缘 1a 上供螺纹轴 15 穿过的通孔 16 与螺纹轴 15 之间的间隙与转轴 9 的加工偏心度相适应时，则填料箱 1 以可自动调节填料箱 1 相对于第一压盖 3 的径向位置的方式（即将填料箱 1 以可沿径向相对移动的方式）连接到第一压盖 3 上，这样就可保证填料箱 1 与转轴 9 之间的径向相对位置不

因转轴9的偏心而改变,即转轴9与填料2间的径向接触压力不会出现周期性的变化,填料2使用较长时间也不易老化,从而实现良好且稳定的轴密封。

④ 对于具有上述结构第一压盖3和填料夹紧机构5的轴密封装置,当在填料箱1的第一凸缘1a和填料夹紧机构5的螺母17之间设置了如螺旋压缩弹簧18或橡胶弹性套筒那样的弹性部件时,填料箱1以可自动调节填料箱1相对于第一压盖3的轴向位置的方式(即将填料箱1以可沿轴向相对移动的方式)连接到第一压盖3上,这样就可保证填料箱1与转轴9之间的轴向相对位置不因转轴9的轴向振动而改变,即转轴9与填料2间的轴向接触压力不会出现周期性的变化,填料2使用较长时间也不易老化,从而实现良好且稳定的轴密封。

由上述分析可知,不论是设置一个填料夹紧机构的技术方案(第一种实施方式),还是设置两个填料夹紧机构的技术方案(第二种实施方式),都可以确保从封液区域来推压填料,使填料所受夹紧压力和轴密封力在最靠近封液区域的填料处达到最大,从而有效地防止流体从封液区域向大气区域泄漏,实现良好而可靠的密封。在此基础上,通过采取与前面第③点和/或第④点中的进一步改进措施,就能将填料箱1以可自动调节填料箱1相对于第一压盖3的径向和/或轴向位置的方式连接到第一压盖3上,保证填料箱1与转轴9之间的相对位置不因转轴9的轴向振动和/或由偏心产生的径向振动而改变,从而实现良好且稳定的密封。

对于该发明两种实施方式共同结构部分的技术特征,归纳起来有如下技术特征:位于封液区域侧且固定在机器壳体上的第一压盖;套装于转轴上的填料箱;位于大气区域侧的第二压盖;置于填料箱的内壁和转轴之间的密封空间内且被第一压盖和第二压盖夹住的填料;填料箱和第一压盖是分体的;填料箱靠近封液区域侧的一端具有一径向向外伸出的第一凸缘;第一压盖具有朝着密封空间方向伸出的轴向突出部;第一压盖的轴向突出部和填料箱相向周面之间设置O形密封环;填料箱的第一凸缘通过第一填料夹紧机构与第一压盖相连接,通过所述第一填料夹紧机构,可使填料箱沿第一压盖的轴向突出部的外表面作轴向移动;第一填料夹紧机构包括以螺纹连接方式固定在第一压盖上并向着填料箱延伸的螺纹轴以及可拧在该螺纹轴端部螺纹上的螺母;填料箱的第一凸缘上设有供该螺纹轴穿过的通孔;填料箱的第一凸缘上的通孔孔径与穿过该通孔的第一填料夹紧机构的螺纹轴直径之差根据转轴的加工偏心度来确定;填料箱的第一凸缘和所述第一填料夹紧机构的螺母之间设置有套装在螺纹轴上的螺旋压缩弹簧或橡胶弹性套筒。

2. 从两项相关的现有技术中确定最接近的现有技术

《专利审查指南2010》第二部分第四章第3.2.1.1节中给出了确定最接近的现有技术的原则,首先,选出那些与要求保护的发明技术领域相同或相近的现有技术,而在撰写专利申请文件的独立权利要求时,应当选择相同技术领域的现有技术;其次,从这些现有技术中选出所要解决的技术问题、技术效果或者用途最接近和/或公开了发明的技术特征最多的那一项现有技术作为最接近的现有技术。

图6-1、图6-7所示的两项现有技术都是使用压盖填料的轴密封装置,这两项现有技术与该发明的技术领域相同。

从所解决的技术问题和技术效果角度来看,这两项现有技术都存在不能实现良好且可靠的轴密封和不能实现良好且稳定的轴密封问题,因此该发明相对于这两项现有技术都能实现良好且可靠的轴密封以及良好而稳定的轴密封,因此无法区分何者与该发明更接近。

而就公开了发明的技术特征数量而言,通过将图6-1、图6-7所示的两项现有技术分别与该发明相比,可知检索到的对比文件2与客户提供的现有技术对比文件1相比,还多披露了"填料箱1与机器壳体6为分体结构""轴密封装置还包括第一压盖3（尽管其与填料箱成一体结构）"这两个技术特征，因此对比文件2公开的该发明的技术特征更多。

通过上述分析可知：对比文件2与该发明的技术领域相同；与对比文件1相比，其要解决的技术问题和技术效果与该发明的接近程度差不多，但公开了该发明更多的技术特征，因此应当以对比文件2作为该发明最接近的现有技术。

3. 根据所选定的最接近的现有技术确定该发明专利申请所要解决的技术问题

由前面所作分析可知，该发明相对于最接近的现有技术对比文件2来说，主要作了五方面的改进：第一，第一压盖与填料箱为分体结构，且第一压盖具有可伸入密封空间的轴向突出部；第二，第一压盖和填料箱之间采用填料夹紧机构来连接；第三，供螺纹轴穿过的通孔与螺纹轴之间的间隙根据转轴的加工偏心度来确定；第四，在填料夹紧机构的螺母与填料箱的第一凸缘之间设置弹性部件；第五，对于填料箱与第二压盖之间所采用的填料夹紧机构也采取了类似于第三和第四方面改进的技术手段。

通过前两方面的改进，可以使靠近封液区域的填料承受最大的轴密封力，从而解决了最接近的现有技术轴密封装置可能出现的由封液区域侧向大气压区域侧的流体泄漏问题，即通过改善轴密封力的分布以获得良好且可靠的轴密封效果。

在上述改进的基础上，对轴密封装置采取第三方面和/或第四方面的改进措施，就可将填料箱以可自动调节填料箱相对于第一压盖的径向和/或轴向位置的方式连接到第一压盖上，这样就保证填料箱与转轴之间的径向和/或轴向相对位置不因转轴的偏心或轴向振动而改变，从而实现良好且稳定的轴密封。

在上述改进的基础上，还可作出第五方面的改进，以进一步实现良好且可靠的轴密封和良好且稳定的轴密封。

由上述分析可知，实现良好且稳定的轴密封是在实现良好且可靠轴密封的基础上进一步作出的改进；也就是说，实现良好且可靠的轴密封只需要作出前两方面的改进即可，而为了实现良好且稳定的轴密封，必须在作出前两方面改进的基础上再作出第三方面或者第四方面的改进。由此可知，以实现良好且可靠的轴密封作为该发明要解决的技术问题，比以实现良好且稳定的轴密封作为该发明要解决的技术问题，能取得更宽的保护范围。因而，为更充分地保护申请人的权益，应当以"能实现良好且可靠的轴密封"作为该发明要解决的技术问题，而将"能实现良好且稳定的轴密封"作为该发明从属权利要求进一步带来的有益效果或者从属权利要求进一步要解决的技术问题。

4. 撰写独立权利要求

根据最接近的现有技术对比文件2和所确定的该发明要解决的技术问题来确定该发明全部必要技术特征，并按照《专利法实施细则》第21条第1款规定的格式划分前序部分和特征部分，完成独立权利要求的撰写。

在撰写独立权利要求之前，需要进一步分析一下第一种实施方式和第二种实施方式的主要不同之点。第一种实施方式和第二种实施方式的主要区别在于填料箱与第二压盖的连接方式，在第一种实施方式中为用螺栓固定连接，而在第二种实施方式是采用填料夹紧机构来连接。而由前面分析可知，两者的区别对于解决该发明的技术问题而言是一种优选方案，因此在撰写独立权利要求时无需考虑两者的区别，而应当考虑能否对两者的区别采用概括表述方式：如果能找到合适的概括方式，独立权利要求中就可以采用这种概括方式表述这一技术特征，从而写成一项独立权利要求；相反，如果不能采用概括方式表述，就可考虑写成两项独立权利要求，即针对每一种实施方式撰写一项独立权利要求。对于该专利申请案来说，就其两种实施方式的上述主要区别而言，可以采用概括的表述方式,即仅仅说明填料箱与第二压盖两者相连接即可,从而写成一项独立权利要求。

(1) 确定该发明两种具体实施方式中解决上述技术问题的全部必要技术特征

正如在确定该发明要解决的技术问题中所说明的,为了实现良好且可靠的密封,应当包含前面已列出的前两个方面的改进:填料箱1与第一压盖3为分体结构,第一压盖3具有伸向密封空间10中的轴向突出部3b,第一压盖3与机器壳体6固定连接;在第一压盖3和填料箱1之间用一个填料夹紧机构5来连接,通过所述填料夹紧机构5,可使填料箱1沿着第一压盖3的轴向突出部3b的外表面作轴向移动。再考虑为使独立权利要求清楚地限定要求专利保护的范围,则该发明"使用压盖填料的轴密封装置"相对于最接近的现有技术对比文件2解决"实现良好且可靠轴密封"这一技术问题的必要技术特征为:

- 位于封液区域侧且固定在机器壳体上的第一压盖;
- 套装于转轴上的填料箱;
- 位于大气区域侧且与该填料箱靠近大气区域侧的一端相连接的第二压盖;
- 置于填料箱的内壁和转轴之间的密封空间内且被第一压盖和第二压盖夹住的填料;
- 填料箱和第一压盖是分体的;
- 填料箱靠近封液区域侧的一端具有一径向向外伸出的第一凸缘;
- 第一压盖具有朝着密封空间方向伸出的轴向突出部;
- 填料箱的第一凸缘通过第一填料夹紧机构与第一压盖相连接,通过所述第一填料夹紧机构,可使填料箱沿第一压盖的轴向突出部的外表面作轴向移动。

(2) 确定该发明与最接近的现有技术的共有技术特征和区别技术特征,完成独立权利要求的撰写

显然,在上述该发明的全部必要技术特征中,最接近的现有技术对比文件2中的轴密封装置包含前四个技术特征,即前四个技术特征是该发明与最接近的现有技术共有的技术特征,因此应当将这四个技术特征写入独立权利要求1的前序部分,而后四个技术特征在最接近的现有技术对比文件2中未予披露,是该发明与对比文件2中轴密封装置的区别技术特征,应当将其写入独立权利要求的特征部分。

此外,根据《专利法实施细则》第19条第4款的规定,权利要求中的技术特征可以引用说明书附图中相应的标记,因而对于产品权利要求,最好在其各部件名称后面加上带括号的附图标记。鉴于此,在撰写轴密封装置的独立权利要求(包括后面撰写的从属权利要求)时,在其各部件名称后面加上带括号的附图标记。

最后,完成的独立权利要求1为:

"1. 一种使用压盖填料的轴密封装置,其包括

- 位于封液区域侧且固定在机器壳体(6)上的第一压盖(3);
- 套装于转轴(9)上的填料箱(1);
- 位于大气区域侧、且与该填料箱(1)靠近大气区域侧的一端相连接的第二压盖(4);以及
- 置于该填料箱(1)的内壁和该转轴(9)之间的密封空间(10)内且被第一压盖(3)和第二压盖(4)夹住的填料(2);

其特征在于:

所述填料箱(1)与所述第一压盖(3)是分体的;

所述填料箱（1）靠近封液区域侧的一端具有径向向外伸出的第一凸缘（1a）；

所述第一压盖（3）具有朝着所述密封空间（10）方向伸出的轴向突出部（3b）；

所述填料箱（1）的第一凸缘（1a）通过第一填料夹紧机构（5）与所述第一压盖（3）相连接，通过所述第一填料夹紧机构（5），可使所述填料箱（1）沿着所述第一压盖（3）的轴向突出部（3b）的外表面作轴向移动。"

(3) 所撰写的独立权利要求具备新颖性和创造性

对于客户提供的现有技术对比文件1中所披露的轴密封装置来说，机器壳体兼作填料箱，因而，该轴密封装置由大气区域侧的压盖、在机器壳体上生成的填料箱以及置于密封空间内的填料构成，由此可知，这种轴密封装置不仅未披露独立权利要求1前序部分中有关"第一压盖"的技术特征，更未披露其特征部分的所有区别特征。也就是说，独立权利要求1的技术方案未被该现有技术披露，其相对于该对比文件1来说可以实现良好且可靠的轴密封，因而独立权利要求1相对于该对比文件1具备《专利法》第22条第2款规定的新颖性。

对于对比文件2所披露的轴密封装置来说，其第一压盖与填料箱是整体的，当然也就没有使两者相连接的填料夹紧机构，因此该对比文件2未披露独立权利要求1特征部分的全部技术特征，也就是说，独立权利要求1的技术方案未被该对比文件2披露，其相对于该对比文件2来说可以实现良好且可靠的轴密封，因而独立权利要求1相对于对比文件2具备《专利法》第22条第2款规定的新颖性。

正如前面所指出的，在这两项现有技术中，对比文件2是该发明最接近的现有技术。独立权利要求1与该最接近的现有技术对比文件2的区别在于特征部分的四个技术特征：填料箱与第一压盖是分体的；填料箱靠近封液区域侧的一端具有径向向外伸出的第一凸缘；第一压盖具有朝着密封空间方向突出的轴向突出部；填料箱的第一凸缘通过第一填料夹紧机构与第一压盖相连接，通过所述第一填料夹紧机构，可使填料箱沿着第一压盖的轴向突出部的外表面作轴向移动。从而独立权利要求1相对于最接近的现有技术对比文件2实际要解决的技术问题是提供一种能够实现良好且可靠轴密封的轴密封装置。上述区别技术特征既未在申请人提供的现有技术对比文件1中披露，也不属于本领域技术人员解决"良好且可靠轴密封"这一技术问题的惯用技术手段，即也不属于本领域技术人员的公知常识，因而，上述对比文件1以及本领域的公知常识没有给出将上述区别技术特征应用到最接近的现有技术对比文件2中以解决上述技术问题的启示，由此可知，该独立权利要求1相对于对比文件2、客户提供的现有技术对比文件1以及本领域的公知常识是非显而易见的，具有突出的实质性特点。

此外，采用独立权利要求1的结构，可使得在靠近封液区域的填料承受最大的夹紧压力和轴密封力，通过改善轴密封力的分布来有效阻止流体由封液区域向大气区域泄漏，以获得良好且可靠的轴密封效果，即独立权利要求的技术方案相对于上述两项现有技术具有有益的技术效果，因而具有显著的进步。

由上述分析可知，独立权利要求1的技术方案相对于检索到的对比文件2、客户提供的现有技术对比文件1以及所属技术领域的公知常识具有突出的实质性特点和显著的进步，具备《专利法》第22条第3款规定的创造性。

5. 撰写从属权利要求

在撰写从属权利要求时，首先可针对第一种实施方式的优选方案写一组从属权利要求，即针对第一填料夹紧机构的结构、第一填料夹紧机构与其他部件的结构关系以及其他部件为适应该填料夹紧机构而采取的优选措施撰写一组从属权利要求，其次可针对第二压盖与填料箱的不同连接方式，尤其是第二种实施方式所采用的第二填料夹紧机构的方式撰写一组从属权利要求，当然还可针对由这两种实施方式所采用的一些替代手段撰写从属权利要求。

其中针对第一种实施方式的优选方案所写的从属权利要求至少可撰写出如下几方面的从属权利要求，如：反映该填料夹紧机构包括可固定在第一压盖上的螺纹轴和与之相配的螺母的从属权利要求；对第一凸缘上的通孔与螺纹轴之间的间隙进行限定的从属权利要求；反映在第一凸缘和螺母之间设置螺旋压缩弹簧或橡胶弹性套筒的从属权利要求；反映在填料箱和轴向突出部的相向周面之间设置O形密封环的从属权利要求。

在前面所撰写的独立权利要求1中，考虑到填料箱与第二压盖之间的连接方式可以类似于客户提供的现有技术那样，在填料箱大气区域侧的端部不带有径向外伸出的凸缘，因此在独立权利要求1中未将"填料箱具有第二凸缘"这一技术特征写入，以争取更宽的保护范围，但是可以将此作为一项从属权利要求写入。

撰写这些从属权利要求时，考虑到还要针对第二压盖与填料箱的不同连接方式，尤其是采用第二填料夹紧机构的方式撰写一组从属权利要求，而这后一组从属权利要求是在前一组从属权利要求基础上作出的改进，为防止后一组从属权利要求中出现多项从属权利要求引用多项从属权利要求的缺陷，这前一组从属权利要求应当尽可能采用引用一项在前权利要求的方式；对于其中比较重要的优选方案且需要引用两项在前权利要求的，可将其拆成两项或多项从属权利要求（参见下面给出的权利要求4和权利要求5），而对于一些可以引用在前多项权利要求但该优选方案不太重要的，则仅选择其中之一而将其他的方案放弃（参见下面的权利要求6和权利要求7）。最后，对于前一组从属权利要求可以撰写如下六项从属权利要求。

"2. 根据权利要求1所述的使用压盖填料的轴密封装置，其特征在于：所述第一填料夹紧机构（5）包括以螺纹连接方式固定在第一压盖（3）上并向着所述填料箱（1）延伸的螺纹轴（15）以及可拧在该螺纹轴（15）端部螺纹上的螺母（17），所述填料箱（1）的第一凸缘（1a）上设有供该螺纹轴（15）穿过的通孔（16）。

3. 根据权利要求2所述的使用压盖填料的轴密封装置，其特征在于：所述填料箱（1）的第一凸缘（1a）上的通孔（16）孔径与穿过该通孔（16）的第一填料夹紧机构（5）的螺纹轴（15）直径之差根据所述转轴（9）的加工偏心度来确定。

4. 根据权利要求3所述的使用压盖填料的轴密封装置，其特征在于：在所述填料箱（1）的第一凸缘（1a）和所述第一填料夹紧机构（5）的螺母（17）之间设置有套装在所述螺纹轴（15）上的螺旋压缩弹簧（18）或橡胶弹性套筒。❶

5. 根据权利要求2所述的使用压盖填料的轴密封装置，其特征在于：在所述填料箱（1）的第一凸缘（1a）和所述第一填料夹紧机构（5）的螺母（17）之间设置有套装在所述螺纹轴（15）上的螺旋压缩弹簧（18）或橡胶弹性套筒。

6. 根据权利要求1所述的使用压盖填料的轴密封装置，其特征在于：在所述第一压盖（3）的轴向突出部（3b）和所述填料箱（1）相向周面之间设置O形密封环（12）。

7. 根据权利要求1所述的使用压盖填料的轴密封装置，其特征在于：所述填料箱（1）在靠

---

❶ 在平时撰写实务中还可以先撰写一项保护范围更宽一些的从属权利要求，采用螺旋压缩弹簧和橡胶弹性套筒的上位概括"弹性部件"，然后再写一项将"弹性部件"进一步限定为螺旋压缩弹簧或橡胶弹性套筒的从属权利要求。

近大气区域侧的一端还具有径向向外伸出的第二凸缘（1b），所述第二压盖（4）和所述填料箱（1）靠近大气区域侧一端的连接位置位于此第二凸缘（1b）处。"

对于后一组反映第二压盖与填料箱不同连接方式的从属权利要求来说，相对于两种实施方式有两种连接方式：用螺栓固定连接和用第二填料夹紧机构连接。其中，对于采用螺栓固定连接的方式，第二压盖可以具有朝着密封空间伸出的轴向突出部，但也可以不具有朝着密封空间伸出的轴向突出部，因此这一从属权利要求中无需将这一技术特征写入；而对于采用第二填料夹紧机构的连接方式，第二压盖必须要具有朝着密封空间伸出的轴向突出部，因此应当将这一技术特征写入从属权利要求。对于具有第二填料夹紧机构的第二种实施方式而言，其也可以类似于前一组从属权利要求2~6那样，为其优选方案再撰写几项从属权利要求。最后，对于后一组从属权利要求可以撰写如下七项从属权利要求。

"8. 根据权利要求1至7中任一项所述的使用压盖填料的轴密封装置，其特征在于：所述第二压盖（4）和所述填料箱（1）靠近大气区域侧一端的连接采用了固定连接。

9. 根据权利要求1至7中任一项所述的使用压盖填料的轴密封装置，其特征在于：所述第二压盖（4）具有环状凸缘（4a）和朝着所述密封空间（10）方向伸出的轴向突出部（4b），所述第二压盖（4）的环状凸缘（4a）通过第二填料夹紧机构（20）与所述填料箱（1）靠近大气区域侧的一端相连接，通过所述第二填料夹紧机构（20），可使所述第二压盖（4）的轴向突出部（4b）沿着所述填料箱（1）的内壁作轴向移动。

10. 根据权利要求9所述的使用压盖填料的轴密封装置，其特征在于：所述第二填料夹紧机构（20）包括以螺纹连接方式固定在所述填料箱（1）上并向着所述第二压盖（4）的环向凸缘（4a）延伸的螺纹轴（21）以及可拧在该螺纹轴（21）端部螺纹上的螺母（23），所述第二压盖（4）的环状凸缘（4a）上设有供该螺纹轴（21）穿过的通孔（22）。

11. 根据权利要求10所述的使用压盖填料的轴密封装置，其特征在于：所述第二压盖（4）的环状凸缘（4a）上通孔（22）的孔径与所述第二填料夹紧机构（20）的螺纹轴（21）直径之差根据所述转轴（9）的加工偏心度来确定。

12. 根据权利要求11所述的使用压盖填料的轴密封装置，其特征在于：在所述第二压盖（4）的环状凸缘（4a）和所述第二填料夹紧机构（20）的螺母（23）之间设置有套装在所述第二填料夹紧机构（20）的螺纹轴（21）上的螺旋压缩弹簧（24）或橡胶弹性套筒。

13. 根据权利要求10所述的使用压盖填料的轴密封装置，其特征在于：在所述第二压盖（4）的环状凸缘（4a）和所述第二填料夹紧机构（20）的螺母（23）之间设置有套装在所述第二填料夹紧机构（20）的螺纹轴（21）上的螺旋压缩弹簧（24）或橡胶弹性套筒。

14. 根据权利要求9所述的使用压盖填料的轴密封装置，其特征在于：在所述填料箱（1）内壁和所述第二压盖（4）的轴向突出部（4b）的相向周面之间设置O形密封环（25）。"

6. 在撰写的权利要求书的基础上完成说明书及其摘要的撰写

说明书及其摘要的撰写应当按照《专利法实施细则》第17条、第18条和第23条的规定撰写。

由于该发明只涉及一项独立权利要求，为了在发明名称中反映保护的主题、类型，根据独立权利要求所要求保护的主题名称，将发明名称确定为"使用压盖填料的轴密封装置"。

对于技术领域部分，由于该发明只涉及产品"使用压盖填料的轴密封装置"，说明书的技术领域也应当针对该产品作进一步具体说明，可参照独立权利要求的前序部分加以说明。

按照《专利法实施细则》第17条的规定，在背景技术部分，要写明对发明或者实用新型的理解、检索、审查有用的背景技术；有可能的，并引证反映这些背景技术的文件。就该专利申请来说，可以简明、扼要地对申请人提供的现有技术和对比文件2公开的轴密封装置及所存在的问题作出说明。

发明内容部分首先写明发明相对于对比文件2所要解决的技术问题：提供一种能实现良好且可靠轴密封的轴密封装置。然后，另起段写明解决该技术问题的独立权利要求的技术方案。在此基础上，通过对独立权利要求区别特征的分析，说明这些区别特征为该发明带来的技术效果。

此后，在发明内容部分中对重要的从属权利要求的技术方案及其有益效果加以叙述。

该申请有附图，所以需要有附图说明部分。首先，该申请说明书中应当包含反映两种具体实施方式的四幅附图。就该发明专利申请而言，为了更清楚说明该发明相对于现有技术作出的改进，还有必要引入该发明最接近的现有技术（即检索到的对比文件2）的附图。这样共有六幅附图，在附图说明部分集中对这六幅附图的图名作简略说明。

在具体实施方式部分，首先可结合对比文件2的附图对该发明最接近的现有技术中的轴密封装置作简要说明，作为描述该发明两种实施方式的基础。然后，结合该发明两种实施方式的附图对该发明作详细说明：先重点对第一种实施方式的附图作出详细说明；在此基础上，再对第二种实施方式进行详细说明，但其中与第一种实施方式相同的部分可以作简要说明，重点放在第二种实施方式与第一种具体实施方式的不同之处。在结合附图对本发明最接近的现有技术和本发明的两种实施方式作出具体说明时，应当将各附图中出现的附图标记标注在相应的部件名称之后，但不得加括号。

在撰写说明书的上述内容时，应当按照《专利法实施细则》第17条第2款的规定，在说明书的五个部分（技术领域、背景技术、发明内容、附图说明、具体实施方式）之前写明这五个部分的标题。

在完成说明书的撰写之后，按照《专利法实施细则》第23条的规定撰写说明书摘要，写明发明的名称和所属技术领域，清楚地反映所要解决的技术问题、解决该问题的技术方案的要点以及主要用途。在考虑不超过300个字的前提下，至少写明发明的名称和独立权利要求技术方案的要点，最好还能写明采用该技术方案所获得的技术效果。对于该申请来说，还应当采用一幅最能反映该发明技术方案的说明书附图的图5（即反映客户技术交底书中第二种使用压盖填料的轴密封装置具体结构的图6-5）作为摘要附图。为方便理解说明书摘要内容，可以将已出现在摘要附图中的附图标记标注在相应的部件名称之后，但应当加上括号。

（三）推荐的专利申请文件

根据以上介绍的该发明有关使用压盖填料的轴密封装置的资料和现有技术的情况及最接近的现有技术（对比文件2），给出推荐的发明专利申请文件的撰写文本。

权 利 要 求 书

1. 一种使用压盖填料的轴密封装置,其包括
- 位于封液区域侧且固定在机器壳体(6)上的第一压盖(3);
- 套装于转轴(9)上的填料箱(1);
- 位于大气区域侧且与该填料箱(1)靠近大气区域侧的一端相连接的第二压盖(4);以及
- 置于该填料箱(1)的内壁和该转轴(9)之间的密封空间(10)内且被第一压盖(3)和第二压盖(4)夹住的填料(2);

其特征在于:

所述填料箱(1)与所述第一压盖(3)是分体的;

所述填料箱(1)靠近封液区域侧的一端具有径向向外伸出的第一凸缘(1a);

所述第一压盖(3)具有朝着所述密封空间(10)方向伸出的轴向突出部(3b);

所述填料箱(1)的第一凸缘(1a)通过第一填料夹紧机构(5)与所述第一压盖(3)相连接,通过所述第一填料夹紧机构(5),可使所述填料箱(1)沿着所述第一压盖(3)的轴向突出部(3b)的外表面作轴向移动。

2. 根据权利要求1所述的使用压盖填料的轴密封装置,其特征在于:所述第一填料夹紧机构(5)包括以螺纹连接方式固定在第一压盖(3)上并向着所述填料箱(1)延伸的螺纹轴(15)以及可拧在该螺纹轴(15)端部螺纹上的螺母(17),所述填料箱(1)的第一凸缘(1a)上设有供该螺纹轴(15)穿过的通孔(16)。

3. 根据权利要求2所述的使用压盖填料的轴密封装置,其特征在于:所述填料箱(1)的第一凸缘(1a)上的通孔(16)孔径与穿过该通孔(16)的第一填料夹紧机构(5)的螺纹轴(15)直径之差根据所述转轴(9)的加工偏心度来确定。

4. 根据权利要求3所述的使用压盖填料的轴密封装置,其特征在于:在所述填料箱(1)的第一凸缘(1a)和所述第一填料夹紧机构(5)的螺母(17)之间设置有套装在所述螺纹轴(15)上的螺旋压缩弹簧(18)或橡胶弹性套筒。

5. 根据权利要求2所述的使用压盖填料的轴密封装置,其特征在于:在所述填料箱(1)的第一凸缘(1a)和所述第一填料夹紧机构(5)的螺母(17)之间设置有套装在所述螺纹轴(15)上的螺旋压缩弹簧(18)或橡胶弹性套筒。

6. 根据权利要求1所述的使用压盖填料的轴密封装置,其特征在于:在所述第一压盖(3)的轴向突出部(3b)和所述填料箱(1)相向周面之间设置O形密封环(12)。

7. 根据权利要求1所述的使用压盖填料的轴密封装置,其特征在于:所述填料箱(1)在靠近大气区域侧的一端还具有径向向外伸出的第二凸缘(1b),所述第二压盖(4)和所述填料箱(1)靠近大气区域侧一端的连接位置位于此第二凸缘(1b)处。

8. 根据权利要求1至7中任一项所述的使用压盖填料的轴密封装置,其特征在于:所述第二压盖(4)和所述填料箱(1)靠近大气区域侧一端的连接采用了固定连接。

9. 根据权利要求1至7中任一项所述的使用压盖填料的轴密封装置,其特征在于:所述第二压盖(4)具有环状凸缘(4a)和朝着所述密封空间(10)方向伸出的轴向突出部(4b),所述第二压盖(4)的环状凸缘(4a)通过第二填料夹紧机构(20)与所述填料箱(1)靠近大气区域侧的一端相连接,通过所述第二填料夹紧机构(20),可使所述第二压盖(4)的轴向突出部(4b)沿着所述填料箱(1)的内壁作轴向移动。

10. 根据权利要求9所述的使用压盖填料的轴密封装置,其特征在于:所述第二填料夹紧机构(20)包括以螺纹连接方式固定在所述填料箱(1)上并向着所述第二压盖(4)的环状凸缘(4a)延伸的螺纹轴(21)以及可拧在该螺纹轴(21)端部螺纹上的螺母(23),所述第二压盖(4)的环状凸缘(4a)上设有供该螺纹轴(21)穿过的通孔(22)。

11. 根据权利要求10所述的使用压盖填料的轴密封装置,其特征在于:所述第二压盖(4)的环状凸缘(4a)上通孔(22)的孔径与所述第二填料夹紧机构(20)的螺纹轴(21)直径之差根据所述转轴(9)的加工偏心度来确定。

12. 根据权利要求11所述的使用压盖填料的轴密封装置,其特征在于:在所述第二压盖(4)的环状凸缘(4a)和所述第二填料夹紧机构(20)的螺母(23)之间设置有套装在所述第二填料夹紧机构(20)的螺纹轴(21)上的螺旋压缩弹簧(24)或橡胶弹性套筒。

13. 根据权利要求10所述的使用压盖填料的轴密封装置,其特征在于:在所述第二压盖(4)的环状凸缘(4a)和所述第二填料夹紧机构(20)的螺母(23)之间设置有套装在所述第二填料夹紧机构(20)的螺纹轴(21)上的螺旋压缩弹簧(24)或橡胶弹性套筒。

14. 根据权利要求9所述的使用压盖填料的轴密封装置,其特征在于:在所述填料箱(1)内壁和所述第二压盖(4)的轴向突出部(4b)的相向周面之间设置O形密封环(25)。

说 明 书

使用压盖填料的轴密封装置

技术领域

本发明涉及一种使用压盖填料的轴密封装置,包括固定在机器壳体上的第一压盖,套装于转轴上的填料箱,与填料箱靠近大气区域侧一端相连接的第二压盖,以及置于填料箱和转轴之间且被第一压盖和第二压盖夹住的填料。

背景技术

在现有技术中,为防止机器内部具有一定压力的流体(如润滑油)沿着贯穿机器壳体的旋转轴向机器外部泄漏,在该转轴穿过机器壳体的部位设置了使用压盖填料的轴密封装置。在中国实用新型专利说明书CN2××××××××U中公开了一种使用压盖填料的轴密封装置,这种轴密封装置直接在机器壳体上生成填料箱,在该填料箱的另一端上设置了压盖,通过拧紧压盖与填料箱之间的连接件,向置于填料箱与转轴之间的填料施加轴密封力。在中国发明专利申请公开说明书CN1××××××××A中也公开了一种使用压盖填料的轴密封装置,这种轴密封装置包括填料箱和两个压盖,其中靠近机器壳体一侧的压盖与填料箱是一体的,而该填料箱与机器壳体是分体的,通过螺栓固定在机器壳体上,多个填料并列放置在填料箱和与转轴之间形成的密封空间内,位于填料箱另一端的压盖具有向着密封空间伸出的轴向突出部,从而在拧紧该压盖与填料箱之间的连接件时,向置于填料箱与转轴之间的填料施加轴密封力。

在这两种使用压盖填料的轴密封装置中,由于仅仅从填料箱远离机器壳体的外端向填料施加轴向密封力,则位于填料箱中的填料中最靠近机器壳体的填料所承受的轴向密封力最小,而最远离机器壳体的填料所承受的轴向力最大,在这种轴向力分布下,具有压力的流体就可能发生从机器内部向外部的泄漏,因而不能实现良好而可靠的密封。此外,在这两种使用压盖填料的轴密封装置中,在转轴产生轴向振动或偏心的情况下,填料箱与转轴的相对位置可能在轴向和/或径向上发生变化,转轴将会产生径向跳动,从而造成转轴与填料间的接触压力在圆周方向上分布不均匀,接触压力这种周期性不均匀的变化将会导致填料老化,也就是说,随着使用时间的增加,轴密封效果下降,甚至导致轴密封功能的丧失,从而不能实现良好而稳定的密封。

发明内容

本发明要解决的技术问题是提供一种使用压盖填料的轴密封装置,这种轴密封装置能够更有效地防止具有压力的流体从机器内部向外泄漏,从而实现良好且可靠的轴密封。

为解决上述技术问题,本发明使用压盖填料的轴密封装置包括位于封液区域侧且固定在机器壳体上的第一压盖,套装于轴上的填料箱、位于大气区域侧且与该填料箱靠近大气区域侧的一端相连接的第二压盖,以及置于该填料箱的内壁和该转轴之间的密封空间内且被第一压盖和第二压盖夹住的填料;所述填料箱与所述第一压盖是分体的;所述填料箱靠近封液区域侧的一端具有径向向外伸出的第一凸缘;所述第一压盖具有朝着所述密封空间方向伸出的轴向突出部;所述填料箱的第一凸缘通过第一填料夹紧机构与所述第一压盖相连接,通过所述第一填料夹紧机构,可使所述填料箱沿着所述第一压盖的轴向突出部的外表面作轴向移动。

在上述技术方案中，由于填料箱与第一压盖采用了分体结构，且第一压盖具有朝着密封空间方向伸出的轴向突出部，因此在拧紧连接填料箱第一凸缘和第一压盖的第一填料夹紧机构时，就可以使填料箱沿着第一压盖的轴向突出部的外表面作轴向移动，从而由填料箱靠近封液区域的一侧向位于密封空间内的填料施加夹紧压力（即轴向压缩力），使最靠近封液区域的填料的轴密封力最大，鉴于流体不易从轴密封力最大处向轴密封力最小处泄漏，因此能够实现良好且可靠的轴密封。

作为针对上述技术方案的进一步改进，本发明进一步要解决的技术问题是提供一种使用压盖填料的轴密封装置，这种轴密封装置使填料箱与转轴的相对位置不因转轴的偏心或/和轴向振动而发生变化，从而能实现良好且稳定的轴密封。

为此，在本发明进一步改进的技术方案中，第一填料夹紧机构包括以螺纹连接方式固定在第一压盖上并向着所述填料箱延伸的螺纹轴以及可拧在该螺纹轴端部螺纹上的螺母，所述填料箱的第一凸缘上设有供该螺纹轴穿过的通孔；当填料箱的第一凸缘上的通孔孔径与穿过该通孔的第一填料夹紧机构的螺纹轴直径之差根据所述转轴的加工偏心度来确定，或/和所述填料箱的第一凸缘和所述第一填料夹紧机构的螺母之间设置有套装在所述螺纹轴上的螺旋压缩弹簧或橡胶弹性套筒时，就可将填料箱以可沿径向相对移动的方式或/和以可沿轴向相对移动的方式连接到第一压盖上，这样就可保证填料箱与转轴之间的径向相对位置不因转轴的偏心而改变或/和两者轴向位置不因转轴的轴向振动而改变，即转轴与填料间的径向接触压力或/和轴向接触压力不会出现周期性的变化，因而填料使用较长时间也不易老化，实现良好且稳定的轴密封。

此外，在上述技术方案中，还可以使第二压盖具有环状凸缘和朝着所述密封空间方向伸出的轴向突出部，且第二压盖的环状凸缘通过第二填料夹紧机构与填料箱靠近大气区域侧的一端相连接，通过第二填料夹紧机构，可使第二压盖的轴向突出部沿着填料箱的内壁作轴向移动。这样一来，在安装填料时，就可以从两侧夹压填料，使其所受的夹紧压力以及轴密封力在最靠近封液区域和最靠近大气区域两处最大，且总的轴密封力大于仅仅从一侧推压填料的轴密封装置的轴密封力，因而也能实现良好且可靠的轴密封。同样，对该第二填料夹紧机构也采用与第一填料夹紧机构相同的结构，即第二压盖上通孔的孔径与第二填料夹紧机构的螺纹轴的直径之差根据转轴的加工偏心度来确定，或/和在所述第二压盖和第二填料夹紧机构的螺母之间设置有套装在第二填料夹紧机构的螺纹轴上的螺旋压缩弹簧或橡胶弹性套筒，就可进一步保证填料箱与转轴之间的径向相对位置不因转轴的偏心而改变或/和两者轴向位置不因转轴的轴向振动而改变，从而进一步实现良好且稳定的轴密封。

附图说明

下面结合附图对本发明的具体实施方式作进一步详细说明，其中：

图1是现有技术中的使用压盖填料的轴密封装置的局部纵向剖视图，其中仅示出与其下部对称的上部结构；

图2是图1所示现有技术轴密封装置的填料所承受的轴密封力分布示意图；

图3是本发明第一种实施方式的使用压盖填料轴密封装置的局部纵向剖视图，其中仅示出了与其下部对称的上部结构；

图4是表示图3所示第一种实施方式轴密封装置的填料所承受的轴密封力的分布示意图；

图5是本发明第二种实施方式的使用压盖填料轴密封装置的局部纵向剖视图，其中仅示出与其下部对称的上部结构；

图6是表示图5所示第二种实施方式轴密封装置的填料所承受的轴密封力的分布示意图。

具体实施方式

为了更好地理解本发明相对于现有技术所作出的改进,在对本发明的两种具体实施方式进行详细说明之前,先对背景技术部分所提到的现有技术结合附图加以说明。

图1和图2分别示出了现有技术中国发明专利申请公开说明书CN1×××××××A中所公开的使用压盖填料的轴密封装置的具体结构以及该轴密封装置中的填料承受的轴密封力分布。

在机器壳体6的内部区域(即封液区域)7,装有具有一定压力的流体。转轴9可旋转地贯穿该机器壳体6,并且从内部区域7延伸到外部区域(即大气压区域)8。在流体压力的作用下,机器壳体6内的流体可能会从封液区域7向大气压区域8泄漏。为保证机器正常运转,需要对转轴9与相邻部件之间进行密封,最常用的密封手段就是在转轴9穿过机器壳体6的位置设置使用密封填料的轴密封装置。

在图1所示的使用压盖填料的轴密封装置中,围绕转轴9设置有中空圆筒形填料箱1,该填料箱1与靠近封液区域7的压盖3为整体结构,通过螺栓安装在机器壳体6上。在该填料箱1与转轴9之间形成环状筒形密封空间10。在该密封空间10内,在转轴9的轴向上,左右并列地装有多个填料2。该轴密封装置在填料箱1靠近大气区域一侧还有一个与填料箱1成分体结构的压盖4,该压盖4具有沿轴向伸向密封空间10的轴向突出部4b,大气压区域8侧的压盖4与填料箱1之间用多对沿圆周方向均匀分布的螺纹轴28和螺母29相连接。首先将螺纹轴28固定在填料箱1上,再将压盖4支承在螺纹轴28上,旋拧螺母29,可使压盖4沿轴线方向移动,压盖4的轴向突出部4b向封液区域7的方向推压这些填料2,使其产生沿转轴9径向的位移,从而实现对机器壳体6的内部区域(即封液区域7)和外部区域(即大气压区域8)之间的轴密封。

对于这种轴密封装置,在拧紧螺母29时,只能从大气压区域8侧,通过压盖4向封液区域7的移动来推压填料2。如图2所示,该推压力直接作用在最靠近大气压区域8侧的填料2上,依次向靠近封液区域7的填料2传递,作用在填料2上的夹紧压力(轴线方向的压缩力)越接近封液区域7越小。从而填料2对转轴9及填料箱1的接触压力即轴密封力P在最靠近封液区域7侧的填料2处的轴密封力P最小。这样,流体会从轴密封力P最小处向轴密封力P最大处泄漏,也就是说,这种轴密封装置不能实现可靠的轴密封。

本发明的两种实施方式就是针对现有技术中的轴密封装置不能实现良好且可靠的密封作出的改进。下面分别对这两种具体实施方式作出详细说明。

图3是本发明第一种实施方式的使用压盖填料轴密封装置的局部纵向剖视图。为简洁起见,图中仅示出该轴密封装置的上部结构,省略了与之相对称的下部结构。图4是表示图3所示该轴密封装置的填料所承受的轴密封力的分布示意图。

为叙述方便,下文中所称的"左""右"与附图本身的左、右方向一致,但并不对本发明的结构起限定作用。此外,为简洁起见,该轴密封装置位于封液区域7侧(在图中此侧为左)的压盖简称为"第一压盖";位于大气压区域8侧(此侧为右)的压盖简称为"第二压盖"。

如图3所示,填料箱1呈中空圆筒形,套装于转轴9以及其上的部件上,转轴9贯穿机器壳体6,由封液区域7延伸到大气区域8。该填料箱1至少在其左端形成第一凸缘1a;在图3中,该填料箱的右端也形成第二凸缘1b,但也可以不形成第二凸缘1b。为了在填料箱1的内周面与转轴9的外周面之间形成必要且充分的环状筒形密封空间10,以便填入填料2,应当根据转轴9的外径适宜地设定填料箱1的内径。

填料2填充在密封空间10内,沿着转轴9的轴线方向左右并列配置,填料2的左右两侧分别被封液区域7侧的第一压盖3和大气区域8侧的第二压盖4夹压。

第一压盖 3 位于填料箱 1 的左侧，即靠近封液区域 7 的一侧。第一压盖 3 具有一个环状凸缘 3a 和一个朝着密封空间 10 伸出的轴向突出部 3b。通过螺栓等固定件 11，将第一压盖 3 的环状凸缘 3a 安装在机器壳体 6 上，使第一压盖 3 固定在机器壳体 6 上，此时在第一压盖 3 的环状凸缘 3a 与机器壳体 6 的接触端面之间装入 O 形环 13。

第二压盖 4 位于填料箱 1 的右侧，即靠近大气压区域 8 的一侧。在图 3 中，第二压盖 4 具有一个环状凸缘 4a 和一个伸向密封空间 10 的轴向突出部 4b；但是第二压盖 4 也可以没有此轴向突出部而仅仅是一个扁平的环状压盖。通过螺栓 14 等固定件，将第二压盖 4 与填料箱 1 的右端连接起来。在图 3 中，该螺栓 14 将第二压盖的环状凸缘 4a 安装在填料箱 1 的第二凸缘 1b 上；但对于前面所提到的没有第二凸缘 1b 的填料箱 1 来说，则由螺栓 14 将环状凸缘 4a 安装在填料箱 1 的右端面上。

在本发明第一种实施方式中，填料箱 1 与第一压盖 3 的连接采用了第一填料夹紧机构 5。在图 3 中，该第一填料夹紧机构 5 主要由两端具有螺纹的螺纹轴 15 和与螺纹轴 15 相配的螺母 17 构成。如图 3 所示，可以沿着第一压盖 3 的圆周方向优选均匀分布地将螺纹轴 15 以螺纹连接方式固定在第一压盖 3 的环状凸缘 3a 上，在填料箱 1 的第一凸缘 1a 上设有供这些向右侧伸出的螺纹轴 15 穿过的通孔 16，将螺母 17 拧在穿过通孔 16 的螺纹轴端部的螺纹上，从而在拧紧螺母 17 时，螺母 17 向左移动，填料箱 1 与第二压盖 4 一起随着螺母 17 向左移动，相对而言，第一压盖 3 相对于填料箱 1 向右移动，则第一压盖 3 的轴向突出部 3b 沿着填料箱 1 的内壁向右移动，伸进到密封空间 10 内，将填料 2 向大气区域 8 侧的第二压盖 4 的方向推压，使填料 2 产生沿转轴 9 径向的位移，从而实现轴密封。作为一种优选，为进一步防止流体从第一压盖 3 的轴向突出部 3b 和填料箱 1 的内壁之间作相对移动的间隙向外泄漏，可以如图 3 所示，在第一压盖 3 的轴向突出部 3b 与填料箱 1 的相向周面之间装入 O 形环 12。此外，在图 3 所示的本发明第一种实施方式中，第一填料夹紧机构 5 的螺纹轴 15 以螺纹连接方式固定在第一压盖 3 的环状凸缘 3a 上，并不排除还可以其他方式固定在第一压盖 3 的环状凸缘 3a 上，甚至可以将第一压盖 3 与螺纹轴 15 制成一体件。

在本发明的第一种实施方式中，由于从封液区域 7 侧将填料 2 向大气区域 8 侧的第二压盖 4 推压。因此，填料 2 承受夹紧压力的分布正好与前面现有技术的情况相反，轴密封力 P 在最靠近封液区域 7 侧的填料 2 处最大，在最靠近大气区域 8 侧的填料 2 处最小，如图 4 所示。在这样的轴密封力分布下，流体不会从轴密封力 P 最大处向轴密封力 P 最小处泄漏，从而实现良好且可靠的轴密封。

在图 3 所示的本发明第一种实施方式中，对于第一填料夹紧机构 5 还可以作出如下改进：加大填料箱 1 的第一凸缘 1a 上通孔 16 孔径，使得该通孔 16 与穿过该通孔 16 的螺纹轴 15 之间的间隙与转轴 9 的加工偏心度相适应，即根据转轴 9 的加工偏心度来确定填料箱 1 的第一凸缘 1a 上的通孔 16 孔径与穿过该通孔 16 的螺纹轴 15 的直径之差；以及/或者在填料箱 1 的第一凸缘 1a 与螺母 17 之间的螺纹轴 15 上套装有螺旋压缩弹簧 18（作为替换方式，该螺旋压缩弹簧 18 可以用其他可压缩的弹性部件如橡胶弹性套筒部件来代替）。对于作出上述改进的本发明第一种实施方式，其不仅可以实现良好且可靠的轴密封，还可以实现良好且稳定的轴密封。也就是说，在具有上述结构的轴密封装置中，填料箱 1 以可沿径向和/或轴向移动的方式间接地支承在机器壳体 6 上，因此当转轴 9 出现由偏心造成的径向跳动和/或轴向振动时，填料箱 1 可以随着转轴 9 一起径向移动，其径向移动的范围取决于螺纹轴 15 与通孔 16 的直径之差，而且还可以随着转轴 9 一起轴向移动，其轴向移动的范围取决于弹簧 18 的伸缩范围。只要通孔 16 与螺纹轴 15 的直径之差根据预计的转轴9的偏心的程度来设定以及/或者弹簧18的伸缩范围根据预计的转轴9的轴向振动来设定，就可以保证填料箱1与转轴9之间的相对位置不因转轴9的偏心和/或轴向振动而改变，即转轴与填料间的径向接触压力和/或轴向接触压力不会出现周期性的变化，从而填料使用较长时间也不易老化，实现良好且稳定的轴密封。

图5是本发明第二种实施方式的使用压盖填料轴密封装置的局部纵向剖视图，为简洁起见，图中仅示出该轴密封装置的上部结构，省略了与之相对称的下部结构。图6是表示图5所示该轴密封装置的填料所承受的轴密封力的分布示意图。

在本发明第二种实施方式中的使用压盖填料的轴密封装置中，除了在填料箱1与第二压盖4之间设置第二填料夹紧机构20以外，其他与本发明第一种实施方式中的使用压盖填料的轴密封装置的结构基本相同。

在本发明的第二种实施方式中，第二压盖4必定包括一个环状凸缘4a和一个朝着密封空间10方向伸出的轴向突出部4b。第二填料夹紧机构20的结构和原理类似于第一填料夹紧机构5，具体为：将向右延伸的螺纹轴21固定（例如以螺纹连接方式）在填料箱1的右端，该填料箱1的右端可以不具有径向向外的第二凸缘，但也可以如图5所示具有径向向外的第二凸缘1b，对于如图5所示填料箱1的右端具有第二凸缘1b的情况，向右延伸的螺纹轴21固定在填料箱1的第二凸缘1b上。在第二压盖4的环状凸缘4a上设有通孔22（其中优选该通孔22的直径与螺纹轴21的直径之差根据转轴9的加工偏心度来确定），将螺母23拧在穿过通孔22的螺纹轴21上（同样可以优选在第二压盖的环状凸缘4a与螺母23之间的螺纹轴21上套装有螺旋压缩簧24或者橡胶弹性套筒部件等可压缩的弹性部件）。采用这种第二填料夹紧机构20，就将填料箱1和第二压盖4以可沿轴向相对移动的方式连接起来，当拧紧螺母23向左移动时，填料箱1与第二压盖4的环状凸缘4a相互接近，第二压盖4的轴向突出部4b在密封空间10内向左移动，从大气区域8侧将填料2向左推压。对于本发明的第二种实施方式，在将轴密封装置安装到转轴9上时，就可以通过拧紧螺母17、23，从左右两侧夹紧填料2，如图6所示。此时填料2承受的夹紧压力以及轴密封力P也如图6所示，在最靠近封液区域7的填料2（最左侧的填料）和最靠近大气区域8的填料2（最右侧的填料）两处最大，而且总的轴密封力P大于仅仅从左侧或右侧推压填料2的轴密封装置的轴密封力，从而可以取得更好且更可靠的轴密封效果。作为一种优选，如图5所示，在第二压盖4的轴向突出部4b与填料箱1的相向周面之间装入O形环25。

在优选根据转轴9加工偏心度来确定第二压盖4环状凸缘4a上的通孔22与第二填料夹紧机构20的螺纹轴21的直径之差，以及/或者在第二压盖的环状凸缘4a与第二填料夹紧机构20的螺母23之间的螺纹轴部分套装有螺旋压缩簧24或橡胶弹性套筒部件等可压缩的弹性部件的情况下，当转轴9产生由偏心造成的径向跳动和/或轴向振动，通过第一和第二填料夹紧机构5、20，可调节填料箱1相对于第一压盖3或第二压盖4的相对位置。也就是说，除了如第一种实施方式那样，填料箱1能随动于转轴9的径向跳动和/或轴向振动外，第二压盖4也能随动于转轴9的径向跳动和/或轴向振动，也就是说，在本发明第二种实施方式中，填料箱1和第二压盖4一起随动于转轴9的径向跳动和/或轴向振动，因此转轴9偏心和/或轴向振动产生的荷载不会作用于填料2上，从而能够实现良好且稳定的轴密封。

在本发明的第二种实施方式中，对于第二填料夹紧机构20，其螺纹轴21可以与第一填料夹紧机构5一样，以其他方式固定在填料箱1上，甚至直接形成在填料箱1上，即与填料箱1成一体件。此外，对于填料箱1在右端具有第二凸缘1b的情况，还可以将第二凸缘1b上的螺纹孔改为直通孔，采用螺栓来代替螺纹轴，与螺母一起构成第二填料夹紧机构20。

需要说明的是，上述两种实施方式中的轴密封装置的各构成部件，除了填料2及O形环12、13、25以外，其他均由根据轴密封条件选定的金属材料构成。

上面结合附图对本发明的实施方式作了详细说明，但是本发明并不限于上述实施方式，在本领域的普通技术人员所具备的知识范围内，还可以在不脱离本发明宗旨的前提下作出各种变化。

说明书附图

图 1

图 2

图 3

图 4

封液区域　　P　　大气区域

图 5

图 6

说　明　书　摘　要

　　本发明涉及使用压盖填料的轴密封装置，包括第一压盖（3）、填料箱（1）、第二压盖（4）和位于密封空间内的填料（2）；填料箱与第一压盖分体，其在封液区侧具有第一凸缘（1a）；第一压盖具有伸向密封空间的轴向突出部（3b）；填料箱通过第一填料夹紧机构（5）与第一压盖连接，拧紧该夹紧机构，可使填料箱沿第一压盖的轴向突出部外表面作轴向移动。采用此结构，可从封液区域侧推压填料，使位于封液区侧的填料承受最大轴向密封力，实现良好而可靠的轴密封。优选如图所示第一填料夹紧机构使填料箱随动于转轴的轴向振动和/或由偏心造成的径向跳动，实现良好而稳定轴密封。作为进一步优选，采用类似的第二填料夹紧机构（20）连接第二压盖和填料箱。

摘 要 附 图

【案例7】光催化空气净化器❶

（一）申请案例情况介绍

本案例涉及一项有关光催化空气净化器的发明创造，客户（A公司）要求基于所提供的技术交底材料中记载的有关A公司最新研发和改进的光催化空气净化器的技术内容以及所附的四项现有技术（对比文件1至4），撰写一份能够有效且合理地保护该发明创造的发明专利申请文件，并针对该发明创造给出如何向国家知识产权局提出发明专利申请以使该发明创造得到充分保护的建议。

1. 客户提供的现有技术

客户随其技术交底材料附上了其所了解的四项现有技术（对比文件1至4），其中对比文件1是客户本人的一件在先发明专利申请文件，其余三份对比文件均是中国实用新型专利文件。下面给出这四份对比文件的说明书（包括其附图❷），为节省篇幅略去了这四份对比文件的权利要求书以及后三份对比文件的说明书中的部分内容。

(1) 对比文件1

光催化空气净化器

本发明涉及一种空气净化器，尤其涉及一种光催化空气净化器。

现有的空气净化器大多采用过滤、吸附等净化技术，没有对有害气体进行催化分解，无法有效除去空气中的甲醛等污染物。

为解决上述问题，本发明提供了一种将过滤、吸附与光催化氧化相结合的空气净化器。光催化氧化是基于光催化剂在紫外光的作用下产生活性态氧，将空气中的有害气体氧化分解为二氧化碳和水等物质。

本发明的技术方案是：一种光催化空气净化器，它包括壳体、位于壳体下部两侧的进风口、位于壳体顶部的出风口以及设置在壳体底部的风机。所述壳体内设置有第一过滤网、第二过滤网、光催化剂板和紫外灯。所述光催化空气净化器能有效催化氧化空气中的有害气体，净化效果好。

图7-1是本发明光催化空气净化器的正面剖视图。

图7-2是本发明光催化剂板的横截面图。

如图7-1所示，该空气净化器包括壳体1、位于壳体下部两侧的进风口2、位于壳体顶部的出风口3以及设置在壳体底部的风机4，所述壳体1内从下往上依次设置有第一过滤网5、光催化剂板7、紫外灯8和第二过滤网6。所述第一过滤网5是活性炭过滤网，其具有向下凸起的曲面9，该曲面9不仅能增大过滤网的过滤面积，而且还能使空气顺畅穿过第一过滤网5，有助于降低噪音。所述第二过滤网6是PM2.5颗粒（直径小于等于2.5微米的颗粒物）过滤网。

如图7-2所示，所述光催化剂板7由两层表面负载有纳米二氧化钛涂层的金属丝网10和填充在两层金属丝网10之间的负载有纳米二氧化钛的多孔颗粒11组成。

本发明的光催化空气净化器工作时，室内空气在风机4的作用下经进风口2进入，经过第一过滤网5后，其中的灰尘等较大颗粒物质被过滤掉；然后经过受到紫外灯8照射的光催化剂板7，其中的有害气体被催化氧化；随后经过第二过滤网6，PM2.5颗粒被过滤掉，净化后的空气

---

❶ 此案例根据2014年全国专利代理人资格考试"专利代理实务"科目申请文件撰写部分的试题改编而成。

❷ 为方便读者理解对比文件的技术内容，在这些对比文件的附图中除了对图中所示的各个部件给出相应的附图标记外，还与全国专利代理人资格考试"专利代理实务"科目试题一样给出了与各附图标记相应的部件名称。

经出风口3送出，净化效率高。

根据需要，可以在该光催化空气净化器的第二过滤网6的上部设置中草药过滤网盒，所述中草药过滤网盒内装有薄荷脑、甘草粉等中草药。净化后的空气经中草药过滤网盒排入室内，可预防或治疗呼吸道类疾病。

图7-1

图7-2

（2）对比文件2

家用空气净化设备

本实用新型涉及一种家用空气净化设备。

……

图7-3是本实用新型家用空气净化设备的立体图。

图7-4是本实用新型家用空气净化设备的正面剖视图。

如图7-3、7-4所示，该家用空气净化设备包括壳体1、位于壳体下部两侧的进风口2、位于壳体顶部的出风口3以及设置在壳体底部的风机4。所述壳体1内由下向上依次设置有除尘过滤网5、活性炭过滤网6、紫外灯8和光催化剂多孔陶瓷板7。所述除尘过滤网由两层金属丝网和填充在两者之间的无纺布所组成。所述光催化剂多孔陶瓷板7上涂覆有纳米二氧化钛涂层。

该家用空气净化设备在工作时，室内空气在风机4的作用下经进风口2进入，经除尘过滤网5和活性炭过滤网6过滤后，除去其中的灰尘等颗粒物质；然后经过受到紫外灯8照射的光催化剂多孔陶瓷板7，其中的有害气体被催化分解，净化后的空气经出风口3送出。

图7-3

图7-4

(3) 对比文件 3

车载空气清新机

本实用新型涉及一种车载空气清新机。

目前的车载空气清新机大都通过活性炭过滤网对车内空气进行过滤，但是活性炭过滤网仅能过滤空气中颗粒较大的悬浮物，不能对人体可吸入的细小颗粒进行过滤。

……

图 7-5 为本实用新型车载空气清新机的立体图。

图 7-6 为本实用新型车载空气清新机的剖视图。

如图 7-5、7-6 所示，一种车载空气清新机，其包括壳体 1、位于壳体一端的进风口 2、位于壳体另一端侧面的出风口 3。在壳体内从右往左依次设置有活性炭过滤网 5、鼓风机 4、PM2.5 颗粒过滤网 6、紫外灯 8 和格栅状导风板 7。所述鼓风机 4 设置在两层过滤网之间，所述导风板 7 靠近出风口 3，在所述导风板 7 上涂覆有纳米二氧化钛薄膜。该车载空气清新机通过电源接口（图 7-6 中未示出）与车内电源相连。

使用时，将电源接口插入车内电源中，车内空气在鼓风机 4 的作用下，经由进风口 2 进入，经过活性炭过滤网 5，滤除其中的大颗粒悬浮物；随后经过 PM2.5 颗粒过滤网 6，过滤掉人体可吸入的细小颗粒；然后经过受到紫外灯 8 照射的涂覆有纳米二氧化钛薄膜的导风板 7，其中的有害气体被催化氧化，净化后的空气经出风口 3 排出。

图 7-5

图 7-6

(4) 对比文件 4

空气过滤器

本实用新型涉及一种应用于工矿厂房粉尘过滤的空气过滤器。通常将该空气过滤器吊装在厂房顶部以解决厂房内灰尘大的问题。

……

图 7-7 为本实用新型空气过滤器的正面剖视图。

如图 7-7 所示，一种空气过滤器，其包括筒体 1、位于筒体上部的进风口 2、位于筒体下部的出风口 3、风机 4、活性炭过滤网 5 和除尘过滤网 6。所述风机 4 设置在靠近出风口 3，所述活性炭过滤网 5 呈锥状，锥状设置的活性炭过滤网不仅能增大过滤面积，而且能使所吸附的灰尘等大颗粒悬浮物沉淀于过滤网的边缘位置，由此增大过滤效率。

该空气过滤器工作时，空气在风机 4 的作用下，经进风口 2 进入，经过除尘过滤网 6，除去其中的大部分灰尘，然后经过锥状活性炭过滤网 5，进一步滤除掉空气中的灰尘等大颗粒悬浮物，净化后的空气经出风口3送出。

图7-7

2. 客户提供的技术交底材料

现有光催化空气净化器中用作光催化剂载体部件的光催化剂板内填充的多孔颗粒阻碍了气流的流动，风阻较大，必须依靠风机的高速运转来提高气流的流动，由此导致噪音增大，特别是空气净化器的夜间运行更是影响人的睡眠；另一方面，金属丝网夹层多孔颗粒的结构使得气流与光催化剂的有效接触面积小，反应不充分，空气净化不彻底。

在现有技术基础上，客户提出改进的光催化空气净化器包括其上开有进风口2和出风口3的壳体1、风机4、第一过滤网（活性炭过滤网）5、第二过滤网（用于过滤PM2.5）6、光催化剂板7和紫外灯8，壳体内还设置有消声结构9，大大降低了风机和气流流动所产生的噪音。

如图7-8所示，进风口2位于壳体1下部两侧，出风口3位于壳体1上部两侧，风机4位于壳体1底部，壳体1中由下至上依次为第一过滤网5、光催化剂板7、紫外灯8和第二过滤网6，消声结构9设置在第二过滤网6的上部，即设置在壳体内通往出风口的净化后空气流道中，其由中央分流板10和一对侧导风板11组成，中央分流板10和侧导风板11由吸音材料制成，例如玻璃纤维棉。中央分流板10固定连接在壳体1顶部的内壁上，一对侧导风板11对称地分别连接在壳体1内侧壁上，

图7-8

中央分流板 10 与一对侧导风板 11 构成一个截面为 V 字形的出风通道。室内空气在风机 4 的作用下经进风口 2 进入，经过第一过滤网 5，穿过受到紫外灯 8 照射的光催化剂板 7，然后经过第二过滤网 6，净化后的空气在中央分流板 10 和一对侧导风板 11 的作用下，从竖直气流导流成平行气流，由出风口 3 排出。

图 7-9 所示的空气净化器与图 7-8 所示空气净化器的区别为，消声结构 9 是通过支架 13 安装在第二过滤网 6 上部的消声器 12。在消声器 12 内设置有竖直布置的一组消声片 14，消声片 14 由吸音材料制成。消声片 14 接近第二过滤网 6 的一端（即朝向消声器 12 进气口的一端）均为圆弧形。经过第二过滤网 6 的气流流经消声片 14 的圆弧形端面时会被分为两道以上气流，使得气流的声音能被更好地吸收，有效降低空气净化器的噪音。采用这种消声结构时，出风口也可以如本公司在先发明专利申请那样，设置在壳体 1 的顶部。

如图 7-10 所示，空气净化器的光催化剂板 7 是负载有纳米二氧化钛的三维蜂窝陶瓷网 15，与多孔陶瓷板以及其他光催化剂板相比，增大了与气流的接触面积，反应充分，净化效果好。

如图 7-11 所示，空气净化器中用作光催化剂载体部件的光催化剂板 7 由壳体 1 内设置的螺旋导风片 16 所代替，由此在空气净化器内形成导流回旋风道。在风道内壁和螺旋导风片 16 上喷涂纳米二氧化钛涂层，将紫外灯 8 设置在风道的中央。空气进入净化器后，在螺旋导风片 16 的作用下在风道内形成回旋风，增加气流与光催化剂的接触面积和接触时间，催化反应充分，空气净化彻底。

在图 7-11 中的空气净化器中只设置了第二过滤网，而未设置第一过滤网，但也可以像图 7-8 和图 7-9 那样设置两层过滤网：第一过滤网和第二过滤网。

（二）该发明专利申请文件权利要求书和说明书的撰写思路

由客户提供的技术交底材料可知，该发明创造的内容仅涉及一个要求保护的主题。对于这类申请案件而言，通常可按照下述思路来撰写权利要求书和说明书：阅读理解技术交底材料中涉及的发明创造，确定专利申请要求保护的主题；针对该专利申请要求保护的最重要的发明创造撰写独立权利要求；针对该最重要的发明创造撰写从属权利要求；针对其他发明创造撰写独立权利要求（必要时可包括从属权利要求）；确定专利申请策略；针对该发明专利申请完成说明书及其摘

要的撰写。❶

1. 阅读理解技术交底材料中涉及的发明创造，确定专利申请要求保护的主题

通过阅读技术交底材料可知，客户发明了一种与现有技术结构不同的光催化空气净化器，显然，应当将此作为专利申请要求保护的主题。

就该专利申请要求保护的主题而言，由技术交底材料第一段可知，该发明现有技术存在两方面的技术问题：光催化剂板风阻大，提高风机转速导致噪音增大；此外，光催化剂板的多孔颗粒的结构使得气流与光催化剂的有效接触面积小，致使空气净化不彻底。该发明针对现有技术中存在的上述两方面技术问题，作出了两方面改进：与图7-8和图7-9相应，在空气净化器上部设置消声结构的改进以解决噪音大的技术问题；与图7-10和图7-11相应，增大气流与光催化剂有效接触面积的结构改进以解决空气净化不彻底的技术问题。

通过对这两方面改进的分析可知，这两方面的结构改进为并列关系，因此可分别针对这两方面改进撰写独立权利要求。初步判断这两方面改进不属于一个总的发明构思，可分别提出专利申请。

由技术交底材料介绍内容的先后次序可知，客户拟将解决噪音大这一技术问题的第一方面改进作为最重要的一项发明创造，而另一方面的改进不仅可以作为另一项发明创造撰写独立权利要求，还可以将其作为最重要的发明创造的进一步改进撰写从属权利要求。

2. 针对该专利申请要求保护的最重要的发明创造撰写独立权利要求

在针对第一方面改进（解决噪音大这一技术问题所作的改进）进行分析前，可根据技术交底材料中给出的内容确定该专利申请要求保护的最重要的发明创造要求保护的主题名称。由于技术交底材料中已写明该发明第一方面改进是针对光催化空气净化器所存在的噪音大这一技术问题所作出的改进，因此可将要求保护的技术方案的主题名称确定为"光催化空气净化器"。

针对解决噪音大这一技术问题的改进，技术交底材料中给出了两种结构的光催化空气净化器，这两种结构为并列关系。对于这两种并列结构的光催化空气净化器，在撰写独立权利要求时，通常按照下述步骤来进行：分析并列出两种结构的光催化空气净化器的全部技术特征，对于两者不同的技术特征需考虑采用什么技术术语进行概括；确定最接近的现有技术及该发明要解决的技术问题；确定解决该技术问题的必要技术特征，完成独立权利要求的撰写。

（1）分析并列出两种结构的光催化空气净化器的全部技术特征

下面，依据技术交底材料中结合附图给出的光催化空气净化器的第一种结构和第二种结构，列出所要求保护主题涉及的全部技术特征。

为清楚起见，首先列出两种结构的光催化空气净化器相同的技术特征：

① 壳体；
② 位于壳体下部两侧的进风口；
③ 位于壳体上部的出风口；
④ 壳体底部设置有风机；
⑤ 第一过滤网；
⑥ 第二过滤网；
⑦ 光催化剂板；
⑧ 紫外灯；

---

❶ 在全国专利代理人资格考试"专利代理实务"科目中涉及申请文件撰写的试题中通常不会要求撰写说明书全文，仅仅涉及说明书中的某一部分或某几部分。

⑨ 设置有消声结构。

在列出两种结构的光催化空气净化器相同的技术特征之后，再来分析两种结构的光催化空气净化器不同的技术特征：

(i) 在第一种结构中，光催化空气净化器的消声结构为设置在壳体顶部内壁内侧的中央分流板和一对对称地分别连接在壳体内侧壁上的侧导风板，构成 V 字形出风通道，并且中央分流板和侧导风板由吸声材料制成；

(ii) 在第二种结构中，光催化空气净化器的消声结构为在其中设置有竖直布置且由吸声材料制成的消声片的消声器，消声片接近第二过滤网的一端为圆弧形。

由于两种结构为并列关系，对于两者不同的技术特征应当采用概括表述的方式。也就是说，在申请主题存在多个不同结构（即不同实施方式）的情况下，撰写权利要求时应当考虑对这些实施方式进行适当概括。专利代理人的工作不能仅限于对申请人给出的技术交底材料的字面理解，一味照抄与这些实施方式相应的具体结构，导致权利要求的保护范围太小，而应当帮助申请人充分挖掘相关的技术方案，进行适当概括后形成相应的权利要求。

一项概括得当的权利要求应当尽可能覆盖本领域技术人员在这些实施方式的基础上所能合理预测的所有等同替代方式或者明显变型方式。需要说明的是，在实际从事专利代理工作的过程中，可以根据现有技术的掌握情况适当增加、补充有关技术内容，但在应试答题时应当注意以不超出试题素材公开的范围为前提，对各种实施方式进行适当概括。因此，下面针对该申请要求保护的主题所涉及的第一种消声结构和第二种消声结构进行分析时，仅局限于技术交底材料所给出的技术内容的范围。

目前，技术交底材料中给出的概括为消声结构，由于该发明第一方面改进相对于客户在先发明专利申请文件中的空气净化器所解决的技术问题是消除噪音，而两者的区别也仅在于此消声结构，因此若采用此概括方式撰写独立权利要求，则其区别特征仅为在壳体内设置消声结构，即相当于该空气净化器包括一个能够解决技术问题（消声）的结构，这样撰写成的独立权利要求未清楚限定要求专利保护的范围，或者明显不具备创造性。为此，应当对该特征作进一步限定：在从第二过滤网至出风口的空气流道中设置由吸音材料制成的消声结构。❶

经合理概括后，两种结构的光催化空气净化器的共同技术特征为：上述特征①至⑧以及作进一步限定后的特征⑨"在从第二过滤网至出风口的空气流道中设置由吸音材料制成的消声结构"。

通过上述对第一种结构和第二种结构的光催化空气净化器的具体特征分析，为撰写独立权利要求做好准备。

(2) 确定最接近的现有技术及该发明要解决的技术问题

就该案而言，撰写前所了解到的与现有技术相关的对比文件共有四份，从对比文件 1 至 4 所反映的现有技术中确定最接近的现有技术。

按照《专利审查指南 2010》第二部分第四章第 3.2.1.1 节规定的确定最接近的现有技术的原则，首先，选出那些与要求保护的发明技术领域相同或相近的现有技术，而在撰写专利申请文件的独立权利要求时，<u>应当选择相同技术领域的现有技术</u>；其次，从这些现有技术中选出所要解决的技术问题、技术效果或者用途最接近和/或公开了该发明技术特征最多的那一项现有技术作为最接近的现有技术。

---

❶ 在应试中，由于试题的技术交底材料中给出了消声结构的概括，因此不妨采用包含有"消声结构"的概括方式；但是专利代理实务中，最好避免采用这种"解决技术问题的结构"写法，建议写成"在壳体内通往出风口的净化后空气流道中至少有部分流道由吸音材料制成"。

从这四份对比文件公开的内容来看,均涉及空气净化器,均与该发明属于相同的技术领域。这四份对比文件中的空气净化器均包括两层过滤网(除尘过滤网和活性炭过滤网),其中对比文件1至3还包括光催化反应结构,从公开的技术特征更多来看应当从对比文件1至3中来确定;从解决的技术问题(消除由多孔颗粒光催化剂板增大的噪音)更相近来看,对比文件3中采用了涂覆有纳米二氧化钛薄膜的导风板,因此对比文件1和对比文件2与该发明更为接近;而对比文件1中第二过滤网、光催化剂板和紫外灯的位置均与该发明相同,且从技术交底材料来看,客户是针对其在先发明专利申请作出的改进,因此应当将对比文件1作为该发明最接近的现有技术。

由技术交底材料给出的内容可知,作为光催化剂载体部件的光催化剂板内填充的多孔颗粒阻碍了气流的流动,风阻较大,必须依靠风机的高速运转来提高气流的流动,由此导致噪音增大,因此该发明相对于最接近的现有技术所解决的技术问题为:降低因风机高速运转而增大的噪音。

(3) 确定解决技术问题的必要技术特征,完成独立权利要求的撰写

针对前面所确定的该发明相对于最接近的现有技术(即对比文件1)所要解决的技术问题,确定解决该技术问题的全部必要技术特征,并按照《专利法实施细则》第21条第1款规定的格式划分前序部分和特征部分,完成独立权利要求的撰写。

现针对特征①至⑧以及作进一步限定后的特征⑨,具体分析哪些是解决上述技术问题的必要技术特征。

就特征①至④来说,壳体、风机以及壳体上的进风口和出风口是该发明必须有的部件或结构,但其进风口、出风口和风机的设置不局限于技术交底材料中给出的位置,例如对比文件1和对比文件2中的出风口位置,对比文件3和对比文件4中的进风口、出风口和风机的位置不尽相同,因此后三个特征中的具体位置不应当成为其必要的限定内容。由此可知,这四个特征应当为:壳体、位于壳体上的进风口、位于壳体上的出风口和位于壳体内的风机。

对于特征⑤和⑥来说,由于该发明主要是为了消除因光催化剂板中的多孔颗粒阻碍气流的流动而采用高速风机所增加的噪音而采取的改进措施,不论是对采用两层过滤网还是一层过滤网的光催化空气净化器都适用,尤其是图7-11中的空气净化器只包含有一层过滤网,而在文字说明中也写明可采用图7-8和图7-9中的两层过滤网,由此也可联想到对图7-8和图7-9所示的空气净化器也可以仅有一层过滤网,因此对于这两个技术特征⑤和⑥来说,只需要写明设有过滤网即可,无需写明其为一层还是两层。

对于特征⑦和⑧来说,光催化剂板和紫外灯是光催化空气净化器中为产生活性态氧以催化分解有害气体所不可缺少的部件。对于光催化剂板这一特征,由于前面已经提到还要将该发明第二方面的改进作为第一方面改进的进一步改进来撰写从属权利要求,而在第二方面改进的第二种结构中,空气净化器中用作光催化剂载体部件的光催化剂板由壳体内设置的螺旋导风片所代替,因此独立权利要求中若采用光催化剂板这个技术特征来表述的话,则从属权利要求就会出现用"B部件代替A部件"的表述方式。《专利审查指南2010》第二部分第二章中明确指明,采用这样的撰写方式,该形式的从属权利要求实质上是一项独立权利要求。为避免这种不合适的表述方式,该技术特征可采用技术交底材料中所写明的对光催化剂板和涂覆有光催化剂的螺旋导风片这两种结构进行概括的技术特征"光催化剂载体部件"。❶ 至于紫外灯,其虽然是必要部件,但与该发

---

❶ 在应试时,往往会在试题的技术交底材料中给出如何概括的暗示,但在平时实务中,技术交底材料中很可能未给出相应的概括词语,需要专利代理人进行合理的概括,必要时可以通过与客户进行沟通后选用合适的概括词语。

明第一方面改进并非直接有关，可以不写入独立权利要求。但考虑到在针对第二方面改进的第二种结构撰写从属权利要求时，需要对紫外灯的位置进行限定，而在独立权利要求中写入紫外灯这一技术特征也不会影响其保护范围，因此可以将其写入独立权利要求中。

至于特征⑤至⑧这四个特征在壳体内的排列关系，在技术交底材料的图7-8、图7-9和图7-11所示的光催化空气净化器中第二过滤网距壳体出风口位置最近，但是对比文件2中的光催化空气净化器却是光催化剂载体部件距壳体出风口最近，显然，该发明第一方面的改进对于对比文件2中光催化空气净化器的结构也适用，因此不应当在独立权利要求1中限定过滤网、光催化剂载体部件和紫外灯的排列位置。

至于进一步限定后的特征⑨"在从第二过滤网至出风口的空气流道中设置由吸音材料制成的消声结构"，是解决该发明技术问题的关键技术手段，因此是该发明解决技术问题的必要技术特征，应当写入独立权利要求中。但是，考虑到前面所提到的独立权利要求中不需要写明过滤网为两层，且不应写明过滤网、光催化剂载体部件和紫外灯的排列位置顺序，而且在进一步限定后的特征⑨的表述方式中却已体现了其包含两层过滤网，且第二过滤网距壳体出风口位置最近，因此需要对特征⑨进行改写，采用技术交底材料中的另一种表述方式：在壳体内通往出风口的净化后空气流道中设置由吸音材料制成的消声结构。❶

在确定了应当写入独立权利要求的必要技术特征之后，将其中与最接近的现有技术共有的技术特征（即主题名称光催化空气净化器、壳体、位于壳体上的进风口和出风口，壳体内设置有风机，壳体内设置有过滤网、光催化剂载体部件、紫外灯）写入独立权利要求的前序部分，将最后一个技术特征"在壳体内通往所述出风口的净化后空气流道中设置由吸音材料制成的消声结构"写入到特征部分，以完成独立权利要求的撰写。

根据《专利法实施细则》第19条第4款的规定，权利要求中的技术特征可以引用说明书附图中的相应标记，因而对产品独立权利要求来说，最好在其各部件名称后面加上带括号的附图标记，因此在撰写该发明光催化空气净化器的独立权利要求（包括后面撰写的从属权利要求）时，在其各个部件名称后面加上相应的带括号的附图标记。

最后完成的独立权利要求1如下：

"1. 一种光催化空气净化器，包括壳体（1），位于壳体（1）上的进风口（2）和出风口（3），位于壳体（1）内的风机（4）、过滤网（5，6）、光催化剂载体部件（7）和紫外灯（8），其特征在于：在所述壳体（1）内通往所述出风口（3）的净化后空气流道中设置由吸音材料制成的消声结构（9）。"❷

（4）所撰写的独立权利要求具备新颖性和创造性

四份对比文件中公开的现有技术均没有披露上述独立权利要求特征部分的技术特征"在所述

---

❶ 在应试时，往往会在试题的技术交底材料中给出所采用合适表述方式的暗示，但在平时实务中，技术交底材料中很可能未给出这种替代写法的暗示，需要专利代理人考虑如何更合适地表述该技术特征，必要时可以通过与客户进行沟通后得出更合适的表述方式。

❷ 在国家知识产权局条法司编写的《2014年全国专利代理人资格考试试题解析》中的"专利代理实务"科目试卷有关申请文件撰写部分试题的参考答案中，独立权利要求1特征部分的区别特征为"在从所述第二过滤网至所述出风口的空气流道中设置由吸音材料制成的消声结构"，从而实际上限定了第二过滤网距出风口的位置最近；基于前面分析特征⑨时所说明的理由，现给出的独立权利要求1特征部分的技术特征采用了另一种表述方式，这样的撰写方式并未限定过滤网、光催化剂载体部件、紫外灯的排列位置顺序，相对于《2014年全国专利代理人资格考试试题解析》中参考答案给出的独立权利要求来说，具有更宽的保护范围。

壳体内通往所述出风口的净化后空气流道中设置由吸音材料制成的消声结构",因此这四份对比文件中任何一份公开的空气净化器都未披露独立权利要求1的技术方案。由此可知,独立权利要求1分别相对于对比文件1、对比文件2、对比文件3或者对比文件4中公开的现有技术具备《专利法》第22条第2款规定的新颖性。

正如前面指出的,在这四项现有技术中,对比文件1公开的空气净化器是该发明最接近的现有技术。

独立权利要求1要求保护的空气净化器未被最接近的现有技术(即对比文件1)公开的空气净化器披露的区别特征是:"在所述壳体内通往所述出风口的净化后空气流道中设置由吸音材料制成的消声结构"。从而,独立权利要求1相对于对比文件1公开的最接近的现有技术实际要解决的技术问题是"在风机转速增高时空气净化器噪音增大"。

上述区别特征既没有在对比文件2至4中披露,也不属于本领域解决上述技术问题的惯用技术手段,因而,上述对比文件2至4以及本领域的公知常识中均没有给出将上述区别特征应用到最接近的现有技术中以解决"在风机转速增高时空气净化器噪音增大"这一技术问题的任何启示。由此可知,独立权利要求1相对于对比文件1以及对比文件2至4和本领域的公知常识来说是非显而易见的,具有突出的实质性特点。

此外,采用独立权利要求1的空气净化器,由于在所述壳体内通往所述出风口的净化后空气流道中设置的由吸音材料制成的消声结构起到了降低噪音的技术效果,因而具有显著的进步。

由上述分析可知,独立权利要求1的技术方案相对于对比文件1以及对比文件2至4和所属技术领域的公知常识具有突出的实质性特点和显著的进步,具备《专利法》第22条第3款规定的创造性。

3. 针对该最重要的发明创造撰写从属权利要求

在完成独立权利要求的撰写之后,为了形成较好的保护梯度,应当根据技术交底材料披露的技术内容,撰写适当数量的从属权利要求。

就该发明专利申请而言,技术交底材料中对于设置在通往出风口的净化后空气流道中的消声结构给出了如图7-8和图7-9所示的两种不同的具体结构,因此在撰写独立权利要求之后,需要分别针对这两种具体结构撰写第一层级的从属权利要求,且这两项从属权利要求为并列的技术方案,两者不能相互引用,因而这两项从属权利要求均引用权利要求1,此外再针对这两种消声结构的优选结构撰写相应的从属权利要求。也就是说,先针对第一种消声结构撰写引用独立权利要求1的从属权利要求2,再对第一种消声结构的优选结构撰写下一层级的从属权利要求3;然后针对第二种消声结构撰写引用独立权利要求1的从属权利要求4,再对第二种消声结构的优选结构撰写下一层级的从属权利要求5。需要注意的是,具有第一种消声结构的空气净化器,其出风口必须设置在其内壁的两侧,因而在针对第一种消声结构撰写从属权利要求2时,需要对其出风口位置作出限定,而具有第二种消声结构的空气净化器,并不要求其出风口必须位于侧壁上,因此在针对第二种消声结构撰写从属权利要求4时不需要限定出风口的位置。最后,考虑到该发明第二方面增大空气与光催化板有效接触面积的改进也可以是在第一方面改进的基础上作出的改进,故可以将第二方面改进的两种结构作为附加技术特征撰写两项相应的从属权利要求6和7,这两项从属权利要求6和7为并列的技术方案,两者不能相互引用,考虑到权利要求2至5均不是多项从属权利要求,因而这两项从属权利要求6和7的引用部分均引用权利要求1至5中的任意一项。

最后,撰写成的从属权利要求2至7如下:

"2. 根据权利要求1所述的光催化空气净化器，其特征在于：所述出风口（3）位于所述壳体（1）上部的两侧，所述消声结构（9）由固定连接在壳体（1）顶部内壁的中央分流板（10）和一对对称地分别连接在壳体内侧两侧壁上的侧导风板（11）组成。

3. 根据权利要求2所述的光催化空气净化器，其特征在于：所述中央分流板（10）与所述侧导风板（11）构成一个截面为V字形的出风通道。

4. 根据权利要求1所述的光催化空气净化器，其特征在于：所述壳体（1）内通往所述出风口（3）的净化后空气流道中安装有消声器（12），所述消声结构（9）为一组竖直布置在所述消声器（12）内的消声片（14）。

5. 根据权利要求4所述的光催化空气净化器，其特征在于：所述消声片（14）朝向所述消声器（12）进气口的一端均为圆弧形。

6. 根据权利要求1至5中任一项所述的光催化空气净化器，其特征在于：所述光催化剂载体部件（7）是负载有纳米二氧化钛的三维蜂窝陶瓷网（15）。

7. 根据权利要求1至5中任一项所述的光催化空气净化器，其特征在于：所述光催化剂载体部件（7）为设置在所述壳体（1）内、形成导流回旋风道的螺旋导风片（16），作为光催化剂的纳米二氧化钛涂层喷涂在风道内壁和螺旋导风片（16）上，所述紫外灯（8）设置在风道的中央。"

按照上述考虑撰写的从属权利要求不仅清楚地限定了权利要求的技术方案，而且也符合《专利法实施细则》第22条和《专利审查指南2010》第二部分第二章有关从属权利要求撰写的规定：

① 从属权利要求只能引用在前的权利要求；

② 引用两项以上权利要求的多项从属权利要求只能以择一方式引用在前的权利要求，并不得作为另一项多项从属权利要求的基础，即在后的多项从属权利要求不得引用在前的多项从属权利要求；

③ 引用关系符合逻辑，除了满足从属权利要求在限定部分作进一步限定的技术特征应当包含在其引用的权利要求中这一要求外；还应当满足两个并列技术方案的从属权利要求不得互相引用的要求。

4. 针对其他发明创造撰写独立权利要求

技术交底材料中对该发明另一项改进给出了两种增大气流与光催化剂有效接触面积的结构。这两种结构是并列的结构，而且对于这两种结构来说无法从结构上对其进行概括，若采用功能概括的方式则基本相当于该光催化空气净化器采用了能解决该技术问题的结构，这样撰写的权利要求不是未清楚限定要求专利保护的范围就是相对于现有技术明显不具备创造性。由此可知，对这两种结构无法加以概括，应当针对这两种结构分别撰写一项独立权利要求。

"1. 一种光催化空气净化器，包括壳体（1），位于壳体（1）上的进风口（2）和出风口（3），位于壳体（1）内的风机（4）、过滤网（5，6）、载有纳米二氧化钛的光催化剂载体部件（7）和紫外灯（8），其特征在于，所述光催化剂载体部件（7）是三维蜂窝陶瓷网（15）。"

或者是：

"1. 一种光催化空气净化器，包括壳体（1），位于壳体（1）上的进风口（2）和出风口（3），位于壳体（1）内的风机（4）、过滤网（5，6）、载有纳米二氧化钛的光催化剂载体部件（7）和紫外灯（8），其特征在于，在壳体（1）内设置有螺旋导风片（16）以形成导流回旋风道，所述纳米二氧化钛在风道内壁和螺旋导风片（16）上形成喷涂涂层，构成所述光催化剂载体部件，所述紫外灯（8）设置在风道中央。"

5. 确定专利申请策略

在确定专利申请策略时，需要通过分析这三项独立权利要求是否具有相应的特定技术特征来确定它们是否属于一个总的发明构思，在此基础上确定这三项发明是合案申请还是分成几件申请提出。

针对该发明第一项改进撰写的独立权利要求的特定技术特征为：在壳体内通往出风口的净化后空气流道中设置由吸音材料制成的消声结构，其起到降低噪音的作用。针对该发明另一项改进的第一种结构撰写的独立权利要求的特定技术特征为：光催化剂载体部件具有三维蜂窝陶瓷网结构，其起到增大气流与光催化剂有效接触面积的作用。针对该发明另一项改进的第二种结构撰写的独立权利要求的特定技术特征为：壳体内设置有螺旋导风片以形成导流回旋风道，风道内壁和螺旋导风片上喷涂有纳米二氧化钛，构成光催化剂载体部件，起到增大气流与光催化剂有效接触面积的作用。

显然，后两项独立权利要求与前一项独立权利要求的特定技术特征完全无关，在该发明中所起的作用也完全不同，可知后两项独立权利要求的特定技术特征与前一项独立权利要求的特定技术特征既不相同，又不相应，在技术上不相互关联，不属于一个总的发明构思。由此可知，针对后一改进的两项发明与针对前一改进的发明之间不具有单一性，因此按照《专利法》第31条第1款的规定，后两项独立权利要求与前一项独立权利要求不能合案申请。❶

就后两项独立权利要求而言，虽然两者的特定技术特征所起的作用相同（即解决同一技术问题），但两者的特定技术特征毫无关联，即两者为解决同一技术问题采用了完全无关的技术手段，因而这两项独立权利要求的特定技术特征之间既不相同，又不相应，不属于一个总的发明构思。可知这两项独立权利要求不具有单一性，按照《专利法》第31条第1款的规定，也不能合案申请。

综上所述，这三项发明不能合案申请，应当作为三件申请提出。

6. 针对该发明专利申请完成说明书及其摘要的撰写

在完成该发明专利申请的权利要求书的撰写后，根据技术交底材料所介绍的发明内容以及最接近的现有技术，结合权利要求书撰写过程所作的考虑，撰写说明书及其摘要。

在撰写说明书时，不应局限于技术交底材料中所写明的内容，应当充分考虑《专利法》《专利法实施细则》和《专利审查指南2010》对申请文件撰写的规定，对技术交底材料进行再创作。尤其在实践中，需要与委托人进行必要的沟通，补充必要的内容，以支持权利要求书所要求保护的范围。

说明书及其摘要的撰写应当符合《专利法实施细则》第17条、第18条和第23条的规定。

由于该申请只涉及一项独立权利要求，为了在发明名称中反映保护的主题和类型，根据独立权利要求所要求保护的主题名称，将发明名称确定为"光催化空气净化器"。

对于技术领域部分，由于该申请只涉及产品"光催化空气净化器"，说明书的技术领域也应当针对该产品作进一步具体说明，可参照独立权利要求的前序部分加以说明，但可更简洁。

对于背景技术部分，按照《专利法实施细则》第17条的规定，应当写明对发明或者实用新型的理解、检索、审查有用的背景技术，并且尽可能引证反映这些背景技术的文件。就该申请来说，可以简明扼要地对客户提供的对比文件1中公开的光催化空气净化器以及所存在的问题作出说明。

在发明内容部分，首先针对最接近的现有技术即对比文件1所存在的不足写明该申请独立权利要求1所要解决的技术问题：因光催化剂载体部件内填充多孔颗粒阻碍气流流动而提高风机转速导致光催化空气净化器噪音大，影响睡眠。然后，另起一段写明解决该技术问题的独立权利要求的技术方案。在此基础上，通过对独立权利要求区别特征的分析，说明这些区别特征为该发明

---

❶ 因为后两项独立权利要求将另行提出专利申请，不属于本发明专利申请的内容，为减少篇幅，不再针对这两项独立权利要求说明如何撰写相应的从属权利要求。

带来的技术效果：由于在壳体内通往出风口的净化后空气流道内设置了由吸音材料制成的消声结构，有效地降低风机和气流流动所产生的噪音。❶ 此外，还可以进一步针对比较重要的从属权利要求的技术方案及其带来的有益效果作出说明。

该申请有附图，所以需要附图说明部分。首先，该申请说明书中应当包括反映该发明第一方面改进（为降低噪音而在净化后空气流道中设置了两种不同消声结构）的光催化空气净化器结构的附图 1 和附图 2，可采用技术交底材料中的图 7-8 和图 7-9，其中附图 2 参照对比文件 2 中的光催化空气净化器的结构对其出风口的位置以及两层过滤网、光催化剂板和紫外灯的排列顺序等作出修改，以适应撰写较宽的独立权利要求的保护范围；此外，还应包括反映该发明对其中光催化剂载体部件的结构作出改进的附图 3 和附图 4，其中附图 3 可采用技术交底材料中的图 7-10，而附图 4 仅保留技术交底材料中的图 7-11 中与其光催化剂载体部件结构有关的部分。此外，在附图中应当仅保留附图标记，而删去对附图标记的文字说明。

在具体实施方式部分，首先将该发明第一方面改进的两种结构的光催化空气净化器（作为该发明的第一种实施方式和第二种实施方式）分别结合附图 1 和附图 2 作出详细说明，且在结合附图 1 和附图 2 作出说明时应当强调：该发明不局限于附图 1 和附图 2 所示光催化空气净化器的具体结构，例如过滤网与光催化剂载体部件的排列顺序、过滤网的数量等。然后，将该发明第二方面改进作为对上述两种实施方式的进一步改进，结合附图 3 和附图 4 对第二方面改进的两种结构分别作出说明。

另外，在撰写说明书的上述内容时，应当按照《专利法实施细则》第 17 条第 2 款的规定，在说明书的五个部分（技术领域、背景技术、发明内容、附图说明、具体实施方式）之前写明这五个部分的标题。

在完成说明书的撰写之后，按照《专利法实施细则》第 23 条的规定撰写说明书摘要：写明发明的名称和所属技术领域，清楚地反映所要解决的技术问题、解决该问题的技术方案的要点以及主要用途。在考虑不超过 300 个字的前提下，除重点写明该发明的名称和独立权利要求技术方案的要点及其带来的技术效果外，还可对两种实施方式作简要说明。对于该申请来说，应当采用最能反映该发明技术方案的说明书附图 1 作为摘要附图。为方便理解说明书摘要内容，可以将已出现在摘要附图中的附图标记标注在摘要描述的相应部件名称之后，但应当加上括号。

（三）推荐的专利申请撰写文件

根据前面技术交底材料中有关空气净化器的技术内容和现有技术的情况，给出推荐的发明专利申请撰写文本。

---

❶ 在 2014 年全国专利代理人资格考试"专利代理实务"科目有关申请文件撰写部分的试题中包含一道简答题，要求应试者简述所撰写的三项独立权利要求相对于对比文件 1 所解决的技术问题和取得的技术效果，因此在此处参照当年试题解析中的答案给出了写入该发明专利申请中独立权利要求 1 解决的技术问题和取得的技术效果。另两项独立权利要求所解决的技术问题和取得的技术效果可以参照下述方式撰写：针对本发明作出另一方面改进的第一种结构的空气净化器撰写的独立权利要求 1 相对于对比文件 1 所解决的技术问题为"气流与光催化剂的有效接触面积小，催化反应不充分，空气净化不彻底"，其取得的技术效果为"通过采用三维蜂窝陶瓷网结构的光催化剂载体部件，增大了气流与光催化剂的有效接触面积，催化反应充分，净化效果好"；针对本发明作出另一方面改进的第二种结构的空气净化器撰写的独立权利要求 1 相对于对比文件 1 所解决的技术问题为"气流与光催化剂的有效接触面积小，催化反应不充分，空气净化不彻底"，其取得的技术效果为"通过壳体内设置的螺旋导风片，在空气净化器内形成导流回旋风道，在风道内壁和螺旋导风片上喷涂纳米二氧化钛涂层，增大了气流与光催化剂的有效接触面积，催化反应充分，净化效果好"。

权 利 要 求 书

1. 一种光催化空气净化器，包括壳体（1），位于壳体（1）上的进风口（2）和出风口（3），位于壳体（1）内的风机（4）、过滤网（5，6）、光催化剂载体部件（7）和紫外灯（8），其特征在于：在所述壳体（1）内通往所述出风口（3）的净化后空气流道中设置由吸音材料制成的消声结构（9）。

2. 根据权利要求1所述的光催化空气净化器，其特征在于：所述出风口（3）位于所述壳体（1）上部的两侧，所述消声结构（9）由固定连接在壳体（1）顶部内壁的中央分流板（10）和一对对称地分别连接在壳体内侧两侧壁上的侧导风板（11）组成。

3. 根据权利要求2所述的光催化空气净化器，其特征在于：所述中央分流板（10）与所述侧导风板（11）构成一个截面为V字形的出风通道。

4. 根据权利要求1所述的光催化空气净化器，其特征在于：所述壳体（1）内通往所述出风口（3）的净化后空气流道中安装有消声器（12），所述消声结构（9）为一组竖直布置在所述消声器（12）内的消声片（14）。

5. 根据权利要求4所述的光催化空气净化器，其特征在于：所述消声片（14）朝向所述消声器（12）进气口的一端均为圆弧形。

6. 根据权利要求1至5中任一项所述的光催化空气净化器，其特征在于：所述光催化剂载体部件（7）是负载有纳米二氧化钛的三维蜂窝陶瓷网（15）。

7. 根据权利要求1至5中任一项所述的光催化空气净化器，其特征在于：所述光催化剂载体部件（7）为设置在所述壳体（1）内、形成导流回旋风道的螺旋导风片（16），作为光催化剂的纳米二氧化钛涂层喷涂在风道内壁和螺旋导风片（16）上，所述紫外灯（8）设置在风道的中央。

说　明　书

光催化空气净化器

技术领域

本发明涉及一种光催化空气净化器，包括壳体、位于壳体内的风机、过滤网、光催化剂载体部件和紫外灯。

背景技术

现有技术中的光催化空气净化器为有效除去空气中的甲醛等污染物，采用了将过滤、吸附与光催化氧化相结合的净化措施，在对空气进行过滤和吸附的空气净化器中还设置有光催化剂载体部件和紫外灯，从而可将空气中的有害气体氧化分解，除去空气中的有害气体。中国发明专利申请文件CN1××××××××A公开了这样一种光催化空气净化器，其包括壳体、位于壳体下部两侧的进风口、位于壳体顶部的出风口以及设置在壳体底部的风机，壳体内从下往上依次设置了以活性炭为过滤介质的第一过滤网、光催化剂板、紫外灯和用于过滤PM2.5的第二过滤网。这种光催化空气净化器基于光催化剂在紫外光的作用下产生活性态氧，将空气中的有害气体氧化分解为二氧化碳和水等物质，有效除去空气中的有害气体。

但是，这种光催化空气净化器的光催化剂板由两层表面负载有纳米二氧化钛涂层的金属丝网和填充在两层金属丝网之间的负载有纳米二氧化钛的多孔颗粒组成。由于在两层金属丝网之间填充了多孔颗粒，阻碍了气流的流动，风阻较大，必须依靠风机的高速运转来提高空气气流的流动，由此导致噪音增大，特别是空气净化器的夜间运行更是影响人的睡眠；此外，金属丝网夹层多孔颗粒的结构使得气流与光催化剂的有效接触面积小，反应不充分，空气净化不彻底。

发明内容

本发明要解决的技术问题在于提供一种光催化空气净化器，其能够有效地降低因提高风机转速而增大的噪音。

为解决上述问题，本发明的光催化空气净化器包括壳体，位于壳体上的进风口和出风口，位于壳体内的风机、过滤网、光催化剂载体部件和紫外灯，在该壳体内通往出风口的净化后空气流道中设置由吸音材料制成的消声结构。由于在净化后空气流道中设置了由吸音材料制成的消声结构，从而有效地降低因提高风机转速而增大的噪音。

作为本发明的一种改进，将其出风口设置在壳体上部的两侧，该消声结构为固定连接在壳体顶部内壁的中央分流板和一对对称地分别连接在壳体内侧两侧壁上的侧导风板。采用这种由中央分流板和一对侧导风板组成的消声结构，使净化后的空气能通过较长的由吸声材料制成的空气流道，取得较好的降低噪音的效果。尤其在中央分流板与一对侧导风板构成一个截面为V字形的出风通道时，净化后的空气流动更为通畅，从而降低噪音效果更好。

作为本发明的另一种改进，消声结构为一组竖直布置在位于通往出风口的净化后空气流道中的消声器内的消声片，这样净化后空气可分成多路经过由吸声材料制成的消声片，气流中的噪音能更好地被吸收，从而取得较好的降低噪音效果。尤其是这组消声片朝向消声器进气口的一端均为圆弧形，则净化后空气可以顺畅地进入消声片之间的通道，使消声片的降噪效果更好。

作为本发明的更进一步的改进，光催化剂载体部件采用负载有纳米二氧化钛的三维蜂窝陶瓷网，或者光催化剂载体部件为设置在壳体内、形成导流回旋风道的螺旋导风片，作为光催化剂的纳米二氧化钛涂层喷涂在风道内壁和螺旋导风片上。光催化剂载体部件采用这两种结构中的任一种，都可增加气流与光催化剂的接触面积和接触时间，使催化反应更充分、空气净化更彻底。

附图说明

下面结合附图对本发明的具体实施方式作进一步详细的说明，其中：

图1为本发明光催化空气净化器第一种实施方式的纵剖视图；

图2为本发明光催化空气净化器第二种实施方式的纵剖视图；

图3示出上述两种实施方式光催化空气净化器中的光催化剂载体部件第一种结构的透视图；

图4示出上述两种实施方式光催化空气净化器中的光催化剂载体部件第二种结构的纵断面图。

具体实施方式

图1示出本发明光催化空气净化器第一种实施方式的纵剖视图。这种光催化空气净化器包括壳体1、位于壳体下部的进风口2（图1中进风口位于壳体下部两侧）以及位于壳体上部两侧的出风口3。壳体底部设置有风机4，在壳体1内设置有第一过滤网5、作为光催化剂载体部件的光催化剂板7、紫外灯8和第二过滤网6。所述第一过滤网5是活性炭过滤网，能使空气顺畅穿过第一过滤网5。所述第二过滤网6是PM2.5颗粒（直径小于等于2.5微米的颗粒物）过滤网。本发明的光催化空气净化器工作时，室内空气在风机4的作用下经进风口2进入，经过第一过滤网5后，其中的灰尘等较大颗粒物质被过滤掉；然后经过受到紫外灯8照射的光催化剂板7，其中的有害气体被催化氧化；随后经过第二过滤网6，PM2.5颗粒被过滤掉，净化后的空气经出风口3送出，净化效率高。

为有效降低风机和气流流动所产生的噪音，在该光催化空气净化器壳体内通往出风口的净化后空气流道内设置了由中央分流板10和一对侧导风板11组成的消声结构9。中央分流板10和侧导风板11由吸音材料制成，例如玻璃纤维棉。中央分流板10固定连接在壳体1顶部的内壁上，一对侧导风板11对称地分别连接在壳体1内侧的两侧壁上，优选中央分流板10与一对侧导风板11构成一个截面为V字形的出风通道。

对于这种结构的光催化空气净化器，室内空气在风机4的作用下经进风口2进入，经过第一过滤网5，穿过受到紫外灯8照射的光催化剂板7，然后经过第二过滤网6，净化后的空气在中央分流板10和一对侧导风板11的作用下，从竖直气流导流成平行气流，由出风口3排出。在上述消声结构中，净化后的空气流经由吸音材料制成的中央分流板10和侧导风板11组成的空气流道，其中的噪音就能被吸收，有效地降低了因风机高速运转而增大的噪音。尤其是中央分流板10与一对侧导风板11构成一个截面为V字形的出风通道，净化后的空气能顺畅地流经出风通道，从而取得更好的降低噪音效果。

图2示出本发明光催化空气净化器第二种实施方式的剖视图。在这种光催化空气净化器中，进风口位于壳体下部的侧壁上，可以为一个或两个，出风口只有一个，位于壳体顶壁上，风机位于壳体底部，壳体内自下而上依次为第一过滤网（活性炭过滤网）5、第二过滤网（PM2.5颗粒过滤网）6、紫外灯8和光催化剂板7。第二种实施方式与第一种实施方式的最主要不同之处为：在该光催化空气净化器壳体内通往出风口的净化后空气流道内安装有消声器12，一组竖直布置

在消声器12内、由吸音材料制成的消声片14构成了用于降低噪音的消声结构9。在图2中该消声器12通过支架13安装在光催化剂板7上部，但也可以采用其他方式例如固定在壳体侧壁上。采用这种结构，净化后的空气流被分为两道以上流经消声器12中由吸音材料制成的消声片14，其中的噪音能很好地被吸收，有效地降低了因风机高速运转而增大的噪音。优选消声片14朝向消声器12进气口的一端均为圆弧形，这样净化后的空气能顺畅地流经消声片14的圆弧形端面，从而取得更好的降低噪音的效果。

需要说明的是，本发明的光催化空气净化器并不限于上述两种实施方式中附图所示的具体结构，在本领域普通技术人员所具备的知识范围内，还可以对其作出种种变化。例如，在图2的实施方式中，出风口也可以如图1所示光催化空气净化器那样设置在壳体上部的两侧。又如，在上述两种实施方式中，风机设置在壳体内部即可，也不一定设置在壳体底部；过滤网也不一定都有两层，可以只有活性炭过滤网，也可以只有PM2.5颗粒过滤网；另外过滤网与光催化剂载体部件、紫外灯的排列位置也可以采用其他的排列顺序，如活性炭过滤网距壳体出风口最近；该光催化空气净化器中气流的流向也不一定为由下向上流动，还可以为由上向下流动，也可以为由左向右流动或由右向左流动。

在上述两种实施方式中，为进一步增加气流与光催化剂的接触面积，其中的光催化剂载体部件还可以采用如图3所示的负载有纳米二氧化钛的三维蜂窝陶瓷网15，与多孔陶瓷板以及其他光催化剂板相比，增大了与气流的接触面积，反应充分，净化效果好。

为使光催化反应更充分，还可采用如图4所示的另一种结构的光催化剂载体部件，在该光催化空气净化器的壳体1内设置螺旋导风片16，由此在空气净化器内形成导流回旋风道。在风道内壁和螺旋导风片16上喷涂纳米二氧化钛涂层，将紫外灯8设置在风道的中央。空气进入空气净化器后，在螺旋导风片16的作用下在风道内形成回旋风，采用这种结构可增加气流与光催化剂的接触面积和接触时间，使催化反应更充分、空气净化更彻底。

说 明 书 附 图

图 1

图 2

图 3

图 4

说 明 书 摘 要

本发明公开了一种光催化空气净化器，包括壳体（1）、位于壳体上的进风口（2）和出风口（3）、位于壳体内的风机（4）、过滤网（5，6）、光催化剂载体部件（7）和紫外灯（8），在从该壳体内通往出风口的净化后空气流道内设置了由吸音材料制成的消声结构（9），从而可有效地降低风机和气流流动所产生的噪音。该消声结构可以为固定连接在壳体顶部内壁的中央分流板（10）和一对对称地分别连接在壳体内侧两侧壁上的侧导风板（11）；也可以为一组竖直布置在位于净化后空气流道中的消声器内、由吸音材料制成的消声片。

摘 要 附 图

三、电学类发明专利申请撰写实例

在电学领域的发明专利申请中，多数申请要求保护的主题是涉及电路的技术方案。通常情况下，对于涉及电路的技术方案，为解决其技术问题，限定电路的产品权利要求应当包括构成该电路的各个电路组成部分及各个组成部分之间的相互连接关系（或信号流向关系）这些结构特征。通常由这些结构特征限定的独立权利要求就能够解决其技术问题。然而，对于某些电学领域的技术方案而言，为解决其技术问题，限定电路的产品权利要求不仅应当包括构成该电路的各个电路组成部分及各个组成部分之间的相互连接关系（或信号流向关系）这些结构特征，还应当包括关于各组成部分彼此间的动态工作关系的电功能性特征。这些限定动态工作关系的电功能性特征也是解决其技术问题必不可少的，这是电学类发明专利申请撰写的一大特点。以下给出两个具体案例，对电学领域专利申请文件的撰写加以介绍，其中【案例8】取材于以往全国专利代理人资格考试考前培训讲课的案例，【案例9】是根据2002年全国专利代理人资格考试"专利申请文件撰写"科目电学专业试题改编而成。

【案例8】压控振荡器

（一）申请案情况介绍

本案例是一项有关高频设备的压控振荡器的发明创造。客户要求针对其所提供的技术交底书撰写一份发明专利申请文件。

1. 客户提供的现有技术

客户随其技术交底书附上了其所了解的一份现有技术文件（以下简称"客户提供的现有技术"或者"对比文件1"）。该对比文件1公开了一种用于高频设备的压控振荡器。压控振荡器（VCO）是一种振荡频率随外加控制电压变化的振荡器，并且是频率产生源的关键部件。在许多现代通信系统中，为了提高系统的使用效率，通常将组成通信装置的本机振荡电路的压控振荡器设计成能够以多个不同的频率进行振荡，从而能够将它用在多个不同的通信系统中。对比文件1中压控振荡器的具体电路如图8-1所示。压控振荡器10包括谐振电路12、振荡电路13和缓冲电路4。

在谐振电路12中，变容二极管VD1与带状线性电感L11和L12串联，然后与电容C8并联，以便实现谐振。

图8-1

振荡电路13中包括晶体管TR1和其他元件。

该压控振荡器10具有不必频繁调节带状线性电感L11和L12的特点。其原因在于：在谐振电路12中，用于谐振的电容器C8既充当耦合于变容二极管VD1与带状线性电感L11和L12的耦合电容，又同时形成谐振电路12中的容性元件。由于通过使用变容二极管VD1所产生的电容来产生谐振，因此通过设定变容二极管VD1的谐振电容，以使其与一个相应于目标频率的负阻抗值相匹配，这样即便当压控振荡器10应用在较高频率时，也会进行稳定的振荡，因而带状线性电感L11和L12的调节需求减少了。

2. 客户提供的技术交底书中发明内容的具体介绍

客户在技术交底书中指出上述现有技术中的压控振荡器容易受干扰噪声影响。因为，在这种压控振荡器中，当二极管 D1 截止时，在电容器 C3 和二极管 D1 之间的节点对地断开。由于电容器 C3 具有隔离直流通过交流的特点，所以此时噪声非常容易通过上述节点和隔直电容器 C3 进入谐振电路 12，进而导致压控振荡器 10 的电性能变差。

为了克服上述缺陷，客户提出了两种改进结构的压控振荡器，这两种压控振荡器都包括谐振电路、振荡电路和缓冲电路。

图 8-2 是第一种改进结构的压控振荡器的电路图。

在谐振电路 11 中，变容二极管 VD11 的阳极接地，阴极通过电感线圈 L12 连接到电源电压端 12。并且该阴极通过耦合电容器 C11 和 C12 连接到振荡电路 2。带状传输线谐振器 L11 的一端连接到耦合电容器 C11 和 C12 之间的节点，另外一端接地。带状传输线谐振器 L11 的中间抽头 CT1 连接到二极管 D11 的阴极，二极管 D11 的阳极通过隔直电容器 C13 接地，并且该阳极还通过电阻器 R11 连接到控制端 13。利用施加到控制端 13 的电压控制二极管 D11 的导通或截止，进而使谐振电路 11 变换两个不同的频率。

图 8-3 是第二种改进结构的压控振荡器的电路图。其中压控振荡器 20 不同于上述第一种压控振荡器 10（参见图 8-2）之处在于：带状传输线谐振器 L11 的中间抽头 CT1 连接到晶体管 Q21 的发射极；晶体管 Q21 的集电极通过隔直电容器 C13 接地；晶体管 Q21 的基极通过电阻器 R11 连接到控制端 13。上述两种改进的结构阻止了干扰噪声通过二极管 D11（或晶体管 Q21）和控制端之间的节点 A 流入带状传输线谐振器。因此提供了不受干扰噪声影响的压控振荡器。

在上述两种压控振荡器 10 和 20 中，当二极管 D11 或晶体管 Q21 截止，在二极管 D11 和控制端 13 之间或在晶体管 Q21 和控制端 13 之间的节点 A 处通过隔直电容器 C13 使高频接地。

图 8-4 是第一种改进结构的压控振荡器的输出特性图。

其中，实线代表图 8-2 所示的第一种压控振荡器 10 的输出特性，其振荡频率大约是 185MHz，虚线代表常规的压控振荡器的输出特性。在图 8-4 中，在 ±75kHz 和 ±150kHz 附近产生的寄生波被大大地

图 8-2

图 8-3

图 8-4

降低，这表明第一种改进结构的压控振荡器10对干扰噪声的灵敏度低很多。

3. 检索到的对比文件

在代理实践中，为客户撰写专利申请文件之前，应该为客户对现有技术再进行一次检索。本案通过检索，找到一篇相关的对比文件，日本专利公开说明书，公开号为JP特开平××××××××（以下简称"检索到的对比文件"或者"对比文件2"）。对比文件2公开了一种能够使用可变换的不同频率进行振荡的压控振荡器50，其电路图如图8-5所示。

该压控振荡器50包括谐振电路1、振荡电路2和缓冲电路3。由谐振电路1谐振的信号被输入到振荡电路2中并且通过晶体管Q1振荡，振荡信号被缓冲电路3放大并且通过输出端7输出。其中，在谐振电路1中，变容二极管VD1的阳极接地，阴极通过电感线圈L2连接到电源电压端4；同时该阴极通过耦合电容器C1和C2连接到振荡电路2。

带状传输线谐振器L1的一端连接到耦合电容器C1和C2之间的节点，另一端接地。带状传输线谐振器L1的中间抽头CT通过电容器C3和二极管D1接地。电容器C3和二极管D1之间的节点通过电阻器R1连接到控制端5。

图 8-5

振荡电路2是具有晶体管Q1并且以共射极方式工作的考毕兹振荡电路。其中，电容器C4连接到晶体管Q1的基极和发射极之间，晶体管Q1的发射极通过电容器C5连接到缓冲电路3，并且通过电容器C6接地。此外，晶体管Q1的集电极通过电感线圈L3连接到电源供电端6，并且还通过电容器C7接地。

压控振荡器50可以利用施加到控制端5的电压控制二极管D1的导通或截止，进而变换谐振电路1的谐振频率。具体而言，当没有电压加到控制端5时，二极管D1截止，此时电感分量是由带状传输线谐振器L1的长度限定的，谐振电路1的谐振频率较低。当电压施加到控制端5时，二极管D1导通，此时，电感分量是由带状传输线谐振器L1的一端和中间抽头CT之间的长度限定的，谐振电路1的谐振频率较高。

（二）权利要求书和说明书的撰写思路

对于前面所介绍的压控振荡器专利申请案来说，该发明创造仅涉及压控振荡器这一主题，对于这一主题可按照下述思路撰写权利要求书和说明书。

1. 理解客户技术交底书中有关发明的实质内容

首先，明确客户所提供的技术交底书中该主题的两种改进结构之间的关系。

根据客户提供的技术交底书可知，本案例中关于压控振荡器的两种改进结构相当于两个并列关系的实施方式。

下面我们来结合前面给出的技术交底书中的两幅附图8-2和8-3来具体分析这两种实施方式之间的区别与联系，以便对技术交底书中的技术内容有更清晰的认识。

（1）两种实施方式的共同点

通过比较分析可知，这两种实施方式的共同点概括起来主要在于：压控振荡器都包括三个主要的组成部分，即谐振电路11（或21）、振荡电路2和缓冲电路3，均在两个不同的频率工作。另外，这两种实施方式所改进的部分仅涉及谐振电路，而压控振荡器其余的两个主要组成部分即振荡电路和缓冲电路与现有技术一样，分别具有常规的电路结构。关于谐振电路的改进，也仅仅是带状传输线谐振器 L11 的中间抽头 CT1 与"地"和"电阻 R11"之间的电路结构存在改进，而谐振电路的其他电路结构及其动态工作方式都不是该发明实施方式的改进所在。

两种实施方式的改进分别是在带状传输线谐振器 L11 的中间抽头 CT1 与节点 A 之间串联一个二极管 D11 或晶体管 Q21，以及在节点 A 与地之间都串联一个隔直电容器。通过上述改进，当二极管 D11 或晶体管 Q21 截止，导致节点 A 到带状传输线谐振器 L11 的电路开路，而节点 A 处的高频干扰噪声通过隔直电容器接地，进而可靠地阻止了干扰噪声通过二极管 D11 或三极管 Q21 和控制端之间的节点 A 流入带状传输线谐振器 L11。

（2）两种实施方式的区别点

通过比较分析还可知，这两种实施方式的区别主要在于：在基于图 8-2 的第一种实施方式中，在带状传输线谐振器 L11 的中间抽头 CT1 与节点 A 之间连接的是一个二极管 D11；而在基于图 8-3 的第二种实施方式中，在带状传输线谐振器 L11 的中间抽头 CT1 与节点 A 处之间连接的是一个晶体管 Q21。

由于二极管具有阴、阳两极，而晶体管具有发射极、集电极和基极三端，因此二极管 D11 或三极管 Q21 与中间抽头 CT1、隔直电容器和电阻器 R11 在连接端上略有差别。在第一种实施方式中，带状传输线谐振器 L11 的中间抽头 CT1 连接到二极管 D11 的阴极，二极管 D11 的阳极通过隔直电容器 C13 接地。此外，二极管 D11 的阳极连接到电阻器 R11。在第二种实施方式中，带状传输线谐振器 L11 的中间抽头 CT1 连接到晶体管 Q21 的发射极。晶体管 Q21 的集电极通过隔直电容器 C13 接地。此外，晶体管 Q21 的基极连接到电阻器 R11。

2. 列出该主题涉及的全部技术特征

通过对技术交底书中结合附图给出的两种压控振荡器的具体结构以及所提供的其他特征信息进行分析，列出该要求保护主题所涉及的全部技术特征。

需要注意的是，根据保护主题涉及电路的产品权利要求的一般撰写特点可知，以压控振荡器为主题的权利要求应当包括：涉及压控振荡器"主要组成部分"的特征、涉及"各组成部分功能或信号流向关系"的特征和涉及"各组成部分内部构成元件、元件间互联关系及电功能"的特征。

这两种压控振荡器结构中共有的技术特征包括：

- 特征 1：一种工作于两个不同频率的压控振荡器 10 或 20 包括谐振电路 11 或 21、振荡电路 2 和缓冲电路 3。
- 特征 2：谐振电路 11 或 21 能够选择两个不同频率中的一个，并且输出以所选择的频率谐振的信号。
- 特征 3：振荡电路 2 用于接收来自所述谐振电路的信号，以所述谐振电路的谐振频率振荡。
- 特征 4：缓冲电路 3 用于放大来自所述振荡电路 2 的振荡信号。
- 特征 5：谐振电路 11 或 21 由变容二极管 VD11、电感线圈 L12、带状传输线谐振器 L11、两个耦合电容器 C11、C12、二极管 D11（在第一种实施方式中）或晶体管 Q21（在第二种实施方式中）、隔直电容器 C13 和电阻器 R11 构成，所述变容二极管 VD11 的阳极接地，其阴极通过所述电感线圈 L12 连接到电源电压 12，所述变容二极管 VD11 与所述电感线圈 L12 之间的节点通过两个串接的耦合电容器 C11、C12 连接到所述振荡电路 2，所述带状传输线谐振器 L11 的一端连接到所述两个耦合电容器 C11、C12 之间，另一端接地，控制端 13 连接所述电阻器 R11 的一端。

• 特征6：二极管D11（在第一种实施方式中）或晶体管Q21（在第二种实施方式中）的一端直接与所述带状传输线谐振器L11的中间抽头CT1连接，其另一端通过所述隔直电容器C13接地并且通过所述电阻器（R11）与所述控制端（13）连接，通过在控制端13施加电压来控制所述二极管D11或晶体管Q21的导通和截止。

• 特征7：振荡电路2是以共射极方式工作的考毕兹振荡电路，其包括：晶体管Q1，用于产生反馈容量的电容器C4，电容器C5、C6、C7，作为扼流圈的电感线圈L3。

上述特征的罗列顺序是依次涉及压控振荡器"主要组成部分"的特征（如特征1）、涉及"各组成部分功能或信号流向关系"的特征（如特征2至4）、涉及"各组成部分内部构成元件、元件间互联关系及电功能"的特征（如特征5至7）。

这两种压控振荡器结构中不同的技术特征是：

• 特征8：所述中间抽头CT1连接到二极管D11的阴极，二极管D11的阳极通过隔直电容器C13接地，并通过电阻器R11连接到控制端13（在第一种实施方式中）。

• 特征9：中间抽头CT1连接到晶体管Q21的发射极，晶体管Q21的集电极通过隔直电容器C13接地，晶体管Q21的基极通过电阻器R11连接到控制端13（在第二种实施方式中）。

通过上述对两种实施方式的压控振荡器结构的具体特征分析，确定哪些是两者共有的技术特征和不同的技术特征，为撰写独立权利要求和从属权利要求做好了准备。

3. 分析研究现有技术，确定最接近的现有技术

根据《专利审查指南2010》第二部分第四章第3.2.1.1节的规定，在确定最接近的现有技术时，首先应当考虑技术领域相同或相近的现有技术，但是在撰写专利申请文件的独立权利要求时，应当选择技术领域相同的现有技术；其次应当从这些现有技术中选出与该发明所要解决的技术问题、技术效果或者用途最接近和/或公开了发明的技术特征最多的那一项现有技术作为最接近的现有技术。

（1）理解两项现有技术的具体技术内容

客户所提供的现有技术对比文件1和检索到的现有技术对比文件2都公开了一种压控振荡器。压控振荡器都包括三个主要的组成部分，即谐振电路、振荡电路和缓冲电路。其中谐振电路都是利用施加到控制端的电压控制二极管D1的导通或截止，使谐振电路变换两个不同的频率。当二极管D1截止时，在电容器C3和二极管D1之间的节点对地断开，噪声非常容易通过上述节点和隔直电容器C3进入谐振电路。因此，对比文件1与对比文件2中的压控振荡器10的抗噪性能较差。

对比文件1和对比文件2中，谐振电路中的变容二极管VD1与带状线性电感和电容器的互联关系存在差异。对比文件2中的谐振电路与技术交底书中该发明的谐振电路相比，除了在谐振器L11的中间抽头CT1与"地""电阻R11"之间的电路结构方面存在不同外，在其他谐振电路元件的组成及互联方式方面是相同的；在振荡电路方面，对比文件2中的振荡电路的组成及互联方式与技术交底书中的相应部分相同。而对比文件1的振荡电路还包括技术交底书中该发明的振荡电路所没有的二极管D2和电阻R3。

（2）确定最接近的现有技术

本案例中，对比文件1与对比文件2都公开了一种压控振荡器，因此两者的技术领域与技术交底书中该发明的技术领域相同。

对比文件1与对比文件2都能使谐振电路变换两个不同的频率。因此，两份对比文件中压控振荡器的用途与技术交底书中该发明的压控振荡器的用途相近。

在谐振电路方面，对比文件1在变容二极管VD1与带状线性电感L1和电容器C8的互联关系、二极管D1和隔直电容器C3与其周围元件的互联关系上与技术交底书中该发明的相应部分存在差异。而对比文件2中的谐振电路除了在二极管D1和隔直电容器C3与其周围元件的互联关系上与技术交底书中该发明的相应部分存在差异外，谐振电路的其他组成元件及其互联方式都与技术交底书中该发明的谐振电路的相同。因此，对比文件2的谐振电路与本案例技术交底书中该发明的谐振电路更为接近。

在振荡电路方面，对比文件1的振荡电路还包括技术交底书中该发明的振荡电路所没有的二极管D2和电阻R3；而对比文件2中的振荡电路的组成元件及其互联方式与技术交底书中该发明的完全相同。因此，对比文件2的振荡电路与技术交底书中该发明的振荡电路更为接近。

由此可见，与对比文件1相比，对比文件2所披露的技术交底书中该发明的特征更多。

综上所述，由于对比文件2与该发明所涉及的技术领域相同，所解决的技术问题与该发明接近，并且与对比文件1相比，对比文件2所披露的技术交底书中该发明的特征更多，因此确定对比文件2是最接近的现有技术。

4. 确定该发明所要解决的技术问题及其相应的必要技术特征

(1) 确定该发明所要解决的技术问题

根据前面的介绍，最接近的现有技术对比文件2所存在的不足是：当二极管D1截止时，在隔直电容器C3和二极管D1之间的节点处的阻抗变成高频率的开路阻抗；因此，在节点A处的阻抗变高，以使阻抗噪声通过点A和隔直电容器C3进入带状传输线谐振器L11；结果，压控振荡器50的工作性能变差，也就是压控振荡器容易受到来自外部的高频噪声的干扰。

相对于最接近的现有技术对比文件2而言，技术交底书中第一种实施方式所采用的改进是：带状传输线谐振器L11的中间抽头CT1连接到二极管D11的阴极，二极管D11的阳极通过隔直电容器C13接地。此外，二极管D11的阳极通过电阻器R11连接到控制端13。因此，当二极管D11截止，在二极管D11和控制端13之间的节点A处（在图6-2中点A）的阻抗变为开路阻抗，由于节点A通过隔直电容器C13高频接地，所以，在二极管与控制端之间的节点A处的阻抗可以保持在低的水平上。进而，干扰噪声会通过节点A和隔直电容器C13接地，可靠地阻止了干扰噪声通过节点A流入带状传输线谐振器。通过图6-4可以看出，改进后的压控振荡器10与已有的压控振荡器相比，对干扰噪声的灵敏度低得多。

技术交底书中第二种实施方式所采用的改进是：带状传输线谐振器L11的中间抽头CT1连接到作为晶体管Q21的发射极，晶体管Q21的集电极通过隔直电容器C13接地，晶体管Q21的基极通过电阻器R11连接到控制端13。因此，当晶体管Q21截止，在晶体管Q21和控制端13之间的节点A（在图6-3中点A）的阻抗变为开路阻抗，由于节点A通过隔直电容器C13接地，所以，在晶体管Q21与控制端之间的节点A处的阻抗可以保持在低的水平上。进而，干扰噪声会通过节点A和隔直电容器C13接地，可靠地阻止了干扰噪声通过节点A流入带状传输线谐振器，不受干扰噪声影响。

技术交底书中的两种实施方式中的上述改进所能够达到的技术效果是："可靠地阻止了干扰噪声通过开关元件和控制端之间的节点A流入带状传输线谐振器，以提供不受干扰噪声影响的可工作于两个不同频率的压控振荡器"。

由上述分析可以知道，本案相对于最接近的现有技术所解决的技术问题是："提供一种对干扰噪声的灵敏度非常低的可工作于两个不同频率的压控振荡器"。

（2）确定为解决技术问题必须包括的必要技术特征

下面我们结合前面所列举的特征及所归纳的技术问题逐一分析哪些是解决上述技术问题的必要技术特征，应当写入独立权利要求中。需要注意的是，鉴于该发明属于电路领域的产品改进发明，因此应当注意必要技术特征不仅仅包括那些对于解决该发明技术问题而言必不可少的电路组成特征，还应当包括那些对于解决其技术问题而言必不可少的连接关系（或信号流向关系）特征和电功能特征。

首先，对该发明两种压控振荡器共有的七个技术特征进行分析。

特征1（即一种工作于两个不同频率的压控振荡器10或20包括谐振电路11或21、振荡电路2和缓冲电路3）限定的是用于构成压控振荡器的主要组成部件，特征2至4（即谐振电路11或21能够选择两个不同频率中的一个，并且输出在所选择的频率谐振的信号；振荡电路2用于接收来自所述谐振电路的信号，以所述谐振电路的谐振频率振荡；缓冲电路3用于放大来自所述振荡电路2的振荡信号）所限定的是压控振荡器主要组成部件之间的连接或电信号流向关系，上述特征1至4所限定的压控振荡器主要组成部分及它们之间的连接或信号流向关系使压控振荡器正常工作，因此是解决该发明技术问题的必要技术特征。

特征6（即二极管D11或晶体管Q21的一端直接与所述带状传输线谐振器L11的中间抽头CT1连接，其另一端通过所述隔直电容器C13接地并且通过所述电阻器R11与所述控制端13连接，通过在控制端13施加电压来控制所述二极管D11或晶体管Q21的导通和截止）是该发明相对于最接近的现有技术的主要改进之处。该发明正因为采用特征6所述改进的电路结构，实现了"阻止了干扰噪声通过开关元件和控制端之间的节点A流入带状传输线谐振器"这一技术效果，进而解决了使压控振荡器"对干扰噪声的灵敏度非常低"这一技术问题，因此特征6限定的改进特征是解决该发明技术问题必不可少的技术特征。

特征5（即谐振电路11或21由变容二极管VD11、电感线圈L12、带状传输线谐振器L11、两个耦合电容器C11和C12、二极管D11或晶体管Q21、隔直电容器C13及电阻器R11构成，所述变容二极管VD11的阳极接地，其阴极通过所述电感线圈L12连接到电源电压12，所述变容二极管VD11与所述电感线圈L12之间的节点通过两个串接的耦合电容器C11、C12连接到所述振荡电路2，所述带状传输线谐振器L11的一端连接到所述两个耦合电容器C11、C12之间，另一端接地，控制端13连接所述电阻器R11的一端）是描述谐振电路11或21的组成元件及各元件之间互联关系的特征。尽管上述组成元件及各元件之间的互联关系与最接近的现有技术（对比文件2）中的相应内容一样，但是它们与特征6限定的改进特征是密切相关的，离开了特征5所描述的具体电路，特征6所描述的改进电路是不完整和不能正常工作的。也就是说特征5所描述电路与特征6所描述的改进电路的共同作用才能使得本案例的技术问题得以解决。因此，特征5也是解决该发明技术问题必不可少的特征。

特征7（即振荡电路2是以共射极方式工作的考毕兹振荡电路，其包括：晶体管Q1，用于产生反馈容量的电容器C4，电容器C5、C6、C7，作为扼流圈的电感线圈L3）为描述振荡电路2的具体电路组成特征。而振荡电路的具体电路组成并非是该发明的改进之处，只要振荡电路2能够实现"用于接收来自所述谐振电路的信号，以所述谐振电路的谐振频率振荡"这一功能，使得压控振荡器具备正常工作的功能，该发明就可以通过特征1至6所限定的内容解决"对干扰噪声的灵敏度非常低"这一技术问题。也就是说，上述技术问题的解决与振荡电路2是何种具体电路组成无关，由此可知特征7不是该发明解决上述技术问题的必要技术特征。

上述两种实施方式中的用于描述两种压控振荡器结构中的不同的技术特征（即特征8和特征

9）是关于特征 6 中的"二极管 D11 或晶体管 Q21"具体采用两者中的哪一个，以及特征 6 中的"二极管 D11 或晶体管 Q21"与其他元件的连接端具体为哪一端的相应特征描述。采用特征 6 所述改进的电路结构，就足以实现"阻止了干扰噪声通过开关元件和控制端之间的节点 A 流入带状传输线谐振器"这一技术效果，进而解决了使压控振荡器"对干扰噪声的灵敏度非常低"这一技术问题，没有必要对采用的具体是二极管 D11 或晶体管 Q21 中的哪一个或者相应的连接端具体是哪一端再作进一步限定。因此，用于描述两种压控振荡器结构中不同的技术特征（即特征 8 和特征 9）不是该发明解决上述技术问题的必要技术特征。

5. 撰写独立权利要求

（1）完成独立权利要求的撰写

根据上述分析，上述两个实施方式中共同特征的集合足以解决该发明所要解决的技术问题。因此，基于上述共同特征中的必要技术特征撰写独立权利要求。需要注意的是，在必要技术特征 5 和 6 中提到了"二极管 D11（在第一种实施方式中）或晶体管 Q21（在第二种实施方式中）"。而鉴于二极管 D11 或晶体管 Q21 在技术交底书中该发明的两种实施方式中主要发挥开关元件的作用，因此可以考虑用"开关元件"这一上位概念来概括二极管 D11 或晶体管 Q21，并且应当可以预测到不同于第一种实施方式中二极管 D11 或第二种实施方式中晶体管 Q21 的其他等同替代方式的开关元件也都具备相同的性能或用途，因此在撰写独立权利要求时，应当将"二极管 D11 或晶体管 Q21"的特征概括至覆盖其所有的等同替代方式的"开关元件"这一特征，以便在兼顾满足"权利要求应当得到说明书支持"等要求的同时尽可能地扩大权利要求的保护范围。

显然，在上述该发明的全部必要技术特征中，最接近的现有技术对比文件 2 中的压控振荡器包含有技术特征 1 至 5，即特征 1 至 5 是该发明与最接近的现有技术共有的技术特征，因此应当将这五个技术特征写入独立权利要求 1 的前序部分，而技术特征 6 在最接近的现有技术对比文件 2 中未予披露，是该发明与对比文件 2 中压控振荡器的区别技术特征，应当将其写入独立权利要求的特征部分。

此外，根据《专利法实施细则》第 19 条第 4 款的规定，权利要求中的技术特征可以引用说明书附图中相应的标记，因而对于产品权利要求，最好在其各部件名称后面加上带括号的附图标记。鉴于此，在撰写压控振荡器的独立权利要求（包括后面撰写的从属权利要求）时，在其各部件名称后面加上相应的带括号的附图标记。

最后完成的压控振荡器的独立权利要求为：

"1. 一种工作于两个不同频率的压控振荡器，包括：

谐振电路（11；21），能够选择两个不同频率中的一个，并且输出以所选择的频率谐振的信号；

振荡电路（2），接收来自所述谐振电路的信号，以所述谐振电路的谐振频率振荡；

缓冲电路（3），放大来自所述振荡电路的振荡信号；

所述谐振电路（11；21）由变容二极管（VD11）、电感线圈（L12）、带状传输线谐振器（L11）、两个耦合电容器（C11、C12）、开关元件（D11；Q21）、隔直电容器（C13）和电阻器（R11）构成；所述变容二极管（VD11）的阳极接地，其阴极通过所述电感线圈（L12）连接到电源电压（12），所述变容二极管（VD11）与所述电感线圈（L12）之间的节点通过两个串接的耦合电容器（C11、C12）连接到所述振荡电路（2），所述带状传输线谐振器（L11）的一端连接到所述两个耦合电容器（C11、C12）之间，另一端接地，控制端（13）连接所述电阻器（R11）的一端；

其特征在于：

所述开关元件（D11、Q21）的一端直接与所述带状传输线谐振器（L11）的中间抽头（CT1）连接，其另一端通过所述隔直电容器（C13）接地，并且所述开关元件（D11、Q21）通过所述电阻器（R11）与所述控制端（13）连接，通过在控制端（13）施加电压来控制所述开关元件（D11、Q21）的导通和截止。"

（2）说明所撰写的独立权利要求具备新颖性、创造性

所撰写的独立权利要求1与客户提供的现有技术对比文件1相比，其区别在于：所述谐振电路包括电感线圈，变容二极管的阳极接地，其阴极通过所述电感线圈连接到电源电压，所述变容二极管与所述电感线圈之间的节点通过两个串接的耦合电容器连接到所述振荡电路，所述带状传输线谐振器的一端连接到所述两个耦合电容器之间；所述开关元件的一端直接与所述带状传输线谐振器的中间抽头连接，其另一端通过所述隔直电容器接地，所述电阻器的另一端连接至所述开关元件，控制端通过所述电阻器连接至所述开关元件。也就是说，独立权利要求1的技术方案未被对比文件1披露，因而独立权利要求1相对于客户提供的现有技术对比文件1具备《专利法》第22条第2款规定的新颖性。

所撰写的独立权利要求1与检索到的现有技术对比文件2相比，其区别技术特征是：所述开关元件的一端直接与所述带状传输线谐振器的中间抽头连接，其另一端通过所述隔直电容器接地，控制端通过所述电阻器连接至所述开关元件。也就是说，独立权利要求1的技术方案未被对比文件2披露，因而独立权利要求1相对于检索到的现有技术对比文件2具备《专利法》第22条第2款规定的新颖性。

正如前面所指出的，在这两项现有技术中，检索到的现有技术对比文件2是该发明最接近的现有技术。独立权利要求1与该最接近的现有技术的区别特征为：所述开关元件的一端直接与所述带状传输线谐振器的中间抽头连接，其另一端通过所述隔直电容器接地，控制端通过所述电阻器连接至所述开关元件。从而独立权利要求相对于该最接近的现有技术实际要解决的技术问题是提供一种对干扰噪声的灵敏度非常低的可工作于两个不同频率的压控振荡器。上述区别技术特征既未在申请人提供的现有技术对比文件1中披露，也不属于本领域技术人员解决"对干扰噪声的灵敏度非常低"这一技术问题的惯用技术手段，即不属于本领域技术人员的公知常识，因而，上述对比文件1以及本领域的公知常识没有给出将上述区别技术特征应用到最接近的现有技术对比文件2中以解决上述技术问题的启示，由此可知，该独立权利要求1相对于检索到的现有技术对比文件2、客户提供的现有技术对比文件1以及本领域的公知常识是非显而易见的，具有突出的实质性特点。

此外，采用独立权利要求1的结构，能够可靠地阻止干扰噪声通过开关元件和控制端之间的节点A流入带状传输线谐振器，进而能够产生不受干扰噪声影响的效果。即独立权利要求的技术方案相对于上述两项现有技术具有有益的技术效果，即具有显著的进步。

由上述分析可知，独立权利要求1的技术方案相对于检索到的对比文件2、客户提供的现有技术对比文件1以及所属技术领域的公知常识具有突出的实质性特点和显著的进步，具备《专利法》第22条第3款规定的创造性。

6. 撰写从属权利要求

鉴于非必要技术特征7（即振荡电路2是以共射极方式工作的考毕兹振荡电路，其包括：晶体管Q1，用于产生反馈容量的电容器C4，电容器C5、C6、C7，作为扼流圈的电感线圈L3。）描述的是振荡电路2的具体电路组成，上述特征不是该发明的改进点，与该发明所解决的技术问

题无关,更重要的是,上述特征 7 已在对比文件 2 中公开,并非对该申请创造性带来贡献的特征,即使将其写成从属权利要求也不会给该发明带来通过从属权利要求层层设防的效果。因此没必要以上述特征 7 作为附加技术特征撰写从属权利要求。

该发明中关于压控振荡器的两种改进结构(即第一种实施方式和第二种实施方式)的区别点在于:所采用的具体开关元件不同(第一种实施方式中为二极管,而第二种实施方式中为晶体管),以及开关元件与其相关元件的连接端不同。鉴于所撰写的独立权利要求 1 中已经用"开关元件"进行了上位的概括,上述两个并列关系的实施方式包含了已经撰写的独立权利要求中的所有技术特征,只是在开关元件及其连接关系上存在进一步的不同。因此以分别引用已经撰写的独立权利要求 1 的方式进一步撰写两项并列的从属权利要求 2 和 3,分别对具体的开关元件及其与相关元件的互联关系作进一步的限定。

对应于第一种实施方式撰写从属权利要求 2,其中的开关元件采用二极管。根据电学领域的普通专业知识可知,二极管是一种较为便宜的单向导通的开关元件。因此,采用二极管作为开关元件所带来的进一步的技术效果是使压控振荡器的构造简单、价格便宜。

对应于第二种实施方式撰写从属权利要求 3,其中的开关元件采用晶体管。同样根据电学领域的普通专业知识可知,晶体三极管具有电流放大作用,因此可以通过其基极电流微小的变化量来控制集电极电流较大的变化量。因此,采用晶体管作为开关元件这一手段所带来的进一步的技术效果是使压控振荡器更加灵敏。

根据上述分析,分别撰写了从属权利要求 2 和 3:

"2. 根据权利要求 1 所述的压控振荡器,其特征在于,所述开关元件是二极管(D11),所述二极管(D11)直接与所述带状传输线谐振器(L11)的中间抽头(CT1)连接的一端是该二极管(D11)的阴极,所述二极管(D11)通过所述隔直电容器(C13)接地的另一端是该二极管(D11)的阳极,且该阳极通过所述电阻器(R11)连接到所述控制端(13)。

3. 根据权利要求 1 所述的压控振荡器,其特征在于,所述开关元件是晶体管(Q21),所述晶体管(Q21)直接与所述带状传输线谐振器(L11)的中间抽头(CT1)连接的一端是该晶体管(Q21)的发射极,所述晶体管(Q21)通过隔直电容器(C13)接地的另一端是该晶体管(Q21)的集电极,所述晶体管(Q21)以其基极通过所述电阻器(R11)连接到所述控制端(13)。"

7. 撰写说明书和说明书摘要

《专利法实施细则》第 17 条规定,发明专利申请的说明书应当写明发明或者实用新型的名称。说明书应当依次包括技术领域、背景技术、发明内容、附图说明和具体实施方式五个组成部分,并在每一部分前面写明标题。

由于该发明只涉及一项独立权利要求,已经撰写的权利要求的主题名称为"工作于两个不同频率的压控振荡器",为了发明名称能够清楚、简要、全面地反映要求保护发明的主题和类型,将发明名称确定为:"工作于两个不同频率的压控振荡器"。

发明的技术领域应当是要求保护的发明或者实用新型技术方案所属或者直接应用的具体技术领域。对于该发明而言,只涉及产品"压控振荡器",说明书的技术领域也应当针对该产品作进一步具体说明,该发明涉及一种用于通信系统、能够在工作期间变换两个不同频率的压控振荡器,该压控振荡器包括谐振电路、振荡电路和缓冲电路。

按照《专利法实施细则》第 17 条的规定,在背景技术部分,要写明对发明或者实用新型的理解、检索、审查有用的背景技术;有可能的,并引证反映这些背景技术的文件。就本专利申请来说,可以简明、扼要地对与发明专利申请最接近的现有技术对比文件 2 公开的"压控振荡器"

及其所存在的问题作出说明。

发明内容部分首先写明发明相对所检索到的对比文件 2 所要解决的技术问题:"提供一种对干扰噪声的灵敏度非常低的可工作于两个不同频率的压控振荡器"。然后,另起段写明解决该技术问题的独立权利要求的技术方案。在此基础上,结合对独立权利要求的区别技术特征的分析说明这些区别技术特征为该发明带来的技术效果。

此后,在发明内容部分中对从属权利要求的技术方案及其有益效果加以叙述。

该申请有附图,所以需要有附图说明部分,即应当写明各幅附图的图名,并且对图示的内容作简要说明。该申请说明书中应当包含反映两种具体实施方式的三幅附图和反映该发明最接近的现有技术对比文件 2 的一幅附图。这样共有四幅附图,在附图说明部分集中对这四幅附图的图名作简略说明。

在具体实施方式部分,可结合该发明两种实施方式的附图对该发明作详细说明:先重点对第一种实施方式的附图作出详细说明;在此基础上,再对第二种实施方式进行详细说明,但其中与第一种实施方式相同的部分可以作简要说明,重点放在第二种实施方式与第一种实施方式的不同之处。在结合附图对本发明的两种具体实施方式作具体说明时,应当将各附图中出现的附图标记标注在相应的部件名称之后,但不得加括号。

在完成说明书的撰写之后,按照《专利法实施细则》第 23 条的规定撰写说明书摘要:写明发明的名称和所属技术领域,清楚地反映所要解决的技术问题、解决该问题的技术方案的要点以及主要用途。在考虑不超过 300 个字的前提下,至少写明该发明的名称和独立权利要求技术方案的要点,最好还能写明采用该技术方案所获得的技术效果。对于该申请来说,还应当采用一幅最能反映该发明技术方案的说明书附图 1(即客户提供的技术交底书中的图 8-2)作为摘要附图。为方便理解说明书摘要内容,可以将已出现在摘要附图中的附图标记标注在相应的部件名称之后,但应当加上括号。

(三)推荐的申请文件

根据以上介绍的该发明"压控振荡器"的资料和现有技术的情况及最接近的现有技术(对比文件 2),给出推荐的发明专利申请文件撰写文本。

权 利 要 求 书

1. 一种工作于两个不同频率的压控振荡器，包括：

谐振电路（11；21），能够选择两个不同频率中的一个，并且输出以所选择的频率谐振的信号；

振荡电路（2），接收来自所述谐振电路的信号，以所述谐振电路的谐振频率振荡；

缓冲电路（3），放大来自所述振荡电路的振荡信号；

所述谐振电路（11；21）由变容二极管（VD11）、电感线圈（L12）、带状传输线谐振器（L11）、两个耦合电容器（C11、C12）、开关元件（D11；Q21）、隔直电容器（C13）和电阻器（R11）构成；所述变容二极管（VD11）的阳极接地，其阴极通过所述电感线圈（L12）连接到电源电压（12），所述变容二极管（VD11）与所述电感线圈（L12）之间的节点通过两个串接的耦合电容器（C11、C12）连接到所述振荡电路（2），所述带状传输线谐振器（L11）的一端连接到所述两个耦合电容器（C11、C12）之间，另一端接地，控制端（13）连接所述电阻器（R11）的一端；

其特征在于：

所述开关元件（D11、Q21）的一端直接与所述带状传输线谐振器（L11）的中间抽头（CT1）连接，其另一端通过所述隔直电容器（C13）接地，并且所述开关元件（D11、Q21）通过所述电阻器（R11）与所述控制端（13）连接，通过在控制端（13）施加电压来控制所述开关元件（D11、Q21）的导通和截止。

2. 根据权利要求1所述的压控振荡器，其特征在于，所述开关元件是二极管（D11），所述二极管（D11）直接与所述带状传输线谐振器（L11）的中间抽头（CT1）连接的一端是该二极管（D11）的阴极，所述二极管（D11）通过所述隔直电容器（C13）接地的另一端是该二极管（D11）的阳极，且该阳极通过所述电阻器（R11）连接到所述控制端（13）。

3. 根据权利要求1所述的压控振荡器，其特征在于，所述开关元件是晶体管（Q21），所述晶体管（Q21）直接与所述带状传输线谐振器（L11）的中间抽头（CT1）连接的一端是该晶体管（Q21）的发射极，所述晶体管（Q21）通过隔直电容器（C13）接地的另一端是该晶体管（Q21）的集电极，所述晶体管（Q21）以其基极通过所述电阻器（R11）连接到所述控制端（13）。

说 明 书

工作于两个不同频率的压控振荡器

技术领域

本发明涉及一种用于通信系统、能够在工作期间变换两个不同频率的压控振荡器,该压控振荡器包括谐振电路、振荡电路和缓冲电路。

背景技术

在现有技术中,压控振荡器(VCO)是一种振荡频率随外加控制电压变化的振荡器,是频率产生源的关键部件。在许多现代通信系统中,为了提高系统的使用效率,通常将组成通信装置的本机振荡电路的压控振荡器设计成能够以多个不同的频率进行振荡,从而能够将它用在多个不同的通信系统中。在压控振荡器的谐振电路中,通常利用施加到控制端的电压控制二极管的导通或截止,使限定电感分量的带状传输线谐振器的长度发生变化,进而使压控振荡器能够以可变换的两个不同的频率进行振荡。日本专利申请公开说明书JP特开平××××××××A公布了一种压控振荡器50,它可以在两个不同频率之间变换进行工作,参见图4。压控振荡器50包括谐振电路1,振荡电路2和缓冲电路3。谐振电路1选择两个不同的频率中的一个,并且输出以所选频率谐振的信号。谐振电路1包括变容二极管VD1,二极管D1,带状传输线谐振器L1,电感线圈L2,电阻器R1,耦合电容器C1和C2,以及隔直电容器C3。变容二极管VD1的阳极接地,阴极通过电感线圈L2连接到电源电压端4。在变容二极管VD1和电感线圈L2之间的节点通过耦合电容器C1和C2连接到振荡电路2。带状传输线谐振器L1的一端连接到在耦合电容器C1和C2之间的节点,而另一端接地。位于带状传输线谐振器L1的两端之间的中间抽头CT通过隔直电容器C3连接到二极管D1的阳极,二极管D1的阴极接地。此外,在隔直电容器C3和二极管D1之间的节点通过电阻器R1连接到控制端5。耦合电容器C1将变容二极管VD1耦合到带状传输线谐振器L1。耦合电容器C2将带状传输线谐振器L1与振荡电路2耦合。

在如上所述的压控振荡器50中,由谐振电路1谐振的信号被输入到振荡电路2中的晶体管Q1的基极,并且通过晶体管Q1振荡。振荡信号被缓冲电路3放大并且通过输出端7输出。利用施加到控制端5的电压,通过控制二极管D1的导通、截止,使得电感分量分别由"带状传输线谐振器L1的一端和中间抽头CT之间的长度"或"带状传输线谐振器L1的长度"限定。因此,通过二极管D1的导通或截止,可以改变谐振电路1的谐振频率,进而使压控振荡器能够以可变换的两个不同的频率进行振荡。

然而,根据上面描述的压控振荡器50,当二极管D1截止时,在隔直电容器C3和二极管D1之间的节点A(图4中的A点)处的阻抗变成高频率的开路阻抗。由于节点A处的阻抗变高,使得阻抗噪声通过点A和隔直电容器C3进入带状传输线谐振器L1。结果,压控振荡器50的性能变差。

发明内容

针对上述现有技术,本发明所解决的技术问题是提供一种对干扰噪声的灵敏度非常低的、可工作于两个不同频率的压控振荡器。

为解决上述技术问题，本发明的压控振荡器包括：谐振电路，能够选择两个不同频率中的一个，并且输出以所选择的频率谐振的信号；振荡电路，接收来自所述谐振电路的信号，以所述谐振电路的谐振频率振荡；缓冲电路，放大来自所述振荡电路的振荡信号；所述谐振电路由变容二极管、电感线圈、带状传输线谐振器、两个耦合电容器、开关元件、隔直电容器、电阻器构成；所述变容二极管的阳极接地，其阴极通过所述电感线圈连接到电源电压，所述变容二极管与所述电感线圈之间的节点通过两个串接的耦合电容器连接到所述振荡电路，所述带状传输线谐振器的一端连接到所述两个耦合电容器之间，另一端接地，控制端连接所述电阻器的一端；所述开关元件的一端直接与所述带状传输线谐振器的中间抽头连接，其另一端通过所述隔直电容器接地，并且所述开关元件通过所述电阻器与控制端连接，通过在控制端施加电压来控制所述开关元件的导通和截止。

在上述技术方案中，在带状传输线谐振器的中间抽头与节点 A 处之间串联一个开关元件，当开关元件因截止而导致节点 A 到带状传输线谐振器 L11 的电路开路时，使得节点 A 处的高频干扰噪声通过隔直电容器高频接地，进而可靠地阻止了干扰噪声通过开关元件和控制端之间的节点 A 流入带状传输线谐振器。最终使压控振荡器不受干扰噪声的影响，工作性能更加稳定。

作为本发明的进一步改进，所述开关元件可以采用二极管，所述二极管直接与所述带状传输线谐振器的中间抽头连接的一端是该二极管的阴极，所述二极管通过所述隔直电容器接地的另一端是该二极管的阳极，且该阳极通过电阻器连接到控制端。通过采用二极管作为开关元件，使压控振荡器的构造简单、价格便宜。

作为本发明的进一步改进，所述开关元件还可以采用晶体管，所述晶体管直接与所述带状传输线谐振器的中间抽头连接的一端是该晶体管的发射极，所述晶体管通过隔直电容器接地的另一端是该晶体管的集电极，所述晶体管以其基极通过电阻器连接到控制端。通过采用晶体管作为开关元件，使压控振荡器更加灵敏。

附图说明

图 1 是本发明压控振荡器的第一种实施方式的电路图。
图 2 是图 1 所示本发明压控振荡器的第一种实施方式的输出特性图。
图 3 是本发明压控振荡器的第二种实施方式的电路图。
图 4 是现有的压控振荡器的电路图。

具体实施方式

下面结合附图对本发明的压控振荡器的两种具体实施方式作详细的说明。

本发明的压控振荡器的第一种实施方式如图 1 所示，压控振荡器 10 在两个不同的频率之间变换进行操作，它包括谐振电路 11、振荡电路 2 和缓冲电路 3。

谐振电路 11 选择两个不同的频率中的一个，并且输出在所选择的频率谐振的信号。谐振电路 11 包括：变容二极管 VD11，作为开关元件的二极管 D11，带状传输线谐振器 L11，电感线圈 L12，电阻器 R11，耦合电容器 C11 和 C12，以及隔直电容器 C13。

变容二极管 VD11 的阳极接地，阴极通过电感线圈 L12 连接到电源电压端 12。在变容二极管 VD11 和电感线圈 L12 之间的节点通过耦合电容器 C11 和 C12 连接到振荡电路 2。

带状传输线谐振器 L11 的一端连接到耦合电容器 C11 和 C12 之间的节点，另外一端接地。带状传输线谐振器 L11 的中间抽头 CT1 位于带状传输线谐振器 L11 的两端之间的一个位置，它连接到二极管 D11 的阴极，二极管 D11 的阳极通过隔直电容器 C13 接地。此外，二极管 D11 的阳极通过电阻器 R11 连接到控制端 13。

耦合电容器 C11 将变容二极管 VD11 与带状传输线谐振器 L11 耦合。耦合电容器 C12 将带状传输线谐振器 L11 与振荡电路 2 耦合。压控振荡器 10 的振荡电路 2 和缓冲电路 3 优选分别具有与传统的压控振荡器 50（图 4）的振荡电路和缓冲电路相同的结构。

在如上所述的压控振荡器 10 中，由谐振电路 11 谐振的信号被输入到振荡电路 2 中的晶体管 Q1 的基极，并且通过晶体管 Q1 进行振荡。振荡信号被缓冲电路 3 放大并且通过输出端 7 输出。利用施加到控制端 13 的电压通过控制二极管 D11 的导通-截止，压控振荡 10 能够以可变换的两个不同的频率进行振荡。

当没有电压加到控制端 13 时，二极管 D11 截止，使二极管 D11 和隔直电容器 C13 与带状传输线谐振器 L11 电分离，电感分量由带状传输线谐振器 L11 的长度限定。

当电压施加到控制端 13 时，二极管 D11 导通，使带状传输线谐振器 L11 的中间抽头 CT1 通过二极管 D11 和隔直电容器 C13 接地。此时，电感分量是由带状传输线谐振器 L11 的一端与中间抽头 CT1 之间的长度限定的。因此，频率变成比在二极管 D11 截止时获得的频率要高。

通过如上所述的二极管 D11 的导通或截止，可以改变谐振电路 11 的谐振频率。

在图 2 中，实线代表图 1 所示的第一种压控振荡器 10 的输出特性，虚线代表图 4 所示常规的压控振荡器 50 的输出特性。

正如在图 2 中看到的，在振荡频率大约是 185 MHz 的第一种压控振荡器 10 中，在 ±75 kHz 和 ±150 kHz 附近产生的寄生波被大大地降低。这表明第一种压控振荡器 10 对干扰噪声的灵敏度比常规的压控振荡器 50 对干扰噪声的灵敏度低很多。

下面，结合图 3 介绍本发明压控振荡器的第二种实施方式。

如图 3 所示，在本发明第二种实施方式中的压控振荡器 20 中，除了在谐振电路 21 中用晶体管 Q21 代替第一种实施方式中二极管 D11 以外，其他部分与本发明第一种实施方式中的压控振荡器 10 的结构基本相同。

在本发明的第二种实施方式中，谐振电路 21 包括变容二极管 VD11，作为开关元件的晶体管 Q21，带状传输线谐振器 L11，电感线圈 L12，电阻器 R11，耦合电容器 C11 和 C12，以及隔直电容器 C13。带状传输线谐振器 L11 的中间抽头 CT1 连接到作为晶体管 Q21 的发射极，晶体管 Q21 的集电极通过隔直电容器 C13 接地，晶体管 Q21 的基极通过电阻器 R11 连接到控制端 13。

本发明的两种压控振荡器的振荡电路和缓冲电路分别具有常规的电路结构。例如，振荡电路 2 是装备有晶体管 Q1 并且以共射极方式工作的考毕兹振荡电路。用于产生反馈容量的电容器 C4 连接到晶体管 Q1 的基极和发射极之间。晶体管 Q1 的发射极通过电容器 C5 连接到缓冲电路 3，并且通过电容器 C6 接地。此外，晶体管 Q1 的集电极通过作为扼流圈的电感线圈 L3 连接到电源供电端 6，并且还通过电容器 C7 接地。即使振荡电路和缓冲电路分别具有另外的电路结构，也可以实现本发明的压控振荡器。

在两种压控振荡器 10 和 20 中，作为开关元件的二极管 D11 的阴极或晶体管 Q21 的发射极连接到带状传输线谐振器 L11 的中间抽头 CT1，二极管 D11 的阳极或晶体管 Q21 的集电极通过隔直电容器 C13 接地，而且二极管的阳极或晶体管的基极通过电阻 R11 连接到控制端 13。即使当二极管 D11 或晶体管 Q21 截止，即在二极管 D11 和控制端 13 之间或在晶体管 Q21 和控制端 13 之间的节点 A 处（在图 1 或图 3 中点 A）的阻抗变为开路阻抗，由于节点 A 通过隔直电容器

C13接地，所以，在二极管或者晶体管与控制端之间的节点A处的阻抗可以保持在低的水平上。

通过上述手段，可靠地阻止了干扰噪声通过开关元件和控制端之间的节点A流入带状传输线谐振器，从而可以提供不受干扰噪声影响的压控振荡器。

另外，振荡电路中的开关元件采用二极管可以使得压控振荡器的构造简单，价格便宜；振荡电路中的开关元件采用晶体管则可以使压控振荡器更加灵敏。

上面结合附图对本发明的实施方式作了详细说明，但是本发明并不限于上述实施方式，在本领域普通技术人员所具备的知识范围内，还可以在不脱离本发明宗旨的前提下作出各种变化。

说 明 书 附 图

图 1

图 2

图 3

图 4

说　明　书　摘　要

本发明涉及一种工作于两个不同频率的压控振荡器，包括谐振电路（11）、振荡电路（2）和缓冲电路（3）；谐振电路（11）由变容二极管（VD11）、电感线圈（L12）、带状传输线谐振器（L11）、两个耦合电容器（C11、C12）、开关元件（D11）、隔直电容器（C13）和电阻器（R11）构成；其中开关元件的一端直接与带状传输线谐振器（L11）的中间抽头（CT1）连接，另一端通过隔直电容器（C13）接地并且通过电阻器（R11）连接至控制端（13），通过在控制端施加电压来控制开关元件的导通和截止。通过本发明，压控振荡器对干扰噪声的灵敏度非常低。开关元件可以是二极管（D11）或者晶体管。

摘 要 附 图

【案例9】双频带振荡装置❶

（一）申请案情况介绍

本案例是一件有关双频带振荡装置的发明创造，该双频带振荡装置由第一振荡器、第二振荡器、耦合电路、放大器、电压切换装置构成，可以用于双频移动电话中。客户要求针对所提供的技术交底书撰写一份发明专利申请文件。

1. 客户提供的现有技术

客户提供了一种双频带振荡装置，其结构如图9-1所示。第一振荡器21的振荡频率为880～940MHz，第二振荡器22的振荡频率为1805～1920MHz。通过切换开关26，可以将电源电压（Vb）择一地施加到第一振荡器21或第二振荡器22上，获得电源电压的那一方的振荡器动作，输出振荡信号。第一振荡器21的振荡信号经耦合电容23a被输入到放大器24内，第二振荡器22的振荡信号经耦合电容23b被输入到放大器25内。

图9-1

第一振荡器21包括第一振荡晶体三极管21a，第二振荡器22包括第二振荡晶体三极管22a。每个振荡器还包括两个反馈电容21b和21c（或22b和22c）、作为电感元件的电介质条状线21d（或22d）、变容二极管21e（或22e）等。振荡晶体三极管21a（或22a）的集电极通过接地电容21f（或22f）被高频接地。借助于供给到变容二极管21e（或22e）上的控制电压Vc，第一或第二频带的振荡频率发生变化，从发射极输出振荡信号。

放大器24、25都是发射极接地型的非调谐型宽带放大器。在放大器24（或25）中，电源电压通过电感线圈24b（或25b）施加到放大用晶体三极管24a（或25a）的集电极上，发射极经偏压电阻24c（或25c）和旁路电容24d（或25d）而接地。作为放大器24（或25）的输入端的基极经耦合电容23a（23b）与第一振荡器21（或第二振荡器22）的发射极连接。

---

❶ 本案例改编于2002年全国专利代理人资格考试"专利申请文件撰写"科目的电学专业试题。

2. 客户技术交底书中对发明内容的具体说明

客户在技术交底书中指出，使用现有技术中的双频带振荡装置需要为每一个频带提供一个放大器，因此电路规模较大，导致装置的体积较大。客户为克服现有双频带振荡装置的上述缺点，在技术交底书中提供了五种双频带振荡装置。

客户发明的第一种双频带振荡装置

该双频带振荡装置的结构如图9-2所示，该双频带振荡装置由第一振荡器1、第二振荡器2、耦合电路3和放大器4构成。

图9-2

第一振荡器1输出频率为880～940MHz的振荡信号，第二振荡器2输出频率为1805～1920MHz的振荡信号。由电压切换装置5将电源电压Vb供给到第一振荡器1或第二振荡器2上，得到电源电压的那个振荡器动作。

第一振荡器1具有第一振荡晶体三极管1a，第二振荡器2具有第二振荡晶体三极管2a。所述第一振荡器、第二振荡器与前面提到的现有技术中的第一振荡器、第二振荡器相同，但也可以采用其他结构的振荡器。耦合电路3具有：阴极彼此相互连接的第一及第二开关二极管3a、3b，连接在第一开关二极管3a的阳极和第一振荡晶体三极管1a的发射极之间的第一耦合电容3c，连接在第二开关二极管3b的阳极和第二振荡晶体三极管2a的发射极之间的第二耦合电容3d，直流地连接第一振荡晶体三极管1a的集电极和第一开关二极管3a的阳极的第一馈电电阻3e，直流地连接第二振荡晶体三极管2a的集电极和第二开关二极管3b的阳极的第二馈电电阻3f，串联连接在开关二极管3a、3b的阴极和地之间的扼流线圈3g。

当电源电压通过电压切换装置5施加到第一振荡晶体三极管1a的集电极上时，第一振荡器1动作。电流流过第一馈电电阻3e、第一开关二极管3a、扼流线圈3g，第一开关二极管3a导通。第一振荡晶体三极管1a的发射极上产生的振荡信号经第一耦合电容3c、第一开关二极管3a、隔直电容4e输入到放大器4的输入端。

当电源电压通过电压切换装置5施加到第二振荡晶体三极管2a的集电极上时，第二振荡器2动作，电流流过第二馈电电阻3f、第二开关二极管3b、扼流线圈3g，第二开关二极管3b导通。

第二振荡晶体三极管 2a 的发射极上产生的振荡信号经第二耦合电容 3d、第二开关二极管 3b、隔直电容 4e 输入到放大器 4 的输入端。

采用该发明的双频带振荡装置，由于两个振荡器共用一个放大器，从而减小了电路的规模，能够使整个电路装置小型化。

另外，利用与第一振荡器动作同步导通的第一开关二极管 3a，将第一频带的振荡信号输入放大器 4 内，此时第二开关二极管 3b 处于非导通状态；或者利用与第二振荡器动作同步导通的第二开关二极管 3b，将第二频带的振荡信号输入放大器 4 内，此时第一开关二极管 3a 处于非导通状态。因此，第一振荡器 1 和第二振荡器 2 不会耦合，从而使一个振荡器不会成为另一振荡器的负载，被输入放大器 4 的振荡信号的电平不会下降。

客户发明的第二种双频带振荡装置

该双频带振荡装置的结构如图 9-3 所示，在图 9-2 所示电路中增加一个电感线圈 3h，使之与第一耦合电容 3c 相串联，并且使由第一耦合电容 3c 和电感线圈 3h 产生的共振频率与第一频带的中心频率相一致，其他构成与图 9-2 所示的相同。

图 9-3

这种双频带振荡装置除了具有第一种双频带振荡装置的优点之外，还能进一步消除第一频带中的高频干扰，其原因是：由于第一频带的振荡信号的高频受电感线圈 3h 作用而不能通过，使被输入放大器 4 的高频电平降低。因此，即使放大器 4 是宽带放大器，但输出的高频电平会降低，从而能够防止与放大器 4 的下一级连接的混合器（图 9-3 中未示出）等装置上发生干扰信号。

客户发明的第三种双频带振荡装置

该双频带振荡装置的结构如图 9-4 所示，在图 9-2 所示电路中增加一个电阻 3i，使之与第二耦合电容 3d 相串联，其他构成与图 9-2 所示的相同。这种结构适合于第二振荡器的振荡信号电平大于第一振荡器的振荡信号电平的情形。

这种双频带振荡装置除了具有第一种双频带振荡装置的优点之外，还能进一步保证输入放大器 4 的两个振荡信号的电平相一致，其原因是：电阻 3i 的功能在于调整电平，当第二振荡器的振荡信号电平大于第一振荡器的振荡信号电平时，由于与第二耦合电容 3d 串联连接的电阻 3i 的作用，使

图 9-4

第二频带的振荡信号的电平下降,因此,能够使得输入放大器 4 的两个振荡信号的电平相一致。

另外,所述增加的电阻 3i 也可以与第一耦合电容 3c 相串联,其他构成与图 9-2 所示的相同。这种结构适合于第一振荡器的振荡信号电平大于第二振荡器的振荡信号电平的情形。

客户发明的第四种双频带振荡装置

该双频带振荡装置的结构如图 9-5 所示,在图 9-3 所示电路中增加一个电阻 3i,使之与第二耦合电容 3d 相串联,其他构成与图 9-3 所示的相同。这种结构也是适合于第二振荡器的振荡信号电平大于第一振荡器的振荡信号电平的情形。显然,这种双频带振荡装置具有前三种双频带振荡装置的上述所有优点。

图 9-5

客户发明的第五种双频带振荡装置

该双频带振荡装置的结构如图9-6所示,在图9-3所示电路中增加一个电阻3i,使之与第一耦合电容3c和电感线圈3h相串联,其他构成与图9-3所示的相同。这种结构适合于第一振荡器的振荡信号电平大于第二振荡器的振荡信号电平的情形。

图9-6

电阻3i的功能也是调整电平,当第一振荡器的振荡信号电平大于第二振荡器的振荡信号电平时,由于与第一耦合电容3c和电感线圈3h串联连接的电阻3i的作用,使第一频带的振荡信号的电平下降,因此能够使得输入放大器4的两个振荡信号的电平相一致。可见,这种双频带振荡装置与上述第四种双频带振荡装置一样,具有前三种双频带振荡装置的上述所有优点。

3. 检索到的现有技术

在为客户撰写申请文件之前,应当为客户对现有技术再进行一次检索,在本案例中,找到一篇相关的对比文件,日本的专利申请公开说明书JP××××××××A(以下简称"检索到的对比文件"或者"对比文件2")。

该对比文件2中公开了一种由两个频带不同的振荡电路和共用的放大器构成的高频双频带振荡电路,如图9-7所示。这种双频带振荡电路主要包括:第一振荡电路50a、第二振荡电路50b、第一耦合电容16a、第二耦合电容16b、缓冲放大器2c。第一振荡电路50a的振荡频率为880~940MHz,第二振荡电路50b的振荡频率为1805~1920MHz。第一振荡电路包括第一振荡三极管10a,第二振荡电路包括第二振荡三极管10b。

电源电压通过电压切换装置25可以经偏置电阻30a或30b分别供给到第一振荡三极管10a或第二振荡三极管10b的基极,获得电源电压的那一方的振荡电路动作,得到电源电压的那一方的振荡三极管的发射极产生的振荡信号经耦合电容16a或16b被输入到放大器2c内。

采用上述电路,由于两个振荡器共用一个缓冲放大器,从而减小了电路的规模,能够使整个电路装置小型化。但是,与采用两个放大器的电路相比,采用这种电路耗电量要大一些,其原因在于:由于两个频带的振荡信号通过各自的耦合电容输入到放大器内,造成两个振荡器通过耦合电容相互连接,各振荡器与对方振荡器构成负载关系,因此,输入放大器的振荡信号的电平会降低。

图 9-7

(二) 权利要求书和说明书的撰写思路

由客户提供的技术交底书可知，该发明仅涉及用于双频移动电话中的双频带振荡装置这一主题，对于这一主题，可以按照下述主要思路撰写权利要求和说明书。

1. 理解客户技术交底书中有关发明的实质内容

鉴于客户所提供的技术交底书中的第三种双频带振荡装置包括两种改进结构，因此客户所提供的技术交底书中实际涉及双频带振荡装置的六种改进结构。为后面表述方便，将客户所提供的技术交底书中的第一种、第二种、第四种、第五种双频带振荡装置的改进结构分别称为第一种、第二种、第四种、第五种实施方式；第三种双频带振荡装置的前一种改进结构称为第三种实施方式，其后一种改进结构称为第六种实施方式。

首先，明确客户所提供的技术交底书中所涉及双频带振荡装置的所述六种改进结构之间的关系。

根据客户提供的技术交底书可知，本案例中用于双频移动电话中的双频带振荡装置包括六种改进结构，后五种改进结构是在第一种改进结构基础上作出的进一步改进，由此可知在这些改进结构对应的六种实施方式中，第一种实施方式中的双频带振荡装置是基础性的，而另外五种实施方式中的双频带振荡装置是对第一种实施方式中的双频带振荡装置作出的进一步改进。因此可以初步确定，针对第一种实施方式中的双频带振荡装置来撰写独立权利要求，而针对第二种到第六种实施方式中的双频带振荡装置来撰写从属权利要求。

作为基础的第一种实施方式中的双频带振荡装置包括五个主要组成部分，即第一振荡器 1、第二振荡器 2、耦合电路 3、放大器 4 和电压切换装置 5。通过电压切换装置 5 可将电源电压择一地供给到两个振荡器之一。放大器 4 放大第一频带振荡信号或第二频带振荡信号。由于两个具有不同频率的振荡器共用一个放大器，不需要为两个振荡器分别提供一个放大器，因此电路规模较小，装置的体积比较紧凑。

耦合电路 3 包括两个阴极彼此对接后再连接到放大器 4 输入端的第一开关二极管 3a 和第二开关二极管 3b；通过电压切换装置 5，使第一开关二极管 3a 或第二开关二极管 3b 之一与相应的振荡器 1 或 2 动作同步导通以将相应频带的振荡信号输入放大器 4 内，也就是一个开关二极管导通,而另一个开关二极管处于非导通状态。由于上述设置使得第一振荡器1和第二振荡器2不会耦合,从而使一个振荡器不会成为另一个振荡器的负载,进而使得被输入放大器4的振荡信号的电平不会下降。

此外,耦合电路3还包括:连接在第一开关二极管3a的阳极和第一振荡晶体三极管1a的发射极之间的第一耦合电容3c;连接在第二开关二极管3b的阳极和第二振荡晶体三极管2a的发射极之间的第二耦合电容3d;直流地连接第一振荡晶体三极管1a的集电极和第一开关二极管3a的阳极之间的第一馈电电阻3e;直流地连接第二振荡晶体三极管2a的集电极和第二开关二极管3b的阳极之间的第二馈电电阻3f;串联连接开关二极管3a、3b的阴极和地之间的扼流线圈3g。

第二种到第六种实施方式中的双频带振荡装置是分别对第一种实施方式中的双频带振荡装置中的耦合电路3进一步的改进。

第二种实施方式中:耦合电路3还包括一电感线圈3h,其与第一耦合电容3c相串联,以消除低频频带中的高频干扰。

第三种实施方式中:耦合电路3还包括一电阻3i,其与第二耦合电容3d相串联。

第四种实施方式中:耦合电路3还包括一电阻3i和一电感线圈3h,电感线圈3h与第一耦合电容3c相串联,电阻3i与第二耦合电容3d相串联。

第五种实施方式中:耦合电路3还包括一个电阻3i和一电感线圈3h,它们与第一耦合电容3c相串联。

第六种实施方式中:耦合电路3还包括一个电阻3i,其与第一耦合电容3c相串联。

2. 针对第一种实施方式列出全部的特征

需要注意的是,根据保护主题涉及电路的产品权利要求的一般撰写特点可知,以双频带振荡装置为主题的权利要求应当包括:涉及双频带振荡装置"主要组成部分"的特征、涉及"各组成部分功能或信号流向关系"的特征和涉及"各组成部分内部构成元件、元件间互联关系及电功能"的特征。

根据上述分析,基于该发明第一种实施方式中描述的双频带振荡装置,列出以下特征:

- 特征1:双频带振荡装置由第一振荡器1、第二振荡器2、耦合电路3、放大器4、电压切换装置5构成。
- 特征2:第一振荡器1输出第一频带的振荡信号,第二振荡器2输出第二频带的振荡信号。
- 特征3:电压切换装置5用于择一地向上述第一振荡器1或上述第二振荡器2提供电源电压。
- 特征4:耦合电路3用于将上述第一频带振荡信号或上述第二频带振荡信号输入到放大器4。
- 特征5:放大器4放大上述第一频带振荡信号或上述第二频带振荡信号。
- 特征6:第一振荡器1包括第一振荡晶体三极管1a,第二振荡器2包括第二振荡晶体三极管2a;电源电压通过电压切换装置5被择一地提供到上述第一振荡晶体三极管1a的集电极或上述第二振荡晶体三极管2a的集电极。
- 特征7:耦合电路3包括串联连接在所述第一振荡器1和所述放大器4之间、与所述第一振荡器1动作同步导通的第一开关二极管3a,串联连接在所述第二振荡器2和所述放大器4之间、与所述第二振荡器2动作同步导通的第二开关二极管3b。
- 特征8:第一开关二极管3a及第二开关二极管3b的阴极对接,并与放大器的输入端相连。

- 特征 9：第一开关二极管 3a 的阳极直流地连接上述第一振荡晶体三极管 1a 的集电极，且经一个第一耦合电容 3c 连接第一振荡晶体三极管 1a 的发射极，上述第二开关二极管 3b 的阳极直流地连接上述第二振荡晶体三极管 2a 的集电极，且经一个第二耦合电容 3d 连接第二振荡晶体三极管 2a 的发射极。
- 特征 10：耦合电路 3 还包括：连接在第一开关二极管 3a 的阳极和第一振荡晶体三极管 1a 的发射极之间的第一耦合电容 3c；连接在第二开关二极管 3b 的阳极和第二振荡晶体三极管 2a 的发射极之间的第二耦合电容 3d；直流地连接第一振荡晶体三极管 1a 的集电极和第一开关二极管 3a 的阳极之间的第一馈电电阻 3e；直流地连接第二振荡晶体三极管 2a 的集电极和第二开关二极管 3b 的阳极之间的第二馈电电阻 3f；串联连接开关二极管 3a、3b 的阴极和地之间的扼流线圈 3g。

以上特征的罗列顺序依次是涉及双频带振荡装置"主要组成部分"的特征（如特征 1）、涉及"各组成部分功能或信号往来关系"的特征（如特征 2～5）、涉及"各组成部分内部构成元件、元件间互联关系及电功能"的特征（如特征 6～10）。

另外还需要说明的是，特征 8 是以结构特征的方式描述的该申请的改进点，即通过具体的第一开关二极管 3a、第二开关二极管 3b 和放大器的输入端之间的特定的连接关系来描述避免各振荡器与对方振荡器构成负载关系这一改进点。那么，是否可以以功能限定的方式来描述用以避免各振荡器与对方振荡器构成负载关系这一改进点？例如写成："通过提供电源电压，当第一振荡器 1 工作时第一开关二极管 3a 同步导通，同时第二开关二极管 3b 不导通；当第二振荡器工作时，第二开关二极管 3b 同步导通，同时第一开关二极管 3a 不导通"。

《专利审查指南 2010》中规定，对产品权利要求来说，应当尽量避免使用功能或者效果特征来限定发明。只有在某一技术特征无法用结构特征来限定，或者技术特征用结构特征限定不如用功能或效果特征来限定更为恰当，而且该功能或者效果能通过说明书中规定的实验或者操作或者所属技术领域的惯用手段直接和肯定地验证的情况下，使用功能或者效果特征来限定发明才可能是被允许的。对于本案例而言，并非某一技术特征无法用结构特征来限定的情形，并且特征 8 也更为简洁。因此选择结构特征 8 而非相应的功能特征来具体限定。

3. 分析研究现有技术，确定最接近的现有技术

根据《专利审查指南 2010》第二部分第四章第 3.2.1.1 节的规定，在确定最接近的现有技术时，首先应当考虑技术领域相同或相近的现有技术，但是在撰写专利申请文件的独立权利要求时，应当考虑技术领域相同的现有技术；其次应当从这些现有技术中选出与该发明所要解决的技术问题、技术效果或者用途最接近和/或公开了发明的技术特征最多的一项现有技术作为最接近的现有技术。

（1）理解两项现有技术的具体技术内容

客户所提供的现有技术（以下简称"对比文件 1"）和检索到的现有技术（即对比文件 2）都公开了一种双频带振荡装置。

对比文件 1 公开的双频带振荡装置通过电压切换装置 26 将电源电压 Vb 择一地施加到第一振荡器 21 或第二振荡器 22 上，第一或第二振荡信号经耦合电容被输入对应的放大器 24 或 25 内。因此，对比文件 1 存在的问题是：需要为每一个频带提供一个放大器，因此电路规模较大，导致装置的体积较大。

对比文件 2 公开的双频带振荡装置通过电压切换装置 25 将电源电压供给到第一振荡电路 50a

或第二振荡电路 50b 时，第一振荡信号或第二振荡信号经耦合电容被输入到共用的放大器 2c 内。因此，在对比文件 2 中，由于两个振荡器共用一个缓冲放大器，从而减小了电路的规模，能够使整个电路装置小型化。

(2) 确定最接近的现有技术

针对该申请涉及的技术领域而言，对比文件 1 与对比文件 2 都公开了一种双频带振荡电路，因此两者与该发明的领域相同。

从解决的技术问题、技术效果和用途方面分析可知，对比文件 1 中的双频带振荡电路需要为每一个振荡器提供一个放大器，因此电路规模较大，导致装置的体积较大。而对比文件 2 的双频带振荡电路中的两个振荡器共用一个缓冲放大器，从而解决了"减小了电路的规模，能够使整个电路装置小型化"的技术问题。而该申请技术交底书中提及的方案所能解决的技术问题中包括"能够使整个电路装置小型化"的技术问题。由此可见，对比文件 2 解决了该发明的上述部分技术问题。因此从所解决的技术问题或者说技术效果和用途方面的角度而言，对比文件 2 与该申请所解决的技术问题更为接近。

从对比文件 1 和对比文件 2 的技术方案中共有特征的数量的角度进行分析，我们通过特征对比可知：在第一振荡器、第二振荡器和放大器的内部结构方面，对比文件 1 的振荡器和放大器的内部电路组成与本案技术交底书中该发明的相应电路组成非常接近，而对比文件 2 的振荡器和放大器的内部电路组成方面与该发明存在一些差别；在耦合电路与放大器的互联方式、放大器的数量方面，对比文件 2 中的放大器的数量与本案技术交底书中该发明的放大器数量相同，并且对比文件 2 中的耦合电路与放大器的互联方式与该发明中的相应互联方式更为接近，而对比文件 1 在耦合电路与放大器的互联方式、放大器的数量方面与该发明存在较明显差别。由此可知，对比文件 2 披露了该发明更多的技术特征。

综上所述，由于对比文件 2 与该发明所涉及的技术领域相同，并且与对比文件 1 相比，所解决的技术问题与该发明更为接近，披露的该发明的技术特征更多，因此确定对比文件 2 是最接近的现有技术。

需要注意的是，通过将对比文件 1 与第一种实施方式的附图进行对比可以发现：对比文件 1 的振荡器和放大器的内部电路组成与客户的技术交底书中该发明的相应电路组成非常接近，因此仅通过附图的对比很容易错误地将对比文件 1 认定为最接近的现有技术。其实不然，在确定最接近的现有技术时，当技术领域相同时，需要看哪一份对比文件所解决的技术问题、技术效果和用途与该发明更为接近和/或哪一篇公开了发明的技术特征最多。本案例中，与对比文件 1 相比，对比文件 2 所解决的技术问题与该发明更为接近；而就解决问题的技术方案来看，该发明的主要改进并不在于振荡器的内部结构，而在于振荡器与放大器的连接，因此不应看两者的振荡器具体结构何者披露了该发明更多的技术特征，而应从整体上看何者披露了更多的技术特征，鉴于对比文件 2 与该发明均为两个振荡器共用一个放大器，即对比文件 2 披露了该发明更多的技术特征。因此，应当确定对比文件 2 是最接近的现有技术。

4. 确定该发明所要解决的技术问题及其相应的必要技术特征

(1) 确定该发明所要解决的技术问题

根据前面的介绍，由于在技术交底书中所想要解决的技术问题之一"能够使整个电路装置小型化"在最接近的现有技术对比文件 2 中已经解决，因此需要通过将该申请与最接近的现有技术作进一步的比较，以确定该发明所解决的问题。

通过特征对比可知，该发明实施方式相对于对比文件 2 的主要改进是：耦合电路 3 包括串接在振荡器与放大器之间的第一开关二极管 3a 和第二开关二极管 3b；第一开关二极管 3a 及第二开关二极管 3b 的阴极对接，并与放大器的输入端相连。

基于上述改进结构，通过提供电源电压，使第一开关二极管 3a 与第一振荡器 1 动作同步导通以将第一频带的振荡信号输入放大器 4 内，但此时第二开关二极管 3b 处于非导通状态；或者使第二开关二极管 3b 与第二振荡器动作同步导通以将第二频带的振荡信号输入放大器 4 内，但此时第一开关二极管 3a 处于非导通状态。这样，第一振荡器 1 和第二振荡器 2 不会相互耦合，从而使一个振荡器不会成为另一个振荡器的负载，进而使耗电量减少。

由上述分析可以得出，该申请所解决的技术问题是：可减少电平的降低，进而使耗电量较少。

（2）找出为解决技术问题所必须包括的全部必要技术特征

下面结合前面所列举的特征及所归纳的技术问题逐一分析哪些是解决上述技术问题的必要技术特征，应当写入独立权利要求中。需要注意的是，鉴于该发明涉及电路领域的产品改进发明，因此应当注意必要技术特征不仅仅包括那些对于解决该发明技术问题而言是必不可少的电路组成特征，还应当包括那些对于解决其技术问题而言必不可少的连接关系（或信号流向关系）特征和电功能特征。

现就第一种实施方式中列出的特征来分析它们哪些是必要技术特征。

由上述分析可知，该发明相对于最接近的现有技术所解决的技术问题是"可减少电平的降低，进而使得耗电量较少"。

特征 1（即双频带振荡装置由第一振荡器 1、第二振荡器 2、耦合电路 3、放大器 4、电压切换装置 5 构成）限定了构成双频带振荡装置的主要组成部件，特征 2~5（即第一振荡器 1 输出第一频带的振荡信号，第二振荡器 2 输出第二频带的振荡信号；电压切换装置 5 用于择一地向上述第一振荡器 1 或上述第二振荡器 2 提供电源电压；耦合电路 3 用于将上述第一频带振荡信号或上述第二频带振荡信号输入到放大器 4；放大器 4 放大上述第一频带振荡信号或上述第二频带振荡信号）限定了双频带振荡装置的主要组成部件之间的连接、电信号流向关系，上述特征1~5所限定的双频带振荡装置主要组成部分及其互联或信号流向关系使双频带振荡装置具备正常工作的功能，对于解决该发明上述技术问题来说是必不可少的技术特征，也就是说这些技术特征是解决该发明技术问题的必要技术特征。

在 2002 年全国专利代理人资格考试"专利申请文件撰写"科目的电学专业试题考试中，很多考生忘记将电压切换装置作为双频带振荡装置的一个独立的组成部分。而电压切换装置 5 的作用是择一地向上述第一振荡器 1 或上述第二振荡器 2 提供电源电压，缺少了电压切换装置 5，双频带振荡装置不能进行不同频带的选择，也无法正常工作，因此电压切换装置 5 是双频带振荡装置的必要组成部分。

特征 6（即第一振荡器 1 包括第一振荡晶体三极管 1a，第二振荡器 2 具有第二振荡晶体三极管 2a。电源电压通过电压切换装置 5 被择一地提供到上述第一振荡晶体三极管 1a 的集电极或上述第二振荡晶体三极管 2a 的集电极）限定了两个振荡器的部分具体组成部分，振荡器的具体电路并非是该发明的改进点，只要两个振荡器能够分别输出两个振荡信号，就能提供解决该发明技术问题所需的振荡信号来源，因此两个振荡器的具体组成部分与所解决的技术问题无关，因此不是必要技术特征。

特征 7（即耦合电路 3 包括串联连接在上述第一振荡器 1 和上述放大器 4 之间、与所述第一振荡器 1 动作同步导通的第一开关二极管 3a，串联连接在上述第二振荡器 2 和上述放大器 4 之间、与所述第二振荡器 2 动作同步导通的第二开关二极管 3b)和特征 8(即第一开关二极管 3a 及第二开关二极管 3b 的阴极对接,并与放大器的输入端相连)分别限定耦合电路包括第一开关二极管 3a 和第二开关二极管 3b 以及这两个开关二极管彼此的连接关系,以及它们与放大器 4 的连接关系,上述特征是该发明相对于最接近的现有技术的改进点。该发明正因为采用特征 7 和 8 所述改进结构,实现了"避免各振荡器与对方振荡器构成负载关系,可减少电平的降低,进而使得耗电量较少"这一功能,因此特征 7、8 中的上述改进特征是解决该发明技术问题必不可少的特征。

特征 9(即第一开关二极管 3a 的阳极直流地连接上述第一振荡晶体三极管 1a 的集电极,且经一个第一耦合电容 3c 连接第一振荡晶体三极管 1a 的发射极,上述第二开关二极管 3b 的阳极直流地连接上述第二振荡晶体三极管 2a 的集电极,且经一个第二耦合电容 3d 连接第二振荡晶体三极管 2a 的发射极)限定了耦合电路 3 中的其他具体电路组成。上述具体的电路组成并非是该发明的改进之处,其与该发明的改进点即第一开关二极管 3a 和第二开关二极管 3b 彼此的连接关系以及它们与放大器 4 的连接关系之间并非密切相关,因此特征 9 是非必要技术特征。

特征 10(即耦合电路 3 还包括:直流地连接第一振荡晶体三极管 1a 的集电极和第一开关二极管 3a 的阳极的第一馈电电阻 3e;直流地连接第二振荡晶体三极管 2a 的集电极和第二开关二极管 3b 的阳极的第二馈电电阻 3f;串联连接开关二极管 3a、3b 的阴极和地之间的扼流线圈 3g)限定的是关于第一开关二极管 3a 和第二开关二极管 3b 如何与两个振荡器中的第一振荡晶体三极管 1a 和第二振荡晶体三极管 2a 互连,以及如何彼此互连的具体特征,上述特征 10 是实现特征 4 中"耦合电路 3 用于将上述第一频带振荡信号或上述第二频带振荡信号输入到放大器 4"的信号流向关系的具体电路连接方式,该申请的双频带振荡装置中的第一开关二极管 3a 和第二开关二极管 3b 并非一定采用特征 10 中限定的具体互连方式,还可以采用其他能够实现特征 4 中信号流向关系的其他互连替代方式,同样也能解决该申请的技术问题,因此特征 10 是非必要技术特征。在此需要说明的是,对于"串联连接在开关二极管 3a、3b 的阴极和地之间的扼流线圈 3g"来说,尽管其所起的作用是保证第一开关二极管 3a 或第二开关二极管 3b 导通,进而使振荡信号经相应的开关二极管输入到放大器的输入端,仍不应当将扼流线圈 3g 及其连接方式作为必要技术特征。这是因为:前面所指出的必要技术特征 4 中已限定了耦合电路 3 用于将振荡信号输入到放大器,必要技术特征 7 已限定了第一开关二极管 3a 和第二开关二极管 3b 分别与其相应的振荡器动作同步导通,必要技术特征 8 已限定了此两个开关二极管 3a 和 3b 阴极对接,这三个必要技术特征的上述部分不仅从功能角度限定了"振荡信号能够经耦合电路传输到放大器以及开关二极管所能达到的特定导通状态"(其中一个随相应振荡器导通时另一个处于非导通状态),而且从结构角度限定了为实现开关二极管所述特定导通状态而使"开关二极管的阴极对接"这一区别于现有技术的关键连接关系。在上述特征 4、7 和 8 已经明确了开关二极管的上述特定导通状态和连接关系的条件下,特征 10 中所提及的扼流线圈 3g 及其连接方式仅是进一步描述了实现特定连接关系下的开关二极管中每一个适时导通状态的相对常见具体方式,因此其不构成必要技术特征。

5. 撰写独立权利要求

(1)完成独立权利要求的撰写

根据上述分析,针对本案例中第一种实施方式的双频带振荡装置,由上述必要技术特征限定的技术方案足以解决该发明所要解决的技术问题,该技术方案限定的保护范围也是最大的,而另外五种实施方式中的双频带振荡装置是对第一种实施方式中的双频带振荡装置作出的进一步的改进。因此,基于上面所分析的必要技术特征撰写独立权利要求,并根据《专利法实施细则》第

19条第4款的规定,在其各部件的名称后面加上相应的带括号的附图标记。

"1. 一种双频带振荡装置,包括输出第一频带的振荡信号的第一振荡器(1),输出第二频带的振荡信号的第二振荡器(2),择一地向所述第一振荡器(1)或所述第二振荡器(2)提供电源电压的电压切换装置(5),用于对所述第一频带振荡信号或所述第二频带振荡信号进行放大的放大器(4)和用于将所述第一频带振荡信号或所述第二频带振荡信号输入到放大器(4)的耦合电路(3);

其特征在于:

所述耦合电路(3)包括串联连接在所述第一振荡器(1)和所述放大器(4)之间、与所述第一振荡器(1)动作同步导通的第一开关二极管(3a),以及串联连接在所述第二振荡器(2)和所述放大器(4)之间、与所述第二振荡器(2)动作同步导通的第二开关二极管(3b),所述第一开关二极管(3a)和所述第二开关二极管(3b)的阴极对接,并与所述放大器(4)的输入端相连。"

(2) 说明所撰写的独立权利要求具备新颖性、创造性

所撰写的独立权利要求1与客户提供的现有技术对比文件1相比,其区别在于:① 用于对所述第一频带振荡信号或所述第二频带振荡信号进行放大的放大器;② 所述耦合电路包括串联连接在所述第一振荡器和所述放大器之间、与所述第一振荡器动作同步导通的第一开关二极管3a,以及串联连接在所述第二振荡器和所述放大器之间、与所述第二振荡器动作同步导通的第二开关二极管,第一开关二极管和第二开关二极管的阴极对接,并与所述放大器的输入端相连。也就是说,独立权利要求1的技术方案未被对比文件1披露,因而独立权利要求1相对于客户提供的现有技术对比文件1具备《专利法》第22条第2款规定的新颖性。

所撰写的独立权利要求1与检索到的现有技术对比文件2相比,其区别在于:所述耦合电路包括串联连接在所述第一振荡器和所述放大器之间、与所述第一振荡器动作同步导通的第一开关二极管,以及串联连接在所述第二振荡器和上述放大器之间、与所述第二振荡器动作同步导通的第二开关二极管,第一开关二极管和第二开关二极管的阴极对接,并与所述放大器4的输入端相连。也就是说,独立权利要求1的技术方案未被对比文件2披露,因而独立权利要求1相对于检索到的对比文件2具备《专利法》第22条第2款规定的新颖性。

正如前面所指出的,在这两项现有技术中,对比文件2是该发明最接近的现有技术。独立权利要求1与该最接近的现有技术对比文件2的区别技术特征为:"所述耦合电路包括串联连接在所述第一振荡器和所述放大器之间、与所述第一振荡器动作同步导通的第一开关二极管,以及串联连接在所述第二振荡器和上述放大器之间、与所述第二振荡器动作同步导通的第二开关二极管,第一开关二极管和第二开关二极管的阴极对接,并与所述放大器的输入端相连。"该区别技术特征既未在申请人提供的现有技术对比文件1中披露,也不属于本领域技术人员解决"可减少电平的降低,进而使得耗电量较少"这一技术问题的惯用技术手段,即也不属于本领域技术人员的公知常识,因而,上述对比文件1以及本领域的公知常识没有给出将上述区别技术特征应用到最接近的现有技术对比文件2中以解决上述技术问题的启示,由此可知,该独立权利要求1相对于对比文件2、客户提供的现有技术对比文件1以及本领域的公知常识是非显而易见的,具有突出的实质性特点。

此外,采用独立权利要求1的结构,能够避免各振荡器与对方振荡器构成负载关系,进而可以获得减少电平的降低以使耗电量较少的效果。即独立权利要求的技术方案相对于上述两项现有技术具有有益的技术效果,即具有显著的进步。

由上述分析可知，独立权利要求1的技术方案相对于对比文件2、客户提供的现有技术对比文件1以及所属技术领域的公知常识具有突出的实质性特点和显著的进步，具备《专利法》第22条第3款规定的创造性。

6. 撰写从属权利要求

本案例中第二种至第六种实施方式中的双频带振荡装置是对第一种实施方式中的双频带振荡装置作出的进一步的改进，因此基于本案例第二种至第六种实施方式撰写从属权利要求。

需要注意的是：鉴于本案例第二种至第六种实施方式是针对耦合电路中与第一耦合电容相串联和/或第二耦合电容相串联的电路结构的改进，而独立权利要求1中仅限定了第一开关二极管、第二开关二极管和放大器的输入端之间的特定的连接关系，并未提及第一耦合电容和/或第二耦合电容。因此需要撰写从属权利要求2，首先对耦合电路中所包括的第一耦合电容和/或第二耦合电容的电路结构作出进一步的限定，以便作为第二种至第六种实施方式中的双频带振荡装置的引用基础。

因此撰写了以下权利要求2：

"2. 根据权利要求1所述的双频带振荡装置，其特征在于：所述耦合电路（3）还包括第一耦合电容（3c）和第二耦合电容（3d），所述第一振荡器（1）具有第一振荡晶体三极管（1a），所述第二振荡器（2）具有第二振荡晶体三极管（2a），所述第一开关二极管（3a）的阳极与所述第一振荡晶体三极管（1a）的集电极直流地连接，且经过第一耦合电容（3c）与第一振荡晶体三极管（1a）的发射极连接，所述第二开关二极管（3b）的阳极与所述第二振荡晶体三极管（2a）的集电极直流地连接，且经过第二耦合电容（3d）与所述第二振荡晶体三极管（2a）的发射极连接，所述电压切换装置（5）将电源电压提供到所述第一振荡晶体三极管（1a）的集电极或所述第二振荡晶体三极管（2a）的集电极，在所述第一开关二极管（3a）和所述第二开关二极管（3b）的阴极和地之间串联连接一扼流线圈（3g）。"

另外，基于该发明中第二种至第六种实施方式可以列出以下特征：

- 特征11：耦合电路3还包括一电感线圈3h，其与第一耦合电容3c相串联。
- 特征12：耦合电路3还包括一用于调整振荡信号电平的耦合电阻3i，其与第二耦合电容3d相串联。
- 特征13：在第一耦合电容3c上串联有一个用于调整振荡信号电平的耦合电阻3i。

在此基础上，撰写下面的从属权利要求。首先，基于特征11撰写从属权利要求3。特征11对应第二种实施方式，第二种实施方式进一步解决的问题是：消除第一频带中的高频干扰。而第二种实施方式是通过在耦合电路3中设置一个与低频振荡器的耦合电容相串联的电感线圈来解决消除第一频带中的高频干扰这一技术问题的。我们注意到，特征11中仅限定"耦合电路3还包括一电感线圈3h，其与第一耦合电容3c相串联"，仅仅通过该特征尚不能解决"消除第一频带中的高频干扰"这一技术问题，还必须给出第二种实施方式的适用条件（串联了电感线圈3h的这一侧应当是"低频振荡器的耦合电容"所在一侧，即第一频带的振荡信号的频率比第二频带的振荡信号的频率低）以及所串联的电感线圈的量化要求（使由第一耦合电容3c和电感线圈3h产生的共振频率与第一频带的中心频率一致），才能解决其相应技术问题。也就是说，从属权利要求3不仅应包括特征11，而且应当包括第二种实施方式的适用条件以及所串联的电感线圈的量化要求，只有这样才能清楚地限定该权利要求的保护范围。基于上述分析，撰写从属权利要求3：

"3. 根据权利要求2所述的双频带振荡装置，其特征在于：所述第一频带的振荡信号的频率比所述第二频带的振荡信号的频率低,在所述耦合电路(3)中的所述第一耦合电容(3c)上串联连接有一个电感线圈(3h),由所述第一耦合电容(3c)和所述电感线圈(3h)产生的共振频率与第一频带的中心频率相一致。"

然后,基于特征12撰写从属权利要求4。特征12对应第三种和第四种实施方式,第三种和第四种实施方式进一步解决的问题是:进一步保证输入放大器4的两个振荡信号的电平相一致。而第三种和第四种实施方式是通过在"所述第二振荡器2的振荡信号的电平大于所述第一振荡器1的振荡信号的电平"这一条件下,在耦合电路3中设置一个与振荡信号的电平较大一侧的第二耦合电容3d相串联的用于调整振荡信号电平、使两个振荡信号的电平相一致的耦合电阻3i,以便解决两个振荡信号电平不一致的技术问题。也就是说第三种和第四种实施方式的适用条件是:第二振荡器的振荡信号电平大于第一振荡器的振荡信号电平;第三种和第四种实施方式中所串联的耦合电阻的量化要求是:能够使两个振荡信号的电平相一致。因此从属权利要求4不仅应包括特征12,而且应当包括第三种或第四种实施方式的适用条件以及所串联的耦合电阻的量化要求。从属权利要求4以附加技术特征的方式对串联耦合电阻作进一步的限定,其引用权利要求2时对应于第三种实施方式;其引用权利要求3时对应于第四种实施方式。基于上述分析,撰写从属权利要求4:

"4. 根据权利要求2或3所述的双频带振荡装置,其特征在于:所述第二振荡器(2)的振荡信号的电平大于所述第一振荡器(1)的振荡信号的电平,在所述耦合电路(3)中的所述第二耦合电容(3d)上串联有一个用于调整振荡信号电平的耦合电阻(3i),使得输入所述放大器(4)的两个振荡信号的电平相一致。"

接下来,基于特征13撰写从属权利要求5。基于同样的理由,从属权利要求5不仅应包括特征13,而且应当包括第五种和第六种实施方式的适用条件以及所串联的耦合电阻的量化要求。从属权利要求5以附加技术特征的方式对串联耦合电阻作进一步的限定,其引用权利要求3时对应于第五种实施方式、其引用权利要求2时对应于第六种实施方式。

基于上述分析,撰写从属权利要求5:

"5. 根据权利要求2或3所述的双频带振荡装置,其特征在于:所述第一振荡器(1)的振荡信号的电平大于所述第二振荡器(2)的振荡信号的电平,在所述耦合电路(3)中的所述第一耦合电容(3c)上串联有一个用于调整振荡信号电平的耦合电阻(3i),使得输入所述放大器(4)的两个振荡信号的电平相一致。"

7. 撰写说明书和说明书摘要

根据《专利法实施细则》第17条的规定,发明专利申请的说明书应当写明发明或者实用新型的名称。说明书应当依次包括技术领域、背景技术、发明内容、附图说明和具体实施方式五个组成部分,并在每一部分前面写明标题。

由于该发明只涉及一项独立权利要求,已经撰写的权利要求的主题名称为"双频带振荡装置",为了发明名称能够清楚、简要、全面地反映要求保护的发明的主题和类型,将发明名称确定为:"双频带振荡装置"。

发明的技术领域应当是要求保护的发明或者实用新型技术方案所属或者直接应用的具体技术领域。对于该发明而言,只涉及产品"双频带振荡装置",说明书的技术领域也应当针对该产品作进一步具体说明,例如:"本发明涉及一种双频带振荡装置,该双频带振荡装置由第一振荡器、第二振荡器、耦合电路、放大器和电压切换装置构成,可以用于双频移动电话中。"

按照《专利法实施细则》第17条的规定,在背景技术部分,要写明对发明或者实用新型的理解、检索、审查有用的背景技术；有可能的，并引证反映这些背景技术的文件。就本专利申请来说，可以简明、扼要地对与发明专利申请最接近的现有技术对比文件2公开的"双频带振荡装置"及其所存在的问题作出说明。

发明内容部分首先写明发明相对所检索到的对比文件2所要解决的技术问题："可减少电平的降低，进而使耗电量较少"。然后，另起段写明解决该技术问题的独立权利要求的技术方案。在此基础上，结合独立权利要求的区别特征说明为该发明带来的技术效果。

此后，在发明内容部分中对从属权利要求的技术方案及其有益效果加以叙述。

由于该申请有附图，所以需要有附图说明部分，即应当写明各幅附图的图名，并且对图示的内容作简要说明。该申请说明书中应当包含反映具体实施方式的五幅附图（没有包括第六种实施方式的对应附图）和反映该发明最接近的现有技术对比文件2的一幅附图。这样共有六幅附图，在附图说明部分集中对这六幅附图的图名作简略说明。

在具体实施方式部分，可结合该发明六种实施方式的附图对其作详细说明：先重点对第一种实施方式的附图作出详细说明；在此基础上，再对第二种至第六种实施方式进行详细说明，但其中与第一种实施方式相同的部分可以作简要说明，重点放在不同之处。在结合附图对本发明的六种实施方式作具体说明时，应当将各附图中出现的附图标记标注在相应的部件名称之后，但不得加括号。

在完成说明书的撰写之后，按照《专利法实施细则》第23条的规定撰写说明书摘要，写明发明的名称和所属技术领域，清楚地反映所要解决的技术问题、解决该问题的技术方案的要点以及主要用途。在考虑不超过300个字的前提下，至少写明发明的名称和独立权利要求技术方案的要点，最好还能写明采用该技术方案所获得的技术效果。对于该申请来说，还应当采用一幅最能反映该发明技术方案的说明书附图1作为摘要附图。为方便理解说明书摘要的内容，可以将已出现在摘要附图中的附图标记标注在相应的部件名称之后，但应当加上括号。

（三）推荐的申请文件

根据以上介绍的该发明"双频带振荡装置"的资料和现有技术的情况以及最接近的现有技术（对比文件2），给出推荐的发明专利申请文件撰写文本。

权 利 要 求 书

1. 一种双频带振荡装置，包括输出第一频带的振荡信号的第一振荡器（1），输出第二频带的振荡信号的第二振荡器（2），择一地向所述第一振荡器（1）或所述第二振荡器（2）提供电源电压的电压切换装置（5），用于对所述第一频带振荡信号或所述第二频带振荡信号进行放大的放大器（4）和用于将所述第一频带振荡信号或所述第二频带振荡信号输入到放大器（4）的耦合电路（3）；

其特征在于：

所述耦合电路（3）包括串联连接在所述第一振荡器（1）和所述放大器（4）之间、与所述第一振荡器（1）动作同步导通的第一开关二极管（3a），以及串联连接在所述第二振荡器（2）和所述放大器（4）之间、与所述第二振荡器（2）动作同步导通的第二开关二极管（3b），所述第一开关二极管（3a）和所述第二开关二极管（3b）的阴极对接，并与所述放大器（4）的输入端相连。

2. 根据权利要求1所述的双频带振荡装置，其特征在于：所述耦合电路（3）还包括第一耦合电容（3c）和第二耦合电容（3d），所述第一振荡器（1）具有第一振荡晶体三极管（1a），所述第二振荡器（2）具有第二振荡晶体三极管（2a），所述第一开关二极管（3a）的阳极与所述第一振荡晶体三极管（1a）的集电极直流地连接，且经过第一耦合电容（3c）与第一振荡晶体三极管（1a）的发射极连接，所述第二开关二极管（3b）的阳极与所述第二振荡晶体三极管（2a）的集电极直流地连接，且经过第二耦合电容（3d）与所述第二振荡晶体三极管（2a）的发射极连接，所述电压切换装置（5）将电源电压提供到所述第一振荡晶体三极管（1a）的集电极或所述第二振荡晶体三极管（2a）的集电极，在所述第一开关二极管（3a）和所述第二开关二极管（3b）的阴极和地之间串联连接一扼流线圈（3g）。

3. 根据权利要求2所述的双频带振荡装置，其特征在于：所述第一频带的振荡信号的频率比所述第二频带的振荡信号的频率低，在所述耦合电路（3）中的所述第一耦合电容（3c）上串联连接有一个电感线圈（3h），由所述第一耦合电容（3c）和所述电感线圈（3h）产生的共振频率与第一频带的中心频率相一致。

4. 根据权利要求2或3所述的双频带振荡装置，其特征在于：所述第二振荡器（2）的振荡信号的电平大于所述第一振荡器（1）的振荡信号的电平，在所述耦合电路（3）中的所述第二耦合电容（3d）上串联有一个用于调整振荡信号电平的耦合电阻（3i），使得输入到所述放大器（4）的两个振荡信号的电平相一致。

5. 根据权利要求2或3所述的双频带振荡装置，其特征在于：所述第一振荡器（1）的振荡信号的电平大于所述第二振荡器（2）的振荡信号的电平，在所述耦合电路（3）中的所述第一耦合电容（3c）上串联有一个用于调整振荡信号电平的耦合电阻（3i），使得输入所述放大器（4）的两个振荡信号的电平相一致。

说 明 书

双频带振荡装置

技术领域

本发明涉及一种双频带振荡装置，该双频带振荡装置由第一振荡器、第二振荡器、耦合电路、放大器和电压切换装置构成，可以用于双频移动电话中。

背景技术

随着移动通信技术的不断发展，对装置小型化的要求越来越高。现有技术中，为了减小电路的规模，使整个装置小型化，在双频带振荡装置中，采用了两个振荡器共用一个放大器的技术方案。日本专利公开说明书 JP 特开平××××××××A 公布了一种双频带振荡装置，具体参见图 6。这种双频带振荡装置主要包括：第一振荡电路 50a、第二振荡电路 50b、第一耦合电容 16a、第二耦合电容 16b、缓冲放大器 2c 和电压切换装置 25。第一振荡电路 50a 的振荡频率为 880～940MHz，第二振荡电路 50b 的振荡频率为 1805～1920MHz。

电源电压通过电压切换装置 25 可以经偏置电阻 30a 供给到第一振荡三极管 10a 的基极或者经偏置电阻 30b 供给到第二振荡三极管 10b 的基极。当电压切换装置 25 将电源电压供给到第一振荡电路 50a 上时，由第一振荡三极管 10a 的发射极产生的振荡信号经耦合电容 16a 被输入到放大器 2c 内，当电源电压被供给到第二振荡电路 50b 上时，由第二振荡三极管 10b 的发射极产生的振荡信号经耦合电容 16b 被输入到放大器 2c 内。

但是，与采用两个放大器的电路相比，采用这种电路耗电量要大，其原因在于：由于两个频带的振荡信号通过各自的耦合电容输入到放大器内，造成两个振荡器通过耦合电容相互连接，各振荡器与对方振荡器构成负载关系，导致电路耗电量要大。

发明内容

针对上述现有技术，本发明所要解决的技术问题是提供一种可减少电平的降低、进而使耗电量较少的双频带振荡装置。

为解决上述技术问题，本发明的双频带振荡装置包括输出第一频带的振荡信号的第一振荡器，输出第二频带的振荡信号的第二振荡器，择一地向所述第一振荡器或所述第二振荡器提供电源电压的电压切换装置，用于对所述第一频带振荡信号或所述第二频带振荡信号进行放大的放大器和用于将所述第一频带振荡信号或所述第二频带振荡信号输入到放大器的耦合电路；所述耦合电路包括串联连接在所述第一振荡器和所述放大器之间、与所述第一振荡器动作同步导通的第一开关二极管，串联连接在所述第二振荡器和所述放大器之间、与所述第二振荡器动作同步导通的第二开关二极管，第一开关二极管和第二开关二极管的阴极对接，并与放大器的输入端相连。

在上述技术方案中，通过在双频带振荡装置的耦合电路中设置第一开关二极管和第二开关二极管，并使两者的阴极对接后再与放大器的输入端相连，就可以使得第一振荡器和第二振荡器不会耦合，从而使一个振荡器不会成为另一个振荡器的负载，进而使得被输入放大器的振荡信号的电平不会下降。

作为本发明的改进，所述耦合电路中包括第一耦合电容和第二耦合电容，所述第一振荡器具有第一振荡晶体三极管,所述第二振荡器具有第二振荡晶体三极管,所述第一开关二极管的阳极与所述第一振荡晶体三极管的集电极直流地连接,且经第一耦合电容与第一振荡晶体三极管的发射极连接,所述第二开关二极管的阳极与所述第二振荡晶体三极管的集电极直流地连接,且经第二耦合电容与第二振荡晶体三极管的发射极连接,所述电压切换装置将电源电压提供到所述第一振荡晶体三极管的集电极或所述第二振荡晶体三极管的集电极,在所述第一开关二极管和所述第二开关二极管的阴极和地之间串联连接一扼流线圈。通过上述改进,借助于施加到各振荡晶体三极管的集电极上的电源电压,能够使各振荡器的动作和各开关二极管的导通同步进行。

作为本发明的进一步改进,所述双频带振荡装置中第一频带的振荡信号的频率比所述第二频带的振荡信号的频率低,在所述第一耦合电容上串联连接有一个电感线圈,并且由所述第一耦合电容和所述电感线圈产生的共振频率与第一频带的中心频率一致。通过上述改进,第一频带的振荡信号的高频受电感线圈作用而不能通过,因而能进一步消除第一频带中的高频干扰。

作为本发明的进一步改进,所述的双频带振荡装置中第二振荡器的振荡信号的电平大于所述第一振荡器的振荡信号的电平,在所述第二耦合电容上串联有一个用于调整振荡信号电平的耦合电阻,使得输入所述放大器的两个振荡信号的电平相一致。通过上述改进,当第二振荡器的振荡信号电平大于第一振荡器的振荡信号电平时,使第二频带的振荡信号的电平下降,进而使得输入放大器的两个振荡信号的电平相一致。

作为本发明的进一步改进,所述的双频带振荡装置中第一振荡器的振荡信号的电平大于所述第二振荡器的振荡信号的电平,在所述第一耦合电容上串联有一个用于调整振荡信号电平的耦合电阻,使得输入所述放大器的两个振荡信号的电平相一致。通过上述改进,当第一振荡器的振荡信号电平大于第二振荡器的振荡信号电平时,使第一频带的振荡信号的电平下降,进而使得输入到放大器的两个振荡信号的电平相一致。

附图说明

图1表示本发明的双频带振荡装置第一种实施方式的电路图。
图2表示本发明的双频带振荡装置第二种实施方式的电路图。
图3表示本发明的双频带振荡装置第三种实施方式的电路图。
图4表示本发明的双频带振荡装置第四种实施方式的电路图。
图5表示本发明的双频带振荡装置第五种实施方式的电路图。
图6表示现有技术中的双频带振荡装置的电路图。

具体实施方式

下面结合附图和本发明的六种具体实施方式对本发明的双频带振荡装置作以下说明。

图1表示本发明的双频带振荡装置第一实施方式的电路图。双频带振荡装置由第一振荡器1、第二振荡器2、耦合电路3、放大器4和电压切换装置5构成。第一振荡器1输出频率为880～940MHz的振荡信号,第二振荡器2输出频率为1805～1920MHz的振荡信号。由电压切换装置5将电源电压Vb供给到第一振荡器1或第二振荡器2上,得到电源电压的那个振荡器动作。

第一振荡器1、第二振荡器2及放大器3的结构可以采用附图1中所示的结构,也可以采用其他类似的振荡器,其中第一振荡器1具有第一振荡晶体三极管1a,第二振荡器2具有第二振荡晶体三极管2a。

耦合电路3具有:阴极彼此相互连接的第一及第二开关二极管3a、3b,连接在第一开关二极管 3a 的阳极和第一振荡晶体三极管 1a 的发射极之间的第一耦合电容 3c，连接在第二开关二极管 3b 的阳极和第二振荡晶体三极管 2a 的发射极之间的第二耦合电容 3d，直流地连接在第一振荡晶体三极管 1a 的集电极和第一开关二极管 3a 的阳极之间的第一馈电电阻 3e，直流地连接在第二振荡晶体三极管 2a 的集电极和第二开关二极管 3b 的阳极之间的第二馈电电阻 3f，串联连接在开关二极管 3a、3b 的阴极和地之间的扼流线圈 3g。

当电源电压通过电压切换装置 5 施加到第一振荡晶体三极管 1a 的集电极上时，第一振荡器 1 动作，电流流过第一馈电电阻 3e、第一开关二极管 3a、扼流线圈 3g，第一开关二极管 3a 导通。第一振荡晶体三极管 1a 的发射极上产生的振荡信号经第一耦合电容 3c、第一开关二极管 3a、隔直电容 4e 输入到放大器 4 的输入端。

当电源电压通过电压切换装置 5 施加到第二振荡晶体三极管 2a 的集电极上时，第二振荡器 2 动作，电流流过第二馈电电阻 3f、第二开关二极管 3b、扼流线圈 3g，第二开关二极管 3b 导通。第二振荡晶体三极管 2a 的发射极上产生的振荡信号经第二耦合电容 3d、第二开关二极管 3b、隔直电容 4e 输入到放大器 4 的输入端。

如上所述，对于本发明的双频带振荡装置，由于利用与第一振荡器动作同步导通的第一开关二极管 3a 和与第二振荡器动作同步导通的第二开关二极管 3b，将第一频带的振荡信号或第二频带的振荡信号输入到放大器 4 内，因此，当其中一个开关二极管导通时，另一个开关二极管必然成为非导通状态，也就是说，第一振荡器 1 和第二振荡器 2 就不会相互耦合。从而，一个振荡器不会成为另一个振荡器的负载，使得输入到放大器 4 的振荡信号的电平不会下降。

图 2 表示本发明的双频带振荡装置第二种实施方式的电路图。该双频振荡装置的结构是在图 1 所示电路中增加一个电感线圈 3h，使之与第一耦合电容 3c 相串联，并且使由第一耦合电容 3c 和电感线圈 3h 产生的共振频率与第一频带的中心频率相一致，其他构成与图 1 所示的相同。

这种双频带振荡装置除了具有第一种双频带振荡装置的优点之外，还能进一步消除第一频带中的高频干扰，其原因是：由于第一频带的振荡信号的高频受电感线圈 3h 作用而不能通过，因此，被输入放大器 4 的高频电平降低。即使放大器 4 是宽带放大器，但输出的高频电平会降低，从而能够防止与放大器 4 的下一级连接的混合器（图 2 中未示出）等装置上发生干扰信号。

图 3 表示本发明的双频带振荡装置第三种实施方式的电路图。该双频振荡装置的结构是在图 1 所示电路中增加一个电阻 3i，使之与第二耦合电容 3d 相串联，其他构成与图 1 所示的相同。这种结构适合于第二振荡器的振荡信号电平大于第一振荡器的振荡信号电平的情形。

这种双频带振荡装置除了具有第一种双频带振荡装置的优点之外，还能进一步保证输入放大器 4 的两个振荡信号的电平相一致，其原因是：电阻 3i 的功能在于调整电平，当第二振荡器的振荡信号电平大于第一振荡器的振荡信号电平时，由于与第二耦合电容 3d 串联连接的电阻 3i 的作用，使第二频带的振荡信号的电平下降，因此，能够使得输入放大器 4 的两个振荡信号的电平相一致。

图 4 表示本发明的双频带振荡装置第四种实施方式的电路图。该双频振荡装置是在图 2 所示电路中增加一个电阻 3i，使之与第二耦合电容 3d 相串联，其他构成与图 2 所示的相同。这种结构也是适合于第二振荡器的振荡信号电平大于第一振荡器的振荡信号电平的情形。

显然，这种双频带振荡装置具有前三种双频带振荡装置的上述所有优点。

图 5 表示本发明的双频带振荡装置第五种实施方式的电路图。该双频振荡装置的结构是在图 2 所示电路中增加一个电阻 3i，使之与第一耦合电容 3c 和电感线圈 3h 相串联，其他构成与图 2 所示的相同。这种结构适合于第一振荡器的振荡信号电平大于第二振荡器的振荡信号电平的

情形。

电阻 3i 的功能也是调整电平，当第一振荡器的振荡信号电平大于第二振荡器的振荡信号电平时，由于与第一耦合电容 3c 和电感线圈 3h 串联连接的电阻 3i 的作用，使第一频带的振荡信号的电平下降，因此能够使得输入放大器 4 的两个振荡信号的电平相一致。可见，这种双频带振荡装置与上述第四种双频带振荡装置一样，具有前三种双频带振荡装置的上述所有优点。

本发明的双频带振荡装置第六种实施方式与图 3 所示的第三种实施方式的区别仅仅在于其相对于图 1 所示本发明第一种实施方式所增加的电阻 3i 与第一耦合电容 3c 相串联，而不是与第二耦合电容 3d 相串联，其他构成相同。这种结构适合于第一振荡器的振荡信号电平大于第二振荡器的振荡信号电平的情形。

电阻 3i 的功能也是调整电平，当第一振荡器的振荡信号电平大于第二振荡器的振荡信号电平时，由于与第一耦合电容 3c 串联连接的电阻 3i 的作用，使第一频带的振荡信号的电平下降，因此能够使得输入放大器 4 的两个振荡信号的电平相一致。

如上所述，本发明的双频带振荡装置具有串联连接在第一振荡器和放大器之间的第一开关二极管，串联连接在第二振荡器和放大器之间的第二开关二极管，第一开关二极管和第二开关二极管的阴极对接，并与放大器的输入端相连，通过择一地提供电源电压，与第一振荡器动作同步地使第一开关二极管导通，或者与第二振荡器动作同步地使第二开关二极管导通，这样，当一个开关二极管导通时，另一个开关二极管必然为非导通状态，因而使得第一振荡器和第二振荡器处于相互非耦合状态，即一个振荡器不会成为另一个振荡器的负载，从而使输入到放大器的振荡信号的电平不会下降。

由于本发明的双频带振荡装置是将第一开关二极管的阳极直流地连接第一振荡晶体三极管的集电极的同时，经第一耦合电容连接发射极，将第二开关二极管的阳极直流地连接第二振荡晶体三极管的集电极，且经第二耦合电容连接发射极，将第一开关二极管及第二开关二极管的各阴极共同连接到放大器的输入端上的同时直流接地，利用电压切换装置向第一振荡晶体三极管的集电极或第二振荡晶体三极管的集电极提供电源电压，因此，借助于施加到各振荡晶体三极管的集电极上的电源电压，能够使各振荡器的动作和各开关二极管的导通同步进行。

由于本发明的双频带振荡装置将电感线圈串联连接在第一耦合电容上，振荡信号的高频受电感线圈作用而不能通过，因此，被输入到放大器 4 上的高频电平降低，从而能够防止发生干扰信号。

由于本发明的双频带振荡装置将电阻串联连接在第一耦合电容或第二耦合电容中相应的振荡器的振荡信号电平较大的一个上，能够降低输入到放大器的振荡信号的电平。因而，能够保持输入到放大器的两个振荡信号的电平一致性。

上面结合附图对本发明的实施方式作了详细说明，但是本发明并不限于上述实施方式，在本领域普通技术人员所具备的知识范围内，还可以在不脱离本发明宗旨的前提下作出各种变化。

说 明 书 附 图

图 1

图 2

图 3

图 4

图 5

图 6

说 明 书 摘 要

本发明涉及一种双频带振荡装置,其包括输出第一频带的振荡信号的第一振荡器(1)、输出第二频带的振荡信号的第二振荡器(2)、择一地向第一振荡器(1)或第二振荡器(2)提供电源电压的电压切换装置(5)、放大器(4)和耦合电路(3),耦合电路(3)包括串联连接在第一振荡器(1)和放大器(4)之间、与第一振荡器(1)动作同步导通的第一开关二极管(3a)和串联连接在第二振荡器(2)和放大器(4)之间、与第二振荡器(2)动作同步导通的第二开关二极管(3b),第一开关二极管(3a)和第二开关二极管(3b)的阴极对接,并与放大器(4)的输入端相连。本发明中被输入放大器的振荡信号的电平不会下降,耗电量较少。

摘 要 附 图

四、化学类发明专利申请撰写实例

化学领域属于实验性科学领域，该领域的很多发明都与国民经济的发展以及人民群众的日常生活和医疗卫生水平紧密关联。因此，大多数国家和地区都对化学领域的发明创造采取了某些特殊的保护政策，包括对动植物品种、疾病治疗方法不予保护，以及对克隆人技术的限制等。与此相对应，化学领域的专利申请文件也具有相应的特点，例如其技术内容一般较为复杂、合案申请较多、注重实验证据、组合物产品权利要求撰写的特殊要求等。这就需要化学领域的专利代理人在撰写专利申请文件中有所侧重，通过最有效的方式，力争为申请人争取更为合理的保护范围。以下将通过两个具体案例，对化学领域专利申请文件的撰写加以介绍，这两个案例分别取材于2002年和2000年全国专利代理人资格考试"专利申请文件撰写"科目化学专业试题。

【案例10】碱性二氧化硅溶胶[1]

（一）申请案情况简介

本案例是一项有关碱性二氧化硅溶胶的发明创造，客户要求针对所提供的技术交底书撰写一份发明专利申请文件。

1. 客户提供的现有技术

客户随其技术交底书附上了所了解的现有技术（中国发明专利申请公开说明书CN××××××××，以下简称"对比文件1"）。

该对比文件1公开了一种用作造纸工业添加剂或污水处理絮凝剂的碱性二氧化硅溶胶。该溶胶是按下列方法制备的：采用普通的碱金属硅酸盐（钾或钠硅酸盐，优选硅酸钠）水溶液为原料制备溶胶，碱金属硅酸盐中SiO_2与Na_2O或K_2O的摩尔比在1.5:1～4.5:1范围内，溶液中的SiO_2含量一般为3%～12%（重量百分比）。为简化起见，以下将"%（重量百分比）"简写为"wt%"。该溶液的pH通常在13以上，可按已知方法通过加入无机酸，例如硫酸、盐酸和磷酸分两步进行酸化，第一步酸化至pH约为8～9，使其颗粒生长，再进一步酸化至pH为1～4，也可采用强酸性阳离子交换树脂（例如磺酸型）直接进行酸化，然后添加普通碱，例如钠、钾或铵的氢氧化物使酸化后得到的酸性溶胶变成碱性溶胶，此时的pH最低应为7，最好为7.5～9.5，最后在85～95℃的温度下处理该碱性溶胶60～130分钟，获得一种平均粒径在7～22nm、二氧化硅浓度为43wt%～56wt%的二氧化硅溶胶。

实施例1

采用4075克水将1625克SiO_2含量为24.2wt%、SiO_2:Na_2O摩尔比为3.45:1的水玻璃溶液稀释至SiO_2含量为6.9wt%的水玻璃溶液，将该水玻璃溶液在装有强酸性阳离子交换树脂的柱中进行离子交换，经过离子交换后的水玻璃被水稀释至SiO_2含量为6.49wt%。将4600克经过离子交换并稀释的水玻璃溶液加入反应器中，在充分搅拌下，向反应器中加入氢氧化钠，使溶液的pH达到9.5，然后加热碱化的溶液至87℃，加热时间为2小时，接着冷却至室温，获得一种平均颗粒直径为8.3nm、浓度为46wt%的碱性二氧化硅溶胶。

实施例2～6

采用标准的造纸原料，即向60wt%漂白桦木硫酸盐和40wt%漂白松木硫酸盐纸浆中加入30wt%的白垩，再加入0.3克/升$Na_2SO_4\cdot 10H_2O$，制成浓度约为5克/升、细组分含量为

---

[1] 本案例根据2002年全国专利代理人资格考试"专利申请文件撰写"科目化学专业试题改编而成。

38wt%、pH 为 8.1 的造纸原料,先向造纸原料中加入 0.8 千克/吨阳离子丙烯酰胺聚合物(商标为 Floerger FP 4190 PG,带有 10% 摩尔比的阳离子电荷,分子量约为 10000000),再分别按下列表 10-1 的数量加入实施例 1 中获得的碱性溶胶,其中阳离子丙烯酰胺聚合物和溶胶的用量均以干纤维和填料总量为基准计算的干料量。采用造纸工业中常用的 800 转/分的 Britt 动态排放瓶判定保留效果(纤维和填料的保留值)。

表 10-1

实施例序号	聚丙烯酰胺(千克/吨)	实施例 1 中的溶胶(千克/吨)	保留/%
2	0.8	0.3	48.5
3	0.8	0.5	51.9
4	0.8	0.7	53.9
5	0.8	1.5	58.0
6	0.8	1.5	61.9

从表中数据可以看出,溶胶的加入量越高,保留效果越好。

2. 客户技术交底书中对发明内容的具体说明

客户在技术交底书中指出,二氧化硅溶胶是含有很小二氧化硅颗粒的水相体系,这一体系根据其中的颗粒大小和其他因素可应用于各种领域中。过去主要是将二氧化硅溶胶与阳离子或两性聚合物一起用作造纸原料的添加剂,目的是提高造纸过程中的保留值和改善脱水作用。另外,二氧化硅溶胶还可以作为絮凝剂用于水处理。在实践中,二氧化硅溶胶的浓度越高、粒径越小,其用作絮凝剂的效果就越好。

水分散的二氧化硅颗粒的平均粒径越小,其比表面积越大,颗粒就越容易聚集。二氧化硅溶胶会随着二氧化硅颗粒的聚集而自发出现胶凝现象,形成固态的凝胶。现有技术的方法始终不能制备出浓度 38wt% 以上、平均颗粒直径到 4nm 左右的二氧化硅溶胶,这主要是因为二氧化硅的浓度一旦达到 38wt% 时,就会因颗粒的聚集出现胶凝。

我们发明了一种方法,可以获得二氧化硅浓度高(38wt% 以上)、平均颗粒直径为 4~10nm 的碱性二氧化硅溶胶。这种二氧化硅溶胶中的颗粒是单分散、非聚集的,除了能在造纸工业中应用外,还可用作絮凝剂,并且特别有效。

该方法中使用的起始悬浮液将碱金属硅酸盐的水溶液在室温下通过强阳离子交换柱来获得的,具体来说,使碱金属硅酸盐的水溶液,例如 SiO_2/Na_2O 的摩尔比约为 3.36:1、溶液中含有约 5wt%~6wt% SiO_2 的硅酸钠水溶液,在室温下通过如 Resindion 公司销售的 RELITE 强阳离子交换柱,从而得到 pH 为 2~3.5 的不稳定酸性溶胶。

按下列方式使酸性溶胶在室温下稳定化:剧烈搅拌所述酸性溶胶,并加入碱性硅酸盐,使 pH 由起始时的约 2~3.5 变成 9~11。

例如,向约 $10m^3$ 的酸性溶胶中加入约 800 升 20wt%~30wt% 的硅酸钠溶液,使原先的酸性溶胶的碱度达到约 140~160 毫克当量/升。

将这种稳定化的溶胶装入适当的蒸发器中加热浓缩。浓缩的条件是至关重要的,即在真空中温度为约 90~98℃,优选约 95℃ 的温度下进行,直到 SiO_2 的浓度达到约 5wt%~15wt%,pH 为 9~10。

获得所期望的浓度后,例如可使用合适的热交换器,对该溶胶进行冷超滤,使其尽快地从沸腾温度冷却到室温或室温以下。关于冷却需要的时间，应注意在 4 小时内把温度降低到 15~30℃。

使用什么样的超滤装置是不重要的。从便利的角度出发，最好使用本领域技术人员已知的薄膜，例如截流值为 10000~30000 道尔顿的平面膜或卷曲膜。

由于该溶胶通过薄膜时会发热，因此建议控制温度低于 50℃，否则截流值会变大。

经过上述的超滤后，溶胶被浓缩，但起始颗粒的粒径保持不变。一旦超滤完成后，就可以获得一种平均粒径在 10nm 以下、优选的浓度为 45wt%~52wt% 的碱性二氧化硅溶胶。

经超滤后，可以调节经过超滤浓缩的阳离子和阴离子的含量，这一步骤有助于所获得的二氧化硅溶胶达到长期稳定，不易发生胶凝现象。

可以采用本领域技术人员熟悉的技术进行调节，例如使用离子交换树脂。作为一种举例，可按下列常规方法进行所述调节：使一定量的二氧化硅溶胶产物（优选占总重量的 20%~50%）通过可以捕获钠离子的强阳离子交换树脂层（例如 Resindion 公司的 RELITE），得到酸性溶胶；将这样得到的酸性溶胶与所述二氧化硅溶胶产物的剩余部分混合；然后，从所得混合物中取出一定量（优选占总重量的 20%~50%），使其通过弱阴离子交换树脂层（例如 Resindion 公司的 RELITE－4MS）；最后，将收集液与其剩余部分混合。

最终产物中的硫酸根离子浓度为 0.001~0.002M，钠离子浓度为 0.1~0.2M。

在研究中我们意外地发现，如果将钠离子浓度在本发明范围内的二氧化硅溶胶与硫酸和蒸馏水混合，在搅拌和不高于 50℃ 的温度下进行反应，冷却 2~4 小时，即可获得一种用于铅酸电池的不流动凝胶电解质。采用该电解质的铅酸电池因钠离子含量低而不渗酸、不水化，其使用寿命是现有技术铅酸电池的 2~3 倍。这一发明具有明显的经济价值。

试验 1：制备碱性二氧化硅溶胶 I

将硅酸盐（SiO_2/Na_2O 摩尔比为 3.36:1）和一定量的水装入压力为 5~6 个大气压的高压釜中，所述水量应足以使最终获得的硅酸盐溶液的浓度达到 25wt%，该溶液由于硅质沙附带的黏土而变得混浊，预倾析该溶液并将其移入絮凝池中，在该池中用水将该溶液进一步稀释到大约 20wt%，然后在搅拌下加热溶液至大约 70℃，并加入低分子量的阳离子絮凝剂，在此温度下搅拌约 2 小时，随后倾析 48 小时，回收的经过净化的液体再用水稀释到约 5wt%，即为无杂质的起始硅酸钠水溶液。将该硅酸钠水溶液通过装有 RELITE 强阳离子树脂的交换柱，使硅酸钠和树脂氢离子进行交换，得到 pH 为 2 的不稳定胶态硅酸（酸性溶胶）；将 $10m^3$ 的所述酸性溶胶放入装有推进式螺旋桨搅拌器的池子中剧烈搅拌，快速加入 800 升碱性硅酸盐使 pH 从 2 提高到 10 左右；将这种经稳定的溶胶在真空中加热到 95℃，直到 SiO_2 的浓度为 6wt%，pH 值约为 9.5，平均颗粒粒径为 4.4nm；在 2 小时内使该二氧化硅溶胶从 95℃ 冷却到室温，采用截流值为 10000 道尔顿的平面薄膜进行冷超滤；超滤后，要对溶胶中的阳离子和阴离子进行调节，即取出溶胶产物总重量的 30%，使其通过能捕获钠离子的强阳离子树脂层 RELITE，如此得到的酸性溶胶与所述产物的剩余部分混合，再取出这些混合物总重量的 30%，使其通过弱阴离子树脂层 RELITE－4MS，再将收集液与剩余部分的混合物混合。

用此方法获得的最终产物的特性如下：

二氧化硅的浓度为 41wt%；

平均颗粒直径为 4.4nm；

硫酸根离子浓度为 0.0012M；钠离子浓度分别为 0.11M。

试验 2：制备碱性二氧化硅溶胶 Ⅱ

按与试验 1 相同的方法制备碱性二氧化硅溶胶，不同之处是在 4 小时内使二氧化硅溶胶从 97℃冷却到室温，并采用截流值为 30000 道尔顿的平面薄膜进行冷超滤，获得的最终产物的特性如下：

二氧化硅的浓度为 52wt%；

平均颗粒直径为 6.1nm；

硫酸根离子浓度为 0.0018M；钠离子浓度分别为 0.19M。

试验 3：制备碱性二氧化硅溶胶 Ⅲ

按与试验 1 相同的方法制备碱性二氧化硅溶胶，不同之处是在 3 小时内使二氧化硅溶胶从 97℃冷却到室温，并采用截流值为 20000 道尔顿的平面薄膜进行冷超滤获得的最终产物的特性如下：

二氧化硅的浓度为 45wt%；

平均颗粒直径为 5.1nm；

硫酸根离子浓度为 0.0015M；钠离子浓度分别为 0.16M。

试验 4：制备碱性二氧化硅溶胶 Ⅳ

按与试验 1 相同的方法制备碱性二氧化硅溶胶，不同之处是使用截流值为 30000 道尔顿的平面膜进行冷超滤，并在 4 小时内使二氧化硅溶胶从 97℃冷却到室温，获得的最终产物的特性如下：

二氧化硅的浓度为 53wt%；

平均颗粒直径为 9.8nm；硫酸根离子浓度为 0.0023M；钠离子浓度分别为 0.25M。

稳定性试验

将一定量起始温度为 20℃的上述四个试验的产品，在 60℃的温度下保温 20 天，即相当于在室温下放置 150 天，经保温后的试样在 60℃时的密度为 1.13 克/毫升，黏度为 11 秒（B4 号福特杯），pH 值为 10。在 60℃下再放置 20 天，没有发生变化，证明该发明二氧化硅溶胶的稳定性很高。

造纸过程中溶胶的保留效果试验

在该试验中，按照 WO20071234567 的试验和测试方法，测定了该发明试验 1 至 4 的溶胶与阳离子聚丙烯酰胺一起用于造纸时的保留效果。结果示于表 10-2 中。

表 10-2 造纸过程中溶胶的保留效果

试验序号	聚丙烯酰胺（0.8 千克/吨）	溶胶（1.0 千克/吨）	保留值（%）
1	市售（ABC 公司）	市售（RJ 公司）	50.0
2	市售（ABC 公司）	试验 1 溶胶 Ⅰ	81.1
3	市售（ABC 公司）	试验 2 溶胶 Ⅱ	73.5
4	市售（ABC 公司）	试验 3 溶胶 Ⅲ	76.1
5	市售（ABC 公司）	试验 4 溶胶 Ⅳ	65.6

注：市售溶胶（RJ 公司）与对比文件 1 试验 1 中的溶胶等同。

制备铅酸电池的不流动凝胶电解质试验

将该发明的二氧化硅溶胶 Ⅰ 与硫酸和蒸馏水按 1∶1∶10 的体积比混合，在搅拌和不高于

50℃的温度下进行反应，冷却 2～4 小时，即可获得一种用于铅酸电池的不流动凝胶电解质。通过专利文献 WO981234567 中公开的铅酸电池制备方法，使用以上制备的不流动凝胶电解质，生产出铅酸电池。因钠离子含量低而不渗酸、不水化，其使用寿命是现有技术铅酸电池的 2～3 倍（参见表 10-3）。

表 10-3　与现有技术铅酸电池的性能比较

铅酸电池	渗酸相对值	水化相对值	使用寿命相对值
该发明铅酸电池	1	1	1
市售铅酸电池 1	13.3	50.5	0.2
市售铅酸电池 2	34.8	30.7	0.3
市售铅酸电池 3	15.8	41.0	0.4
市售铅酸电池 4	6.9	11.5	0.5

3. 检索到的现有技术

在专利代理实践中，撰写权利要求书和说明书之前，应该对现有技术进行检索。通过检索，找到一篇有关碱性二氧化硅溶胶的对比文件（以下简称"检索到的对比文件"或"对比文件 2"）。该对比文件 2 公开了一种平均颗粒直径为 40～50nm，SiO_2 浓度为 45wt%～50wt% 的碱性二氧化硅溶胶及其制备方法：

① 制备含 2wt%～6wt% SiO_2 的硅酸钠水溶液，并使其通过阳离子交换树脂以除去金属离子，获得一种酸性硅溶胶；

② 向酸性溶胶中加入钾盐或钠盐进行稳定化，并采用沸腾法使颗粒长大，获得一种碱性溶胶；

③ 向碱性溶胶中加入去离子水，并使其通过氨型强酸性阳离子交换树脂，除去形成的金属离子，获得大颗粒氨稳定的碱性硅溶胶；

④ 采用微孔超滤膜进行筛分，滤掉 25nm 以下的颗粒，得到一种大颗粒硅溶胶；

⑤ 对步骤④中的硅溶胶进行膜浓缩，即得到碱性的二氧化硅溶胶。

实验数据表明，所得产物的平均颗粒直径为 40～50nm，SiO_2 浓度为 45wt%～50wt%，钠离子含量低于 150ppm。所形成的溶胶呈现出极好的贮存稳定性，将它们在常温下存放半年之久而不会明显降低比表面积，也未形成凝胶。这种高稳定性、颗粒分布均匀和钠离子含量低的碱性二氧化硅溶胶具有广泛的用途，既可将它们用作水处理的絮凝剂，也可将它们用作造纸工业的添加剂。

（二）权利要求书和说明书的撰写思路

对于前面所介绍的碱性二氧化硅溶胶专利申请案来说，其涉及产品、制备方法及用途等多项可授予专利权的主题。对于这类化学领域的发明创造，可以按照下述主要思路来撰写权利要求书和说明书。

1. 理解发明，分析保护主题

由客户所提供的技术资料可知，该发明创造涉及碱性二氧化硅溶胶、其制备方法和三种应用（用作造纸原料的添加剂、用作絮凝剂、用于制备铅酸电池的不流动凝胶电解质），而对于制备铅酸电池的不流动凝胶电解质来说进一步还可涉及不流动凝胶电解质、其制备方法及用途三个主题。上述主题属于化学领域常规的产品发明及方法（包括用途）发明，不属于《专利法》第 2

条、第5条及第25条所排除的情形,并满足《专利法》第22条第4款有关实用性的要求。

对于前五个主题,由于碱性二氧化硅溶胶制备方法及二氧化硅溶胶新产品是该发明创造的关键,因此应当以产品发明和制备方法发明为主。此外,虽然从提供的材料来看主要发明了一种碱性二氧化硅溶胶的制备方法,但产品权利要求是一种绝对保护,因此从产品发明更容易得到保护的角度考虑,应当将碱性二氧化硅溶胶产品作为第一项独立权利要求的主题。对于此类专利申请案,一般应按照产品、方法、用途的顺序来撰写权利要求书。

在各项主题中,碱性二氧化硅溶胶、其制备方法和三种应用这五个主题之间有可能具有共同的特定技术特征(即所述碱性二氧化硅溶胶产品),具有单一性,可合案提出发明专利申请。而对于不流动凝胶电解质、其制备方法及用途三个主题,由于上述碱性二氧化硅溶胶已经与其他不流动凝胶电解质混合并发生相关反应,所述不流动凝胶电解质的组分中已经不再含有分离的碱性二氧化硅溶胶组分。因此,不流动凝胶电解质、其制备方法及用途三个主题与前一组发明不具有单一性,不能与前一组发明合案申请。如果想对其取得专利保护,只能另行提出分案申请。

但是,对于所述碱性二氧化硅溶胶的三种应用来说,现有技术公开了二氧化硅溶胶可以用作造纸原料的添加剂和絮凝剂。《专利审查指南2010》第二部分第十章第6.2节规定,对于新的化学产品,如果该用途不能从结构或者组成相似的已知产品预见到,可认为这种新产品的用途发明具备创造性。本申请的碱性二氧化硅溶胶作为一种新的组合物产物,其用作造纸原料的添加剂和絮凝剂的用途可以从结构或者组成相似的已知产品预见到,因此不具备创造性。由此判定,即使在本申请中将上述用作造纸原料的添加剂和絮凝剂的应用作为一项要求保护的主题写入权利要求书,也将会因其不具备创造性而不会被授权,因此最后确定这两项应用不作为本申请要求保护的主题。❶

2. 针对碱性二氧化硅溶胶产品发明撰写权利要求

(1) 产品权利要求撰写方式的选择

对于碱性二氧化硅溶胶产品发明而言,其要求保护的主题为一种碱性二氧化硅溶胶,实质上为组合物发明。按照《专利审查指南2010》第二部分第十章第4.3节的规定,对于化学产品发明,首先应当考虑采用产品的结构和/或组成特征来表征;对于仅用化学名称或者结构式或者组成不能清楚表征的结构不明的化学产品,允许采用物理-化学参数来表征;对于用制备方法之外的其他特征不能充分表征的化学产品,才允许用制备方法来表征。尽管在客户提供的发明创造资料中,本申请的碱性二氧化硅溶胶制备方法是主要的技术创新点,但由于所述碱性二氧化硅溶胶的组成特征和物理-化学参数是明确的,包括二氧化硅浓度、溶胶平均颗粒直径、离子浓度等,这些特征可以清楚地表征产品发明。因此,对于本申请的碱性二氧化硅溶胶产品发明,应当采用组成特征结合物理-化学参数的方式来撰写权利要求。

(2) 列出产品发明主题的全部技术特征

根据客户提供的技术交底书可知,本发明碱性二氧化硅溶胶的技术特征包括二氧化硅的浓度、二氧化硅平均颗粒直径、硫酸根离子浓度和钠离子浓度。其中,试验1、2、3、4分别制得了四种碱性二氧化硅溶胶,其浓度分别为41wt%、52wt%、45wt%、53wt%;平均颗粒直径分别为4.4nm、6.1nm、5.1nm和9.8nm;硫酸根离子浓度分别为0.0012M、0.0018M、0.0015M

---

❶ 对于新产品用途发明的创造性问题,业内长期存在争议。本书按照《专利审查指南2010》的规定进行编写,在实际代理工作中,代理人也可以在专利申请文件中先要求保护相关的用途发明,并根据审查员的审查意见,进行后续的答复或修改。

和 0.0023M；钠离子浓度分别为 0.11M、0.19M、0.16M 和 0.25M。

需要指出的是，化学领域产品发明的技术特征一般是以产品的组分及其含量或性能参数表示，这不同于机械、电子等领域以结构特征为主的表示方式。因此，在列举其技术特征时，不一定要使用机械领域和电学领域的层级结构列举法，可以根据具体情况采取平行列举等方式，表达清晰即可。

（3）确定最接近的现有技术

对于最接近的现有技术的认定可以参考《专利审查指南 2010》第二部分第四章第 3.2.1.1 节中对最接近的现有技术的认定标准。首先，选出那些与要求保护的发明技术领域相同或相近的现有技术，但是在撰写独立权利要求时，应当选择相同技术领域的现有技术。其次，从这些现有技术中选出所要解决的技术问题、技术效果或者用途最接近和/或公开了发明的技术特征最多的那一项现有技术作为最接近的现有技术。

对比文件 1 和 2 都涉及碱性二氧化硅溶胶及其制备方法，这两项现有技术都与该发明的技术领域相同。

从所解决的技术问题和技术效果角度来看，对比文件 1 提供了浓度高（43wt％～56wt％）、平均粒径较小（7～22nm）的碱性二氧化硅溶胶及其制备方法，对比文件 2 则提供了浓度较高（45wt％～50wt％）但平均粒径较大（40～50nm）的碱性二氧化硅溶胶。该发明相对于对比文件 1 在二氧化硅浓度和平均粒径上都有一定重叠，但在平均粒径上仍有相当大的减小；该发明相对于对比文件 2 则在二氧化硅浓度范围上有一定重叠，但在平均粒径方面有明显区别。因此，就所解决的技术问题和技术效果考虑，对比文件 1 与该发明更接近。

此外，从公开的技术特征数量而言，对比文件 1 公开了碱性二氧化硅溶胶产品的二氧化硅浓度为 43wt％～56wt％，其平均粒径为 7～22nm；并且公开了碱性二氧化硅溶胶生产方法中的强酸性阳离子交换树脂酸化、加入氢氧化钠碱化、加热等步骤，并提供了碱性二氧化硅溶胶产品用于造纸工业以及絮凝剂的用途。而对比文件 2 虽然也公开了碱性二氧化硅溶胶的二氧化硅含量为 45wt％～50wt％，其平均粒径（40～50nm），并且公开了碱性二氧化硅溶胶生产方法中的酸化、钠盐碱化等步骤，但由于其产品的性能参数与该发明相差较大，因此其所公开的技术特征难以和该发明进行有效对比。

通过上述分析可知：对比文件 1 与该发明的技术领域相同；与对比文件 2 相比，其所解决的技术问题和技术效果与该发明更加接近，并且也公开了更多的相关技术特征，因此应当将对比文件 1 作为该发明最接近的现有技术。

（4）确定该发明所要解决的技术问题

由前面所做分析可知，该发明通过新的制备方法所获得的碱性二氧化硅溶胶产品（浓度 41wt％～53wt％，平均颗粒直径 4.4～9.8nm），与最接近的对比文件 1 的产品（浓度 43wt％～56wt％，平均颗粒直径 7～22nm）相比，在二氧化硅浓度和平均粒径上都有一定重叠，但在平均粒径上仍有相当程度的减小。据此，确定该发明所要解决的技术问题是提供一种浓度高、平均粒径更小，但不会因颗粒聚集而出现胶凝的碱性二氧化硅溶胶，以及该碱性二氧化硅溶胶的制备方法和用途。

（5）撰写产品发明的权利要求

① 确定解决技术问题的全部必要技术特征

接下来，应从所要解决的技术问题出发并考虑说明书描述的整体内容，来确定发明的必要技术特征，注意不能简单地将试验中的技术特征直接认定为必要技术特征。

对于碱性二氧化硅溶胶产品发明而言，该发明要解决的技术问题之一是提供一种碱性二氧化硅溶胶产品，其二氧化硅浓度高并且平均颗粒小。可见，如果要采用组成特征结合物理－化学参数的方式来撰写产品权利要求，则二氧化硅的浓度和粒径应成为产品发明的必要技术特征。当然，在最终得到的碱性二氧化硅溶胶产品中，其组成还包含硫酸根离子和钠离子，两者保持适当的浓度有助于避免胶凝现象的发生，保持产品的稳定性。但是，由技术交底书可知，硫酸根离子和钠离子只是有助于所获得的二氧化硅溶胶达到长期稳定，其浓度并不影响该发明获得一种浓度高、平均粒径小的碱性二氧化硅溶胶，因此不必将上述浓度特征作为产品发明的必要技术特征。❶

② 比较该发明与最接近的现有技术在必要技术特征上的区别，确定合理的保护范围

该发明的试验 1、2、3、4 分别制得了四种碱性二氧化硅溶胶，其浓度分别为 41wt％、52wt％、45wt％、53wt％（即 41wt％～53wt％）；平均粒径分别为 4.4nm、6.1nm、5.1nm 和 9.8nm（即 4.4～9.8nm）。而最接近的现有技术对比文件 1 则提供了浓度为 43wt％～56wt％、平均粒径为 7～22nm 的碱性二氧化硅溶胶。

根据技术交底书可知，现有技术的方法始终不能制备出浓度 38wt％ 以上、平均颗粒大小在 10nm 以内的二氧化硅溶胶，这主要是因为二氧化硅的浓度一旦达到 38wt％ 时，就会因颗粒的聚集出现胶凝。该发明与最接近的现有技术之间，碱性二氧化硅溶胶的浓度范围基本相似，而平均粒径范围虽有部分重叠，但该发明更有效地将平均粒径减小到 10nm 以下。因此，对于产品独立权利要求的平均粒径技术特征来说，合理的范围应排除现有技术已公开的平均粒径范围区间，即排除 7～10nm 平均粒径范围，并对该发明试验中公开的平均粒径范围进行合理扩展，即要求 4.0～6.9nm❷ 的平均粒径范围。与此相应，应当将技术交底书中的试验 4 排除在该发明的保护范围之外。根据背景技术，对于二氧化硅的浓度技术特征来说，浓度越小，则实现的技术难度越小，该发明的试验中已经获得了 41wt％～53wt％ 的碱性二氧化硅溶胶，由此可以合理概括出在粒径相同的情况下，容易获得 38wt％～41wt％ 的碱性二氧化硅溶胶。因而，对于产品独立权利要求的二氧化硅浓度技术特征来说，排除平均粒径 9.8nm 所对应的 53wt％，合理的浓度范围应为 38wt％～52wt％。

③ 撰写产品独立权利要求

独立权利要求应当从整体上反映发明或实用新型的技术方案，记载解决技术问题的必要技术特征。因此，在撰写独立权利要求时，首先应当从发明所要解决的技术问题出发，并考虑说明书描述的整体内容，选择必要技术特征进行适当限定，从而尽可能要求最宽的保护范围。

---

❶ 硫酸根离子浓度和钠离子浓度是否作为产品发明的必要技术特征取决于该发明所要解决的技术问题。在原试题中，技术交底书中暗示该发明所要解决的技术问题是"提供一种浓度高、平均颗粒小、性质稳定的碱性二氧化硅溶胶以及制备这种碱性二氧化硅溶胶的方法"，因此需要考虑将硫酸根离子浓度和钠离子浓度作为必要技术特征写入产品独立权利要求，以确保碱性二氧化硅溶胶的稳定性，从而就有可能使试题答案不再包含原试题所想要考的考点。在本书中，为了使产品权利要求的撰写仍反映当年试题中原定的考点内容，已经明确该发明所要解决的技术问题不包括碱性二氧化硅溶胶的长期稳定性，因此不必将硫酸根离子浓度和钠离子浓度作为产品发明的必要技术特征，也就是说，无需将这一技术特征写入产品独立权利要求中。

❷ 将平均粒径上限确定为 6.9nm 可以确保该独立权利要求相对于对比文件 1 具备新颖性，但并不能确保其具备创造性，即平均粒径上限确定为 6.9nm 的独立权利要求是否具备创造性是有待商榷的，但在撰写申请文件时可以先按此撰写独立权利要求，但需要提请注意的是，必须相对此独立权利要求撰写一项从属权利要求，其平均粒径的范围以试验 2 中的平均粒径 6.1nm 作为其上限。

根据以上分析，并通过对试验中的技术特征进行合理概括，所撰写的产品独立权利要求如下：

"1. 一种碱性二氧化硅溶胶，其中二氧化硅的浓度为 38wt‰～52wt‰，二氧化硅颗粒的平均粒径为 4.0～6.9nm。"

该发明的碱性二氧化硅溶胶产品是用二氧化硅的浓度和平均粒径的组合进行限定的，即二氧化硅浓度为 38wt‰～52wt‰ 且二氧化硅颗粒的平均粒径为 4.0～6.9nm。对比文件 1 虽然公开了碱性二氧化硅溶胶产品，且其浓度范围（43wt‰～56wt‰）与该发明的碱性二氧化硅溶胶有所重叠，但其平均粒径（7～22nm）大于独立权利要求 1 所限定的碱性二氧化硅溶胶的平均粒径。因此，对比文件 1 未披露独立权利要求 1 中有关平均粒径的技术特征，即独立权利要求 1 的技术方案未被对比文件 1 披露，其相对于对比文件 1 具备《专利法》第 22 条第 2 款规定的新颖性。

同样，对比文件 2 虽然公开了碱性二氧化硅溶胶产品，且其浓度范围（45wt‰～50wt‰）与该发明的碱性二氧化硅溶胶有所重叠，但其平均粒径（40～50nm）远远大于独立权利要求 1 所限定的碱性二氧化硅溶胶的平均粒径。因此，对比文件 2 更未披露独立权利要求 1 中有关平均粒径的技术特征，即独立权利要求 1 的技术方案也未被对比文件 2 披露，其相对于对比文件 2 具备《专利法》第 22 条第 2 款规定的新颖性。

正如前面所指出的，在这两项现有技术中，对比文件 1 是该发明最接近的现有技术。独立权利要求 1 与该最接近的现有技术对比文件 1 的区别在于二氧化硅颗粒的平均粒径 4.0～6.9nm。从而独立权利要求 1 相对于最接近的现有技术对比文件 1 实际要解决的技术问题是提供一种同时具备高浓度（38wt‰以上）和小粒径（小于 7nm）的碱性二氧化硅溶胶。上述区别技术特征既未在对比文件 2 中披露，也不属于本领域技术人员的公知常识，因而，上述对比文件 2 以及本领域的公知常识没有给出将上述区别技术特征应用到最接近的现有技术对比文件 1 中以解决上述技术问题的启示。由此可知，该独立权利要求 1 相对于对比文件 1、2 以及本领域的公知常识是非显而易见的，具有突出的实质性特点。❶

此外，独立权利要求 1 的碱性二氧化硅溶胶，克服了现有技术中粒径越小、浓度越高，碱性二氧化硅溶胶越容易聚集的技术难题，获得同时具备浓度高、粒径小特点的碱性二氧化硅溶胶，其用作造纸工业添加剂或污水处理絮凝剂的性能大大提高，即独立权利要求 1 的技术方案相对于上述两项现有技术具有有益的技术效果，具有显著的进步。

由上述分析可知，独立权利要求 1 的技术方案相对于客户提供的现有技术对比文件 1、检索到的对比文件 2，以及所属技术领域的公知常识具有突出的实质性特点和显著的进步，具备《专利法》第 22 条第 3 款规定的创造性。

④ 撰写产品从属权利要求

对于碱性二氧化硅溶胶产品发明来说，撰写从属权利要求时，既可以在独立权利要求的基础上，加上硫酸根离子浓度和钠离子浓度的技术特征；也可以对独立权利要求 1 特征部分的二氧化硅浓度和平均粒径作进一步限定。从该发明所要解决的技术问题来看，这些优选的特征并非是不可缺少的，因此不宜写入独立权利要求，以免影响权利要求的保护范围。但是，这些优选的特征

---

❶ 独立权利要求所要求保护的平均粒径上限为 6.9nm 的碱性二氧化硅溶胶相对于对比文件 1 所公开的平均粒径下限为 7.0nm 的碱性二氧化硅溶胶是否具备创造性尚有待商榷。为此，有必要根据试验 2 的产品参数，撰写一项其平均粒径上限为 6.1nm 的碱性二氧化硅溶胶从属权利要求，以便在独立权利要求 1 不符合《专利法》第 22 条第 3 款有关创造性的规定时，为该申请的产品权利要求具备创造性增加一道有效防线。

往往可以使得发明具有更好的效果或特性,应当用作附加技术特征来撰写相应的从属权利要求。在独立权利要求不具备新颖性或创造性的情况下,可以对从属权利要求进行相应调整,从而为后续专利审批及其他法律程序留有余地,尽可能使发明得到有效保护。

在撰写从属权利要求时应当注意引用关系,一项引用两项以上权利要求的多项从属权利要求不得作为另一项多项从属权利要求的引用基础。该申请的从属权利要求撰写如下:

"2. 按照权利要求 1 所述的碱性二氧化硅溶胶,其中二氧化硅颗粒的平均粒径为 4.0~6.1nm。"

说明:该权利要求 2 中二氧化硅颗粒平均粒径的数值范围的上限采用了试验 2 中给出的 6.1nm 的二氧化硅平均粒径,结合独立权利要求 1 中所述 4.0nm 的平均粒径数值点,将二氧化硅颗粒的平均粒径优选限定为 4.0~6.1nm,以确保该权利要求相对于现有技术中二氧化硅平均粒径为 7nm 的碱性二氧化硅溶胶具备创造性。

"3. 按照权利要求 2 所述的碱性二氧化硅溶胶,其中二氧化硅颗粒的平均粒径为 4.4~6.1nm。"

说明:权利要求 2 限定二氧化硅颗粒的平均粒径为 4.0~6.1nm,对其上限的限定主要目的是为了提高发明的创造性,也同时更好地得到试验(试验 2)的支持。但是,试验中并未给出平均粒径为 4.0nm 的碱性二氧化硅溶胶产品实例,为确保平均粒径得到试验的直接支持,增加此项从属权利要求 3,其下限采用了试验 1 中的二氧化硅平均粒径。

"4. 按照权利要求 1 至 3 中任一项所述的碱性二氧化硅溶胶,其中二氧化硅的浓度为 45wt%~52wt%。"

说明:试验 2 和 3 分别给出了浓度为 52wt% 和 45wt% 的碱性二氧化硅产品。有了这两个浓度数值点,可以将二氧化硅的重量浓度限定在技术交底书中所写明的优选范围 45wt%~52wt%。此从属权利要求不仅进一步限定了二氧化硅的优选重量浓度,提高了发明的创造性,而且也更好地得到了试验(试验 2 和 3)的支持。

"5. 按照权利要求 1 至 3 中任一项所述的碱性二氧化硅溶胶,其中包含的硫酸根离子浓度为 0.001~0.002M,钠离子浓度为 0.1~0.2M。"

说明:上述硫酸根离子浓度和钠离子浓度是根据试验 1、2、3 确定的,在这三种碱性二氧化硅溶胶中,硫酸根离子浓度分别为 0.0012M、0.0018M、0.0015M,钠离子浓度分别为 0.11M、0.19M、0.16M。根据上述试验并结合本领域常识,将硫酸根离子浓度和钠离子浓度分别合理概括为 0.001~0.002M 和 0.1~0.2M。此从属权利要求以硫酸根离子和钠离子浓度作为技术特征,可以提高碱性二氧化硅产品的稳定性,在独立权利要求 1 不具备创造性的情况下,可以作为该申请有创造性的一道有效防线。需要提请注意的是,在引用多项在前权利要求的情况下,权利要求 5 不能引用权利要求 4,因为权利要求 4 本身为多项从属权利要求,不得作为另一项多项从属权利要求的引用基础。

3. 针对其他主题撰写权利要求

(1) 其他主题权利要求撰写方式的选择

对于碱性二氧化硅溶胶制备方法而言,其实质上为一种化学方法发明。化学方法发明的技术特征可以归纳为:① 涉及工艺的方法特征:包括工艺步骤(如反应步骤)、操作步骤及其顺序等;工艺条件如温度、压力、催化剂、介质等;② 涉及物质的方法特征:包括原料和产品的化学成分、化学结构、理化性能参数等;③ 涉及设备的方法特征:包括该方法所用设备的类型、结构及其相关的特性或功能等。就本发明而言,碱性二氧化硅溶胶制备方法权利要求可以用以上三种方法特征相结合的方式来撰写，即包括涉及工艺的方法特征、涉及物质的方法特征和涉及设备的方法特征。

对于碱性二氧化硅溶胶用于制备铅酸电池的不流动凝胶电解质的用途发明而言，其实质上也是化学方法发明，其撰写方式可以参照上述方法权利要求的方式。

(2) 列出其他主题的全部技术特征

结合技术交底书中的试验1至3和发明概述可知，该发明碱性二氧化硅溶胶制备方法的技术特征包括：

① 通过稀释至大约20wt%，搅拌加热至70℃，加入低分子量的阳离子絮凝剂，在此温度下搅拌约2小时，随后倾析48小时，回收的经过净化的液体再用水稀释到约5wt%，来制备无杂质的起始硅酸盐水溶液。

② 将碱金属硅酸盐的水溶液在室温下通过强阳离子交换柱，得到pH为2~3.5的不稳定酸性溶胶。试验1至3中所述碱金属硅酸盐是其中SiO_2/Na_2O摩尔比为3.36:1的硅酸钠水溶液，所述pH为2。

③ 剧烈搅拌所述酸性溶胶，并加入碱性硅酸盐，使pH变成9~11，成为室温下稳定化的溶胶。试验1至3中所述pH为10左右。

④ 将稳定化的溶胶装入适当的蒸发器中，在真空和温度为90℃~98℃的条件下加热浓缩，直到二氧化硅的浓度达到5wt%~15wt%、pH为9~10。所述温度为95℃（试验1）或97℃（试验2和3），所述二氧化硅的浓度达到6wt%，所述pH为9.5。

⑤ 对所述浓缩后的溶胶进行冷超滤，使其尽快地从高温冷却到室温或室温以下，应当注意在4小时内将温度降低到15℃~30℃。试验1至3中分别在2、4和3小时内将温度降低到室温。

⑥ 对超滤后的溶胶，调节其中的经超滤浓缩的阳离子和阴离子的含量使所获得的二氧化硅溶胶达到长期稳定，其中硫酸根离子浓度为0.001~0.002M，钠离子浓度为0.1~0.2M。在试验1至3中硫酸根离子浓度分别为0.0012M、0.0018M和0.0015M；钠离子浓度分别为0.11M、0.19M和0.16M。

⑦ 获得一种碱性二氧化硅溶胶，其中二氧化硅浓度为38wt%~52wt%、平均粒径为4.0~6.9nm。

由技术交底书中对碱性二氧化硅溶胶用于制备铅酸电池的不流动凝胶电解质的用途发明的简要说明可知，此用途发明的技术特征包括：其所应用的对象（该发明所述的碱性二氧化硅溶胶）及应用的具体领域（用于制备铅酸电池的不流动凝胶电解质）。

(3) 确定最接近的现有技术和该发明所要解决的技术问题

前面在产品权利要求撰写部分已具体分析说明了最接近的现有技术为对比文件1的理由，此处不再作重复说明。

同样，在前面产品权利要求撰写部分也已具体分析说明了该发明所要解决的技术问题是提供一种浓度高、平均粒径小，但不会因颗粒聚集而出现胶凝的碱性二氧化硅溶胶的制备方法和用途，此处不再重复说明。

(4) 撰写其他主题的权利要求

① 确定解决技术问题的全部必要技术特征。

接下来，从所要解决的技术问题出发并考虑说明书描述的整体内容，来确定制备方法发明和用途发明的必要技术特征，注意不能简单地将试验中的技术特征直接认定为必要技术特征。

对于碱性二氧化硅溶胶制备方法发明而言，该发明要解决的技术问题之一是提供一种制备方法，用来获得二氧化硅浓度高并且平均粒径小的碱性二氧化硅溶胶产品。根据技术交底书试验1

至3和发明概述部分的说明，要获得具有相应组分、含量及性能参数的碱性二氧化硅溶胶，必须按照以下步骤来实施制备：

—将碱金属硅酸盐的水溶液在室温下通过强阳离子交换柱，得到pH为2～3.5的不稳定酸性溶胶；

—剧烈搅拌所述酸性溶胶，并加入碱性硅酸盐，使pH变成9～11，从而使酸性溶胶在室温下稳定化；

—将稳定化的溶胶装入适当的蒸发器中，在真空和温度为90～98℃的条件下加热浓缩，直到二氧化硅的浓度达到5wt%～15wt%、pH为9～10；

—对所述浓缩后的溶胶进行冷超滤，在4小时内将温度降低到15～30℃。

可见，上述工艺步骤是该发明碱性二氧化硅溶胶制备方法的必要技术特征。而前面所提到的制备无杂质的起始硅酸钠水溶液的步骤，只是纯化原材料的工艺，与该发明所要解决的技术问题无关，因此不是上述制备方法发明的必要技术特征。另外，对超滤后的溶胶，调节其中的经超滤浓缩的阳离子和阴离子的含量使所获得的二氧化硅溶胶达到长期稳定，这一步骤只会增加产品的稳定性，并不影响能否获得浓度高并且平均粒径小的碱性二氧化硅溶胶产品，也不应作为上述制备方法发明的必要技术特征。❶

对于制备铅酸电池的不流动凝胶电解质的用途发明而言，它属于一种新的化学产品的新用途，必要的技术特征只需包括所应用的对象（本发明所述的碱性二氧化硅溶胶）及应用的具体领域（用于制备铅酸电池的不流动凝胶电解质）。

② 撰写其他主题的独立权利要求。

对于碱性二氧化硅溶胶产品的制备方法发明来说，应当注意不要遗漏每一个必要的步骤，每一个步骤应当写明其达到的中间状态，并且不要将不必要的优选条件写入独立权利要求。对于制备铅酸电池的不流动凝胶电解质的用途发明而言，它是一种新的化学产品的新用途，只需描述其所应用的对象和应用的具体领域即可。

根据以上分析，并通过对试验中的技术特征进行合理概括，撰写其他主题的独立权利要求如下：

"6. 一种生产权利要求1至4❷中任一项所述的碱性二氧化硅溶胶的方法，包括下列步骤：

将碱金属硅酸盐的水溶液在室温下通过强阳离子交换柱，得到pH为2～3.5的不稳定酸性溶胶；

剧烈搅拌所述酸性溶胶，并加入碱性硅酸盐，使pH变成9～11，从而使酸性溶胶在室温下稳定化；

将稳定化的溶胶装入适当的蒸发器中，在真空和温度为90～98℃的条件下加热浓缩，直到二氧化硅的浓度达到5wt%～15wt%、pH为9～10；

---

❶ "对超滤后溶胶中阳离子和阴离子的含量进行调节"这一步骤是否作为碱性二氧化硅溶胶制备方法的必要技术特征取决于本发明所要解决的技术问题。在原考题中，技术交底书中暗示本发明所要解决的技术问题是"提供一种浓度高、平均颗粒小、性质稳定的碱性二氧化硅溶胶以及制备这种碱性二氧化硅溶胶的方法"，因此需要将上述调节步骤作为制备方法的必要技术特征中写入其独立权利要求中，以确保所制得的碱性二氧化硅溶胶的稳定性。但在本书中，已经明确本发明所要解决的技术问题不包括碱性二氧化硅溶胶的长期稳定性，因此在撰写制备方法独立权利要求时不必将上述调节步骤作为碱性二氧化硅溶胶制备方法的必要技术特征。

❷ 由于该独立权利要求中未包含调节离子浓度的步骤，因而不能制得权利要求5中的碱性二氧化硅溶胶，鉴于此该独立权利要求只能引用权利要求1至4，不再引用权利要求5。

对所述浓缩后的溶胶进行冷超滤,在 4 小时内将温度降低到 15~30℃,从而制得碱性二氧化硅溶胶。"

"13. 权利要求 1 至 5 中任一项所述的碱性二氧化硅溶胶在制备铅酸电池的不流动凝胶电解质中的应用。"

虽然对比文件 1 公开了碱性二氧化硅溶胶的制备方法,且其与独立权利要求 6 所要求保护的制备方法有部分步骤类似,但从整体上看,独立权利要求 6 所要保护的制备方法技术方案并未被对比文件 1 披露,其相对于对比文件 1 具备《专利法》第 22 条第 2 款规定的新颖性。

与此相类似,独立权利要求 6 所要保护的制备方法技术方案相对于对比文件 2 也具备《专利法》第 22 条第 2 款规定的新颖性。

另外,正如前面所指出的,在这两项现有技术中,对比文件 1 是该发明最接近的现有技术。独立权利要求 6 与该最接近的现有技术对比文件 1 的区别在于工艺步骤、工艺条件、产品化学成分以及所用设备的整体差异,具体包括向不稳定的酸性溶胶加入碱性硅酸盐进行碱化、对浓缩后的溶胶进行冷超滤,最终获得其中二氧化硅浓度为 38wt%~52wt%、平均粒径为 4.0~6.9nm 的碱性二氧化硅溶胶。上述区别技术特征既未在对比文件 2 中披露,也不属于本领域技术人员的公知常识,因而,上述对比文件 2 以及本领域的公知常识没有给出将上述区别技术特征应用到最接近的现有技术对比文件 1 中以解决上述技术问题的启示。由此可知,该独立权利要求 6 相对于对比文件 1、2 以及本领域的公知常识是非显而易见的,具有突出的实质性特点。此外,独立权利要求 6 的碱性二氧化硅溶胶制备方法,克服了现有技术中粒径越小、浓度越高,碱性二氧化硅溶胶越容易聚集的技术难题,获得了同时具备浓度高、粒径小特点的碱性二氧化硅溶胶,即独立权利要求 6 的技术方案相对于上述两项现有技术具有有益的技术效果,取得了显著的进步。因此,独立权利要求 6 的技术方案相对于客户提供的现有技术对比文件 1、检索到的对比文件 2 以及所属技术领域的公知常识具有突出的实质性特点和显著的进步,具备《专利法》第 22 条第 3 款规定的创造性。

独立权利要求 13 所要求保护的用途发明属于新的化学产品的新用途。按照《专利审查指南 2010》第二部分第十章第 6.2 节的规定,对于新的化学产品,如果该用途不能从结构或者组成相似的已知产品预见到,可认为这种新产品的用途发明有创造性。独立权利要求 13 所要求保护的是权利要求 1 至 5 中任一项所限定的碱性二氧化硅溶胶这一新产品的新用途,且现有技术中并未披露具有相似结构和组成的已知碱性二氧化硅溶胶可用于制备铅酸电池的不流动凝胶电解质的技术教导,由此可知独立权利要求 13 所要求保护的碱性二氧化硅这一新产品的新用途不能从结构或者组成相似的已知碱性二氧化硅溶胶预见到,因此独立权利要求 13 满足了《专利法》第 22 条第 2 款和第 3 款有关新颖性和创造性规定的要求。

③ 撰写其他主题的从属权利要求。

对于碱性二氧化硅溶胶方法发明来说,撰写从属权利要求时,首先,可以在独立权利要求 6 的基础上,加上调节离子浓度的步骤;其次,可以对独立权利要求 6 特征部分的原料成分、工艺条件、设备类型等作进一步的优选限定。从该发明所要解决的技术问题来看,这些优选的特征并非是不可缺少的,因此不宜写入独立权利要求,以免影响权利要求的保护范围。但是,这些优选的特征往往可以使得发明具有更好的效果或特性,应当用作附加技术特征来撰写相应的从属权利要求。在独立权利要求不具备新颖性或创造性的情况下,可以对从属权利要求进行相应调整,从而为后续专利审批及其他法律程序留有余地,尽可能使发明得到有效保护。

撰写从属权利要求时,应当注意引用关系,一项引用两项以上权利要求的多项从属权利要求不得作为另一项多项从属权利要求的引用基础。相关从属权利要求撰写如下：

"7. 按照权利要求6所述的方法，还包括以下步骤，对超滤后的溶胶，调节其中经超滤浓缩的阳离子和阴离子的含量使所获得的二氧化硅溶胶达到长期稳定，其中硫酸根离子浓度为0.001～0.002M，钠离子浓度为0.1～0.2M。"

说明：试验1至3中分别对超滤后的溶胶进行了离子调节，这一步骤可以提高碱性二氧化硅产品的长期稳定性。在独立权利要求6不具备创造性的情况下，权利要求7可以作为该申请有创造性的一道有效防线。

"8. 按照权利要求7所述的方法，其中对超滤后的溶胶进行调节是这样进行的，使一定量的二氧化硅溶胶产物通过可以捕获钠离子的强阳离子交换树脂层以得到酸性溶胶，再将这样得到的酸性溶胶与所述二氧化硅溶胶产物的剩余部分混合，然后再从所得混合物中取出一定量，使其通过弱阴离子交换树脂层，最后将收集液与其剩余部分混合。"

说明：试验1至3中对离子调节步骤采用了优化工艺，以此作为附加技术特征撰写从属权利要求8。

"9. 按照权利要求8所述的方法，其中在对超滤后的溶胶进行调节时所取出的一定量的二氧化硅溶胶占总重量的20wt%～50wt%，所取出的一定量的混合物占总重量的20wt%～50wt%。"

说明：试验1至3中对调节离子步骤采用了优化工艺，在对超滤后的溶胶进行调节时所取出的一定量的二氧化硅溶胶占总重量的30wt%，所取出的一定量的混合物占总重量的30wt%，在技术交底书中写明的优选范围20wt%～50wt%可认为是合理的概括范围，因此将其作为从属权利要求9的附加技术特征。

"10. 按照权利要求6至9中任一项所述的方法，其中所述碱金属硅酸盐水溶液是其中SiO_2/Na_2O摩尔比为3.36∶1的硅酸钠水溶液。"

说明：试验1至3中使用了优化的SiO_2/Na_2O摩尔比为3.36∶1的硅酸钠水溶液，以此作为从属权利要求10的附加技术特征可以获得更优选方案的保护。

"11. 按照权利要求6至9中任一项所述的方法，其中加热浓缩时的温度为95℃。"

说明：试验1中使用了技术交底书中写明的优化的加热浓缩温度95℃，以此作为附加技术特征撰写从属权利要求11。需要注意的是，由于权利要求10为一项多项从属权利要求，所以多项从属权利要求11不能引用权利要求10，否则不符合多项从属权利要求不得作为另一项多项从属权利要求引用基础的规定。

"12. 按照权利要求6至9中任一项所述的方法，其中冷超滤时所采用的超滤装置选用截流值为10000～30000道尔顿的平面膜或卷曲膜，并控制温度低于50℃。"

说明：试验1至3中分别使用了优化的10000、30000和20000道尔顿的平面膜进行冷超滤，以此作为附加技术特征撰写从属权利要求12。同理，由于权利要求10和权利要求11均为多项从属权利要求，所以多项从属权利要求12也不能引用权利要求10和权利要求11，其引用部分与权利要求11一样仅引用了权利要求6至9中任一项从属权利要求。

"14. 按照权利要求13所述的应用，其中碱性二氧化硅溶胶与硫酸和蒸馏水按1∶1∶10的体积比混合，在搅拌和不高于50℃的温度下进行反应，冷却2～4小时，即可获得一种用于铅酸电池的不流动凝胶电解质。"

说明：对独立权利要求13的技术方案，增加了具体的工艺步骤及参数限定，不仅提高权利要求的创造性，而且在后续程序中被认为独立权利要求13未清楚限定要求专利保护范围时可以将此从属权利要求修改成独立权利要求，从而为后续专利审批或其他法律程序作好修改准备。

4. 在撰写的权利要求书的基础上完成说明书及其摘要的撰写

说明书及其摘要的撰写应当按照《专利法实施细则》第17条、第18条和第23条的规定撰写。

由于该专利申请涉及多项独立权利要求，为了在发明名称中反映保护的主题、类型，根据多个独立权利要求所要求保护的主题名称，将发明名称确定为："碱性二氧化硅溶胶及其制备方法和用途。"

对于技术领域部分，由于该专利申请涉及碱性二氧化硅产品以及其制备方法和用途，说明书的技术领域可以针对该产品作进一步说明，并简要提及其制备方法和用途。

按照《专利法实施细则》第17条的规定，在背景技术部分，要写明对发明或者实用新型的理解、检索、审查有用的背景技术；有可能的，并引证反映这些背景技术的文件。就该专利申请来说，可以简明扼要地对申请人提供的现有技术和检索到的对比文件中所公开的碱性二氧化硅溶胶制备方法及所存在的问题作出说明。

发明内容部分首先写明该发明所要解决的技术问题：提供一种浓度高、平均粒径小、但不会因颗粒聚集而出现胶凝的碱性二氧化硅溶胶及其制备方法和用途。然后，另起段分别写明解决该技术问题的独立权利要求的技术方案，并进一步写明重要的从属权利要求的技术方案。注意不要遗漏对有益效果的客观描述。

该专利申请无附图，所以不必撰写附图说明部分。

在具体实施方式部分，首先可对实施方式进行合理的扩展性描述，以便支持较宽的保护范围。然后，考虑到原试验4已经不在该发明的保护范围之内，因此仅对试验1至3作出进一步具体的说明。由于三个试验有不少共同之处，因此可针对其中的试验1作重点描述，其他试验（即试验2和3）在试验1的基础上进行简要的改进说明。注意应当提供合理数目的实施例，以便支持所要求的保护范围。在化学领域，应特别注意实施方式和实施例的充分公开，对于需要实验证实的性能或效果，应尽可能提供明确的实验数据。

在撰写说明书的上述内容时，应当按照《专利法实施细则》第17条第2款的规定，在说明书的各个部分（技术领域、背景技术、发明内容、具体实施方式）之前写明标题。

在完成说明书的撰写之后，按照《专利法实施细则》第23条的规定撰写说明书摘要，写明发明的名称和所属技术领域，清楚地反映所要解决的技术问题、解决该问题的技术方案的要点以及主要用途。在考虑不超过300个字的前提下，至少写明发明的名称和独立权利要求技术方案的要点，最好还能写明采用该技术方案所获得的技术效果。

（三）推荐的专利申请文件

根据以上介绍的该发明的资料和现有技术的情况，给出推荐的发明专利申请文件撰写文本。

权 利 要 求 书

1. 一种碱性二氧化硅溶胶,其中二氧化硅的浓度为38wt%~52wt%,二氧化硅颗粒的平均粒径为4.0~6.9nm。

2. 按照权利要求1所述的碱性二氧化硅溶胶,其中二氧化硅颗粒的平均粒径为4.0~6.1nm。

3. 按照权利要求2所述的碱性二氧化硅溶胶,其中二氧化硅颗粒的平均粒径为4.4~6.1nm。

4. 按照权利要求1至3中任一项所述的碱性二氧化硅溶胶,其中二氧化硅的浓度为45wt%~52wt%。

5. 按照权利要求1至3中任一项所述的碱性二氧化硅溶胶,其中包含的硫酸根离子浓度为0.001~0.002M,钠离子浓度为0.1~0.2M。

6. 一种生产权利要求1至4中任一项所述碱性二氧化硅溶胶的方法,包括下列步骤:

将碱金属硅酸盐的水溶液在室温下通过强阳离子交换柱,得到pH为2~3.5的不稳定酸性溶胶;

剧烈搅拌所述酸性溶胶,并加入碱性硅酸盐,使pH变成9~11,从而使酸性溶胶在室温下稳定化;

将稳定化的溶胶装入适当的蒸发器中,在真空和温度为90~98℃的条件下加热浓缩,直到二氧化硅的浓度达到5wt%~15wt%、pH为9~10;

对所述浓缩后的溶胶进行冷超滤,在4小时内将温度降低到15~30℃,从而制得碱性二氧化硅溶胶。

7. 按照权利要求6所述的方法,还包括以下步骤,对超滤后的溶胶,调节其中经超滤浓缩的阳离子和阴离子的含量使所获得的二氧化硅溶胶达到长期稳定,其中硫酸根离子浓度为0.001~0.002M,钠离子浓度为0.1~0.2M。

8. 按照权利要求7所述的方法,其中对超滤后的溶胶进行调节是这样进行的,使一定量的二氧化硅溶胶产物通过可以捕获钠离子的强阳离子交换树脂层以得到酸性溶胶,再将这样得到的酸性溶胶与所述二氧化硅溶胶产物的剩余部分混合,然后再从所得混合物中取出一定量,使其通过弱阴离子交换树脂层,最后将收集液与其剩余部分混合。

9. 按照权利要求8所述的方法,其中在对超滤后的溶胶进行调节时所取出的一定量的二氧化硅溶胶占总重量的20wt%~50wt%,所取出的一定量的混合物占总重量的20wt%~50wt%。

10. 按照权利要求6至9中任一项所述的方法,其中所述碱金属硅酸盐水溶液是其中SiO_2/Na_2O摩尔比为3.36∶1的硅酸钠水溶液。

11. 按照权利要求6至9中任一项所述的方法,其中加热浓缩时的温度为95℃。

12. 按照权利要求6至9中任一项所述的方法,其中冷超滤时所采用的超滤装置选用截流值为10000~30000道尔顿的平面膜或卷曲膜,并控制温度低于50℃。

13. 权利要求1至5中任一项所述的碱性二氧化硅溶胶在制备铅酸电池的不流动凝胶电解质中的应用。

14. 按照权利要求13所述的应用,其中碱性二氧化硅溶胶与硫酸和蒸馏水按1∶1∶10的体积比混合,在搅拌和不高于50℃的温度下进行反应,冷却2~4小时,即可获得一种用于铅酸电池的不流动凝胶电解质。

说 明 书

碱性二氧化硅溶胶及其制备方法和用途

技术领域

本发明涉及一种碱性二氧化硅溶胶，特别是一种高浓度、单分散、非聚集的碱性二氧化硅溶胶，本发明还涉及这种碱性二氧化硅溶胶的制备方法和用途。

背景技术

二氧化硅溶胶是含有很小二氧化硅颗粒的水相体系，这一体系根据其中的颗粒大小和其他因素可应用于各种领域中。过去主要是将二氧化硅溶胶与阳离子或两性聚合物一起用作造纸原料的添加剂，目的是提高造纸过程中的保留值和改善脱水作用。另外，二氧化硅溶胶还可以作为絮凝剂用于水处理。在生产实践中，二氧化硅溶胶的浓度越高、粒径越小，其絮凝效果就越好。

在中国发明专利申请公开说明书CN×××××××××中公开了一种应用于造纸工业的碱性二氧化硅溶胶制备方法，采用普通的碱金属硅酸盐水溶液为原料制备溶胶，通过加入无机酸进行酸化，也可采用强酸性阳离子交换树脂（例如磺酸型）直接进行酸化，然后添加普通碱，形成碱性溶胶，最后在85℃～95℃的温度下处理该碱性溶胶60～130分钟，获得一种平均粒径在7～22nm、二氧化硅浓度为43%～56%（重量百分比）的二氧化硅溶胶。为简化起见，以下将"%（重量百分比）"简写为"wt%"。

现有技术存在的缺点是：水分散的二氧化硅颗粒的平均粒径越小，其比表面积越大，颗粒就越容易聚集。碱性二氧化硅溶胶会随着二氧化硅颗粒的聚集而自发出现胶凝现象，形成固态的凝胶。现有技术的方法始终不能制备出浓度大于38wt%、颗粒大小在10nm以内的碱性二氧化硅溶胶，这主要是因为二氧化硅的浓度一旦达到38wt%时，就会因颗粒的聚集出现胶凝。

发明内容

本发明为了克服上述现有技术存在的缺点提出的，其所解决的技术问题是提供一种浓度高且平均粒径小、但不会因颗粒聚集而出现胶凝的碱性二氧化硅溶胶，以及这种碱性二氧化硅溶胶的制备方法和用途。

为此，本发明提供了一种碱性二氧化硅溶胶，其中二氧化硅的浓度为38wt%～52wt%，二氧化硅颗粒的平均粒径为4.0～6.9nm。这种浓度高、平均粒径小的碱性二氧化硅溶胶，不会因颗粒聚集而出现胶凝，有效克服了现有技术的缺点，使得碱性二氧化硅溶胶用作造纸工业添加剂和污水处理絮凝剂的性能得到有效提高。

作为本发明碱性二氧化硅溶胶的一个优选方案，其中二氧化硅颗粒的平均粒径为4.0～6.1nm。作为更进一步的优选方案，其中二氧化硅颗粒的平均粒径为4.4～6.1nm。

作为本发明碱性二氧化硅溶胶的另一个优选方案，其中的二氧化硅浓度为45wt%～52wt%。

为使本发明的碱性二氧化硅溶胶能够实现长期稳定，在本发明碱性二氧化硅溶胶的再一个优选方案中，硫酸根离子浓度为0.001～0.002M，钠离子浓度为0.1～0.2M。

本发明还提供了一种制备碱性二氧化硅溶胶的方法，其中包括下列步骤：

将碱金属硅酸盐的水溶液在室温下通过强阳离子交换柱，得到pH为2～3.5的不稳定酸性溶胶；

剧烈搅拌所述酸性溶胶，并加入碱性硅酸盐，使pH变成9～11，从而使酸性溶胶在室温下稳定化；

将稳定化的溶胶装入适当的蒸发器中，在真空和温度为90～98℃的条件下加热浓缩，直到二氧化硅的浓度达到5wt%～15wt%、pH为9～10；

对所述浓缩后的溶胶进行冷超滤，在4小时内将温度降低到15～30℃，从而制得上述二氧化硅浓度和平均粒径的碱性二氧化硅溶胶。

作为本发明碱性二氧化硅溶胶制备方法的一个优选方案，对超滤后的溶胶，调节其中经超滤浓缩的阳离子和阴离子的含量使所获得的二氧化硅溶胶达到长期稳定，其中硫酸根离子浓度为0.001～0.002M，钠离子浓度为0.1～0.2M。

在上述优选方法中的进一步改进，对超滤后的溶胶的调节这样进行：使一定量的二氧化硅溶胶产物通过可以捕获钠离子的强阳离子交换树脂层以得到酸性溶胶，再将这样得到的酸性溶胶与所述二氧化硅溶胶产物的剩余部分混合，然后再从所得混合物中取出一定量，使其通过弱阴离子交换树脂层，最后将收集液与其剩余部分混合。尤其是，对超滤后的溶胶进行调节时优选所取出的一定量的二氧化硅溶胶占总重量的20wt%～50wt%，所取出的一定量的混合物占总重量的20wt%～50wt%。

作为本发明碱性二氧化硅溶胶制备方法的另一个优选方案，其中的碱金属硅酸盐水溶液是其中SiO_2/Na_2O摩尔比为3.36∶1的硅酸钠水溶液。

作为本发明碱性二氧化硅溶胶制备方法的又一个优选方案，其中加热浓缩时的温度为95℃。

作为本发明碱性二氧化硅溶胶制备方法的再一个优选方案，其中冷超滤时所采用的超滤装置选用截流值为10000～30000道尔顿的平面膜或卷曲膜，并控制温度低于50℃。

本发明还提供了上述碱性二氧化硅溶胶在制备铅酸电池的不流动凝胶电解质中的应用。

作为本发明碱性二氧化硅溶胶在制备铅酸电池的不流动凝胶电解质中的应用的一个优选方案，其中碱性二氧化硅溶胶与硫酸和蒸馏水按1∶1∶10的体积比混合，在搅拌和不高于50℃的温度下进行反应，冷却2～4小时，即可获得一种用于铅酸电池的不流动凝胶电解质。

具体实施方式

在本发明的碱性二氧化硅溶胶制备方法中，首先制备起始悬浮液：使碱金属硅酸盐的水溶液，例如SiO_2/Na_2O的摩尔比约为3.36∶1、溶液中含有约5wt%～6wt% SiO_2的硅酸钠水溶液，在室温下通过如Resindion公司销售的RELITE强阳离子交换柱，得到pH为2～3.5的不稳定酸性溶胶。

按下列方式使酸性溶胶在室温下稳定化：剧烈搅拌所述酸性溶胶，并加入碱性硅酸盐，使pH由起始时的约2～3.5变成9～11。

例如，向约$10m^3$的酸性溶胶中加入约800升20wt%～30wt%的硅酸钠溶液，使原先的酸性溶胶的碱度达到约140～160毫克当量/升。

将这种稳定化的溶胶装入适当的蒸发器中加热浓缩。浓缩的条件是至关重要的，即在真空中温度为约90～98℃、优选约95℃的温度下进行，直到SiO_2的浓度达到约5wt%～15wt%，pH为9～10。

获得所期望的浓度后，例如可使用合适的热交换器，对该溶胶进行冷超滤，使其尽快地从沸腾温度冷却到室温或室温以下。关于冷却需要的时间，应注意在4小时内把温度降低到15～30℃。

使用什么样的超滤装置是不重要的。从方便的角度出发，最好使用本领域技术人员已知的薄膜，例如截流值为10000～30000道尔顿的平面膜或卷曲膜。

由于该溶胶通过薄膜时会发热，因此建议控制温度低于50℃，否则截流值会变大。

经过上述的超滤后，溶胶被浓缩，但起始颗粒的粒径保持不变。一旦超滤完成后，就可以获得一种平均粒径在7nm以下（例如4.0～6.9nm，优选为4.0～6.1nm，尤其是4.4～6.1nm）、浓度为38wt%～52wt%（优选为45wt%～52wt%）的碱性二氧化硅溶胶。

经超滤后，可以通过调节经过超滤浓缩的阳离子和阴离子的含量，使所获得的二氧化硅溶胶达到长期稳定。

可以采用本领域技术人员熟悉的技术进行调节，例如使用离子交换树脂。作为一种举例，可按下列常规方法进行所述调节：使一定量的二氧化硅溶胶产物（优选占总重量的20%～50%）通过可以捕获钠离子的强阳离子交换树脂层（例如Resindion公司的RELITE），得到酸性溶胶；将这样得到的酸性溶胶与所述二氧化硅溶胶产物的剩余部分混合；然后，从所得混合物中取出一定量（优选占总重量的20%～50%），使其通过弱阴离子交换树脂层（例如Resindion公司的RELITE-4MS）；最后，将收集液与其剩余部分混合。

最终产物中的硫酸根离子浓度应为0.001～0.002M，钠离子浓度应为0.1～0.2M。

下面的实施例只是用于详细说明本发明，并不以任何方式限制发明的保护范围。

(1) 实施例1：制备碱性二氧化硅溶胶 I

将硅酸盐（SiO_2/Na_2O摩尔比为3.36:1）和一定量的水装入压力为5～6个大气压的高压釜中，所述水量应足以使最终获得的硅酸盐溶液的浓度达到25wt%，该溶液由于硅质沙附带的黏土而变得混浊，预倾析该溶液并将其移入絮凝池中，在该池中用水将该溶液进一步稀释到大约20wt%，然后在搅拌下加热溶液至大约70℃，并加入低分子量的阳离子絮凝剂，在此温度下搅拌约2小时，随后倾析48小时，回收的经过净化的液体再用水稀释到约5wt%，即为无杂质的起始硅酸钠水溶液。将该硅酸钠水溶液通过装有RELITE强阳离子树脂的交换柱，使硅酸钠和树脂氢离子进行交换，得到pH为2的不稳定胶态硅酸（酸性溶胶）；将10m^3的所述酸性溶胶放入装有推进式螺旋桨搅拌器的池子中剧烈搅拌，快速加入800升碱性硅酸盐使pH值从2提高到10左右；将这种经稳定的溶胶在真空中加热到95℃，直到SiO_2的浓度为6wt%，pH值约为9.5，平均颗粒粒径为4.4nm；在2小时内使该二氧化硅溶胶从95℃冷却到室温，采用截流值为10000道尔顿的平面薄膜进行冷超滤；超滤后，要对溶胶中的阳离子和阴离子进行调节，即取出溶胶产物总重量的30%，使其通过能捕获钠离子的强阳离子树脂层RELITE，如此得到的酸性溶胶与所述产物的剩余部分混合，再取出这些混合物总重量的30%，使其通过弱阴离子树脂层RELITE-4MS，再将收集液与剩余部分的混合物混合。

用此方法获得的最终产物的特性如下：

二氧化硅的浓度为41wt%；

平均颗粒直径为4.4nm；

硫酸根离子浓度为0.0012M；钠离子浓度分别为0.11M。

(2) 实施例2：制备碱性二氧化硅溶胶 II

按与实施例1相同的方法制备碱性二氧化硅溶胶，不同之处是在4小时内使二氧化硅溶胶从97℃冷却到室温，并采用截流值为30000道尔顿的平面薄膜进行冷超滤，获得的最终产物的特性如下：

二氧化硅的浓度为52wt%；

平均颗粒直径为6.1nm；

硫酸根离子浓度为 0.0018M；钠离子浓度分别为 0.19M。

(3) 实施例 3：制备碱性二氧化硅溶胶Ⅲ

按与实施例 1 相同的方法制备碱性二氧化硅溶胶，不同之处是在 3 小时内使二氧化硅溶胶从 97℃冷却到室温，并采用截流值为 20000 道尔顿的平面薄膜进行冷超滤获得的最终产物的特性如下：

二氧化硅的浓度为 45wt%；

平均颗粒直径为 5.1nm；

硫酸根离子浓度为 0.0015M；钠离子浓度分别为 0.16M。

稳定性试验：

将一定量起始温度为 20℃的上述三个实施例的产品，在 60℃的温度下保温 20 天，即相当于在室温下放置 150 天，经保温后的试样在 60℃时的密度为 1.13 克/毫升，黏度为 11 秒（B4 号福特杯），pH 值为 10。在 60℃下再放置 20 天，没有发生变化，证明本发明二氧化硅溶胶的稳定性很高。

造纸过程中溶胶的保留效果试验：

在该试验中，按照 WO20071234567 的试验和测试方法，测定了本发明实施例 1 至 3 的溶胶与阳离子聚丙烯酰胺一起用于造纸时的保留效果。结果示于表 1 中。

表 1 造纸过程中溶胶的保留效果

试验序号	聚丙烯酰胺（0.8 千克/吨）	溶胶（1.0 千克/吨）	保留值（%）
1	市售（ABC 公司）	市售（RJ 公司）	50.0
2	市售（ABC 公司）	实施例 1 溶胶Ⅰ	81.1
3	市售（ABC 公司）	实施例 2 溶胶Ⅱ	73.5
4	市售（ABC 公司）	实施例 3 溶胶Ⅲ	76.1

制备铅酸电池的不流动凝胶电解质试验：

将本发明的二氧化硅溶胶Ⅰ与硫酸和蒸馏水按 1∶1∶10 的体积比混合，在搅拌和不高于 50℃的温度下进行反应，冷却 2~4 小时，即可获得一种用于铅酸电池的不流动凝胶电解质。通过专利文献 WO981234567 中公开的铅酸电池制备方法，使用以上制备的不流动凝胶电解质，生产出铅酸电池。因钠离子含量低而不渗酸、不水化，其使用寿命是现有技术铅酸电池的 2~3 倍（参见表 2）。

表 2 与现有技术铅酸电池的性能比较

铅酸电池	渗酸相对值	水化相对值	使用寿命相对值
本发明铅酸电池	1	1	1
市售铅酸电池 1	13.3	50.5	0.2
市售铅酸电池 2	34.8	30.7	0.3
市售铅酸电池 3	15.8	41.0	0.4
市售铅酸电池 4	6.9	11.5	0.5

上面虽然结合实施例对本发明作了详细的说明，但是所述技术领域的技术人员能够理解，在不脱离本发明宗旨的前提下，在权利要求保护范围内，还可以对上述实施例进行变更或改变等。

说 明 书 摘 要

一种碱性二氧化硅溶胶及其制备方法和用途。其中二氧化硅浓度38wt%～52wt%，平均粒径4.0～6.9nm。为制得这种浓度高、平均粒径小、且不会因颗粒聚集而胶凝的碱性二氧化硅溶胶，先将碱金属硅酸盐水溶液通过强阳离子交换柱，得到低pH不稳定酸性溶胶；然后对其剧烈搅拌，加入碱性硅酸盐，提高pH，使其稳定化；此后将其在真空和温度为90℃～98℃条件下加热浓缩，直到二氧化硅浓度为5wt%～15wt%、pH为9～10；最后对浓缩后溶胶进行冷超滤，以制得二氧化硅浓度为38wt%～52wt%、平均粒径为4.0～6.9nm的碱性二氧化硅溶胶。这种碱性二氧化硅溶胶还可用于制备铅酸电池的不流动凝胶电解质，提高铅酸电池使用寿命。

【案例11】非水性电解液以及使用该非水性电解液的可充电电池[1]

（一）申请案情况简介

本案例是一项有关非水性电解液以及使用该非水性电解液的可充电电池的发明创造，客户要求针对所提供的技术交底书撰写一份发明专利申请文件。

1. 客户提供的现有技术

客户随其技术交底书附上了所了解的现有技术（以下简称"对比文件1"）。

该对比文件1公开了可充电锂电池非水性电解液中的添加剂，即由下述结构式表示的小分子量苯类化合物：

其中R是烷基，A_1、A_2、A_3、A_4和A_5分别是氢或卤素，该苯类化合物可以有效地防止充电过量，提高了电池的安全性。

该苯类化合物在可充电锂电池中用作氧化还原往复剂。在电池处于完全充电状态，该苯类化合物的可逆氧化还原电位高于阴极的电位。当电池充电过量时，该苯类化合物进行氧化还原反应，使氧化的化合物进行聚合或者被吸附到活化的电极上或与之反应。反应产生的热量使隔膜熔化，并且聚合产生的聚合物沉积在隔膜上，使隔膜关闭，从而切断充电过量的电流，阻止了充电过量发生。同时阻止了电池温度的升高，防止电池的热失控，改善了电池的安全性和可靠性。

制备使用含上述结构式添加剂的电解液的可充电锂电池并检测了其电学特性。性能检测结果表明该可充电锂电池可有效地防止充电过量，具有良好的安全性。

2. 客户技术交底书中对发明内容的具体说明

客户在技术交底书中指出，发现了一种可用于充电电池的非水性电解液的添加剂。通过在可充电电池所用的由非水性溶剂（由高介电溶剂和低黏度溶剂组成）和溶质盐组成的非水性电解液中加入约≥0.1%（重量百分数）这种特定添加剂，可以使可充电电池具有优异电池循环性能以及优异电池特性。这种添加剂特别适合于可充电锂电池。

为简化起见，以下将"%（重量百分比）"简写为"wt%"。

该发明所使用的添加剂是现有技术中已知的，在现有技术文献中所报道的这种化学物质是具有结构式（Ⅰ）的二磺酸酯衍生物：

其中R表示$C_1 \sim C_6$烷基，X表示$C_2 \sim C_6$亚烷基。

近年来，可充电电池，特别是可充电锂电池已广泛用于驱动致密型电子设备的电源。通常，可充电电池所包括的阳极由碳质材料或金属制成，可充电电池所包括的非水性电解液中的非水性

---

[1] 此案例是根据2000年全国专利代理人资格考试"专利申请文件撰写"科目化学专业试题改编而成。

溶剂由高介电溶剂和低黏度溶剂组成，并且其中的高介电溶剂选用碳酸酯如碳酸乙酯（EC）或碳酸丙酯（PC）。

研究发现，当可充电电池使用高结晶碳质材料如天然石墨或人造石墨作为阳极时，在充电过程中，电解液中的溶剂发生分解，并且在碳质材料和电解液之间的界面处发生电化学还原，使不可逆电容增加或者有时发生碳质材料的剥离。特别是，当使用石墨阳极时，虽然低熔点和高介电常数的PC甚至在低温下仍具有高电子传导性，但由于分解作用而使电池的性能显著降低，甚至不能使用。另外，在电池重复充电和放电过程中，EC部分分解也使电池的性能降低。因此，导致电池的循环特性和电池特性如电容量并不非常满意，需进一步改进。

研究发现，通过在非水性电解液中加入结构式（Ⅰ）的二磺酸酯衍生物这种特定添加剂，在充电过程中可以在阳极碳质材料表面上发生部分还原并形成钝化膜，这种钝化膜覆盖了活性的高结晶碳质材料（如天然石墨或人造石墨），从而抑制了电解液的分解，使包括这种添加剂的非水性电解液具有优异电池循环性能以及优异电池特性，如电容量、在充电条件下的充电储存特性。也就是说，使用这种电解液的可充电电池可重复进行充电和放电而不降低电池的可逆性，具有优异电池循环性能及电池特性。因此，通过所做研究以及所采用的技术方案解决了现有技术中所存在的上述技术问题。

含有所述添加剂的非水性电解液适用于任何使用高结晶碳质材料如天然石墨或人造石墨作为阳极的可充电电池，以提高电池的循环特性和电容量。由于可充电锂电池通常使用高结晶碳质材料作为阳极，且所使用的非水性电解液中含有PC或者EC等高介电溶剂，因而所研制的非水性电解液特别适用于可充电锂电池，从而显著提高了可充电锂电池的性能。

研究发现，如果结构式（Ⅰ）的二磺酸酯衍生物在非水性电解液中的含量过多，会显著降低电解液的导电性，从而显著降低电池的性能。因此，通常选择其含量不超过非水性电解液重量的20wt%。另外，如果含量过少也不能形成足够的钝化膜而不能获得所希望的性能。其含量范围最好大约为非水性电解液重量的1wt%~15wt%。

还发现，结构式（Ⅰ）的二磺酸酯衍生物作为非水性电解液添加剂，当R为甲基、乙基、丙基、异丙基和己基时，电解液的电学性能特别好。

含所述添加剂的非水性电解液中的非水性溶剂由高介电溶剂和低黏度溶剂组成。所述高介电溶剂的优选例子是环状碳酸酯如碳酸乙酯（EC）、碳酸丙酯（PC）和碳酸丁酯（BC）。所述低黏度溶剂的例子是线性碳酸酯如碳酸二甲酯（DMC）、碳酸甲基乙酯（MEC）和碳酸二乙酯（DEC）；醚如四氢呋喃和1，2-二甲氧基乙烷；内酯如γ-丁内酯以及腈如乙腈，其中所述的线性碳酸酯较好。当上述高介电溶剂和低黏度溶剂的用量之比（即高介电溶剂：低黏度溶剂）约为1∶9~4∶1（体积比）时，非水性电解液的导电性是较好的。

含所述添加剂的非水性电解液中的溶质盐通常可以用现有技术中的那些，其浓度约为0.1~3M是较好的。当含所述添加剂的非水性电解液应用于可充电锂电池时，所述的溶质盐优选现有技术中含氟而不含砷和锑的那些锂盐。

所采用的该非水性电解液可通过将上述高介电溶剂和低黏度溶剂混合、将溶质盐溶解于其中，以及进一步将结构式（Ⅰ）的添加剂溶解于其中而制得。

目前已在可充电锂电池中具体使用了含所述添加剂的非水性电解液，并且研究了可充电锂电池的充放电循环特性等电学性能。除非水性电解液组分之外，对可充电锂电池的其他组分如阴极和阳极没有特别限制，可使用现有技术中已知的那些。

例如，作为可充电锂电池的阴极活性材料，可使用至少一种选自钴、锰、镍、铬、铁、钒的金属和对于可充电锂电池这个主题而言为锂的复合金属氧化物。例如这种复合金属氧化物是$LiCoO_2$、$LiMn_2O_4$、$LiNiO_2$和$LiFeO_2$等。阴极可通过将阴极材料与导电剂如乙炔黑或炭黑、黏结剂如聚四氟乙烯或聚偏氟乙烯混合形成阴极浆料，然后将该阴极浆料涂覆于集电器如铝箔或者不锈钢箔或板条上，经过干燥、模压而制得。

作为可充电锂电池的阳极活性材料，可使用具有石墨型晶体组织的、能够嵌入并脱嵌出锂的碳质材料，例如石墨（如天然石墨和人造石墨）、热解碳、焦炭、碳纤维以及锂或锂合金等，特别是天然石墨和人造石墨。可采用与制造阴极类似的方法制得阳极。

除了上述电池组分外，还可包括隔膜，例如常用的聚烯烃多孔薄膜、纺织布、无纺布等。

对可充电锂电池的构型没有特别限制。可以是包括阴极、阳极和单层或多层隔膜的钮扣型电池，以及包括阴极、阳极和轴状隔膜的柱状电池、棱柱形电池等。

对可充电锂电池的制备方法没有特别限制，可按照下述试验中的方法制成钮扣型电池，也可按照现有技术中的方法制成柱状电池等。

针对此发明，已经做了一些具体试验，即选择优选的添加剂配制了非水性电解液，并制备了可充电锂电池，同时测定了其电池特性。在这些优选的结构式（Ⅰ）二磺酸酯衍生物添加剂中，R分别为甲基、乙基、丙基、异丙基和己基。还做了对比试验，即制备了使用不含有结构式（Ⅰ）二磺酸酯衍生物添加剂的非水性电解液的可充电锂电池，并检测其性能。由这些试验可看出，通过在非水性电解液加入结构式（Ⅰ）的添加剂，获得了非常满意的效果。

实施例1

（1）制备电解液

首先制备PC∶DMC＝1∶9（体积比）的非水性溶剂，再将溶质盐$LiPF_6$溶于其中至浓度为1M，制得电解液。然后将作为二磺酸酯衍生物添加剂的二甲磺酸乙二醇酯（即在结构式（Ⅰ）中R＝甲基，X＝－$(CH_2)_2$－）溶于其中，至其重量占电解液重量的1.0 wt％，制得非水性电解液。

（2）制造可充电锂电池并测定电池特性

一方面，将80wt％$LiCoO_2$（即阴极活性材料）、10wt％乙炔黑（即导电剂）和10wt％聚偏氟乙烯（即黏结剂）混合，随后加入吡咯烷酮形成浆料，然后将其涂覆于铝箔上，之后干燥并且模压形成阴极。另一方面，将90wt％天然石墨（即阳极活性材料）和10wt％聚偏氟乙烯（即黏结剂）混合，随后加入吡咯烷酮形成浆料，然后将其涂覆于铜箔上。之后干燥、模压并热处理形成阳极。使用聚丙烯多孔膜隔膜，并注射上述制备的电解液，从而制备直径为20mm、厚3.2mm的钮扣型电池。

在室温下以0.8mA恒定电流和恒定电压将该钮扣电池充电5小时至4.2V最终电压，然后在0.8mA恒定电流下放电至2.7V最终电压。重复进行该充电和放电循环。测量50次循环后的电池特性。设定初始放电电容为100％，测定放电电容的保持率为82.4％。另外，低温特性也良好。钮扣电池的制造条件和电池特性示于表9-1中。

实施例2至10

使用与实施例1相同的工艺制备电解液和钮扣电池，并且测量50次循环后的电池特性。不同之处在于分别使用表9-1中所列出的不同的添加剂及其含量、非水性电解液的组成（包括溶剂的种类和含量、溶质盐的种类和含量）、阳极以及阴极代替实施例1所用的相应的添加剂、非水性电解液、阳极以及阴极。钮扣电池的电池特性也示于表9-1中。

对比试验1

制备PC∶DMC＝1∶2（体积比）的非水性溶剂，将$LiPF_6$溶于其中至浓度为1M。此时不加入二磺酸酯衍生物添加剂。与实施例1相同的方式使用该电解液制备钮扣电池并且测量电池特性,在初始充电时PC分解并且可能根本就不放电。在初始充电和测定之后将电池拆卸,在石墨阳极处观察到剥离。钮扣电池的制造条件和电池特性示于表9-1中。

对比试验2

制备EC:DMC=1:2(体积比)的非水性溶剂,将$LiPF_6$溶于其中至浓度为1M。此时不加入二磺酸酯衍生物添加剂。与实施例1相同的方式使用该电解液制备钮扣电池并且测量电池特性。50次循环后放电电容的保持率相对于初始放电容量为68.3%。钮扣电池的制造条件和电池特性示于表11-1中。

表11-1

	阴极	阳极	添加剂	添加剂含量(wt%)	非水性电解液的组成	50次放电循环电容保持率(%)
实施例1	$LiCoO_2$	天然石墨	二甲磺酸乙二醇酯	1	$LiPF_6$:1M PC/DMC=1/9	82.4
实施例2	$LiCoO_2$	人造石墨	二甲磺酸1,6-己二醇酯	1	$LiBF_4$:1.5M PC/DMC=1/2	83.9
实施例3	$LiNiO_2$	天然石墨	二乙磺酸1,4-丁二醇酯	20	$LiPF_6$:3M BC/DEC=4/1	80.2
实施例4	$LiCoO_2$	天然石墨	二异丙磺酸1,4-丁二醇酯	1	$LiPF_3(CF_3)_3$:1M PC/DMC=1/2	83.7
实施例5	$LiFeO_2$	天然石墨	二己磺酸1,4-丁二醇酯	0.3	$LiPF_6$:0.1M PC/MEC=1/2	80.8
实施例6	$LiCoO_2$	天然石墨	二甲磺酸1,4-丁二醇酯	10	$LiPF_6$:1M PC/DMC=1/2	82.5
实施例7	$LiCoO_2$	天然石墨	二甲磺酸1,3-丙二醇酯	1	$LiPF_6$:1M BC/DMC=1/2	91.1
实施例8	$LiCoO_2$	天然石墨	二丙磺酸1,4-丁二醇酯	15	$LiN(SO_2CF_3)_2$:2M EC/DMC=1/4	91.9
实施例9	$LiCoO_2$	人造石墨	二甲磺酸1,4-丁二醇酯	1	$LiPF_6$:1M EC/DMC=1/2	90.3
实施例10	$LiMn_2O_4$	天然石墨	二甲磺酸1,4-丁二醇酯	3	$LiPF_6$:1M EC/DMC=1/2	90.7
对比试验1	$LiCoO_2$	天然石墨	无		$LiPF_6$:1M PC/DMC=1/2	不可能充电/放电
对比试验2	$LiCoO_2$	天然石墨	无		$LiPF_6$:1M EC/DMC=1/2	68.3

3. 检索到的现有技术

在专利代理实践中，撰写权利要求书和说明书之前，应当对现有技术进行检索，通过检索，找到一篇关于可充电锂电池电解液的中国发明专利申请公开说明书 CN××××××××× （以下简称"检索到的对比文件"或"对比文件2"）。该对比文件2提供了适用于高性能可充电锂电池且具有好的充放电循环性能的电解液。该电解液含有下述结构式的二卤代二羧基化合物：

$$\begin{array}{c} O \quad\quad O \\ \parallel \quad\quad \parallel \\ C \quad\quad C \\ / \quad \backslash / \quad \backslash \\ R^1—(O)_m \quad C \quad (O)_n—R^2 \\ / \backslash \\ X^1 \quad X^2 \end{array}$$

式中 X^1 和 X^2 表示卤原子，R^1 和 R^2 分别独立地表示 1~6 个碳原子的烷基、卤代烷基或烷氧基烷基，m 和 n 分别独立地表示 0 或 1。

用于可充电锂电池的电解液以上述结构式化合物与其他非水性溶剂形成混合物而作为溶剂。所述的其他非水性溶剂例如是碳酸二甲酯、碳酸二乙酯、碳酸乙酯、碳酸丙酯、碳酸丁酯、环丁砜、γ-内酯、二甲亚砜、四氢呋喃、二乙醚、乙腈、丙腈等。

上述电解液中的溶质盐是可充电锂电池中常用的，例如 $LiPF_6$、$LiBF_4$、$LiClO_4$、$LiAsF_6$、$LiOSO_2CF_3$、$LiN(SO_2CF_3)_2$、$LiAlCl_4$、$LiSbF_6$、$LiPF_3(CF_3)_3$ 等。电解液中溶质盐的浓度优选为 0.5~2.5 摩尔/升。

使用上述电解液的可充电锂电池包括的阴极优选由下述活性物质制成：含锂的金属氧化物（如 $LiCoO_2$、$LiNiO_2$、$LiMn_2O_4$、$LiFeO_2$、$Li_xV_2O_5$）、金属硫化物（如 CuS、FeS_2）或者金属卤化物（如 FeF_3、$AgCl$、$CuCl_2$）。

可充电锂电池包括的阳极优选由下列活性物质制成：碳质材料（如热分解碳、焦炭、石墨等）、金属（如锂、钠、钾、镁、钙）、金属合金（如 Li-Al、Li-Sn、Li-Pb）或者金属氧化物（如 SnO、PbO 等）。

使用上述电解液制备了可充电锂电池并检测了其电学特性，结果表明：通过在电池的电解液中加入上述二卤代二羧基化合物作为添加剂，使该电池具有高电容量和符合实用的充放电循环性能（一般约为75%），达到了改进电池充放电循环性能的目的。

（二）权利要求书和说明书的撰写思路

对于前面所介绍的专利申请案来说，其涉及一种可用于充电电池的非水性电解液的添加剂、包含有此添加剂的非水性电解液和可充电电池。对于这类涉及多个主题的化学领域发明创造，可以按照下述主要思路来撰写权利要求书和说明书。

1. 理解发明，分析保护主题

由客户所提供的技术资料可知，该发明涉及一种可用于充电电池的非水性电解液的添加剂、包含有此添加剂的非水性电解液和可充电电池。上述主题属于化学领域常规的产品发明，不属于《专利法》第2条、第5条及第25条所排除的情形，并满足《专利法》第22条第4款有关实用性的要求。

上述添加剂为二磺酸酯衍生物，其具有下述结构式：

$$\begin{array}{c} O \quad O \quad\quad O \quad O \\ \parallel \quad \parallel \quad\quad \parallel \quad \parallel \\ R—S—O—X—O—S—R \quad\quad (I), \\ \parallel \quad\quad\quad\quad\quad \parallel \\ O \quad\quad\quad\quad\quad O \end{array}$$

其中 R 表示 $C_1\sim C_6$ 烷基，X 表示 $C_2\sim C_6$ 亚烷基。

这种添加剂是现有技术中已知的物质，但当它添加到可充电电池的常规非水性电解液中时，能够使可充电电池具有优异循环性能等特性。显然，由于所述二磺酸酯衍生物本身已经被现有技术公开，即使将添加剂本身作为一项要求保护的主题写入权利要求书，在实质审查期间将会因其不具备新颖性而不会被授权，因此不应当将这种添加剂作为该专利申请要求保护的主题。但是，对于由这种添加剂组成的非水性电解液和可充电电池，可以确定为该发明专利申请要求保护的主题。❶

该申请的保护主题非水性电解液和可充电电池之间具有共同的特定技术特征，即利用所述二磺酸酯衍生物作为非水性电解液的添加剂，因此两者具有单一性，可合案提出发明专利申请。很明显，包含二磺酸酯衍生物添加剂的非水性电解液是该发明的关键，而利用这种非水性电解液制成的可充电电池是在其基础上的延伸产品。因此，为了更加直接、有力地对发明进行保护，应当将非水性电解液作为第一独立权利要求的主题。

2. 针对非水性电解液产品发明撰写权利要求

（1）非水性电解液产品权利要求撰写方式的选择

该发明的非水性电解液产品，其实质上为组合物发明。按照《专利审查指南2010》第二部分第十章第4.3节的规定，对于化学产品发明，首先应当考虑采用产品的结构和/或组成特征来表征；对于仅用化学名称或者结构式或者组成不能清楚表征的结构不明的化学产品，允许用物理—化学参数来表征化学产品；对于用制备方法之外的其他特征不能充分表征的化学产品，才允许用制备方法来表征化学产品。该发明的非水性电解液产品，其组成特征是明确的，包括非水性溶剂、溶质盐和结构式（Ⅰ）的二磺酸酯衍生物，以及其相应的浓度，这些特征可以清楚地表征产品发明。因此，对于该发明的非水性电解液产品，应当采用组成特征来撰写权利要求。

（2）列出非水性电解液产品发明主题的全部技术特征

对于所述非水性电解液产品发明，技术交底书中给出了10个具体实施例，分别用高介电溶剂和低黏度溶剂组成非水性溶剂，加上溶质盐配制成电解液，向其中加入二磺酸酯衍生物，由此制得所要保护的非水性电解液产品。各种实施方式的区别在于作为添加剂的二磺酸酯衍生物种类不同（R 分别为甲基、乙基、丙基、异丙基和己基；X 分别为 C_2、C_3、C_4、C_6 亚烷基）、含量不同（0.3wt%～20wt%）、非水性电解液的其他常规组成不同，并对高介电溶剂、低黏度溶剂和溶质盐进行了常规替换组合。但制备电解液的工艺流程整体上相同，由其制备的电池的50次放电循环电容保持率都达到80%以上。结合上述10个实施例的分析可知，其共有特征包括：

• 所述非水性电解液由非水性溶剂和溶于其中的溶质盐以及具有结构式（Ⅰ）的二磺酸酯衍生物组成；

---

❶ 在本案例中，将具有结构式（Ⅰ）的二磺酸酯衍生物用于非水性电解液的添加剂是发明的关键。因此，有观点认为，应当要求保护所述二磺酸酯衍生物的用途。本案例针对包含所述二磺酸酯衍生物作为添加剂的非水性电解液，以及用其制成的可充电电池撰写了产品权利要求，这是更加直接有效的保护方式，并且也暗含了所述二磺酸酯衍生物的用途发明。当然，在代理实践中，代理人也可以直接增加所述二磺酸酯衍生物的用途权利要求。

$$\begin{array}{c} O \quad\quad\quad O \\ \| \quad\quad\quad \| \\ R-S-O-X-O-S-R \\ \| \quad\quad\quad \| \\ O \quad\quad\quad O \end{array} \quad (I),$$

其中，R 为甲基、乙基、丙基、异丙基和己基，X 为 C_2、C_3、C_4 或 C_6 亚烷基；

- 所述结构式（I）的二磺酸酯衍生物的含量为电解液的 0.3wt%、1wt%、3wt%、10wt%、15wt%或20wt%；
- 所述非水性溶剂由高介电溶剂和低黏度溶剂组成；
- 所述高介电溶剂为碳酸乙酯、碳酸丙酯或碳酸丁酯；所述低黏度溶剂为碳酸二甲酯、碳酸甲基乙酯或碳酸二乙酯；
- 所述高介电溶剂与低黏度溶剂的体积比为1∶9、1∶4、1∶2或4∶1；
- 所述溶质盐为 $LiPF_6$、$LiBF_4$、$LiPF_3(CF_3)_3$ 或 $LiN(SO_2CF_3)_2$；
- 所述溶质盐的浓度为 0.1M、1M、1.5M、2M 或 3M。

（3）确定最接近的现有技术

对于最接近的现有技术的认定可以参考《专利审查指南2010》第二部分第四章第3.2.1.1节对最接近的现有技术的认定标准。首先，选出那些与要求保护的发明技术领域相同或相近的现有技术，但是在撰写专利申请文件的独立权利要求时，应当选择相同技术领域的现有技术。其次，从这些相同技术领域的现有技术中选出所要解决的技术问题、技术效果或者用途最接近和/或公开了发明的技术特征最多的那一项现有技术作为最接近的现有技术。

对比文件1和2都涉及加入添加剂的非水性电解液，以及使用特定非水性电解液制成的可充电锂电池，这两项现有技术都与该发明的技术领域相同。

就解决的技术问题和技术效果来看，对比文件1通过使用加入添加剂的非水性电解液，所制成的可充电锂电池可以防止充电过度和提高电池安全性；对比文件2通过使用加入添加剂的非水性电解液，所制成的可充电锂电池可以提高充放电循环性能，电容保持率达到75%。而该发明正是通过在非水性电解液中添加二磺酸酯衍生物，从而提高了可充电锂电池的循环性能，电容保持率达到80%以上。因此，从解决的技术问题和技术效果考虑，对比文件2更接近该发明。

此外，从公开的技术特征数量而言，对比文件1在可充电锂电池的非水性电解液中加入小分子量的苯类化合物为添加剂，并使用这种非水性电解液制备可充电锂电池。而对比文件2则公开了一种适用于高性能可充电锂电池且具有较好的充放电循环性能的电解液，以及使用这种电解液制备的电池。该电解液包括本领域常用的溶质盐和其他非水性溶剂，并含有结构式（iii）的二卤代二羧基化合物为添加剂。此外，对比文件2还公开了所述其他非水性溶剂可以是碳酸二甲酯、碳酸二乙酯、碳酸乙酯、碳酸丙酯、碳酸丁酯、环丁砜、γ-内酯、二甲亚砜、四氢呋喃、二乙醚、乙腈、丙腈等；所述溶质盐可以是 $LiPF_6$、$LiBF_4$、$LiClO_4$、$LiAsF_6$、$LiOSO_2CF_3$、$LiN(SO_2CF_3)_2$、$LiAlCl_4$、$LiSbF_6$、$LiPF_3(CF_3)_3$ 等，其浓度优选为 0.5~2.5摩尔/升。对于使用这种电解液制备的电池，其阴极材料优选：含锂的金属氧化物（如 $LiCoO_2$、$LiNiO_2$、$LiMn_2O_4$、$LiFeO_2$、$Li_xV_2O_5$）、金属硫化物（如 CuS、FeS_2）或者金属卤化物（如 FeF_3、$AgCl$、$CuCl_2$）；其阳极材料优选：碳质材料（如热分解碳、焦炭、石墨等）、金属（如锂、钠、钾、镁、钙）、金属合金（如 Li-Al、Li-Sn、Li-Pb）或者金属氧化物（如 SnO、PbO 等）。并且检测表明，通过在电池的电解液中加入上述结构式的添加剂，使该电池具有高电容量和符合实用的充放电循环性能（一般约为75%），达到了改进电池充放电循环性能的目的。由此可知，对比文件

2 披露了该发明更多的相关技术特征。

通过上述分析可知，对比文件 2 与该发明的技术领域相同，与对比文件 1 相比，其所解决的技术问题和技术效果与该发明更加接近，并且也公开了更多的相关技术特征，因此应当将对比文件 2 作为该发明最接近的现有技术。

(4) 确定该发明所要解决的技术问题

相对于最接近的现有技术而言，该发明在非水性电解液中加入的添加剂不同，其提高可充电电容量和充放电循环性能的原理和效果也不同。在该发明中，通过在可充电电池所用非水性电解液中加入结构式（Ⅰ）的二磺酸酯衍生物作为添加剂，对于由高结晶碳质材料（如天然石墨或人造石墨）制成的阳极的可充电电池，其电解液中的溶剂就不易发生分解，在碳质材料和电解液之间的界面处不会发生电化学还原，从而不会使不可逆电容增加，也不易发生碳质材料的剥离，这样进一步提高了可充电电池的循环性能。通过上述分析可知，该发明有关非水性电解液的主题相对于最接近的现有技术所要解决的技术问题是提供一种可用于充电电池的非水性电解液以进一步提高可充电电池的循环性能。与此相应，该发明有关可充电电池的主题相对于最接近的现有技术所要解决的技术问题是提供一种循环性能更好的可充电电池。

(5) 撰写非水性电解液产品发明的权利要求

① 确定解决技术问题的全部必要技术特征。

接下来，应从所要解决的技术问题出发并考虑技术交底书中对该发明描述的整体内容，来确定发明的必要技术特征，注意不能简单地将实施例中的技术特征直接认定为必要技术特征。

对于非水性电解液的产品发明而言，上述技术问题的解决是通过在可充电电池所用非水性电解液中加入结构式（Ⅰ）的二磺酸酯衍生物作为添加剂来克服不可逆电容增加或者有时发生碳质材料的剥离的技术障碍，从而提高了电池循环性能。因此，其必要技术特征应当包括所述结构式（Ⅰ）的二磺酸酯衍生物添加剂。此外，要解决该发明的技术问题，仅靠添加剂本身是不够的，还需要将该添加剂置于合适的非水性电解液中来实现添加剂的效力。因此，非水性电解液产品发明的必要技术特征还应包括其基本组分以及必需的含量参数。其中，非水性电解液的基本组分包括：由高介电溶剂和低黏度溶剂组成的非水性溶剂、溶于其中的溶质盐，以及具有结构式（Ⅰ）的二磺酸酯衍生物和结构式（Ⅰ）中 R 基团、X 基团的范围限定。对于必需的含量参数，技术交底书中明确指出，所述二磺酸酯衍生物在非水性电解液中的含量过高或过低都不能获得所希望的电池性能，因此，除基本组分特征外，还应当将二磺酸酯衍生物在非水性电解液中的含量作为非水性电解液产品发明的必要技术特征。以上必要技术特征的总和构成了非水性电解液产品发明的技术方案，使之区别于现有技术中的其他技术方案。

② 撰写非水性电解液产品的独立权利要求。

对于非水性电解液产品发明来说，独立权利要求的主题名称不能仅写成电解液，应当给予性质限定，写成"非水性电解液"，或者给予用途限定，写成"用于可充电电池的电解液"，当然还可以两者一起限定，以便得到说明书的支持。撰写独立权利要求时，应当根据技术交底书中对发明的简介以及给出的实施例，结合化学领域的常识，对所述结构式（Ⅰ）中的 R 基团、X 基团和添加剂的含量进行合理概括：其中对于 R 基团，由优选实施例包括甲基、乙基、丙基、异丙基和己基概括成 $C_1 \sim C_6$ 烷基，对于 X 基团，由优选实施例包括 C_2、C_3、C_4 或 C_6 亚烷基概括成 $C_2 \sim C_6$ 亚烷基，对于二磺酸酯衍生物在电解液总重量中的含量，由优选实施例包括 0.3wt％、1wt％、3wt％、10wt％、15wt％或 20wt％可概括成客户在技术交底书中所希望保护的范围

0.1wt%～20wt%，从而为客户争取尽可能大的保护范围。此外，根据技术交底书内容部分及提供的实施例可知，非水性电解液由三种组分组成，并且只有这三种组分，因此，应将非水性电解液的三种组分特征列出，并撰写成封闭式权利要求，以便得到根据技术交底书中的内容所撰写成的说明书的支持。

根据以上分析，所撰写的非水性电解液独立权利要求如下：

"1. 一种非水性电解液，由非水性溶剂和溶于其中的溶质盐以及具有结构式（I）的二磺酸酯衍生物组成：

$$R-SO_2-O-X-O-SO_2-R \quad (I),$$

其中R表示C_1～C_6烷基，X表示C_2～C_6亚烷基；结构式（I）的二磺酸酯衍生物的含量为电解液总重量的0.1%～20%；非水性溶剂由高介电溶剂和低黏度溶剂组成。"

对比文件1公开的可充电锂电池的非水性电解液中的添加剂为小分子量苯类化合物，并不是该发明非水性电解液中的添加剂——结构式（I）的二磺酸酯衍生物，由此可知，对比文件1并未公开本发明的非水性电解液，因此独立权利要求1相对于对比文件1具备《专利法》第22条第2款规定的新颖性。

对比文件2所公开的可充电锂电池的非水性电解液中的添加剂为二卤代二羧基化合物，并不是本发明非水性电解液中的添加剂——结构式（I）的二磺酸酯衍生物，由此可知，对比文件2也未披露本发明中的非水性电解液，因此独立权利要求1相对于对比文件2也具备《专利法》第22条第2款规定的新颖性。

正如前面所指出的，对比文件1与本发明所要解决的技术问题不同，采用的技术方案也不同，因此在评价独立权利要求1的创造性时应当以对比文件2作为最接近的现有技术。独立权利要求1与最接近的现有技术对比文件2相比，其区别在于所述非水性电解液所包括的添加剂不同，从而独立权利要求1相对于最接近的现有技术对比文件2实际要解决的技术问题是进一步提高可充电电池的电池循环性能。上述区别技术特征既未在对比文件1中披露，也不属于本领域技术人员的公知常识，因而，上述对比文件1以及本领域的公知常识没有给出将上述区别技术特征应用到最接近的现有技术对比文件2中以解决上述技术问题的启示。由此可知，该独立权利要求1相对于对比文件1、2以及本领域的公知常识是非显而易见的，具有突出的实质性特点。另外，对比文件2虽然改进了可充电电池的充放电循环性能，但是，其获得的技术效果仅是达到实用的程度（即充放电循环的电容保持率一般为75%），与该现有技术相比，权利要求1所述的非水性电解液获得了更好的技术效果，即充放电循环的电容保持率达到80%以上，因而权利要求1相对于上述现有技术具有有益的技术效果，具有显著的进步。由上述分析可知，独立权利要求1的技术方案相对于对比文件1、2以及所属技术领域的公知常识具有突出的实质性特点和显著的进步，具备《专利法》第22条第3款规定的创造性。

③ 撰写非水性电解液产品的从属权利要求。

对于非水性电解液发明来说，撰写从属权利要求时，可以在独立权利要求的基础上，根据实施例的情况，对取代基R、结构式（I）的二磺酸酯衍生物的含量、高介电溶剂的材料选用、低黏度溶剂的材料选用、溶质盐的浓度❶等技术特征，作进一步的优选限定。从该发明所要解决的技术问题来看，这些优选的特征并非是不可缺少的，因此不宜写入独立权利要求，以免影响独立权利要求的保护范围。但是，这些优选的特征往往可以使得发明具有更好的效果或特性，应当用作附加技术特征来撰写相应的从属权利要求。在独立权利要求不具备新颖性或创造性的情况下，可以对从属权利要求进行相应调整，从而为后续专利审批及其他法律程序留有余地，尽可能使发明得到有效保护。

在撰写从属权利要求时应当注意引用关系，一项引用两项以上权利要求的多项从属权利要求不得作为另一项多项从属权利要求的引用基础。

下面给出该申请案有关非水性电解液这一主题的从属权利要求。

"2. 根据权利要求1所述的非水性电解液，其中结构式（I）中的取代基R是选自甲基、乙基、丙基、异丙基和己基的基团。"

说明：实施例1至10中，所采用的取代基R分别为甲基、乙基、丙基、异丙基和己基，相应的实施例取得了较好的技术效果。在此作进一步的优选限定，在独立权利要求1不具备创造性的情况下，可以作为该申请具备创造性的一道有效防线。

"3. 根据权利要求1或2所述的非水性电解液，其中结构式（I）的二磺酸酯衍生物的含量为电解液的1wt%～15wt%。"

说明：实施例1至10中，所述结构式（I）的二磺酸酯衍生物的含量分别为电解液总重量的0.3wt%、1wt%、3wt%、10wt%、15wt%或20wt%。但0.3wt%和20wt%的情况下其电容保持率仅为80.8%和80.2%，较现有技术提高不多，因此0.3wt%和20wt%的含量不作优选，仅取1wt%～15wt%作为进一步限定的优选含量。在独立权利要求1不具备创造性的情况下，可以作为该申请具备创造性的一道有效防线。

"4. 根据权利要求1所述的非水性电解液，其中的高介电溶剂是环状碳酸酯，其中的低黏度溶剂是线性碳酸酯。"

说明：实施例1至10中，所采用的高介电溶剂分别为是碳酸乙酯、碳酸丙酯或碳酸丁酯，低黏度溶剂分别是碳酸二甲酯、碳酸甲基乙酯或碳酸二乙酯，在此分别将高介电溶剂和低黏度溶剂分别限定为上位概念环状碳酸酯和线性碳酸酯，以争取较宽的保护范围。

"5. 根据权利要求4所述的非水性电解液，其中的高介电溶剂是碳酸乙酯、碳酸丙酯或碳酸丁酯，其中的低黏度溶剂是碳酸二甲酯、碳酸甲基乙酯或碳酸二乙酯。"

说明：实施例1至10中，所采用的高介电溶剂分别为是碳酸乙酯、碳酸丙酯或碳酸丁酯，低黏度溶剂分别是碳酸二甲酯、碳酸甲基乙酯或碳酸二乙酯，相应的实施例取得了较好的技术效果。因此，在此对高介电溶剂和低黏度溶剂作进一步的优选限定，在权利要求4不具备创造性的情况下，可以作为该申请具备创造性的一道有效防线。

---

❶ 在这里需要说明的是，在技术交底书中对于非水性电解液中溶质盐材料的选用，明确写明仅对可充电锂电池才作出此种优选，因此对于溶质盐材料的选用有两种写法：其一，对于非水性电解液的技术主题，不针对非水性电解液中溶质盐材料的选用撰写一项从属权利要求，而仅仅在可充电锂电池这一技术主题中针对溶质盐材料的优选撰写一项从属权利要求；其二，对于非水性电解液的技术主题，针对溶质盐材料的优选撰写一项从属权利要求，与此相应，由于可充电锂电池的独立权利要求采用了引用非水性电解液技术主题各项权利要求的写法，因此对于可充电锂电池的技术主题就无需再针对溶质盐材料的选用撰写一项从属权利要求了。以下的分析和给出的权利要求书按照前一种方式撰写了两项技术主题的从属权利要求。

"6. 根据权利要求1、2、4或5❶所述的非水性电解液,其中的高介电溶剂与低黏度溶剂的体积比为1∶9~4∶1。"

说明:实施例1至10中,所述高介电溶剂与低黏度溶剂的体积比分别为1∶9、1∶4、1∶2或4∶1,相应的实施例取得了较好的技术效果。因此,在此对高介电溶剂与低黏度溶剂的体积比作进一步的优选限定,当在前权利要求不具备创造性的情况下,可以作为该申请具备创造性的一道有效防线。

"7. 根据权利要求1、2、4或5所述的非水性电解液,其中的溶质盐的浓度为0.1~3M。"

说明:实施例1至10中,所述溶质盐的浓度分别为0.1M、1M、1.5M、2M或3M,相应的实施例取得了较好的技术效果。因此,在此对溶质盐的浓度作进一步的优选限定,在独立权利要求1不具备创造性的情况下,可以作为该申请具备创造性的一道有效防线。

3. 针对可充电电池主题撰写权利要求

(1) 合理确定要求保护主题的名称

尽管客户在技术交底书中指出其发现了一种可用于充电电池的非水性电解液的添加剂,但对于涉及可充电电池的实施例1至10均是针对可充电锂电池说明电池特性,因此根据目前技术交底书中的内容,该涉及充电电池的主题名称应当限定为"可充电锂电池",除非客户另补充了说明其他充电电池采用本发明的非水性电解液也具有良好电池特性的实施例。

(2) 可充电锂电池权利要求撰写方式的选择

对于利用上述非水性电解液制成的可充电锂电池产品来说,其结构或组成可以用来清楚地表征电池产品,因此相应的权利要求应当使用产品的结构和/或组成特征来表征。

(3) 列出可充电锂电池发明主题的全部技术特征

对于可充电锂电池主题,客户的技术交底书中也给出了10个具体实施例,分别用高介电溶剂和低黏度溶剂组成非水性溶剂,加上溶质盐配制成电解液,向其中加入二磺酸酯衍生物,制备特定非水性电解液,再使用该非水性电解液,利用常规阴极($LiCoO_2$、$LiNiO_2$、$LiFeO_2$、$LiMn_2O_4$)和阳极(天然石墨和人工石墨)材料,通过常规电池制备工艺制成该发明的可充电锂电池产品。各个实施例的区别在于,除了上述添加了二磺酸酯衍生物的非水性电解液的组成不同外,所使用的阴极和阳极材料也有所不同,其他制备工艺流程相同,且其电池产品的50次放电循环电容保持率都达到80%以上。结合上述10种实施方式的分析可知,该申请的可充电锂电池产品的共有特征包括:

- 可充电锂电池包括添加了具有结构式(Ⅰ)的二磺酸酯衍生物的非水性电解液,以及阴极和阳极;
- 阴极活性材料可以是$LiCoO_2$、$LiNiO_2$、$LiFeO_2$或$LiMn_2O_4$;
- 阳极活性材料可以是天然石墨和人造石墨;
- 非水性电解液中的溶质盐可以是$LiPF_6$、$LiBF_4$、$LiPF_3(CF_3)_3$、$LiN(SO_2CF_3)_2$。

(4) 确定最接近的现有技术和该发明所要解决的技术问题

前面在非水性电解液权利要求撰写部分已具体分析了最接近的现有技术为对比文件2的理

---

❶ 该权利要求6的进一步限定对于权利要求1至5均可适用,但由于权利要求3已是一项多项从属权利要求,为了满足《专利法实施细则》第22条第2款有关"多项从属权利要求不得作为另一项多项从属权利要求基础"的规定,所以权利要求6的引用部分仅引用了权利要求1、2、4或5,未再引用权利要求3。下面权利要求7出于同样的考虑,其引用部分也仅引用了权利要求1、2、4或5。

由，在此不再作重复说明。

同样，在前面非水性电解液权利要求撰写部分也已具体分析说明了该发明有关非水性电解液的主题所要解决的技术问题；并且也相应地指出了该发明有关可充电锂电池的主题所要解决的技术问题是提供一种循环性能更好的可充电锂电池，在此不再作重复说明。

（5）撰写可充电锂电池产品发明的权利要求

① 确定解决技术问题的全部必要技术特征

由技术交底书中对该发明内容的具体说明可知，该发明通过在可充电锂电池所用非水性电解液中加入结构式（Ⅰ）的二磺酸酯衍生物作为添加剂，克服了技术障碍，提高了电池循环性能。因此，所述可充电锂电池产品发明区别于现有技术的必要技术特征是添加了结构式（Ⅰ）的二磺酸酯衍生物的非水性电解液。此外，由于可充电锂电池是一种公知的产品，其基本结构和/或组成是本领域所熟知的，其主题"可充电锂电池"已经隐含了基本结构和/或组成特征，因此，解决该发明技术问题的可充电锂电池的必要技术特征为：可充电锂电池和添加了结构式（Ⅰ）的二磺酸酯衍生物的非水性电解液。

② 撰写可充电锂电池产品的独立权利要求

正如前面所指出的，对可充电锂电池撰写独立权利要求时可以采用开放式的撰写方式，只需写明"添加了结构式（Ⅰ）的二磺酸酯衍生物的非水性电解液"；但是，为了体现新颖性和创造性，在该独立权利要求中，应当将其写成"包括如权利要求1至7中任一项所述的非水性电解液"。另外，由于在后续从属权利要求中要对阴极和阳极材料作进一步优选限定，在独立权利要求中还应当写明其包括阴极和阳极，以便从属权利要求加以引用。

根据以上分析，可充电锂电池的独立权利要求撰写如下：

"8. 一种可充电锂电池，包括阴极、阳极和权利要求1至7中任一项所述的非水性电解液。"

关于该独立权利要求新颖性和创造性的说明：根据前面的评述，添加了结构式（Ⅰ）的二磺酸酯衍生物的非水性电解液（即权利要求1至7中任一项所述的非水性电解液）具备《专利法》第22条第2款和第3款规定的新颖性和创造性。独立权利要求8要求保护包括上述非水性电解液的可充电锂电池，是所述非水性电解液的延伸产品。显而易见，在其组分"非水性电解液"具备新颖性和创造性的前提下，所述可充电锂电池也符合《专利法》第22条第2款和第3款有关新颖性和创造性的规定。

③ 撰写可充电锂电池产品的从属权利要求

对于可充电锂电池发明来说，撰写从属权利要求时，可以在独立权利要求的基础上，根据实施例的情况，对溶质盐的材料选用和阴、阳极的材料等技术特征，作进一步的优选限定。从该发明所要解决的技术问题来看，这些优选的特征并非是不可缺少的，因此不宜写入独立权利要求，以免影响独立权利要求的保护范围。但是，这些优选的特征往往可以使得发明具有更好的效果或特性，应当用作附加技术特征来撰写相应的从属权利要求。在独立权利要求不具备新颖性或创造性的情况下，可以对从属权利要求进行相应调整，从而为后续专利审批及其他法律程序留有余地，尽可能使发明得到有效保护。

在撰写从属权利要求时应当注意引用关系，一项引用两项以上权利要求的多项从属权利要求不得作为另一项多项从属权利要求的引用基础。

下面给出本申请案有关可充电锂电池这一主题的从属权利要求。

"9. 根据权利要求8所述的可充电锂电池，其中的溶质盐选自$LiPF_6$、$LiBF_4$、$LiOSO_2CF_3$、$LiN(SO_2CF_3)_2$、$LiPF_3(CF_3)_3$。"

说明：实施例 1 至 10 中采用的溶质盐分别是 $LiPF_6$、$LiBF_4$、$LiN(SO_2CF_3)_2$、$LiPF_3(CF_3)_3$。现有技术对比文件 2 中公开了常用的溶质盐 $LiPF_6$、$LiBF_4$、$LiClO_4$、$LiAsF_6$、$LiOSO_2CF_3$、$LiN(SO_2CF_3)_2$、$LiAlCl_4$、$LiSbF_6$、$LiPF_3(CF_3)_3$ 等。由于申请人在技术交底书中指出，所述的溶质盐优选现有技术中含氟而不含砷和锑的那些锂盐。因此，除该发明实施例中所采用的 $LiPF_6$、$LiBF_4$、$LiN(SO_2CF_3)_2$、$LiPF_3(CF_3)_3$ 外，还可以从对比文件 2 中选取 $LiOSO_2CF_3$ 作为对溶质盐的优选限定。

"10. 根据权利要求 8 或 9 所述的可充电锂电池，其中的阴极活性材料是至少一种选自钴、锰、镍、铬、铁、钒的金属和锂的复合金属氧化物。"

说明：实施例 1 至 10 中所采用的阴极活性材料分别是 $LiCoO_2$、$LiNiO_2$、$LiFeO_2$ 或 $LiMn_2O_4$，但申请人在技术交底书中指出，作为可充电锂电池的阴极活性材料，可使用至少一种选自钴、锰、镍、铬、铁、钒的金属和锂的复合金属氧化物。在此，可以将所述阴性活性材料进一步限定为"选自钴、锰、镍、铬、铁、钒的金属和锂的复合金属氧化物"，这样一来，既由该项从属权利要求争取一个更稳定的保护，又尽可能争取了更宽的从属权利要求保护范围。

"11. 根据权利要求 10 所述的可充电锂电池，其中的阴极活性材料选自 $LiCoO_2$、$LiNiO_2$、$LiFeO_2$ 或 $LiMn_2O_4$。"

说明：实施例 1 至 10 中所采用的阴极活性材料分别是 $LiCoO_2$、$LiNiO_2$、$LiFeO_2$ 或 $LiMn_2O_4$，在此作进一步具体的限定，以便在权利要求 10 不具备创造性时，作为备用的有效防线。

"12. 根据权利要求 8 或 9 所述的可充电锂电池，其中的阳极活性材料选自能够嵌入并脱嵌出锂的天然石墨、人造石墨、热解碳、焦炭、碳纤维或者锂或锂合金。"

说明：实施例 1 至 10 中采用的阳极活性材料为天然石墨和人造石墨，但申请人在技术交底书中指出，作为可充电锂电池的阳极活性材料，可使用具有石墨型晶体组织的能够嵌入并脱嵌出锂的碳质材料例如石墨（如天然石墨和人造石墨）、热解碳、焦炭、碳纤维以及锂或锂合金等。在此，可以将所述阳极活性材料进一步限定为能够嵌入并脱嵌出锂的天然石墨或人造石墨、热解碳、焦炭、碳纤维、锂或锂合金，以便尽可能争取更宽的从属权利要求保护范围。

4. 在撰写的权利要求书的基础上完成说明书及其摘要的撰写

说明书及其摘要的撰写应当按照《专利法实施细则》第 17 条、第 18 条和第 23 条的规定撰写。

由于该专利申请涉及两项独立权利要求，为了在发明名称中反映要求保护的主题和类型，根据这两项独立权利要求所要求保护的主题名称，将发明名称确定为："非水性电解液以及使用该非水性电解液的可充电锂电池"。

对于技术领域部分，由于该专利申请涉及非水性电解液和可充电锂电池，说明书的技术领域应为可充电电池技术领域，并应针对这两项产品发明具体说明其技术领域。

按照《专利法实施细则》第 17 条的规定，在背景技术部分，要写明对发明或者实用新型的理解、检索、审查有用的背景技术；有可能的，并引证反映这些背景技术的文件。就该专利申请来说，可以简明扼要地对申请人提供的现有技术和检索到的对比文件中所公开的非水性电解液及所存在的问题作出说明。

发明内容部分首先写明该发明的两项主题相对所检索到的对比文件 2 所要解决的技术问题：提供一种可用于充电电池的非水性电解液以进一步提高可充电电池的循环性能以及提供一种循环性能更好的可充电锂电池。然后，另起段分别写明解决该技术问题的两项独立权利要求的技术方案,并针对这两项独立权利要求说明其所带来的有益效果,此后进一步对重要的从属权利要求的技术方案及其有益效果作出说明。

该专利申请无附图,所以说明书不包括附图说明部分。

在具体实施方式部分,首先可对实施方式进行合理的扩展性描述,以便支持较宽的保护范围。然后,提供具体的实施例,可针对其中一个实施例作重点描述,在此基础上对其他实施例进行简要的改进说明,注意要提供合理数目的实施例,以便支持各项权利要求所要求的保护范围。在化学领域,尤其要注意实施例的充分公开,对于该专利申请来说,需要通过实验结果来证实其性能或效果,因此应当尽可能提供明确的实验数据。

在撰写说明书的上述内容时,应当按照《专利法实施细则》第17条第2款的规定,在说明书的各个部分(技术领域、背景技术、发明内容、具体实施方式)之前写明标题。

在完成说明书的撰写之后,按照《专利法实施细则》第23条的规定撰写说明书摘要:写明发明的名称和所属技术领域,清楚地反映所要解决的技术问题、解决该问题的技术方案的要点以及主要用途。在考虑不超过300个字的前提下,至少写明发明名称和两项独立权利要求技术方案的要点,最好还能写明采用该技术方案所获得的技术效果。

(三)推荐的专利申请文件

根据以上介绍的该发明的资料和现有技术的情况及最接近的现有技术(对比文件2),给出推荐的发明专利申请文件撰写文本。

权 利 要 求 书

1. 一种非水性电解液，由非水性溶剂和溶于其中的溶质盐以及具有结构式（I）的二磺酸酯衍生物组成：

$$R-S(O)_2-O-X-O-S(O)_2-R \quad (I),$$

其中 R 表示 $C_1 \sim C_6$ 烷基，X 表示 $C_2 \sim C_6$ 亚烷基；结构式（I）的二磺酸酯衍生物的含量为电解液总重量的 0.1%～20%；非水性溶剂由高介电溶剂和低黏度溶剂组成。

2. 根据权利要求 1 所述的非水性电解液，其中结构式（I）中的取代基 R 是选自甲基、乙基、丙基、异丙基和己基的基团。

3. 根据权利要求 1 或 2 所述的非水性电解液，其中结构式（I）的二磺酸酯衍生物的含量为电解液的 1wt%～15wt%。

4. 根据权利要求 1 所述的非水性电解液，其中的高介电溶剂是环状碳酸酯，其中的低黏度溶剂是线性碳酸酯。

5. 根据权利要求 4 所述的非水性电解液，其中的高介电溶剂是碳酸乙酯、碳酸丙酯或碳酸丁酯，其中的低黏度溶剂是碳酸二甲酯、碳酸甲基乙酯或碳酸二乙酯。

6. 根据权利要求 1、2、4 或 5 所述的非水性电解液，其中的高介电溶剂与低黏度溶剂的体积比为 1∶9～4∶1。

7. 根据权利要求 1、2、4 或 5 所述的非水性电解液，其中的溶质盐的浓度为 0.1～3M。

8. 一种可充电锂电池，包括阴极、阳极和权利要求 1 至 7 中任一项所述的非水性电解液。

9. 根据权利要求 8 所述的可充电锂电池，其中的溶质盐选自 $LiPF_6$、$LiBF_4$、$LiOSO_2CF_3$、$LiN(SO_2CF_3)_2$、$LiPF_3(CF_3)_3$。

10. 根据权利要求 8 或 9 所述的可充电锂电池，其中的阴极活性材料是至少一种选自钴、锰、镍、铬、铁、钒的金属和锂的复合金属氧化物。

11. 根据权利要求 10 所述的可充电锂电池，其中的阴极活性材料选自 $LiCoO_2$、$LiNiO_2$、$LiFeO_2$ 或 $LiMn_2O_4$。

12. 根据权利要求 8 或 9 所述的可充电锂电池，其中的阳极活性材料选自能够嵌入并脱嵌出锂的天然石墨、人造石墨、热解碳、焦炭、碳纤维或者锂或锂合金。

说 明 书

非水性电解液以及使用该非水性电解液的可充电锂电池

技术领域

本发明属于可充电电池技术领域,更具体地说,本发明涉及一种可充电电池中所使用的非水性电解液以及一种使用该非水性电解液的可充电锂电池。

背景技术

近年来可充电电池,特别是可充电锂电池已广泛用于驱动致密型电子设备的电源。通常,可充电电池所包括的阳极由碳质材料或金属制成,可充电电池所包括的非水性电解液中的非水性溶剂由高介电溶剂和低黏度溶剂组成,并且其中的高介电溶剂选用碳酸酯如碳酸乙酯(EC)或碳酸丙酯(PC)。

在中国发明专利申请公开说明书CN××××××××中公开了一种适用于高性能可充电锂电池且具有好的充放电循环性能的电解液。该电解液含有下述结构式(II)的二卤代二羧基化合物:

$$R^1-(O)_m-\underset{\underset{X^1}{|}}{\overset{\overset{O}{\|}}{C}}-\underset{\underset{X^2}{|}}{C}-\overset{\overset{O}{\|}}{C}-(O)_n-R^2 \qquad (II),$$

式中 X^1 和 X^2 表示卤原子,R^1 和 R^2 分别独立地表示1~6个碳原子的烷基、卤代烷基或烷氧基烷基,m和n分别独立地表示0或1。通过在电池的电解液中加入结构式(II)的添加剂,使该电池具有高电容量和符合实用的充放电循环性能(一般约为75%),达到了改进电池充放电循环性能的目的。

发明内容

本发明要解决的技术问题是提供一种可用于可充电电池的非水性电解液,以进一步提高可充电电池的循环性能。

本发明另一个要解决的技术问题是提供一种循环性能更好的可充电锂电池。

为解决上述技术问题,本发明的非水性电解液由非水性溶剂和溶于其中的溶质盐以及具有结构式(I)的二磺酸酯衍生物组成:

$$R-\overset{\overset{O}{\|}}{\underset{\underset{O}{\|}}{S}}-O-X-O-\overset{\overset{O}{\|}}{\underset{\underset{O}{\|}}{S}}-R \qquad (I),$$

其中R表示C_1~C_6烷基,X表示C_2~C_6亚烷基;结构式(I)的二磺酸酯衍生物的含量为电解液总重量的0.1%~20%(重量百分数);非水性溶剂是由高介电溶剂和低黏度溶剂组成。

为简化起见,以下将"%(重量百分比)"简写为"wt%"。

通过在非水性电解液中加入结构式（I）的二磺酸酯衍生物这种特定添加剂，在充电过程中可以在阳极碳质材料表面上发生部分还原并形成钝化膜，即这种钝化膜覆盖了活性的高结晶碳质材料（如天然石墨或人造石墨），从而抑制了电解液的分解，使包括这种添加剂的非水性电解液具有优异电池循环性能以及优异电池特性，如电容量、在充电条件下的充电储存特性。因而，使用这种电解液的可充电电池可重复进行充电和放电而不降低电池的可逆性，具有优异电池循环性能及电池特性。

作为本发明非水性电解液的一种优选，结构式（I）中的取代基R是选自甲基、乙基、丙基、异丙基和己基的基团。

作为本发明非水性电解液的另一种优选，本发明的非水性电解液中结构式（I）的二磺酸酯衍生物的含量为电解液总重量的1‰～15‰。

作为本发明非水性电解液的又一种优选，其中高介电溶剂是环状碳酸酯，低黏度溶剂是线性碳酸酯；尤其是高介电溶剂是碳酸乙酯、碳酸丙酯或碳酸丁酯，低黏度溶剂是碳酸二甲酯、碳酸甲基乙酯或碳酸二乙酯。

作为本发明非水性电解液的又一种优选，其中高介电溶剂与低黏度溶剂的体积比为1∶9～4∶1。

作为本发明非水性电解液的再一种优选，本发明的非水性电解液中，溶质盐的浓度为0.1～3M。

为解决本发明的上述技术问题，本发明的可充电锂电池包括阴极、阳极和前面所述本发明的非水性电解液。

作为本发明可充电锂电池的一种优选，本发明的可充电锂电池中的溶质盐选自$LiPF_6$、$LiBF_4$、$LiOSO_2CF_3$、$LiN(SO_2CF_3)_2$、$LiPF_3(CF_3)_3$。

作为本发明可充电锂电池的另一种优选，本发明可充电锂电池中的阴极活性材料是至少一种选自钴、锰、镍、铬、铁、钒的金属和锂的复合金属氧化物。

作为本发明可充电锂电池的又一种优选，本发明可充电锂电池中的阴极活性材料选自$LiCoO_2$、$LiNiO_2$、$LiFeO_2$或$LiMn_2O_4$。

作为本发明可充电锂电池的又一种优选，本发明可充电锂电池中的阳极活性材料选自能够嵌入并脱嵌出锂的天然石墨、人造石墨、热解碳、焦碳、碳纤维或者锂或锂合金。

具体实施方式

含有所述添加剂的非水性电解液适用于任何使用高结晶碳质材料如天然石墨或人造石墨作为阳极的可充电电池，以提高电池的循环特性和电池特性如电容量。由于可充电锂电池通常使用高结晶碳质材料作为阳极，且所使用的非水性电解液中含有PC或者EC等高介电溶剂，因而这种非水性电解液特别适用于可充电锂电池，从而显著提高了可充电锂电池的性能。

研究发现，如果结构式（I）的二磺酸酯衍生物在非水性电解液中的含量过多，会显著降低电解液的导电性，从而显著降低电池的性能。因此，通常选择其含量不超过非水性电解液重量的约20wt‰，即其含量应当≤20wt‰。另外，如果含量过少也不能形成足够的钝化膜而不能获得所希望的性能，即应当≥0.1wt‰。其含量范围最好为1wt‰～15wt‰。

还发现，结构式（I）的二磺酸酯衍生物作为非水性电解液添加剂，当R为甲基、乙基、丙基、异丙基或己基时，电解液的电学性能特别好。

含所述添加剂的非水性电解液中的非水性溶剂由高介电溶剂和低黏度溶剂组成。所述高介电溶剂优选环状碳酸酯，如碳酸乙酯（EC）、碳酸丙酯（PC）和碳酸丁酯（BC）。所述低黏度溶剂优选线性碳酸酯，如碳酸二甲酯（DMC）、碳酸甲基乙酯（MEC）和碳酸二乙酯（DEC）；醚如四氢呋喃和1，2—二甲氧基乙烷；内酯如γ—丁内酯以及腈如乙腈，其中所述的线性碳酸酯较好。当上述高介电溶剂和低黏度溶剂的用量之比（即高介电溶剂∶低黏度溶剂）约为1∶9～4∶1（体积比）时，非水性电解液的导电性是较好的。

含所述添加剂的非水性电解液中的溶质盐通常可以用现有技术中的那些，其浓度约为0.1～3M是较好的。当含所述添加剂的非水性电解液应用于可充电锂电池时，所述的溶质盐优选现有技术中含氟而不含砷和锑的那些锂盐，例如$LiPF_6$、$LiBF_4$、$LiOSO_2CF_3$、$LiN(SO_2CF_3)_2$、$LiPF_3(CF_3)_3$。

该非水性电解液可通过将上述高介电溶剂和低黏度溶剂混合、将溶质盐溶解于其中，以及进一步将结构式（I）的添加剂溶解于其中而制得。

已在可充电锂电池中具体使用了含所述添加剂的非水性电解液，并且研究了可充电锂电池的充放电循环特性等电学性能。除非水性电解液组分之外，对可充电锂电池的其他组分如阴极和阳极没有特别限制，可使用现有技术中已知的那些。

例如，作为可充电锂电池的阴极活性材料，可使用至少一种选自钴、锰、镍、铬、铁、钒的金属和锂的复合金属氧化物。例如这种复合金属氧化物是$LiCoO_2$、$LiMn_2O_4$、$LiNiO_2$和$LiFeO_2$等。阴极可通过将阴极材料与导电剂如乙炔黑或炭黑、黏结剂如聚四氟乙烯或聚偏氟乙烯混合形成阴极浆料，然后将该阴极浆料涂覆于集电器如铝箔或者不锈钢箔或板条上，经过干燥、模压而制得。

作为可充电锂电池的阳极活性材料，可使用具有石墨型晶体组织的能够嵌入并脱嵌出锂的碳质材料例如石墨（如天然石墨和人造石墨）、热解碳、焦炭、碳纤维以及锂或锂合金等，特别是天然石墨和人造石墨。可采用与制造阴极类似的方法制得阳极。

除了上述电池组分外，还可包括隔膜，例如常用的聚烯烃多孔薄膜、纺织布、无纺布等。

对可充电锂电池的构型没有特别限制。可以是包括阴极、阳极和单层或多层隔膜的钮扣型电池，以及包括阴极、阳极和轴状隔膜的柱状电池、棱柱形电池等。

对可充电锂电池的制备方法没有特别限制，可按照下述试验中的方法制成钮扣型电池，可按照现有技术中的方法制成柱状电池等。

对本发明已经做了一些具体试验，即选择优选的添加剂配制了非水性电解液，并制备了可充电锂电池，同时测定了其电池特性。在这些优选的结构式（I）二磺酸酯衍生物添加剂中，R分别为甲基、乙基、丙基、异丙基和己基。还做了对比试验，即制备了使用不含有结构式（I）二磺酸酯衍生物添加剂的非水性电解液的可充电锂电池，并检测其性能。由这些试验可看出，通过在非水性电解液加入结构式（I）的添加剂，获得了非常满意的效果。需要说明的是，下面的实施例只是用于详细说明本发明，并不以任何方式限制发明的保护范围。

实施例1：

制备电解液

首先制备PC∶DMC＝1∶9（体积比）的非水性溶剂，再将溶质盐$LiPF_6$溶于其中至浓度为1M，制得电解液。然后将作为二磺酸酯衍生物添加剂的二甲磺酸乙二醇酯（即在结构式（I）中R＝甲基，X＝－$(CH_2)_2$－）溶于其中，至其重量占电解液重量的1.0%，制得非水性电解液。

制造可充电锂电池并测定电池特性

将80wt%$LiCoO_2$（即阴极活性材料）、10wt%乙炔黑（即导电剂）和10wt%聚偏氟乙烯（即黏结剂）混合，随后加入吡咯烷酮形成浆料，然后将其涂覆于铝箔上。之后干燥并且模压形成阴极。另一方面，将90wt%天然石墨（即阳极活性材料）和10wt%聚偏氟乙烯（即黏结剂）

混合，随后加入吡咯烷酮形成浆料，然后将其涂覆于铜箔上。之后干燥、模压并热处理形成阳极。使用聚丙烯多孔膜隔膜，并注射上述制备的电解液，从而制备直径为20mm、厚3.2mm的钮扣型电池。

于室温以0.8mA恒定电流和恒定电压将该钮扣电池充电5小时至4.2V最终电压，然后在0.8mA恒定电流下放电至2.7V最终电压。重复进行该充电和放电循环。测量50次循环后的电池特性。设定初始放电电容为100%，测定放电电容的保持率为82.4%。另外，低温特性也良好。钮扣电池的制造条件和电池特性示于表1中。

实施例2至10：

使用与实施例1相同的工艺制备电解液和钮扣电池，并且测量50次循环后的电池特性。不同之处在于分别使用表1中所列出的不同的添加剂及其含量、非水性电解液的组成（包括溶剂的种类和含量、溶质盐的种类和含量）、阳极以及阴极代替实施例1所用的相应的添加剂、非水性电解液、阳极以及阴极。钮扣电池的制造条件和电池特性也示于表1中。

对比试验1：

制备PC：DMC＝1：2（体积比）的非水性溶剂，将$LiPF_6$溶于其中至浓度为1M。此时不加入二磺酸酯衍生物添加剂。与实施例1相同的方式使用该电解液制备钮扣电池并且测量电池特性，在初始充电时PC分解并且可能根本就不放电。在初始充电和测定之后将电池拆卸，在石墨阳极处观察到剥离。钮扣电池的制造条件和电池特性示于表1中。

对比试验2：

制备EC：DMC＝1：2（体积比）的非水性溶剂，将$LiPF_6$溶于其中至浓度为1M。此时不加入二磺酸酯衍生物添加剂。与实施例1相同的方式使用该电解液制备钮扣电池并且测量电池特性。50次循环后放电电容的保持率相对于初始放电容量为68.3%。钮扣电池的制造条件和电池特性示于表1中。

表1

	阴极	阳极	添加剂	添加剂含量（wt%）	非水性电解液的组成	50次放电循环电容保持率（%）
实施例1	$LiCoO_2$	天然石墨	二甲磺酸乙二醇酯	1	$LiPF_6$：1M PC/DMC=1/9	82.4
实施例2	$LiCoO_2$	人造石墨	二甲磺酸1,6-己二醇酯	1	$LiBF_4$：1.5M PC/DMC=1/2	83.9
实施例3	$LiNiO_2$	天然石墨	二乙磺酸1,4-丁二醇酯	20	$LiPF_6$：3M BC/DEC=4/1	80.2
实施例4	$LiCoO_2$	天然石墨	二异丙磺酸1,4-丁二醇酯	1	$LiPF_3(CF_3)_3$：1M PC/DMC=1/2	83.7
实施例5	$LiFeO_2$	天然石墨	二己磺酸1,4-丁二醇酯	0.3	$LiPF_6$：0.1M PC/MEC=1/2	80.8
实施例6	$LiCoO_2$	天然石墨	二甲磺酸1,4-丁二醇酯	10	$LiPF_6$：1M PC/DMC=1/2	82.5

续表

	阴极	阳极	添加剂	添加剂含量（wt%）	非水性电解液的组成	50次放电循环电容保持率（%）
实施例7	$LiCoO_2$	天然石墨	二甲磺酸1,3—丙二醇酯	1	$LiPF_6$：1M BC/DMC=1/2	91.1
实施例8	$LiCoO_2$	天然石墨	二丙磺酸1,4—丁二醇酯	15	$LiN(SO_2CF_3)_2$：2M EC/DMC=1/4	91.9
实施例9	$LiCoO_2$	人造石墨	二甲磺酸1,4—丁二醇酯	1	$LiPF_6$：1M EC/DMC=1/2	90.3
实施例10	$LiMn_2O_4$	天然石墨	二甲磺酸1,4—丁二醇酯	3	$LiPF_6$：1M EC/DMC=1/2	90.7
对比试验1	$LiCoO_2$	天然石墨	无		$LiPF_6$：1M PC/DMC=1/2	不可能充电/放电
对比试验2	$LiCoO_2$	天然石墨	无		$LiPF_6$：1M EC/DMC=1/2	68.3

说 明 书 摘 要

本发明公开了一种非水性电解液以及使用该非水性电解液的可充电锂电池。非水性电解液包括非水性溶剂和溶于其中的溶质盐以及具有结构式（I）的二磺酸酯衍生物：

$$R-\underset{\underset{O}{\|}}{\overset{\overset{O}{\|}}{S}}-O-X-O-\underset{\underset{O}{\|}}{\overset{\overset{O}{\|}}{S}}-R \quad (I),$$

其中 R 表示 $C_1 \sim C_6$ 烷基，X 表示 $C_2 \sim C_6$ 亚烷基；结构式（I）的二磺酸酯衍生物的含量为电解液总重量的 $0.1wt\% \sim 20wt\%$；非水性溶剂是由高介电溶剂和低黏度溶剂组成。使用该电解液的可充电锂电池包括阴极、阳极和所述的非水性电解液。以本发明的上述非水性电解液制成的可充电锂电池具有优异电池循环性能的电池特性。

第二章　发明专利申请实质审查程序中的专利代理

根据《专利法》第35条的规定，国家知识产权局应对申请人自申请日起三年内提出的实质审查请求进行实质审查，或者自行对发明专利申请进行实质审查。根据《专利法》第39条的规定，发明专利申请经实质审查没有发现驳回理由的，国家知识产权局应当作出授予发明专利权的决定。根据《专利法》第38条的规定，在实质审查中，发明专利申请经申请人陈述意见或者进行修改后，国家知识产权局认为仍然不符合《专利法》规定，即仍然存在属于《专利法实施细则》第53条规定情形的缺陷的，应当予以驳回。

由上述规定可知，发明专利申请在授权之前必定经过实质审查程序。实质审查程序是对发明专利申请作出审查结论（例如授予专利权或驳回专利申请）之前必经的法律程序，其按照相关的法律法规的规定并按照一定的顺序、方式和步骤进行，以确保发明专利申请的授权质量。因此，申请人和专利代理人应当充分重视发明专利申请的实质审查程序。

第一节　发明专利申请实质审查程序

发明专利申请实质审查程序通常从申请人提出实质审查请求开始，到国家知识产权局发出授予发明专利权的通知、发出专利申请被视为撤回通知、作出驳回申请的决定且该决定生效或者申请人撤回专利申请为止。

一、发明专利申请实质审查程序简介

发明专利申请实质审查的重点是审查该专利申请是否存在实质性缺陷，即该专利申请是否存在《专利法实施细则》第53条所列出的足以导致驳回的缺陷。除了进行上述实质缺陷方面的审查外，必要时，还审查发明专利申请是否存在形式缺陷，如专利申请文件撰写的格式是否符合《专利法》和《专利法实施细则》的有关规定。

在发明专利申请的实质审查程序中可能发生的行为如下：

① 对发明专利申请进行实质审查后，国家知识产权局认为该申请不符合《专利法》和/或《专利法实施细则》有关规定的，将会以通知书（审查意见通知书、分案通知书或提交资料通知书等）的方式通知申请人，要求其在指定的期限内陈述意见或者对其申请进行修改；审查员发出通知书和申请人的答复可能反复多次，直到申请被授予专利权、被驳回、被撤回或者被视为撤回；

② 对经实质审查没有发现驳回理由，或者经申请人陈述意见或修改后消除了原有缺陷的专利申请，国家知识产权局将会发出授予发明专利权的通知书；

③ 专利申请经申请人陈述意见或者修改后，仍然存在通知书中指出过的属于《专利法实施细则》第53条所列情形的缺陷，国家知识产权局将会作出驳回决定；

④ 申请人无正当理由对审查意见通知书、分案通知书或者提交资料通知书等逾期不答复的，国家知识产权局将会发出"视为撤回通知书"。

此外，根据需要，国家知识产权局还可以按照《专利审查指南2010》第二部分第八章的规

定在实质审查程序中采用会晤、电话讨论和现场调查等辅助手段,以促进审查程序更有效进行。

二、专利代理人应当予以关注的实质审查程序的有关内容

发明专利申请的实质审查工作由国家知识产权局负责实质审查的审查员完成。专利代理人或申请人应当对审查员在实质审查程序中所进行的下述几方面的工作内容予以特别关注。

1. 审查文本的确定

在实质审查阶段,可能作为实质审查所依据的文本主要有如下四种情况。

① 申请人按照《专利法》和《专利法实施细则》的规定提交的原始申请文件或者应国家知识产权局初步审查部门要求补正后的文件。

② 在《专利法实施细则》第51条第1款规定的主动修改时机提交的修改文本,即申请人在提出实质审查请求时,或者在收到专利局发出的发明专利申请进入实质审查阶段通知书之日起的3个月内,对发明专利申请进行主动修改所提交的修改文本。申请人在上述规定期间内多次对申请文件进行了主动修改的,以最后一次提交的申请文件为审查文本。

③ 申请人在《专利法实施细则》第51条第1款规定的允许进行主动修改期间之外提交的主动修改文本,一般不会被接受,即不会作为审查文本,这种情况下审查员将此前能够接受的文本作为审查文本。但是如果审查员在阅读该经修改的文件后认为其消除了原申请文件存在的应当消除的缺陷又符合《专利法》第33条的规定,且在该修改文本的基础上进行审查将有利于节约审查程序,也有可能接受该经修改的申请文件作为审查的文本。

④ 对于申请人在答复审查意见通知书时提交的专利申请修改文本,如果提交的修改文本所作修改是针对通知书指出的缺陷进行的,则以此修改文本作为继续审查的文本;如果提交的修改文本不是针对通知书指出的缺陷作出的,则会发出审查意见通知书,说明不接受该修改文本的理由,要求申请人在指定期限内提交符合《专利法实施细则》第51条第3款规定的修改文本,同时指出,到指定期限届满日为止,申请人所提交的修改文本如果仍然不符合《专利法实施细则》第51条第3款规定或者出现其他不符合《专利法实施细则》第51条第3款规定的内容,审查员将针对修改前的文本继续审查。

需要说明的是,一旦审查意见通知书所依据的审查文本不正确,就会导致国家知识产权局与申请人之间不能准确地就申请文件所存在的缺陷交换意见,因此,专利代理人在收到审查意见通知书时,必须认真核实该审查意见通知书所依据的审查文本是否正确,如果审查员确定的文本与委托人希望使用的文本不同,应尽快找到问题所在,及时沟通。

2. 不必检索即可发出审查意见通知书的情况

在实质审查过程中,审查员通常在检索之后才发出审查意见通知书。但是,专利申请的全部主题属于下列情形的,审查员就可不进行检索直接发出审查意见通知书:

① 属于《专利法》第5条或者第25条规定的不应授予专利权的情形;

② 不符合《专利法》第2条第2款有关发明定义的规定;

③ 不具备《专利法》第22条第4款规定的实用性;

④ 不符合《专利法》第26条第3款有关说明书充分公开发明的规定,具体是指说明书和权利要求书未对该申请的主题作出清楚、完整的说明,以至于所属技术领域的技术人员不能实现。

应当指出的是,如果申请中只有部分主题属于上述情形,而其他主题不属于上述情形,则通常审查员会对不属于上述情形的其他主题进行检索后再发出"第一次审查意见通知书"。

此外,如果确定的审查文本为一个修改文本或者审查的是一件分案申请,如果修改文本不符

合《专利法》第33条的规定（即超出原说明书和权利要求书记载的范围）或者分案申请不符合《专利法实施细则》第43条第1款的规定（即超出原申请记载的范围），则审查员也可能不进行检索而先指出修改文本或者分案申请存在不符合上述规定的缺陷。

鉴于存在上述未进行检索而直接发出审查意见通知书的情况，专利代理人在工作中不应因为审查意见通知书中未引用对比文件评述专利申请的新颖性和创造性，就认为已经满足了新颖性和创造性的要求。对于这样的审查意见通知书，如果答复时进行了有效争辩或进行了合理修改后，审查员可能会接受争辩理由而改变观点或者接受所作合理修改后，还会进行检索和继续审查，并发出有关新颖性或创造性的审查意见。

3. 通过全面审查或非全面审查发出审查意见通知书

为节约程序，审查员通常在发出"第一次审查意见通知书"之前对专利申请进行全面审查，即审查申请是否符合《专利法》和《专利法实施细则》有关实质方面和形式方面的所有规定。

审查的重点是说明书和全部权利要求是否存在《专利法实施细则》第53条所列情形的实质性缺陷。

如果申请不存在《专利法实施细则》第53条所列情形的实质性缺陷，或者虽然存在《专利法实施细则》第53条所列情形的实质性缺陷但经修改后仍有授权前景的，审查员会一并审查其是否符合《专利法》和《专利法实施细则》的其他所有规定。

如果申请文件存在严重不符合《专利法》和/或《专利法实施细则》规定的实质性缺陷，即存在《专利法实施细则》第53条所列情形的缺陷，并且该申请不可能被授予专利权，审查员可以对该申请不作全面审查，在审查意见通知书中仅指出对审查结论起主导作用的实质缺陷，而无需再指出其他次要的实质缺陷和/或形式缺陷，因为此时指出其次要的实质缺陷和/或形式方面的缺陷没有实际意义。例如，审查员认为全部独立权利要求和从属权利要求均不具备新颖性或创造性，或者说明书不符合《专利法》第26条第3款的规定，判定该申请没有授权前景，此时审查员在审查意见通知书中只指出这些实质性缺陷，而不再指出其他次要实质/形式缺陷的情形，就属于不全面审查的情况。

专利代理人了解了实质审查过程中进行的是全面审查还是非全面审查，就可从审查意见通知书的内容初步判断该专利申请的前景。如果审查员进行了全面审查，通常表示审查员认为该专利申请有授权前景，此时只要进行必要的修改就有可能被授权；相反，如果审查员进行的是非全面审查，则表示审查员认为该专利申请基本上没有授权前景，如果没有足够的理由让审查员改变观点，专利申请就很可能会被驳回。

4. 发明专利申请的授权或驳回

按照《专利法》第39条的规定，发明专利申请经实质审查没有发现驳回理由的，包括专利代理人或申请人按期对审查意见通知书作出答复后对该专利申请继续审查而认为该申请符合《专利法》《专利法实施细则》规定或者修改文本已消除原申请文件存在缺陷的，国家知识产权局将发出"授予发明专利权通知书"。

专利代理人和申请人在收到"授予专利权通知书"后，应当在自收到该通知书之日起2个月内办理登记手续，即缴纳专利登记费、公告印刷费和授予专利权当年的年费，同时还应当缴纳专利证书印花税，如果在上述期限内未办理登记手续，则视为放弃取得专利权的权利。对于这种耽误期限的权利丧失，可以在自收到该权利丧失通知书之日起2个月内按照《专利法实施细则》第6条的规定提出恢复权利请求。

按照《专利法》第38条的规定，对于"第一次审查意见通知书"中所指出的申请文件所存在的属于《专利法实施细则》第53条列出的实质性缺陷，如果专利代理人或申请人在指定的期限内未提出有说服力的意见陈述和/或证据，也未对申请文件进行修改或者修改仅是改正了错别字或更换了表述方式而技术方案没有实质上的改变，则国家知识产权局将会作出驳回决定。

申请人对国家知识产权局的驳回决定不服的，可以向国家知识产权局专利复审委员会提出复审请求，由此启动复审程序。

三、启动实质审查程序中的专利代理工作

启动实质审查程序中的专利代理工作在该程序中较为重要，现对这方面的专利代理工作进行详细阐述。

1. 实质审查程序启动的两种方式

《专利法》第35条规定："发明专利申请自申请日起三年内，国务院专利行政部门可以根据申请人随时提出的请求，对其申请进行实质审查；申请人无正当理由逾期不请求实质审查的，该申请即被视为撤回。国务院专利行政部门认为必要的时候，可以自行对发明专利申请进行实质审查。"根据上述规定，启动实质审查程序有两种方式。

在第一种方式中，实质审查程序启动的主体是申请人，国家知识产权局将根据申请人在自该专利申请的申请日（有优先权的指优先权日，要求多项优先权的指最早的优先权日）起3年内随时提出的实质审查请求对该专利申请进行实质审查。

在第二种方式中，实质审查程序启动的主体是国家知识产权局，国家知识产权局可以依职权对发明专利申请进行实质审查。这是因为有些发明会涉及国家或社会的重大利益，而申请人未意识到或因某种原因没有提出实质审查请求，为了维护国家利益或社会利益，允许国家知识产权局在这种情况下主动进行实质审查。

在实际工作中，至今尚没有按照第二种方式启动的实质审查程序，也就是说，发明专利申请的实质审查程序主要依据第一种方式启动，即根据申请人的实质审查请求而启动。

2. 启动实质审查程序时应当进行的工作

为启动实质审查程序，专利代理人或申请人应当进行下列工作。

（1）选择时机提出实质审查请求

按照《专利法》第35条第1款的规定，发明专利申请提出实质审查请求的期限是自该专利申请的申请日起3年内，对于有优先权要求的发明专利申请来说，该3年期限以该专利申请所要求的最早的优先权日起算。

允许申请人自该专利申请的申请日起3年内提出实质审查请求的规定，可以起到鼓励申请人早日提出发明专利申请的作用。只要申请人完成了发明，就可向国家知识产权局提出发明专利申请，然后可以在该3年期限内进行调查研究，了解市场需求以及专利运用前景，判断该件发明专利申请的价值。如果预期该项发明能取得较大收益时，就可以向国家知识产权局提出实质审查请求，缴纳实质审查费。否则就可以不提出实质审查请求，节约实质审查费。

值得注意的是，如果发明专利申请未在该规定的3年期限内提出实质审查请求，则该发明专利申请将被视为撤回，因而专利代理人和申请人应当十分关注这一期限，即在提出发明专利申请后对此允许提出实质审查请求的3年期限进行监视，以免耽误期限而导致该发明专利申请被视为撤回。

作为专利代理人，在接受委托代理发明专利申请时，应当帮助委托人分析何时提出实质审查请求最有利。如果该项发明比较成熟，其产品能较早投入市场，且比较容易被竞争对手仿制，则

应当尽早提出实质审查请求，甚至在提出专利申请的同时就提出实质审查请求，因为越早提出实质审查请求，则越早进入实质审查程序，以利于早日获得专利权。如果对该项发明市场前景尚不清楚，或者该发明产品还要经过一段较长时间才有可能在市场上出现，则可以较晚提出实质审查请求，以便有足够的时间对市场需求和该发明的价值进行调查、评估和研究，调查研究后再确定是否提出实质审查请求。如果在允许提出实质请求的期限内，与委托人一起经调查研究而认定该发明价值确实不大，则可以不提出实质审查请求，以节约实质审查费和后续的工作成本。

（2）应当办理的手续

按照《专利审查指南 2010》第一部分第一章第 6.4.2 节的规定，启动实质审查程序应当以"实质审查请求书"这种书面方式（纸件形式或者电子文件形式❶）提出实质审查请求，并缴纳实质审查费。因而，在上述规定的 3 年期限内提交实质审查请求书和缴纳实质审查费是专利代理人和申请人在启动实质审查时应当办理的手续。

当在规定期限内提交了实质审查请求书和缴纳了实质审查费，且符合所有要求后，国家知识产权局将会发出"发明专利申请进入实质审查程序通知书"。当在上述规定期限内提交了"实质审查请求书"和缴纳了实质审查费，但仍不符合其他规定时，国家知识产权局将会发出"补正通知书"，并要求在指定期限内补正，期满未补正的，国家知识产权局则发出"视为未提出实质审查请求通知书"。

专利代理人或申请人未在规定的期限内提交"实质审查请求书"，或者未在规定的期限内缴纳或者缴足实质审查费的，国家知识产权局将发出"视为撤回通知书"。

实质审查请求符合规定的，在进入实质审查程序时，国家知识产权局将发出"发明专利申请进入实质审查程序通知书"。

按照《专利法》第 36 条的规定，发明专利的申请人请求实质审查时，应当提交在申请日前与其发明有关的参考资料。发明专利已经在外国提出过申请的，国家知识产权局可以要求申请人在指定期限内提交该国为审查其申请进行检索的资料或者审查结果的资料；无正当理由逾期不提交的，该申请即被视为撤回。

（3）其他工作

按照《专利法》第 34 条的规定，国家知识产权局收到发明专利申请后，经初步审查认为符合专利法要求的，自申请日起满 18 个月，即行公布。国家知识产权局可以根据申请人的请求早日公布其申请。

在某些情况下，例如，申请人在提出专利申请时已经做好了生产准备，并随时可以将产品投入市场，为了尽快获得专利保护，以便不被侵权，可以要求早日公布其申请，同时尽早提出实质审查请求。

值得注意的是，申请人提出提前公布声明不能附有任何条件。提前公布声明不符合规定的，审查员将会发出"视为未提出通知书"；符合规定的，在专利申请初步审查合格后立即进入公布准备。进入公布准备后，申请人要求撤销提前公布声明的，该要求视为未提出，申请文件照常公布。因而专利代理人应提醒委托人对于请求提前公布采取谨慎态度。

此外，发明专利申请在提出实质审查请求后，国家知识产权局会根据不同情况发出各种通知书。专利代理人或申请人在收到这些通知书时应配合国家知识产权局按要求及时补正以消除通知书中所指出的问题，从而避免因某些手续的办理或补正逾期造成该专利申请被视为撤回而丧失权利。

---

❶ 有关电子申请的文件提交方式参见《专利审查指南 2010》第五部分第十一章关于电子申请的若干规定。

一旦专利代理人或申请人收到国家知识产权局发出的"视为撤回通知书",为了最大限度地保护申请人的利益,无论造成此结果是由于专利代理人或申请人的原因,还是国家知识产权局的原因,或是第三方的原因,都应当在收到该通知书之日起2个月内提出恢复权利请求,并在此期限内缴纳恢复权利请求费,必要时应当消除导致发出上述通知书的原因。

对由于国家知识产权局的原因造成的视为撤回,可以在批准恢复权利后再要求国家知识产权局退回该恢复权利请求费。对由于国家知识产权局的原因造成的视为撤回的情况,也可直接提出行政复议请求。

根据《专利法实施细则》第51条第1款的规定,发明专利申请人在提出实质审查请求时以及在收到国家知识产权局发出的发明专利申请进入实质审查阶段通知书之日起的3个月内,可以对发明专利申请主动提出修改。该主动修改的时机非常重要,可以根据最新了解的现有技术对专利申请进行修改,只要该主动修改不超出原说明书和原权利要求书记载范围即可。因而,专利代理人应当及时提醒委托人,是否需要在允许进行主动修改的时机对专利申请文件进行主动修改,如果申请人希望利用这两个时机对专利申请文件进行主动修改,则应当在提交实质审查请求书的同时或者在收到进入实质审查阶段通知书之日起3个月内提交相关的专利申请文件修改文本。

第二节 对审查意见通知书的答复

在实质审查过程中,对于绝大多数发明专利申请,国家知识产权局都会以审查意见通知书的方式将实质审查意见告知申请人。申请人对该审查意见通知书的答复可以仅仅是意见陈述书,也可以进一步包括经修改的申请文件。

对审查意见通知书答复的好坏对该专利申请的授权前景会产生影响:如果专利代理人和申请人能针对审查意见通知书撰写出令人信服的意见陈述书,并修改出合格的申请文件,则发明专利申请就有可能在较短的时间内被授权;相反,提交的意见陈述书未对审查意见通知书作出满意的答复,就可能会加长实质审查程序,甚至会导致原本有可能取得专利权的申请被驳回,因此对审查意见通知书的答复是专利代理人在实质审查期间最重要的一项工作,也就是说,帮助委托人(即申请人)答复审查意见通知书的能力是专利代理人从事专利代理工作的一项基本功。一个合格的专利代理人应当能够依照《专利法》和《专利法实施细则》的有关规定,通过陈述意见和修改专利申请文件,为委托人(申请人)谋求尽可能有利的审查结果,充分维护委托人的利益。

一、审查意见通知书简介

下面从审查意见通知书的类别、组成和作用三方面作一简单介绍。

1. 审查意见通知书的类别

实质审查意见通知书分为"第一次审查意见通知书"和"再次审查意见通知书"。

"第一次审查意见通知书"是审查员经过实质审查后首次发出的通知书,除了极少数可直接授权的专利申请外,国家知识产权局都应当发出"第一次审查意见通知书"。"第一次审查意见通知书"的答复期限为4个月。

"再次审查意见通知书"是针对专利代理人或申请人的意见陈述书及新修改的专利申请文件继续进行实质审查后发出的。"再次审查意见通知书"的答复期限为2个月。

2. 审查意见通知书的组成

审查意见通知书由专用表格和审查意见通知书正文两部分组成。

专用表格中写明实质审查所依据的文本、所引用的对比文件、对权利要求书和说明书的结论性意见、实质审查的倾向性结论意见、答复期限等；其中"第一次审查意见通知书"还给出专利申请的基本情况，如有无优先权要求、有无主动修改等。

审查意见通知书正文部分主要指出权利要求书和/或说明书的实质性缺陷，有授权前景时还指出专利申请文件所存在的其他问题（次要的实质性缺陷和形式缺陷）。

3. 审查意见通知书的作用

在实质审查程序中发出的审查意见通知书主要有两方面的作用：通知和交流作用；证据作用。

（1）通知和交流作用

审查员与专利代理人或申请人之间通常以书面形式（纸件形式或电子文件形式）进行交流。

审查员通过审查意见通知书将申请文件中不符合《专利法》《专利法实施细则》的问题和倾向性结论告知专利代理人或者申请人，以便后者有针对性地陈述意见和/或对申请文件进行修改。例如，指出权利要求不具备《专利法》第22条第2款或第3款规定的新颖性或创造性，或者不符合《专利法》第26条第3款有关说明书应当充分公开发明的规定等。

专利代理人或申请人应当针对通知书中指出的问题进行答复和/或修改。例如，删除某个或某些权利要求或者对某个权利要求进行修改以克服原申请文件所存在的不符合《专利法》第22条第2款或第3款有关新颖性或创造性规定的缺陷；或者不同意审查员有关申请文件不符合《专利法》第26条第3款的规定的审查意见，在意见陈述书中进行申辩，说明原申请文件已充分公开了发明。

（2）证据作用

审查意见通知书以及专利代理人或申请人的意见陈述书和对申请文件所作的修改将保存在申请案卷中，以备在可能发生的后续程序（例如复审、无效、侵权诉讼等）作为证据供有关审查人员或法官使用或者供公众查阅。

二、答复审查意见通知书的总体要求

正如本节开始部分所指出的，对审查意见通知书答复的好坏将直接影响该专利申请的授权前景，因此作为一名专利代理人应当提高答复审查意见通知书的能力。在专利代理实践中，专利代理人在答复审查意见通知书时应遵循如下三个总体要求：在准确理解审查意见通知书的基础上，对通知书中所指出的问题作全面回应；维护委托人的利益；尊重委托人的意见。

（1）准确理解并全面回应

为了做好审查意见通知书的答复，专利代理人应当认真阅读审查意见通知书，对照专利申请文件，准确理解审查意见通知书的内容及其所引用的对比文件的内容，针对具体情形作出正确的前景判断，在此基础上拟定答复审查意见通知书的策略，并作出全面回应。

（2）维护委托人的利益

作为专利代理人，应当根据《专利法》《专利法实施细则》和《专利审查指南2010》的规定，通过陈述意见和修改专利申请文件，为委托人谋求尽可能有利的审查结果，充分维护委托人的利益。

(3) 尊重委托人的意见❶

专利代理人是受专利申请人的委托代其办理专利申请的相关事务，因此应当按照委托人的意见处理有关事务。答复审查意见通知书时，应当正确处理好与委托人之间的关系，要帮助委托人正确理解通知书的内容，甚至可以向其提出有关建议，但在接到委托人指示后，通常应当按照委托人指示进行处理。

三、答复审查意见通知书时的主要工作

专利代理人从收到审查意见通知书到在指定期限内提交意见陈述书和/或修改专利申请文件这一段时间内的专利代理工作主要包括下述几项：阅读审查意见通知书、对审查意见通知书及其引用证据的分析、向委托人转达审查意见、修改专利申请文件和撰写意见陈述书。

1. 阅读审查意见通知书

阅读审查意见通知书时，专利代理人应当从以下三个方面理解审查意见。

(1) 明确审查意见通知书对申请文件的总体倾向性意见

从审查意见通知书对申请文件的总体倾向性意见来看，可分为三大类。第一类是专利申请文件仅存在形式缺陷，这类专利申请明显有授权前景，通常只要针对通知书中指出的形式缺陷对权利要求书和/或说明书进行修改就可授予专利权，以下简称"肯定性结论意见"。第二类是专利申请存在不可克服的实质性缺陷，这类专利申请无授权前景，如果意见陈述书没有足够理由来改变审查员的观点，该专利申请将被驳回，以下简称"否定性结论意见"。第三类是该专利申请存在实质性缺陷，需要根据专利申请文件的修改来确定其是否已消除这类缺陷确定可否授予专利权，或者审查员对该专利申请的内容尚无把握的情况，通常将根据专利代理人或申请人所陈述的意见是否有说服力和/或修改后的申请文件是否已克服所指出的实质性缺陷，确定可否授予发明专利权，以下简称"不定性结论意见"。专利代理人或申请人可以从该审查意见通知书的专用表格、正文内容、正文结尾这三个方面了解审查意见通知书的倾向性意见。审查意见通知书专用表格中有一栏用于表明结论性意见，通常其中第一个选项表示肯定性结论意见，第二个选项表示不定性结论意见，第三个选项表示否定性结论意见。其次，还可根据审查意见通知书正文内容判断：如果审查意见通知书中仅指出实质性缺陷而未对申请文件作全面审查，就意味着该专利申请的前景很可能被驳回；如果审查意见通知书既指出申请文件的实质性缺陷，又同时指出申请的形式缺陷，即全面审查的情况，则该倾向性结论意见通常为不定性结论意见；如果审查意见通知书中仅指出申请文件的形式缺陷，甚至给出具体的修改建议，通常表示肯定性结论意见。此外，审查意见通知书通常在正文结尾部分还给出更为明确的倾向性结论意见。

(2) 阅读重点放在该审查意见通知书中所指出的实质性缺陷

申请文件存在实质性缺陷将会导致专利申请被驳回，在阅读审查意见通知书时应当十分重视该审查意见通知书中所指出的实质性缺陷，尤其应当将审查意见通知书正文部分对事实、理由和证据的描述作为阅读的重点。此外，如果审查意见通知书中对新颖性、创造性进行判断时，仅评述了独立权利要求和一部分从属权利要求，但未评述另一部分从属权利要求，就可能暗示着审查员对那些未给出评述的从属权利要求授权前景的肯定。

(3) 对审查意见通知书中提出的所有审查意见进行归纳整理

审查员在一次审查意见通知书中通常有多条审查意见，专利代理人在阅读审查意见通知书时应

---

❶ 考生在应考时，因为没有与委托人沟通的机会，应当根据试题要求直接给出答案。

当将其中指出的全部问题进行整理，加以归纳，尽量避免在答复审查意见通知书时出现遗漏。

2. 分析审查意见通知书及其引用证据

对于上述肯定性结论意见的审查意见通知书，其涉及的问题基本上属于申请文件的形式缺陷，通知书中指出的申请文件所存在的问题也非常清晰，对这类缺陷的修改很容易，且修改方向唯一，因此只需要针对通知书中的审查意见所指出的缺陷进行修改就能获得授权。由此可知，对这类审查意见通知书的分析比较容易。

对于上述否定性结论意见和不定性结论意见的审查意见通知书，其涉及的问题主要是申请文件存在的实质性缺陷，因而答复工作完成的好坏将会直接影响专利申请的授权前景和审批的快慢。由此可知，对于这两类审查意见通知书，专利代理人应当仔细认真地研究审查意见通知书的具体意见，并结合申请文件本身的内容以及通知书中引用的对比文件进行分析，从而正确地理解通知书指出的缺陷。如果通过分析仍然不能清楚地理解审查意见通知书中指出缺陷的真实含义，最好能进一步与审查员联系，以便能准确地向委托人转达通知书所指出的申请文件存在的实质性缺陷。

对于这两类审查意见通知书，分析审查意见时不仅要准确理解其具体含义，还需要进一步分析判断这些审查意见是否正确，即其所依据的事实、理由和证据是否符合《专利法》《专利法实施细则》以及《专利审查指南 2010》的规定。

对于未使用证据的审查意见，应当比较全面地考虑审查意见的内容，有针对性地进行分析，千万不要顾此失彼，例如，对审查员未经检索就发出的审查意见通知书，在据理力争时不要因争辩不当而使自己的观点成为审查员得出否定性结论的依据。

对于通知书中引用证据加以说明的审查意见，通常应当先核实证据的采用是否恰当，❶ 例如，当审查意见通知书中以所引用对比文件指出权利要求不具备创造性时，应当先核实该对比文件是否构成现有技术，即核实该对比文件是否在申请日（该专利申请要求优先权且能成立的，为优先权日）前公开，并判断该对比文件公开的技术方案是否确实可以评价权利要求的创造性；又如，审查意见通知书中以引用对比文件构成抵触申请指出权利要求不具备新颖性的情况，首先应当核实该对比文件是否为申请在前，公开在后的中国专利申请文件或者中国专利文件，然后判断该对比文件所披露的技术方案是否与该发明构成了同样的发明或者实用新型。

此外，对于审查意见通知书中有关申请文件实质性缺陷的审查意见，还应当具体分析审查意见是否正确。如果审查意见正确，就应当考虑如何修改专利申请文件以消除通知书中所指出的实质性缺陷。如果审查意见明显不正确（例如 1996 年全国专利代理人资格考试"专利申请文件撰写"科目机械专业和电学专业有关答复审查意见通知书的试题中，以申请在前、公开在后的中国专利申请文件与其他现有技术结合起来否定某从属权利要求的创造性，1998 年全国专利代理人资格考试"专利申请文件撰写"科目机械专业有关答复审查意见通知书的试题中，认定某些从属权利要求不能享受优先权的理由不正确等），或者审查意见存在可以商榷之处（例如 2008 年全国专利代理人资格考试"专利代理实务"科目的试题中有关独立权利要求未以说明书为依据的理由），就应当以此作为争辩的突破点，以便为委托人争取应当得到的合理保护。

总之，通过对审查意见及其所附证据的分析，依据相关法律法规的规定，作出基本判断，以便在此基础上向委托人（申请人）提出初步建议，与委托人（申请人）商讨审查意见通知书答复

---

❶ 需要提请注意的是，鉴于《专利法》第三次修改后对于构成现有技术和抵触申请的条件已有变化，因此根据过渡办法，对于 2009 年 10 月 1 日前提出的专利申请适用于修改前的《专利法》，现有技术不包括国外的公开使用和以其他方式的公开，而抵触申请不包括申请人本人申请在先、公开在后的同样的发明或实用新型。

的应对策略。

3. 向委托人转达审查意见❶

由于审查意见通知书的答复通常有非常明确的期限要求，所以专利代理人应当尽快向委托人（申请人）转达审查意见通知书中的审查意见，并告知委托人返回意见的期限，该期限的制定需充分考虑委托人分析处理的时间和专利代理人进行专利申请文件的修改和撰写意见陈述书需要的时间。

专利代理人在向委托人转达审查意见时，可以根据审查意见通知书中的审查意见所涉及的是申请文件的实质性缺陷还是形式缺陷，采用不同的转达策略。

对于涉及形式缺陷的审查意见，对申请文件作出的修改通常不会影响专利的保护范围，可以针对审查意见通知书指出的缺陷作出修改后请委托人确认。在确认过程中可向委托人解释修改原因，如果委托人有不同意见，应慎重考虑委托人的意见。

对于涉及实质性缺陷的审查意见，对申请文件作出修改通常会直接影响专利保护的范围，可根据对审查意见通知书分析后得到的以下四种情况，采取不同的转达方式。

（1）认为审查意见正确，无授权前景

如果认为审查意见通知书的审查意见正确，专利申请的确不符合《专利法》和/或《专利法实施细则》的规定，且没有授权前景，就应当在向委托人转达审查意见时将自己的分析告知，由委托人决定如何处理。与此同时，还应当告知委托人，若不同意所述审查意见，需要提出足够的、有说服力的理由，必要时甚至需要提供有力证据，否则该专利申请难以获得授权。

（2）认为审查意见正确，但有修改余地

如果认为审查意见通知书的审查意见正确，但通过修改申请文件能克服所指出的实质性缺陷，那么作为专利代理人，除了向委托人转达审查意见并对审查意见作具体的补充说明以外，还应当向委托人指明申请文件的修改方向，供委托人在作出修改决定时参考使用，并请委托人从技术角度阐述所作的修改可消除审查意见通知书指出的实质性缺陷的理由。

（3）认为审查意见有商榷余地

如果认为审查意见通知书的审查意见所论述的申请文件存在实质性缺陷的全部或部分理由并不充分，尚有商榷余地，例如，审查意见通知书中引用的对比文件是否披露了权利要求中的某个技术特征或者该技术特征在对比文件中所起的作用是否与其在该发明中所起的作用相同，那么作为专利代理人，在向委托人转达审查意见时，应当对所述审查意见的可商榷部分予以说明。与此同时，还应当明确告知委托人：针对这一审查意见可以不修改申请文件而通过争辩来获得较充分的保护，但是审查员如果不接受争辩则可能会驳回专利申请，至少会延长审批程序；相反，如果对申请文件进行一定的修改，可能会有利于获得专利权，但会缩小该专利的保护范围，必要时可以向委托人指明申请文件的修改方向，供委托人在作出修改决定时参考。在阐明两种可能的答辩方式后，请委托人决定如何答复。

---

❶ 考生在应试时可能会遇到两类试题：（1）要求考生针对审查意见通知书和所附证据修改专利申请文件和撰写意见陈述书；（2）要求考生向委托人撰写咨询意见，具体分析说明审查意见通知书中的各项审查意见是否正确，并给出对权利要求书的修改建议。对前一类试题，由于应试时不存在与委托人沟通的环节，因此在对审查意见通知书作出分析后，可直接根据分析结果，考虑如何修改专利申请文件和撰写意见陈述书；而对后一类试题，考生可根据前面对审查意见通知书及其引用证据的分析结果，直接撰写咨询意见，具体说明各项审查意见是否成立以及给出对权利要求书的具体修改建议。

(4) 认为审查意见不正确，实质性缺陷实际上并不存在

如果认为审查意见通知书中所论述的申请文件存在实质性缺陷的审查意见明显错误，即该实质性缺陷实际上并不存在，例如，审查意见通知书中用不构成现有技术的内容来否定该发明专利申请的创造性，对于这种情况，在转达审查意见时应向委托人详细说明专利代理人自己的观点、具体的法规内容和分析意见，以供委托人作出合理的决断。

4. 完成专利申请文件的修改和撰写意见陈述书

专利代理人应根据委托人的指示修改文件和撰写意见陈述书。

委托人对有关专利申请文件修改的意见主要有三类：

① 不同意修改申请文件，对审查意见通知书中所论述的申请文件存在实质性缺陷的审查意见有不同看法；

② 给出申请文件的修改方向，委托专利代理人代为修改专利申请文件；

③ 给出专利申请文件的具体修改意见，甚至给出具体的修改文本。

专利代理人应当对委托人的指示进行分析，如果专利代理人的意见与委托人意见基本一致，可按照委托人的意见完成申请文件的修改并撰写相应的意见陈述书。如果专利代理人经过分析认为申请文件修改仍未克服原缺陷，或者新修改的申请文件出现了新的问题，此时如果时间还允许，应当与委托人再次交换意见，然后根据委托人最后认定的意见完成专利申请文件的修改和意见陈述书的撰写。还有一种情况，如果委托人由于对专利制度不了解，将申请文件修改过多而导致保护范围过窄，此时如果时间还允许，也应当与委托人再次交换意见，并根据委托人最后认定的意见修改专利申请文件和撰写意见陈述书。

专利申请文件的修改与意见陈述书的撰写是答复审查意见通知书时两项最主要的工作，将在本章的第三节和第四节作详细说明。

需要特别提醒注意的是，当专利代理人与委托人的意见不一致时，应当服从委托人的决定。

四、答复审查意见通知书需要注意的形式问题

作为专利代理人，在答复审查意见通知书时除了完成上述四方面的工作外，还需要注意答复审查意见通知书时应当满足的形式要求：答复期限、答复方式以及答复的签署等。

1. 审查意见通知书的答复期限

按照《专利法》第37条的规定，对于审查意见通知书，无正当理由逾期不答复的，该申请即被视为撤回。因此在答复审查意见阶段，专利代理人应当密切监视审查意见通知书的答复期限（"第一次审查意见通知书"的答复期限为4个月，"再次审查意见通知书"的答复期限为2个月），该答复期限的届满日按照下述方式计算：自通知书发文日起加15天为推定收到日，然后再在此基础上加4个月或2个月的答复期限。

国家知识产权局自收到专利代理人或申请人的答复之后，就可以开始后续的审查程序，如果后续审查程序的审查意见或结论已经作出，对于此后在原答复期限内专利代理人或申请人再次提交的答复，审查员可以不予考虑。因而专利代理人对于答复的期限和递交答复的时间应有较好的把握。

专利代理人或申请人因故未能在答复期限内完成答复工作的，可以向专利局提出请求专利局延长指定的答复期限。提出请求专利局延长指定的答复期限的，需缴纳延长期限请求费。需要提醒注意的是，提出延长期限的请求以及缴纳相关费用应当在原指定的期限届满前完成。为此，专利代理人应当及时与委托人进行沟通。

对于因未按期答复导致的发明专利申请被视为撤回，可以按照《专利法实施细则》第6条第

2款的规定,自收到"视为撤回通知书"之日起 2 个月内提出恢复权利请求,说明理由,必要时附具有关证明文件,并缴纳恢复权利请求费,若此时尚未针对审查意见通知书提交意见陈述书和/或修改的申请文件,则应当在提出恢复权利请求的同时提交意见陈述书和/或修改的申请文件。

2. 对审查意见通知书答复的方式

对于审查意见通知书,应当采用国家知识产权局规定的意见陈述书的方式进行答复,❶ 答复文件应当提交或寄给国家知识产权局受理部门。有时专利代理人或申请人为了尽快授权,通常会通过电话或者直接与审查员交往信件、电子邮件来征询审查员的意见,这些都不能视为正式答复。只有通过正式渠道提交的答复(即提交给或寄给国家知识产权局受理部门的答复),才会取消对于答复期限的监视,因此直接提交或寄给审查员的答复文件或征询意见的信件,不视为正式答复,不具备法律效力,还必须在答复期限内通过正式渠道提交意见陈述书,否则在答复期限届满后仍会收到视为撤回的通知书。此外,通过正式渠道提交的无具体答复内容的意见陈述书,也作为专利代理人或申请人的正式答复,此时将被视为未对审查意见通知书中的审查意见提出具体反对意见,也未克服审查意见通知书所指出的申请文件中存在的缺陷。

3. 意见陈述书的签署

《专利审查指南 2010》第二部分第八章第 5.1.2 节对意见陈述书的签署作出了明确规定。

申请人委托了专利代理机构的,其答复应当由其所委托的专利代理机构盖章,并由委托书中指定的专利代理人签字或者盖章。专利代理人变更之后,由变更后的专利代理人签字或者盖章。

申请人未委托专利代理机构的,其提交的意见陈述书,应当有申请人的签字或者盖章;申请人是单位的,应当加盖公章;申请人有两个以上的,可以由其代表人签字或者盖章。

第三节 专利申请文件的修改

申请人在撰写专利申请文件过程中,难免存在用词不严谨、表达不准确、权利要求保护的范围过宽等缺陷。如果不克服这些缺陷,就会影响专利保护范围的确定性,甚至导致申请人无法获得专利权,同时也会影响公众对专利信息的利用。因此,在专利申请的审批过程中,为了使专利申请符合《专利法》和《专利法实施细则》的规定,申请人可以对其专利申请文件进行修改,而且修改可能会进行多次。申请人对专利申请文件进行修改时,要注意修改的时机和方式是否符合《专利法实施细则》第 51 条规定,修改的内容和范围是否符合《专利法》第 33 条的规定。

一、修改的时机

按照《专利法》和《专利法实施细则》的规定,专利申请文件的修改可分为两类。

一类是申请人主动提出的修改,即提出专利申请后申请人根据其对相关现有技术情况的补充了解、对发明内容及其应用和市场前景的进一步分析以及自行发现的专利申请文件撰写方面所存在的各种缺陷,主动向专利局提交新修改的专利申请文件,通常将这类修改称作主动修改。《专利法实施细则》第 51 条第 1 款对主动修改的时机作出了规定,即发明专利申请人在提出实质审查请求时以及在收到专利局发出的"发明专利申请进入实质审查阶段通知书"之日起的 3 个月内,可以对发明专利申请主动提出修改。《专利法实施细则》第 51 条第 2 款规定,实用新型专利

---

❶ 即应当以纸件形式或电子文件形式提交,有关以电子文件形式提交的规定参见《专利审查指南 2010》第五部分第十一章关于电子申请的若干规定。

申请人自申请日起2个月内，可以对实用新型专利申请主动提出修改。

另一类是指答复审查意见通知书时为消除专利局发出的审查意见通知书中所指出的各种实质性缺陷和形式缺陷而对申请文件进行的修改，通常将这类修改称作被动修改或者针对通知书指出的缺陷进行的修改。按照《专利法实施细则》第51条第3款的规定，申请人在收到国家知识产权局发出的审查意见通知书后修改专利申请文件，应当针对通知书指出的缺陷进行修改。本节将重点对在答复审查意见通知书时的修改原则和修改方式以及修改的内容和范围进行说明。

二、修改的内容与范围

《专利法》第33条规定，对发明和实用新型专利申请文件的修改不得超出原说明书和权利要求书记载的范围。为什么规定对申请文件的修改不能超出原说明书和权利要求书记载的范围呢？这是因为我国专利制度采用的是先申请制，为了体现先申请制原则，不允许申请人在申请日后通过修改而引入原说明书和权利要求书中没有记载的新的技术内容，同时这也是为了平衡专利权人与公众之间的利益。

1. 权利要求书的修改

对权利要求书的修改而言，只要经修改后的权利要求的技术方案已清楚地记载在原说明书和权利要求书中，就应该允许；凡是对权利要求书作出不符合《专利法》第33条规定的修改，均是不允许的。

以下列举一些针对权利要求书进行修改的常见情形。

① 为克服原独立权利要求不具备新颖性或创造性、缺少解决技术问题的必要技术特征、未以说明书为依据或者未清楚地限定要求专利保护的范围等缺陷，在独立权利要求中增加技术特征，以对独立权利要求作进一步的限定。只要增加了技术特征的独立权利要求所述的技术方案未超出原说明书和权利要求书记载的范围，这样的修改就应当被允许。

例如，在2006年全国专利代理人资格考试"专利代理实务"科目中，通过在原独立权利要求1中增加技术特征用以克服不具备新颖性的缺陷。原独立权利要求1为："一种用于挂在横杆上的挂钩，具有挂钩本体和突起物，所述挂钩本体具有两个夹持部以及连接所述夹持部上部的弯曲部，其中一个夹持部具有自由端，另一个夹持部具有与衣架本体相连接的连接端，在所述夹持部的相向内侧设有突起物，该挂钩挂在横杆上时，所述突起物与横杆的外圆周表面相接触。"修改后的独立权利要求1的特征部分增加了以下技术特征："所述突起物具有在横杆轴向方向上比挂钩本体宽的宽度"。修改的依据来自说明书第二个实施例和第三个实施例、说明书最后一段以及图3（b）和图4，即包含所增加技术特征的技术方案未超出原说明书和权利要求书记载的范围，这样的修改应当被允许。

又如，在2008年全国专利代理人资格考试"专利代理实务"科目中，为克服原独立权利要求1不具备新颖性❶的缺陷，对原独立权利要求1进行了修改。原独立权利要求1为："一种制作油炸食品的方法，该方法包括将所述食品原料进行油炸，然后将油炸食品排出，其特征在于：所述油炸过程是在真空条件下进行的。"修改后的独立权利要求1为："一种制作油炸食品的方法，该方法包括：将所述食品原料进行油炸的步骤，所述油炸步骤在真空条件下进行；对所述经过油炸的食品进行离心处理的步骤；其特征在于：所述离心处理步骤也是在真空条件下进行的。"

---

❶ 此处为了描述方便，对2008年全国专利代理人资格考试"专利代理实务"科目试题中的原独立权利要求略作改编。

新增加的两个技术特征"对所述经过油炸的食品进行离心处理的步骤"和"所述离心处理步骤也是在真空条件下进行的",使该独立权利要求1相对于现有技术具备新颖性和创造性。该修改的依据来自原说明书第［0012］段和第［0013］段。由于上述修改都是根据原始说明书的相应记载作出的,因此,修改后的技术方案均未超出原说明书和权利要求书记载的范围,这种修改应当被允许。

② 为克服原独立权利要求未以说明书为依据、未清楚地限定要求专利保护的范围或者不具备新颖性或创造性等缺陷,改变独立权利要求中的技术特征。只要变更了技术特征的独立权利要求所述的技术方案未超出原说明书和权利要求书记载的范围,就允许;如果超出了原权利要求书和说明书记载的范围,则不允许。

例如,原权利要求限定了一种一个把手的茶杯。附图中也只给出了一幅一个把手茶杯的视图。如果申请人后来把权利要求修改成"至少一个把手的茶杯",而原说明书中又没有任何地方提到过"一个以上的把手",那么,这种改变超出了原权利要求书和说明书记载的范围。

③ 为克服原第一独立权利要求和并列的独立权利要求之间缺乏单一性、或者两项权利要求具有相同的保护范围而使权利要求书不简要、或者权利要求未以说明书为依据等缺陷,删除一项或多项权利要求。这样的修改不会超出原说明书和权利要求书记载的范围,因此是允许的。

④ 为克服原独立权利要求类型错误或者不具备新颖性或创造性等缺陷,变更独立权利要求的类型、主题名称及相应的技术特征。只要变更后的独立权利要求所述的技术方案未超出原说明书和权利要求书记载的范围,就可允许这种修改。

⑤ 将独立权利要求相对于最接近的现有技术正确划界。这样的修改不会超出原权利要求书和说明书记载的范围,因此是允许的。

⑥ 修改从属权利要求的引用部分,改正引用关系上的错误,使其准确地反映原说明书中所记载的实施方式或实施例。这样的修改不会超出原权利要求书和说明书记载的范围,因此是允许的。

⑦ 修改从属权利要求的限定部分,清楚地限定该从属权利要求的保护范围,使其准确地反映原说明书中所记载的实施方式或实施例,这样的修改不会超出原说明书和权利要求书记载的范围,因此是允许的。

此外,需要说明的是,不允许从独立权利要求中删除在原申请中明确认定为发明的必要技术特征的那些技术特征,即删除在原说明书中始终作为发明的必要技术特征加以描述的那些技术特征;或者从权利要求中删除一个与说明书记载的技术方案有关的技术术语;或者从权利要求中删除在说明书中明确认定的关于具体应用范围的技术特征。例如,将"有肋条的侧壁"改成"侧壁",又如,原权利要求是"用于泵的旋转轴密封……",修改后的权利要求是"旋转轴密封"。上述两种修改都是不允许的,因为在原说明书中找不到依据。

2. 说明书及其摘要的修改

对于说明书的修改,主要有两种情况,一种是针对说明书中本身存在的不符合《专利法》和《专利法实施细则》规定的缺陷作出的修改,另一种是根据修改后的权利要求书作出的适应性修改,上述两种修改只要不超出原说明书和权利要求书记载的范围,则都是允许的。凡是对说明书作出不符合《专利法》第33条规定的修改,均是不允许的。

以下列举一些允许对说明书及其摘要进行修改的常见情形。

① 修改发明名称,使其准确、简要地反映要求保护的主题的名称。

② 修改发明所属技术领域,以便于公众和审查员清楚地理解发明和其相应的现有技术。

③ 修改背景技术部分,使其与要求保护的主题相适应。如果审查员通过检索发现了比申请人在原说明书中引用的现有技术更接近所要求保护的主题的对比文件,则应当允许申请人修改说

明书，将该文件的内容补入这部分，并引证该文件，同时删除描述不相关的现有技术的内容。

④ 修改发明内容部分中与该发明所解决的技术问题有关的内容，使其与要求保护的主题相适应，即反映该发明的技术方案相对于最接近的现有技术所解决的技术问题。当然，修改后的内容不应超出原说明书和权利要求书记载的范围。

⑤ 修改发明内容部分中与该发明技术方案有关的内容，使其与独立权利要求请求保护的主题相适应。如果独立权利要求进行了符合《专利法》和《专利法实施细则》规定的修改，则允许该部分作相应的修改；如果独立权利要求未作修改，则允许在不改变原技术方案的基础上，对该部分进行理顺文字、改正不规范用词、统一技术术语等修改。

⑥ 修改发明内容部分中与该发明的有益效果有关的内容。只有在某（些）技术特征在原始申请文件中已清楚地记载，而其有益效果没有被清楚地提及，但所属技术领域的技术人员可以直接、毫无疑义地从原始申请文件中推断出这种效果的情况下，才允许对发明的有益效果作合适的修改。不允许补入所属技术领域的技术人员不能直接地、毫无疑义地从原始申请中导出的有益效果。不允许补入实验数据以说明发明的有益效果。

⑦ 修改附图说明。申请文件中有附图，但缺少附图说明的，允许补充所缺的附图说明；附图说明不清楚的，允许根据上下文作出合适的修改。

⑧ 修改最佳实施方式或者实施例。这种修改中允许增加的内容一般限于补入原实施方式或者实施例中具体内容的出处以及已记载的反映发明的有益效果数据的标准测量方法（包括所使用的标准设备、器具）。不允许补入实施方式和实施例以说明在权利要求请求保护的范围内发明能够实施。

⑨ 修改附图。删除附图中不必要的词语和注释；修改附图中的标记使之与说明书文字部分相一致。但是不允许增加通过测量附图得出的尺寸参数技术特征。增补原说明书中未提及的附图，一般是不允许的；如果增补背景技术的附图，或者将原附图中的公知技术附图更换为最接近的现有技术的附图，则允许。

⑩ 修改摘要。可以通过修改使摘要写明发明的名称和所属技术领域，清楚地反映所要解决的技术问题、解决该问题的技术方案的要点以及主要用途；删除摘要中的商业性宣传用语；更换摘要附图，使其最能反映发明技术方案的主要技术特征。

⑪ 修改由所属技术领域的技术人员能够识别出的明显错误，即语法错误、文字错误和打印错误。对这些错误的修改必须是所属技术领域的技术人员能从说明书的整体及上下文看出的唯一的正确答案。

三、答复审查意见通知书时的修改

下面，对于答复审查意见书时的修改，先简要地说明其修改原则，然后对其修改方式作出具体说明。

1. 修改的原则

在答复审查意见通知书时如果需要对专利申请文件进行修改，代理人和委托人需要全面、准确地理解审查意见通知书的内容及其所引用的对比文件的技术内容，针对具体情形作出正确的前景判断，即通过分析审查意见通知书的内容和所引用的证据，判断哪些意见是正确的，哪些意见值得探讨，哪些意见是不正确的，以确定答复策略并针对分析结果修改权利要求书和说明书。

在答复审查意见通知书时修改专利申请文件通常需要注意遵循如下四个原则：

① 应当满足《专利法》《专利法实施细则》以及《专利审查指南2010》中有关修改的规定，即在答复审查意见通知书时应当针对通知书指出的缺陷进行修改，且所作修改不得超出原说明书

和权利要求书记载的范围；

② 当通知书中指出的实质性缺陷确实存在时，在修改专利申请文件时既要克服通知书中所指出的实质性缺陷，又应当为委托人争取尽可能充分的保护；若认为通知书中对实质性缺陷的评述存在不妥之处，应当从维护委托人权益出发暂不对专利申请文件进行修改，而仅在意见陈述书中依法有理有据地陈述反驳意见；

③ 对于通知书中所指出的形式缺陷，在修改申请文件时应当予以克服；❶

④ 修改后的专利申请文件不要出现新的不符合《专利法》《专利法实施细则》以及《专利审查指南2010》有关专利申请文件撰写要求规定的缺陷。

2. 修改的方式

根据《专利法实施细则》第51条第3款的规定，申请人在答复审查意见通知书的同时对申请文件进行修改的，应当针对通知书指出的缺陷进行修改。针对通知书指出的缺陷进行的修改可以是：针对通知书中指出的不具备新颖性或者创造性的缺陷而缩小原权利要求请求保护的范围；针对通知书中指出的一项独立权利要求同时包含产品及其制备方法从而造成主题不清楚的缺陷而将原独立权利要求分解成两项独立权利要求（产品权利要求和方法权利要求）等。

如果修改的方式不符合《专利法实施细则》第51条第3款的规定，则这样的修改文本国家知识产权局一般不予接受。然而，对于虽然修改的方式不符合《专利法实施细则》第51条第3款的规定，但其内容与范围满足《专利法》第33条要求的修改，只要经修改的文件消除了原申请文件存在的缺陷，并且具有被授权的前景，这种修改则可以被视为是针对通知书指出的缺陷进行的修改，因而经此修改的申请文件可以被国家知识产权局接受。但是，当出现下列情况时，即使修改的内容没有超出原说明书和权利要求书记载的范围，也不能被视为是针对通知书指出的缺陷进行的修改。

（1）主动删除或改变独立权利要求中的技术特征，扩大了该独立权利要求请求保护的范围

例如，从独立权利要求中主动删除技术特征，或者主动删除一个相关的技术术语，或者主动删除限定具体应用范围的技术特征，即使该主动修改的内容没有超出原说明书和权利要求书记载的范围，只要修改导致权利要求请求保护的范围扩大，则这种修改不予接受。

又如，主动将原权利要求中的技术特征"螺旋弹簧"修改为"弹性部件"，尽管原说明书中记载了"弹性部件"这一技术特征，但由于这种修改扩大了请求保护的范围，因而不予接受。

（2）主动将仅在说明书中记载的与原来要求保护的主题缺乏单一性的技术内容作为修改后权利要求的主题

例如，一件有关自行车新式把手的发明专利申请，说明书中不仅描述了新式把手，而且还描述了其他部件，如自行车的车座等。经实质审查，权利要求限定的新式把手不具备创造性。在这种情况下，如果作出主动修改，将权利要求限定为自行车车座。由于修改后的主题与原来要求保护的主题之间缺乏单一性，这种修改不予接受。也就是说，通常不允许在收到审查意见通知书之后，主动从说明书中提取与原权利要求书中要求保护的主题缺乏单一性的主题要求保护，即在原来的权利要求书中未出现的且与原权利要求书中的权利要求缺乏单一性的内容不能作为修改后的权利要求的主题。

（3）主动增加新的独立权利要求和新的从属权利要求，该独立权利要求和从属权利要求限定

---

❶ 在应试时，试题中的审查意见通知书通常不指出专利申请文件所存在的形式缺陷，需要考生自行发现专利申请文件存在的形式缺陷，并在修改专利申请文件时加以克服。

的技术方案在原权利要求书中未出现过

如果增加的新的独立权利要求是由原来的一个包含有并列可选择的技术方案的独立权利要求分解而来的，或是由一个撰写不当的包含了两个技术方案例如产品和生产该产品的方法的权利要求分解而来，则不属于此种应当予以限制的情况。

此外，如果增加的新的从属权利要求是针对新修改的独立权利要求中新增加的技术特征作进一步限定的技术方案，则也不属于此种应当予以限制的情况。例如，一件有关用于挂在横杆上的挂钩的发明专利申请，说明书中描述了挂钩的具体结构，并且指出挂钩上的突起物沿着横杆轴向的宽度比挂钩本体宽，而且还具体限定了宽 0.5～2cm。在答复"第一次审查意见通知书"时为克服独立权利要求不具备创造性的缺陷，在独立权利要求中增加了挂钩上的突起物沿着横杆轴向的宽度比挂钩本体宽的技术特征，同时还增加了一个从属权利要求，其中的附加技术特征为：挂钩上的突起物沿着横杆轴向的宽度比挂钩本体宽 0.5～2cm。上述对于从属权利要求的修改，不应属于此种予以限制的情况。

需要说明的是，上述三种情形可以理解为所作修改是针对审查意见通知书中的审查意见未涉及的内容进行的主动修改，如果审查意见涉及了某项或某组权利要求，则针对审查意见通知书指出的缺陷对该项或该组权利要求进行的修改不属于主动修改。

第四节　意见陈述书的撰写

在发明实质审查阶段，对于国家知识产权局发出的审查意见通知书，专利代理人或申请人通常以意见陈述书的方式将答复提交给国家知识产权局。

在答复审查意见通知书时，专利代理人根据对审查意见的分析结果与委托人商量应对策略后，确定需要修改申请文件的，应当先为委托人修改申请文件，然后结合修改后的申请文件撰写意见陈述书。

本节首先根据"全国专利代理人资格考试大纲"有关答复审查意见通知书部分中撰写意见陈述书的要求，说明专利代理人撰写意见陈述书时应当遵循的原则；然后，推荐常用的意见陈述书撰写格式，并结合一个案例给出一份意见陈述书撰写的样本。

一、撰写意见陈述书应当遵循的原则

根据"全国专利代理人资格考试大纲"有关答复审查意见通知书部分中撰写意见陈述书的要求，专利代理人在撰写意见陈述书时应当遵循如下几个原则：有理有据地论述理由；注意维护委托人的权益；全面答复审查意见通知书中的审查意见。

1. 有理有据、清楚地阐述所论述的理由

在意见陈述书中具体论述理由、特别是涉及实质性缺陷的理由时，应当注意说理清楚、符合逻辑、层次清晰、言之有据。

如果通过分析，认为审查意见正确并修改专利申请文件的，在意见陈述书中应当有理有据地阐述所作修改能够克服审查意见通知书所指出缺陷的理由，并对所作修改加以说明。

如果通过分析，认为审查意见存在不当之处，应当依据《专利法》《专利法实施细则》以及《专利审查指南 2010》的有关规定，合情合理地陈述反驳意见。

在意见陈述书中具体陈述意见时，注意逻辑清楚，避免前后矛盾，不要在克服其中一个实质性缺陷的同时又带来新的实质性缺陷。例如，对于审查意见通知书中指出说明书未充分公开发明

的情况，不应当在意见陈述中表示同意该观点而采用将未被充分公开的内容补充到说明书中的做法，因为这样的表示方式往往会导致所补充的内容超出原说明书和权利要求书的记载范围，不符合《专利法》第33条的规定。这样的意见陈述，极有可能导致该专利申请不是以说明书未充分公开发明为理由就是以申请文件修改超范围为理由被驳回。

为使意见陈述书中具体论述理由有理有据，应当从《专利法》《专利法实施细则》以及《专利审查指南2010》的相关规定出发进行有力的争辩。例如，有的委托人在针对通知书中指出的专利申请不具备新颖性或创造性缺陷所作的意见陈述中，只是强调该发明已在其他国家获得了专利权，但这不能成为该专利申请具备新颖性和创造性的理由。在这种情况下，应当帮助委托人分析该专利申请与现有技术的实质区别，并且在意见陈述书中从《专利法》第22条规定的新颖性和创造性出发，按照《专利审查指南2010》给出的判断原则和判断方法，说明该专利申请权利要求的技术方案分别相对于通知书中引用的任一份对比文件的每个技术方案都具备新颖性，同时说明其相对于这几份对比文件具有突出的实质性特点和显著的进步，因而具备创造性。

此外，意见陈述书的用词应该严谨，尤其注意不要出现涉及法律、技术和专利术语的概念错误的情况。

2. 注意维护委托人的权益

专利代理人在意见陈述书中为取得专利保护而陈述意见时，需要注意维护委托人的权益，因为按照《最高人民法院关于审理侵犯专利权纠纷案件应用法律若干问题的解释》第6条规定的"禁止反悔原则"，专利申请人为取得专利权而在意见陈述书中所作的限制性解释，会成为专利侵权诉讼中确定专利权保护范围的依据，那时就不能再对其作出与此相反的扩大性解释。因而在答复发明专利申请审查意见通知书时一定慎重，不要为后续程序留下隐患。

3. 全面答复审查意见通知书中的审查意见

审查意见通知书中通常包括多项审查意见，特别是对于有授权前景的专利申请，审查意见通知书中会指出专利申请文件所存在的全部缺陷。专利代理人在答复审查意见通知书时不论是实质性缺陷还是形式缺陷均应作出答复。

如果对于某个审查意见，尤其是涉及申请文件实质性缺陷的审查意见有不同观点，应当在意见陈述书中进行有理有据的争辩，必要时提供相关的证据材料。应当尽量避免对审查意见通知书中的观点既不争辩，也不对申请文件进行适当修改，这样就很有可能导致专利申请被驳回，至少会导致审查程序延长。

二、意见陈述书的撰写格式

意见陈述书通常包括标准表格、正文部分以及修改文件替换页等附件。

意见陈述书正文部分通常包括如下四个部分：起始段、修改说明、具体论述理由和结尾段。

1. 起始段

起始段应写明该意见陈述书是针对哪一份审查意见通知书作出的，是否随意见陈述书提交了申请文件的修改页。

起始段可以不写抬头，但是如果写抬头的话，应写明为国家知识产权局，而不要写成某位审查员。因为根据《专利法》第3条的规定，实施专利审查工作的是国务院行政部门（国家知识产权局）负责专利申请的审查工作。

例如：

"本意见陈述书是针对国家知识产权局于××××年×月××日发出的第×次审查意见通知

书作出的答复,随此意见陈述书附上修改的申请文件(权利要求书、说明书、摘要……)替换页,以及表明修改处的参考页。"

又如:

"国家知识产权局:

对于××××年×月××日的第×次审查意见通知书的意见,申请人进行了认真的研读,并陈述意见如下。"

2. 修改说明

答复时对申请文件进行修改的,应当在起始段之后对申请文件的修改情况作简要说明。首先,在意见陈述书中说明,针对审查意见通知书指出的具体缺陷(包括申请文件本身存在的缺陷),对申请文件哪些地方作出了修改,并指出这些修改(尤其是权利要求书的修改)的依据,即指出修改的内容在原说明书和权利要求书中的出处,以说明所作修改未超出原说明书和权利要求书的范围。在此基础上,说明所作修改符合《专利法》第33条的规定以及符合《专利法实施细则》第51条第3款的规定。

下面给出修改说明部分的参考样例。

"一、修改说明

1. 针对审查意见通知书中指出的权利要求1不具备新颖性的审查意见,对独立权利要求1进行了修改,将原权利要求1的全部技术特征写入修改后的权利要求1的前序部分,并在其特征部分加入了以下技术特征:'……(此处写明所增加的技术特征)',以使该独立权利要求1符合《专利法》第22条第2款和第3款有关新颖性和创造性的规定。该修改的依据来自原说明书第二种实施方式和第三种实施方式,说明书最后一段以及图3。

2. 针对原申请文件本身所存在的从属权利要求引用部分的主题名称不符合《专利法实施细则》第22条第1款的规定,对从属权利要求4的主题名称进行了修改,使其与所引用权利要求1的主题名称相一致。

……

上述修改没有超出原说明书和权利要求书记载的范围,且是针对审查意见通知书指出的缺陷或者是针对申请文件本身存在的缺陷进行的修改,因而符合《专利法》第33条的规定和《专利法实施细则》第51条第3款的规定。"

3. 针对审查意见通知书中指出的实质性缺陷具体陈述意见

这部分是意见陈述书的重点内容。如果不同意或者只是部分接受审查意见通知书中的意见,应当逐条充分论证理由;如果同意或者基本同意审查意见通知书中的意见并对申请文件进行了修改,则应当重点分析和论述修改后的专利申请文件如何克服了通知书中指出的缺陷。

下面以论述独立权利要求具备新颖性、创造性为例加以具体说明。

通常,即使审查意见通知书针对某项权利要求只提出涉及新颖性问题的审查意见,专利代理人或申请人不仅要论述所述权利要求具备新颖性的理由,还应当论述所述权利要求具备创造性的理由。而当审查意见通知书针对某项权利要求只涉及创造性问题时,即审查意见默认该权利要求具备新颖性的情况下,此时专利代理人或申请人可以只论述所述权利要求具备创造性的理由。

对于独立权利要求相对于审查意见通知书中引用的对比文件具备新颖性、创造性,通常可分三部分来加以论述。

第一部分仅仅对于未针对该审查意见修改申请文件时才采用。在这一部分,简单重复审查通知书中对该专利申请有关新颖性和创造性的审查结论,并明确说明申请人对此有不同观点。

例如：

"审查意见通知书中指出，权利要求1相对于对比文件1和2不具备《专利法》第22条第3款规定的创造性，申请人不同意这一观点，现陈述意见如下。"

第二部分论述原独立权利要求或者修改后的独立权利要求相对于审查意见通知书中引用的对比文件具备新颖性的理由。这一部分仅对于审查意见通知书中认为原独立权利要求1不具备新颖性的情况才需要写入，而对于审查意见通知书中认为原独立权利要求1不具备创造性时可以不必包括这一部分内容。

在这一部分，将原独立权利要求或者修改后的独立权利要求的技术方案分别与审查意见通知书中引用的各份对比文件中公开的每一个技术方案进行比较，逐一指出原独立权利要求或者修改后的独立权利要求的技术方案与所引用对比文件公开的技术方案的区别，从而说明原独立权利要求或者修改后的独立权利要求的技术方案相对于所述对比文件的每个技术方案具备新颖性。在此部分应体现新颖性的单独对比原则。即将各项权利要求与对比文件中的每一个技术方案分别单独进行对比，即"一对一"的对比。在对比中首先要判断所述权利要求限定的技术方案与对比文件公开的技术方案是否相同，通常按照下述步骤进行对比分析：① 确认权利要求所限定的技术方案；② 将该权利要求完整的技术方案分解成各技术特征；③ 确认对比文件中一个完整技术方案明确公开和隐含公开的技术特征；④ 将权利要求所限定的技术方案的全部技术特征与该对比文件公开的全部技术特征逐一对比，一般只要独立权利要求的技术方案中包含有未被该对比文件公开的技术特征，就可得出两者的技术方案不相同。在此基础上，可认定该权利要求相对于该对比文件具备新颖性。

下面给出论述权利要求具备新颖性的参考样例。

"本发明权利要求1与对比文件1公开的……相比，该对比文件1没有公开权利要求1中特征部分的内容，即未公开'……（此处写明具体技术特征）'，因为……（此处可以进一步说明具体理由），由此可知，权利要求1的技术方案相对于对比文件1来说具备《专利法》第22条第2款规定的新颖性。

本发明权利要求1与对比文件2公开的……相比，该对比文件1没有公开权利要求1前序部分中的'……（此处写明具体技术特征）'以及特征部分中的'……（此处写明具体技术特征）'，因为……（此处可以进一步说明具体理由），由此可知，权利要求1的技术方案相对于对比文件2来说也具备《专利法》第22条第2款规定的新颖性。"

第三部分论述原独立权利要求或者修改后的独立权利要求相对于通知书中引用的多份对比文件和本技术领域的公知常识具备创造性的理由。这一部分的论述通常应当先按照《专利审查指南2010》第二部分第四章第3.2.1.1节中列出的三个步骤，❶ 论述该独立权利要求的技术方案具有突出的实质性特点，然后再进一步说明该独立权利要求的技术方案具有显著的进步，从而得出该独立权利要求相对于通知书中引用的多份对比文件和本技术领域的公知常识具备创造性的结论。

例如：

"在审查意见通知书中所引用的两份对比文件中，由于对比文件1与本申请的技术领域相同，所解决的技术问题相近，且公开本发明的技术特征最多，因此可以认为对比文件1是本发明最接

---

❶ 从通知书中引用的对比文件中确定最接近的现有技术、确定该独立权利要求相对该最接近的现有技术的区别技术特征及实际解决的技术问题、从现有技术中未给出结合启示说明该独立权利要求对于本领域技术人员来说是非显而易见的。

近的现有技术。

将权利要求 1 与对比文件 1 相比较可知,权利要求 1 与对比文件 1 的区别在于:A(此处 A 是独立权利要求 1 相对于对比文件 1 的区别技术特征)。由此可知,权利要求 1 相对于对比文件 1 实际解决的技术问题是:B(此处 B 是根据区别技术特征在本发明中所起的作用而确定的该独立权利要求 1 相对于对比文件 1 实际解决的技术问题)。

虽然对比文件 2 中披露了 A,但由对比文件 2 的说明书第×页第×行至第×行可知,A 在对比文件 2 的技术方案中所起的作用是:C(此处 C 是根据对比文件 2 中的上述记载内容所确定的 A 的作用),而由本发明专利申请说明书第×页第×行至第×行可知,A 在本发明独立权利要求 1 中为解决 B 这一技术问题所起的作用为 D(此处 D 是根据本发明说明书中的上述记载内容所确定的 A 的作用),由此可知,A 在对比文件 2 中所起的作用与其在本发明中所起的作用是不一样的,因此当本领域技术人员看到对比文件 2 时,由于 A 在这份对比文件中所起的作用与本发明完全不同,因而不可能很容易地就想到利用 A 这一技术手段来解决最接近的现有技术所存在的技术问题 B,也就是说对比文件 2 未给出应用其所披露的 A 来解决本发明技术问题的启示,因而由这两份对比文件得到权利要求 1 的技术方案对本领域的技术人员来说是非显而易见的,具有突出的实质性特点。而且,该区别技术特征也不是本技术领域解决上述技术问题的公知常识,因而对本领域的技术人员来说,权利要求 1 的技术方案相对于对比文件 1、对比文件 2 和本技术领域的公知常识也是非显而易见的,具有突出的实质性特点。

此外,权利要求 1 的技术方案相对于该两份对比文件来说,能够……(此处写明其相对于两份对比文件所带来的技术效果)……因而权利要求 1 相对于这两份对比文件具有显著的进步。

综上所述,权利要求 1 相对于这两份对比文件具备《专利法》第 22 条第 3 款规定的创造性。"

4. 结尾段

结尾段是意见陈述书正文部分的最后内容,可以简单地说明希望和要求。

例如:

"专利代理人或申请人认为,修改后的权利要求书已经完全克服了"第一次审查意见通知书"中指出的不具备新颖性和创造性的缺陷,并克服了其他一些形式缺陷,符合《专利法》《专利法实施细则》和《专利审查指南 2010》的有关规定。如果在继续审查过程中认为本申请还存在其他缺陷,敬请联系本代理人,专利代理人和申请人将尽力作出配合。

专利代理人:×××,电话:×××××××××❶"

又如:

"专利代理人或申请人希望,上述说明能够有助于澄清审查意见通知书中所提出的问题(或疑惑等)。如果审查后认为上述意见陈述存在不妥或不周之处,请给予申请人一次当面陈述意见的机会,在此提出会晤请求。

专利代理人:×××,电话:×××××××××"

三、意见陈述书的撰写示例

现结合一个案例给出一份意见陈述书的示例。该案例涉及一种旋流平焰燃烧器,"第一次审查意

---

❶ 请注意,在应试时,此处不需要写落款,或者只需写明"专利代理人"这五个字,一定不要写上姓名或虚构的姓名以及电话号码,以免被认为有作弊嫌疑而取消成绩。

见通知书"以两份对比文件为证据指出权利要求1不具备《专利法》第22条第3款规定的创造性。

该专利申请的权利要求1为：

"1. 一种旋流平焰燃烧器，包括可燃气体喷嘴（1）、吸入段（2）、混合管（3）、扩压管（4）和旋流器（6），该可燃气体喷嘴（1）伸入到该吸入段（2），从而当可燃气体从可燃气体喷嘴（1）流入到吸入段（2）时将可燃气体喷嘴（1）周围的空气吸入，其特征在于：在可燃气体喷嘴（1）中设置了一根与高压气源相连通的中心管（5）。"

该专利申请说明书中相关的内容如下：

旋流平焰燃烧器是工业炉窑及加热炉中的燃烧装置。其火焰呈盘状，直接贴在炉墙上。旋流平焰燃烧器主要由可燃气体喷嘴1、吸入段2、混合管3、扩压管4和旋流器6组成（如图Ⅱ-1所示），在可燃气体喷嘴1中有一根与高压气源相连通的中心管5。采用这种结构的旋流平焰燃烧器，对于不同种类的可燃气体均能得到比较充分的燃烧。当一种可燃气体需要较多的空气才能充分燃烧时，就让中心管内通入较多的高压空气，其与可燃气体一起在吸入口处产生负压，从而在那里抽吸更多的低压空气。相反，当使用的可燃气体为达到充分燃烧只需要较少的空气时，则减少中心管的高压空气量，从而使空气与可燃气体之比降低，甚至关闭高压空气，得到最小的空气与可燃气体的混合比。

图Ⅱ-1 本发明旋流平焰燃烧器结构示意图

对比文件1（通知书中认定的最接近的现有技术）为该发明专利申请的申请日前出版的教科书，其公开的有关内容简介如下：

该对比文件1公开的喷射式平焰烧嘴与权利要求1中的技术方案十分相近，该喷射式平焰烧嘴包括可燃气体喷嘴、吸入口、混合管、扩压管和旋流器，其与该发明的唯一不同之处是该可燃气体喷嘴是单层管，没有与高压气源相连通的中心管。该喷射式平焰烧嘴的结构如图Ⅱ-2所示。

由此可知，权利要求1与最接近的现有技术对比文件1相比的区别特征是：该可燃气体喷嘴中设置了一根与高压气源相连通的中心管，从而可以确定该权利要求1的技术方案相对于该最接近的现有技术实际解决的技术问题是提供一种对不同可燃气体都能实现充分燃烧的旋流平焰燃烧器，即该旋流平焰燃烧器适用于各种可燃气体。

图Ⅱ-2 对比文件1中公开的喷射式平焰烧嘴
1. 可燃气体喷嘴　2. 吸入口　3. 混合管
4. 扩压管　5. 旋流器

对比文件2（现有技术）公开的内容：

该对比文件2公开了一种焊炬（如图Ⅱ-3所示），该焊炬是一种可燃气体为乙炔的燃烧器，在该焊炬的可燃气体喷嘴8中也有一根与高压气源相通的中心管9。对比文件2中的焊炬是焊接用的焰炬，其可燃气体是乙炔，在可燃气体喷嘴中设置与高压气源相通的中心管是为了调节火焰长度，以适应不同焊接工艺的需

图Ⅱ-3 对比文件2中公开的焊炬结构图

要：需要细长火焰时在加大高压空气量的同时减少低压空气量；而需要短粗火焰时减小高压空气量，与此同时增加低压空气量。在这两种情况下，基本保持空气与可燃气体的混合比不变。

"第一次审查意见通知书"中的审查意见简介：

权利要求1与最接近的现有技术对比文件1的区别为"在可燃气体喷嘴中设置了一根与高压气源相连通的中心管"，而该区别特征已被对比文件2披露，因此权利要求1相对于对比文件1和对比文件2来说不具备《专利法》第22条第3款规定的创造性。

对于该案例，答复审查意见通知书的意见陈述书可采用如下方式撰写。

国家知识产权局：

对于××××年×月××日的"第一次审查意见通知书"中的审查意见，申请人进行了认真的研读，作出如下答复。

审查意见通知书中指出，权利要求1相对于对比文件1和2不具备《专利法》第22条第3款规定的创造性，申请人不同意这一观点，现对具体理由作出说明。

在审查意见通知书中所引用的两份对比文件中，由于对比文件1（申请日前出版的教科书）与本申请的技术领域相同，所解决的技术问题相近，且公开本申请的技术特征最多，因此可以认为对比文件1所披露的旋流平焰燃烧器是本发明最接近的现有技术。

将权利要求1的技术方案与对比文件1公开的喷射式平焰烧嘴（本发明的旋流平焰燃烧器）相比较可知，权利要求1所要求保护的旋流平焰燃烧器与对比文件1中的喷射式平焰烧嘴的区别在于：该可燃气体喷嘴中设置了一根与高压气源相连通的中心管，由此可知本发明实际要解决的技术问题是提供一种对不同可燃气体都能实现充分燃烧的旋流平焰燃烧器，从而该旋流平焰燃烧器适用于各种可燃气体。

对比文件2中所公开的焊炬也是一种可燃气体燃烧器，虽然其可燃气体喷嘴中具有一根与高压气源相连通的中心管，但该中心管不是用来调节可燃气体的混合比，因为该焊炬的可燃气体固定为乙炔，为取得充分燃烧其混合比是不变的。在该对比文件第×页第×行至第×行明确记载了"设置与高压气源相通的中心管是为了调节火焰长度，以适应不同焊接工艺的需要"，因此，该中心管在对比文件2中所起的作用是调节火焰长度以适应不同焊接工艺的需要。在本发明中，由原说明书第×页第×行至第×行可知，该中心管的作用是：通过加大高压空气量，其与可燃气体一起对低压空气引射，从而吸入更多空气量，这样使可燃气体与空气的混合比减少；相反，减少高压空气流量则加大可燃气体与空气混合比，而完全关闭高压空气可使其混合比达到最大，以适应不同燃料的燃烧。由此可知，该中心管在对比文件2中所起的作用与其在本发明中所起的作用是完全不同的。

通过上述分析可知，当本领域技术人员看到对比文件2时，由于该与高压气源相连通的中心管在对比文件2中所起的作用与本发明明显不同，因而不可能很容易地想到利用该与高压气源相连通的中心管来解决最接近的现有技术对比文件1所存在的技术问题，也就是说对比文件2未给出应用其所披露的"与高压气源相连通的中心管"来解决本发明技术问题的启示，因而由这两份对比文件得到权利要求1的技术方案对本领域的技术人员来说是非显而易见的，具有突出的实质性特点。而且，该区别技术特征也并非本领域中解决上述技术问题的公知常识，因而对本领域的技术人员来说，权利要求1的技术方案相对于对比文件1、对比文件2和本领域的公知常识也是非显而易见的，具有突出的实质性特点。

此外，权利要求1的技术方案相对于该两份对比文件来说，可根据可燃气体的种类改变可燃气体与空气的混合比，以使其充分燃烧，因而相对于这两份对比文件具有显著的进步。

综上所述，权利要求1相对于这两份对比文件具备《专利法》第22条第3款规定的创造性。

专利代理人或申请人希望，上述说明能够有助于澄清审查意见通知书中所提出的问题（或疑惑等）。如果审查后认为上述意见陈述存在不妥或不周之处，请给予申请人一次当面陈述意见的机会，在此申请人提出会晤请求。

专利代理人：×××，电话：××××××××"

第五节 审查意见通知书中经常涉及的实质性缺陷的处理

在审查意见通知书中最经常指出的实质性缺陷为：权利要求不具备新颖性和/或创造性；独立权利要求缺少解决技术问题的必要技术特征；说明书未充分公开发明；权利要求书未以说明书为依据；权利要求未清楚地限定要求专利保护的范围；申请文件的修改超出原说明书和权利要求书记载的范围。现针对这几类主要实质性缺陷给出答复审查意见通知书时常用的处理方式。

一、权利要求不具备新颖性和创造性

审查意见通知书中最常见的审查意见就是发明专利申请不具备新颖性和/或创造性。对这类审查意见，可以采用如下方式进行处理。

1. 由对比文件公开的时间确定这些对比文件与该发明的相关性

对于审查员在判断发明专利申请是否具备新颖性和/或创造性时所引用的对比文件，首先应当从这些对比文件公开的时间确定这些对比文件在判断该发明新颖性和创造性时的适用范围。例如，申请日之后公开的外国专利文件和非专利文件不能构成该专利申请的现有技术，不能用于判断该专利申请的新颖性和创造性；该专利申请的申请日之前申请、申请日之后公开的中国专利申请文件或专利文件作为对比文件，只能用于判断该专利申请的新颖性，不能与其他现有技术结合起来判断该专利申请的创造性。在该专利申请的优先权日与申请日之间公开的外国专利文件和非专利文件，仅仅对于不能享受优先权的那些权利要求，才构成这些权利要求的现有技术，不能用于评价能享受优先权的权利要求的新颖性和创造性。由于《专利法》第22条第2款和第3款对于适用判断新颖性和创造性的对比文件的时间界限有明确规定，如果引用的对比文件从时间界限角度考虑明显不合适，那么以此为基础进行争辩将会取得成功。

2. 判断对比文件公开内容的相关程度

对于从时间界限上适用作为新颖性和创造性判断的对比文件，则需要分析这些对比文件的领域是否与该申请案的领域相同、相近或相关，以及这些对比文件分别公开了该发明各权利要求中的哪些技术特征。对比文件公开的内容以原文使用的语言公开的信息为准，而不能以那些非正规的翻译文本的内容作为对比文件公开的内容。此外，对比文件公开的内容不仅包括明确记载在对比文件中的内容，而且包括对于所属技术领域的技术人员来说，对比文件中隐含的且可直接、毫无疑义地确定的技术内容。但是，不得随意将对比文件的内容扩大或缩小。就其中的附图而言，只有能够从附图中直接、毫无疑义地确定的技术特征才属于公开的内容，由附图中推测的内容，或者无文字说明、仅仅是从附图中测量得出的尺寸及其关系，不应当作为已公开的内容。例如，附图中公开了一个锐角，经测量后得出角度为45°，只能认定附图公开了一个锐角而不能认定附图公开了角度为45°。

3. 新颖性和创造性的判断

在新颖性判断中，需要将该专利申请独立权利要求的技术方案分别与各份对比文件公开的每个技术方案进行对比，分析判断对比文件是否确实公开了该权利要求中的全部技术特征。如果某

一对比文件公开了该权利要求中全部技术特征，即属于《专利审查指南2010》第二部分第三章第3.2节审查基准中列出的五种情况之一，则审查意见通知书中所认定的该权利要求不具备新颖性的审查意见正确；相反，只要该权利要求中的某个或某些技术特征在审查意见通知书引用的对比文件中未被披露，或者这些对比文件中任何一篇均未披露该权利要求的全部技术特征，则该权利要求相对于这些对比文件中的任何一篇都具备新颖性。

在创造性判断中，需要将审查意见通知书中所引用的多份对比文件和公知常识结合起来进行分析，以确定该技术方案是否具备创造性。首先，从审查意见通知书中引用的对比文件中确定一篇最接近的现有技术；其次，指出上述独立权利要求技术方案与该最接近的现有技术之间的区别技术特征，确定该技术方案相对于该最接近的现有技术实际解决的技术问题；在此基础上，进一步判断现有技术整体上是否给出将上述区别技术特征应用到该最接近的现有技术中来解决上述实际解决的技术问题的技术启示。如果现有技术中给出了将上述区别技术特征应用到最接近的现有技术中以解决该实际技术问题的启示，则可以认为审查意见中有关该权利要求相对于通知书中引用的对比文件是显而易见的分析正确，应当同意该权利要求不具备创造性的结论。相反，只要现有技术从整体上未给出相结合的技术启示，就说明该独立权利要求相对于通知书中引用的对比文件和公知常识是非显而易见的，因而具有突出的实质性特点；此时，进一步根据其所解决的技术问题说明其有益效果，说明该技术方案具有显著的进步；从而可以得知，由审查意见通知书中所引用的对比文件和本领域的公知常识不能否定该权利要求的创造性。

通常，在分析认为该权利要求是否具备创造性时，针对不同案件的具体情况，出现以下三种情况之一，就可以认为该权利要求的技术方案相对于通知书中引用的对比文件和本领域的公知常识是非显而易见的。

（1）区别技术特征在所引用的其他技术方案（包括最接近的对比文件中除最接近的现有技术外的其他技术方案）中均未被披露

对于最接近的对比文件中仅公开了最接近的现有技术的情况，如果其他对比文件中均未披露该区别技术特征，而且该区别技术特征也不属于本领域解决该发明要解决的技术问题的公知常识，则可以得出本领域的技术人员根据其他对比文件所公开的内容和本领域的公知常识，没有动机将区别技术特征的技术手段应用到最接近的现有技术中得到该发明专利申请的技术方案，也就是说该权利要求的技术方案相对于通知书中引用的对比文件和本领域的公知常识对本领域技术人员来说是非显而易见的。

对于最接近的对比文件中披露了多个相关技术方案并已确定其中一个为该发明最接近的现有技术的情况，如果在该最接近的对比文件中的其他技术方案以及其他对比文件均未披露该区别技术特征，且该区别技术特征也不属于本领域技术人员解决发明实际解决的技术问题的公知常识，就可以认定本领域技术人员在最接近的现有技术的基础上，没有动机将区别技术特征的技术手段应用到最接近的现有技术中得到该发明专利申请的技术方案。

（2）区别技术特征虽在其中某一份对比文件中披露，但在该对比文件中所起作用与其在该发明中为解决发明实际解决的技术问题所起的作用不同

对于区别技术特征在其中一份对比文件中披露的情况，如果根据该对比文件所记载的内容得知这些区别技术特征在其中所起的作用与这些区别技术特征在该发明中为解决实际解决的技术问题所起的作用不一样，则可以认为本领域的技术人员在阅读这份对比文件时，没有得到将该对比文件中公开的上述区别技术特征应用到最接近的现有技术以解决该技术问题的启示，即可以认为由通知书引用的对比文件（包括上述这一份对比文件）和本领域的公知常识得到该独立权利要求

的技术方案对本领域技术人员来说是非显而易见的。

(3) 区别技术特征虽在其中某一份对比文件中披露，但最接近的对比文件已给出与该发明技术方案相反的教导

对于区别技术特征在其中一份对比文件中披露的情况下，如果最接近的对比文件中已经明确写明该最接近的现有技术中不适宜于采用该区别技术特征，例如2009年全国专利代理人资格考试的试题中最接近的现有技术已写明采用气囊的颈椎乐枕头不适宜与气囊一起使用，此时就可以认为本领域技术人员在最接近的现有技术"带气囊的颈椎乐枕头"的基础上，没有动机将另一份对比文件中所公开的"带振动器的颈椎病治疗枕"中的"振动器"（相当于本发明区别技术特征的技术手段）应用到最接近的现有技术中得到该发明专利申请"头颈矫治器"的技术方案。但是，需要提请注意的是，在这种情况下仅作这样的争辩并不一定能得到成功，因为最接近的对比文件写明两者不能结合必定是有原因的，例如两者的结合困难或者两者结合会影响其各自的功能等，而该发明将两者结合起来，必定采取了一定的措施来克服其结合的困难或者消除两者的结合对其各自功能的影响，因此往往需要将已明确记载在说明书中的相应措施作为必要技术特征补入独立权利要求中。例如，在上述头颈矫治器的独立权利要求中还应补入"设置在振动器和气囊之间的隔板"这一必要技术特征。

此外，还可以根据《专利审查指南2010》第二部分第四章第5节中给出的四种不应轻易作出发明不具备创造性结论的情况，谋求可否从这四种情况之一来分析该申请的技术方案具有突出的实质性特点和显著的进步，即从该发明相对于最接近的对比文件解决了长期以来渴望解决但始终未能获得成功的技术难题，该发明克服了技术偏见，该发明取得了预料不到的技术效果以及该发明在商业上获得成功等角度来分析。

需要说明的是，通过这四种情况中任何一种而认定该发明具有突出的实质性特点和显著的进步时，首先，需要判断对现有技术作出贡献的特征是否记载在该独立权利要求的技术方案中。如果这些对现有技术作出贡献的特征仅记载在原说明书中或者仅记载在从属权利要求中，而未记载在独立权利要求中，则此时应当考虑修改权利要求书，而将这些对现有技术作出贡献的特征补入到独立权利要求中，如果只是在意见陈述书中作出争辩而又不对独立权利要求进行修改，很有可能会导致该专利申请被驳回。

其次，对于克服了技术偏见的发明或者实用新型，根据《专利审查指南2010》对《专利法》第26条第3款的说明，说明书中还应当解释为什么说该发明或者实用新型克服了技术偏见，新的技术方案与技术偏见之间的差别以及为克服技术偏见所采用的技术手段，因此如果原申请文件中没有写明上述内容，最好不要用克服技术偏见来争辩发明具备创造性。

最后，对于发明取得预料不到的技术效果的争辩方式，化学或材料领域采用得较多。如果从现有技术公开的较大宽范围中，有目的地选出现有技术中未提到的窄范围或个体，而发明同现有技术相比，其技术效果产生了"质"的变化，具有了新的性能，或产生超过人们想象的"量"的变化，则可以认定其带来预料不到的技术效果，从而认定该发明具有突出的实质性特点和显著的进步。例如，橡胶轮胎的制造，掺入炭黑的量在大幅度增加（由3%增加到30%）之后，取得的耐磨效果是预料不到的，从而可以认定这种橡胶轮胎的发明具有突出的实质性特点和显著的进步。相反，如果发明仅仅是从一些具有相同可能性的技术方案中选出一种，或者发明是在可能的、有限的范围内选择具体的尺寸、温度范围或者其他参数，而这些选择可以由本领域的技术人员通过常规手段得到，或者发明是可以从现有技术中直接推导出来的选择，则不具备创造性。因而在判断时除了需要与现有技术的状况进行对比，还要判断被选择的要素和效果之间是否存在因果关系，如果两

者之间存在因果关系，则不应判定该选择发明的技术方案能够取得预料不到的技术效果。

4. 确定是否修改专利申请文件和撰写意见陈述书

通过前面所作分析，如果认为审查意见不正确（例如前面所指出的通知书中引用的对比文件未构成现有技术）或者审查意见可以商榷（例如认为区别特征在另一份对比文件中所起的作用与其在该发明中所起的作用不一样），也就是说，该独立权利要求相对于审查意见通知书中引用的对比文件具备新颖性和创造性，或者通过争辩有可能使审查员改变观点而同意该独立权利要求具备新颖性和创造性时，则可以不修改权利要求书；但是，应当在意见陈述书中充分论述原独立权利要求相对于这些对比文件具备新颖性和创造性的理由。例如，对于要求优先权的发明专利申请，审查意见通知书中评价本专利申请创造性时所使用的对比文件并非为本专利申请的优先权日之前已公开的现有技术，只要该专利申请的优先权成立，那么该对比文件不能用于评价该发明的创造性。此时可在意见陈述书中说明该专利申请的优先权成立，因而该对比文件不能作为该发明的现有技术来否定该申请的创造性，并论述原独立权利要求相对于通知书中引用的其他几份对比文件具备新颖性和创造性的理由。

需要提请注意的是，对于通知书中指出独立权利要求及其从属权利要求不具备新颖性、创造性的情况，不应当仅在意见陈述书中论述说明书中的具体实施方式相对于现有技术具备新颖性、创造性的理由而不去修改独立权利要求。因为这样的论述仅仅能证明说明书中所描述的技术方案相对于现有技术具备新颖性和创造性，并不能证明原独立权利要求具备新颖性、创造性。如果原独立权利要求不具备新颖性或创造性，则该专利申请仍不能授予专利权，所以，此时还应当再继续分析原独立权利要求是否具备新颖性、创造性，并在此基础上确定是否需要修改权利要求书。通过分析，若认为原独立权利要求不具备新颖性或创造性，就应当修改权利要求书，撰写新的独立权利要求，使其相对于通知书引用的对比文件具备新颖性和创造性。相反，若通过分析认为原独立权利要求具备新颖性和创造性，则可以不修改权利要求书，仅在意见陈述书中论述原独立权利要求具备新颖性、创造性的理由。

通过前面所作分析，如果认为审查意见正确，如原独立权利要求不具备新颖性和/或创造性，则应当考虑修改独立权利要求。此时，应当考虑如何修改该独立权利要求，既使其消除不具备新颖性和创造性的缺陷，又使其具有足够宽的保护范围，以使该发明能得到充分的保护。在提交新修改的专利申请文件的同时，应当在意见陈述书中说明新修改的独立权利要求为何已消除通知书中所指出的不具备新颖性和/或创造性的缺陷，也就是说，论述新修改的独立权利要求相对于通知书中引用的对比文件和本领域的公知常识具备新颖性和创造性的理由。

如果通过分析，不仅认为原独立权利要求及其所有的从属权利要求不具备新颖性和/或创造性，而且说明书中也没有任何可使该发明具有突出实质性特点的内容，在这种情况下，❶通常就没有修改专利申请文件的必要，也无需向委托人建议修改申请文件，只需要向委托人转达和说明审查意见后由委托人自行决定该申请案如何处理。此时，如果委托人提出了专利申请文件的修改方案，则应当根据委托人的意见尽可能在意见陈述书中论述新修改的独立权利要求具备新颖性和创造性的理由。

二、独立权利要求缺少解决技术问题的必要技术特征

按照《专利法实施细则》第 20 条第 2 款的规定，独立权利要求应当从整体上反映发明或者

---

❶ 应试中不会出现这种情况。

实用新型的技术方案，记载解决技术问题的必要技术特征。

对于独立权利要求缺少必要技术特征这个实质性缺陷来说，首先应当弄清楚审查意见中认为哪一个或哪一些技术特征是应当写入独立权利要求的必要技术特征。在此基础上分析缺少这个或这些技术特征能否解决该专利申请说明书中所写明的该发明要解决的技术问题。如果能够解决，就可以不修改独立权利要求，并在意见陈述书中说明该发明没有这个或这些技术特征仍能解决说明书中所述的技术问题，且应当充分论述理由。

如果通过分析认定缺少这个或这些技术特征确实不能解决说明书中所述的技术问题，就要考虑该缺少的必要技术特征是不是由于原说明书将要解决的技术问题写得不恰当或需要同时解决的技术问题过多而造成的，如果是说明书的撰写缺陷导致的，则可以考虑对说明书的发明内容部分进行改写，使这一部分写明的发明要解决的技术问题与独立权利要求的技术方案相应，而将其他要解决的技术问题作为该专利申请从属权利要求技术方案进一步解决的技术问题。此时，还需要在意见陈述书中具体论述，为什么修改该申请要解决的技术问题不会导致修改超范围，而且在改写说明书要解决的技术问题后独立权利要求的技术方案就不再存在审查意见通知书中所指出的缺少必要技术特征的实质性缺陷。

如果通过分析认为，审查意见通知书中指出缺少必要技术特征的实质性缺陷是因为审查员将发明进一步解决的技术问题当作了发明要解决的问题，则可建议申请人暂缓修改独立权利要求，与此同时可进一步与审查员进行沟通。

如果通过分析确实认为独立权利要求缺少解决其技术问题的必要技术特征，则应告知委托人在修改权利要求书时需将这些技术特征补入独立权利要求中，以克服通知书中指出的该实质性缺陷，否则将有可能导致专利申请被驳回。

三、说明书未充分公开要求保护的发明主题

按照《专利法》第26条第3款的规定，说明书应当对发明或者实用新型作出清楚、完整的说明，以所属技术领域的技术人员能够实现为准。

对于说明书未充分公开发明这个实质性缺陷来说，专利代理人应当认真对待这一审查意见，因为说明书若存在这一缺陷，则该专利申请就有可能被驳回，至少其中由于未充分公开而导致不能实现的技术方案不能被授权。

对于审查意见通知书中所指出的这一类缺陷，通常应当进一步理解原说明书所描述发明专利申请的内容，确定本领域的技术人员根据原申请文件记载的内容是否能够实现该技术方案。

按照《专利审查指南2010》第二部分第二章第2.1.2节的规定，凡是所属技术领域的技术人员不能从现有技术中直接、唯一地得出的有关内容，均应当在说明书中描述。因此对于审查意见通知书所指出的应当在说明书中详细描述而未记载在说明书中的内容，应当先分析这方面的内容是否为实现该专利申请技术方案必须了解的内容，如果本领域技术人员不需要了解这方面的内容也能实现该专利申请的技术方案，则应当在意见陈述书中作出充分的说明，具体论述按照原申请文件记载的内容能够实现该专利申请技术方案的理由。相反，如果这部分内容是实现该专利申请技术方案必不可少的内容，则可以分析从该申请文件中记载的内容能否得出这方面的内容，如果从该申请文件记载的内容能推知这方面的内容，就可在意见陈述书中具体说明从原申请文件中记载的哪些内容可以推知以及如何推知这方面的内容。此外，还可以争辩这方面的内容属于本领域技术人员的公知常识，因而可以在说明书中不对其作出详细说明，但此时必须随意见陈述书附交能够证明其属于本领域技术人员公知常识的证据，例如，在申请日（有优先权的，指优先权

日）之前出版的教科书、技术手册或技术词典中已对上述内容作了明确的记载。

如果说明书中仅仅出现了用词不规范或者没有使用所属技术领域的技术术语的问题，但尚未达到使说明书不清楚以致所属领域技术人员无法实现的程度，那么专利代理人可争辩该专利申请的说明书已经充分公开了发明，只是不符合《专利法实施细则》第 17 条第 3 款有关说明书用词规范、语句清楚的规定，并进行相关修改，在修改过程中一定要注意不要出现修改超出原说明书和权利要求书记载范围的情况。

对于审查意见通知书中指出说明书不符合《专利法》第 26 条第 3 款的规定的情况，千万不能在意见陈述中表示同意该观点而采用将这部分内容补充到说明书中的做法。因为这可能会造成违反《专利法》第 33 条有关"专利申请文件的修改不得超过原说明书和权利要求书的记载范围"的规定。如果在意见陈述书中这样进行陈述，那么显然会导致该专利申请不是以说明书未充分公开发明就是以申请文件修改超范围为理由被驳回。

此外，在意见陈述书中进行创造性争辩时，不应当将该发明的技术诀窍作为该专利申请具备创造性的依据。专利保护的先决条件是要向社会公开其发明创造，以使本领域技术人员根据申请文件的记载能实施该发明。如果发明的主要构思作为一种技术诀窍未写入原申请文件，很有可能被认定为未充分公开发明，最后导致该申请不符合《专利法》第 26 条第 3 款的规定而被驳回。

四、权利要求书未以说明书为依据

按照《专利法》第 26 条第 4 款的规定，权利要求书应当以说明书为依据。

针对权利要求书未以说明书为依据的审查意见，专利代理人应当首先理解这一审查意见所要表达的准确含义。

对于审查意见认为权利要求的概括包含推测的内容，而其效果又难于预先确定和评价，从而认为权利要求没有得到说明书的支持的情况，应当确认该权利要求对该技术特征所采用的概括方式以及说明书中以多少个实施方式或实施例来支持这一个概括表述方式。

如果专利申请文件的说明书中仅给出一至两个具体实施方式，而在产品权利要求中采用功能限定的技术特征来表达，此时需要考虑现有技术中是否还有多种对本领域技术人员来说是公知的、能实现该功能的其他具体结构。若还能列举出多种现有技术中的其他具体结构，而且本专利申请的改进之处并不在于实现该功能的具体结构，而是具有该功能的技术特征与其他技术特征之间的结构关系、连接关系或相互作用关系，就可以在意见陈述书中对上述情况作出分析说明，指出所采用的限定方式符合《专利审查指南 2010》第二部分第二章第 3.2.1 节的规定："……如果所属技术领域的技术人员可以合理预测说明书给出的实施方式的所有等同替代方式或明显变型方式都具备相同的性能或用途，则应当允许专利代理人或申请人将权利要求的保护范围概括至覆盖其所有的等同替代或明显变型的方式。……"因此上述功能性限定未超出说明书公开的范围，满足《专利法》第 26 条第 4 款"权利要求书应当以说明书为依据"的要求。在答复中要明确作出解释，说明所属技术领域的技术人员在说明书给出信息的基础上，能够容易地将发明或者实用新型扩展到权利要求的保护范围，从而尽可能为委托人争取一个较宽的保护范围。若不能举出现有技术中还存在能实现同样功能的其他类似结构，或者该技术特征在该技术方案中的作用就是该发明实际要解决的技术问题，就应当告知委托人，最好对此概括作进一步限定，使其与说明书中的具体结构相适应，从而克服权利要求未以说明书为依据的实质性缺陷。

如果产品权利要求中出现功能性限定的技术特征，并且说明书中已经给出了多种能实现此功能的具体结构，此时专利代理人可在意见陈述书中说明该技术特征用结构特征限定不如用功能或效果特征来限定更为恰当，而且该功能或者效果能通过说明书中规定的实验或者操作或者所属技术领域的惯用手段直接和肯定地验证，从而说明这种功能性限定也符合《专利审查指南2010》第二部分第二章第3.2.1节的规定。但是，针对纯功能性的权利要求得不到说明书支持的审查意见，由于《专利审查指南2010》第二部分第二章第3.2.1节中有明确规定，专利代理人应当明确告知委托人，需要在权利要求中加入具体的结构，以克服权利要求未以说明书为依据的实质性缺陷。

如果审查意见认为权利要求的上位概括或并列概括所包含的一种或多种下位概念或选择方式不能解决发明或者实用新型所要解决的技术问题，并达到相同的技术效果，从而认为该权利要求没有得到说明书的支持，在审查意见中通常会给出明确不合理的下位概念或选择方式，此时争辩的可能性较小，专利代理人可以告知委托人，最好对此概括作进一步限定，使其排除明确不合理的下位概念或选择方式，从而克服权利要求未以说明书为依据的实质性缺陷。如果委托人坚持不进行修改，专利代理人可在意见陈述书中尽量阐明不合理的下位概念或选择方式属于权利要求中自然排除的情况，权利要求的技术方案中不可能包括无法实现的技术方案，以争取申请文件不被驳回。

五、权利要求书未清楚限定要求专利保护的范围

按照《专利法》第26条第4款的规定，权利要求书应当清楚地限定要求专利保护的范围。

对于权利要求书未清楚限定要求专利保护范围的审查意见，专利代理人首先应当分析审查意见所要表达的准确含义，即其认为该权利要求的何种表述方式不清楚，从而可以有针对性地进行修改。

按照《专利审查指南2010》第二部分第二章第3.2.2节的规定，权利要求书应当清楚包括两个方面：每一项权利要求应当清楚；构成权利要求书的所有权利要求作为一个整体也应当清楚。对每一项权利要求清楚来说，又包括每项权利要求的类型清楚和每项权利要求所确定的保护范围清楚。

对于因权利要求的文字表达不清楚而导致的该项权利要求的保护范围不清楚的情况，在修改权利要求和陈述意见时要特别谨慎，因为有时候对权利要求不清楚的修改可能会影响权利要求的保护范围。此外，针对这一缺陷进行修改时，需要特别注意不要出现修改超出原说明书和权利要求书记载范围的情况，以免违反《专利法》第33条的规定。对于这种情况，若有可能最好与审查员进行电话会晤，详细、具体地商讨在文字上如何修改以克服此缺陷。如果审查员给出的建议有误或者审查意见中存在对技术不理解的情况，专利代理人不可贸然随意修改权利要求的文字表述，而应与委托人仔细研究，根据说明书记载的内容对权利要求作出正确、明确的限定，以确定权利要求的保护范围。此外，如果一项权利要求限定了多个范围，且多个范围之间有包含关系，通常会被认为不清楚，此时专利代理人可以对进一步限定的内容给出进一步的从属权利要求，以避免委托人的权利损失。

六、专利申请文件的修改超出原说明书和权利要求书记载的范围

按照《专利法》第33条的规定，对发明和实用新型专利申请文件的修改不得超出原说明书和权利要求书记载的范围。

对于专利申请文件修改超范围这个实质性缺陷来说，应当从整个原说明书和权利要求书中所记载的内容来分析，看审查意见通知书中认定为超范围的内容是不是在原说明书和权利要求书中记载的内容的基础上可以直接地、毫无疑义地确定的内容。如果按照原申请文件的记载不能直

接、毫无疑义地确定这些内容，则应当按照通知书的要求，删去或修改上述内容，克服修改超范围的缺陷，以免专利申请被驳回。如果根据原申请文件的记载能直接地、毫无疑义地确定这些内容，则应当针对性地进行争辩，说明这些内容虽然未直接记载在原说明书和权利要求书中，但从原申请文件中所记载的哪些内容能直接地、毫无疑义地确定出来，并在意见陈述书中作出具体说明，必要时可以采用电话讨论或会晤的方式与审查员直接交换意见。

下面针对经常会被认为修改超范围的一些情况，说明如何避免出现这一缺陷以及如何进行争辩。

（1）补充技术效果或发明所要解决的技术问题

如果在修改专利申请文件时，将没有明确文字记载在原说明书和权利要求书中的技术效果或发明所要解决的技术问题补入说明书，就应当在意见陈述书中重点说明，为什么根据申请文件记载的发明的原理、作用或功能可以直接预期到这种效果或所要解决的技术问题，正由于此，所补入的技术效果和所要解决的技术问题可以由本领域技术人员从原说明书和权利要求书记载的技术方案中直接地、毫无疑义地确定出来。

（2）基于附图信息的修改

如果在修改专利申请文件时，将附图中公开的内容补入权利要求或说明书中，就应当在意见陈述书中重点说明：该申请附图中某个部件的图示具有所属技术领域通常的含义，且其功能与原说明书和权利要求书记载的技术方案相符合，而且说明书没有对其作出有别于该通常含义的说明；或者从原说明书附图中可以直接地、毫无疑义地确定这些补入的内容，且所补入的内容与原记载的技术方案相符合。

（3）改正申请文件中的明显错误

如果在修改专利申请文件时改正原说明书或权利要求书中的语法错误、文字错误、打印错误以及某些相互矛盾之处，就应当在意见陈述书中重点说明，所属技术领域技术人员根据原申请文件和所属领域技术人员知晓的普通技术知识能够立即发现其错误并能立即知道如何改正。

值得注意的是，除进入国家阶段的国际申请的原始提交的外文文本外，申请人向专利局提交的申请文件的外文文本和优先权文件的内容，不能作为判断申请文件的修改是否符合《专利法》第33条规定的依据。所以，在意见陈述书中千万不要以申请文件的外文文本和优先权文本的内容作为专利申请文件修改没有超范围的依据。

第六节 答复审查意见通知书的案例

本节根据1994年全国专利代理人资格考试"专利申请文件的撰写"科目机械专业有关答复审查意见通知书的试题、2008年全国专利代理人资格考试"专利代理实务"科目试题以及2014年全国专利代理人资格考试"专利代理实务"科目有关答复审查意见通知书的试题，提供了三个经改编的答复审查意见通知书的案例，供应试者参考。

一、【案例1】用于金属熔液容罐的浇注阀门及该阀门定子和转子的材料❶

（一）申请案情况介绍

本案例涉及一项名称为"用于金属熔液容罐的浇注阀门及该阀门定子和转子的材料"的发明

---

❶ 此案例根据1994年全国专利代理人资格考试"专利申请文件的撰写"科目机械专业有关答复审查意见通知书的试题改编而成。

专利申请，申请日为 2010 年 5 月 12 日，优先权日为 2009 年 5 月 14 日。提出专利申请后，未对专利申请文件进行过主动修改，国家知识产权局针对其原始专利申请文件发出"第一次审查意见通知书"，要求考生针对"第一次审查意见通知书"作出答复：撰写意见陈述书，必要时对专利申请文件进行修改。

1. **该申请原始提交的专利申请文件**

下面给出申请人在申请日提交的原始专利申请文件：权利要求书、说明书及其摘要。

权 利 要 求 书

1. 一种用于金属熔液容罐的浇注阀门，其特征在于：包括一个耐火的定子（3）和一个可在该定子（3）中与之相对旋转的耐火转子（13），该定子（3）的内表面（4）与该转子（13）的外表面（14）液密封配合，该定子（3）具有至少一个金属熔液流入口（7）和至少一个金属熔液流出口（9），该转子（13）具有当其旋转时可选择地使定子（3）上的流入口（7）和流出口（9）相接通或相断开的连接通道。

2. 按照权利要求1所述的浇注阀门，其特征在于：所述连接通道是在转子（13）上沿其外圆周表面伸展的凹口（15）。

3. 按照权利要求1或2所述的浇注阀门，其特征在于：所述凹口（15）在垂直于转子（13）轴线的横截面上呈镰刀形。

4. 按照权利要求1或2所述的浇注阀门，其特征在于：所述凹口（15）在垂直于转子（13）轴线的横截面上呈弓形。

5. 按照权利要求2至4中任一项所述的浇注阀门，其特征在于：所述定子（3）上的金属熔液流入口（7）和流出口（9）分别为多个沿定子（3）长度方向并列设置在其上的开口，在所述转子（13）上的凹口（15）数量与上述流入口（7）和流出口（9）数量相同，且沿该转子（13）长度方向并列设置。

6. 一种制造权利要求1所述浇注阀门之定子和转子的材料，其特征在于：该材料为陶瓷材料。

说 明 书

用于金属熔液容罐的浇注阀门及该阀门定子和转子的材料

技术领域

[0001] 本发明涉及一种用作金属熔液容罐的浇注阀门,其安装在该金属熔液容罐的浇注口处,用于控制金属熔液容罐中的金属熔液的流出。本发明还涉及制造该阀门定子和转子的材料。

背景技术

[0002] 现有的金属熔液容罐的浇注口大多采用塞棒控制系统,例如《铸造》杂志2002年第2期"对金属熔液浇注量的控制"一文中就介绍了这种塞棒控制系统。它利用塞棒的塞头来控制浇注口的开启和闭锁,即塞头在容罐充有金属熔液的非浇注状态下堵住浇注口,浇注时向上提起塞棒,使塞头离开浇注口,并且依靠塞头与浇注口之间距离的变化来调节浇注金属熔液注流的大小。这种方法的缺点是塞头的移动难以掌握,不能精确控制金属熔液注流的大小,且塞头易于脱落,使浇注不能顺利进行。

发明内容

[0003] 本发明要解决的技术问题是针对上述现有技术存在的缺陷提供一种可以精确控制金属熔液注流大小、结构牢靠、便于操作的金属熔液容罐的浇注阀门以及适用于制造该阀门的材料。

[0004] 为解决上述技术问题,本发明采用一种用作金属熔液容罐的旋转式浇注阀门,即该浇注阀门包括一个耐火的定子和一个可在该定子中与之相对旋转的耐火转子,该定子的内表面与该转子的外表面液密封配合,该定子具有至少一个金属熔液流入口和至少一个金属熔液流出口,该转子具有当其旋转时可选择地使定子上的流入口和流出口相接通或相断开的连接通道。

[0005] 上述旋转浇注阀门可安装在金属熔液容罐的底部而构成浇注口,其中定子的流入口通向容罐内腔,阀门的转子借助较小的驱动力就可在定子中转动,当转子的连接通道沟通定子的金属熔液流入口和流出口时,使金属熔液从容罐中流出,实施浇注作业。通过转动转子,可以方便地控制浇注口开启的程度,精确控制金属熔液的浇注流量。此外,采用这种结构的浇注阀门在使用状态下仅受较小的外力,不易损坏,从而工作可靠。

[0006] 作为本发明的一种改进,可以将转子上的连接通道设计成沿其外圆周表面伸展的凹口,例如其在垂直于转子轴线的横截面上呈镰刀形或弓形,从而可提高转子的抗扭强度。

[0007] 作为本发明的一种改进,优选定子上的金属熔液流入口和流出口分别为多个沿定子长度方向并列设置在其上的开口,在转子上的凹口数量与定子上的流入口和流出口数量相同,且沿该转子长度方向并列设置,采用这样的结构可以使金属熔液沿轴向更均匀地从金属熔液容罐流入到铸模中。

[0008] 作为解决上述技术问题的本发明浇注阀门来说,采用陶瓷材料作为其定子和转子的材料是十分合适的。

附图说明

[0009] 下面结合附图对本发明的具体实施方式作进一步说明：

图1是本发明用于金属熔液容罐的浇注阀门第一种实施方式的横向剖面图；

图2是图1所示浇注阀门的垂直纵剖面图；

图3是本发明用于金属熔液容罐的浇注阀门另一种实施方式的横向剖面图。

具体实施方式

[0010] 由图1至图3所示本发明的实施方式可知，金属熔液容罐具有底部1和侧壁2，在底部1中装有由耐火材料制成的定子3，它有一个圆柱形内表面4。定子3的长度远远大于它的直径，沿容罐的整个底部伸展。

[0011] 定子3固定安装在容罐的底部1上，其具有向容罐腔6敞开的流入口7，在图2所示容罐底部之阀门的局部剖视图中，沿定子3长度延伸方向设置的流入口7为多个并列的槽形透孔，在两个槽形透孔之间具有隔段8。当然，也可以仅在定子3的整个长度上设置一个大的流入口7。

[0012] 在定子3的内圆周面上具有一个流出口9，流出口9与定子3伸出容罐底部1的流出孔道10相通。该流出口也可以为多个。

[0013] 在定子3中可旋转地装有一个由耐火材料制成的转子13，其旋转轴与定子3的圆柱形内表面4的轴线5同心。转子13有一个圆柱形外表面14，该外表面14与上述定子3的圆柱形内表面3相配合，该配合程度应达到液密封，使金属熔液不致从两表面之间漏出。

[0014] 转子13在其外圆周上至少有一个作为连接通道的凹口15，沿转子13的圆周方向延伸，在图1所示的阀门开启位置时，转子13相对于定子3的相位使凹口15位于流入口7和流出口9之间，连通流入口7和流出口9；而在阀门处于关闭位置时的其他相位，凹口15不能沟通金属熔液的流入口7和流出口9。

[0015] 在图2表示本发明定子和转子结构的剖视图中，转子13上有多个并列的凹口15，在凹口15之间有隔段16，此隔段16与流入口7之间的隔段8相对应。当然，也可以仅在转子13的长度方向上设置一个大的凹口15。

[0016] 在沿垂直于转子13和定子3轴线5剖开的阀门横向剖视图1中，凹口15呈镰刀形。在阀门开启状态，凹口15在流入口7和流出口9之间伸展。凹口15也可以为弓形，如表示本发明另一种实施方式的图3所示。当然，凹口15也可以是其他合适的形状。在图1至图3所示的实施方式中，凹口15与转子13的轴线5隔开一定距离，即这种由凹口形成的连接通道偏离转子轴线，从而可使转子不致因其上开设凹口而显著地降低其抗扭强度。

[0017] 定子3和转子13穿过容罐的底部1或相对的两壁2伸向外部，一个控制本发明旋转阀门启闭的驱动装置连接在转子13伸出的外端。

[0018] 对于本发明来说，必须采用耐火材料来制造阀门，以保证其有足够的寿命，否则难以很好地用于工业生产。研究证明，对于本发明各种结构的用于金属熔液的浇注阀门而言，选用陶瓷材料来制造阀门是十分合适的。

[0019] 除了图1至图3所示结构外，本发明的阀门还可以具有其他结构变型，这些变型仍落入本发明的保护范围。例如，转子上的连接通道可以是沿转子径向的直通透孔或者是通过转子轴线的折弯透孔，也可以是偏离转子轴线的直透孔，从较小降低转子抗扭强度出发，后者更为可取。此外，定子的内表面和转子的外表面也可以是锥形。

说 明 书 附 图

图 1

图 2

图 3

说 明 书 摘 要

本发明涉及一种用于金属熔液容罐的浇注阀门及该阀门定子和转子的材料。为了精确控制金属熔液注流大小、结构牢靠和便于操作,本发明的浇注阀门包括一个耐火的定子(3)和一个可在该定子(3)中与之相对旋转的耐火转子(13),该定子(3)的内表面(4)与该转子(13)的外表面(14)液密封配合,该定子(3)具有至少一个金属熔液流入口(7)和至少一个金属熔液流出口(9),该转子(13)具有当其旋转时可选择地使定子(3)上的流入口(7)和流出口(9)相接通或相断开的连接通道。

(图1为摘要附图,略)

2. 审查意见要点简介

"第一次审查意见通知书"中仅引用了一份对比文件，美国专利说明书US××××××××A（以下简称"对比文件1"），其公开日为2005年4月5日。审查意见通知书正文中的审查意见归纳如下：

(1) 对比文件1披露了权利要求1的全部技术特征，因而权利要求1相对于对比文件1不具备新颖性；

(2) 权利要求2~4与对比文件1相比，仅仅是转子连接通道形状的简单变换，因而权利要求2~4相对于对比文件1和本领域的公知常识不具备创造性；

(3) 权利要求3和4中作进一步限定的技术特征在其引用的权利要求中未出现过，因而权利要求3和4未清楚地限定要求专利保护的范围；❶

(4) 权利要求6与权利要求1之间不符合有关单一性的规定。

3. 审查意见通知书中所引用的对比文件内容简介

对比文件1美国专利说明书US××××××××A中披露了一种安装在金属熔液容器排出口处的阀门，其结构如该对比文件中的图D-1至图D-4所示。该阀门由彼此同轴安装在一起的定子与转子组成，定子上设有金属熔液的流入口和流出口，转子上开有通过其轴线的连接通道，其可以是通过该转子轴线的直通道，也可以是通过转子轴线的折弯通道。定子与转子彼此以圆柱形液密封工作面为界，转子可绕其纵轴线相对于定子转动。在图D-1至图D-4所示的阀门开启位置时，连接通道沟通了定子上的流入口和流出口，对金属熔液进行浇注；而在阀门关闭位置时，转子封住定子的流入口和/或流出口。

图D-1

图D-2

图D-3

图D-4

---

❶ 在本案例中，审查意见通知书指出了权利要求3和权利要求4引用关系不当而导致这两项从属权利要求未清楚限定要求专利保护范围的缺陷，但在应试中，对于这样一类由引用关系不当而造成的明显实质性缺陷，很有可能在审查意见通知书中不指出这一类缺陷，而让考生自行发现这些明显实质性缺陷。

(二) 审查意见通知书的答复思路

对于"专利代理实务"科目中涉及答复审查意见通知书部分的应试，考生应当按照以下思路来答复审查意见通知书：了解试题中所给出专利申请文件的内容；全面、准确地理解和分析审查意见通知书，包括其引用的对比文件，根据分析结果对专利申请前景作出判断以确定应对策略；此后根据应对策略确定如何修改专利申请文件，尤其是如何修改权利要求书；最后以修改的专利申请文件为依据撰写意见陈述书。

1. 对专利申请文件的分析

从对该申请案的情况介绍可知，该申请案的优先权日早于2009年10月1日，因此按照《施行修改后的专利法的过渡办法》和《施行修改后的专利法实施细则的过渡办法》的规定，该专利申请的审查适用于第三次修改前的《专利法》《专利法实施细则》和《审查指南2006》。❶

从该申请的权利要求书和说明书记载的内容可知，该发明专利申请要求保护两个主题：用于金属熔液容罐的浇注阀门；该阀门定子和转子的材料。

权利要求1~5要求保护一种用于金属熔液容罐的浇注阀门。在权利要求1的技术方案中，采用一种旋转式浇注阀门来代替现有技术中的柱塞式浇注阀门，从而可以精确控制金属熔液注流大小、结构牢靠和便于操作。权利要求2~4是权利要求1的优选方案，对该旋转式浇注阀门的连接通道的形状作出进一步限定，这种连接通道能带来两方面的优点：其一是加工方便，其二是提高转子的抗扭强度。在说明书中针对权利要求3和权利要求4这两个技术方案相应给出了两个实施方式，此外在说明书的最后一段中还给出具有三种不同结构连接通道（通过转子轴线的直通透孔、通过转子轴线的折弯透孔和偏离转子轴线的直透孔）的旋转式阀门。权利要求5从另一个角度对权利要求2~4中任一项权利要求的技术方案作进一步限定，其附加技术特征是"定子上的金属熔液流入口和流出口分别为多个沿定子长度方向并列设置在其上的开口，在转子上的凹口数量与定子上的流入口和流出口数量相同，且沿该转子长度方向并列设置"，从而可以使金属熔液沿轴向更均匀地从金属熔液容罐流入到铸模中。

权利要求6要求保护该阀门的定子和转子的材料。但是，由说明书记载的内容看，并不是发明了一种新的可以用作定子和转子的材料，实际上是选用现有技术中已有的陶瓷材料来制作该阀门中的定子和转子，因此其实质上要求保护的仍然是一种用于金属熔液容罐的浇注阀门，只是对该阀门中定子和转子材料进行优选。

此外，从应试角度考虑，在阅读专利申请文件时还应当注意其在撰写上存在哪些形式缺陷❷，以便修改专利申请文件时一并加以消除。通过对申请文件的形式缺陷分析可知，权利要求5是一项多项从属权利要求，在其引用部分引用了另一项多项从属权利要求3和4，不符合《专利法实施细则》第22条第2款有关多项从属权利要求不得作为另一项多项从属权利要求基础的

---

❶ 尽管该申请案的授权标准适用于第三次修改前的《专利法》《专利法实施细则》和《审查指南2006》，但由于具体案件不涉及申请日前国外的公开使用或者以其他方式公开的情况，也不涉及优先权日前申请、申请日后公开的中国专利申请文件的内容，因此就适用修改前的《专利法》还是修改后的《专利法》来说，对该申请案的分析结果以及随后的处理没有影响。

❷ 在平时的专利代理实务中，对于有授权前景的专利申请案，审查意见通知书中通常会同时指出申请文件存在的形式缺陷，因而一般只需针对审查意见通知书中指出的形式缺陷进行修改并加以克服即可，而不必自行分析专利申请文件存在哪些形式缺陷。但作为应试来说，审查意见通知书中多半不会具体指出申请文件所存在的形式缺陷（包括前面第342页脚注所说明的让考生自行发现的明显实质性缺陷），而由考生自行确定申请文件所存在的缺陷，并在修改申请文件时将这些缺陷消除。

规定。

2. 对审查意见通知书及其所附对比文件的分析

对审查意见通知书进行具体分析时，通常可以按下述三步进行：明确审查意见通知书的总体倾向性意见；分析审查意见通知书中所引用的对比文件与本专利申请的相关性；在此基础上分析审查意见是否正确。下面结合审查意见通知书中所涉及的实质性缺陷进行具体分析。

（1）明确审查意见通知书对申请文件的总体倾向性意见❶

在该"第一次审查意见通知书"中，指出了权利要求1不具备新颖性，权利要求2~4不具备创造性，权利要求3和4未清楚地限定发明，权利要求6与权利要求1之间不符合单一性的要求。显然，该通知书未指出权利要求5所存在的实质性缺陷，这就是说，如果将权利要求5修改成独立权利要求有可能取得专利权。鉴于审查意见通知书中指出了权利要求1~4以及权利要求6的实质性缺陷，将会根据专利申请文件的修改是否消除这些实质性缺陷或者意见陈述书中是否有足够理由说明上述权利要求不存在这些实质性缺陷来确定是否授予专利权，因而该审查意见通知书的总体倾向性意见属于前面所指出的第三类审查意见："不定性结论意见"。

（2）确定对比文件1与该申请的相关性

在对审查意见通知书中的审查意见进行分析时，对于引用证据的审查意见，需要先确认对比文件与本专利申请的相关性。由于对比文件1美国专利说明书US××××××××A的公开日在该申请的优先权日之前，构成了本专利申请的现有技术，可以作为评价本专利申请新颖性和创造性的对比文件。此外，该对比文件1披露的也是金属熔液容器排出口处的旋转式阀门，其结构与该申请要求保护的主题有不少共同的技术特征，即该对比文件1与本专利申请密切相关，因此审查意见通知书中用其来作为有可能影响该专利申请新颖性和创造性的现有技术是合适的。

（3）对审查意见通知书中有关新颖性和创造性审查意见的分析

首先，将权利要求1的技术方案与对比文件1中公开的用于金属熔液容器的浇注阀门进行对比分析。两者属于相同的技术领域；由于对比文件1已经公开了权利要求1技术方案的所有技术特征，则可以认定两者的技术方案相同；而且，本领域的技术人员根据两者的技术方案可以确定两者解决相同的技术问题，并具有相同的技术效果，由此可知两者是相同的发明，因此，审查意见通知书中有关权利要求1相对于对比文件1不具备新颖性的审查意见正确，需要通过修改权利要求1来克服这一实质性缺陷。

接着，分析审查意见通知书中的第二个审查意见：权利要求2~4与对比文件1相比，仅仅是转子中连接通道形状的简单变换，因而权利要求2~4相对于对比文件1和本领域的公知常识不具备创造性。对比文件1披露的旋转式阀门中，其转子上的连接通道为通过转子轴线的直通透孔或者通过转子轴线的折弯透孔；权利要求2的连接通道的形状为沿着转子外圆周表面伸展的凹口，由说明书第[0016]段记载的内容可知，这种由沿着转子外圆周表面伸展的凹口形成的连接通道偏离转子轴线，从而可使转子不致因其上开设凹口而显著地降低其抗扭强度。由此可知，该专利申请权利要求2技术方案中的沿转子外圆周表面伸展的凹口这种连接通道与对比文件1中通

---

❶ 在平时的专利代理实务中，在阅读审查意见通知书时需要判断该审查意见通知书对该专利申请的总体倾向性意见，以便作为确定应对策略的依据之一。但在应试中通常无需作这一分析，因为多半属于前面所述不定型的情况，即仍有授权前景但又需要修改申请文件，通常将根据修改后的文件是否消除审查意见通知书中指出的实质性缺陷来确定是否授予专利权。

过转子轴线的直通透孔或者通过转子轴线的折弯透孔相比，能带来提高转子抗扭强度的技术效果。由此可知，该专利申请权利要求2的技术方案与对比文件1中的旋转阀门相比，能带来更好的技术效果，不应当将两者的区别看作连接通道形状的简单变换。同样，对权利要求3和权利要求4来说，这两项权利要求的技术方案与对比文件1相比，也不能看作连接通道形状的简单变换。因此，审查意见通知书中有关权利要求2~4的技术方案相对于对比文件1和本领域的公知常识不具备创造性的审查意见可以商榷，在答复审查意见通知书时可以将此作为争辩该专利申请具备创造性的突破口。

（4）对审查意见通知书中有关权利要求未清楚限定要求专利保护范围的审查意见的分析

显然，审查意见通知书中认为权利要求3和权利要求4未清楚地限定要求专利保护范围的审查意见是正确的，因为权利要求3和权利要求4在限定部分作进一步限定的技术特征"凹口"在其引用的权利要求1中未曾出现，仅仅在其引用的权利要求2中出现，由此可知，这两项从属权利要求均只能引用权利要求2，不能引用权利要求1，因此在修改权利要求书时应当同时消除这一实质性缺陷。

（5）对审查意见通知书中有关两项独立权利要求之间不具有单一性的审查意见的分析

通过上述分析得知，原权利要求1不具备新颖性，因此其相对于现有技术不具有特定技术特征；即使将权利要求2限定部分的技术特征加入到独立权利要求1中，其相对于现有技术具备新颖性和创造性的特定技术特征为"该转子上的连接通道为沿着其外圆周表面伸展的凹口"，而权利要求6中并不包含与这一技术特征相同或相应的技术特征，由此可知，权利要求6与权利要求1或者权利要求2之间没有任何相同或相应的特定技术特征，在技术上并不相互关联，不属于一个总的发明构思，因此审查意见通知书中认定这两项发明之间不具有单一性的审查意见正确，应当对申请文件作出修改。

3. 根据对审查意见的分析确定应对策略，修改权利要求书和说明书

由于该申请的审查意见通知书中仅涉及权利要求书存在的实质性缺陷，而未涉及说明书存在的实质性缺陷，因此在确定应对策略、修改专利申请文件时，首先应当根据分析结果针对该申请案的权利要求书确定应对策略以及确定如何修改权利要求书，在此基础上再对说明书作出适应性修改。

（1）对权利要求书修改的总体考虑

通过前面所作分析可知，审查意见通知书中有关权利要求1不具备新颖性的审查意见正确，因此应当修改权利要求1以使其相对于对比文件1具备新颖性；但考虑到还应当使修改后的独立权利要求符合授权条件，即还应当使修改后的独立权利要求1相对于对比文件1和本领域的公知常识具备创造性。

至于审查意见通知书中有关权利要求2~4不具备创造性的审查意见，正如前面分析时所指出的，该审查意见可以与审查员商榷，因此可考虑将权利要求2限定部分的技术特征补入到修改后的独立权利要求1中，使修改后的独立权利要求1相对于对比文件1和本领域的公知常识具备创造性，即将这种修改方式作为对独立权利要求1进行修改的一种备选方式。

前面已经指出，审查意见通知书中认为权利要求3和权利要求4未清楚地限定要求专利保护范围的审查意见正确，因此在修改权利要求书时，应当消除这两项从属权利要求所存在的这一实质性缺陷。

审查意见通知书中有关权利要求6与权利要求1之间不具有单一性的审查意见是正确的，因此，在修改权利要求书时，应当删去独立权利要求6；但是考虑到前面理解专利申请文件中权利要求6的技术方案时所指出的，该权利要求6实质上要求保护的仍然是用于金属熔液容罐的浇注阀门，只是对该阀门中定子和转子材料进行优选，因而可以考虑将其修改为独立权利要求1的从属权利要求。

(2) 对独立权利要求的修改

鉴于审查意见通知书中并未指出从属权利要求5的实质性缺陷，这就暗示着国家知识产权局认可了从属权利要求5的授权前景，但由于从属权利要求5引用了权利要求2~4中的任一项，即其是从属权利要求2、3或4的从属权利要求，由此可知，如果在修改权利要求书时将权利要求5直接改写成独立权利要求1，则其保护范围要小于前面所给出的独立权利要求修改的备选方式——将权利要求2改写为独立权利要求，因此，从尽可能为委托人争取更宽的合适保护范围考虑，不应当采用将权利要求5直接改写为修改后的独立权利要求1的修改方式。

需要说明的是，在修改独立权利要求1时，除了将权利要求2中限定部分中的技术特征补入到独立权利要求1中外，还存在下述两种可供选择的修改方式：其一，将权利要求5中限定部分的技术特征稍作修改（将其中的"凹口"改为"连接通道"）直接加入到独立权利要求1中；其二，对独立权利要求1中的浇注阀门，以转子和定子的材料为陶瓷材料作为区别技术特征来撰写修改后的独立权利要求。但是，对于前一种修改方式，从原说明书和权利要求书记载的内容可知，申请人将"精确控制金属注流大小"作为其要解决的技术问题，对连接通道形状的选择作为比较重要的改进，而"使金属熔液沿轴向更均匀地从金属熔液容罐流入到铸模中"是在优选的连接通道的基础上作出的进一步改进，在修改权利要求书时，通常应当尊重申请人原有的优先选择，除非这一优先选择相对于现有技术明显不具备新颖性或创造性，因此修改独立权利要求时不宜采用将权利要求5中限定部分的技术特征直接加入到独立权利要求1的修改方式。至于第二种修改方式，由于陶瓷材料作为耐火材料是本领域的一种常规选择，因而以此作为修改后的独立权利要求1的区别技术特征，难以有足够的理由说明修改后的独立权利要求1具备创造性，因此也不应当以此作为争辩该专利申请具备创造性的突破口。

通过上述分析，初步确定可以将"权利要求2中的附加技术特征'连接通道为沿转子外圆周表面伸展的凹口'与对比文件1中'通过转子轴线的直通透孔或折弯透孔'相比不是通道形状的简单变换"作为争辩该专利申请具备创造性的突破口。但是，在认真研究说明书中的所有实施方式之后，得知说明书最后一段（即第［0019］段）还包括一种连接通道为偏离转子轴线的直透孔的实施方式，在这一段中也明确指出这种偏离转子轴线的直透孔与对比文件1中的通过转子轴线的直通透孔或折弯透孔相比能提高转子的抗扭强度，因此若将权利要求2中的技术特征"连接通道为沿转子外圆周表面伸展的凹口"加入到独立权利要求1后，就将"连接通道为偏离转子轴线的直透孔"的实施方式排除在授权的保护范围之外。因此，从更充分地保护申请人的权益出发，应当对"沿转子外圆周表面伸展的凹口"和"偏离转子轴线的直透孔"这两种连接通道采用概括表述的方式。正如前面分析时所指出的，由说明书第［0016］段记载的内容可知，这种由沿着转子外圆周表面伸展的凹口形成的连接通道偏离转子轴线，从而可使转子不致因其上开设凹口而显著地降低其抗扭强度。因此对这两种连接通道可以采用"连接通道偏离转子轴线"的概括表述方式。由于"偏离转子轴线"的文字表述方式在说明书第［0016］段和第［0019］段中有相应的记载，而且其相应的技术效果也有记载，因此，对连接通道采用这种概括方式不存在修改超出原说明书记载范围的问题❶。

最后，修改成的独立权利要求 1 为：

"1. 一种用于金属熔液容罐的浇注阀门，包括一个耐火的定子（3）和一个可在该定子（3）中与之相对旋转的耐火转子（13），该定子（3）的内表面（4）与该转子（13）的外表面（14）液密封配合，该定子（3）具有至少一个金属熔液流入口（7）和至少一个金属熔液流出口（9），该转子（13）具有当其旋转时可选择地使定子（3）上的流入口（7）和流出口（9）相接通或相断开的连接通道，其特征在于：所述连接通道偏离转子（13）的轴线。"

（3）对从属权利要求的修改

在完成独立权利要求的修改后，就应当着手从属权利要求的修改。

首先，保留原从属权利要求 2，将其作为新修改的独立权利要求 1 的从属权利要求。

其次，对从属权利要求 3 和权利要求 4 的引用部分作出修改，使其仅引用权利要求 2，从而该两项从属权利要求在限定部分作出进一步限定的技术特征"凹口"均已包含在修改后的权利要求 2 的技术方案中，消除了原权利要求 3 和权利要求 4 未清楚限定要求专利保护范围的缺陷，符合《专利法》第 26 条第 4 款的规定。

正如前面阅读理解申请文件时所指出的，原权利要求 5 不符合《专利法实施细则》第 22 条第 2 款的规定，因为多项从属权利要求 5 引用了在前的多项从属权利要求 3 和多项从属权利要求 4。但是，当对权利要求 3 和权利要求 4 进行了修改后，这两项从属权利要求均只引用了一项在前的从属权利要求 2，即权利要求 3 和权利要求 4 本身不再是多项从属权利要求，因此无需再对从属权利要求 5 的引用部分进行修改，就已消除了原权利要求 5 所存在的多项从属权利要求引用另一项多项从属权利要求的缺陷。

正如前面分析时所指出的，原独立权利要求 6 实质上应当是一项从属权利要求，故将其改写成一项以"转子和定子的材料为陶瓷材料"为附加技术特征的从属权利要求。由于修改后的权利要求 5 是一项多项从属权利要求，为避免出现类似于原权利要求 5 出现的多项从属权利要求引用另一项多项从属权利要求的形式缺陷，因此修改后的从属权利要求 6 仅引用权利要求 1~4 中的任一项权利要求，而未引用原权利要求 5。

修改后的权利要求 2 至 6 为：

"2. 按照权利要求 1 所述的浇注阀门，其特征在于：所述连接通道是在转子（13）上沿其外圆周表面伸展的凹口（15）。

3. 按照权利要求 2 所述的浇注阀门，其特征在于：所述凹口（15）在垂直于转子（13）轴线的横截面上呈镰刀形。

4. 按照权利要求 2 所述的浇注阀门，其特征在于：所述凹口（15）在垂直于转子（13）轴线的横截面上呈弓形。

5. 按照权利要求 2 至 4 中任一项所述的浇注阀门，其特征在于：所述定子（3）上的金属熔液流入口（7）和流出口（9）分别为多个沿定子（3）长度方向并列设置在其上的开口，在所述转子（13）上的凹口（15）数量与上述流入口（7）和流出口（9）数量相同，且沿该转子（13）长度方向并列设置。

---

❶ 需要提请读者注意的是，对于该申请案而言，由于原申请文件中已清楚地记载了这种概括表述方式，因而所作修改符合《专利法》第 33 条的规定，如果这种概括的表述方式未清楚地记载在原说明书和权利要求书中，将会导致修改超出原说明书和权利要求书记载的范围，则这样的修改是不允许的。

6. 按照权利要求 1 至 4 中任一项所述的浇注阀门，其特征在于：所述定子（3）和所述转子（13）的材料为陶瓷材料。"

（4）对说明书的适应性修改

在对权利要求书作出修改后，应当对说明书作出适应性修改。

就本案例而言，说明书的适应性修改应当包括如下几个方面。

发明名称：由于删除了原独立权利要求 6，因此发明名称中应当删除反映原独立权利要求 6 技术方案主题名称的内容，即发明名称改为"用于金属熔液容罐的浇注阀门"。

技术领域部分：由于删除了原独立权利要求 6，因此技术领域中也应当将反映原独立权利要求 6 技术方案的内容删去，即删除说明书第［0001］段的最后一句，即删除"本发明还涉及制造该阀门定子和转子的材料"。

背景技术部分：将审查意见通知书中引用的对比文件美国专利说明书 US××××××××A 的有关内容补充到这一部分。

发明内容部分：其中要解决的技术问题要作两方面的修改，一方面删去与原独立权利要求 6 相关的要解决的技术问题（涉及阀门材料的内容），另一方面将"精确控制金属熔液"改为"在精确控制金属熔液的同时进一步提高转子抗扭强度"；技术方案中应当将独立权利要求中的区别特征"连接通道偏离转子轴线"补充进去；同样，对有益效果的内容，应当相应于修改后的独立权利要求的技术方案修改为"提高转子的抗扭强度"。

具体实施方式部分：对说明书最后一段（第［0019］段）第 2 行和第 3 行中的"可以是沿转子径向的直通透孔或者是通过转子轴线的折弯透孔"删去。

说明书摘要：说明书摘要中应当将名称和技术领域中涉及阀门定子和转子材料的内容删去。此外，技术方案的要点中应当补充"连接通道偏离转子轴线"的内容。与此相应，要解决的技术问题和主要用途应当修改为提高转子的抗扭强度。

4. 根据修改后的权利要求书撰写意见陈述书

在完成权利要求书和说明书的修改后，就开始着手撰写意见陈述书。

意见陈述书的撰写既要满足格式上的要求，又应当从实体上论述修改后的权利要求书已消除了原通知书中所指出的、确实存在的实质性缺陷，尤其是对于与国家知识产权局进行商榷的内容，应当充分阐明其符合《专利法》和《专利法实施细则》有关规定的理由。

就本案例来说，由于对权利要求书和说明书进行了修改，因此在意见陈述书的起始段后，首先说明已针对审查意见通知书中哪一些审查意见（必要时包括申请文件本身所存在的缺陷）对权利要求书（如果试题中未明确写明不需要对说明书作适应性修改时还包括说明书）作出了哪些修改，并指出修改内容在原说明书或权利要求书中的出处，从而说明所作修改符合《专利法》第 33 条的规定和《专利法实施细则》第 51 条第 3 款的规定。

然后，重点说明修改后的独立权利要求 1 符合《专利法》第 22 条第 2 款和第 3 款有关新颖性和创造性规定的理由，其中在阐明修改后的独立权利要求 1 具备创造性时应当特别说明独立权利要求 1 中所限定的连接通道形状与对比文件 1 中连接通道的形状相比能带来提高转子抗扭强度的技术效果，以此认定两者不是通道形状的简单变换，在此基础上得出该发明修改后独立权利要求 1 的技术方案相对于对比文件 1 和本领域的公知常识具有突出的实质性特点和显著的进步，从而得出修改后的独立权利要求 1 具备创造性的结论。

在论述了独立权利要求 1 之后，还应当简要地论述权利要求 2 至 6 具备新颖性和创造性的理由。

对于本案例来说，原权利要求 3 和 4 未清楚地限定要求专利保护的范围是由于其引用关系不当造成的，因此通过修改其引用部分就可以消除这一缺陷；对于原权利要求 6 与原权利要求 1 之间不具有单一性的缺陷，本案例采用了删除该独立权利要求而将其改写为新修改的独立权利要求 1 的从属权利要求的修改方式，显然也就消除了通知书所指出的这一实质性缺陷。鉴于意见陈述书中在前面对申请文件的修改部分已作出清楚说明，因此在论述理由部分可以不必再针对这两方面作重复说明。需要说明的是，如果审查意见通知书中指出的权利要求未清楚地限定要求专利保护的范围是原申请文件存在的实质性缺陷，且需要通过修改权利要求中的文字或者增加技术特征来加以消除，则在论述理由部分还需要针对修改后的权利要求为何已清楚限定要求专利保护范围作出具体说明。同样，如果对原独立权利要求 6 采用了增加与修改后的独立权利要求 1 中的特定技术特征相同或相应的特定技术特征的修改方式，则在论述理由部分还需要具体论述修改后的两项独立权利要求具有单一性的理由。

以上结合本案例对答复审查意见通知书时修改专利申请文件和撰写意见陈述书的思路作出了说明。但所作工作的好坏将最后体现在修改后的权利要求书和所撰写的意见陈述书中，下面给出权利要求书和意见陈述书的推荐样本，供考生参考。

（三）修改后的权利要求书和撰写的意见陈述书的推荐样本

1. 修改后提交的权利要求书的推荐样本

"1. 一种用于金属熔液容罐的浇注阀门，包括一个耐火的定子（3）和一个可在该定子（3）中与之相对旋转的耐火转子（13），该定子（3）的内表面（4）与该转子（13）的外表面（14）液密封配合，该定子（3）具有至少一个金属熔液流入口（7）和至少一个金属熔液流出口（9），该转子（13）具有当其旋转时可选择地使定子（3）上的流入口（7）和流出口（9）相接通或相断开的连接通道，其特征在于：所述连接通道偏离转子（13）的轴线。

2. 按照权利要求 1 所述的浇注阀门，其特征在于：所述连接通道是在转子（13）上沿其外圆周表面伸展的凹口（15）。

3. 按照权利要求 2 所述的浇注阀门，其特征在于：所述凹口（15）在垂直于转子（13）轴线的横截面上呈镰刀形。

4. 按照权利要求 2 所述的浇注阀门，其特征在于：所述凹口（15）在垂直于转子（13）轴线的横截面上呈弓形。

5. 按照权利要求 2 至 4 中任一项所述的浇注阀门，其特征在于：所述定子（3）上的金属熔液流入口（7）和流出口（9）分别为多个沿定子（3）长度方向并列设置在其上的开口，在所述转子（13）上的凹口（15）数量与上述流入口（7）和流出口（9）数量相同，且沿该转子（13）长度方向并列设置。

6. 按照权利要求 1 至 4 中任一项所述的浇注阀门，其特征在于：所述定子（3）和所述转子（13）的材料为陶瓷材料。"

2. 意见陈述书正文的推荐样本

根据前面所作分析和修改的权利要求书，撰写意见陈述书。下面给出推荐的"意见陈述书"正文。

"意见陈述书"正文

本意见陈述书是针对国家知识产权局于××××年×月××日发出的"第一次审查意见通知

书"作出的答复,随此意见陈述书附上新修改的权利要求书全文、说明书相应替换页和说明书摘要、以及表明修改处的参考页。

(一)

申请人在仔细研究了审查意见通知书中的审查意见以及通知书中所引用的对比文件后,对权利要求书和说明书作了如下几个方面的修改。

(1) 针对通知书中所指出的原权利要求 1 不具备《专利法》第 22 条第 2 款新颖性的缺陷,对原权利要求 1 作了进一步限定,补充了使其具备新颖性和创造性的技术特征:该连接通道偏离转子的轴线,该技术特征记载在原说明书第[0016]段和第[0019]段中,因此未超出原说明书和权利要求书的记载范围。此外,在作上述修改同时,在新修改的权利要求 1 中,将原权利要求 1 的全部技术特征写入新权利要求 1 的前序部分,因而相对于审查意见通知书中所引用的最接近的现有技术、即相对于对比文件 1 美国专利说明书 US××××××A 划清了共有技术特征与区别技术特征的界限。

(2) 针对通知书中指出的原权利要求 3 和 4 未清楚地限定要求专利保护的范围的审查意见,对权利要求 3 和 4 的引用部分作了改写,修改后的权利要求 3 和 4 的引用部分均仅引用权利要求 2,这样一来不仅消除了通知书中指出的原权利要求 3 和 4 未清楚限定要求专利保护范围的缺陷,也同时消除了原专利申请文件在撰写上所存在的形式缺陷:原多项从属权利要求 5 引用了另一项多项从属权利要求(原权利要求 3 和原权利要求 4)。显然,上述修改后的权利要求 3 和 4 保留了原权利要求 3 和 4 中的两个并列技术方案中的一个,因此修改也未超出原说明书和权利要求书的记载范围。

(3) 针对通知书中指出的原权利要求 6 与权利要求 1 之间缺乏单一性的审查意见,在修改后的权利要求书中,删去了原独立权利要求 6,并将其改写成修改后的独立权利要求 1 和权利要求 2~4 中任一项权利要求的从属权利要求。修改后的权利要求书中仅有一项独立权利要求,而修改后的权利要求 6 包含修改后的独立权利要求 1 的全部技术特征,因此已消除了通知书中所指出的本专利申请缺乏单一性的缺陷。此外,修改后的权利要求 6 的技术方案体现在原说明书第[0018]段中,因此未超出原说明书和权利要求书的记载范围。

(4) 在修改权利要求书后,对说明书的名称和技术领域、发明内容部分中要解决的技术问题、技术方案和有益效果以及说明书摘要进行了相适应的修改,并将审查意见通知书中所引用的美国专利说明书 US××××××A 的有关内容补充到背景技术部分中。此外,由于通过转子轴线的直通透孔和折弯透孔已被通知书中引用的对比文件披露,这两种实施方式成为现有技术,因而将说明书第[0019]段中的有关内容删去。❶

由此可知,上述对权利要求书所作修改均是针对审查意见通知书中指出的缺陷进行的修改,对说明书的修改是针对权利要求书的修改作出的适应性修改,且所修改的内容均未超出原说明书和权利要求书记载的范围,因此上述修改既符合《专利法》第 33 条的规定,也符合《专利法实施细则》第 51 条第 3 款的规定。

(二)

新修改的权利要求 1 为:

"1. 一种用于金属熔液容罐的浇注阀门,包括一个耐火的定子(3)和一个可在该定子(3)中与之相对旋转的耐火转子(13),该定子(3)的内表面(4)与该转子(13)的外表面(14)

---

❶ 如果试题中明确写明应试时无需对说明书进行修改,则答题时可以不包括这一段内容。

液密封配合，该定子（3）具有至少一个金属熔液流入口（7）和至少一个金属熔液流出口（9），该转子（13）具有当其旋转时可选择地使定子（3）上的流入口（7）和流出口（9）相接通或相断开的连接通道，其特征在于：所述连接通道偏离转子（13）的轴线。"

新修改的权利要求1相对于对比文件1来说解决了现有技术中旋转式浇注阀门的转子抗扭强度不高的问题。

1. 新修改的权利要求1具备《专利法》第22条第2款规定的新颖性

对比文件1披露了新修改的权利要求1前序部分的全部内容，但是其所披露的旋转式浇注阀门中连接通道都通过转子轴线，未披露连接通道偏离转子轴线的技术内容，即对比文件1未披露权利要求1的技术方案，所以权利要求1相对于该对比文件1具备新颖性。

2. 新修改的权利要求1具备《专利法》第22条第3款规定的创造性

鉴于审查意见通知书中没有引用其他对比文件，则通知书中引用的对比文件1为该发明最接近的现有技术。

新修改的权利要求1相对于该最接近的现有技术对比文件1的区别特征为"连接通道偏离转子的轴线"，由说明书具体实施方式第[0016]段和第[0019]段记载的内容可知，该权利要求1的技术方案相对于对比文件1实际解决了最接近的现有技术旋转式浇注阀门中转子抗扭强度不高的问题。

审查意见通知书中没有引用其他对比文件来证明现有技术中用于金属熔液容罐的浇注阀门中已出现过不通过转子轴线的连接通道，也就是说，现有技术中还未出现过连接通道不通过转子轴线的教导；该技术特征也不是本领域技术人员用于解决这一技术问题的公知常识；此外，由于连接通道偏离转子轴线相对于通过转子轴线的方案能提高转子的抗扭强度（见原说明书中第[0016]段和第[0019]段），因而也不是连接通道形状的简单的变换。由此可知，现有技术中没有给出将转子连接通道偏离转子轴线这个技术特征应用到对比文件1中以解决提高转子抗扭强度这个技术问题的启示，故权利要求1相对于对比文件1和本领域的公知常识具有突出的实质性特点。

由于不通过转子轴线的连接通道可提高转子的抗扭强度，带来了有益的技术效果，因而具有显著的进步。

由此可知，修改后的权利要求1相对于对比文件1和本领域的公知常识具有突出的实质性特点和显著的进步，符合《专利法》第22条第3款有关创造性的规定。

3. 新修改的权利要求2至6具备《专利法》第22条第2款和第3款规定的新颖性和创造性

将原权利要求2至5改写成新的从属权利要求2至5，将原独立权利要求6改写成从属权利要求6。权利要求2至4对新修改的权利要求1从结构上作进一步限定，分别限定连接通道是沿其外周边伸展的凹口和进一步限定该凹口在垂直于转子轴线的横截面上为镰刀形或弓形；权利要求5分别对权利要求2至4作进一步限定，限定定子上的金属熔液流入口和流出口以及转子上的凹口数量为多个；权利要求6分别对权利要求1至4作了进一步限定，即限定其中定子和转子的材料为陶瓷材料。对于本专利申请来说，其独立权利要求与从属权利要求都能享受优先权，因此当权利要求1相对于现有技术具备新颖性和创造性，对其从结构上作进一步限定的从属权利要求2至6也具备《专利法》第22条第2款和第3款规定的新颖性和创造性。

上面论述了新修改的独立权利要求1和从属权利要求2至6具备新颖性、创造性的理由，并对说明书作了适应性修改。通过上述修改，专利申请文件已克服了审查意见通知书中所指出的缺陷，希望在考虑了上面的陈述意见后，能早日批准本申请为发明专利。若审查员认为新修改的专利申请文件仍不能符合《专利法》《专利法实施细则》的有关规定，希望能给予一次会晤的机会，以便当面交换意见或者再给申请人一次修改专利申请文件的机会。

专利代理人：×××（电话：×××××××××）

二、【案例2】油炸食品及其制作方法和制作设备[1]

（一）申请案情况介绍

本案例涉及一件名称为"油炸食品及其制作方法和制作设备"的发明专利申请，申请日为2011年1月12日，优先权日为2010年2月18日。提出专利申请后，未对专利申请文件进行过主动修改，国家知识产权局针对其原始专利申请文件发出"第一次审查意见通知书"，要求考生针对"第一次审查意见通知书"作出答复：撰写意见陈述书，必要时对专利申请文件进行修改。本案例还提出如下要求：如果考生认为该申请的一部分内容应当通过分案申请的方式提出，则应当向客户给出建议，并撰写出分案申请的独立权利要求。

1. 该申请原始提交的专利申请文件

下面给出申请人在申请日提交的原始专利申请文件：权利要求书和说明书。

---

[1] 本案例根据2008年全国专利代理人资格考试"专利代理实务"科目的试题改编而成。

权 利 要 求 书

1. 一种油炸食品的制作方法，该方法包括将所述食品原料例如马铃薯薄片进行油炸，然后将油炸食品例如马铃薯薄片排出，其特征在于：所述油炸过程是在真空条件下进行的。

2. 根据权利要求1所述的制作方法，其特征在于：所述油炸过程所处的真空条件为0.02～0.08MPa。

3. 根据权利要求1或2所述的制作方法，其特征在于：在油炸之前，先将所述食品原料例如马铃薯薄片进行焙烤。

4. 根据权利要求1或2所述的制作方法，其特征在于：在油炸之后，对所述经过油炸的食品进行离心处理。

5. 根据权利要求1至4中任一项所述的制作方法，其特征在于：所述离心处理是在真空条件下进行，优选为0.02～0.08MPa的真空条件。

6. 根据权利要求1或2所述的制作方法，其特征在于：在油炸的油脂中添加由防粘剂、消泡剂和风味保持剂组成的组合物，其中防粘剂占30%～40%（重量百分比），消泡剂占40%～50%（重量百分比），风味保持剂占10%～20%（重量百分比）。

7. 根据权利要求6所述的制作方法，其特征在于：所述组合物在进行油炸之前或者在油炸过程中添加到油脂中。

8. 一种油炸食品、特别是油炸马铃薯薄片的制作设备，包括原料供应装置、油炸装置、产品排出装置，其特征在于：所述设备还包括使油炸装置在真空条件下工作的抽真空装置。

9. 根据权利要求8所述的制作设备，其特征在于：该设备还包括在油炸之前将食品原料进行焙烤的焙烤装置。

10. 根据权利要求8所述的制作设备，其特征在于：该设备还包括在油炸之后对所述经过油炸的食品进行离心处理的离心装置。

11. 根据权利要求10所述的设备，其特征在于：所述离心装置的旋转轴线以相对于垂直方向倾斜的方式设置。

12. 根据权利要求11所述的设备，其特征在于：所述倾斜的角度为30°。

13. 一种油炸马铃薯薄片，其特征在于：该油炸马铃薯薄片含油量低，并且其表面具有鼓泡。

说 明 书

油炸食品及其制作方法和制作设备

技术领域

[0001] 本发明涉及一种油炸食品、尤其是油炸马铃薯薄片的制作方法和制作设备，本发明还涉及使用所述方法制作的油炸马铃薯薄片。

背景技术

[0002] 油炸食品、特别是油炸马铃薯薄片这样的油炸薯类食品因其具有松脆口感而成为人们喜爱的小吃食品，然而，高温油炸易产生对人体有害的物质，使油炸食品对人体健康不利；同时，油脂较多的油炸食品不便于长时间存放。

发明内容

[0003] 为克服上述缺陷，本发明要解决的技术问题是提供一种含有较少对人体有害物质的油炸食品以及这种油炸食品的制作方法和制作设备。

[0004] 为制得上述这种含有较少对人体有害物质的油炸食品，本发明的油炸食品制作方法包括将食品原料例如马铃薯薄片进行油炸，然后将油炸食品例如油炸马铃薯薄片排出，该油炸过程是在真空条件下进行的。优选进行真空油炸时的真空条件为 0.02~0.08MPa。

[0005] 采用本发明上述在真空条件进行油炸的油炸食品制作方法，可以避免油炸温度过高而产生对人体有害的物质。这是由于真空条件下气压较低，从而导致油脂沸腾温度降低。油炸温度降低还使得油脂可以被反复利用。真空条件下的油脂含氧量低会导致油炸产品含氧量降低，这样有利于延长油炸产品的保存期限。此外，采用本发明上述油炸食品的制作方法，不会影响油炸食品的松脆口感。

[0006] 作为本发明油炸食品制作方法的一种改进，该方法还包括在油炸之前先将食品原料例如马铃薯薄片进行焙烤的步骤。这种在真空油炸前先进行焙烤的油炸食品制作方法可使油炸食品的表面形成较大鼓泡，从而进一步提高油炸食品的松脆口感。

[0007] 作为本发明油炸食品制作方法的另一种改进，该方法还包括在油炸之后对经过油炸的食品进行离心处理的步骤。通过对油炸后的食品进行离心处理，可以降低油炸食品的油脂含量，既便于存放，又有利于人体健康。该离心处理步骤优选在真空条件下进行，尤其是在 0.02~0.08MPa 的真空条件下进行，从而可避免出现在常压条件下进行离心处理所导致的油炸食品易破碎现象。

[0008] 作为本发明油炸食品制作方法的又一种改进，该方法还在油炸的油脂中添加由防粘剂、消泡剂和风味保持剂组成的组合物，其中防粘剂占 30%~40%（重量百分比），消泡剂占 40%~50%（重量百分比），风味保持剂占 10%~20%（重量百分比）。该组合物优选在进行油炸之前或者在油炸过程中添加到油脂中。通过向油脂中添加上述组合物，既可以防止油炸过程中出现油脂飞溅和油炸食品之间出现粘连，又可以保持油炸食品的独特风味口感。

[0009] 为制得上述这种含有较少对人体有害物质的油炸食品，本发明油炸食品、特别是油炸马铃薯薄片的制作设备包括原料供应装置、油炸装置、产品排出装置，该制作设备还包括使油

炸装置在真空条件下工作的抽真空装置。

[0010] 采用本发明上述在真空条件进行油炸的油炸食品制作设备，同样能降低油炸时的油脂温度，从而使油炸食品不含或者含有较少的对人体有害的物质。

[0011] 作为本发明油炸食品制作设备的一种改进，该设备还包括在油炸之前对食品原料进行焙烤的焙烤装置。采用这种油炸食品的制作设备，所得的油炸食品表面形成大鼓泡，从而提高油炸食品的松脆口感。

[0012] 作为本发明油炸食品制作设备的另一种改进，该设备还包括在油炸之后对所述经过油炸的食品进行离心处理的离心装置。采用这样的油炸食品制作设备能制得油脂含量很低的油炸食品。尤其该设备在真空条件下进行离心处理，所制得的油炸食品不易破碎。优选该离心装置的旋转轴线以相对于垂直方向倾斜的方式设置，尤其是倾斜角度为30°，这不仅提高离心脱油效率，还能确保油炸食品从离心装置中全部排出。

[0013] 本发明上述油炸食品的制作方法和制作设备，能得到含油量低且表面具有鼓泡的油炸食品。对于本发明的上述油炸食品制作方法和制作设备，除了特别适用于制作油炸马铃薯薄片等油炸薯类食品，还适用于制作油炸玉米饼薄片、油炸丸子、油炸春卷、油炸排叉、油炸蔬菜、油炸水果等。

附图说明

[0014] 图1是本发明油炸食品制作设备的第一种实施方式的示意图。

[0015] 图2是本发明油炸食品制作设备的第二种实施方式的示意图。

具体实施方式

[0016] 下面以油炸马铃薯薄片为例，对本发明优选的具体实施方式进行描述。

[0017] 本发明油炸食品的制作方法优选包括在油炸之前对马铃薯薄片进行焙烤的步骤。在焙烤过程中，由于马铃薯薄片局部脱水，会在其表面结成一个个小鼓泡。之后再进行油炸，可使小鼓泡继续膨胀，形成较大鼓泡，从而改善马铃薯薄片的口感。可以采用常规烤箱对马铃薯薄片进行焙烤。

[0018] 在本发明油炸食品的制作方法中，油炸过程保持真空条件是必要的。虽然真空度可以在较宽的数值范围内选取，但实验表明将真空度保持在 0.02~0.08 MPa 较为适宜，可以使油脂沸腾温度降低至 80~110℃，既可有效防止产生对人体有害的物质，又可达到所需的油炸效果。

[0019] 本发明油炸食品的制作方法还优选包括对油炸后的马铃薯薄片进行离心处理的步骤。通过离心处理，可以将油炸后留在马铃薯薄片表面上的油脂脱去，降低其含油量。真空油炸后的马铃薯薄片通常含有约 25%~32%（重量百分比）的油脂；经离心处理后，马铃薯薄片的含油量可以降低至约 15%~20%（重量百分比）。由此可知，采用本发明优选方法可以制得含油量低且表面具有鼓泡的油炸马铃薯薄片。

[0020] 本发明油炸食品的制作方法所包括的离心处理步骤优选在真空条件下进行。对经过油炸的马铃薯薄片立即在常压条件下进行离心处理，容易导致马铃薯薄片破碎，致使无法获得完整的油炸食品。离心过程在真空条件下进行，可以有效防止马铃薯薄片破碎，使其保持完整外形。另外，在真空条件下，油炸马铃薯薄片表面上的油脂不易渗入薄片内部，这样有利于进一步改善离心脱油效果并提高脱油效率。通过真空离心处理，尤其是在 0.02~0.08 MPa 真空条件下

[0021] 另外，在油炸过程中容易出现马铃薯薄片之间相粘连的现象，也容易出现油脂起泡现象。粘连会在一定程度上影响油炸效果，油脂起泡则容易造成油脂飞溅，应当尽量避免油炸过程中出现前述两种现象。为此，本发明还提供一种用于添加到油脂中的组合物，由防粘剂、消泡剂和风味保持剂组成。其中，所述防粘剂可以选自卵磷脂、硬脂酸中的一种或者它们的混合物；消泡剂可以选自有机硅聚合物、二氟化硅中的一种或者它们的混合物；风味保持剂可以选自鸟苷酸二钠、肌苷酸二钠中的一种或者它们的混合物。通常，组合物应含有30%～40%（重量百分比）防粘剂、40%～50%（重量百分比）消泡剂和10%～20%（重量百分比）风味保持剂。所述组合物可以事先加入到油脂中，也可以在油炸过程中添加到油脂中。

[0022] 图1、图2分别为本发明油炸食品制作设备两种实施方式的示意图。为突出本发明特点，附图中仅表示出了与本发明内容密切相关的必要组件，而略去了例如注油装置、加热装置等其他组件。

[0023] 图1示出了本发明油炸食品制作设备的第一种实施方式。如图1所示，油炸食品的制作设备包括原料供应装置101、进料阀102、油炸装置103、抽真空装置104、油槽105、传送带106、传送带驱动装置107、出料阀108、离心装置109、产品排出装置110。其中，油炸装置103的一侧设有输入口，通过进料阀102与原料供应装置101的出料口密封固定连接；油炸装置103的另一侧设有输出口，通过出料阀108与离心装置109的输入口密封固定连接。油炸装置103内部设有具有一定宽度的传送带106，由正对油炸装置103输入口下方的位置延伸到邻近油炸装置103输出口上方的位置，其中间部位沉降到用于容纳油脂的下凹油槽105中。抽真空装置104和传送带驱动装置107设置在油炸装置103外部。产品排出装置110设置在离心装置109的下方，其输入口与离心装置109输出口相连接。离心装置109的旋转轴线（图1中未示出）优选以相对于垂直方向倾斜一定角度的方式设置，以提高对马铃薯薄片进行离心脱油的效率，并确保马铃薯薄片从离心装置中全部排出。经试验发现，离心装置109的旋转轴线相对于垂直方向倾斜30°的角度为最佳。

[0024] 第一种实施方式的油炸食品制作设备的工作过程为：将油槽105中的油脂预加热并保持在约80～110℃。打开进料阀102，使原料供应装置101中经过焙烤的马铃薯薄片落到传送带106上。然后关闭进料阀102和出料阀108，使油炸装置103呈密闭状态。启动抽真空装置104，使油炸装置103内达到并保持稳定的真空度。之后，启动传送带驱动装置107，传送带106将其上的马铃薯薄片送入油槽105内的油脂中进行油炸。油炸完毕后，打开出料阀108，使油炸装置内恢复大气压，经过油炸的产品通过出料阀108进入离心装置109，在其中通过离心处理将油炸马铃薯薄片表面上的油脂除去。离心处理后的马铃薯薄片经产品排出装置110排出。

[0025] 图2示出了本发明油炸食品制作设备的第二种实施方式。第二种实施方式与第一实施方式的结构基本相同，其不同之处仅在于：油炸装置103′输出口直接与离心装置109′输入口密封固定连接，出料阀108′密封设置在离心装置109′输出口处。在油炸和离心过程中，进料阀102′和出料阀108′均处于关闭状态，即油炸和离心过程均在真空条件下进行。油炸和离心处理结束后，打开出料阀108′，使马铃薯薄片经产品排出装置110′排出。

[0026] 上面结合附图对本发明优选的实施方式作了详细说明，但是本发明并不限于上述实施方式，在本领域普通技术人员所具备的知识范围内，还可以在不脱离本发明宗旨的前提下作出各种变化。

说 明 书 附 图

图 1

图 2

2. 审查意见通知书正文

"第一次审查意见通知书"中引用了两份对比文件：美国专利说明书US××××××××A（以下简称"对比文件1"），其公开日为2008年5月12日；日本专利申请公开说明书JP特开平××－××××××A（以下简称"对比文件2"），其公开日为2007年10月16日。"第一次审查意见通知书"正文如下：

"第一次审查意见通知书"正文

该发明专利申请涉及一种油炸食品（例如油炸马铃薯薄片）的制作方法和制作设备以及根据所述方法制作的油炸马铃薯片。针对该申请的具体审查意见如下。

（1）权利要求1、2和权利要求4相对于对比文件1不具备新颖性

权利要求1要求保护一种油炸食品的制作方法。对比文件1公开了一种油炸薯片的制备方法，包括将准备好的马铃薯片在保持真空状态的油炸装置中进行油炸，然后排出。由此可知，对比文件1已经公开了权利要求1的全部技术特征，且对比文件1所公开的技术方案与权利要求1要求保护的技术方案属于同一技术领域，解决相同的技术问题，并能产生相同的技术效果，因此权利要求1所要求保护的技术方案不符合《专利法》第22条第2款关于新颖性的规定。

权利要求2中进一步将真空条件限定在0.02～0.08MPa，而对比文件1中公开了油炸装置内保持约0.08～0.10MPa真空度，即该专利申请权利要求2的真空条件的上限与对比文件1的真空条件的下限相等，因此应当认为两者是专利法意义下的相同技术特征，因此对比文件1也公开了权利要求2的全部技术特征。由此可知，权利要求2所要求保护的技术方案相对于对比文件1来说也不符合《专利法》第22条第2款关于新颖性的规定。

权利要求4对权利要求1或2作了进一步限定，其附加技术特征是"对所述经过油炸的食品进行离心处理"，这一附加技术特征也已在对比文件1中披露，因此对比文件1也披露了权利要求4的全部技术特征。由此可知，权利要求4所要求保护的技术方案相对于对比文件1来说也不符合《专利法》第22条第2款关于新颖性的规定。

（2）权利要求3相对于对比文件1和对比文件2不具备创造性

权利要求3对权利要求1或2作了进一步限定，其附加技术特征是"在油炸之前，先将食品原料例如马铃薯薄片进行焙烤"。通过焙烤可以在食品表面形成鼓泡，从而改善食品口感。该附加技术特征构成了权利要求3与对比文件1之间的区别特征。对比文件2公开了一种油炸马铃薯薄片的方法，为使马铃薯薄片表面产生鼓泡，该制备方法包括先将马铃薯薄片焙烤、然后进行油炸的步骤。对比文件2给出了将上述区别特征应用到对比文件1所述制作方法中以使油炸食品表面形成鼓泡的技术启示。因此权利要求3相对于现有技术而言是显而易见的，不具备《专利法》第22条第3款规定的创造性。

（3）权利要求5相对于对比文件1、对比文件2和本领域的公知常识不具备创造性

权利要求5进一步限定对油炸后的食品进行的离心处理也在真空条件下、优选为0.02～0.08MPa真空条件下进行。鉴于权利要求1和权利要求2中的油炸过程已经在真空条件（优选为0.02～0.08MPa真空条件）下进行，作为本领域的技术人员就会很容易地联想到该离心处理也在与油炸过程相同的真空条件下进行，由此可知当权利要求1～4的技术方案不具备新颖性或创造性时，权利要求5的技术方案对本领域的技术人员来说也是显而易见的，因此权利要求5引用权利要求1、2、4的部分相对于对比文件1和本领域的公知常识不具备《专利法》第22条第3款规定的创造性，权利要求5引用权利要求3的部分相对于对比文件1、对比文件2和本领域的

公知常识不具备《专利法》第22条第3款规定的创造性。❶

(4) 权利要求8和10相对于对比文件1不具备新颖性

权利要求8要求保护一种油炸食品的制作设备。对比文件1中公开了一种制备油炸薯片的设备，包括进料装置、油炸装置、出料室和使油炸装置在真空条件下工作的抽真空装置。由此可知，对比文件1已经公开了权利要求8的全部技术特征，且对比文件1所公开的技术方案与权利要求8要求保护的技术方案属于同一技术领域，解决相同的技术问题，并能产生相同的技术效果，因此权利要求8所要求保护的技术方案不具备《专利法》第22条第2款规定的新颖性。

权利要求10对权利要求8作了进一步限定，其附加技术特征"该设备还包括对经过油炸的食品进行离心处理的离心装置"，对比文件1中所公开的制备油炸薯片的设备也包括对经过油炸的食品进行离心脱油的装置，由此可知，对比文件1也已公开了权利要求10的全部技术特征，因此权利要求10所要求保护的技术方案也不具备《专利法》第22条第2款规定的新颖性。

(5) 权利要求9相对于对比文件1、对比文件2和本领域的公知常识不具备创造性

权利要求9对权利要求8作了进一步限定，其附加技术特征"该设备还包括在油炸之前将食品原料进行焙烤的焙烤装置"，该附加技术特征是权利要求9的技术方案中未被对比文件1公开的技术特征，而对比文件2中公开了在油炸前对食品原料进行焙烤的步骤，对于本领域的技术人员来说，根据对比文件2的教导在制作方法中引入对食品原料进行焙烤的步骤时必定会在制作设备中设置在油炸之前将食品原料进行焙烤的焙烤装置，因此对比文件2和本领域的公知常识给出了将上述技术特征应用到对比文件1中的油炸食品制作设备中的技术启示，即权利要求9相对于对比文件1、对比文件2和本领域的公知常识不具备《专利法》第22条第3款规定的创造性。

(6) 权利要求13相对于对比文件2不具备新颖性

权利要求13要求保护一种油炸马铃薯薄片，对比文件2中公开了根据所述方法可以生产出含油量低且表面具有鼓泡的油炸马铃薯薄片。由此可知，对比文件2已经公开了该权利要求的全部技术特征，因此权利要求13不符合《专利法》第22条第2款关于新颖性的规定。

(7) 权利要求1、8未以说明书为依据

权利要求1和权利要求8要求保护一种油炸食品的制作方法和制作设备，但在说明书的具体实施方式部分仅记载了油炸马铃薯薄片的制作方法和制作设备，因而权利要求1和权利要求8这两组权利要求得不到说明书支持，不符合《专利法》第26条第4款有关权利要求应当以说明书为依据的规定。

综上所述，该申请的权利要求1、2、4、8、10和13不具备新颖性，权利要求3、5和9不具备创造性，权利要求1、8未以说明书为依据。申请人应当对本通知书提出的意见予以答复。如果申请人提交修改文本，则申请文件的修改应当符合《专利法》第33条的规定，不得超出原说明书和权利要求书的记载范围。

---

❶ 在平时的专利代理实务中，由于原权利要求5的引用关系不当而导致该权利要求未清楚地限定要求专利保护的范围，因而在审查意见通知书中对原权利要求5首先会指出这一明显实质性缺陷，然后指出权利要求5引用权利要求4的技术方案相对于对比文件1和本领域的公知常识不具备创造性。但是在应试中，审查意见通知书中通常不指出这一类明显实质性缺陷，而让考生自行发现这些由于引用关系不当而造成的实质性缺陷，因而以目前的方式来论述原权利要求5不具备创造性。

3. 审查意见通知书中所引用的对比文件内容简介

对比文件1美国专利说明书US××××××××A公开了一种油炸薯片制备方法及其设备。

本发明提供一种油炸薯片的制备方法，包括将准备好的马铃薯片送入油炸装置内，油炸装置内保持约0.08～0.10MPa的真空度，油炸温度约为105～130℃；将经过油炸的马铃薯片送入离心脱油机中进行脱油；经脱油处理的薯片最后排出。

实现上述油炸薯片制备方法的设备如图D1-1所示，包括进料装置、油炸装置、输送网带、离心脱油装置、出料室和抽真空装置等。油炸装置包括一个外壳，在该外壳上设有输入口和输出口。油炸装置外壳输入口通过一进料阀与进料装置的出料口密封固定连接，油炸装置外壳输出口通过一出料阀与离心脱油装置的输入口密封固定连接。可采用任何常规的抽真空装置使油炸装置外壳内保持真空状态。在油炸装置中设置有输送网带，输送网带的输入端正对于外壳输入口，其输出端正对于外壳输出口（即离心脱油装置输入口）。离心脱油装置的输出口与出料室的输入口连接。最终通过出料室输出口将经过离心处理的油炸薯片排出。

本发明设备的工作过程如下：打开进料阀，使经切片和预成型的物料落到油炸装置中的输送网带上。然后关闭进料阀和出料阀，使油炸装置呈密闭状态。启动抽真空装置，使油炸装置外壳内达到并保持稳定的真空度。启动输送网带使其连续运转，其上的物料被带入油锅中进行油炸。油炸完毕后，打开出料阀，使油炸装置内恢复大气压。经过油炸的产品通过出料阀被送入离心脱油装置进行离心处理。离心处理后的产品经出料室被排出。

图D1-1

对比文件2日本专利申请公开说明书JP特开平××－×××××××A中公开了一种制备油炸马铃薯薄片的方法。

该方法包括以下步骤：① 将马铃薯加工成薄片状；② 将马铃薯薄片进行焙烤；③ 将经焙烤的马铃薯薄片引入油炸器中进行油炸；④ 使经油炸的马铃薯薄片与过热蒸汽接触，以达到去除部分油脂的目的；⑤ 对与过热蒸汽接触过的马铃薯薄片进行脱水处理。

可采用任何常规方法对马铃薯薄片进行焙烤。在焙烤过程中，会在马铃薯薄片表面结成一个个小鼓泡。之后对马铃薯薄片进行油炸，适宜的油炸温度为约165～195℃，优选油温为约175～180℃。在油炸过程中，马铃薯薄片表面的小鼓泡会继续膨胀，形成较大鼓泡，从而改善马铃薯薄片口感。

将经过油炸的马铃薯薄片送入脱油箱使其与过热蒸汽接触，以便从薄片表面去除油脂。过热蒸汽温度优选保持在约150~175℃。

通过使油炸马铃薯薄片与过热蒸汽相接触，可以明显降低马铃薯薄片的含油量。一般说来，采用常规方法生产的油炸马铃薯薄片含有约20%~60%（重量百分比）的油脂。根据本发明所述方法，可以生产出含油量约为13%~18%（重量百分比）的油炸马铃薯薄片，而且所生产的油炸马铃薯薄片表面具有鼓泡。

（二）审查意见通知书的答复思路

对于"专利代理实务"科目涉及答复审查意见通知书部分的应试，考生应当按照以下思路来答复审查意见通知书：了解试题中所给出专利申请文件的内容；全面、准确地理解和分析审查意见通知书，包括其引用的对比文件，根据分析结果对专利申请前景作出判断以确定应对策略；此后根据应对策略确定如何修改专利申请文件，尤其是如何修改权利要求书；最后以修改的专利申请文件为依据撰写意见陈述书。

1. 对专利申请文件的分析

从对该申请案的情况介绍可知，该申请案的优先权日既晚于2009年10月1日，也晚于2010年2月1日，因此按照《施行修改后的专利法的过渡办法》和《施行修改后的专利法实施细则的过渡办法》的规定，该专利申请的审查适用于修改后的《专利法》《专利法实施细则》和《专利审查指南2010》。

从该申请的权利要求书和说明书记载的内容可知，该发明专利申请要求保护三个主题：油炸食品的制作方法，油炸食品的制作设备以及由该油炸食品制作方法所获得的油炸马铃薯薄片。

权利要求1至7要求保护一种油炸食品的制作方法。在权利要求1的技术方案中，在真空条件下对油炸食品进行油炸，从而可以避免油炸温度过高而产生对人体有害的物质。权利要求2给出了优选的真空条件。权利要求3、权利要求4和权利要求6分别对权利要求1或2在真空条件下进行油炸的油炸食品制作方法作了三方面不同的改进：权利要求3是在油炸之前先对食品原料进行焙烤，使油炸食品的表面形成较大鼓泡，进一步提高油炸食品的松脆口感；权利要求4是对经过油炸的食品进行离心处理，以减少油炸食品的油脂含量，而权利要求5又进一步限定该离心处理也在真空条件（优选为0.02~0.08MPa）下进行，以避免油炸食品破碎；权利要求6在油炸的油脂中添加由防粘剂、消泡剂和风味保持剂组成的组合物，从而既防止油炸食品之间粘连，又防止油炸过程中油脂飞溅，权利要求7进一步限定添加组合物的时间。由原权利要求书中权利要求3、4和6这三项从属权利要求的引用关系可知，三者是并列的技术方案。

权利要求8至12要求保护一种油炸食品的制作设备。其中权利要求8中的油炸食品制作设备包括了使油炸装置在真空条件下进行工作的抽真空装置，因而可在真空条件下对油炸食品进行油炸，从而避免油炸温度过高而产生对人体有害的物质。权利要求8的油炸食品制作设备与权利要求1的制作方法是相对应的，在未与对比文件进行对比分析之前，可以认为权利要求1中的"油炸过程在真空条件下进行"与权利要求8中"包括有使油炸装置在真空条件下工作的抽真空装置"是相应的技术特征，可初步认为两者符合单一性的规定。权利要求9和权利要求10分别对权利要求8中的油炸食品制作设备作了两方面不同的改进：权利要求9限定该设备还包括在油炸之前将食品原料进行焙烤的装置，显然该权利要求9中的油炸食品制作设备与权利要求3中的油炸食品制作方法也是相对应的，在该油炸食品制作设备中生产的油炸食品表面也形成较大鼓泡，改善油炸食品的口感；权利要求10限定该设备还包括对经过油炸的食品进行离心处理的离心装置，显然，该权利要求10中的油炸食品制作设备与权利要求4中的油炸食品制作方法也是相对应的，从而在该油炸食品制作设备中制得的油炸食品具有较低的油脂含量。

对此还需要说明的是，该权利要求10的技术方案概括了说明书中的两种油炸食品制作设备的实施方式，且也注意到油炸食品制作设备这一组权利要求中未针对说明书中的两种实施方式分别撰写一项从属权利要求，尤其是没有针对权利要求5油炸食品制作方法撰写一项相应的油炸食品制作设备的从属权利要求。权利要求11和权利要求12对权利要求10的油炸食品制作设备作进一步限定，即限定其中的离心装置的旋转轴线倾斜设置，优选倾斜30°，这不仅提高离心脱油效率，还能确保油炸食品从离心装置中全部排出。

权利要求13要求保护一种油炸马铃薯薄片，其含油量低，且表面具有鼓泡。鉴于由权利要求1油炸食品制作方法和权利要求8油炸食品制作设备通过真空油炸可以制得含油量低的油炸马铃薯薄片，即可以初步认为三者之间有相应的特定技术特征，因此可以初步认为权利要求13与权利要求1、权利要求8之间符合单一性的规定。

此外，从应试角度考虑，在阅读专利申请文件时还应当注意其在撰写上存在哪些形式缺陷或者一些明显实质性缺陷❶，以便修改专利申请文件时一并加以消除。

首先，通过对申请文件的形式缺陷分析可知，权利要求5的引用部分存在两个问题：其一，权利要求5引用了四项从属权利要求1、2、3和4，其中权利要求3和4分别是一项引用了权利要求1或2的多项从属权利要求，因此不符合《专利法实施细则》第22条第2款有关"多项从属权利要求不得作为另一项多项从属权利要求基础"的规定；其二，其限定部分进一步限定的技术特征"离心处理"在权利要求1~3中未出现过，导致其引用权利要求1、权利要求2或权利要求3的三个技术方案未清楚地限定要求专利保护的范围，不符合《专利法》第26条第4款的规定，即其只能引用权利要求4。

其次，权利要求1和权利要求8的技术方案中出现了"例如是""特别是"的用语，从而这两项权利要求的技术方案中既出现了油炸食品，又出现马铃薯薄片，使这两项权利要求限定出不同的保护范围，导致保护范围不清楚。同样，对原权利要求5中出现了"优选"用语，也导致其保护范围不清楚。

最后，在权利要求8和13以及说明书第［0009］段和第［0013］段中有明显的打字错误，应当将"马龄薯薄片"修改为"马铃薯薄片"。

2. 对审查意见通知书及其所附对比文件的分析

对审查意见通知书进行具体分析时，通常可以按下述三步进行：明确审查意见通知书的总体倾向性意见；分析审查意见通知书中所引用的对比文件与本专利申请的相关性；在此基础上分析审查意见是否正确。下面结合该申请案审查意见通知书中所涉及的两方面实质性缺陷进行具体分析。

（1）明确审查意见通知书对申请文件的总体倾向性意见❷

在该"第一次审查意见通知书"中，指出了权利要求1、2、4、8、10和13不具备新颖性，

---

❶ 在平时的专利代理实务中，对于有授权前景的专利申请案，审查意见通知书中通常会同时指出申请文件存在的形式缺陷，因而一般只需针对审查意见通知书中指出的形式缺陷进行修改并加以克服即可，而不必自行分析专利申请文件存在哪些形式缺陷。但作为应试来说，审查意见通知书中多半不会具体指出申请文件所存在的形式缺陷（包括由引用关系不当而导致的明显实质性缺陷），而由考生自行确定申请文件所存在的缺陷，并在修改申请文件时将这些缺陷消除。

❷ 在平时的专利代理实务中，在阅读审查意见通知书时需要判断该审查意见通知书对该专利申请的总体倾向性意见，以便作为确定应对策略的依据之一。但在应试中通常无需作这一分析，因为多半属于前面所述不定型的情况，即仍有授权前景但又需要修改申请文件，通常将根据修改后的文件是否消除审查意见通知书中指出的实质性缺陷来确定是否授予专利权。

权利要求3、5和9不具备创造性，权利要求1、8未以说明书为依据。显然，该通知书未指出权利要求6和7以及权利要求11和12所存在的实质性缺陷，因此，初步印象是，如果将这些权利要求修改成独立权利要求有可能取得专利权。此外，在审查意见通知书的最后一段中指出，"如果申请人提交修改文本，则申请文件的修改应当符合《专利法》第33条的规定，不得超出原说明书和权利要求书的记载范围"，这就暗示了申请人修改申请文件后仍有可能授权。鉴于审查意见通知书中指出了权利要求1～5和权利要求8～10以及权利要求13的实质性缺陷，审查员会根据专利申请文件的修改是否消除这些实质性缺陷或者意见陈述书中是否有足够理由说明上述权利要求不存在这些实质性缺陷来确定是否授予专利权，因而该审查意见通知书的总体倾向性意见属于前面所指出的第三类审查意见："不定性结论意见"。

(2) 确定对比文件1与该申请案的相关性

在对审查意见通知书中的审查意见进行分析时，对于引用证据的审查意见，需要先确认对比文件与本专利申请的相关性。由于对比文件1美国专利说明书US××××××××A和对比文件2日本专利申请公开说明书JP特开平××－×××××××A的公开日均在该申请的优先权日之前，构成了该专利申请的现有技术，可以作为评价该专利申请新颖性和创造性的对比文件。此外，该对比文件1公开了一种油炸薯片的制备方法和制备设备，其在真空条件下进行油炸，然后将经油炸的马铃薯片送入离心脱油机中进行脱油，与该专利申请要求保护的主题有不少共同的技术特征，即该对比文件1与该专利申请密切相关，因此审查意见通知书中用其来作为有可能影响该专利申请新颖性和创造性的现有技术是合适的。对比文件2公开了一种制备油炸马铃薯薄片的方法，包括对马铃薯薄片进行焙烤，然后对经焙烤的马铃薯薄片进行油炸，此后将经油炸的马铃薯薄片与过热蒸汽接触以除去油脂后再进行脱水处理。尽管其脱油方法与该发明不一样，但其也披露了焙烤和油炸的内容，因此与该发明有一定的关联性，因此审查意见通知书中以其来作为有可能影响该专利申请创造性的现有技术是合适的。

(3) 对审查意见通知书中有关新颖性和创造性审查意见的分析

首先，将权利要求1的技术方案与对比文件1中公开的制作油炸马铃薯薄片的方法进行对比分析。显然，两者属于相同的技术领域；由于对比文件1已经公开了权利要求1技术方案的所有技术特征，则可以认定两者的技术方案相同；而且，本领域的技术人员根据两者的技术方案可以确定两者解决相同的技术问题，并具有相同的技术效果，由此可知两者是相同的发明，因此，审查意见通知书中有关权利要求1相对于对比文件1不具备新颖性的审查意见正确，需要通过修改权利要求1来克服这一实质性缺陷。其次，正如审查意见通知书中所指出的，权利要求2所限定的真空度范围的一个端值与对比文件1的真空度范围的一个端值相重合，按照《专利审查指南2010》第二部分第三章第3.2.4节的规定，应当认定两者的真空条件是相同的技术特征，由此可知，审查意见通知书中有关权利要求2不具备新颖性的审查意见也是正确的。对于权利要求4来说，由于其进一步限定的附加技术特征也已被对比文件1披露，因此审查意见通知书中认定权利要求4不具备新颖性的审查意见也是正确的。

对于权利要求3而言，其进一步限定的技术特征"在油炸之前先进行焙烤"已在对比文件2中披露，该技术特征在该发明中所起的作用以及在对比文件中所起的作用都是为了在马铃薯薄片表面结成小鼓泡，从而油炸后小鼓泡继续膨胀，形成较大鼓泡，改善了油炸食品的口感。因此对比文件2给出了将这一技术特征应用到对比文件1中以得到权利要求3技术方案的技术启示，因此审查意见中有关权利要求3相对于对比文件1和对比文件2不具备创造性的审查意见是正确的。

对于权利要求5来说，审查意见通知书中认为由"真空油炸"而联想到"真空离心处理"是容易想到的，属于本领域技术人员的公知常识，这种分析方式是可以商榷的。因为对比文件1中披露的是常压离心处理，真空离心处理相对于常压离心处理能够防止油炸食品破碎，也就是说能带来更好的技术效果，这并不是本领域技术人员的公知常识，因此可以将此作为争辩点，即将权利要求5引用权利要求4的技术方案作为针对油炸食品制作方法这项独立权利要求进行修改的一种备选方案。

当然，审查意见通知书中未指出权利要求6和权利要求7的实质性缺陷，因此将权利要求6直接修改成独立权利要求也是对油炸食品制作方法这项独立权利要求进行修改的一种备选方案。

对于油炸食品制作设备这组权利要求而言，由于对比文件1披露了一种结构上与该发明油炸食品制作设备第一种实施方式基本相同的制备油炸马铃薯片的设备，由此可知权利要求8和10的技术方案已被对比文件1披露，类似于前面对权利要求1和权利要求4的分析，可以认为审查意见通知书中有关权利要求8和10不具备新颖性的意见正确，在此不再作重复说明。但是，需要指出的是，该发明油炸食品制作设备的第二种实施方式未被对比文件1和对比文件2披露，尽管原权利要求书中油炸食品制作设备这组权利要求未包含反映该第二种实施方式的从属权利要求，即没有针对权利要求5油炸食品制作方法撰写一项相应的油炸食品制作设备的从属权利要求，但在修改油炸食品制作设备的独立权利要求时可以将此作为一种修改的备选方案。

同样，对于权利要求9相对于对比文件1和对比文件2及本领域的公知常识不具备创造性结论也是正确的，有关这方面的分析可参见前面对权利要求3的分析，在此不再作重复说明。

鉴于审查意见通知书中未指出权利要求11和12的实质性缺陷，因此将权利要求11直接改写成油炸食品制作设备独立权利要求也是对原独立权利要求8进行修改的一种备选方案。

权利要求13要求保护一种含油量低、表面有鼓泡的油炸马铃薯薄片。鉴于对比文件2中也已公开了一种含油量低、表面有鼓泡的油炸马铃薯薄片，因此审查意见通知书认定该权利要求13不具备新颖性的审查意见是正确的。且考虑到该发明说明书中有关油炸马铃薯薄片的油脂含量与对比文件2中公开的基本相同，因此即使根据说明书中记载的内容对权利要求13作进一步限定，该权利要求13仍然不具备新颖性。

(4) 对审查意见通知书中有关权利要求未以说明书为依据的审查意见的分析

审查意见通知书中认为，该发明在说明书的具体实施方式部分仅记载了油炸马铃薯薄片的制作方法和制作设备，而权利要求1和权利要求8要求保护一种油炸食品的制作方法和制作设备，因此权利要求1和权利要求8这两组权利要求得不到说明书支持，不符合《专利法》第26条第4款有关权利要求应当以说明书为依据的规定。但是，按照《专利审查指南2010》第二部分第二章第3.2.1节规定："……在判断权利要求是否得到说明书支持时，应考虑说明书的全部内容，而不是仅限于具体实施方式部分的内容……"，而在该发明说明书第［0013］段中已明确写明该发明的上述油炸食品制作方法和制作设备，除了特别适用于制作油炸马铃薯薄片等油炸薯类食品，还适用于制作油炸玉米饼薄片、油炸丸子、油炸春卷、油炸排叉、油炸蔬菜、油炸水果等，而本领域的技术人员由说明书具体实施方式部分所写明的降低油炸温度以避免产生影响人体健康的物质和进一步降低油炸食品的油脂含量的技术效果可以推知也适用于除马铃薯薄片之外的其他油炸食品，因此审查意见通知书中有关权利要求1和权利要求8的技术方案未以说明书为依据的审查意见是可以商榷的。

3. 根据对审查意见的分析确定应对策略，修改权利要求书和说明书

由于该申请案的审查意见通知书中仅涉及权利要求书存在的实质性缺陷，而未涉及说明书存在的实质性缺陷，因此在确定应对策略、修改专利申请文件时，首先应当根据分析结果针对该申请案的权利要求书确定应对策略以及确定如何修改权利要求书，在此基础上再对说明书作出适应性修改。

（1）对权利要求书修改的总体考虑

通过前面所作分析可知，对于油炸食品制作方法这项主题，审查意见通知书中有关权利要求1、2和4不具备新颖性的审查意见正确，权利要求3不具备创造性的审查意见正确，因此可以考虑对油炸食品制作方法独立权利要求进行修改，以使其相对于对比文件1具备新颖性；但考虑到还应当使修改后的独立权利要求符合授权条件，即还应当使修改后的独立权利要求1相对于对比文件1、对比文件2和本领域的公知常识具备创造性。

前面已经指出原权利要求5不具备创造性的审查意见可以商榷，因此可以将此作为修改独立权利要求1的一种备选方案，但考虑到原权利要求5引用关系不当而导致权利要求未清楚地限定保护范围，即原权利要求5只能引用原权利要求4，因此这一备选方案是将权利要求4和权利要求5限定部分的技术特征补入到原独立权利要求1中。此外，审查意见通知书中未指出权利要求6和权利要求7的实质性缺陷，因此也可以将权利要求6改写成独立权利要求（即将权利要求6限定部分的技术特征补入到独立权利要求中）作为一种备选方案。

对于油炸食品制作设备这项主题，审查意见通知书中有关权利要求8和10不具备新颖性的审查意见正确，权利要求9不具备创造性的审查意见正确，因此应当修改油炸食品制作设备这项独立权利要求，以使其相对于对比文件1具备新颖性；但考虑到还应当使修改后的油炸食品制作设备独立权利要求符合授权条件，即还应当使修改后的这项独立权利要求1相对于对比文件1、对比文件2和本领域的公知常识具备创造性。

前面已经指出，原说明书中有关油炸食品制作设备的第二种实施方式可以作为修改该项独立权利要求的一种备选方式；此外，由于审查意见通知书中未指出权利要求11和12的实质性缺陷，因此也可将权利要求11改写成油炸食品制作设备独立权利要求作为修改的一种备选方式。

对于油炸食品这项主题，正如前面所指出的，不仅审查意见通知书中有关原权利要求13不具备新颖性的审查意见正确，而且说明书中也未包含可使该项主题具备新颖性和创造性的内容，因此应当从权利要求书中删去油炸食品这项主题。

由于修改后的权利要求书中仍包含两项主题：油炸食品的制作方法和油炸食品的制作设备，还应当使这两项主题的独立权利要求之间符合单一性的规定。

（2）对两项独立权利要求的修改

前面已经指出，对油炸食品制作方法独立权利要求的修改方案有两种备选方案：其一，限定其在真空条件下进行离心处理；其二，限定向油脂中添加由防粘剂、消泡剂和风味保持剂组成的组合物。对油炸食品制作设备的独立权利要求的修改有两种备选方案：第一种是限定成油炸食品制作设备的第二种实施方式，即该设备的结构确保离心处理也在真空条件下进行；第二种是限定其离心装置的旋转轴线倾斜设置。显然，如果对油炸食品制作方法独立权利要求的修改采用第二种备选方式，则与油炸食品制作设备修改的两种备选方式均没有相同和相应的特定技术特征，则撰写成的油炸食品制作方法和制作设备两项独立权利要求之间不具有单一性。而如果对油炸食品制作方法独立权利要求的修改采用第一种备选方式，则其与油炸食品制作设备修改的第一种备选方式之间具有相应的特定技术特征，可以成为满足单一性要求的两项独立权利要求。因此，对油炸食品的制作方法和制作设备两项独立权利要求的修改均采用第一种备选方式，而其中的第二种备选方式可以建议客户另行提出分案申请。

此外，在修改油炸食品制作方法的独立权利要求时应当注意不要限定成两个不同的保护范围，即删去"例如马铃薯薄片"的用语。最后修改成的该项独立权利要求1为：

"1. 一种油炸食品的制作方法，该方法包括如下步骤，

－将待油炸食品原料在真空条件下进行油炸，

－然后对所述经过油炸的食品进行离心脱油处理，

－将经所述离心脱油处理的油炸食品排出，

其特征在于：所述离心脱油处理步骤也是在真空条件下进行的。"

相应地，为使修改后的油炸食品制作设备的独立权利要求与修改后的上述独立权利要求1之间满足单一性的要求，应当用技术特征清楚地表明其中的离心装置也处于真空条件，为此应当增加一些如进料阀、出料阀这样的技术特征，并写明各组成部分之间的连接关系。

同样，在修改油炸食品制作设备的独立权利要求时也应当删去"特别是油炸马铃薯薄片"的用语。最后修改成的油炸食品制作设备独立权利要求为：

"一种用于实现权利要求1所述油炸食品制作方法的设备，包括原料供应装置（101'），进料阀（102'），油炸装置（103'），出料阀（108'）和产品排出装置（110'），还包括用于使油炸装置（103'）保持于真空条件的抽真空装置（104'）以及对经油炸的食品进行离心脱油的离心装置（109'），所述油炸装置（103'）设有输入口和输出口，其输入口通过所述进料阀（102'）与所述原料供应装置（101'）的出料口密封固定连接，其特征在于：所述油炸装置（103'）的输出口直接与所述离心装置（109'）的输入口密封固定连接，所述出料阀（108'）密封设置在所述离心装置（109'）的输出口处。"

（3）对从属权利要求的修改

在完成两项独立权利要求的修改后，就应当着手从属权利要求的修改。

对于油炸食品制作方法的独立权利要求中所删去的有关马铃薯薄片的限定，可将其作为附加技术特征，改写成油炸食品制作方法独立权利要求的从属权利要求2。但是，对于油炸食品制作设备而言，限定成马铃薯薄片对该制作设备的结构未带来任何改变，因此无需针对此撰写一项油炸食品制作设备的从属权利要求。

对于油炸食品制作方法的从属权利要求来说，可针对原权利要求2限定部分油炸时的真空条件以及原权利要求5限定部分优选的离心处理的真空条件撰写一项从属权利要求，由于两者为同样的真空条件，因此写成一项从属权利要求3，为了避免在此之后进一步撰写的从属权利要求出现"多项引多项"而不符合《专利法实施细则》第22条第2款的规定，该从属权利要求3仅引用了修改后的独立权利要求1。

然后再以原权利要求3、6、7限定部分的技术特征作为附加技术特征各撰写一项从属权利要求4、5和6，其中修改后的权利要求4和5都引用权利要求1至3中任一项权利要求，鉴于原权利要求7是对原权利要求6的进一步限定，因此修改后的权利要求6仅引用权利要求5。

修改后的油炸食品制作方法的从属权利要求2至6为：

"2. 根据权利要求1所述的制作方法，其特征在于：所述油炸食品为油炸马铃薯薄片。

3. 根据权利要求1所述的制作方法，其特征在于：所述真空条件均为0.02～0.08MPa。

4. 根据权利要求1至3中任一项所述的制作方法，其特征在于：在油炸之前，先将所述待油炸食品原料进行焙烤。

5. 根据权利要求1至3中任一项所述的制作方法，其特征在于：在油炸的油脂中添加由防粘剂、消泡剂和风味保持剂组成的组合物，其中防粘剂占30%～40%（重量百分比），消泡剂占40%～50%（重量百分比），风味保持剂占10%～20%（重量百分比）。

6. 根据权利要求5所述的制作方法，其特征在于：所述组合物在进行油炸之前或者在油炸

过程中添加到油脂中。"

由于修改后的油炸食品制作方法的权利要求共有六项，因而油炸食品制作设备成为修改后的独立权利要求7。

此后，以原权利要求9限定部分的技术特征为附加技术特征，撰写一项从属权利要求8。在此基础上再以原权利要求11和12限定部分的技术特征为附加技术特征分别撰写从属权利要求9和从属权利要求10，其中修改后的权利要求9引用修改后的权利要求7或8，而修改后的权利要求10是对修改后的权利要求9的技术方案作进一步限定，因此仅引用权利要求9。

修改后的油炸食品制作设备的从属权利要求8至10为：

"8. 根据权利要求7所述的制作设备，其特征在于：该设备还包括在油炸之前将食品原料进行焙烤的焙烤装置。

9. 根据权利要求7或8所述的设备，其特征在于：所述离心装置的旋转轴线以相对于垂直方向倾斜的方式设置。

10. 根据权利要求9所述的设备，其特征在于：所述倾斜的角度为30°。"

（4）向客户建议提出分案申请的独立权利要求的撰写

前面已经指出，对于该专利申请的两项独立权利要求，其中油炸食品制作方法独立权利要求的特定技术特征为"离心脱油处理在真空条件下进行"，油炸食品制作设备独立权利要求的特定技术特征为"油炸装置的输出口直接与离心装置的输入口密封固定连接，出料阀密封设置在所述离心装置的输出口处"。设备独立权利要求的特定技术特征所起的作用确保了该制作设备中的离心装置在真空条件下进行脱油处理，可知其与"离心脱油处理在真空条件下进行"为相应的特定技术特征，因此这两项独立权利要求之间满足单一性的要求。

作为油炸食品制作方法独立权利要求修改的另一种备选方式是将原权利要求6直接改写成独立权利要求，但该独立权利要求的特定技术特征（添加到油脂中的组合物）与上述两项独立权利要求的特定技术特征既不相同又不相应，即该独立权利要求与上述两项独立权利要求不属于一个总的发明构思，因此可以考虑向客户提出分案申请的建议。但对于这件分案申请来说，由原说明书记载的内容可知，该发明还包含另一项具备新颖性、创造性的主题，即由防粘剂、消泡剂和风味保持剂组成的组合物，鉴于该组合物与由原权利要求6改写而成的独立权利要求之间具有相同的技术特征，因此该分案申请也可以包括两项独立权利要求，该两项独立权利要求分别为：

"1. 一种油炸食品的制作方法，该方法包括将待油炸食品原料在真空条件下进行油炸以及将经过油炸的食品排出，其特征在于：在油炸的油脂中添加由防粘剂、消泡剂和风味保持剂组成的组合物，其中防粘剂占30%～40%（重量百分比），消泡剂占40%～50%（重量百分比），风味保持剂占10%～20%（重量百分比）。

2. 一种用于向油炸的油脂中添加的组合物，该组合物由防粘剂、消泡剂和风味保持剂组成，其中防粘剂占30%～40%（重量百分比），消泡剂占40%～50%（重量百分比），风味保持剂占10%～20%（重量百分比）。"

同样，作为油炸食品制作设备独立权利要求修改的另一种备选方式是将离心装置的旋转轴线倾斜设置，即将原权利要求11改写成油炸食品制作设备独立权利要求，但该独立权利要求的特定技术特征（离心装置旋转轴线倾斜设置）与该专利申请中修改后的两项独立权利要求的特定技术特征既不相同又不相应，因此也可以考虑向客户提出分案申请的建议。该分案申请的独立权利要求为：

"1. 一种油炸食品的制作设备，包括原料供应装置、油炸装置、产品排出装置、用于使油炸装置在真空条件下工作的抽真空装置以及在油炸之后对经过油炸的食品进行离心处理的离心装置，其特征在于：所述离心装置的旋转轴线以相对于垂直方向倾斜的方式设置。"

(5) 对说明书的适应性修改

在对权利要求书作出修改后，应当对说明书作出适应性修改。

就该申请而言，说明书的适应性修改应当包括如下几个方面。

发明名称：由于原权利要求13所要求保护的油炸马铃薯薄片相对于对比文件2不具备新颖性，修改后的权利要求书中删除了这一主题，因此发明名称中应当删除反映原独立权利要求13技术方案主题名称的内容，即发明名称改为"油炸食品的制作方法和制作设备"。

技术领域部分：由于删除了原独立权利要求13，因此技术领域中也应当将反映原独立权利要求13技术方案的内容删去，即删除说明书第［0001］段的最后一句"本发明还涉及使用所述方法制作的油炸马铃薯薄片"。

背景技术部分：将审查意见通知书中引用的对比文件美国专利说明书US××××××××A和日本专利申请公开说明书JP特开平××-×××××××A的有关内容补充到这一部分。

发明内容部分：其中要解决的技术问题要做两方面的修改，一方面删去其中有关油炸食品主题的内容，另一方面将要解决的技术问题确定为"在降低油炸食品油脂含量的同时防止其破碎"，即将说明书第［0003］段修改为："本发明要解决的技术问题是提供一种油炸食品制作方法和制作设备，其所制成的油炸食品在降低油脂含量的同时不会发生破碎。"技术方案和有益效果这两方面的内容应当作如下修改：根据修改后的独立权利要求1改写说明书第［0004］段，使该段内容与修改后的独立权利要求1相适应，与此同时，在说明书第［0005］段中，应当根据修改后的独立权利要求1分析其带来的技术效果；然后，相应于修改后的权利要求2至6修改说明书第［0006］段至第［0008］段；根据修改后的独立权利要求7改写说明书第［0009］段，使该段内容与修改后的独立权利要求7相适应，与此同时，在说明书第［0010］段，应当根据修改后的独立权利要求7分析其带来的技术效果；此后，相应于修改后的权利要求8至10对其后两段进行修改，即保留说明书第［0011］段的内容，而根据修改后的从属权利要求9和10修改说明书第［0012］段，即删去该段前半部分的内容；鉴于修改后权利要求书删去了原权利要求13，因此应当将说明书第［0013］段的第一句话删去。

附图说明和具体实施方式部分：由于原说明书有关油炸食品制作设备的第一种实施方式已成为现有技术，因此应当对附图说明作相应的修改，写明图1为现有技术中的油炸食品制作设备的附图，图2为表示该发明油炸食品制作设备的实施方式的附图。与此相应，对于说明书第［0022］段至第［0025］段作出相应的修改。

4. 根据修改后的权利要求书撰写意见陈述书

在完成权利要求书和说明书的修改后，就开始着手撰写意见陈述书。

意见陈述书的撰写既要满足格式上的要求，又应当从实体上论述修改后的权利要求书已消除了原通知书中所指出的、确实存在的实质性缺陷，尤其是对于与国家知识产权局进行商榷的内容，应当充分阐明其符合《专利法》和《专利法实施细则》有关规定的理由。

就本案例来说，由于对权利要求书和说明书进行了修改，因此在意见陈述书的起始段后，首先说明针对审查意见通知书中哪一些审查意见（必要时包括申请文件本身所存在的缺陷）对权利要求书（如果试题中未明确写明不需要对说明书作适应性修改时，还包括说明书）作出了哪些修改，并指出修改内容在原说明书或权利要求书中的出处，从而说明所作修改符合《专利法》第33条的规定和《专利法实施细则》第51条第3款的规定。

然后，重点说明修改后的权利要求书不存在或者已消除通知书中所指出的缺陷。

在这部分，尽管审查意见通知书中的主要审查意见是专利申请不具备新颖性和创造性，而不是权利要求书未以说明书为依据，但在分析一项权利要求不存在上述两种实质性缺陷时，应当在说明该权利要求以说明书为依据的基础上再说明其具备新颖性和创造性。因此就本案例而言，在意见陈述书中应当先论述原权利要求书不存在权利要求书未以说明书为依据的实质性缺陷。

在此之后，重点说明修改后的独立权利要求1和独立权利要求7符合《专利法》第22条第2款和第3款有关新颖性和创造性规定的理由，其中在阐明修改后的独立权利要求1和7具备创造性时应当特别说明他们各自相对于对比文件1的区别技术特征既未在对比文件2中披露，也不属于本领域技术人员的公知常识，在此基础上得出该发明修改后独立权利要求1和7的技术方案相对于对比文件1、对比文件2和本领域的公知常识具有突出的实质性特点和显著的进步，从而得出修改后的独立权利要求1具备创造性的结论。

在论述了独立权利要求1和7具备新颖性和创造性之后，还应当简要地论述权利要求2至6以及权利要求8至10具备新颖性和创造性的理由。

以上结合本案例对答复审查意见通知书时修改专利申请文件和撰写意见陈述书的思路作出了说明。但所做工作的好坏将最后体现在修改后的权利要求书和所撰写的意见陈述书中。下面给出权利要求书和意见陈述书的推荐样本，供考生参考。

（三）修改后的权利要求书和撰写的意见陈述书的推荐样本

1. 修改后提交的权利要求书的推荐样本

"1. 一种油炸食品的制作方法，该方法包括如下步骤，

-将待油炸食品原料在真空条件下进行油炸，

-然后对所述经过油炸的食品进行离心脱油处理，

-将经所述离心脱油处理的油炸食品排出，

其特征在于：所述离心脱油处理步骤也是在真空条件下进行的。

2. 根据权利要求1所述的制作方法，其特征在于：所述油炸食品为油炸马铃薯薄片。

3. 根据权利要求1所述的制作方法，其特征在于：所述真空条件均为0.02～0.08MPa。

4. 根据权利要求1～3中任一项所述的制作方法，其特征在于：在油炸之前，先对所述待油炸食品原料进行焙烤。

5. 根据权利要求1～3中任一项所述的制作方法，其特征在于：在油炸的油脂中添加由防粘剂、消泡剂和风味保持剂组成的组合物，其中防粘剂占30%～40%（重量百分比），消泡剂占40%～50%（重量百分比），风味保持剂占10%～20%（重量百分比）。

6. 根据权利要求5所述的制作方法，其特征在于：所述组合物在进行油炸之前或者在油炸过程中添加到油脂中。

7. 一种用于实现权利要求1所述油炸食品制作方法的设备，包括原料供应装置（101'），进料阀（102'），油炸装置（103'），出料阀（108'）和产品排出装置（110'），还包括用于使油炸装置（103'）保持于真空条件的抽真空装置（104'）以及对经油炸的食品进行离心脱油的离心装置（109'），所述油炸装置（103'）设有输入口和输出口，其输入口通过所述进料阀（102'）与所述原料供应装置（101'）的出料口密封固定连接，其特征在于：所述油炸装置（103'）的输出口直接与所述离心装置（109'）的输入口密封固定连接，所述出料阀（108'）密封设置在所述离心装置（109'）的输出口处。

8. 根据权利要求7所述的设备，其特征在于：该设备还包括在油炸之前将食品原料进行焙烤的焙烤装置。

9. 根据权利要求7或8所述的设备,其特征在于:所述离心装置的旋转轴线以相对于垂直方向倾斜的方式设置。

10. 根据权利要求9所述的设备,其特征在于:所述倾斜的角度为30°。"

2. 意见陈述书正文的推荐样本

根据前面所作分析和修改的权利要书、撰写意见陈述书。下面给出推荐的"意见陈述书"正文。

"意见陈述书"正文

国家知识产权局:

本意见陈述书是针对贵局于××××年×月××日发出的"第一次审查意见通知书"作出的答复,随此意见陈述书附上修改的权利要求书全文、说明书的相应替换页和说明书摘要,以及表明修改处的参考页。

一、修改说明

1. 针对通知书中指出的原权利要求1、2和4不具备新颖性和原权利要求3不具备创造性的实质性缺陷,对权利要求1至7进行了如下修改。

(1) 在权利要求1中补充了"在真空条件下对经过油炸的食品进行离心脱油处理"的步骤。在作上述进一步限定的同时还进行了两方面的修改,其一是删去了原权利要求1中的"例如马铃薯薄片""例如油炸马铃薯薄片"这样的技术特征,从而消除了原权利要求1中出现两个不同保护范围而导致权利要求1所存在的未清楚限定要求专利保护的范围的缺陷,其二是相对于对比文件1划清了前序部分和特征部分的界限,即将原权利要求1特征部分的特征以及所补充的技术特征中有关对经过油炸的食品进行离心脱油处理的内容写入了前序部分。由此可知这一修改是针对通知书指出的缺陷和申请文件所存在的缺陷进行的修改。该修改的依据来自于原权利要求5引用原权利要求4的部分以及原说明书第[0019]段和第[0020]段,由此可知,这一修改未超出原说明书的记载范围。

(2) 以原权利要求1中有关油炸食品为马铃薯薄片的内容作为附加技术特征,改写为修改后的从属权利要求2。

(3) 以原权利要求2限定部分的技术特征和原权利要求5限定部分写明的优选特征作为附加技术特征,改写成修改后的从属权利要求3。

(4) 以原权利要求3、6和7限定部分的技术特征分别作为附加技术特征,各改写成一项从属权利要求,即修改后的从属权利要求4至6。

2. 针对通知书中指出的原权利要求8和10不具备新颖性以及原权利要求9不具备创造性的实质性缺陷,对原权利要求8至12进行了如下修改。

(1) 在原权利要求8中,补充了有关实现"在真空条件下对经过油炸的食品进行离心脱油处理"的部件和结构,将其作为新修改的独立权利要求7。在作上述进一步限定的同时还进行了三方面的修改:其一是删去了原权利要求8中的"特别是油炸马铃薯薄片"这样的技术特征,消除了原权利要求8中出现两个不同保护范围而导致该权利要求所存在的未清楚限定要求专利保护范围的缺陷;其二是补充了一些结构特征以及反映其部件之间连接关系的技术特征,从而消除了原权利要求8所存在的未清楚地限定要求专利保护范围的缺陷;其三是相对于对比文件1划清了前序部分和特征部分的界限，即将原权利要求8特征部分的特征以及所补充的技术特征中与对比文件1共有的技术特征写入了前序部分。由此可知这一修改是针对通知书指出的缺陷和申请文件所存在的缺陷进行的修改。该修改的依据来自于说明书第［0023］段和第［0025］段，由此可知这一修改未超出原说明书的记载范围。

（2）以原权利要求9、11和12限定部分的技术特征分别作为附加技术特征，各改写成一项从属权利要求，即修改后的从属权利要求8至10。

3. 同意"第一次审查意见通知书"中关于权利要求13不具备新颖性的审查意见，因此删除了原权利要求13。

4. 针对原权利要求书和说明书中存在技术术语不统一的缺陷，将其中包含有错别字的"马龄薯薄片"修改为"马铃薯薄片"。

5. 在修改权利要求书后，对说明书的名称和技术领域、发明内容部分中要解决的技术问题、技术方案和有益效果进行了相适应的修改，并将审查意见通知书中所引用的美国专利说明书US—×××××××A和日本专利申请公开说明书JP特开平××—××××××A的有关内容补充到背景技术部分中。此外，由于说明书中有关油炸食品制作设备的第一种实施方式已被对比文件1公开，即这种实施方式成为现有技术，因而在附图说明部分对图1的说明以及具体实施方式部分中有关第一种实施方式的说明均明确为现有技术中的油炸食品制作设备，以将其排除在本发明要求专利保护的范围之外。❶

以上修改均未超出原说明书和权利要求书记载的范围，且对权利要求书所作修改都是针对"第一次审查意见通知书"指出的缺陷或申请文件所存在的缺陷进行的修改，对说明书的修改是针对权利要求书的修改作出的适应性修改，因此上述修改既符合《专利法》第33条的规定，也符合《专利法实施细则》第51条第3款的规定。具体修改内容参见修改后的权利要求书以及说明书的相应替换页。

二、修改后的权利要求书符合以说明书为依据的规定

申请人不同意审查员所指出的原权利要求1和8未以说明书为依据的审查意见。

在判断权利要求是否得到说明书支持时，应当考虑说明书的全部内容，而不是仅限于具体实施方式部分的内容。本申请的说明书第［0013］段中明确记载，本发明所述方法和设备适用于除油炸马铃薯薄片等油炸薯类食品以外的油炸玉米饼薄片、油炸丸子、油炸春卷、油炸排叉、油炸蔬菜、油炸水果等油炸食品。说明书第［0020］段记载了真空离心处理具有防止油炸食品破碎和进一步降低含油量的技术效果，对于本领域的技术人员来说，可以推知该真空离心处理及其带来的技术效果同样适用于除马铃薯以外的其他油炸食品，因此修改后的权利要求书能够得到说明书的支持，符合《专利法》第26条第4款有关权利要求书应当以说明书为依据的规定。

三、关于新颖性和创造性

1. 修改后的权利要求1具备《专利法》第22条第2款规定的新颖性。

对比文件1公开了一种油炸薯片的制备方法，包括将马铃薯薄片送入真空油炸装置内进行油炸，油炸完毕后使油炸装置内恢复大气压，再将油炸后的薯片送入离心脱油机中进行脱油，然后排出。将修改后的权利要求1请求保护的技术方案与对比文件1对比，可以看出对比文件1并没有公开权利要求1中的"离心处理步骤也是在真空条件下进行的"这一技术特征，因此，权利要

---

❶ 如果"专利代理实务"科目试题中明确写明应试时无需对说明书进行修改，则答题时可以不包括这一段内容。

求1请求保护的技术方案不同于对比文件1公开的技术方案，相对于对比文件1具备新颖性。

对比文件2公开了一种制造含油量较少的油炸马铃薯薄片的方法，该方法包括将马铃薯薄片焙烤后，放入油炸器中油炸，然后将薯片和过热蒸汽接触。通过此方法，不仅使马铃薯薄片含油量较少，而且表面形成较大鼓泡。修改后的权利要求1包括在真空条件下油炸食品原料，并在真空条件下进行离心处理的步骤。而对比文件2中并没有公开这两个技术特征。由此可见，修改后的权利要求书1请求保护的技术方案与对比文件2公开的技术方案不同，相对于对比文件2具备新颖性。

2. 修改后的权利要求1具备《专利法》第22条第3款规定的创造性。

对于对比文件1和对比文件2来说，两者与本发明修改后的独立权利要求1均属于相同的技术领域，两者所解决的技术问题和有益效果与本发明权利要求1的技术方案相比其接近程度也差不多，考虑到对比文件1与对比文件2相比还披露了离心脱油这一技术特征，即对比文件1所披露的权利要求1的技术特征更多，因此，对比文件1是本发明最接近的现有技术。

权利要求1与对比文件1的区别特征为：离心处理在真空条件下进行，从而权利要求1的技术方案相对于对比文件1实际所解决的技术问题是在提供一种制作油炸食品的方法，其能在降低油炸食品油脂含量的同时防止油炸食品破碎。

对比文件2中采用的油炸食品脱油手段是通过让经过油炸的食品与过热蒸汽接触来进行的，因此对比文件2未披露在真空条件下进行离心脱油的手段。此外，对本领域的技术人员而言，并不知道在真空条件下离心脱油能起到防止油炸食品破碎的作用，即在真空条件下离心脱油并不是本领域技术人员为防止油炸食品破碎而采用的惯用手段，即上述区别特征也不属于本领域技术人员的公知常识。由此可知，对比文件2和本领域的公知常识中并未给出将"真空条件下进行离心脱油"的技术措施应用到对比文件1中以得到权利要求1技术方案的技术启示，即权利要求1相对于对比文件1、对比文件2和本领域的公知常识是非显而易见的，因而具有突出的实质性特点。

该权利要求1的技术方案相对于对比文件1和对比文件2能够在降低油炸食品油脂含量的同时防止油炸食品破碎，即其相对于现有技术具有有益效果，因而该权利要求1具有显著的进步。

综上所述，权利要求1相对于对比文件1、对比文件2和本领域的公知常识具备创造性。

3. 修改后的权利要求2至6具备《专利法》第22条第2款和第3款规定的新颖性和创造性。

权利要求2至6是对独立权利要求1进一步限定的从属权利要求，对于本申请案而言，"第一次审查意见通知书"中所引用的对比文件1和对比文件2均在本申请的优先权日前公开，因而当修改后的独立权利要求1相对于这些对比文件具备新颖性和创造性时，其从属权利要求2至6相对于这些对比文件也具备新颖性和创造性。

4. 修改后的独立权利要求7具备《专利法》第22条第2款规定的新颖性。

对比文件1公开了一种油炸薯片设备，包括进料装置、油炸装置、离心脱油装置、出料室、抽真空装置。但是，对比文件1没有公开本申请权利要求7中特征部分的技术特征"油炸装置的输出口直接与离心装置的输入口密封固定连接，出料阀设置在离心装置输出口处"。由此可知，权利要求7的技术方案并未被对比文件1披露，并相对于对比文件1能带来防止油炸食品破碎的技术效果，因此，权利要求7相对于对比文件1具备新颖性。

对比文件2中没有公开一套完整的油炸薯片设备，特别是没有公开独立权利要求7中的抽真空装置、离心装置，即权利要求7的技术方案并未被对比文件1披露，因此，权利要求7相对于对比文件2也具备新颖性。

5. 修改后的独立权利要求7具备《专利法》第22条第3款规定的创造性。

与前面分析修改后的独立权利要求1具备创造性时确定最接近的现有技术的理由相同，对于修改后的独立权利要求7，也应当将对比文件1作为其最接近的现有技术。由于对比文件1中公开的油炸薯片制作设备中其离心装置在常压条件下对油炸食品进行离心脱油，因而修改后的权利要求7的技术方案与对比文件1公开的实现油炸薯片制备方法的设备相比，其区别在于："本申请将油炸装置输出口直接与离心装置的输入口密封固定连接，出料阀密封设置在离心装置输出口处"，从而权利要求7相对于对比文件1实际解决的技术问题是提供一种油炸食品制作设备，其能在降低油炸食品油脂含量的同时防止油炸食品破碎以保持完整外形。

对比文件2中没有公开任何真空离心装置的内容，因而没有给出将上述区别技术特征应用到最接近的现有技术对比文件1中以解决"在降低油炸食品油脂含量的同时防止油炸食品破碎以保持完整外形"这一技术问题的任何启示。此外，这一区别技术特征也不属于本领域技术人员的公知常识，因此，修改后权利要求7相对于对比文件1、对比文件2和本领域的公知常识是非显而易见的，具有突出的实质性特点。

独立权利要求7的技术方案通过采用"使油炸装置输出口直接与离心装置的输入口密封固定连接，出料阀密封设置在离心装置输出口处"的技术手段，使该设备的离心脱油处理在真空条件下进行，从而可以使该设备所制得的油炸食品在降低其油脂含量的同时保持完整外形，即权利要求7相对于现有技术带来了有益的效果，具有显著的进步。

综上所述，修改后的权利要求7具有突出的实质性特点和显著的进步，具备创造性。

6. 修改后的权利要求8至10具备《专利法》第22条第2款和第3款规定的新颖性和创造性。

权利要求8至10是对独立权利要求7作进一步限定的从属权利要求，对于本申请案而言，"第一次审查意见通知书"中所引用的对比文件1和对比文件2均在本申请的优先权日前公开，因而当修改后的独立权利要求7相对于这些对比文件具备新颖性和创造性时，其从属权利要求8至10相对于这些对比文件也具备新颖性和创造性。

申请人相信，修改后的权利要求书已经完全克服了"第一次审查意见通知书"中指出的新颖性和创造性问题，并克服了其他一些形式缺陷，符合《专利法》《专利法实施细则》和《专利审查指南2010》的有关规定。如果在继续审查过程中认为本申请还存在其他缺陷，请联络本代理人，申请人及本代理人将尽力配合工作。

专利代理人：×××（电话：××××××××）

3. 向客户建议的分案申请的独立权利要求推荐样本

由前述分析可知，可以向客户建议提出两件分案申请。其中第一件分案申请的两项独立权利要求为：

"1. 一种油炸食品的制作方法，该方法包括将待油炸食品原料在真空条件下进行油炸以及将经过油炸的食品排出，其特征在于：在油炸的油脂中添加由防粘剂、消泡剂和风味保持剂组成的组合物，其中防粘剂占30%～40%（重量百分比），消泡剂占40%～50%（重量百分比），风味保持剂占10%～20%（重量百分比）。

2. 一种用于向油炸的油脂中添加的组合物，该组合物由防粘剂、消泡剂和风味保持剂组成，其中防粘剂占30%～40%（重量百分比），消泡剂占40%～50%（重量百分比），风味保持剂占10%～20%（重量百分比）。"

第二件分案申请的独立权利要求为：

"1. 一种油炸食品的制作设备，包括原料供应装置、油炸装置、产品排出装置、用于使油炸装置在真空条件下工作的抽真空装置以及在油炸之后对经过油炸的食品进行离心处理的离心装置,其特征在于:所述离心装置的旋转轴线以相对于垂直方向倾斜的方式设置。"

三、【案例3】光催化空气净化器[1]

(一) 申请案情况介绍[2]

本案例涉及一件客户自行向国家知识产权局提出、名称为"光催化空气净化器"的发明专利申请,申请日为2012年2月25日。提出申请后未对专利申请文件进行过主动修改,审查员针对其原始专利申请文件发出"第一次审查意见通知书",引用了三份对比文件。要求考生完成两项工作:针对第一次审查意见陈述书撰写提供给客户的咨询意见,即参考"第一次审查意见通知书"向客户逐一解释该发明专利申请的权利要求书和说明书是否符合《专利法》和《专利法实施细则》的相关规定并说明理由,且给出权利要求书的修改建议并说明理由;撰写提交给国家知识产权局的修改后的权利要求书和意见陈述书。

1. 发明专利申请文件

(19) 中华人民共和国国家知识产权局

(12) 发明专利申请

(43) 申请公布日　2013.7.25

---

(21) 申请号　201210035678.9
(22) 申请日　2012.2.25
(71) 申请人　A公司
(其余著录项目略)

---

[1] 此案例根据2014年全国专利代理人资格考试"专利代理实务"科目有关答复审查意见通知书的试题部分改编。

[2] 为方便读者理解发明专利申请和对比文件的技术内容,该发明专利申请文件和对比文件的附图中对图中所示的各个部件除给出相应的附图标记外,还与全国专利代理人资格考试"专利代理实务"科目试题一样给出了与各附图标记相应的部件名称。

权 利 要 求 书

1. 一种光催化空气净化器，它包括壳体（1）、位于壳体下部两侧的进风口（2）、位于壳体顶部的出风口（3）以及设置在壳体底部的风机（4），所述壳体（1）内设置有第一过滤网（5）和第二过滤网（6），其特征在于，该光催化空气净化器内还设有光催化剂板（7）。

2. 根据权利要求1所述的光催化空气净化器，其特征在于，所述第一过滤网（5）是具有向下凸起曲面（9）的活性炭过滤网，所述第二过滤网（6）是PM2.5颗粒过滤网。

3. 根据权利要求1所述的光催化剂板，其特征在于，所述光催化剂板（7）由两层表面负载有纳米二氧化钛涂层的金属丝网（10）和填充在两层金属丝网（10）之间的负载有纳米二氧化钛的多孔颗粒（11）组成。

4. 一种空气净化方法，其特征在于，该方法包括使空气经过光催化剂板（7）进行过滤净化的步骤。

5. 一种治疗呼吸道类疾病的方法，该方法使用权利要求1所述的光催化空气净化器。

说 明 书

一种光催化空气净化器

本发明涉及一种空气净化器,尤其涉及一种光催化空气净化器。

现有的空气净化器大多采用过滤、吸附等净化技术,没有对有害气体进行催化分解,无法有效除去空气中的甲醛等污染物。

为解决上述问题,本发明提供了一种将过滤、吸附与光催化氧化相结合的空气净化器。光催化氧化是基于光催化剂在紫外光的作用下产生活性态氧,将空气中的有害气体氧化分解为二氧化碳和水等物质。

本发明的技术方案是:一种光催化空气净化器,它包括壳体、位于壳体下部两侧的进风口、位于壳体顶部的出风口以及设置在壳体底部的风机。所述壳体内设置有第一过滤网、第二过滤网、光催化剂板和紫外灯。所述光催化空气净化器能有效催化氧化空气中的有害气体,净化效果好。

图1是本发明光催化空气净化器的正面剖视图。

图2是本发明光催化剂板的横截面图。

如图1所示,该空气净化器包括壳体1、位于壳体下部两侧的进风口2、位于壳体顶部的出风口3以及设置在壳体底部的风机4,所述壳体1内从下往上依次设置有第一过滤网5、光催化剂板7、紫外灯8和第二过滤网6。所述第一过滤网5是活性炭过滤网,其具有向下凸起的曲面9,该曲面9不仅能增大过滤网的过滤面积,而且还能使空气顺畅穿过第一过滤网5,有助于降低噪音。所述第二过滤网6是PM2.5颗粒(直径小于等于2.5微米的颗粒物)过滤网。

如图2所示,所述光催化剂板7由两层表面负载有纳米二氧化钛涂层的金属丝网10和填充在两层金属丝网10之间的负载有纳米二氧化钛的多孔颗粒11组成。

本发明的光催化空气净化器工作时,室内空气在风机4的作用下经进风口2进入,经过第一过滤网5后,其中的灰尘等较大颗粒物质被过滤掉;然后经过受到紫外灯8照射的光催化剂板7,其中的有害气体被催化氧化;随后经过第二过滤网6,PM2.5颗粒被过滤掉,净化后的空气经出风口3送出,净化效率高。

根据需要,可以在该光催化空气净化器的第二过滤网6的上部设置中草药过滤网盒,所述中草药过滤网盒内装有薄荷脑、甘草粉等中草药。净化后的空气经中草药过滤网盒排入室内,可预防或治疗呼吸道类疾病。

说 明 书 附 图

图1 中各部件标号：
- 1 壳体
- 3 出风口
- 6 第二过滤网
- 8 紫外灯
- 7 光催化剂板
- 9 曲面
- 5 第一过滤网
- 2 进风口
- 4 风机

图1

图2 中各部件标号：
- 10 金属丝网
- 11 多孔颗粒
- 10 金属丝网
- 7 光催化剂板

图2

2. "第一次审查意见通知书"正文

"第一次审查意见通知书"中引用了三份对比文件：A公司的中国实用新型专利文件，申请号为201220016456.7，申请日为2012年1月25日，授权公告日为2012年10月9日；中国实用新型专利，申请号为201120012345.7，申请日为2011年1月20日，授权公告日为2011年9月2日；中国实用新型专利，申请号为201020103456.7，申请日为2010年7月20日，授权公告日为2011年4月9日。

"第一次审查意见通知书"正文

本发明涉及一种光催化空气净化器，经审查，提出如下审查意见：

1. 独立权利要求1缺少解决其技术问题的必要技术特征，不符合《专利法实施细则》第20条第2款的规定。

2. 权利要求1不具备《专利法》第22条第2款规定的新颖性。对比文件1公开了一种家用空气净化设备，其公开了权利要求1的全部技术特征。因此，权利要求1所要求保护的技术方案不符合《专利法》第22条第2款的规定。

3. 权利要求2不具备《专利法》第22条第3款规定的创造性。对比文件1公开了一种家用空气净化设备，对比文件2公开了一种车载空气清新机，对比文件3公开了一种空气过滤器，对比文件1、2和3属于相同的技术领域。因此，权利要求2所要求保护的技术方案相对于对比文件1、2的结合，或者相对于对比文件2、3的结合均不具备创造性，不符合《专利法》第22条第3款的规定。

4. 权利要求3不符合《专利法实施细则》第22条第1款的规定。

5. 权利要求4未以说明书为依据，不符合《专利法》第26条第4款的规定。

6. 权利要求5不符合《专利法》第25条第1款的规定。

综上所述，本申请的权利要求书和说明书存在上述缺陷。申请人应当对本通知书提出的意见予以答复。如果申请人提交修改文本，则申请文件的修改应当符合《专利法》第33条的规定，不得超出原说明书和权利要求书所记载的范围。

3. "第一次审查意见通知书"中引用的对比文件的有关内容

（1）对比文件1

(19) 中华人民共和国国家知识产权局

(12) 实用新型专利

(45) 授权公告日 2012年10月9日

(21) 申请号 201220016456.7
(22) 申请日 2012.1.25
(73) 专利权人 A公司
    （其余著录项目略）

说 明 书

一种家用空气净化设备

本实用新型涉及一种家用空气净化设备。

图1是本实用新型家用空气净化设备的立体图。

图2是本实用新型家用空气净化设备的正面剖视图。

如图1、2所示，该家用空气净化设备包括壳体1、位于壳体下部两侧的进风口2、位于壳体顶部的出风口3以及设置在壳体底部的风机4。所述壳体1内由下向上依次设置有除尘过滤网5、活性炭过滤网6、紫外灯8和光催化剂多孔陶瓷板7。所述除尘过滤网由两层金属丝网和填充在两者之间的无纺布所组成。所述光催化剂多孔陶瓷板7上涂覆有纳米二氧化钛涂层。

该家用空气净化设备在工作时，室内空气在风机4的作用下经进风口2进入，经除尘过滤网5和活性炭过滤网6过滤后，除去其中的灰尘等颗粒物质；然后经过受到紫外灯8照射的光催化剂多孔陶瓷板7，其中的有害气体被催化分解，净化后的空气经出风口3送出。

说 明 书 附 图

图 1

- 3 出风口
- 1 壳体
- 2 进风口

图 2

- 1 壳体
- 3 出风口
- 7 多孔陶瓷板
- 8 紫外灯
- 6 活性炭过滤网
- 5 除尘过滤网
- 2 进风口
- 2 进风口
- 4 风机

(2) 对比文件 2

(19) 中华人民共和国国家知识产权局

(12) 实用新型专利

(45) 授权公告日 2011 年 9 月 2 日

(21) 申请号 201120012345.7
(22) 申请日 2011.1.20
(其余著录项目略)

说 明 书

一种车载空气清新机

本实用新型涉及一种车载空气清新机。

目前的车载空气清新机大都通过活性炭过滤网对车内空气进行过滤，但是活性炭过滤网仅能过滤空气中颗粒较大的悬浮物，不能对人体可吸入的细小颗粒进行过滤。

图1为本实用新型车载空气清新机的立体图。

图2为本实用新型车载空气清新机的剖视图。

如图1、2所示，一种车载空气清新机，其包括壳体1、位于壳体一端的进风口2、位于壳体另一端侧面的出风口3。在壳体内从右往左依次设置有活性炭过滤网5、鼓风机4、PM2.5颗粒过滤网6、紫外灯8和格栅状导风板7。所述鼓风机4设置在两层过滤网之间，所述导风板7靠近出风口3，在所述导风板7上涂覆有纳米二氧化钛薄膜。该车载空气清新机通过电源接口（图中未示出）与车内点烟器相连。

使用时，将电源接口插入车内点烟器中，车内空气在鼓风机4的作用下，经由进风口2进入，经过活性炭过滤网5，滤除其中的大颗粒悬浮物；随后经过PM2.5颗粒过滤网6，过滤掉人体可吸入的细小颗粒；然后经过受到紫外灯8照射的涂覆有纳米二氧化钛薄膜的导风板7，其中的有害气体被催化氧化，净化后的空气经出风口3排出。

说 明 书 附 图

3 出风口　　　　　　　　　　　　2 进风口

1 壳体

图 1

1 壳体　　　8 紫外灯　　　4 鼓风机　　　2 进风口

3 出风口　　7 导风板　　6 PM2.5 颗粒过滤网　　5 活性炭过滤网

图 2

(3) 对比文件 3

(19) 中华人民共和国国家知识产权局

(12) 实用新型专利

(45) 授权公告日 2011 年 4 月 9 日

(21) 申请号 201020103456.7
(22) 申请日 2010.7.20
（其余著录项目略）

说 明 书

一种空气过滤器

本实用新型涉及一种应用于工矿厂房粉尘过滤的空气过滤器。通常将该空气过滤器吊装在厂房顶部以解决厂房内灰尘大的问题。

图1为本实用新型空气过滤器的正面剖视图。

如图1所示,一种空气过滤器,其包括筒体1、位于筒体上部的进风口2、位于筒体下部的出风口3、风机4、活性炭过滤网5和除尘过滤网6。所述风机4设置在靠近出风口3,所述活性炭过滤网5呈锥状,锥状设置的活性炭过滤网不仅能增大过滤面积,而且能使所吸附的灰尘等大颗粒悬浮物沉淀于过滤网的边缘位置,由此增大过滤效率。

该空气过滤器工作时,空气在风机4的作用下,经进风口2进入,经过除尘过滤网6,除去其中的大部分灰尘,然后经过锥状活性炭过滤网5,进一步滤除掉空气中的灰尘等大颗粒悬浮物,净化后的空气经出风口3送出。

说 明 书 附 图

图 1

（二）审查意见通知书答复的思路

对于"专利代理实务"科目中涉及答复审查意见通知书部分的应试，考生应当按照以下思路进行：了解试题中所给出专利申请文件的内容；全面、准确地理解和分析审查意见通知书，包括对其引用对比文件的分析；根据分析结果对专利申请前景作出判断以确定应对策略；向客户给出咨询意见（包括对审查意见的分析和对专利申请文件的修改建议）；最后以修改的专利申请文件为依据撰写意见陈述书。

1. 对专利申请文件的分析

从对该申请案的情况介绍可知，该发明专利申请未要求优先权，其申请日为2012年2月25日，晚于2009年10月1日，也晚于2010年2月1日，按照《施行修改后的专利法的过渡办法》和《施行修改后的专利法实施细则的过渡办法》的规定，该专利申请的审查适用于现行的《专利法》和《专利法实施细则》以及《专利审查指南2010》。

从该申请的权利要求书和说明书记载的内容可知，该发明专利申请要求保护三项主题：光催化空气净化器（独立权利要求1）、空气净化方法（独立权利要求4）和治疗呼吸道类疾病的方法（独立权利要求5）。

权利要求1至3要求保护光催化空气净化器。其中，独立权利要求1要求保护的光催化空气净化器是通过在其中设置光催化剂板将空气中的有害气体氧化分解，以取得更好的净化效果；从属权利要求2对独立权利要求1的光催化空气净化器的两层过滤网从结构上作进一步限定（说明书中对权利要求2中"第一过滤网具有向下凸起曲面"这一附加技术特征带来的技术效果作出了说明）；权利要求3对独立权利要求1中的光催化剂板的结构作了进一步限定。

独立权利要求4要求保护的空气净化方法中通过让空气经过光催化剂板将空气中的有害气体分解，以取得更好的净化效果。

独立权利要求5要求保护一种使用权利要求1中的光催化空气净化器来治疗呼吸道类疾病的方法。

此外，从应试角度考虑，在阅读专利申请文件时还应当注意其在撰写上还存在哪些形式缺陷（包括由于撰写不当而存在的明显实质性缺陷）。❶

对于独立权利要求1来说，在该发明专利申请说明书写明的要解决的技术问题是有效除去空气中的甲醛等有害气体。采用的技术方案是在空气净化器中设置光催化剂板和紫外灯，光催化剂板上的光催化剂在紫外光的作用下产生活性态氧，将空气中的有害气体氧化分解为二氧化碳和水等物质，由此可知光催化剂板和紫外灯是该发明解决技术问题的必要技术特征。目前的独立权利要求1中仅记载了光催化剂板而未记载紫外灯，因此独立权利要求1不符合《专利法实施细则》第20条第2款有关独立权利要求应当记载解决技术问题的必要技术特征的规定。

对于权利要求3来说，其引用部分的主题名称与其引用的权利要求1的主题名称不一致，因此不符合《专利法实施细则》第22条第1款的规定。

对于独立权利要求5来说，显然其属于《专利法》第25条第1款第（3）项规定的不授予专利权的疾病治疗方法。

2. 对审查意见通知书及其所引用对比文件的分析

对审查意见通知书进行分析时，通常可以按下述三步进行：明确审查意见通知书的总体倾向

---

❶ 但就2014年试卷中有关答复审查意见通知书的试题而言，其要求考生向客户具体分析审查意见通知书中的各项审查意见是否正确，因此在当年的试题中所涉及的这类缺陷也在审查意见通知书中给出。

性意见；分析审查意见通知书中所引用的对比文件与该专利申请的相关性；在此基础上分析各个审查意见是否正确。

(1) 明确审查意见通知书对申请文件的总体倾向性意见❶

审查意见通知书中对各项权利要求的审查意见为：权利要求1缺少必要技术特征，不符合《专利法实施细则》第20条第2款的规定，以及权利要求1相对于对比文件1不具备《专利法》第22条第2款规定的新颖性；权利要求2相对于对比文件1和2的结合或者相对于对比文件2和3的结合不具备《专利法》第22条第3款规定的创造性；权利要求3不符合《专利法实施细则》第22条第1款的规定；权利要求4未以说明书为依据，不符合《专利法》第26条第4款的规定；权利要求5不符合《专利法》第25条第1款的规定。

该"第一次审查意见通知书"中指出了权利要求1不具备新颖性和权利要求2不具备创造性，但对权利要求3仅指出其所存在的形式缺陷，而未指出其存在的实质性缺陷，其意味着若将权利要求3修改成独立权利要求有可能取得专利权。由此可知，国家知识产权局将会根据专利申请文件的修改是否消除通知书中所指出的实质性缺陷或者意见陈述书中是否有足够理由说明上述权利要求不存在这些实质性缺陷来确定是否授予专利权，因而该审查意见通知书的总体倾向性意见属于前面所指出的第三类审查意见："不定性结论意见"。

(2) 确定所引用的三份对比文件的相关性

对比文件1是一件申请人本人在该发明专利申请的申请日前申请、申请日后授权公告的中国实用新型专利文件，按照现行《专利法》的规定，其可以用来判断该发明专利申请各项权利要求是否具备新颖性，但由于其未构成该发明专利申请的现有技术，不能用于判断该发明专利申请各项权利要求是否具备创造性。

对比文件2和对比文件3均是该发明专利申请的申请日前授权公告的中国实用新型专利文件，已构成该发明专利申请的现有技术，不仅能用于判断该发明专利申请各项权利要求是否具备新颖性，也能用于判断各项权利要求是否具备创造性。

从这三份对比文件公开的内容来看，这三份对比文件均涉及空气净化器，且均涉及两层过滤网，其中对比文件1和对比文件2还涉及光催化反应结构，因此这三份对比文件公开的内容均与该发明专利申请相关。

(3) 对"第一次审查意见通知书"中各项权利要求的审查意见的分析

下面对"第一次审查意见通知书"中各项权利要求的审查意见逐一进行分析。

① 对有关独立权利要求1的审查意见的分析。

"第一次审查意见通知书"中对权利要求1给出两个审查意见：独立权利要求1缺少解决其技术问题的必要技术特征；相对于对比文件1不具备新颖性。

对于独立权利要求1缺少必要技术特征这一审查意见来说，其与前面阅读专利申请文件时所发现的独立权利要求1所存在的缺陷相一致。在该发明专利申请说明书中写明的要解决的技术问题是有效除去空气中的甲醛等有害气体，采用的技术方案是在空气净化器中设置光催化剂板和紫外灯，光催化剂板上的光催化剂在紫外光的作用下产生活性态氧，将空气中的有害气体氧化分解

---

❶ 在平时的专利代理实务中，在阅读审查意见通知书时需要判断该审查意见通知书对该专利申请的总体倾向性意见，将其作为确定应对策略的依据之一。但在应试中通常无须作这一分析，因为多半属于前面所述不定型的情况，即仍有授权前景但又需要修改申请文件，通常将根据修改后的申请文件是否消除审查意见通知书中指出的实质性缺陷来确定是否授予专利权。

为二氧化碳和水等物质，由此可知光催化剂板和紫外灯是该发明解决技术问题的必要技术特征，目前的权利要求1中仅记载了光催化剂板，而未记载紫外灯，因此独立权利要求1缺少解决技术问题的必要技术特征的审查意见正确。

对比文件1是一件申请人本人的中国实用新型专利文件，其申请日早于该发明专利申请的申请日、授权公告日晚于该发明专利申请的申请日，按照《专利法》第22条第2款的规定，可以用于判断该发明各项权利要求是否具备新颖性。由对比文件1说明书记载的内容可知，其公开了一种家用空气净化设备，包括壳体1、位于壳体下部两侧的进风口2、位于壳体顶部的出风口3以及设置在壳体底部的风机4；所述壳体1内由下向上依次设置有除尘过滤网5、活性炭过滤网6、紫外灯8和光催化剂多孔陶瓷板7；由此可知，对比文件1公开了权利要求1的全部技术特征，即其公开了权利要求1的技术方案，且其技术领域、解决的技术问题和技术效果与该发明实质相同，构成了权利要求1的抵触申请，因此审查意见通知书中有关权利要求1相对于对比文件1不具备《专利法》第22条第2款规定的新颖性的审查意见正确。

② 对有关权利要求2的审查意见的分析。

"第一次审查意见通知书"针对权利要求2指出其相对于对比文件1和对比文件2的结合或者相对于对比文件2和对比文件3的结合不具备创造性，因此按照两种不同的结合方式分别分析这一审查意见是否正确。

正如前面所指出的，对比文件1未构成该发明专利申请的现有技术，不能用于判断该发明专利申请是否具备创造性，因此审查意见通知书中有关权利要求2相对于对比文件1和2的结合不具备创造性的审查意见明显不正确。

对于第二种结合对比方式，在对比文件2和对比文件3中，由于对比文件2公开的车载空气清新机也是一种包含有活性炭过滤网、PM2.5颗粒过滤网以及光催化反应部件（涂覆有纳米二氧化钛薄膜的导风板和紫外灯）的空气净化装置，而对比文件3公开的应用于工矿厂房粉尘过滤的空气过滤器，仅包含活性炭过滤网和除尘过滤网，未包含光催化反应部件，因此从解决的技术问题、技术效果和用途来看，对比文件2比对比文件3更接近该发明，且从公开的技术特征来看，对比文件2公开了该发明更多的技术特征，因此对比文件2是该发明专利申请最接近的现有技术。

权利要求2未被最接近的现有技术对比文件2公开的技术特征为："第一过滤网（活性炭过滤网）具有向下凸起的曲面"，由该发明专利申请说明书具体实施方式部分第一段记载的内容可知，权利要求2相对于对比文件2实际解决的技术问题是增大过滤面积和降低噪音。

对比文件3中的活性炭过滤网呈锥状设置，锥尖向着空气来流方向（该发明权利要求2中活性炭过滤网向下凸起的方向也对着空气来流方向），由对比文件3说明书第三段记载的内容可知，活性炭过滤网呈锥状设置所起的作用为增大过滤面积和提高过滤效率。审查员由此认为两者的形状均向着气流方向突出，均能起到增大过滤面积的作用，因此认为对比文件3给出了将其中活性炭过滤网的形状应用到对比文件2而得到权利要求2技术方案的结合启示，从而给出权利要求2相对于对比文件2和3的结合不具备创造性的审查意见。

上述审查意见有一定道理，但是对比文件3中的活性炭过滤网为锥形，与该申请中的曲面过滤网形状不同，采用曲面结构相对于锥形结构除了具有相同的加大接触面积外，还起到降低噪音的作用，即所起作用并不完全相同。正由于存在上述形状和作用两方面的不同，可以认为本领域的技术人员将对比文件3中公开的内容应用到对比文件2中并不能直接得到权利要求2的技术方案，还需要通过改变过滤网的形状来降低噪音，而采用曲面来代替锥面并不是本领域降低噪音的惯用技术手段，因此由对比文件2和对比文件3所公开的内容以及本领域的公知常识得到权利要求2的技术方案对本领域的技术人员来说是非显而易见的，即权利要求2相对于对比文件2和3以及本领域的公知常识具有突出的实质性特点，而且权利要求2的技术方案能够降低噪音，具有显著的进步，从而可以在意见陈述书中以此为理由争辩权利要求2具备《专利法》第22条第3款规定的创造性，以说服审查员改变观点。

但是，审查员可能会坚持认为该锥状设置的过滤网也是朝向进风口凸起，其与具有向下凸起曲面的活性炭过滤网相比属于形状的简单变型，在对比文件3中所起的作用同样是增大过滤面积，由此认定权利要求2不具有突出的实质性特点和显著的进步，不具备创造性。

综上所述，关于权利要求2相对于对比文件2和对比文件3的结合是否具备创造性的问题可以与审查员进行争辩，但所作争辩不一定能说服审查员，应做好审查员不接受时的后续修改准备。

③ 对有关权利要求3的审查意见的分析。

"第一次审查意见通知书"中针对权利要求3指出其不符合《专利法实施细则》第22条第1款的规定。

正如前面阅读专利申请文件时所指出的，权利要求3引用部分的主题名称与其引用的独立权利要求1的主题名称不一致，因此权利要求3不符合《专利法实施细则》第22条第1款规定的审查意见正确。但是，如果在修改后的权利要求书中仍将其限定部分作为一项从属权利要求的附加技术特征的话，可以通过修改该权利要求的主题名称来消除这一形式缺陷。

此外，"第一次审查意见通知书"未指出权利要求3不具备创造性，且对比文件1也未公开权利要求3限定部分的技术特征，因此其不能否定权利要求3的新颖性；对比文件2和3也都未公开权利要求3限定部分的技术特征，因此对比文件2和3的结合也不能否定权利要求3的创造性。

④ 对"第一次审查意见通知书"中有关独立权利要求4的审查意见的分析。

"第一次审查意见通知书"中针对权利要求4指出其未以说明书为依据，不符合《专利法》第26条第4款的规定。

在"第一次审查意见通知书"中并未对权利要求4未以说明书为依据这一实质性缺陷作出具体说明，估计其认为权利要求4要求保护的方法中包括了使空气经过光催化剂板进行过滤净化的步骤，而由说明书可知，该空气净化方法采用的光催化剂板是"由两层表面负载有纳米二氧化钛涂层的金属丝网和填充在两层金属丝网之间的负载有纳米二氧化钛的多孔颗粒组成的光催化剂板"，能有效催化氧化空气中的有害气体，净化效果好，这并不能说明任一种包括光催化剂板的空气净化器都能解决该发明要解决的技术问题，达到该发明技术效果。因此，其认为权利要求4得不到说明书支持。

对这一审查意见可以进行争辩，理由有二：其一，《专利审查指南2010》第二部分第二章第3.2.1节中明确指出对产品权利要求采用功能或效果特征限定时需要有足够的实施方式支持，而对方法权利要求来说，其步骤就属于方法技术特征，并未要求多种结构来支持该步骤特征；其二，只要紫外灯照射在涂覆有光催化剂的光催化剂板上就能起到催化氧化空气中的有害气体的作用，从而解决该发明要解决的技术问题，达到该发明技术效果，因此不能以说明书仅给出一种结构就认定该权利要求未得到说明书的支持。

需要说明的是，尽管权利要求4未以说明书为依据的审查意见可以争辩，但是对比文件1也公开了独立权利要求4的全部技术特征，构成了权利要求4的抵触申请，因此该独立权利要求4

相对于对比文件1不具备新颖性。

⑤ 对"第一次审查意见通知书"中有关独立权利要求5的审查意见的分析。

"第一次审查意见通知书"中针对权利要求5指出其不符合《专利法》第25条第1款的规定。

独立权利要求5要求保护一种治疗呼吸道类疾病的方法，显然属于《专利法》第25条第1款第（3）项中疾病的诊断和治疗方法这一类不授予专利权的客体，因此，"第一次审查意见通知书"中有关权利要求5不符合《专利法》第25条第1款规定的审查意见是正确的。

3. 根据对审查意见的分析，确定应对策略

由于"第一次审查意见通知书"中仅涉及权利要求书存在的实质性缺陷和形式缺陷，而未指出说明书存在的缺陷，因此在确定应对策略时主要考虑如何修改权利要求书。

由上述分析结果可知，独立权利要求1缺少必要技术特征的审查意见正确，因此对于要求保护的三项主题的第一项，在修改后的独立权利要求1中首先应当补入紫外灯这一必要技术特征。但是，应当注意到，即使该独立权利要求1补入紫外灯这一技术特征，对比文件1仍公开了其全部技术特征，构成其抵触申请，因此其相对于对比文件1仍然不具备新颖性。

对于第一项要求保护的主题，正如前面分析指出的，如果将权利要求2限定部分的技术特征加入独立权利要求，其创造性虽可与审查员进行争辩；而将权利要求3限定部分的技术特征加入独立权利要求，"第一次审查意见通知书"中引用的三份对比文件不能破坏其创造性。因此可以考虑与客户商量采用哪一种修改方案。但是，当对该发明专利申请作进一步分析时，可以发现就该申请说明书中所写明的要解决的技术问题而言，原权利要求3限定部分的技术特征是解决这一技术问题的优选措施，而权利要求2限定部分的附加技术特征与该发明要解决的技术问题并无直接的关系，从这一角度看应当优先考虑加入权利要求3限定部分的技术特征；加上前面指出的"第一次审查意见通知书"中引用的三份对比文件不能破坏原权利要求3的创造性，而权利要求2是否具备创造性虽然可以争辩，但不一定能够成功，从这一方面考虑，也应当优先考虑加入权利要求3限定部分的技术特征。综上考虑，应当建议客户将原权利要求3限定部分的技术特征加入到原独立权利要求1中。当然，这样修改后，原权利要求3引用部分主题名称改变的缺陷也就相应被克服了。

然后，可以将原权利要求2限定部分的技术特征作为附加技术特征撰写成修改后的独立权利要求1的从属权利要求。

对于第二项要求保护的主题而言，正如前面所指出的，该方法权利要求4相对于对比文件1不具备新颖性，而说明书中也未记载对该方法作出进一步改进的技术内容，因此在修改后的权利要求书中不再包括这一主题。❶

对于第三项要求保护的主题而言，正如前面所指出的，该独立权利要求5属于《专利法》第25条第1款第（3）项规定的不授予专利权的客体，因此在修改后的权利要求书中不再包括这一主题。

---

❶ 在国家知识产权局条法司编写的《2014年全国专利代理人资格考试试题解析》一书中"专利代理实务"科目有关答复审查意见通知书的试题答案中将原独立权利要求4修改成如下的独立权利要求3："3. 一种利用权利要求1所述的光催化空气净化器进行空气净化的方法，其特征在于：包括使空气经过光催化剂板（7）进行过滤净化的步骤。"这种修改方式并不可取，其理由是：这样撰写的方法独立权利要求本身相对于对比文件1仍不具备新颖性，除非强调该独立权利与对比文件1的区别是利用了权利要求1光催化剂板的结构，也就是说该方法权利要求需要借助该产品的结构来体现其新颖性，那么该方法权利要求既包含有方法特征，又包含有具体结构特征，属于《专利审查指南2010》第二部分第二章第3.2.2节指出的类型不清楚的情形。

4. 在上述对审查意见分析和确定应对策略的基础上撰写给客户的咨询意见和撰写意见陈述书

对"第一次审查意见通知书"的审查意见作出分析和确定答复的应对策略后，可着手撰写给客户的咨询意见，以便在向客户转送"第一次审查意见通知书"时一并提供给客户。咨询意见除起始段和结尾段外，通常包括两方面主要内容：分析说明"第一次审查意见通知书"中给出的各个审查意见是否正确，给出对权利要求书的修改建议。

在分析各个审查意见是否正确的部分，对于"第一次审查意见通知书"引用对比文件的情况，通常首先对这些对比文件的适用范围作出说明；然后依据《专利法》《专利法实施细则》和《专利审查指南2010》的规定对审查意见通知书中指出的专利申请文件（尤其是各项权利要求）所存在的不符合《专利法》《专利法实施细则》和/或《专利审查指南2010》有关规定的缺陷逐一说明其审查意见是否正确或者可以商榷。如果审查意见通知书中对同一权利要求涉及多个不符合《专利法》《专利法实施细则》和/或《专利审查指南2010》有关规定的缺陷，应分别作出说明，如在本案例中，对独立权利要求1缺少必要技术特征和不具备新颖性两个缺陷应分别作出说明；如果审查意见通知书中对同一权利要求涉及不具备新颖性或创造性理由给出多种单独对比或结合对比情况的，应当针对多种对比情况分别作出说明，如在本案例中，"第一次审查意见通知书"中对权利要求2不具备创造性给出对比文件1和对比文件2以及对比文件2和对比文件3两种结合对比方式，应当针对这两种结合对比方式分别说明其审查意见是否正确；对于审查意见通知书中涉及新颖性和创造性的审查意见，应当注意到在论述不具备新颖性和创造性的审查意见能够成立时与不能成立时的规范格式有所不同。

在给出权利要求书修改建议的部分，在给出修改的权利要求书之前，应当具体说明作出这样修改的理由。如果具有多种可供客户选择的修改方案，应当具体说明各种修改方案的利弊，以方便客户作出决断。

在客户给出答复审查意见通知书的指示后，就应当按照客户的指示完成专利申请文件（主要是权利要求书）的修改，并着手撰写意见陈述书，以便在答复期限之内提交给国家知识产权局。❶

意见陈述书的撰写既要满足格式上的要求，又应当从实体上论述修改后的权利要求书已消除了原通知书中所指出的、确实存在的实质性缺陷，尤其是那些不同意审查意见通知书审查意见或者与国家知识产权局进行争辩的内容，应当充分阐述其符合《专利法》和《专利法实施细则》有关规定的理由。但就本案例而言，虽然有不同意"第一次审查意见通知书"的某些审查意见或者有与国家知识产权局进行争辩的审查意见，但由于修改后的权利要求书中并未全部反映需要与国家知识产权局争辩或者不同意审查意见的内容，因此在意见陈述书中主要论述修改后的权利要求书已消除原通知书所指出的、确实存在的实质性缺陷。

（三）咨询意见、修改后的权利要求书和撰写的意见陈述书的推荐样本

下面给出提供给客户的咨询意见、提交给国家知识产权局的权利要求书修改文本和意见陈述书的推荐文本。

1. 提供给客户的咨询意见

尊敬的A公司：

很高兴贵方委托我所代为办理有关空气净化器的发明专利申请（以下简称"本发明专利申

---

❶ 就应试而言，在对审查意见作出分析之后（或者在撰写了给客户的咨询意见之后），就可按照分析结果直接修改专利申请文件（主要是修改权利要求书）和撰写意见陈述书。

请"),经仔细阅读申请文件、审查意见通知书及引用的三份对比文件,认为目前本发明专利申请文件存在通知书中指出的不符合《专利法》和《专利法实施细则》规定的缺陷中的一部分缺陷,将会影响本发明专利申请的授权前景。但是,若对申请文件进行修改,便能够克服通知书中指出的缺陷而取得专利权。

一、关于审查意见通知书中引用的三份对比文件1至3

本发明专利申请的申请日在2009年10月1日之后,也在2010年2月1日之后,因此本发明专利申请的实质审查适用于现行的《专利法》《专利法实施细则》和《专利审查指南2010》。

在审查意见通知书引用的三份对比文件中,对比文件1是一件申请人本人在本发明专利申请的申请日前提出申请、申请日后授权公告的中国实用新型专利文件,根据现行的《专利法》,该对比文件1能用于判断本发明专利申请各项权利要求是否具备新颖性,但由于其未构成本发明专利申请的现有技术,因而不能用于判断各项权利要求是否具备创造性。

对比文件2和3的授权公告日均早于本发明专利申请的申请日,构成本发明专利申请的现有技术,能够用于判断各项权利要求是否具备新颖性和/或是否具备创造性。

二、对各项权利要求存在问题的分析

1. 关于权利要求1

审查意见通知书中指出权利要求1存在缺少解决技术问题的必要技术特征和相对于对比文件1不具备新颖性两个实质性缺陷。

由本申请说明书记载的内容可知,本发明要解决的技术问题是有效除去空气中的甲醛等有害气体,采用的技术方案是在空气净化器中设置光催化剂板和紫外灯,光催化剂板上的光催化剂在紫外光作用下产生活性态氧,将空气中的有害气体氧化分解为二氧化碳和水等物质,由此可知光催化剂板和紫外灯是本发明解决技术问题的必要技术特征。目前的权利要求1中仅记载了光催化剂板而未记载紫外灯,因此权利要求1缺少解决技术问题的必要技术特征、不符合《专利法实施细则》第20条第2款规定的审查意见正确。

即使在权利要求1中补入必要技术特征"紫外灯"后能够解决权利要求1不符合《专利法实施细则》第20条第2款的问题,但是仍存在不具备《专利法》第22条第2款规定的新颖性的问题。

对比文件1中国实用新型专利文件的申请日早于本发明专利申请的申请日,授权公告日晚于本申请的申请日,其公开了一种家用空气净化设备,包括壳体1、位于壳体下部两侧的进风口2、位于壳体顶部的出风口3以及设置在壳体底部的风机4;所述壳体1内由下向上依次设置有除尘过滤网5、活性炭过滤网6、紫外灯8和光催化剂多孔陶瓷板7。因而,对比文件1公开了已补入"紫外灯"的权利要求1所要求保护的技术方案的全部技术特征,且两者的技术领域、技术方案、解决的技术问题和取得的技术效果相同。由此可知,对比文件1构成了已补入"紫外灯"的权利要求1的抵触申请,因此即使权利要求1补入"紫外灯"这一必要技术特征,仍不符合《专利法》第22条第2款有关新颖性的规定。

2. 关于权利要求2

通知书中认为权利要求2相对于对比文件1和2的结合或者相对于对比文件2和3的结合不具备创造性。

正如前面分析指出,对比文件1只可用于判断本申请权利要求是否具备新颖性,不能用于判断本申请权利要求是否具备创造性,因此通知书中认为权利要求2相对于对比文件1和2的结合不具备创造性的审查意见明显不正确。

对于权利要求2相对于对比文件2和3的结合不具备创造性的审查意见可与审查员进行争辩，其理由如下：

权利要求2引用权利要求1，其附加技术特征进一步限定了："所述第一过滤网是具有向下凸起曲面的活性炭过滤网，所述第二过滤网是PM2.5颗粒过滤网"。在对比文件2和3中，对比文件2是最接近的现有技术，公开了一种车载空气清新机，其包括壳体1、位于壳体一端的进风口2、位于壳体另一端侧面的出风口3。在壳体内从右往左依次设置有活性炭过滤网5、鼓风机4、PM2.5颗粒过滤网6、紫外灯8和格栅状导风板7，所述导风板7靠近出风口3，在所述导风板7上涂覆有纳米二氧化钛薄膜。权利要求2未被对比文件2公开的技术特征为"所述第一过滤网（活性炭过滤网）具有向下凸起的曲面"，从而其实际解决的技术问题是在增大过滤面积的同时使空气顺畅通过过滤网以减少噪音。对比文件3公开了一种空气过滤器，并具体公开了"呈锥状设置的活性炭过滤网"，过滤网呈锥状设置起到了增大过滤面积和使吸附的灰尘沉积在过滤网周缘而增大过滤效率。审查员由此认为两者的形状均向着气流方向突出，均能起到增大过滤面积的作用，因此认为对比文件3给出了将其中活性炭过滤网的形状应用到对比文件2而得到权利要求2技术方案的结合启示，从而给出权利要求2相对于对比文件2和3的结合不具备创造性的审查意见。

对于上述审查意见，可在意见陈述书中强调："对比文件3的过滤网为锥形，与本申请中的曲面过滤网形状不同，采用曲面结构相对于锥形结构除了具有相同的加大接触面积外，还起到降低噪音的作用，即所起作用并不相同，由于存在上述不同，本领域技术人员在面对对比文件3时没有动机将对比文件3中公开的上述内容应用到对比文件2中而得到权利要求2的技术方案，即这些不同使权利要求2相对于对比文件2和3具有突出的实质性特点；而且权利要求2的技术方案能够降低噪音，具有显著的进步。因此，权利要求2相对于对比文件2和3具备《专利法》第22条第3款规定的创造性。"通过上述争辩以说服审查员改变观点。

但是，审查员可能会坚持认为该锥状设置的过滤网也是朝向进风口凸起，其与具有向下凸起曲面的活性炭过滤网相比属于形状的简单变型，在对比文件3中所起的作用同样是增大过滤面积，并因此认定权利要求2不具有突出的实质性特点和显著的进步，不具备创造性。

综上所述，关于权利要求2的创造性问题可以与审查员进行争辩，但应做好审查员不接受时的后续修改准备。

3. 关于权利要求3

通知书中指出权利要求3不符合《专利法实施细则》第22条第1款的规定，是指目前从属权利要求3的主题名称"光催化剂板"与其引用的权利要求1的主题名称"光催化空气净化器"不一致，这个审查意见是正确的。如果在修改后的权利要求书中仍将其限定部分作为一项从属权利要求的附加技术特征的话，这一缺陷可以通过修改权利要求3的主题名称加以解决。

此外，通知书中引用的三份对比文件均未披露权利要求3限定部分所限定的光催化剂板具体结构的技术特征，因而对比文件1不能否定权利要求3的新颖性，对比文件2和对比文件3的结合不能否定权利要求3的创造性，鉴于此，审查意见通知书中也未指出权利要求3不具备新颖性和创造性的问题。

4. 关于权利要求4

通知书中认为权利要求书4未以说明书为依据，不符合《专利法》第26条第4款的规定。但是，通知书中并未具体说明权利要求4未以说明书为依据的理由，估计审查员认为权利要求4要求保护的方法中包括了使空气经过光催化剂板进行过滤净化的步骤，而由说明书可知，该空气净化方法采用的光催化剂板是"由两层表面负载有纳米二氧化钛涂层的金属丝网和填充在两层金属丝网之间的负载有纳米二氧化钛的多孔颗粒组成的光催化剂板",能有效催化氧化空气中的有害气体,净化效果好,从而认定并不是任何一种包括光催化剂板的空气净化器都能解决本发明要解决的技术问题,达到本发明技术效果,因此,其得出权利要求4得不到说明书支持的结论。

这一审查意见可以争辩。其一,《专利审查指南2010》第二部分第二章第3.2.1节中明确规定对产品权利要求采用功能或效果特征限定时需要有足够的实施方式支持,而对方法权利要求来说其步骤就属于方法技术特征,并未要求多种结构来支持该步骤特征;其二,只要紫外灯照射在涂覆有光催化剂的光催化剂板上就能起到催化氧化空气中的有害气体的作用,就能解决本发明要解决的技术问题,达到本发明技术效果,因此不能以说明书仅给出一种结构就认定该权利要求未得到说明书的支持。

但是,需要说明的是,即使就权利要求4以说明书为依据能争辩成功,该权利要求4相对于对比文件1仍不具备新颖性,因为对比文件1公开了一种家用空气净化设备的空气净化方法,该方法包括使空气经过光催化剂多孔陶瓷板进行过滤净化的步骤。由此可见,对比文件1公开了权利要求4所要求保护的技术方案的全部技术特征,且两者的技术领域、技术方案、解决的技术问题和取得的技术效果相同,构成了权利要求4的抵触申请,因此,权利要求4相对于对比文件1不具备《专利法》第22条第2款规定的新颖性。

5. 关于权利要求5

通知书中指出权利要求5不符合《专利法》第25条第1款的规定。

按照《专利法》第25条第1款第(3)项的规定,对于疾病的诊断和治疗方法不授予专利权。目前权利要求5要求保护一种利用光催化空气净化器治疗呼吸道类疾病的方法,是以有生命的人体为直接实施对象,属于疾病的治疗方法,不能授予专利权,因此这一审查意见也是正确的。

三、关于权利要求书的修改建议

通过上述分析,得知原权利要求1不具备新颖性和缺少必要技术特征的审查意见正确,因此应当修改独立权利要求1。

权利要求2不具备创造性的审查意见可以争辩,而目前的三份对比文件不能否定权利要求3的新颖性和创造性,在这种情形下可以有两种修改方案:其一是在独立权利要求1中补入必要技术特征"紫外灯"和权利要求2限定部分的技术特征;其二是补入"紫外灯"和权利要求3限定部分的技术特征。考虑到权利要求3是本发明解决技术问题直接有关的优选方案,而权利要求2具备创造性的争辩并不一定能成功,因此建议采用后一种方案,在独立权利要求1中补入必要技术特征"紫外灯"和权利要求3限定部分的技术特征,这样修改后原权利要求3所存在的主题名称与引用的权利要求主题名称不一致的缺陷也就不再存在了。

然后,再以原权利要求2限定部分的技术特征作为附加技术特征撰写一项新修改的独立权利要求1的从属权利要求2。

虽然通知书中有关权利要求4未以说明书为依据的审查意见可以争辩,但该权利要求4相对于对比文件1不具备新颖性,因此建议删去权利要求4。

通知书中有关权利要求5属于《专利法》第25条第1款第(3)项不授予专利权的客体的审查意见正确,因此建议删去权利要求5。

综合上述分析,目前贵公司的发明专利申请文件存在较多问题,若要获得授权,需要对权利要求书进行修改。

以上咨询意见供参考,有问题请随时与我们沟通。

祝好!

××××专利代理机构×××专利代理人
××××年××月××日

2. 提交给国家知识产权局的修改后的权利要求书

"1. 一种光催化空气净化器,包括壳体(1)、位于壳体下部两侧的进风口(2)、位于壳体顶部的出风口(3)以及设置在壳体底部的风机(4),所述壳体(1)内设置有第一过滤网(5)、光催化剂板(7)、第二过滤网(6)和紫外灯(8),其特征在于,所述光催化剂板(7)由两层表面负载有纳米二氧化钛涂层的金属丝网(10)和填充在两层金属丝网(10)之间的负载有纳米二氧化钛的多孔颗粒(11)组成。

2. 根据权利要求1所述的光催化空气净化器,其特征在于,所述第一过滤网(5)是具有向下凸起曲面(9)的活性炭过滤网,所述第二过滤网(6)是PM2.5颗粒过滤网。"

3. 提交给国家知识产权局的"意见陈述书"正文

"意见陈述书"正文

国家知识产权局:

本意见陈述书是针对贵局于××××年××月××日发出的"第一次审查意见通知书"作出的答复,随此意见陈述书附上修改的权利要求书全文以及说明书的相应替换页,以及表明修改处的参考页。

一、修改说明

针对审查意见通知书中指出的独立权利要求1缺少解决技术问题的必要技术特征和不具备新颖性的审查意见,对权利要求书作出如下修改:

1. 在将原权利要求3修改为独立权利要求1的基础上补入了必要技术特征"紫外灯",与此同时将原权利要求1的技术特征和补入的"紫外灯"技术特征写入修改后的独立权利要求1的前序部分,而将原权利要求3限定部分的技术特征作为该修改后的独立权利要求1的特征部分,从而相对于通知书中引用的现有技术对比文件2划清了前序部分和特征部分的界限。通过这一修改,同时消除了审查意见通知书中有关原权利要求3的主题名称与其引用权利要求主题名称不一致而不符合《专利法实施细则》第22条第1款规定的缺陷。

2. 将原权利要求2限定部分的技术特征作为附加技术特征,撰写成修改后的独立权利要求1的从属权利要求2。

3. 删去原独立权利要求4和独立权利要求5。

上述修改未超出原说明书和权利要求书的记载范围,且是针对审查意见通知书指出的缺陷作出的修改,因此上述修改符合《专利法》第33条的规定,也符合《专利法实施细则》第51条第3款的规定。

二、修改后的独立权利要求1符合《专利法实施细则》第20条第1款的规定

由本申请说明书记载的内容可知,本发明要解决的技术问题是有效除去空气中的甲醛等有害气体,采用的技术方案是在空气净化器中设置光催化剂板和紫外灯,光催化剂板上的光催化剂在紫外光作用下产生活性态氧,将空气中的有害气体氧化分解为二氧化碳和水等物质,由此可知光催化剂板和紫外灯是本发明解决技术问题的必要技术特征。修改后的权利要求1中已补入紫外灯这一技术特征,即修改后的权利要求1不仅记载了光催化剂板这一技术特征,也记载了紫外灯这一技术特征,因此修改后的权利要求1已记载了解决本发明技术问题的必要技术特征,符合《专利法实施细则》第20条第2款的规定。

三、修改后的权利要求1和权利要求2具备新颖性和创造性

1. 修改后的权利要求1相对于对比文件1至3中任一份对比文件都具备《专利法》第22条第2款规定的新颖性

对比文件1公开的家用空气净化设备包括壳体、位于壳体下部两侧的进风口、位于壳体顶部的出风口以及设置在壳体底部的风机；所述壳体内由下向上依次设置有除尘过滤网、活性炭过滤网、紫外灯和光催化剂板，其中的光催化剂板为多孔陶瓷板，并未公开权利要求1特征部分的技术特征：由两层表面负载有纳米二氧化钛涂层的金属丝网和填充在两层金属丝网之间的负载有纳米二氧化钛的多孔颗粒组成的光催化剂板，即其未公开权利要求1的技术方案，由此可知修改后的权利要求1相对于对比文件1具备新颖性。

对比文件2公开的车载空气清新机包括外壳、位于壳体一端的进风口、位于壳体另一端侧面的出风口；在壳体内从右往左依次设置有活性炭过滤网、鼓风机、PM2.5颗粒过滤网、紫外灯和涂覆有纳米二氧化钛薄膜的格栅状导风板。可知其中的光催化部件为涂覆有纳米二氧化钛薄膜的格栅状导风板。并不是权利要求1特征部分的由两层表面负载有纳米二氧化钛涂层的金属丝网和填充在两层金属丝网之间的负载有纳米二氧化钛的多孔颗粒组成的光催化剂板，可知对比文件2也未公开权利要求1的技术方案，因而修改后的权利要求1相对于对比文件2也具备新颖性。

对比文件3公开的空气过滤器包括筒体、位于筒体上部的进风口、位于筒体下部的出风口、风机、活性炭过滤网和除尘过滤网，其既未公开修改后的权利要求1前序部分中的光催化剂板和紫外灯，更未公开其特征部分的技术特征：光催化剂板由两层表面负载有纳米二氧化钛涂层的金属丝网和填充在两层金属丝网之间的负载有纳米二氧化钛的多孔颗粒组成。由此可知，对比文件3未公开权利要求1的技术方案，因而修改后的权利要求1相对于对比文件3也具备新颖性。

2. 审查意见通知书中引用的三份对比文件不能否定修改后的权利要求1的创造性

审查意见通知书中引用的三份对比文件中的对比文件1是一份由申请人本人在本发明专利申请的申请日前提出、申请日后授权公告的中国实用新型专利文件，根据现行的《专利法》，其可用于判断本发明专利申请是否具备新颖性，但其未构成本发明专利申请的现有技术，不能用于判断本发明专利申请是否具备创造性，因此不能用对比文件1和对比文件2的结合来否定修改后的权利要求1的创造性。

在对比文件2和对比文件3中，由于对比文件2公开的车载空气清新机也是一种包含有活性炭过滤网、PM2.5颗粒过滤网以及光催化反应部件（涂覆有纳米二氧化钛薄膜的导风板和紫外灯）的空气净化装置，而对比文件3公开的应用于工矿厂房粉尘过滤的空气过滤器，仅包含活性炭过滤网和除尘过滤网，未包含光催化反应部件，因此从解决的技术问题、技术效果和用途来看，对比文件2比对比文件3更接近本发明，且从公开的技术特征来看，对比文件2公开了本发明更多的技术特征，因此对比文件2是本发明专利申请最接近的现有技术。

修改后的权利要求1与对比文件2公开的车载空气清新机的区别为"光催化剂板由两层表面负载有纳米二氧化钛涂层的金属丝网和填充在两层金属丝网之间的负载有纳米二氧化钛的多孔颗粒组成"，其相对于对比文件2来说实际解决的技术问题是结构更为简单，且能很好地使有害气体催化氧化，取得很好的净化效果。

对比文件3并未公开这种由两层表面负载有纳米二氧化钛涂层的金属丝网和填充在两层金属丝网之间的负载有纳米二氧化钛的多孔颗粒组成的光催化剂板，且这种光催化剂板的结构也不是本领域的公知常识，因此本领域的技术人员根据对比文件2、对比文件3和本领域的公知常识得到权利要求1的技术方案是非显而易见的，即修改后的权利要求1相对于对比文件2和对比文件

3以及本领域的公知常识具有突出的实质性特点。

修改后的权利要求1采用这种由两层表面负载有纳米二氧化钛涂层的金属丝网和填充在两层金属丝网之间的负载有纳米二氧化钛的多孔颗粒组成的光催化剂板，以简单的结构使有害气体很好地催化氧化，从而取得很好的净化效果，具有有益的技术效果，因而具有显著的进步。

由此可知，修改后的权利要求1相对于对比文件2、对比文件3以及本领域的公知常识具备《专利法》第22条第3款规定的创造性。

3. 修改后的权利要求2具备新颖性和创造性

修改后的权利要求2对独立权利要求1从结构上作出了进一步限定：第一过滤网是具有向下凸起曲面的活性炭过滤网，所述第二过滤网是PM2.5颗粒过滤网。对未要求优先权的本发明专利申请案来说，当修改后的独立权利要求1具备新颖性和创造性，其从属权利要求2也必然具备《专利法》第22条第2款和第3款规定的新颖性和创造性。

申请人相信，通过将原权利要求1至3修改成上述独立权利要求1和从属权利要求2以及删除原独立权利要求4和原独立权利要求5，已经完全克服了"第一次审查意见通知书"中指出的本发明专利申请的所有缺陷，也就是说，修改后的权利要求书符合《专利法》《专利法实施细则》和《专利审查指南2010》的有关规定，希望能早日对本发明专利申请授予专利权。如果在继续审查过程中认为本发明专利申请还存在其他缺陷，请联系本代理人，申请人和本代理人将尽力配合工作。

专利代理人：×××（电话：××××××××）

第三章 无效宣告程序专利代理实务

专利权是专利权人因其发明创造对社会作出贡献而由行政机关依法授予的权利，具有独占性和排他性。如果对不符合法律规定的发明创造授予专利权，则是对社会和公众应有权益的不合理限制和侵害，因此，专利权是否有效对专利权人利益攸关，并对社会公众利益产生影响。专利权是通过法定的审查程序和规则授予的，但在专利审批过程中，由于一些主客观因素的影响，难免出现将某些不符合授权条件的专利申请授予专利权的情形，因此，客观上也需要提供一定的补救措施来纠正不当授权。

专利权的无效宣告程序旨在平衡专利权人和社会公众的利益，为社会公众提供纠正不当授权的机会而设置。其目的是纠正对不符合《专利法》规定的专利申请作出的错误授权决定，撤销那些本不应享有的、已具有法律效力的权利，从而维护社会公众的合法权益，保障《专利法》的正确执行。

本章前两节分别就专利权无效宣告程序专利代理实务（以下简称"代理实务"）中的两项主要工作（"无效宣告请求书"的撰写和"无效宣告请求书"的答复）进行介绍，并借助实例加以具体说明。为帮助考生应试，本章第三节给出两件有关"无效宣告请求书"撰写以及答复"无效宣告请求书"的意见陈述书（包括权利要求书的修改）的撰写实例。

第一节 "无效宣告请求书"

《专利法》第45条规定："自国务院专利行政部门公告授予专利权之日起，任何单位或者个人认为该专利权的授予不符合本法有关规定的，可以请求专利复审委员会宣告该专利权无效。"

因此，一项专利公告授权后，任何单位或者个人认为其不符合《专利法》《专利法实施细则》的有关规定，可以针对该专利向专利复审委员会提出无效宣告请求，从而启动无效宣告程序。

在无效宣告程序中，专利复审委员会作为审查机关依法对无效宣告请求进行审查，并作出专利权是否有效的审查决定。

一、无效宣告请求的提出

无效宣告程序是专利公告授权后依当事人请求而启动的，当事人在提出无效宣告请求时应当注意以下几个方面。

（一）无效宣告请求人的资格

根据《专利法》第45条和《专利审查指南2010》第四部分第三章第3.2节的规定，任何具备民事诉讼主体资格的单位或者个人，即《民事诉讼法》第49条规定的自然人、法人和其他组织，都可以对一项已公告授权的专利提出无效宣告请求。

需要说明的是，即使是专利权人本人，也可以对其享有的专利权提出无效宣告请求。但在此情况下，只允许一项专利的全部专利权人以公开出版物为证据请求宣告该项专利权部分无效，从而在为专利权人提供通过无效宣告程序自行缩小专利保护范围以争取主动的同时，也防止专利权人或部分专利权人以提出无效宣告请求的手段来损害利害关系人或其他专利权人的合法权益。

对于以授予专利权的外观设计与他人在申请日以前已经取得的合法权利相冲突为理由请求宣告该项外观设计专利权无效的，由于该行为属于对在先取得的合法权利的行使，因此，无效宣告请求人应当是在先权利人或者利害关系人。其中，利害关系人是指有权根据相关法律规定就侵犯在先权利的纠纷向人民法院起诉或者请求相关行政管理部门处理的人。因此，如果请求人以该理由提出无效宣告请求，其应当同时向专利复审委员会提交能够证明是在先权利人或者利害关系人的证据。

此外，除所有专利权人针对其共有的专利权提出部分无效之外，无效宣告程序中的各个请求人之间不存在共同的权利和义务关系，因此，一件无效宣告请求只允许一个请求人提出，而不允许多个请求人共同提出。

（二）代理人的资格

无效宣告请求人就无效宣告请求事宜委托专利代理机构和专利代理人时，应按照相关规定履行委托手续。作为专利代理机构和专利代理人，应当注意的是，按照《专利代理条例》第10条的规定，专利代理机构接受委托后，不得就同一内容的专利事务接受有利害关系的其他委托人的委托。因此，接受无效宣告请求委托的专利代理机构及其指派的专利代理人，应当在该件专利的申请和审批阶段未曾接受过其专利权人的委托经办专利代理有关事务，否则就违反了《专利代理条例》的上述规定。例如，某件专利的申请工作由甲专利代理机构的专利代理人A代理，则甲专利代理机构无权再接受其他人的委托，针对该件专利提出无效宣告请求，甲专利代理机构应当告知无效宣告请求人，本专利代理机构无权再接受对该件专利提出无效宣告请求的代理工作，请其另行委托其他专利代理机构针对该项专利权提出无效宣告请求；此时，如果专利代理人A已调动到乙专利代理机构，乙专利代理机构在承办对该件专利提出无效宣告请求的代理工作时，不得委派专利代理人A具体经办这件无效宣告请求案，若乙专利代理机构委派专利代理人A经办该件无效宣告请求案，专利代理人A应当告知其现在所工作的乙专利代理机构，请另行指派其他专利代理人来承办这件专利的无效宣告请求代理工作。

（三）无效宣告请求的客体

无效宣告请求的客体应当是已经公告授权的专利。也就是说，无效宣告请求只能在专利授权之后提出，对于处于审查过程中尚未授权的专利申请，不能提出无效宣告请求。

需要说明的是，对于已授权的专利，即使专利权因未缴费等原因被终止或者专利权人自声明之日起放弃，仍然可以对其提出无效宣告请求。但是，如果专利权已经被宣告全部无效或者被专利权人自始放弃，则不能再对其提出无效宣告请求。对于已经被生效的无效宣告请求审查决定宣告部分无效的专利权，则只能针对被维持有效的部分提出无效宣告请求。

针对一件专利，请求人既可以请求宣告其全部无效，也可以请求宣告其部分无效。例如，针对一件发明或者实用新型专利，请求人既可以请求宣告全部权利要求无效，也可以请求宣告部分权利要求无效。又如，针对一件包含多项产品外观设计的外观设计专利，请求人既可以请求宣告全部产品外观设计无效，也可以请求宣告其中部分产品外观设计无效。

（四）无效宣告的理由

请求宣告专利权无效的理由因专利类型的不同而不同。

1. 发明或者实用新型专利

根据《专利法实施细则》第65条第2款的规定，针对一件发明或者实用新型专利，可以提出无效宣告请求的理由仅限于：

① 授予专利权的发明或者实用新型违反法律、社会公德或者妨害公共利益，属于《专利法》

第 5 条第 1 款规定的不授予专利权的情形；或者是依赖遗传资源完成但该遗传资源的获取或利用违反法律、行政法规的规定，属于《专利法》第 5 条第 2 款规定的不授予专利权的情形；

② 授予专利权的发明或者实用新型是科学发现、智力活动的规则和方法、疾病的诊断和治疗方法、动物和植物品种或者用原子核变换方法获得的物质，属于《专利法》第 25 条第 1 款规定的不授予专利权的情形；

③ 授予专利权的发明或者实用新型不属于《专利法》第 2 条第 2 款或者第 3 款规定的客体；

④ 授予专利权的发明或者实用新型属于在中国完成并在向外国申请专利时未按照《专利法》第 20 条第 1 款的规定事先报经专利局进行保密审查的情形；

⑤ 授予专利权的发明或者实用新型不具备《专利法》第 22 条第 4 款规定的实用性；

⑥ 授予专利权的发明或者实用新型的专利说明书未按照《专利法》第 26 条第 3 款的要求充分公开专利保护的主题；

⑦ 授予专利权的发明或者实用新型不具备《专利法》第 22 条第 2 款规定的新颖性；

⑧ 授予专利权的发明或者实用新型不具备《专利法》第 22 条第 3 款规定的创造性；

⑨ 授予专利权的发明或者实用新型的权利要求书未以说明书为依据，或者未清楚地限定要求专利保护的范围，不符合《专利法》第 26 条第 4 款的规定；

⑩ 授予专利权的发明或者实用新型的独立权利要求未记载解决技术问题的必要技术特征，不符合《专利法实施细则》第 20 条第 2 款的规定；

⑪ 授予专利权的发明或者实用新型的修改超出了原说明书和权利要求书记载的范围，不符合《专利法》第 33 条的规定；分案的发明或者实用新型专利超出了原申请记载的范围，不符合《专利法实施细则》第 43 条第 1 款的规定；

⑫ 授予专利权的发明或者实用新型与另一项发明或者实用新型专利权属于同样的发明创造，依照《专利法》第 9 条的规定不能取得专利权。

2. 外观设计专利

根据《专利法实施细则》第 65 条第 2 款的规定，针对一件外观设计专利，可以提出无效宣告请求的理由仅限于：

① 授予专利权的外观设计违反法律、社会公德或者妨害公共利益，属于《专利法》第 5 条第 1 款规定的不授予专利权的情形；

② 授予专利权的外观设计是对平面印刷品的图案、色彩或者二者的结合作出的主要起标识作用的设计，属于《专利法》第 25 条第 1 款规定的不授予专利权的情形；

③ 授予专利权的外观设计不属于《专利法》第 2 条第 4 款规定的客体；

④ 授予专利权的外观设计的图片或者照片未清楚地显示要求专利保护的产品的外观设计，不符合《专利法》第 27 条第 2 款的规定；

⑤ 授予专利权的外观设计属于现有设计，或者属于任何单位或者个人就同样的外观设计在申请日以前向专利局提出过申请并记载在申请日以后公告的专利文件中的情形，不符合《专利法》第 23 条第 1 款的规定；

⑥ 授予专利权的外观设计与现有设计或者现有设计特征的组合相比，不具有明显区别，不符合《专利法》第 23 条第 2 款的规定；

⑦ 授予专利权的外观设计与他人在申请日以前已经取得的合法权利相冲突，不符合《专利法》第 23 条第 3 款的规定；

⑧ 授予专利权的外观设计的修改超出原图片或者照片表示的范围，不符合《专利法》第 33

条的规定；分案的外观设计专利超出了原申请记载的范围，不符合《专利法实施细则》第43条第1款的规定；

⑨ 授予专利权的外观设计与另一项外观设计专利权属于同样的发明创造，依照《专利法》第9条的规定不能取得专利权。

需要指出的是，上述无效宣告的理由均为授予专利权的实质性条件，对应法律条款中非实质性方面的内容不能作为无效宣告的理由。例如，《专利法》第26条第3款中规定的摘要应当简要说明发明或者实用新型的技术要点、《专利法》第26条第4款中权利要求未简要地限定要求专利保护的范围就属于非实质性方面的要求，不能以不符合上述规定为理由请求宣告专利权无效。

另外，除上述理由外，其他理由均不能作为无效宣告的理由。例如，不符合《专利法》有关单一性的规定、不能享有优先权、权利要求书和说明书存在撰写的形式缺陷等都不能作为无效宣告的理由。但是，允许以授权专利存在其他缺陷作为证明无效宣告理由成立的依据。例如，无效宣告的理由为不具备创造性，对比文件为一份在涉案专利申请日和优先权日之间公开的文件，此时说明涉案专利不能享有优先权就是为了证明对比文件构成现有技术，在此基础上以该对比文件作为涉案专利不具备创造性的证据，具体论述该专利不具备创造性的无效宣告理由成立。

特别需要注意的是，请求宣告专利权无效的理由及法律依据根据专利申请日（享有优先权的，指优先权日）位于2009年10月1日前（不含该日）或者以后（含该日）的不同而存在差异。根据国家知识产权局颁布的《施行修改后的专利法的过渡办法》和《施行修改后的专利法实施细则的过渡办法》的相关规定，"修改前的专利法的规定适用于2009年10月1日前（不含该日）的专利申请以及根据该专利申请授予的专利权；修改后的专利法的规定适用于2009年10月1日以后（含该日）的专利申请以及根据该专利申请授予的专利权"；"修改前的专利法实施细则的规定适用于2010年2月1日前（不含该日）的专利申请以及根据该专利申请授予的专利权；修改后的专利法实施细则的规定适用于2010年2月1日以后（含该日）的专利申请以及根据该专利申请授予的专利权"。

因此，对于根据申请日（享有优先权的，指优先权日）在2009年10月1日前（不含该日）的专利申请授予的发明或者实用新型专利权，无效宣告的理由有所不同。例如，《专利法》第5条第2款和《专利法》第20条第1款不属于无效宣告的理由。又如，在以新颖性或者创造性作为无效宣告的理由时，应当适用修改前的《专利法》第22条第2款或者第3款，即现有技术不包括在国外公开使用和以其他方式为公众所知的技术；而且，可能构成授予专利权的发明或者实用新型的抵触申请的专利申请文件或专利文件仅限于除专利权人之外的他人在该授权专利的申请日（享有优先权的，指优先权日）前向国家知识产权局提出过申请并在申请日（享有优先权的，指优先权日）以后公开或者授权公告的发明或者实用新型专利申请文件或专利文件，而对于专利权人本人在该授权专利申请日（享有优先权的，指优先权日）前向国家知识产权局提出过申请并在申请日（享有优先权的，指优先权日）以后公开或者授权公告的发明或者实用新型专利申请文件或专利文件，不能成为抵触申请文件，不能用于评价该授权专利的新颖性，如果认为其与该授权专利构成同样的发明创造，则以两者属于重复授权作为无效宣告的理由。再如，在以授予专利权的发明或者实用新型与专利权人本人的另一项发明或者实用新型专利权构成同样的发明创造，属于重复授权作为无效宣告的理由时，应当适用修改前的《专利法实施细则》第13条第1款，而不适用现行《专利法》第9条第1款。

对于根据申请日（享有优先权的，指优先权日）在2009年10月1日前（不含该日）的专利申请授予的外观设计专利权，无效宣告的理由亦有所不同。例如，《专利法》第25条第1款不属于无效宣告的理由；《专利法》第 23 条第 1 款和第 2 款也不适用，代之作为无效宣告的理由是修改前的《专利法》第 23 条，即授予专利权的外观设计与申请日（享有优先权的，指优先权日）前在国内外出版物上公开发表过或者国内公开使用过的外观设计相同或者相近似；此外，对于存在他人在外观设计专利的申请日（享有优先权的，指优先权日）前向专利局提出过相同或者相近似的外观设计专利申请并在申请日（享有优先权的，指优先权的）以后授权公告的情形，应当以不符合修改前的《专利法》第 9 条的规定作为无效宣告的理由；而对于存在专利权人本人在外观设计专利的申请日（享有优先权的，指优先权的）前向专利局提出过相同或者相近似的外观设计专利申请并在申请日（享有优先权的，指优先权日）以后授权公告的情形，以及存在他人在外观设计专利的申请日（享有优先权的，指优先权日）向专利局提出过相同或者相近似的外观设计专利申请并在申请日（享有优先权的，指优先权日）以后被授权的情形，应当以不符合修改前的《专利法实施细则》第 13 条第 1 款的规定作为无效宣告的理由。

（五）无效宣告请求的证据

在提出无效宣告请求时，如果无效宣告理由的成立依赖于证据支持，则请求人应当提交相应的证据。例如，以授予专利权的发明或者实用新型不具备创造性为理由提出无效宣告请求的，应当提交现有技术证据证明其主张。

如果无效宣告理由的成立与否可通过专利文件本身予以确定，则通常不需要请求人提交证据。例如，以授予专利权的发明或者实用新型的独立权利要求缺乏必要技术特征为理由提出无效宣告请求的，由于是否缺少必要技术特征以及缺少哪些必要技术特征通常可以通过专利文件本身作出相应的判断，可以不提交证据来支持该无效宣告理由。

（六）提出无效宣告请求应提交的文件

根据《专利法实施细则》第 65 条第 1 款的规定，请求宣告专利权无效或者部分无效的，应当向专利复审委员会提交专利权"无效宣告请求书"和必要的证据一式两份。

无效宣告请求人委托专利代理机构办理无效宣告程序有关事务的，应当提交无效宣告程序授权委托书，并写明委托权限。请求人为在中国没有经常居所或者营业所的外国人、外国企业或者外国其他组织的，应当委托专利代理机构办理无效宣告程序有关事务。

如果无效宣告请求人以请求宣告专利权无效作为专利侵权诉讼的抗辩手段，请求人可以向专利复审委员会提交人民法院或者地方知识产权管理部门受理上述专利侵权纠纷的通知书，以期专利复审委员会尽快受理和审理该无效宣告请求并及时向处理上述专利侵权纠纷的人民法院或者地方知识产权管理部门通知该无效宣告请求案件的审查状态。

二、"无效宣告请求书"撰写前的准备

"无效宣告请求书"是请求人提出无效宣告请求时应当提交的法律文件。在撰写"无效宣告请求书"之前，通常需要对请求宣告无效的专利进行分析，初步确定可能提出无效宣告请求的理由，进而有针对性地检索、收集、选取和完善证据，并最终确定无效宣告的理由。

（一）专利文件的分析

正确理解和分析请求宣告无效的专利对于撰写"无效宣告请求书"至关重要，也是撰写"无效宣告请求书"前的重要基础性工作。无效宣告请求人要在阅读理解专利文件的基础上，正确理解专利所要求保护的主题，初步判断专利文件本身是否存在可能影响专利有效性的缺陷，并确定下一步检索和收集证据的方向。

1. 正确理解专利文件及其所要求保护的主题

阅读理解专利文件，力求准确理解发明、实用新型或者外观设计，理解专利所要求保护的主题。

对于发明或者实用新型专利，重点在于确定权利要求书中各项权利要求所限定的技术方案和所包含的技术特征，确定每个技术特征的含义以及在该专利中所起的作用。对于独立权利要求，可根据专利说明书进一步明确其所要解决的技术问题，解决所述技术问题所采取的技术手段，以及采取所述技术手段所产生的技术效果。对于从属权利要求，理解其附加技术特征的含义以及为该专利所带来的技术效果。

对于外观设计专利，重点在于确定专利要求保护几项产品外观设计以及各项产品外观设计的保护范围。

2. 判断专利文件本身是否存在可能影响专利有效性的缺陷

在正确理解专利所要求保护的主题的基础上，判断专利文件本身是否存在可能影响专利有效性的缺陷，从而初步确定可能的无效宣告理由。通常包括：

① 判断专利是否存在不属于专利保护客体的缺陷，包括专利要求保护的主题是否属于《专利法》第5条或者第25条排除的对象，是否符合《专利法》第2条有关发明、实用新型或者外观设计的定义；

② 判断发明或者实用新型专利是否具备《专利法》第22条第4款规定的实用性；

③ 判断发明或者实用新型专利的说明书是否按照《专利法》第26条第3款的要求充分公开了权利要求书要求保护的各项技术方案；外观设计专利的图片或者照片是否按照《专利法》第27条第2款的要求清楚地显示了要求专利保护的产品的外观设计；

④ 判断发明或者实用新型专利的权利要求书是否满足《专利法》第26条第4款有关权利要求书应当以说明书为依据，清楚限定要求专利保护的范围的要求；

⑤ 判断发明或者实用新型专利的独立权利要求是否按照《专利法实施细则》第20条第2款的要求记载了解决技术问题的必要技术特征。

此外，在对专利文件进行分析时，还应当关注专利权人在申请日提交的原始申请文件，判断授权专利是否相对于其原始申请文件进行了修改，所作修改是否符合《专利法》第33条的规定。对于实用新型或者外观设计专利，可通过查阅专利审查档案获取原始申请文件。对于发明专利，一般可参考发明专利申请公布文本初步进行判断，必要时，通过查阅专利审查档案获取原始申请文件。❶

授权专利是经过审查予以批准的，特别是发明专利经过了严格的实质审查。通常，专利文件中存在上述缺陷的可能性相对较小，特别是对于保护客体、实用性等缺陷尤为如此。因此，实践中不要等量齐观，平均用力。事实上，因专利权存在上述缺陷而被宣告无效的比例也不高，更多获得成功的无效宣告请求是以发明或者实用新型专利缺乏新颖性或创造性、外观设计专利不符合《专利法》第23条的规定作为无效宣告的理由。因此，在完成上述工作之后，请求人应当着重考虑针对专利要求保护的主题检索和收集能够影响发明或者实用新型专利的新颖性和创造性或者导

---

❶ 在实践中，对于发明或者实用新型专利，如果仅仅是专利说明书的修改超出了原权利要求书和说明书记载的范围，但所述修改对权利要求的保护范围不产生任何影响，此时以专利权不符合《专利法》第33条的规定为由提出无效宣告请求，则不会获得专利复审委员会的支持。因此，请求人在判断得出专利说明书修改超范围的基础上，还应当着重考虑所述修改是否对权利要求的保护范围产生实质性影响。

致外观设计专利不符合《专利法》第23条规定的证据，以达到宣告专利权无效的目的，除非专利文件本身存在的上述缺陷足以导致专利权被无效。

正如本节的"一、无效宣告请求的提出"中的"（四）无效宣告的理由"部分所指出的，拟提出无效宣告请求的专利的申请日（享有优先权的，指优先权日）在2009年10月1日之前还是以后将会影响其无效宣告请求理由的适用和相应法律条款的选用以及支持无效理由的证据的适用范围，因此在理解专利文件内容时应关注一下该专利的申请日和优先权日，以便在进行上述分析专利文件本身的缺陷以及下面收集有关证据及确定无效宣告请求理由和相应法律条款时作出正确的选择。

（二）证据的检索、收集、选取与完善

根据《专利法实施细则》第65条第1款的规定，请求宣告专利权无效或者部分无效的，应当在提出无效宣告请求时提交必要的证据，并应当在"无效宣告请求书"中结合提交的所有证据具体说明无效宣告请求的理由，指明每项理由所依据的证据。此外，《专利审查指南2010》第四部分第三章第4.1节明确指出，专利复审委员会通常仅针对当事人提出的无效宣告请求的范围、理由和提交的证据进行审查。因此，证据不仅是启动无效宣告程序的重要形式要件，而且往往关系到无效宣告请求的理由能否获得支持。

1. 证据的检索和收集

如前所述，在对专利文件进行分析之后，请求人应当着手针对专利要求保护的主题检索和收集相关的证据。其目的在于找出与专利要求保护的主题密切相关的现有技术、抵触申请文件或者其他证据材料。

按照公开方式的不同，现有技术可分为出版物公开、使用公开和以其他方式公开，并且均无地域的限制。但需要注意的是，对于根据申请日（享有优先权的，指优先权日）在2009年10月1日前（不含该日）的专利申请授予的专利权，现有技术不包括在国外公开使用和以其他方式为公众所知的技术。

对于专利文献、科技杂志、科技书籍、技术手册等通过正规公共发行渠道发行的出版物，由于其可以通过正当的、确定的途径获得和查证，其真实性和公开性也容易得到对方当事人和专利复审委员会的认可，属于证明现有技术的直接证据。因此请求人应当优先检索和获取这类现有技术证据。

对于其他类型的出版物以及用于证明使用公开和以其他方式公开的证据材料，往往通过单个证据不足以证明某一技术内容属于现有技术，需要与其他证据相互佐证共同形成一个完整的证明体系，才能证明某一技术内容属于现有技术，甚至其本身的真实性也需要有其他证据予以佐证，属于证明现有技术的间接证据。例如，产品目录、产品样本、广告宣传册等不是通过正规公共发行渠道发行的非正规出版物，如果有证据证明这类出版物可以从公共图书馆获取并证明其在图书馆上架供公众查阅或借阅的日期，则其真实性和公开性也可予以确认。又如，为了证明某一产品已在专利申请日前公开销售，该产品所反映出的技术方案已构成该专利的现有技术，仅仅提供产品销售发票或者产品实物均不能证明上述事实，需要将产品销售发票与产品实物两者结合起来，并且还需要证明该销售发票所涉及的销售对象就是该产品实物。由此可见，通过这类证据证明现有技术具有较大的难度，实践中，也容易受到对方当事人的质疑。因此，请求人在收集这类证据时尤其应当注意证据链的完整，尽量通过捕捉到的有限信息去收集更多有关的证据，力求形成一个完整的证明体系。

需要注意的是，如果在检索中发现专利要求保护的发明或者实用新型也由专利权人向国外申请了专利，而且该发明或者实用新型极有可能是在中国完成的，这时可以考虑专利权人是否按照《专利法》第20条第1款的规定在向国外申请专利前，或向中国申请时报经国家知识产权局进行了保密审查，并以此为线索进一步去查找和收集相关证据。

另外，专利审查档案是一个重要的信息来源。通过查阅专利审查档案可以了解检索报告列出的对比文件和审查员在审查过程中引用的对比文件，并以此为线索进行进一步的检索。此外，查阅专利审查档案还可以发现审查中的修改、澄清等问题。例如，专利权人在审查程序中对说明书和权利要求书中特定术语作了限定性解释，按照禁止反悔原则，在无效宣告程序中所述术语的内涵就要受到前述解释的约束和限制。

如果请求人认为某一技术手段为本领域的公知常识，在检索和收集证据过程中，最好也能收集教科书或者技术词典、技术手册等工具书予以证明。

2. 证据的选取与完善

在检索和收集到相关证据后，应当对证据进行归类整理，优先选取那些真实可靠、易于确认并且可以充分支持无效宣告理由的证据。此外，还应当优先选用公开日在被请求宣告无效的专利的申请日（享有优先权的，指优先权日）之前的现有技术证据，因为这类证据既可以用于评价新颖性，也可以用于评价创造性。当需要使用属于任何单位或者个人的申请在先公开在后的中国专利申请文件或专利文件作为证据时，应当注意其只能用于评价新颖性，而不能用于评价创造性。

如果对证据的内容进行分析后发现，检索和收集的证据没有覆盖权利要求的全部技术特征，不足以否定其新颖性或创造性时，还应当着重考虑对没有被覆盖的技术特征补充检索和收集相关证据。

选取的证据通常只需提交复印件或复制品，同时准备好原件或者原物以备查证。必要时，可以通过公证机关进行公证。对于物证，应当准备反映该物证客观情况的照片和文字说明。对于有正当理由不能在举证期限内提交的物证，应当准备书面材料请求延期提交。

根据《专利审查指南2010》第四部分第八章第2.2.2节的规定，选取的证据属于域外证据的，应当到所在国进行公证认证或者履行相关证明手续；选取的证据属于在香港、澳门、台湾地区形成的证据的，应当履行相关的证明手续。但是，如果上述证据能够从除香港、澳门、台湾地区外的国内公共渠道获得，则可以请相关单位出具证明材料予以证明，而不必进行公证认证或者履行相关证明手续。

选取的证据属于外文证据的，应当准备好相应的中文译文。通常外文证据应当全文翻译，但对篇幅较长的外文证据，可以只对其相关部分进行翻译。

（三）无效宣告理由的选择与确定

撰写"无效宣告请求书"之前的最后一项准备工作是，在分析专利文件的基础上，结合所选取的证据，确定最终的无效宣告理由。

无效宣告请求成功的关键在于有一个充分的无效宣告理由。因此，针对一项权利要求或者外观设计，如果存在多个可能的无效宣告理由，请求人应当认真权衡分析，选择其中最有说服力、请求无效成功可能性最大的理由。但在这些理由难分伯仲的情况下，为了增大成功的可能性，则可一并予以提出。另外，新颖性和创造性相互之间存在内在逻辑关系。一项权利要求相对于一份现有技术不符合《专利法》第22条第2款有关新颖性的规定，当然其也相对于该现有技术不符合《专利法》第22条第3款有关创造性的规定，因此，在以权利要求相对于一份现有技术不具备新颖性作为无效宣告理由时，通常应当同时提出该权利要求相对于该现有技术也不具备创造性的无效宣告理由，即进一步认为该权利要求与现有技术可能存在的差别对于本领域技术人员来说是显而易见的，不足以为该权利要求带来创造性。这样一来，即使不具备新颖性的无效宣告理由不被支持时，专利复审委员会还会进一步考虑该权利要求是否具备创造性，从而增大无效宣告请求成功的可能性。

在选择并确定无效宣告理由时，应当特别注意以下法律条款的适用。

① 《专利法》第 2 条第 2 款所称的"新的技术方案"和《专利法》第 2 条第 3 款所称的"适于实用的新的技术方案"分别是对发明专利和实用新型专利客体的一般性定义，不是判断发明或者实用新型专利是否具备新颖性、创造性和实用性的具体标准。因此，对于发明或者实用新型专利，如果认为其不属于专利保护客体，则应当以不符合《专利法》第 2 条第 2 款或第 3 款的规定作为无效宣告的理由，如果认为其不具备新颖性、创造性或者实用性，则应当以不符合《专利法》第 22 条第 2 款、第 3 款或者第 4 款的规定作为无效宣告的理由。

类似地，《专利法》第 2 条第 4 款所称的"新设计"是对外观设计专利客体的一般性定义，不是判断外观设计专利是否与对比设计相同或者实质相同的具体标准。因此，对于外观设计专利，如果认为其不属于专利保护客体，则应当以不符合《专利法》第 2 条第 4 款的规定作为无效宣告的理由，如果认为其与对比设计相同或者实质相同，则应当以不符合《专利法》第 23 条第 1 款的规定作为无效宣告的理由。

② 在选择以不符合《专利法》第 9 条、《专利法》第 22 条或者《专利法》第 23 条的规定作为无效宣告理由时，应当优先适用《专利法》第 22 条或者第 23 条。即当证据为一份构成现有技术或现有设计的在先专利或者属于任何单位或者个人申请在先公开在后的中国专利时，请求人应当以不符合《专利法》第 22 条或者第 23 条的规定为理由提出无效宣告请求；只有当证据为一份与该专利具有相同申请日的中国专利时，才需要以不符合《专利法》第 9 条第 1 款的规定为理由提出无效宣告请求。

③ 对于一件专利是否具备新颖性的判断和是否具备创造性的判断来说，两者的比较对象和比较方式不同。因此在考虑选用以不符合《专利法》第 22 条第 2 款和/或第 3 款的规定作为无效宣告请求的理由时，需要根据证据的具体情况来确定。例如，当证据为一份申请在先公开在后的中国发明或者实用新型专利文件或者专利申请文件时，只能以其不符合《专利法》第 22 条第 2 款的规定作为理由提出无效宣告请求；而当证据为一份现有技术时，则既可以以其不符合《专利法》第 22 条第 2 款的规定为理由提出无效宣告请求，也可将该证据与其他现有技术（包括本领域公知常识）结合起来进行分析以其不符合《专利法》第 22 条第 3 款的规定为理由提出无效宣告请求。

同理，针对外观设计专利提出的无效宣告请求，当证据为一份申请在先公开在后的中国外观设计专利时，只能以其不符合《专利法》第 23 条第 1 款的规定为理由提出无效宣告请求，而当证据为一份现有设计时，则既可以其不符合《专利法》第 23 条第 1 款的规定为理由提出无效宣告请求，也可以其不符合《专利法》第 23 条第 2 款的规定为理由提出无效宣告请求。

④ 《专利法》第 22 条第 4 款规定的实用性中的"不能制造或使用"是技术方案本身固有的缺陷所致，与说明书公开的程度无关；例如，对于违背自然规律和/或没有再现性的发明或者实用新型，即使说明书公开得再详细，其仍然不具备实用性。而《专利法》第 26 条第 3 款中的"所属技术领域的技术人员能否实现"取决于说明书公开的程度，是由于说明书未对发明作出清楚、完整地说明而导致所属技术领域的技术人员不能实现该发明；例如，说明书中给出了技术手段，但对所属技术领域的技术人员来说，该手段是含混不清的，根据说明书记载的内容无法具体实施。因此，对于这一类专利文件的缺陷来说，应当根据其是否为技术方案本身固有的缺陷还是

说明书未充分公开造成的来确定是以不符合《专利法》第 22 条第 4 款的规定、还是以不符合《专利法》第 26 条第 3 款的规定作为理由提出无效宣告请求。

⑤《专利法实施细则》第 20 条第 2 款所规定的独立权利要求应当从整体上反映发明或者实用新型的技术方案，记载解决技术问题的必要技术特征，其核心在于独立权利要求应当是一个解决发明或者实用新型专利所要解决的技术问题的完整技术方案。当一项独立权利要求由于缺少必要技术特征，不能构成一个完整的技术方案，应当被宣告无效时，则其相应的从属权利要求就上升为独立权利要求，如果这些权利要求也未记载该必要技术特征，则其也不能构成一个完整的技术方案，可以依据《专利法实施细则》第 20 条第 2 款宣告其无效。

另外，应当注意，虽然无效宣告理由的法律依据所涉及的内容、法律适用各有不同，但它们有时是存在关联的。对于某一具体事实可能会适用多个不同法律条款的情况，或者在法律条款的具体适用难于辨别时，为争取无效宣告请求能取得更有利于己方的结果，请求人可以就同样的事实依据多个不同的法律条款提出无效宣告请求。

三、"无效宣告请求书"的撰写

在选取好证据并确定无效宣告理由之后，请求人可以开始着手撰写"无效宣告请求书"。

（一）"无效宣告请求书"撰写的基本要求

在撰写"无效宣告请求书"时，首先应当明确无效宣告请求所针对的权利要求，其次明确请求宣告无效的理由，列出宣告无效的理由所依据的证据，然后结合专利文件和证据中所记载的事实进行评述。

具体地说，"无效宣告请求书"应当在对专利文件进行准确、具体分析的基础上，具体指明其存在不符合《专利法》和/或《专利法实施细则》有关规定的缺陷，并从事实出发，结合证据，详细论述不符合有关规定的理由。例如，以不符合《专利法实施细则》第 20 条第 2 款的规定为理由请求宣告专利权无效时，应当具体指明哪一项独立权利要求缺少必要技术特征，缺少哪些必要的技术特征，并根据专利说明书认定该专利所要解决的技术问题，在此基础上，论述这些技术特征为什么属于必要技术特征，进而得出该独立权利要求不符合《专利法实施细则》第 20 条第 2 款规定的结论。只笼统指出哪一项独立权利要求不符合《专利法实施细则》第 20 条第 2 款的规定是远远不够的。

"无效宣告请求书"应当避免强词夺理，避免仅仅提出请求宣告专利权无效的主张而没有针对性，或者罗列有关证据而没有具体分析说理。具体地说，撰写时，应当将《专利法》《专利法实施细则》的有关条、款、项作为独立的理由提出，并针对每一理由提出证据，阐明观点。对于发明或者实用新型专利需要进行技术方案对比的，应当具体描述涉案专利和对比文件中相关的技术方案，并进行比较分析。例如，请求人针对《专利法》第 22 条第 3 款的无效宣告理由提交多份对比文件的，应当指明与请求宣告无效的专利最接近的对比文件以及采用什么样的结合对比方式，具体描述涉案专利和对比文件的技术方案，并进行比较分析。如果存在多种结合方式的，应当分别指明具体结合方式。对于不同的独立权利要求，可以分别指明各自的最接近的对比文件。对于外观设计专利需要进行对比的，应当具体描述涉案专利和对比文件中相关的图片或者照片表示的产品外观设计，并进行比较分析。

"无效宣告请求书"应当词语规范，有理有据，条理清晰，主次分明。具体地说，在论述每一个无效宣告理由时，应当意思明确，符合逻辑，行文清晰简明，前后一致，不能相互矛盾。针对一项权利要求或者外观设计存在多个无效宣告理由的，应当对其中最有说服力的理由进行重点的论述，避免平均使用笔墨。

(二)"无效宣告请求书"撰写的内容和格式

"无效宣告请求书"应当采用国家知识产权局规定的表格，填写表格中的有关内容：无效宣告请求人，专利代理机构，请求宣告无效的专利，无效宣告请求的理由、范围及所依据的证据，对无效宣告理由的具体意见陈述，附件清单等。无效宣告请求所依据的证据应当作为"无效宣告请求书"的附件提交。提交证据时应当按序编号，并与附件清单中的编号一致。

对无效宣告理由的具体意见陈述是"无效宣告请求书"的主要部分，通常采用请求书正文的方式提交。其内容一般可按照三段式格式撰写，包括起始部分、论述部分和结论部分。

1. 起始部分

起始部分首先应当说明无效宣告请求针对的专利以及该专利的概要情况。通常可采用如下格式语句：

"请求人×××根据《专利法》第45条和《专利法实施细则》第65条的规定，针对专利权人×××的专利号为ZL××××××××××、名称为'××××'的实用新型专利提出无效宣告请求。该专利的申请日为××××年×月×日，优先权日为××××年×月×日。"

其次，起始部分还应当说明无效宣告请求的范围、理由和依据的证据。通常可采用如下格式语句：

"请求人认为该专利不符合《专利法》第××条第×款和《专利法实施细则》第××条第×款的规定，请求专利复审委员会宣告本实用新型专利全部（或者权利要求×至×）无效。请求人提供如下的证据：

证据1：×××；

证据2：×××。"

2. 论述部分

该部分是"无效宣告请求书"的核心部分，应当针对请求宣告无效的权利要求逐条陈述具体事实、结合证据并条理清晰地具体分析和论述无效宣告的理由。

在具体分析论述时，应当依据《专利法》《专利法实施细则》和《专利审查指南2010》的规定进行，通常可按照如下顺序撰写。

① 首先应当明确无效宣告的理由及法律依据，该理由所涉及的权利要求，以及所依据的证据。必要时，阐明相关法律规定的内容及《专利审查指南2010》具体解释的内容。例如：

"权利要求1相对于证据1和证据2的结合不具备《专利法》第22条第3款规定的创造性。"

又如：

"该专利权利要求1的修改超出了原说明书和权利要求书记载的范围，不符合《专利法》第33条的规定。

《专利法》第33条规定，对发明和实用新型专利申请文件的修改不得超出原说明书和权利要求书记载的范围。

《专利审查指南2010》第二部分第八章第5.2.1.1节规定，原说明书和权利要求书记载的范围包括原说明书和权利要求书文字记载的内容和根据原说明书和权利要求书文字记载的内容以及说明书附图能直接地、毫无疑义地确定的内容。"

② 对专利文件和证据中的相关事实进行认定。具体地说，对于请求宣告无效的专利，应当明确其所存在的缺陷。对于证据，尤其是非正规出版物类证据、用于证明使用公开或者以其他方式公开的证据，应当在具体分析证据的真实性、合法性及与待证事实的关联性的基础上，说明其

具备证据资格；此外，还应当具体分析证据之间如何彼此关联形成完整的证据链以证明待证事实成立。对于证据所揭示的内容，应当客观陈述，必要时指出具体出处。

③ 在事实认定的基础上，对相关法律规定的适用进行具体分析，得出所主张的涉案专利不符合相关法律规定的结论。

3. 结论部分

结论部分是无效宣告请求的概要性说明，应当包括无效宣告理由的概述和请求人的具体无效主张。通常可采用如下格式语句：

"综上所述，该专利不符合《专利法》第××条第×款和《专利法实施细则》第××条第×款的规定，因此请求专利复审委员会宣告该专利权全部（或者权利要求×至×）无效。"

（三）几种典型无效宣告理由的论述

下面给出几种典型的无效宣告理由的论述方式。这些无效宣告理由在实践中是常见的，其他理由的论述可参照下述方式并结合具体法律条款的含义加以说明。

1. 有关专利不具备新颖性的论述

以不符合《专利法》第22条第2款有关新颖性的规定为无效宣告理由时，所作论述一般应包括如下内容：

① 简要描述无效宣告理由所涉及的权利要求的主题；

② 明确所使用的证据，并描述其公开的相关内容，包括指出所披露的技术方案以及所引用的内容在证据中的具体位置；

③ 将专利权利要求的技术方案与证据所公开的技术方案进行对比，客观地指出两者技术方案、技术领域、所解决的技术问题和预期效果相同或实质上相同；或者将专利权利要求的技术方案与证据所公开的技术方案进行对比，客观地指出两者技术方案相同或实质上相同，根据所述技术方案可确定两者适用于相同的技术领域，解决相同的技术问题，并具有相同的预期效果；

④ 给出相关结论和法律依据，即指出权利要求不具备新颖性，不符合《专利法》第22条第2款的规定。

如果证据为构成抵触申请的对比文件，还应当在指出对比文件披露了该权利要求的技术方案之前，具体说明此对比文件为该专利申请日（享有优先权的，指优先权日）前提出申请、申请日以后公开或公布的中国专利申请文件或专利文件。❶

2. 有关专利不具备创造性的论述

以不符合《专利法》第22条第3款有关创造性的规定为无效宣告理由时，所作论述一般应包括如下内容：

① 简要描述无效宣告理由所涉及的权利要求的主题；

② 描述构成最接近的现有技术的证据的相关内容，包括指出该证据所披露的技术方案以及所引用内容的具体位置；

③ 将专利权利要求与该证据公开的技术方案进行对比，指出区别技术特征，根据该区别技术特征所能达到的技术效果确定发明实际要解决的技术问题，论述在现有技术中存在技术启示，使得本领域技术人员有动机将所述区别技术特征应用到最接近的现有技术中解决所述技术问题以获得要求保护的技术方案，即该权利要求的技术方案对本领域技术人员来说是显而易见的；

---

❶ 如果拟提出无效的专利的申请日（享有优先权的，指优先权日）在2009年10月1日之前，在此处还应当说明该对比文件是由他人提出的专利申请。

④ 给出相关结论和法律依据，即对于发明专利，指出权利要求不具有突出的实质性特点和显著的进步，对于实用新型专利，指出权利要求不具有实质性特点和进步，不符合《专利法》第22条第3款有关创造性的规定。

需要注意的是，发明与实用新型专利的创造性判断标准不同，在判断现有技术中是否存在技术启示时，发明专利与实用新型专利存在区别，这种区别体现在现有技术的领域和现有技术的数量两个方面。对于发明专利而言，不仅要考虑该发明专利所属的技术领域，还要考虑其相近或者相关的技术领域，以及该发明所要解决的技术问题能够促使本领域的技术人员到其中去寻找技术手段的其他技术领域；而且，可以引用一项、两项或者多项现有技术评价发明专利的创造性。对于实用新型专利而言，一般着重于考虑该实用新型专利所属的技术领域，但是现有技术中给出明确的启示，例如现有技术中有明确的记载，促使本领域的技术人员到相近或者相关的技术领域寻找有关技术手段的，可以考虑其相近或者相关的技术领域；一般情况下，可以引用一项或者两项现有技术评价实用新型专利的创造性，但对于由现有技术通过"简单的叠加"而成的实用新型专利，可以根据情况引用多项现有技术评价其创造性。

3. 对于说明书未充分公开权利要求所要求保护的技术方案的论述

以不符合《专利法》第26条第3款的规定作为无效宣告理由时，所作论述一般应包括如下内容：

① 概述权利要求所要求保护的技术方案及该方案所解决的技术问题；

② 针对该方案所要解决的技术问题，指出说明书缺少哪部分内容或者哪部分内容描述得不清楚；

③ 分析所缺少的或不清楚的内容导致本领域技术人员无法实现其要求保护的技术方案的原因；

④ 给出相关结论和法律依据，即指出说明书未清楚和/或完整地公开与实现有关权利要求所要求保护的技术方案的相关内容，导致本领域技术人员无法实现该技术方案，不符合《专利法》第26条第3款的规定。

4. 对于权利要求书没有以说明书为依据的论述

以不符合《专利法》第26条第4款有关"权利要求书以说明书为依据"的规定作为无效宣告理由时，所作论述一般应包括如下内容：

① 简要描述权利要求的主题和专利要解决的技术问题；

② 具体指出权利要求中得不到说明书支持的技术特征；

③ 描述说明书对相关内容的记载；

④ 结合说明书对相关内容的记载以及本领域普通技术人员所应具有的普通技术知识具体分析权利要求中的上述特征得不到说明书支持的理由；

⑤ 给出相关结论和法律依据，即指出该权利要求没有以说明书为依据，不符合《专利法》第26条第4款的规定。

5. 对于权利要求未清楚限定要求专利保护范围的论述

以不符合《专利法》第26条第4款有关"权利要求书清楚限定要求专利保护范围"的规定作为无效宣告理由时，所作论述一般应包括如下内容：

① 具体指出权利要求中存在的不清楚的内容；

② 分析该内容为何导致权利要求未清楚地限定要求专利保护的范围；

③ 给出相关结论和法律依据，即指出权利要求的保护范围不清楚，不符合《专利法》第26条第4款的规定。

6. 对于独立权利要求缺少必要技术特征的论述

以不符合《专利法实施细则》第 20 条第 2 款有关"独立权利要求应当记载解决技术问题的必要技术特征"的规定作为无效宣告理由时，所作论述一般应包括如下内容：

① 简要描述权利要求的主题和所要解决的技术问题；

② 结合说明书的整体内容进行分析，指出其中哪些技术特征是解决技术问题所必需的，为什么缺少这些技术特征就无法解决所述技术问题；

③ 在此基础上指出独立权利要求中未记载上述必要技术特征，从而得出该独立权利要求不符合《专利法实施细则》第 20 条第 2 款规定的结论。

7. 有关修改超出原说明书和权利要求书记载范围的论述

以不符合《专利法》第 33 条有关"对发明或实用新型专利申请文件的修改不得超出原说明书和权利要求书记载范围"的规定作为无效宣告理由时，所作论述一般应包括如下内容：

① 指出权利要求书或说明书中哪些修改内容超出了原说明书和权利要求书记载的范围；

② 在与原申请文件对比的基础上，分析说明所修改的内容未记载在原说明书和权利要求书中，以及为何不能从原说明书和权利要求书记载的内容直接、毫无疑义地确定；对于说明书修改超范围的，还应论述为何所述修改影响到权利要求的保护范围；

③ 给出相关结论和法律依据，即指出所修改的内容超出了原权利要求书和说明书记载的范围，不符合《专利法》第 33 条的规定。

8. 有关不符合发明或实用新型定义的论述

根据《专利法》第 2 条第 2 款的规定，发明是对产品、方法或者其改进所提出的新的技术方案。根据《专利法》第 2 条第 3 款的规定，实用新型是对产品的形状、构造或者其结合所提出的适于实用的新的技术方案。

如果认为发明或者实用新型专利权利要求要求保护的方案不属于技术方案，应当从技术手段、解决的技术问题和产生的技术效果三个方面进行分析和论证其不属于技术方案，从而得出其不属于《专利法》第 2 条第 2 款或第 3 款规定的发明或实用新型专利保护客体的结论。

对于实用新型专利，还可针对权利要求中包含的方法或者材料特征，论证其属于对方法或者材料本身提出的改进，得出其不属于《专利法》第 2 条第 3 款规定的实用新型专利保护客体的结论。

（四）撰写"无效宣告请求书"时应当注意的问题

根据《专利法实施细则》第 66 条第 2 款和《专利审查指南 2010》第四部分第三章第 2.1 节及第 3.3 节的规定，在专利复审委员会就一项专利权已作出无效宣告请求审查决定后，又以同样的理由和证据提出无效宣告请求的，不予受理和审理，但所述理由或者证据因时限等原因未被所述决定考虑的情形除外。因此，在提出无效宣告请求时应当避免出现上述情况。

在撰写"无效宣告请求书"时，对于所主张的公知常识，如果未能收集到相关证据予以证明，这时请求人应当在"无效宣告请求书"中对所主张的公知常识进行充分的说理。另外，根据《专利审查指南 2010》第四部分第三章第 4.3.1 节的规定，在提出无效宣告请求之后，但最迟在口头审理辩论终结之前，请求人可以再进一步收集并补充提交技术词典、技术手册和教科书等所属技术领域中的公知常识性证据。

根据《专利法实施细则》第 67 条的规定，请求人可以在提出无效宣告请求之日起 1 个月内增加理由或者补充证据。因此，在提出无效宣告请求之后，请求人可以进一步收集完善证据，并根据实际情况及时提出新的无效宣告理由；此外，对于提出无效宣告请求时未结合证据具体陈述的理由，也可利用该机会及时进行补充。对于上述情形，请求人可以在自提出无效宣告请求之日起 1 个月内进一步以补充的意见陈述书的方式提交给专利复审委员会。

四、"无效宣告请求书"撰写案例分析

下面分别以名称为"改进的胶囊"的实用新型专利和名称为"即配式饮料瓶盖"的实用新专利为例,具体说明在提出无效宣告请求时需要进行的工作。

(一)【案例 1】改进的胶囊❶

在本案例中,客户委托专利代理机构就名称为"改进的胶囊"实用新型专利(以下简称"该实用新型专利")提出无效宣告请求,并请专利代理机构进行必要的检索。

1. 专利文件的理解和分析

(1)专利文件

(19)中华人民共和国国家知识产权局

(12)实用新型专利

(10)授权公告号　CN 201775100 U
(45)授权公告日　2010.10.15

(21)申请号　201020033166.3
(22)申请日　2010.04.20
(30)优先权数据
　　05 101/10-2　2010.02.20　CH
(73)专利权人　ABCD 医药公司
　　(其余著录项目略)

---

❶ 本案例根据 1994 年全国专利代理人资格考试"复审和无效"科目有关无效宣告请求代理实务部分的试题改编而成。

权 利 要 求 书

1. 一种硬壳胶囊,该胶囊由圆柱形的可套接的同轴囊帽和囊体组成,囊帽和囊体均有一个侧壁、一个开口端和一个闭合端,囊帽和囊体互相匹配连接,在囊帽的内壁上设有起环形隆起物作用的隆起结构,在从该隆起结构至囊帽的开口端之间设置足以使囊帽和囊体准确固定在同轴位置的结构。

2. 按照权利要求1所述的硬壳胶囊,其中,所述使囊帽和囊体准确固定在同轴位置的结构是3至10个突起物。

3. 按照权利要求2所述的硬壳胶囊,其中,所述囊帽内壁上的隆起结构是多个沿圆周排列的、高度相等的隆起物。

4. 按照权利要求2所述的硬壳胶囊,其中,所述囊帽内壁上的隆起结构是一种囊帽的直径的收缩。

5. 按照权利要求4所述的硬壳胶囊,其中,所述囊帽内壁上的隆起结构为由两个斜面和连接两个斜面之间的平面构成的环形隆起物。

6. 按照权利要求2至5中任一项所述的硬壳胶囊,其中,所述突起物对称排列,且高度相等。

7. 按照权利要求2至5中任一项所述的硬壳胶囊,其中,所述突起物对称排列,形状相同,相邻突起物之间距离相等。

8. 按照权利要求7所述的硬壳胶囊,其中,所述突起物的基底为椭圆形、圆形或矩形,顶部为平面,其横截面为梯形。

9. 按照权利要求2至5中任一项所述的硬壳胶囊,其中,所述囊帽内壁上的隆起结构位于囊帽的上半部,从闭合端顶部起算位于囊帽总长度的33%~45%范围内。

10. 按照权利要求9所述的硬壳胶囊,其中,所述突起物在囊帽中的位置为从囊帽的闭合端顶部起算位于囊帽总长度的75%~85%范围内。

11. 按照权利要求2至5中任一项所述的硬壳胶囊,其中,在所述囊体外表面上设有与所述囊帽内壁上的隆起结构相匹配的环形凹槽。

说 明 书

改进的胶囊

技术领域

本实用新型涉及一种改进的胶囊,特别是改进的硬壳胶囊,这种硬壳胶囊有圆柱形的可套接的同轴囊帽和囊体以构成盛物(如药品)用的容器。

背景技术

美国专利 US5586708 中介绍的一种硬壳明胶胶囊是通过一个环绕囊体的凹槽与囊帽内壁向内突出的环形隆起结构匹配接触而锁合的。该胶囊还有两个分开的起预锁合作用的啮合结构。

这些胶囊的质量虽然很好,但是由于高速装料操作和速度增加,会使胶囊操作粗糙,即使完全闭合的胶囊也会发生脱开现象。增加摩擦力可以使囊帽和囊体固定在一起,如增加胶囊内存在的隆起高度和凹槽深度会获得所需结果,似乎是合理的,但是,现已发现这种方法会降低胶囊的质量。

实用新型内容

本实用新型要解决的技术问题是提供一种在形状和结构上作出改进的胶囊,从而在增加操作速度的同时,减少胶囊的损失,改进装料的安全可靠性,并使胶囊质量更好。

申请人发现,若胶囊的囊帽设有一个环形隆起物或者多个能起到环形隆起物作用的隆起结构,并且从该隆起结构至囊帽的开口端之间、与该隆起结构相隔一定间距设有使囊帽和囊体准确固定在同轴位置的结构,该结构可以是多个,例如3~10个突起物,这样的胶囊能满足上述要求。这意味着囊帽和囊体重叠部分任何高度处的水平横截面中出现的两个圆环均有相同的共同中心点,即囊帽和囊体处于准确同轴的位置。而现有的胶囊不能满足这些条件,即使囊帽和囊体同轴连接时,也会留下使囊帽和囊体自由移动的空隙,因而不能处于准确同轴的位置(如图1所示),致使囊帽和囊体容易脱开。

具体地说,为解决上述技术问题,本实用新型的硬壳胶囊由圆柱形可套接的同轴囊帽和囊体组成,囊帽和囊体均有一个侧壁、一个开口端和一个闭合端,囊帽和囊体互相匹配连接,在囊帽的内壁上设有起环形隆起物作用的隆起结构,而在从该隆起结构至囊帽的开口端之间设置了足以使囊帽和囊体准确固定在同轴位置的结构,该结构最好是3~10个突起物。

囊帽内壁上的隆起结构可以是环形隆起物,但最好是间断式的,这样当囊帽与囊体连接时,隆起段之间的空隙可作为排气口,使胶囊内的空气排出。该隆起结构也可以是一些沿圆周排列的、高度相等的隆起段。这种环形隆起物或多个隆起段的结构是已知的。若囊帽足够长,则在囊帽上还可以再设有一个环形隆起物或沿圆周排列的、高度相等的隆起段。

囊帽的环形隆起物可以是一种囊帽的缩颈,其横截面可为半圆形、三角形或梯形,例如可以是由两个斜面和连接两个斜面之间的平面构成的环形隆起物。然而,对隆起物横截面的形状,例如这种斜面的角度和缩颈大小均没有严格限制,仅由制造工艺决定。

与该隆起结构相隔等距离的多个突起物不应紧挨着上述环形隆起物,而应间隔足够长的距离以使该结构真正显示其作用。为使囊帽和囊体准确处于同轴位置,多个突起物应当对称排列并且具有相等的高度。

尽管该多个突起物也可以用一个环形突起物来代替，但事实证明多个突起物的结构是最佳的，这些突起物在囊帽上对称分布并沿圆周排列，相邻的突起物彼此之间的距离最好相等。可将突起物的高度设置成使囊帽的开口端和囊体的开口端易于连接在一起；这些突起物与囊体的外侧壁相接触，在接触点产生一个很小的压力。突起物最少为2个，最好设置3~10个，以使囊帽和囊体偏离同轴位置的位移减至最小。

这些突起物可以采用不同的公知形状，但高度应当相等。例如，其基底为椭圆形、圆形或矩形，顶部为平面，其横截面为梯形。最好这些突起物的形状均相同。突起物也可采用一种间断隔开的环形突起结构。

上述的环形隆起物与突起物之间的间距对于囊帽和囊体处于准确同轴位置来说是十分重要的。隆起结构最好位于囊帽的上半部，自囊帽的闭合端顶部起算位于囊帽总长的33%~45%的范围内。突起物不应紧挨隆起结构，从囊帽的闭合端顶部起算，最好位于囊帽总长度的75%~85%范围内。当然，该距离的选择还取决于胶囊的囊帽尺寸。

囊体外表面可以是光滑的，也就是说，没有隆起物或凹槽。但囊体的外表面上最好有与所述囊帽内壁上的隆起结构相匹配的环形凹槽，以使囊帽和囊体之间实质上无变形地完全锁合在一起。若要使胶囊预锁合，还应当使囊帽内壁上的突起物也与囊体的环形凹槽相匹配，本专业的技术人员可容易地选定其尺寸。

附图说明

图1是现有胶囊的剖面图。

图2、图3和图4是本实用新型胶囊的正视图。

图5是胶囊完全锁合时，锁合部分的侧向剖面图（沿图3的5-5轴剖视）。

图6是与图5胶囊相对应的预锁合形式。

具体实施方式

图2、图3和图4中所示的胶囊10具有一个囊帽11和一个囊体12，囊帽和囊体相应的两端13和14是闭合的。囊帽11具有一个环形隆起物，该环形隆起物可被空气排气孔所间断。囊帽具有一个开口端，在开口端和环形隆起物之间设有四个（图3）、六个（图2）或八个（图4）突起物24。突起物24的形状不必都相同，但最好相同。如图5和图6所示，囊帽11具有外壁17和内壁16，囊帽内壁16上的隆起物19与外壁17上的凹部15相对应。隆起物19具有环形横截面，在内壁上具有相交于顶点22处的斜面20和21。

闭合端13的形状没有严格限制，但最好是圆形的或半球形的。如果需要，囊帽的顶端也可以是其他形状。除隆起物19和突起物24外，囊帽内壁16的直径从开口端18至肩线23以每厘米缩减0.01厘米的规律逐渐减小。

图5表示囊帽和囊体处于完全锁合的状态，而图6表示囊帽和囊体处于部分闭合或预锁合的状态。图5中，囊体的开口端位于隆起物19的前斜面20（见图6）的前方，囊体的凹槽19a与隆起物19匹配。如图6所示，囊体的凹槽19a有前斜面20a和后斜面21a，两者在顶点22a相交。在图5中，囊帽和囊体已被锁合在一起，可从部分闭合的预锁合或半锁合状态变成完全闭合的锁合状态。这时，囊体开口端处的缩颈与囊帽匹配，实现紧密机械密封。在锁合状态时，隆起物19和囊体凹槽19a不是摩擦配合，而是匹配配合或机械配合，它们相互对应的斜面和顶点完

全重合。在锁合时，囊体的开口端已进入囊帽的肩线 23 附近，最好刚刚超出肩线 23。囊体和囊帽一样，从开口端起至闭合端方向，直径逐渐减小，锥度相同。在预锁合状态时（如图 6 所示），囊体的锥度和囊体的大小相对于囊帽的锥度和囊帽的大小来说，能使两者达到无变形配合。囊帽和囊体相邻壁表面之间的配合便于空气通过。由于在突起物 24 处的预锁合配合是不同于摩擦配合的机械配合，因此实质上是不变形的。

这种结构提供了附加的通气道或排气孔 25，因此可排除包含在胶囊内的压缩空气，例如使囊体和囊帽突然接合成锁合状态时引入的空气。因此，排除空气有利于避免在装料后由于空气未释放而使囊帽和囊体产生脱离的倾向。

本实用新型的胶囊可用作封装如下配料的具有各种形状和大小的容器，如食品、药品、化学品、染料、香料、肥料、种子、化妆品和农产品；粉状或液状食品、药品、化学品、染料、香料、肥料、种子、化妆品和农产品的基料；以及特定形式的物品，例如分散在基料中并通过分解、分离、生物腐蚀和扩散中的一种或几种过程从基料中析出的微扩散体（由此获得对于封装物及内科和外科药品的可控释放体系），本领域技术人员公知的其他组合物或者以泡沫等特定方式存在的物品也能封装到本实用新型的胶囊中。

说 明 书 附 图

图 1

图 2

图 3

图 4

图 5

图 6

(2) 对该实用新型专利文件的分析

该实用新型专利的优先权日为 2010 年 2 月 20 日，因此该专利的无效程序适用现行《专利法》《专利法实施细则》和《专利审查指南 2010》。

通过对该实用新型专利说明书和权利要求书的阅读和分析可知，该实用新型专利所要解决的技术问题是使胶囊的囊帽与囊体处于准确的同轴位置，从而在增加操作速度的同时，减少胶囊的损失，改进装料的安全可靠性，并使胶囊质量更好。其采用的技术手段是在从胶囊囊帽的环形隆起物至开口端之间设置多个突起物。而且，突起物应当对称排列并具有相等的高度，且不紧挨环形隆起物设置，与其间隔足够长的距离时，更能真正显示其作用。

该实用新型专利的独立权利要求 1 要求保护一种硬壳胶囊，在该胶囊的囊帽内壁上设有隆起结构，并且在隆起结构与囊帽的开口端之间设有足以使囊帽和囊体准确固定在同轴位置的结构；从属权利要求 2 进一步限定了上述使囊帽和囊体准确固定在同轴位置的结构是 3~10 个突起物，从属权利要求 6、7 和 8 对突起物的排列方式、高度及形状作了进一步的限定；从属权利要求 3、4、5 对隆起结构的排列方式、高度以及形状作了进一步的限定；从属权利要求 9 和 10 分别对隆起结构和突起物在囊帽上的位置分布作了进一步的限定；从属权利要求 11 进一步对胶囊囊体的结构进行了限定。

由上可知，该实用新型专利是对胶囊的形状和构造所作的改进，其要求保护的硬壳胶囊显然不属于《专利法》第 5 条或者第 25 条排除的对象，并且符合《专利法》第 2 条第 3 款有关实用新型的定义。所要求保护的硬壳胶囊显然能够在产业上制造或者使用，具备《专利法》第 22 条第 4 款规定的实用性。而且专利说明书也充分公开了权利要求书要求保护的各项技术方案，符合《专利法》第 26 条第 3 款的规定。

但是，该实用新型专利权利要求 1 中的"在从该隆起结构至囊帽的开口端之间设置足以使囊帽和囊体准确固定在同轴位置的结构"仅仅表述了该专利所要解决的技术问题或者所获得的技术效果是"使囊帽和囊体准确固定在同轴位置"，并未记载通过何种技术手段来解决上述技术问题，并获得相应的技术效果，而根据说明书的记载，该专利是通过在从胶囊囊帽的环形隆起物至开口端之间设置多个对称排列且高度相等的突起物这一特定的技术手段来实现囊帽和囊体的同轴固定；并通过将突起物设置得不紧挨环形隆起物和突起物具有相同的形状等技术手段使囊帽和囊体具有更佳的同轴效果，本领域技术人员通过阅读说明书不足以得到如此概括的技术方案。因此，可以认为权利要求 1 未以说明书为依据，未清楚地限定要求专利保护的范围，不符合《专利法》第 26 条第 4 款的规定。当然，也可以认为权利要求 1 未记载解决技术问题的必要技术特征"在从胶囊囊帽的环形隆起物至开口端之间设置多个对称排列且高度相等的突起物"，不符合《专利法实施细则》第 20 条第 2 款的规定。因此，可以初步考虑以该实用新型专利不符合《专利法》第 26 条第 4 款和《专利法实施细则》第 20 条第 2 款的规定作为无效宣告的理由。

由于从属权利要求 2~5、9~11 的附加技术特征均未限定突起物的排列方式和高度，权利要求 7 和 8 虽然限定了突起物的排列方式和具有相同的形状，但未限定这些突起物的高度相同，因此这些从属权利要求均未弥补权利要求 1 所存在的上述缺陷，因此也不符合《专利法》第 26 条第 4 款和《专利法实施细则》第 20 条第 2 款的规定。

从属权利要求 6 进一步限定了突起物对称排列并且高度相等，因此不存在上述缺陷。

根据专利文件本身所存在的上述缺陷，可考虑以该实用新型专利不符合《专利法》第 26 条第4款和《专利法实施细则》第20条第2款的规定为理由宣告权利要求1～5、7～11无效，但尚不能宣告权利要求6无效。另外，可以预见的是，专利权利人有可能通过修改权利要求书克服上述缺陷而达到维持专利权有效的目的。因此，仍应当考虑针对该实用新型专利要求保护的主题进行检索和收集证据，以期进一步通过否定其新颖性和创造性来达到宣告专利权无效的目的。此外，还可以考虑查阅该实用新型专利审查档案来获得其他线索。

2. 证据的检索、收集、选取与完善

在对该实用新型专利文件进行分析的基础上，对现有技术进行了检索，检索到下述证据1和证据2。与此同时，请求人也提供了与该实用新型专利公开使用有关的证据3和证据4。

证据1：美国专利说明书US6508678，公告日为1998年4月29日；

证据2：法国发明专利申请书FR19423123，申请日为2008年9月4日，公告日为2010年3月4日；

证据3：请求人向中国某药店提供某种胶囊状药品的供货发票存根，该发票上的供货日期为2009年9月4日，该发票上的供货药品的名称为某某药品；

证据4：一盒内装有四板用锡纸包封的胶囊状药品，该药盒上有英文的药名和使用该药品的英文说明，由此英文药名可知其与证据3发票上写明的供货药品的名称某某药品是同一种药品。在该四板用锡纸包封的胶囊药品上也印有与药盒上相同的英文药名，其上印有的生产日期为2010年4月28日，有效期至2011年4月28日。打开其中一板中的一颗，可得知其结构，该结构与涉案实用新型专利的图4和图5所示的结构相同。

现对上述四件证据进行分析。

证据1美国专利说明书US6508678的公开日为1998年4月29日，早于该实用新型专利的优先权日，构成该实用新型专利的现有技术。证据1为专利文件，属于通过正规公共发行渠道发行的出版物，其真实性和公开性不存在任何问题，也容易得到对方当事人和专利复审委员会的认可，从其公开的内容来看与该实用新型专利十分相关，因此该证据可以用来评价该实用新型专利是否具备新颖性和创造性。

证据2法国发明专利申请书FR19423123的公开日为2010年3月4日，介于该实用新型专利的申请日和优先权日之间。因此，其是否构成该实用新型专利的现有技术，还需进一步通过查阅该实用新型专利的审查档案获取优先权文件来进行判断。如果通过查阅该实用新型专利的优先权文件后，认定该实用新型专利不能享受优先权，则证据2构成其现有技术，可以用来判断该实用新型专利是否具备新颖性和创造性；相反，如果认定该实用新型专利可以享受优先权，则证据2不构成其现有技术，而且由于其不是中国专利申请文件，也不能构成该实用新型专利的抵触申请，因此，证据2此时不能用来判断该实用新型专利是否具备新颖性和创造性。

对于证据3和4，首先，证据4实物的生产日期在该实用新型专利的申请日之后，因此仅凭证据4不能证明这种结构的胶囊已成为该实用新型专利的现有技术。其次，证据4实物的生产日期也在证据3发票中载明的供货日期之后，因此尚不能与证据3关联起来形成完整的证明体系，证明证据3所反映的该实用新型专利优先权日前所供应的胶囊也是证据4中实物所显示的结构。如若证明该实用新型专利已在优先权日之前使用公开还需进一步补充证据。

通过以上分析，随后，请求人查阅了该实用新型专利的审查档案，获取了优先权文件，并发现该实用新型专利在初步审查过程中未进行任何修改，直接获得授权，因此不可能出现不符合《专利法》第33条的情况。通过与优先权文件进行对比，该实用新型专利可以享受优先权，因此，在提出无效宣告请求时不应当采用证据2。此外，也没有获得更进一步的证据证明该实用新型专利已在优先权日之前使用公开。

因此，针对该实用新型专利提出无效宣告请求并可能获得成功可以使用的证据只有证据1。由于证据1是能够从除香港、澳门、台湾地区外的国内公共渠道获得的美国专利文件，因此无需对其进行公证和认证。但由于其属于外文证据，应当翻译成中文。该美国专利说明书US6508678的发明名称为锁合型胶囊，申请日为1996年12月10日，公告日为1998年4月29日，下面为该美国专利说明书US6508678有关部分的中文译文和附图。

硬壳锁合型胶囊

本发明涉及一种硬壳锁合型胶囊，由圆柱形的可套接的囊帽和囊体构成盛物（如口服用的药物）用的容器。本发明尤其涉及一种使用现代化的机器可制造、灌装的可套接锁合胶囊，该胶囊可根据需要制造成部分机械锁合或完全机械锁合的胶囊。

现有的锁合型药用胶囊由管状或圆柱状的囊帽和囊体对应紧密套接，囊帽和囊体均有一个闭合端和一个开口端。囊帽的内壁与囊体外壁接触起锁合作用，防止囊体和囊帽分开，一般来说，现有的锁合型胶囊都只是暂时锁合（有时是半锁合或预锁合），即便是完全套合，也只是锁得紧一点而已。例如，英国专利NO.1108629和意大利专利789324就公开了这种类型的胶囊。先前提到过的锁合型胶囊，总的来说效果还是令人满意的。但有些类型的胶囊，在成品输送、罐装等过程中，经常出现这样或那样的质量问题，特别是囊帽和囊体在胶囊生产线进行套合时以及在灌装药物前，预锁合好的空心胶囊有时也会突然分开；或者胶囊成品提供给客户时，囊帽与囊体套接不充分，导致胶囊松脱。即使胶囊完全锁合，由于强烈振动，有时也会松脱、分开。另外，对于摩擦锁合型胶囊，当胶囊壁变形时，就难以将胶囊锁合，特别是在装盛吸湿粉剂或其他干燥粉剂时尤为如此。在灌装胶囊时，也会出现胶囊松脱分开的质量问题，主要是胶囊从标准的胶囊填充机的供应漏斗振荡输送过程中，胶囊由于受振荡而松脱分开，分开的胶囊可使胶囊填充机的机管堵塞，或者分开的囊帽会套接在已套合的胶囊的囊体的另一端而形成"双囊帽胶囊"，从而妨碍机械灌装的正常进行。松脱的胶囊也会聚积于胶囊灌装室内使囊体不能正确定位于灌装环内。毫无疑问的是，无论是胶囊生产时还是运输时出现的质量问题，都会导致经济损失。

本发明的目的是提供一种新型硬壳锁合胶囊，具有改进的预锁合结构，在生产运输等环节均具有最佳性能。

本发明的另一个目的是提供一种改进的胶囊，可对囊体和囊帽进行部分锁合和完全锁合。

本发明的再一个目的是提供一种改进的胶囊，通过预锁合，能使预锁合的胶囊的总长度保持恒定。

本发明的又一个目的是通过对胶囊的预锁合，可防止或最大限度地减少胶囊套合时出现的突然脱开。

……

通过以下说明及附图，可清楚地了解本发明的其他目的、特征和优点。

图1是本发明胶囊套合后的正视图。

图2是本发明胶囊完全锁合时，锁合的胶囊的上部分的侧向剖面图（沿图1的2-2轴剖视）。

图3是本发明胶囊预锁合或部分锁合时，上部分的侧向剖面图。

图4是本发明胶囊的横截面剖面图（沿图1的4-4轴剖视）。

图 5 是本发明有凹槽的预锁合囊帽的柱状模具的局部剖面图，柱状模具上覆盖一层明胶膜。图 5a 是本发明胶囊预锁合时，囊帽突起物与囊体凹槽匹配的局部剖面图。
......

根据图 1，本发明的胶囊 10，包括囊帽 11 和囊体 12，囊帽和囊体相应的两端 13 和 14 是闭合的。成形后的囊体和囊帽，在标准的胶囊制造机上容易套合，可进行完全锁合或半锁合，囊帽 11 有一个隆起物 15，囊帽在其开口端 18 附近还设有突起物 24。

图 2 和图 3 详细示出了带有外壁 17 和内壁 16 的囊帽 11。囊帽外壁 17 上的凹槽 15 与内壁 16 的隆起物 19 相对应，相当于在囊帽上形成一个直径收缩的环形隆起物，该环形隆起物 19 有一个近似三角形的横截面，在内壁上有相交于顶点 22 处的斜面 20 和 21。当然，该横截面也可以采用其他公知的形状，如近似半圆形或梯形。闭合端 13 最好是圆形的或半球形的，但是这种形状没有严格的限制。如果需要，囊帽的闭合端也可以是其他的形状。除隆起物 19 和突起物 24 外，囊帽的内壁 16 的直径从开口端 18 直至肩线 23 依每英寸缩减 0.010 英寸的规律逐渐减小。图 2 表示囊帽和囊体处于完全锁合状态，正如已指出的那样，囊帽和囊体已被压在一起，从部分锁合的预锁合或半锁合状态变成完全锁合状态，在锁合状态时，隆起物 19 和囊体凹槽 19a 不是摩擦配合，而是匹配配合或机械配合。但在闭合时它们相应的斜面和顶点相互重合。在锁合时，囊体的开口端已进入囊帽的肩线 23 附近，最好刚刚超过肩线 23。囊体和囊帽一样，从开口端至闭合端方向，直径逐渐缩减，锥度相同。囊体的锥度和囊体的尺寸这样设置，是为了使囊体更容易进入囊帽。在如图 3 所示的预锁合状态时，囊体的锥度和囊体的大小相对于囊帽部的锥度和囊帽部的大小来说，能使两者达到无变形配合。囊帽和囊体相邻壁表面之间的配合便于空气通过。囊体斜面 20a 和 21a 和顶点 22a 的位置与突起物平面 24a（图 5a）和相对应的突起物斜面 24b 紧密配合，通过突起物 24 的预锁合属于机械配合，而不是摩擦配合，其实质上是不发生变形的。胶囊突起物 24 与囊体凹槽 19a 的主要接触点是突起物平面 24a 与突起物斜面 24b 之间的边缘处 24d，这种结构不同于压缩配合，提供了通气道或排气孔 24c，因此可排除包含在胶囊内的压缩空气，例如使囊体和囊帽突然接合成锁合状态时引入的空气。排除空气有利于避免囊帽和囊体产生突然脱开的倾向。本发明的囊体凹槽斜面的特殊结构与胶囊突起物 24 的平面和斜面的应用，对胶囊起到有效的同心作用，使囊体和囊帽的轴向间距（如胶囊的套合长度）任何时候都保持恒定。以上结构在套合、分选、灌装药物等过程中所具有的优良特性，是现有技术的胶囊所无法比拟的。依据本发明制造的预锁合胶囊不会出现囊体与囊帽突然分开或囊体套合囊帽更深的现象。除非接触点产生足够大的压力，囊体的凹槽与囊帽的突起物的配合是无变形配合，以防止囊帽和囊体作相向的转动。

胶囊突起物的大小和外形对本发明至关重要。为实现本发明的目的，每个突起物的两个斜面 24b 的角度要设置得相对较小。采用浸渍成形法制造胶囊时，必须避免气泡积聚于刚成型的胶囊壁上。斜面 24b 与平面 24a 的角度（见图 5 的 A 角和 B 角）必须大约是 8°～12°，最好是 10°。如果角度超过 12°，过量的气泡就会积聚于突起物的斜面和靠近突起物的平面 24a 的部位上。......

本发明的胶囊的突起物 24 必须是两斜面 24b 之间有效长的平面 24a 相连。......

对胶囊突起物 24 的数目没有过多的限制，但至少是两个，也可以采用更多个突起物，当然也可以是一种环形突起物。需要说明的是，如果具有多个突起物，则为了保证囊帽与囊体准确地同轴，这些突起物的高度至少应当相等，最好采用多个形状相同的突起物，其中最常用的是多个轴对称分布、具有相同形状和相同间隔的突起物。总之，囊体和囊帽的突起物和凹槽的尺寸是按上面提到的英国和意大利专利文件中公开的 1 号胶囊的尺寸设定的。

本发明制造的胶囊使用的原辅料最好是药用级明胶，也可以使用其他原辅料替代全部或部分明胶，制造胶囊的柱状模具通常为高等级不锈钢，用于制造本发明的胶囊的柱状模具可通过常用方法制造成形，如铣制、磨削或其他方法。在胶囊的浸渍成形阶段，柱状模具的精确度直接影响胶囊内壁的成形。本发明的包括隆起物19和突起物24的胶囊囊帽可以轻易地从柱状模具中拔出，而不会损坏胶囊。胶囊隆起物19是不间断环形隆起物，在图例中，示出的是最佳形状，也可采用其他类似的隆起物形状，例如，囊帽的环形隆起物19可以是间断的环形隆起物，由间断的隆起段组成，例如由多个沿圆周方向排列的等高隆起段组成。如果需要，隆起段的断面可以是半圆形或梯形。

图 1　图 2　图 3

图 4　图 5　图 5a

3. 无效宣告理由的选择与确定

如前所述，证据1为该实用新型专利的现有技术，可以作为评价该实用新型专利是否具备新颖性和创造性的对比文件。证据1公开了一种在囊帽开口端18附近设有突起物24以保证囊帽与囊体同轴的胶囊。显然，证据1不但公开了本实用新型专利权利要求1的全部技术特征，而且，可以认为证据1还公开了权利要求2~7和11限定部分的技术特征，因此上述权利要求相对于证据1不具备新颖性，不符合《专利法》第22条第2款的规定。即使考虑到该证据1只披露了突起物为两个以上，并未具体给出3~10个或在此之间的突起物个数，而这种选择也应当认为是本领域技术人员的常规选择，并且也未产生预料不到的技术效果。因此，至少这些权利要求是不具备创造性的。

权利要求8技术方案进一步限定了突起物的具体形状，属于公知的形状，也是本领域技术人员的常规选择，另外该实用新型专利说明书中亦如此写明。因此该技术方案不具有实质性特点和进步，不具备《专利法》第22条第3款规定的创造性。

权利要求9和10的技术方案进一步限定了隆起物或突起物在囊帽内壁上的位置，证据1并未披露上述内容，因此无法用证据1否定这两项权利要求的新颖性。但是该专利说明书中指出了该隆起物与突起物之间的距离的实际长度取决于囊帽的尺寸，又考虑到说明书中也未具体写明作出上述选择带来什么样的技术效果，因而可以以上述位置的选择属于本领域技术人员为了使囊帽和囊体保持同轴而作出的常规选择，即认为这样的选择对本领域的技术人员是显而易见的，从而认定这两项权利要求的技术方案不具有实质性特点和进步，不具备《专利法》第22条第3款规定的创造性。只是认定上述选择为常规选择的理由还不够充分而已。

基于上述分析，并综合考虑前面对该实用新型专利文件所作的分析，可以确定以该实用新型专利权利要求1~5、7~11不符合《专利法》第26条第4款和《专利法实施细则》第20条第2款的规定，权利要求1~7和11不具备《专利法》第22条第2款规定的新颖性，以及权利要求1~11不具备《专利法》第22条第3款规定的创造性为理由提出无效宣告请求。而且，应当将该专利不具备新颖性和创造性作为请求宣告专利权无效的重点理由。

4. 推荐的"无效宣告请求书"

根据前面所作分析，撰写"无效宣告请求书"，下面给出推荐的"无效宣告请求书"的正文。

"无效宣告请求书"正文

专利复审委员会：

请求人法国EFG制药公司中国分公司根据《中华人民共和国专利法》第45条及《中华人民共和国专利法实施细则》第65条的规定，针对专利权人ABCD医药公司的专利号为ZL201020033166.3、名称为"改进的胶囊"的实用新型专利（以下简称"上述实用新型专利"或"该专利"）提出无效宣告请求，该专利的申请日为2010年4月20日，优先权日为2010年2月20日。

请求人认为上述实用新型专利不符合《专利法》第22条第2款有关新颖性和第3款有关创造性的规定，不符合《专利法》第26条第4款有关权利要求书应当以说明书为依据、清楚地限定要求专利保护范围的规定，以及不符合《专利法实施细则》第20条第2款有关独立权利要求应当记载解决技术问题的必要技术特征的规定，请求专利复审委员会宣告上述实用新型专利权全部无效。

请求人以US6508678美国专利说明书及其部分中文译文（以下简称"证据1"）作为证据，

该证据的公开日为1998年4月29日,构成该专利的现有技术,可以用于评价该专利的新颖性和创造性。

请求人请求宣告该专利无效的具体理由如下。

(一)

该专利的权利要求1~7和11相对于证据1不具备《专利法》第22条第2款规定的新颖性和《专利法》第22条第3款规定的创造性,权利要求8~10相对于证据1和本领域技术人员的公知常识不具备《专利法》第22条第3款规定的创造性。

1. 该专利权利要求1相对于证据1不具备《专利法》第22条第2款规定的新颖性和《专利法》第22条第3款规定的创造性

《专利法》第22条第2款规定:"新颖性是指该发明或者实用新型不属于现有技术;也没有任何单位或者个人就同样的发明或者实用新型在申请日以前向国务院专利行政部门提出过申请,并记载在申请日以后公布的专利申请文件或者公告的专利文件中。"

《专利审查指南2010》第二部分第三章第3.1节又作出进一步的说明:"……发明或者实用新型专利申请与现有技术或申请日前由任何单位或者个人向专利局提出申请并在申请日后公布或公告的发明或者实用新型的相关内容相比,如果其技术领域、所解决的技术问题、技术方案和预期效果实质上相同,则认为两者为同样的发明或者实用新型。"

由上述规定可知,如果在申请日前公开的现有技术中披露了该发明或实用新型的内容,则该发明和实用新型就丧失了新颖性。

该专利涉及一种硬壳胶囊,由可套接的同轴囊帽和囊体组成。由说明书的记载可知,该专利所要解决的技术问题是对胶囊的形状和结构作出改进,从而在增加操作速度的同时,减少胶囊的损失,改进装料的安全可靠性,并使胶囊质量更好。

该专利权利要求1的技术方案为:

"1. 一种硬壳胶囊,该胶囊由圆柱形的可套接的同轴囊帽和囊体组成,囊帽和囊体均有一个侧壁、一个开口端和一个闭合端,囊帽和囊体互相匹配连接,在囊帽的内壁上设有起环形隆起物作用的隆起结构,在从该隆起结构至囊帽的开口端之间设置足以使囊帽和囊体准确固定在同轴位置的结构。"

证据1公开了一种锁合型胶囊,由其说明书第×页第×段至第×页×段(译文第×页第×段至第×页×段)以及附图1、图2和图3可知,这种锁合型胶囊也由可套合的、同轴的圆柱形囊帽11和囊体12组成,囊帽和囊体相应的两端13和14是闭合的,锁合时囊体的开口端伸入囊帽的开口端18内,囊帽11内壁上有一个环形隆起物19,囊帽的内壁16在其开口端18附近还设有两个或更多个为保证囊帽与囊体准确同轴的突起物24。由此可见,证据1中公开的锁合型胶囊披露了该专利权利要求1的全部技术特征,且由该证据记载的发明目的可知,其与该专利所解决的技术问题实质相同,并能达到实质相同的效果。

综上所述,该专利权利要求1所保护的技术方案与证据1中所公开的技术内容实质上相同,属于相同的技术领域,所解决的技术问题和预期的效果实质相同,因此该专利权利要求1相对于证据1所公开的锁合型胶囊不具备《专利法》第22条第2款规定的新颖性,更不符合《专利法》第22条第3款有关创造性的规定。

2. 该专利权利要求2至7和11相对于证据1不具备《专利法》第22条第2款规定的新颖性和《专利法》第22条第3款规定的创造性

权利要求2对权利要求1进一步限定的技术特征为:"所述使囊帽和囊体准确固定在同轴位

置的结构是 3 至 10 个突起物"。

对于该附加技术特征,请求人认为,对本领域技术人员来说,从证据 1 中所公开的"两个或更多个为保证囊帽与囊体准确同轴的突起物 24"中的"更多个"可以理解为 3 个、4 个、5 个、6 个、8 个等,因而可以认为两者的数量限定是相同的,也就是说证据 1 还公开了从属权利要求 2 的附加技术特征,由此可知该权利要求也不具备《专利法》第 22 条第 2 款规定的新颖性。即使专利权人将此两个或更多个解释为两个以上,则从两个以上的数量中选择 3~10 个是本领域技术人员最常规的选择,按照《专利审查指南 2010》第二部分第四章第 4.3 节的规定,由于这种选择可以由本领域的技术人员通过常规手段得到并且没有产生预料不到的技术效果,因此这样的技术方案不具备创造性,也就是说该专利权利要求 2 的技术方案对本领域技术人员来说相对于证据 1 所公开的胶囊不具有实质性特点和进步,不具备《专利法》第 22 条第 3 款规定的创造性。

权利要求 3 和 4 分别对权利要求 2 所要求保护的硬壳胶囊中囊帽内壁上起环形隆起物作用的隆起结构作了进一步限定,分别限定为"多个沿圆周排列的、高度相等的隆起物"和"一种囊帽的直径的收缩"。权利要求 5 又对权利要求 4 进一步限定为"由两个斜面和连接两个斜面之间的平面构成的环形隆起物"。在证据 1 的第×页第×段和第×页第×段(译文第×页第×段和第×页第×段)中明确指出"囊帽外壁上的凹槽与内壁的隆起物相对应,相当于在囊帽上形成一个直径收缩的环形隆起物,该环形隆起物有一个近似三角形的横截面,……当然该横截面也可以采用其他公知的形状,如近似半圆形或梯形""胶囊隆起物是不间断环形隆起物,……也可采用其他类似隆起物的形状,例如,囊帽的环形隆起物可以是间断的环形隆起物,由间断的隆起段组成,例如由多个沿圆周方向排列的等高隆起段组成。"由此可知,证据 1 还进一步披露了权利要求 3、4 和 5 限定部分的技术特征,因此当权利要求 3、4 和 5 所引用的权利要求相对于证据 1 不具备新颖性时,权利要求 3、4 和 5 也不具备《专利法》第 22 条第 2 款规定的新颖性。

权利要求 6 和 7 分别对权利要求 2 至 5 所要求保护的硬壳胶囊中囊帽内壁上的突起物作了进一步限定,上述附加技术特征分别为"突起物对称排列,且高度相等","突起物对称排列,形状相同,相邻突起物之间距离相等"。在证据 1 中第×页第×段(译文第×页第×段)中明确指出:"为了保证囊帽与囊体准确同轴,这些突起物的高度至少应当相等,最好采用多个形状相同的突起物,其中最常用的是多个轴对称分布、具有相同形状和相同间隔的突起物"。由此可知,权利要求 6 和 7 进一步限定的附加技术特征也已被证据 1 所披露,因此当其引用的权利要求 2 至 5 不具备新颖性时,权利要求 6 和 7 相对于证据 1 也不具备《专利法》第 22 条第 2 款规定的新颖性。

权利要求 11 进一步对权利要求 2 至 5 所要求保护的硬壳胶囊作了进一步限定,其中的囊体外表面上设有与囊帽内壁上的隆起结构相匹配的环形凹槽。证据 1 中第×页第×段(译文第×页第×段)及附图 3、图 5 和图 5a 中明确记载了"囊体的凹槽与胶囊的突起物是无变形的配合",也就是说,权利要求 11 中进一步限定的附加技术特征也已被证据 1 公开,且该结构特征与该专利中一样可以更好地防止囊帽和囊体脱开,因此当权利要求 11 所引用的权利要求 2 至 5 不具备新颖性时,权利要求 11 也不具备《专利法》第 22 条第 2 款规定的新颖性。

当然,如前面评述权利要求 2 时所作分析最后指出的那样,即便认为权利要求 2 只是相对于证据 1 不具备《专利法》第 22 条第 3 款规定的创造性,则上述权利要求 3 至 7 和 11 也不符合《专利法》第 22 条第 3 款有关创造性的规定。

3. 该实用新型专利权利要求 8 至 10 相对于证据 1 以及本领域的公知常识不具备《专利法》第 22 条第 3 款规定的创造性。

按照《专利法》第 22 条第 3 款的规定,创造性是指与现有技术相比,该发明具有突出的实质性特点和显著的进步,该实用新型具有实质性特点和进步。

由《专利审查指南 2010》第四部分第六章第 4 节的规定可知,实用新型专利创造性的审查可以参照《专利审查指南 2010》第二部分第四章发明创造性的审查原则、审查基准以及不同类型发明的创造性判断等内容。

权利要求 8 对权利要求 7 中的突起物进一步限定为"基底为椭圆形、圆形或矩形,顶部为平面,其横截面为梯形。"但正如该专利说明书实用新型内容部分第 8 段所指出的,这些形状是公知的,即属于本领域的公知常识,因此当其所引用的权利要求 7 相对于证据 1 不具备新颖性时,该权利要求相对于证据 1 以及本领域的公知常识不具有实质性特点和进步,不具备《专利法》第 22 条第 3 款规定的创造性。

权利要求 9 将权利要求 2 至 5 中所要求保护的硬壳胶囊中囊帽内壁上的环形隆起结构距囊帽闭合端的位置限定在位于囊帽总长度的 33%～45%范围内,其目的在于使囊帽和囊体更好地保持同轴。但这样的位置设置对本领域技术人员而言是很容易想到的,因为本领域技术人员都知道,环形隆起结构与突起物之间的距离越大,其保持同轴的效果将会越好,因而为加大两者之间的距离就必定会将环形隆起结构设置得更靠近闭合端,但又不应超出囊体开口处,即将环形隆起结构距离囊帽闭合端的位置设置在位于囊帽总长度的 33%～45%范围内,由此可知,权利要求 9 相对于证据 1 及本领域的公知常识不具有实质性特点和进步,因此不具备《专利法》第 22 条第 3 款规定的创造性。

权利要求 10 进一步将权利要求 9 中所要求保护的硬壳胶囊中囊帽内壁上的突起物距囊帽闭合端的位置限定在位于囊帽总长度的 75%～85%范围之内。显然设置在 75%～85%之内不仅加大了环形隆起结构与突起物之间的距离,而且也防止突起物位置距开口端太近而导致囊帽和囊体脱开,这属于本领域的公知常识,因此当其引用的权利要求 9 相对于证据 1 和本领域的公知常识不具备创造性时,该权利要求的技术方案不具有实质性特点和进步,不具备《专利法》第 22 条第 3 款规定的创造性。

(二)

该专利的权利要求 1 至 5、7 至 11 不符合《专利法》第 26 条第 4 款和《专利法实施细则》第 20 条第 2 款的规定。

按照《专利法》第 26 条第 4 款的规定,权利要求书应当以说明书为依据,清楚、简要地限定要求专利保护的范围。

《专利审查指南 2010》第二部分第二章第 3.2.1 节和第 3.2.2 节的规定,权利要求书应当以说明书为依据,是指权利要求应当得到说明书的支持。权利要求书中的每一项权利要求所要求保护的技术方案应当是所属技术领域的技术人员能够从说明书充分公开的内容中得到或概括得出的技术方案,并且不得超出说明书公开的范围。权利要求书应当清楚,是指每一项权利要求应当清楚地限定要求保护的范围。

由该专利说明书第 1 页实用新型内容部分的第 1 段至第 2 段记载的内容可见,该专利所要解决的技术问题是使胶囊的囊帽与囊体处于准确的同轴位置,从而在增加操作速度的同时,减少胶囊的损失,改进装料的安全可靠性,并使胶囊质量更好。其采用的技术手段是在从胶囊囊帽的环形隆起物至开口端之间设置多个突起物。而且,突起物应当对称排列并具有相等的高度。

但是,该实用新型专利权利要求 1 中的"在从该隆起结构至囊帽的开口端之间设置足以使囊帽和囊体准确固定在同轴位置的结构"仅仅表述了该专利所要解决的技术问题或者所获得的技术效果是"使囊帽和囊体准确固定在同轴位置",并未记载通过何种技术手段来解决上述技术问题,并获得相应的技术效果。而根据说明书的记载，本专利是通过在从胶囊囊帽的环形隆起物至开口端之间设置多个对称排列且高度相等的突起物这一特定的技术手段来实现囊帽和囊体的同轴固定。因此，权利要求1未以说明书为依据，且未清楚地限定要求专利保护的范围，不符合《专利法》第26条第4款的规定。

由于权利要求1未记载解决上述技术问题的必要技术特征"在从胶囊囊帽的环形隆起物至开口端之间设置多个对称排列且高度相等的突起物"，因此也不符合《专利法实施细则》第20条第2款有关独立权利要求应当记载解决技术问题的必要技术特征的规定。

由于从属权利要求2至5、9至11的附加技术特征均未限定突起物的排列方式和高度，从属权利要求7和8虽然限定了突起物的排列方式，但未限定突起物的高度，这些权利要求均未弥补权利要求1所存在的上述缺陷，因此也不符合《专利法》第26条第4款和《专利法实施细则》第20条第2款的规定。

（三）

综上所述，专利号为ZL201020033166.3的实用新型专利的权利要求1至7和11相对于证据1不具备《专利法》第22条第2款规定的新颖性和《专利法》第22条第3款规定的创造性，权利要求8至10相对于证据1和本领域的公知常识不具备《专利法》第22条第3款规定的创造性；权利要求1至5、7至11不符合《专利法》第26条第4款和《专利法实施细则》第20条第2款的规定。故请求专利复审委员会宣告上述实用新型专利权全部无效。

无效宣告请求人：法国EFG制药公司中国分公司
××××年×月××日

（二）【案例2】即配式饮料瓶盖❶

在本案例中，客户拟对名称为"即配式饮料瓶盖"的实用新型专利提出无效宣告请求。为此，客户向专利代理机构提供了该实用新型专利授权公告的专利文件和该实用新型专利的优先权文件❷以及其所了解的两篇与该实用新型专利有关的对比文件，请专利代理机构以这两份对比文件为证据针对该实用新型专利撰写向专利复审委员会提交的"无效宣告请求书"。

1. 本案例相关材料简介

下面首先分别给出本案例中客户拟提出无效宣告请求的"即配式饮料瓶盖"的实用新型专利（以下简称"该实用新型专利"）授权公告的专利文件、该实用新型专利的优先权文件和客户提供的拟作为无效宣告请求证据的两份对比文件。

(1) 该实用新型专利文件

下面先后给出该实用新型专利文件扉页中的主要著录项目以及权利要求书和说明书。

---

❶ 此案例根据2011年全国专利代理人资格考试"专利代理实务"科目有关"无效宣告请求书"撰写试题改编而成。

❷ 在2011年全国专利代理人资格考试"专利代理实务"科目有关"无效宣告请求书"撰写的试题中，直接给出了该实用新型专利的优先权文件。但是，在平时的专利代理实务中，对于拟提出无效宣告请求的专利有优先权要求时，客户通常不会主动提供该专利的优先权文件。在这种情况下，如果客户提供的证据或者补充检索找到的证据中包含有在此优先权日和申请日之间公开的对比文件或者包含有在该优先权日和申请日之间提出申请且在此申请日后公开或公告的中国专利申请文件或专利文件，专利代理人就应当去查阅该专利的优先权文件，以确定该专利的权利要求书中哪几项权利要求能享受优先权，哪几项权利要求不能享受优先权，以便进一步确定这些证据构成了该专利哪几项权利要求的现有技术，或者对哪几项权利要求能作为判断其是否具备新颖性的申请在先、公开在后的中国专利文件。

(19) 中华人民共和国国家知识产权局
(12) 实用新型专利

(10) 授权公告号　CN 201253450 U
(45) 授权公告日　2011.03.22

(21) 申请号　201020123456.7
(22) 申请日　2010.9.23
(30) 优先权
　　　(32) 2010.02.25　　(33) US (31) 10/011,222
(73) 专利权人　B公司
（其余著录项目略）

权 利 要 求 书

1. 一种即配式饮料瓶盖，包括顶壁（1）和侧壁（2），侧壁（2）下部具有与瓶口外螺纹配合的内螺纹（3），其特征在于，侧壁（2）内侧在内螺纹（3）上方具有环状凸缘（4），隔挡片（5）固定于环状凸缘（4）上，所述顶壁（1）、侧壁（2）和隔挡片（5）共同形成容纳调味材料的容置腔室（6）。

2. 如权利要求1所述的即配式饮料瓶盖，其特征在于，所述隔挡片（5）为一层热压在环状凸缘（4）上的气密性薄膜。

3. 如权利要求1或2所述的即配式饮料瓶盖，其特征在于，所述瓶盖带有一个用于刺破隔挡片（5）的尖刺部（7），所述尖刺部（7）位于顶壁（1）内侧且向隔挡片（5）的方向延伸。

4. 如权利要求1至3中任意一项所述的即配式饮料瓶盖，其特征在于，所述顶壁（1）具有弹性易于变形，常态下，尖刺部（7）与隔挡片（5）不接触，按压顶壁（1）时，尖刺部（7）向隔挡片（5）方向运动并刺破隔挡片（5）。

说 明 书

即配式饮料瓶盖

技术领域

本实用新型涉及一种内部容纳有调味材料的饮料瓶盖。

背景技术

市售的各种加味饮料（如茶饮料、果味饮料等）多通过在纯净水中加入调味材料制成。为保证饮料品质、延长保存时间，加味饮料中大都使用各种添加剂，不利于人体健康。

实用新型内容

针对加味饮料存在的上述问题，本实用新型提出一种即配式饮料瓶盖。所述饮料瓶盖内部盛装有调味材料（如茶粉、果珍粉等），该瓶盖与盛装矿泉水或纯净水的瓶身配合，构成完整的饮料瓶。饮用时将瓶盖内的调味材料释放到瓶身内与水混合，就可即时配制成加味饮料。由于调味材料与水在饮用前处于隔离状态，因此无需使用添加剂。

附图说明

图1是本实用新型的立体分解图；

图2是本实用新型在常态下的组合剖视图；

图3是本实用新型在使用状态下的组合剖视图。

具体实施方式

如图1至图3所示，即配式饮料瓶盖具有顶壁1和侧壁2，侧壁2下部具有与瓶口外螺纹配合的内螺纹3，侧壁2内侧在内螺纹3上方具有环状凸缘4，隔挡片5固定于环状凸缘4上，隔挡片5优选为一层热压在环状凸缘4上的气密性薄膜。顶壁1、侧壁2和隔挡片5围合成密闭的容置腔室6，容置腔室6内放置调味材料。上述结构即构成完整的即配式饮料瓶盖，该瓶盖可以与盛装矿泉水或纯净水的瓶身相配合使用。直接拧开瓶盖，可以饮用瓶中所装矿泉水或纯净水；撕除或破坏隔挡片5，则可即时配制成加味饮料饮用。

为了能够方便、卫生地破坏隔挡片5，本实用新型进一步提出一种改进的方案。顶壁1由易于变形的弹性材料制成，尖刺部7位于顶壁1内侧且向隔挡片5的方向延伸。如图2所示，常态下尖刺部7与隔挡片5不接触，从而使隔挡片5保持完整和密封。如图3所示，饮用加味饮料时，按压顶壁1，顶壁1向隔挡片5方向变形，尖刺部7刺破隔挡片5，调味材料进入瓶中与水混合，形成所需口味的饮料。采用弹性顶壁配合尖刺部的结构，使得本实用新型瓶盖的使用更加方便、卫生。

说 明 书 附 图

图 1

图 2

图 3

(2) 客户提供的证据1内容简介

下面给出客户提供的证据1名称为"茶叶填充瓶盖"的中国实用新型专利说明书的扉页中的主要著录项目以及其说明书的有关内容和附图。

扉页中的主要著录项目如下：

(19) 中华人民共和国国家知识产权局

(12) 实用新型专利

(10) 授权公告号　CN 201201234 U
(45) 授权公告日　2010.08.06

(21) 申请号　200920345678.9
(22) 申请日　2009.12.25
(73) 专利权人　张××
(其余著录项目略)

下面为说明书中的有关内容：

茶叶填充瓶盖

本实用新型涉及一种内部盛装有茶叶的瓶盖。

用冷水泡制而成的茶是一种健康饮品，冷泡的方式不会破坏茶叶里的有益物质。目前制作冷泡茶的方式，通常是将茶袋或茶叶投入水杯或矿泉水瓶内进行浸泡。然而茶叶携带起来不方便，特别是在外出时，不便于制作冷泡茶。

本实用新型提出一种茶叶填充瓶盖，在现有瓶盖的基础上，在瓶盖内部增加一个容纳茶叶的填充腔。该瓶盖与矿泉水瓶相配合一同出售，解决了茶叶不易携带的问题。

图1是本实用新型的剖面图。

如图1所示，本实用新型的瓶盖整体为圆柱形，其上端封闭形成盖顶部1，圆柱形侧壁2的下部具有与瓶口外螺纹配合的内螺纹3，内螺纹3上方设有与侧壁2一体形成的环状凸缘4，透水性滤网5（滤纸或滤布）固定于环状凸缘4上。盖顶部1、侧壁2和滤网5围合的空间形成茶叶填充腔6。

瓶口处设有封膜7用于密封瓶身内的水。饮用时打开瓶盖并除去瓶口封膜7，然后再盖上瓶盖，将水瓶倒置或横置，瓶中的水透过滤网5进入茶叶填充腔6中充分浸泡茶叶，一段时间后制成冷泡茶。由于滤网5的阻隔作用，茶叶不会进入瓶身，方便饮用。

说明书附图1：

(3) 客户提供的证据2内容简介

下面给出客户提供的证据2名称为"饮料瓶盖"的中国实用新型专利说明书的扉页中的主要著录项目以及其说明书的有关内容和附图。

扉页中的主要著录项目如下：

(19) 中华人民共和国国家知识产权局

(12) 实用新型专利

(10) 授权公告号　CN 201033450 U
(45) 授权公告日　2008.01.02

(21) 申请号　200720123456.7
(22) 申请日　2007.07.05
(73) 专利权人　李××

(其余著录项目略)

下面为说明书中的有关内容：

饮料瓶盖

本实用新型公开了一种内部盛装有调味材料的瓶盖结构。该瓶盖与盛装矿泉水或纯净水的瓶身配合，构成完整的饮料瓶。饮用时可将瓶盖内的调味材料释放到瓶身内与水混合，从而即时配制成加味饮料。

图1是本实用新型的剖视图。

如图1所示，本实用新型的瓶盖具有顶壁1和侧壁2，侧壁2具有与瓶口外螺纹配合的内螺纹3，顶壁1内侧固定连接一个管状储存器4，该管状储存器4的下端由气密性封膜5密封，所述气密性封膜5优选为塑料薄膜，通过常规的热压方式固定在管状储存器4的下缘。顶壁1、管状储存器4和封膜5围合的空间形成密闭的容置腔室6，容置腔室6内放置有调味材料。如图1

所示，将瓶盖旋转连接在瓶身上时，瓶口部分进入侧壁2与管状储存器4之间的环状空间内。

想饮用加味饮料时，打开瓶盖撕除或者破坏封膜5，然后再盖上瓶盖，容置腔室6中的调味材料进入瓶中，与水混合形成所需口味的饮料。

说明书附图1：

（4）该实用新型专利的优先权文件的中文译文

该实用新型专利的优先权文件的权利要求书和说明书的中文译文如下：

权 利 要 求 书

1. 一种即配式饮料瓶盖,包括顶壁(1)和侧壁(2),侧壁(2)下部具有与瓶口外螺纹配合的内螺纹(3),其特征在于,侧壁(2)内侧在内螺纹(3)上方具有环状凸缘(4),隔挡片(5)固定于环状凸缘(4)上,所述顶壁(1)、侧壁(2)和隔挡片(5)共同形成容纳调味材料的容置腔室(6)。

说 明 书

即配式饮料瓶盖

加味饮料中大都使用添加剂，不利于人体健康。

针对上述问题，本发明提出一种即配式饮料瓶盖。所述饮料瓶盖内部盛装有调味材料，该瓶盖与盛装有矿泉水或纯净水的瓶身配合，构成完整的饮料瓶。饮用时将瓶盖内的调味材料释放到瓶身内与水混合，从而即时配制成加味饮料。由于调味材料与水在饮用前处于隔离状态，因此无需使用添加剂。

图1是本发明的剖视图。

如图1所示，即配式饮料瓶盖具有顶壁1和侧壁2，侧壁2下部具有与瓶口外螺纹配合的内螺纹3，侧壁2内侧在内螺纹3上方具有环状凸缘4，隔挡片5通过粘接的方式固定于环状凸缘4上，隔挡片5由易溶于水且对人体安全的材料制成。顶壁1、侧壁2和隔挡片5共同形成容置腔室6，容置腔室6内放置有固体调味材料。

瓶口处设置密封薄膜7用于密封瓶身内的水，即配式饮料瓶盖旋转连接在瓶身上。饮用时，首先打开瓶盖，除去瓶口的密封薄膜7，然后再盖上瓶盖摇晃瓶身，隔挡片5溶解于水，容置腔室6内的调味材料进入瓶身。

当然，隔挡片5也可以是不溶于水的密封薄膜，与此相应就不必在瓶口设置密封薄膜。饮用时，需要先打开瓶盖，撕除或破坏隔挡片5，再将调味材料加入瓶内，摇匀即配制成加味饮料。

说明书附图1：

2. 对该实用新型专利文件和证据的分析

为对该实用新型专利提出无效宣告请求，首先需要对该实用新型专利文件进行认真分析，判断专利文件本身是否存在可能影响专利有效性的缺陷；其次针对客户提供的证据进行分析，判断这些证据是否影响该实用新型专利有效性；最后根据上述分析结果，选择和确定无效宣告理由以及支持相应无效宣告理由的证据。

（1）对该实用新型专利文件的分析

在具体对该实用新型专利文件进行分析之前，需要根据该实用新型专利的优先权日确定该专利无效宣告请求案适用修改前的专利法律法规还是现行的专利法律法规。

由于拟提出无效宣告请求的实用新型专利的优先权日为2010年2月25日，在2010年2月1日之后，根据《施行修改后的专利法的过渡办法》和《施行修改后的专利法实施细则的过渡办法》的规定，该专利无效宣告请求案适用于现行《专利法》《专利法实施细则》和《专利审查指南2010》。

由于该实用新型专利要求享受优先权，而客户提供的证据1是一件在该实用新型专利的优先权日前提出申请、优先权日和申请日之间授权公告的中国实用新型专利，为确定该证据1相对于该实用新型专利权利要求书中的各项权利要求是一件可以仅用作新颖性判断的申请在先公开在后的中国实用新型专利文件，还是构成了可以用作新颖性和创造性判断的现有技术，需要核实该实用新型专利权利要求书中的各项权利要求能否享受优先权。为此，需要核实一下该实用新型专利权利要求书中的各项权利要求的技术方案是否已记载在该实用新型专利的优先权文件中。

通过阅读该实用新型专利的说明书和权利要求书可知，该实用新型专利所要解决的技术问题是保证饮料品质，延长保存时间，同时避免饮料中使用添加剂而影响人体健康。其采用的技术手段是将调味材料放置于饮料瓶盖中密封的容置腔室中，而矿泉水或纯净水位于饮料瓶的瓶体中，因而在存放、运输过程中调味材料和水位于饮料瓶的不同部分，不会相混合；而在饮用时再将位于容置腔室底部的密封隔挡片撕除或破坏，将它们混合成加味饮料。

该专利的独立权利要求1要求保护的技术方案是能够实现将调味材料与饮料瓶中的矿泉水或纯净水有效隔离的饮料瓶盖：该瓶盖中设置有容纳调味材料的容置腔室，容置腔室底部为固定于侧壁内侧上的环状凸缘的隔挡片，该隔挡片起到了将调味材料与饮料瓶中的水相隔离开的作用。由于优先权文件中的权利要求1记载了与本实用新型专利权利要求1相同的技术方案，且其中说明书最后一段所写明的内容也明确写明该隔挡片的一种实施方式是密封薄膜，因此应当认为该实用新型专利的优先权文件已记载了该实用新型专利独立权利要求1的技术方案，因此，该独立权利要求1可以享有优先权。

从属权利要求2至4对该饮料瓶盖的结构进行了进一步限定：其中权利要求2限定该隔挡片是热压在环状凸缘上的气密性薄膜；权利要求3限定瓶盖上带有一个位于顶壁内侧且向隔挡片方向延伸、用于刺破隔挡片的尖刺部；权利要求4进一步限定瓶盖的顶壁具有弹性易于变形。鉴于优先权文件中仅记载了隔挡片通过粘接固定在环状凸缘上，而未记载热压在环状凸缘上，由此可知，权利要求2的技术方案未记载在优先权文件中；同样优先权文件中既未记载瓶盖顶壁内侧设置了向隔挡片方向延伸、以用于在饮用时刺破隔挡片的尖刺部的内容，也未记载瓶盖的顶壁为弹性易变形材料，即优先权文件中既未记载权利要求3的技术方案，也未记载权利要求4的技术方案。通过上述对比分析可知，权利要求2、权利要求3和权利要求4不能享有优先权。

在理解了该实用新型专利各项权利要求的技术方案以及确定了各项权利要求能否享受优先权之后，可以着手分析该实用新型专利文件本身是否存在可能影响专利有效性的缺陷。

显然，该实用新型专利是对瓶盖的形状和结构所作的改进，其要求保护的主题明显不属于《专利法》第 5 条和第 25 条排除的对象，并且符合《专利法》第 2 条第 3 款有关实用新型的定义。该实用新型专利要求保护的瓶盖能够在产业上制造或者使用，具备《专利法》第 22 条第 4 款规定的实用性。而且专利说明书也充分公开了权利要求书要求保护的各项技术方案，符合《专利法》第 26 条第 3 款的规定。

但是，从该实用新型专利文件本身来看，独立权利要求 1 要求了其在先美国专利申请的优先权，在该优先权文件中，隔挡片既可以是密封薄膜，也可以由易溶于水且对人体安全的材料制成，而对于该实用新型专利来说，由于其说明书中写明的技术方案是需要在饮用前撕除或破坏该隔挡片，且该瓶盖是与瓶口处未粘贴密封薄膜的盛装有矿泉水或纯净水的饮用瓶组装配用，因而该隔挡片只可能是不溶于水的密封薄膜，而不可能由易溶于水的材料制成，由此可知采用隔挡片来限定该权利要求的技术方案，与说明书中公开的技术内容不相适应，未清楚地限定其要求专利保护的范围，因此权利要求 1 不符合《专利法》第 26 条第 4 款有关权利要求应当以说明书为依据、清楚限定要求专利保护范围的规定。

此外，该实用新型专利的从属权利要求 3 进一步限定瓶盖带有一个用于刺破隔挡片的尖刺部，并且限定了该尖刺部的位置。该尖刺部的作用是刺破隔挡片，以实现调味材料与水相混合。根据说明书的记载可知，为使两者相混合，需要对瓶盖进行按压，从而促使尖刺部向下运动，刺破隔挡片。因此，瓶盖的材料应当是弹性易变形材料，否则无法实现上述目的。由此可知，从属权利要求 3 的技术方案是不清楚的，即权利要求 3 未清楚地限定要求专利保护的范围，不符合《专利法》第 26 条第 4 款的规定。

从属权利要求 4 是对带有尖刺部的顶壁的进一步限定。但是，所述尖刺部仅记载在从属权利要求 3 的技术方案中，在独立权利要求 1 及其从属权利要求 2 中并没有出现。因此，从属权利要求 4 引用权利要求 1 或 2 的技术方案也未清楚地限定要求专利保护的范围，不符合《专利法》第 26 条第 4 款的规定。

需要注意的是，虽然该专利从属权利要求 3 引用了权利要求 1 或 2，其不能作为另一项多项从属权利要求 4 引用的基础，不符合《专利法实施细则》第 21 条第 2 款的规定。但是，该条款不属于《专利法实施细则》第 65 条第 2 款规定的无效宣告理由，因此不能以此为理由宣告该权利要求 4 无效。

(2) 分析客户提供的证据是否影响该实用新型专利的有效性

由该实用新型专利文件扉页中的著录项目可知，该实用新型专利的申请日为 2010 年 9 月 23 日，优先权日为 2010 年 2 月 25 日。前面对该实用新型专利文件进行分析时已经指出，该实用新型专利独立权利要求 1 可以享有优先权，由于该实用新型专利的优先权日早于客户提供的证据 1 中国实用新型专利的授权公告日 2010 年 8 月 6 日，晚于其申请日 2009 年 12 月 25 日，由此可知，证据 1 是该实用新型专利权利要求 1 的优先权日前提出申请、优先权日后授权公告的中国实用新型专利文件，但未构成权利要求 1 的现有技术，因而证据 1 可以用作判断其是否构成权利要求 1 的抵触申请影响权利要求 1 新颖性的对比文件，但不能用作判断权利要求 1 是否具备创造性的对比文件；证据 2 的授权公告日为 2008 年 1 月 2 日，早于该实用新型专利的优先权日，因而其构成权利要求 1 的现有技术，可以用作判断权利要求 1 是否具备新颖性和创造性的对比文件。由于从属权利要求 2 至 4 均不能享有优先权，证据 1 和证据 2 均为该实用新型专利的申请日前授权公告的中国实用新型专利文件，因而这两件证据均构成了该实用新型专利这三项权利要求的现有技术，可以用作判断这三项权利要求是否具备新颖性和创造性的对比文件。

下面先分析客户提供的证据1和证据2是否影响独立权利要求1的专利有效性。

证据1公开了一种茶叶填充瓶盖，采用了由顶盖部、侧壁和固定于侧壁内侧内螺纹上方的环状凸缘上的滤网构成茶叶填充腔的瓶盖结构，以便将茶叶与矿泉水分隔开，解决方便携带、且不会破坏茶叶里的有益物质的问题。其与权利要求1要求保护的技术方案的区别仅仅在于该证据1中用滤网将茶叶与矿泉水隔开，而权利要求1限定的即配式饮料瓶盖中用隔挡片将调味材料与矿泉水或纯净水隔开。显然，滤网相对于隔挡片来说是下位（具体）概念，隔挡片是上位（一般）概念，茶叶相对于调味材料是下位（具体）概念，调味材料是上位（一般）概念，根据《专利审查指南2010》第二部分第三章第3.2.2节的规定，该"滤网"和"茶叶"的公开使得采用"隔挡片"和"调味材料"限定的同一产品的技术方案丧失新颖性，因此可以认为权利要求1相对于客户提供的证据1不符合《专利法》第22条第2款有关新颖性的规定。❶

证据2公开了一种内部盛装有调味材料的瓶盖，其包括顶壁和侧壁，侧壁具有与瓶口外螺纹配合的内螺纹，该瓶盖也包括底部由气密性封膜（隔挡片的一种）密封的容置腔室，其与权利要求1要求保护的瓶盖的区别仅仅在于：证据2中的气密性封膜用热压方式固定于连接在瓶盖顶壁内侧的管状储存器的下缘，而在权利要求1限定的即配式饮料瓶盖中的隔挡片固定于瓶盖侧壁内侧内螺纹上方的环状凸缘上，而这一区别仅仅是气密性密封膜（隔挡片）固定位置的不同，对于本领域技术人员来说，当看到证据2公开的瓶盖后会很容易想到将与瓶盖顶壁内侧连成一体的管状储存器改为与瓶盖侧壁内侧连成一体的环状凸缘，从而将气密性封膜固定于管状储存器下缘改变为固定于环状凸缘上，这种固定结构位置的简单变化并未带来进一步的技术效果，属于本领域技术人员的普通公知常识，因此可以认为权利要求1相对于客户提供的证据2和本领域的公知常识不具备《专利法》第22条第3款规定的创造性。❷

下面分析客户提供的证据1和证据2是否影响权利要求2至4的新颖性和创造性。

由于权利要求2至4均不能享有优先权，证据1和证据2构成这三项权利要求的现有技术。

在这两项现有技术中，证据1中的瓶盖是本实用新型最接近的现有技术，其公开了权利要求2所引用的权利要求1的全部技术特征。❸也就是说，权利要求2要求保护的即配式饮料瓶盖与证据1中公开的茶叶填充瓶盖的区别仅仅在于：隔挡片为一层热压在环状凸缘上的气密性薄膜。证据2公开的饮料瓶盖中构成容置腔室底部也为一层以热压方式固定的气密性封膜，其所起的作用为使调味材料与瓶体中的水相隔开且不能使水透过该层封膜进入容置腔室，与该实用新型中热压在环状凸缘上的气密性薄膜所起的作用相同，因此该证据2给出了将该技术特征"隔挡片为一层热压方式固定的气密性封膜"应用到证据1公开的瓶盖中而得到权利要求2限定的技术方案的启示。也就是说，由证据1和证据2中公开的瓶盖得到权利要求2限定的技术方案对本领域的技术人员是显而易见的，因而，权利要求2要求保护的即配式瓶盖不具有实质性特点。由此可知，权利要求2的技术方案相对于证据1和2不具备《专利法》第22条第3款规定的创造性。

---

❶ 由于将滤网认定为隔挡片下位概念的主张可能不会得到专利复审委员会的认同，因此权利要求1不具备新颖性的无效宣告理由并不一定能成立。鉴于此，还需分析权利要求1相对于证据2和本领域公知常识是否具备创造性。

❷ 此处认定两者固定位置为简单变化且未带来进一步的技术效果的理由并不充分，因此权利要求1相对于证据2和本领域公知常识不具备创造性的无效宣告理由也不一定能成立。

❸ 《专利审查指南2010》第二部分第三章第3.2.5节中明确指出："上述第3.2.1节至3.2.5节中的基准同样适用于创造性判断中对该类技术特征是否相同的对比判断。"由此可知，对于本案例中涉及第3.2.2节有关上下位概念的特征"隔挡片"和"滤网""调味材料"和"茶叶"应当认定为相同的技术特征。

而对于权利要求 3 和权利要求 4 而言,其限定部分的技术特征既未被证据 1 中公开的瓶盖披露,也未被证据 2 中公开的饮料瓶盖披露,更不属于本领域技术人员用于解决方便、卫生地撕除或破坏隔挡片或气密性封膜的惯用手段,即不属于本领域技术人员的公知常识,因此,利用目前的证据 1 和证据 2 以及本领域的公知常识还不能否定权利要求 3 和权利要求 4 的新颖性和创造性。

(3) 无效宣告理由和证据的选择和确定

通过上述对该实用新型专利文件的分析以及对客户提供的证据是否影响该实用新型专利有效性的分析,可以确定采用三个无效宣告理由:该实用新型专利不具备《专利法》第 22 条第 2 款规定的新颖性,不具备《专利法》第 22 条第 3 款规定的创造性,以及不符合《专利法》第 26 条第 4 款有关权利要求应当以说明书为依据、清楚限定要求专利保护范围的规定。而对于客户提供的证据 1 和 2 以及查阅到该实用新型专利的优先权文件(包括该实用新型专利本身),可以将他们作为支持该实用新型专利不具备新颖性或创造性的证据。

具体来说,以客户提供的证据 1 构成权利要求 1 的抵触申请为依据来支持权利要求 1 不具备新颖性的无效宣告理由;以客户提供的证据 2 和本领域的公知常识来支持权利要求 1 不具备创造性的无效宣告理由;以查阅到的该实用新型专利的优先权文件和该实用新型专利文件作为支持权利要求 2 至 4(主要是权利要求 2)不能享有优先权的证据;以客户提供的证据 1 和证据 2 来支持权利要求 2 不具备创造性的无效宣告理由。此外,还可以用查阅到的该实用新型专利的优先权文件来作为权利要求 1 不符合《专利法》第 26 条第 4 款有关权利要求应当以说明书为依据、清楚限定要求专利保护范围规定的证据。至于权利要求 3 以及权利要求 4 引用权利要求 1 或权利要求 2 的技术方案未清楚限定要求专利保护范围的无效宣告理由,只需要依据该实用新型专利文件记载的内容作出分析即可,无需再提供其他证据。❶

3. 推荐的"无效宣告请求书"

根据上述对该实用新型专利的分析、对客户提供的证据是否影响该实用新型专利有效性的分析以及最后选择和确定的无效宣告理由和支持相应无效宣告理由的证据,着手撰写"无效宣告请求书",下面给出推荐的"无效宣告请求书"正文。

正如前面所指出的,拟提出的无效宣告理由均适用现行《专利法》和《专利法实施细则》,因此"无效宣告请求书"正文所涉及的相关法律条款均采用现行《专利法》和《专利法实施细则》的相应条款。

"无效宣告请求书"正文

本请求人根据《专利法》第 45 条及《专利法实施细则》第 65 条的规定,对专利号为 ZL201020123456.7、名称为"即配式饮料瓶盖"的实用新型专利(以下简称"上述实用新型专利"或"该专利")提出无效宣告请求。该专利的申请日为 2010 年 9 月 23 日,优先权日为 2010 年 2 月 25 日。

---

❶ 在平时专利代理实践中,由于目前的客户提供的证据尚不能使权利要求 4 引用权利要求 3 的技术方案宣告无效,且针对权利要求 1 的无效宣告理由并非有百分之百的把握,因此有必要为客户作补充检索,寻找能否将权利要求 4 引用权利要求 3 的技术方案宣告无效的证据以及其他更有力的宣告权利要求 1 无效的证据,以争取使本实用新型专利宣告全部无效。但在应试时,只需要在试题给出的证据范围内作出分析并撰写"无效宣告请求书"。

本请求人以上述实用新型专利不符合《专利法》第22条第2款有关新颖性和第3款有关创造性的规定、不符合《专利法》第26条第4款有关权利要求书以说明书为依据和权利要求清楚限定要求专利保护范围的规定为理由提出宣告该实用新型专利权部分无效的请求。

本请求人以下述四个附件作为上述实用新型专利不具备《专利法》第22条第2款规定的新颖性和第3款规定的创造性的证据：

(1) 欲宣告无效的实用新型专利说明书 ZL 201020123456.7；

(2) 欲宣告无效的实用新型专利 ZL 201020123456.7 的优先权文件及其中文译文；

(3) 中国实用新型专利说明书 CN201201234U，申请日为 2009 年 12 月 25 日，授权公告日为 2010 年 8 月 6 日；

(4) 中国实用新型专利说明书 CN201033450U，授权公告日为 2008 年 1 月 2 日。

其中，附件（1）和（2）用于证明该专利的权利要求2至4不能享有优先权，以此作为附件（3）构成该专利权利要求2至4现有技术的依据。

一、关于优先权和现有技术

附件（2）中并未记载该专利权利要求2至4的技术方案，因此在该专利的申请日和优先权日之间公开的附件也构成其权利要求2至4的现有技术。

由附件（2）的说明书第10～15行和第20～22行（相应于中文译文的说明书第8～11行和第15～16行）可知，其所记载的即配式饮料瓶盖中仅仅为由其顶壁1、侧壁2和隔挡片5共同形成的放置有固体调味材料的容置腔室6，但其中隔挡片（由易溶于水的材料制成或者是不溶于水的密封薄膜）通过粘接的方式固定于环状凸缘4上，并不是该专利权利要求2限定部分中的附加特征所写明的"热压"在环状凸缘上；此外，在其整个优先权文件中也未记载权利要求3限定部分中与刺破隔挡片的尖刺部有关的技术内容和权利要求4限定部分中与弹性易变形顶壁有关的技术内容。由此可知，附件（2）中未记载权利要求2至4的技术方案，因此权利要求2至4不能享有优先权，从而授权公告日在该专利的申请日和优先权日之间的附件（3）构成了该专利的权利要求2至4的现有技术。

二、权利要求1不具备《专利法》第22条第2款规定的新颖性或者不具备《专利法》第22条第3款的创造性

1. 权利要求1相对于附件（3）中的茶叶填充瓶盖不具备新颖性

权利要求1请求保护一种即配式饮料瓶盖，附件（3）是在该专利的优先权日前提出申请、优先权日后公告的中国实用新型专利说明书，其公开了（参见其说明书正文第5～6行和第8～11行和附图1）一种茶叶填充瓶盖（相当于该专利的即配式饮料瓶盖），包括盖顶部1（相当于该专利的顶壁）和侧壁2，侧壁2下部具有与瓶口外螺纹配合的内螺纹3，内螺纹3上方与侧壁2一体地形成环状凸缘4，透水性滤网5固定在环状凸缘4上，盖顶部1、侧壁2和滤网5共同形成茶叶填充腔6（相当于该专利的容纳调味材料的容置腔室）。附件（3）中的"茶叶"也是一种调味材料，因此是该专利权利要求1中"调味材料"的下位概念；附件（3）中的"透水性滤网"起到将茶叶阻隔在茶叶填充腔内的作用，是该专利权利要求1所述"隔挡片"的下位概念。由此可知，附件（3）公开了权利要求1的全部技术特征，两者属于相同的技术领域，解决相同的技术问题并具有相同的技术效果，构成了该专利权利要求1的抵触申请，因此权利要求1相对于附件（3）不具备《专利法》第22条第2款规定的新颖性。

2. 权利要求1相对于附件（4）公开的饮料瓶盖和本领域的公知常识不具备创造性

附件（4）是在该专利的优先权日前授权公告的中国实用新型专利文件，其公开了（参见其

说明书正文第6～8行和附图1）一种瓶盖，该瓶盖具有顶壁1和侧壁2，侧壁2具有与瓶口外螺纹配合的内螺纹3，顶壁1内侧固定连接一个管状储存器4，该管状储存器4的下端由气密性封膜5（相当于权利要求1中的隔挡片）密封，顶壁1、管状储存器4和封膜5围合的空间形成密闭的放置有调味材料的容置腔室6。权利要求1要求保护的即配式饮料瓶盖与附件（4）公开的瓶盖的区别仅仅在于：在附件（4）公开的瓶盖中，气密性封膜5固定于连接在瓶盖顶壁1内侧的管状储存器4的下缘，从而由顶壁1、管状储存器4和封膜5围合形成密闭的放置有调味材料的容置腔室6；而在权利要求1限定的即配式饮料瓶盖中，隔挡片固定于瓶盖侧壁内侧内螺纹上方的环状凸缘4上，从而由瓶盖顶壁1、侧壁2和隔挡片5共同形成容纳有调味材料的容置腔室6。这一区别仅仅是隔挡片（气密性封膜）固定位置的不同，对于本领域技术人员来说，当看到附件（4）公开的瓶盖后会很容易想到将与瓶盖顶壁内侧连成一体的管状储存器改为与瓶盖侧壁内侧连成一体的环状凸缘，从而将隔挡片（气密性封膜）固定于管状储存器下缘改变为固定于环状凸缘上，这种隔挡片（气密性封膜）固定位置的简单变化并未带来进一步的技术效果，属于等效手段的替换，对本领域技术人员来说是显而易见的，由此可知权利要求1的技术方案相对于附件（4）公开的瓶盖和本领域的公知常识不具有实质性特点，因此权利要求1相对于附件（4）和本领域的公知常识不具备《专利法》第22条第3款规定的创造性。

三、权利要求2不具备《专利法》第22条第3款规定的创造性

正如前面所指出的，权利要求2不能享有优先权，则附件（3）的授权公告日在该专利的申请日之前，也构成了该专利权利要求2的现有技术。

权利要求2对权利要求1的技术方案作了进一步限定，其限定部分的技术特征为"所述隔挡片为一层热压在环状凸缘上的气密性薄膜"。

在附件（3）和附件（4）这两项现有技术中，附件（3）中的瓶盖是权利要求2的最接近的现有技术，其不仅公开了权利要求2所引用的权利要求1的全部技术特征，还公开了权利要求2限定部分的附加技术特征中隔挡片的安装位置，由于可知权利要求2与附件（3）的区别特征为"所述隔挡片为热压固定的气密性薄膜"，由此可知，权利要求2相对于附件（3）所要解决的技术问题是确保容置腔室的密封性。

附件（4）中（参见说明书正文第5～9行）公开的饮料瓶盖中也包括一个由顶壁1、管状储存器4和气密性封膜5（即该专利中构成隔挡片的气密性薄膜）形成的放置调味材料的容置腔室6，该气密性封膜以常规热压方式固定。由此可知附件（4）中公开了上述区别特征"所述隔挡片为热压固定的气密性薄膜"，且该区别特征在附件（4）中所起的作用是确保容置腔室的密封性，与其在权利要求2技术方案中为解决上述技术问题所起的作用相同。因此本领域技术人员在面对附件（3）中即配式饮料瓶盖所存在的容置腔室不密封这一技术问题时有动机将附件（4）中公开的"热压固定的气密性薄膜"来代替附件（3）即配式饮料瓶盖中的透水性滤网，即附件（4）给出了将其中公开的"热压固定的气密性薄膜"应用到附件（3）的即配式饮料瓶盖中来的结合启示，由此可知本领域技术人员由附件（3）公开的即配式饮料瓶盖和附件（4）中公开的饮料瓶盖得到权利要求2的技术方案是显而易见的，因此权利要求2相对于附件（3）和附件（4）不具有实质性特点，不具备《专利法》第22条第3款规定的创造性。

四、权利要求1、权利要求3以及权利要求4中引用权利要求1或2的技术方案不符合《专利法》第26条第4款的规定

1. 权利要求1未以说明书为依据、未清楚限定要求专利保护的范围

从该专利文件来看，权利要求1要求了其在先美国专利申请的优先权，在该优先权文件中，

隔挡片既可以是不溶于水的密封薄膜，也可以由易溶于水且对人体安全的材料制成，所以该能享有优先权的权利要求1中的隔挡片的含义应当既包含有不溶于水的密封薄膜，又包含有由易溶于水且对人体安全的材料制成的薄膜。而对于该专利来说，由于其说明书中写明的技术方案是需要在饮用前撕除或破坏该隔挡片，且该瓶盖是与瓶口处未粘贴密封薄膜的盛装有矿泉水或纯净水的饮用瓶组装配用，因而该隔挡片只可能是不溶于水的密封薄膜，而不可能由易溶于水的材料制成，否则在运输和存放过程中饮用瓶中的水就有可能将易溶于水的密封薄膜溶化，导致调味材料过早落入饮料瓶的水中，由此可知采用隔挡片来限定该权利要求的技术方案，就与说明书中公开的技术内容不相适应，未清楚地限定其要求专利保护的范围，因此权利要求1不符合《专利法》第26条第4款有关权利要求应当以说明书为依据、清楚限定要求专利保护范围的规定。

2. 权利要求3未以说明书为依据、未清楚限定要求专利保护的范围

由该专利说明书最后一段可知，为了能方便、卫生地破坏隔挡片，顶壁1由易于变形的弹性材料制成，顶壁1内侧具有一个向着隔挡片方向延伸的尖刺部7，从而使尖刺部在常态下与隔挡片不接触，在按压顶壁时由于顶壁的变形而使尖刺部刺破隔挡片。由此可知，顶壁由易于变形的弹性材料制成和顶壁内侧具有一个向着隔挡片方向延伸的尖刺部是对权利要求1或2作进一步改进的技术方案中两个密不可分的技术特征，而权利要求3中进一步限定的附加技术特征仅仅给出后一个技术特征"顶壁内侧具有一个向着隔挡片方向延伸的尖刺部"，而未进一步限定"顶壁易于变形"，致使权利要求3未以说明书为依据、未清楚地限定其要求专利保护的范围，不符合《专利法》第26条第4款的有关规定。

3. 权利要求4引用权利要求1或2的技术方案未清楚限定要求专利保护的范围

权利要求4引用了权利要求1至3中任一项权利要求，但其进一步限定的技术特征"尖刺部"仅记载在权利要求3的技术方案中，而未记载在其引用的权利要求1和权利要求2的技术方案中，致使权利要求4引用权利要求1的技术方案和引用权利要求2的技术方案未清楚地限定要求专利保护的范围，不符合《专利法》第26条第4款的有关规定。

综上所述，专利号为ZL201020123456.7的实用新型专利的权利要求1不符合《专利法》第22条第2款有关新颖性的规定，不符合《专利法》第22条第3款有关创造性的规定，不符合《专利法》第26条第4款有关权利要求应当以说明书为依据、清楚限定要求专利保护范围的规定；权利要求2不符合《专利法》第22条第3款有关创造性的规定；权利要求3以及权利要求4中引用权利要求1和2的技术方案不符合《专利法》第26条第4款有关清楚限定要求专利保护的范围的规定，故请求专利复审委员会宣告该专利的权利要求1至3以及引用权利要求1和2的权利要求4无效。

请求人：×××
××××年×月××日

第二节　对"无效宣告请求书"的答复

"专利权无效宣告请求书"经形式审查合格后，专利复审委员会向无效宣告请求人和专利权人发出"无效宣告请求受理通知书"，并将"无效宣告请求书"和相关文件的副本转送给专利权人。专利权人在收到专利复审委员会发出的无效宣告请求受理通知书以及相关文件的副本后，应当在收到之日起1个月内针对该无效宣告请求陈述意见，必要时对专利文件进行修改。

一、无效宣告请求人及其代理人的资格核查

专利权人在收到无效宣告请求受理通知书之后，首先应当核实请求人是否具备提出无效宣告请求的资格。如果可以确认请求人不具备民事诉讼主体资格，或者该无效宣告请求的理由仅为以授予专利权的外观设计与他人在申请日以前已经取得的合法权利相冲突，但请求人既不是在先权利人，也不是利害关系人的，则无需对该无效宣告请求的具体理由进行分析，只需在意见陈述书中指出请求人不具备提出无效宣告请求的资格，该无效宣告请求不应当被受理，请求专利复审委员会驳回该无效宣告请求。但是，如果没有充分把握确认上述事实，通常需要在对请求人的资格提出质疑的同时，还应当对"无效宣告请求书"中的具体理由及所附证据进行分析，并作出答辩。

如果该无效宣告请求是请求人委托专利代理机构办理的，还应当核实该专利代理机构及其指派的专利代理人的资格。如果请求人委托的专利代理机构或专利代理人是该专利在申请阶段的专利代理机构或专利代理人，则应当在意见陈述书中指明该专利代理机构或专利代理人不具备《专利代理条例》规定的代理资格。应当注意的是，即便请求人委托的专利代理机构或专利代理人不具备代理资格，仍应当对"无效宣告请求书"中的具体理由及所附证据进行分析，并作出答辩。

二、对"无效宣告请求书"的分析

根据《专利法实施细则》第 65 条第 1 款的规定，请求宣告专利权无效或者部分无效的，应当向专利复审委员会提交专利权"无效宣告请求书"和必要的证据。"无效宣告请求书"应当结合提交的所有证据，具体说明无效宣告请求的理由，并指明每项理由所依据的证据。因此，在确定请求人具备提出无效宣告请求的资格之后，应当在准确理解专利文件尤其是权利要求的技术方案的基础上，对请求宣告无效的理由以及支持无效宣告理由的相关证据逐一进行分析，从而判断请求宣告无效的理由是否成立。对"无效宣告请求书"及其所附证据的分析应当包括请求宣告无效的理由是否属于法定理由、对证据的分析以及对具体无效理由的分析等方面。

（一）分析无效宣告理由是否属于法定理由

《专利法实施细则》第 65 条第 2 款规定了请求宣告专利权无效的理由。如果"无效宣告请求书"中所提出的无效宣告理由不属于上述范畴，则无需在答复"无效宣告请求书"的意见陈述书中对这些理由进行具体分析，只需指明这些理由不属于《专利法实施细则》第 65 条第 2 款规定的宣告专利权无效的理由即可。例如，在某无效宣告请求案中，无效宣告请求人请求宣告专利权无效的理由包括某从属权利要求未择一引用在前的权利要求，因而不符合《专利法实施细则》第 22 条第 2 款的规定。此时，在答复"无效宣告请求书"的意见陈述书中，不需要对该权利要求是否符合《专利法实施细则》第 22 条第 2 款的规定进行具体分析，仅需指明该理由不属于《专利法实施细则》第 65 条第 2 款规定的无效宣告理由即可。对于"无效宣告请求书"中提出的无效宣告理由属于《专利法实施细则》第 65 条第 2 款规定的无效宣告理由的，应当对这些理由逐一加以分析。

需要说明的是，请求宣告专利权无效的理由及法律依据会因为该专利的申请日（享有优先权的，指优先权日）位于 2009 年 10 月 1 日之前（不含该日）还是以后（含该日）而存在差异。因此，在分析无效宣告理由是否属于法定理由时，应当根据国家知识产权局颁布的《施行修改后的专利法的过渡办法》和《施行修改后的专利法实施细则的过渡办法》的相关规定进行判断。

（二）证据的分析

对于需要证据支持的无效宣告理由，专利权人首先应当对支持该无效宣告理由的证据进行分析。

证据的分析包括证据形式的分析、证据资格的分析以及对这些证据是否构成现有技术或现有设计的分析。对于请求人提交的、但在"无效宣告请求书"中未指明用于支持具体无效宣告理由的证据，如果请求人在提出无效宣告请求后允许补充理由和补交证据的一个月期限内也未作出补充说明，则应当请求专利复审委员会对该证据不予考虑。

1. 证据形式的分析

对于请求宣告专利权无效所依据的证据，专利权人首先应当判断其形式是否符合规定。

对于请求人提交的证据是外文证据的，需要判断是否在提出无效宣告请求之日起一个月的举证期限内以书面方式提交了中文译文。没有提交中文译文的，相应外文证据不能作为支持无效宣告理由的证据使用；只提交了部分中文译文的，对未翻译的部分不作为证据内容予以考虑。此外，作为专利权人一方，还应当考虑中文译文是否准确。如果对请求人提供的中文译文有异议，在指出其存在不准确之处的同时，还应当对有异议的部分提交相应的中文译文。

如果请求人提交的证据属于域外证据或者在我国香港、澳门、台湾地区形成的证据，并且该证据也不能从除我国香港、澳门、台湾地区外的国内公共渠道获得，则需要判断其证明手续是否完备。对于域外证据，需要判断该证据是否经所在国公证机关予以证明并经中华人民共和国驻该国使领馆予以认证，或者履行了中华人民共和国与该所在国订立的有关条约中规定的证明手续；对于在我国香港、澳门、台湾地区形成的证据，则需要判断其是否履行了相关证明手续。对于证据的证明手续不全的，应当要求专利复审委员会对该证据不予采信。但是应当注意，由于《专利审查指南2010》第四部分第三章第4.3.1节规定，请求人最迟可在口头审理辩论终结前提交用于完善证据法定形式的公证文书，因此，应当预见请求人在后续审查程序中提交相应公证文书的可能性，因而在分析"无效宣告请求书"中的无效宣告理由能否成立时还应当对该证据的其他方面加以考虑。

如果请求人提交的证据中涉及物证但未予提交，应当判断其是否提交了足以反映该物证客观情况的照片和文字说明。如果请求人未提交上述照片和文字说明，专利权人应当在意见陈述书中指出无法对其进行有针对性的答辩，请求专利复审委员会对该证据不予考虑。如果请求人提交了上述照片和文字说明，鉴于《专利审查指南2010》第四部分第八章第2.2.3节规定，当事人确有正当理由不能在举证期限内提交物证的，可以请求延期提交，因此专利权人应当考虑请求人延期提交物证的可能性，针对请求人提交的照片和文字说明进行初步的意见陈述，同时做好在口头审理中进一步答辩的准备。

2. 证据资格的分析

证据资格是指证据的关联性、合法性和真实性，一份证据是否具有证据资格是判断这份证据可否采用的前提。也就是说，对于请求宣告专利权无效所依据的证据，专利权人在对该证据的具体内容进行分析之前，首先应当判断该证据与待证事实是否存在关联，证据本身是否真实，是否符合法定形式以及取得是否合法。

证据的关联性是指证据与待证事实之间的证明关系，如果证据与待证事实之间不具有关联性，则在意见陈述书中予以指出，不必对其作进一步考虑。例如，请求人在宣告A专利无效时，以专利复审委员会作出的针对B专利的无效宣告请求审查决定作为证据，认为A专利与B专利类似，也应当被宣告无效。由于A专利是否有效与针对B专利的无效宣告请求审查决定无关，因此，针对上述情况，在意见陈述书中只需指明上述证据与该专利是否有效不具有关联性即可。又如，在针对"电热水袋"的实用新型专利提出的无效宣告请求中，请求人引用大量有关在电解质溶液中通入直流电电解产生气体的现有技术证据，证明该专利的技术方案不具备实用性。根据该专利文件的记载，该专利的电热水袋采用的是在电解液中通入交流电使其发热的技术方案，其原理与上述证据中记载的在电解质溶液中通入直流电电解产生气体的原理完全不同，因此请求人提交的证据与该专利是否具备实用性之间不具有关联性。

证据的真实性可通过分析证据本身是否存在瑕疵或缺陷以及证据之间的相互印证关系来确定。通常，可通过分析请求人是否履行了相关证明手续，是否提交或出示了证据原件或原物、复印件或复制品与原件或原物是否一致，证据本身是否有人为改动等内容对其真实性提出质疑；也可通过分析请求人提供的多份相互印证的证据之间的矛盾之处对其真实性提出质疑；必要时，还可以考虑提出反驳证据或相反证据。例如，在针对一件实用新型专利提出的无效宣告请求中，请求人提供的用于证明该专利权利要求不具备新颖性的现有技术文件的公开日期存在明显的涂改痕迹，则可据此对该份证据的真实性提出质疑；又如，在针对另一实用新型专利提出的无效宣告请求中，请求人提交了两张发票作为公开销售的证据，经过对其进行分析发现，这两张由同一公司开具的发票的销售日期与发票号码存在矛盾，可据此对其真实性提出质疑。

对于公开发行的正规出版物类证据，由于其可以通过正当的、确定的途径获得和查证，在请求人出示了证据原件的情况下，如无明显瑕疵，通常可以认可其真实性，实践中也鲜有当事人伪造这类证据。而且，证据的原件或原物通常是在口头审理过程中由请求人出示，在答复无效宣告请求时，即便目前缺少原件或原物，也不应简单地认为其不具备真实性，而对证据的其他方面不作考虑。

在专利权的无效宣告请求案件中所涉及的证据通常都是通过合法途径取得的，实践中也罕见非法取得的证据，因此一般不必过于关注证据的获取途径。如果证据不满足法定形式的要求，可对其合法性提出质疑。当然，实践中也可以通过质疑其真实性予以解决。例如，某公证文书缺少公证员的签字，这时可以指出该公证文书因不符合法定形式而不具有合法性。当然，也可以认为该公证文书缺少公证员签字，系伪造，不具备真实性。

需要注意的是，对于证据资格的上述三个方面，在判断时没有明显的先后顺序，只要有充分的理由否定其中之一，该证据就不具备证据的资格，无需对其予以考虑。

3. 证据是否构成现有技术或现有设计的判断

现有技术是判断发明或实用新型专利是否具备新颖性和创造性的基础，现有设计是判断外观设计专利是否符合《专利法》第 23 条第 1 款和第 2 款规定的基础。无效宣告请求所涉及的证据绝大部分是用于证明现有技术或现有设计的。对于这类证据中记载的内容是否构成现有技术或现有设计的证明包括两个方面：是否公开的证明，即其内容是否处于为公众所知的状态；公开时间的证明，即其公开时间是否在请求宣告无效的专利的申请日（享有优先权的，指优先权日）之前。

现有技术或现有设计的公开方式包括出版物公开、使用公开和以其他方式公开。依据公开形式的不同，其证明方式也不同。对于专利文献、科技书籍、科技杂志等公开发行的正规出版物，在请求人出示证据原件的情况下，通常只需要判断其公开时间是否在该专利的申请日（享有优先权的，指优先权日）之前即可。专利文献本身标注有公开日期；而对于公开发行的书籍、科技杂志等出版物，其印刷日期即视为公开日，印刷日期只写到月份的，推定其公开日为该月的最后一天，印刷日期只写到年份的，推定其公开日为该年的 12 月 31 日。

对于证明使用公开或以其他方式公开的证据，或者不是通过正规公共发行渠道发行的非正规出版物类证据，由于通过这些证据本身的信息无法判定其内容是否公开以及何时公开，则对于这两个方面都需要考虑，并根据用于证明其公开的证据链是否完整来确定是否应当质疑其于该专利的申请日（享有优先权的，指优先权日）之前已经公开。

例如，在针对"花楼木质机"的实用新型专利提出的无效宣告请求中，请求人以如下证据说明中国历史博物馆馆藏有清代花楼蜀锦织机并为公众提供其照片以证明该织机构成本专利的现有技术：① 一张织机照片，其右上角有蓝墨水标注的"清代花楼蜀锦织机照片"字样；② 一张盖有中国历史博物馆财务专用章的收据原件，其上记载的内容为"成都蜀锦绣艺坊的文物照片资料费100元"；③ 两个在信封发件人位置处印有"中国历史博物馆"字样的信封，其收件人分别是"成都蜀锦绣艺坊王某"和"王某"；④ 一张中国邮政汇款收据，其汇款人为王某，收款人为中国历史博物馆图片资料室杨某；⑤ 一张中国历史博物馆冲印照片登记表。通过分析上述五份证据可知，证据②～⑤证明了中国历史博物馆曾向王某提供过照片，但依据现有证据尚不足以得出中国历史博物馆提供的照片就是证据①的结论，因为收款收据、信封及汇款收据只能证明王某通过邮寄方式从中国历史博物馆购买过照片，但其中记载的内容并没有显示所购买照片的具体情况，无法与证据①相关联，因此证据①～⑤没有构成完整的证据链，不能证明证据①上显示的织机构成本专利的现有技术。

4. 证据可否作为抵触申请判断中所使用的对比文件

一份在被请求宣告无效的发明或者实用新型专利申请日（享有优先权的，指优先权日）前申请并在申请日（享有优先权的，指优先权日）以后公开的中国发明或者实用新型专利文件或专利申请文件，如果构成抵触申请，可以用于否定该被请求宣告无效的专利的新颖性。因此，对于请求人提交的用于证明该专利由于存在抵触申请而不具备新颖性的证据，首先应当判断其是否属于在该专利申请日（享有优先权的，指优先权日）前申请并在申请日（享有优先权的，指优先权日）以后公开的中国发明或实用新型专利文件或专利申请文件。对于不属于上述情况的，应当指出其不能用于评价该专利的新颖性。例如，一份在该实用新型专利申请日（享有优先权的，指优先权日）前申请并在申请日（享有优先权的，指优先权日）以后公开的美国专利文件，不能用于评价该实用新型专利的新颖性。又如，一份在该实用新型专利申请日（享有优先权的，指优先权日）以后申请且未要求优先权的中国发明专利申请，不能用于评价该实用新型专利的新颖性。再如，一份在该实用新型专利申请日（享有优先权的，指优先权日）前申请并在申请日（享有优先权的，指优先权日）以后公开的中国外观设计专利，不能用于评价该实用新型专利的新颖性。

同样的，一份在被请求宣告无效的外观专利申请日（享有优先权的，指优先权日）前申请并在申请日（享有优先权的，指优先权日）以后公开的中国外观设计专利，如果构成抵触申请，则可以证明该被请求宣告无效的专利不符合《专利法》第23条第1款的规定。因此，对于请求人提交的用于证明该外观设计专利由于存在抵触申请而不符合《专利法》第23条第1款规定的证据，首先应当判断其是否属于在该外观设计专利申请日（享有优先权的，指优先权日）前申请并在申请日（享有优先权的，指优先权日）后公开的中国外观设计专利文件。对于不属于上述情况的，应当指出其不能用于评价该外观设计专利是否符合《专利法》第23条第1款的规定。例如，一份在该外观设计专利申请日（享有优先权的，指优先权日）前申请并在申请日（享有优先权的，指优先权日）后公开的美国外观设计专利，不能用于评价该外观设计专利是否符合《专利法》第23条第1款的规定。又如，一份在该外观设计专利申请日（享有优先权的，指优先权日）后申请且未要求优先权并已公开的中国外观设计专利，不能用于评价该外观设计专利是否符合

《专利法》第 23 条第 1 款的规定。再如，一份在该外观设计专利申请日（享有优先权的，指优先权日）前申请并在申请日（享有优先权的，指优先权日）以后公开的中国发明专利，不能用于评价该外观设计专利是否符合《专利法》第 23 条第 1 款的规定。

在该专利申请日（享有优先权的，指优先权日）前申请并在该专利申请日（享有优先权的，指优先权日）以后公开的中国专利文件或专利申请文件，其只能用于判断该专利是否具备新颖性或者是否符合《专利法》第 23 条第 1 款的规定，不能用于判断该专利是否具备创造性或者是否符合《专利法》第 23 条第 2 款的规定，如果请求人提供的证据中包含了这类证据，则需要特别关注其使用方式。

需要注意的是，在对证据进行分析时，只要有充分的理由否定其证据资格，或者针对请求人用于否定新颖性、创造性的证据，有充分理由确信既其不构成现有技术或者现有设计，也不可用作判断是否构成抵触申请的文件，则可直接得出对该证据不予考虑的结论，而无需再对该证据作进一步分析；然而，如果对证据的资格或其是否构成现有技术或现有设计（包括是否可作为判断抵触申请的文件）存在异议但缺少充分把握，则在从上述两个方面加以反驳的同时，还应当对这些证据所披露的内容能否使无效宣告理由成立进行分析。

（三）对请求人补充提交的意见陈述书及所附证据的分析

如果专利权人除接到"无效宣告请求书"以外，还接到专利复审委员会转送的请求人在提出无效宣告请求之后提交的意见陈述书，其中包含了增加的无效宣告理由或补充的证据，或者对已经提出过但未具体说明的无效宣告理由的补充说明，则应当判断该意见陈述书提交的日期是否超过提出无效宣告请求之日起一个月的期限。

如果未超过上述期限，则应当针对上述增加的理由、补充的证据或者增加的具体说明，从本小节之（一）、（二）两个方面进行分析。如果超过上述期限，则应当指出，根据《专利法实施细则》第 67 条的规定，上述增加的理由、补充的证据或者增加的具体说明应当不予考虑。

但是，对于请求人在口头审理辩论终结前提交的技术词典、技术手册和教科书等所属技术领域中的公知常识性证据以及用于完善证据法定形式的公证文书、原件等证据，即便补充提交的时间超过上述期限，仍应当予以考虑。

（四）无效宣告理由的分析

对于请求人未具体说明的无效宣告理由，或者提交了证据但未结合所提交的证据具体说明的无效宣告理由，或者未指明无效宣告理由所依据的证据的，应当指明其属于《专利法实施细则》第 67 条规定的不予受理的情形，请求专利复审委员会对相应的无效宣告理由不予受理。

对于请求人在规定期限内补充的无效宣告理由，如果不需要证据支持，则应当判断是否对该无效宣告理由进行了具体说明；如果需要证据支持，则应当判断是否结合证据对该无效宣告理由进行了具体说明。

对于已作出审查决定的无效宣告案件涉及的专利权，以同样的理由和证据再次提起无效宣告请求的，应当依据"一事不再理"原则指出对该无效宣告理由和证据应当不予受理，并附具相关的审查决定作为证据。

对于进行了具体说明的每项法定无效宣告理由，都应当依据《专利法》《专利法实施细则》和《专利审查指南 2010》的规定判断其是否成立。常见无效宣告理由的分析判断可参照本书第二章第二节有关"对审查意见通知书的答复"中的相关内容。

对于以不具备新颖性为理由请求宣告专利权无效的，应当分析请求人是否以证据中公开的一项技术方案与本专利权利要求要求保护的技术方案进行单独对比，两者是否相同、是否属于相同的技术领域、是否解决了相同的技术问题、是否带来了相同的技术效果，进而判断该专利权利要求不具备新颖性的理由是否成立。如果请求人提供的证据是在该专利申请日（享有优先权的，指优先权日）前申请并在该专利申请日（享有优先权的，指优先权日）以后公开的中国专利申请文件或专利文件，还需要特别关注其是否只用于评价新颖性。尤其是当无效宣告理由中还包含不具备创造性的无效宣告理由时，应特别注意是否使用了该证据评价权利要求的创造性。例如，请求人认为提交的证据构成权利要求1的抵触申请，权利要求1不具备新颖性，进而以从属权利要求2的附加技术特征为公知常识为由，认定从属权利要求2不具备创造性。这种评述方式实质上是使用了构成权利要求1的抵触申请文件评价其从属权利要求的创造性，对于这种概念性的错误应当及时发现并在意见陈述书中着重指出。

在分析无效宣告理由时，还应当注意以下两点。

（1）对于请求人以说明书中存在修改超范围的缺陷而不符合《专利法》第33条为理由请求宣告专利权无效的，首先应当客观分析专利文件中是否存在修改超范围的缺陷；如果该缺陷确实存在，还要判断该缺陷是否影响权利要求的保护范围。在专利权无效宣告请求案件的审查中，只要说明书中存在的修改超范围的缺陷不影响权利要求的保护范围，从公平合理的角度出发，通常不会据此宣告一项专利权无效。因此，如果经判断得出对专利说明书的修改超出了原申请文件记载的范围的结论，则应当把意见陈述的重点放在该缺陷不影响权利要求的保护范围的论述上。

（2）对于请求人以说明书对某一技术方案的公开不充分而不符合《专利法》第26条第3款的规定为理由请求宣告专利权无效的，首先应当客观分析说明书中是否充分公开了实现该技术方案的相关内容；如果确实存在公开不充分的缺陷，还要判断在权利要求书中是否要求保护该技术方案。基于上述同样的道理，虽然说明书中存在公开不充分的技术方案，但在权利要求书中未要求保护该技术方案，通常也不会据此宣告一项专利权无效。因此，如果经判断得出说明书中存在公开不充分的技术方案，则应当把意见陈述的重点放在权利要求书中是否包含该技术方案的论述上。

三、专利文件的修改

根据《专利法实施细则》第69条的规定，在无效宣告请求的审查过程中，发明或者实用新型专利的专利权人可以修改其权利要求，但是不得扩大原专利的保护范围。发明或者实用新型专利的专利权人不得修改专利说明书和附图。外观设计专利的专利权人不得修改图片、照片和简要说明。

根据上述规定，发明或者实用新型专利的专利权人应当充分利用上述规定，在无效宣告请求的审查过程中，通过修改权利要求书来应对请求人的无效宣告请求。

（一）修改的目的

一项发明创造要获得专利权，必须满足《专利法》和《专利法实施细则》规定的授权条件。但是，在实践中由于各种原因，已经被授予的专利权不可能都符合《专利法》和《专利法实施细则》规定的授权条件，特别是实用新型专利和外观设计专利，由于不对其进行实质审查，不符合《专利法》和/或《专利法实施细则》规定的授权条件的可能性更大。因此，专利权的授予具有推定的性质，从客观上讲具有被宣告无效的可能性，专利权人对此应当有充分的认识。在分析请求人提出的无效宣告理由和证据之后，如果认为无效宣告请求的理由全部或者部分成立，但通过修改权利要求书可使专利权得到维持的可能性增大，则应当考虑对权利要求书进行修改，通过缩小专利权保护范围来请求专利复审委员会在修改后的权利要求书的基础上维持专利权有效。

（二）修改的原则与方式

1. 修改的原则

在无效宣告程序中，对发明或实用新型专利文件的修改仅限于权利要求书，而不得对说明书及其附图进行任何修改。而对于权利要求书的修改不得超出原说明书和权利要求书记载的范围。《专利审查指南2010》第四部分第三章第4.6.1节进一步明确了权利要求书的修改应当遵循以下四个原则。

① 不得改变原权利要求的主题名称，例如，授权专利的权利要求的主题名称为"自行车"，在无效宣告程序中不得将其修改为"自行车座"，也不得将其修改为"自行车的制造方法"。

② 与授权的权利要求相比，不得扩大原专利的保护范围，例如，通过删除权利要求中的技术特征，导致保护范围扩大是不允许的。

③ 不得超出原说明书和权利要求书记载的范围。对专利文件的修改不得超出原说明书和权利要求记载的范围是对修改的基本要求，在专利审批阶段如此，在无效宣告程序中对专利文件的修改也是如此。

④ 一般不得增加未包含在授权的权利要求书中的技术特征。对权利要求的技术方案进行修改时不得从说明书中引入权利要求书中没有记载的技术特征对权利要求作进一步限定。

2. 修改的方式

在满足上述修改原则的前提下，修改权利要求书的具体方式一般限于权利要求的删除、合并和技术方案的删除。

权利要求的删除是指从权利要求书中去掉某项或者某些项权利要求。例如，某授权公告的专利文件的权利要求书为：

"1. 一种装置X，其特征在于：A、B、C。

2. 根据权利要求1所述的装置X，其特征在于：D。

3. 根据权利要求2所述的装置X，其特征在于：E。

4. 根据权利要求3所述的装置X，其特征在于：F。"

针对无效宣告请求，专利权人将其修改为：

"1. 一种装置X，其特征在于：A、B、C、D、E。

2. 根据权利要求1所述的装置X，其特征在于：F。"

在上述修改中，删除了授权公告的权利要求1和2。

技术方案的删除是指从同一权利要求中并列的两种以上技术方案中删除一种或者一种以上技术方案。例如，在无效宣告程序中，专利权人将授权公告权利要求书中的独立权利要求"1. 一种装置X，包括A、B、C，其特征在于：还包括D或E。"修改为："1. 一种装置X，包括A、B、C，其特征在于：还包括D。"在上述修改中，删除了授权公告的权利要求1中包含特征E的技术方案。又如，授权公告的权利要求书为：

"1. 一种装置X，其特征在于：A、B、C。

2. 根据权利要求1所述的装置X，其特征在于：D。

3. 根据权利要求1或2所述的装置X，其特征在于：E。"

针对无效宣告请求，专利权人将其修改为：

"1. 一种装置X，其特征在于：A、B、C。

2. 根据权利要求1所述的装置X，其特征在于：D。

3. 根据权利要求2所述的装置X，其特征在于：E。"

在上述修改中，删除了授权公告的权利要求3中引用权利要求1的技术方案。

权利要求的合并是指两项或者两项以上相互无从属关系但在授权公告文本中从属于同一独立权利要求的权利要求的合并。在此情况下，所合并的从属权利要求的技术特征组合在一起形成新的权利要求。该新的权利要求应当包含被合并的从属权利要求中的全部技术特征。在独立权利要求未作修改的情况下，不允许对其从属权利要求进行合并式修改。例如，某授权公告的专利文件的权利要求书为：

"1. 一种装置X，其特征在于：A、B、C。

2. 根据权利要求1所述的装置X，其特征在于：D。

3. 根据权利要求1所述的装置X，其特征在于：E。"

针对无效宣告请求，专利权人将其修改为：

"1. 一种装置X，其特征在于：A、B、C、D、E。"

在上述修改中，在删除授权公告的独立权利要求1的同时，将权利要求2和权利要求3进行了合并。

3. 修改专利文件时应当注意的问题

在无效宣告程序中，对权利要求书的修改还应当注意以下四个方面。

① 委托专利代理机构办理无效宣告事务并委托其代为修改权利要求书的，应当在委托书中写明给予其特别授权。

② 对权利要求的删除、合并以及技术方案的删除仅仅是无效宣告程序中权利要求修改方式的要求，按照上述方式进行修改就自然满足了前述修改原则中（1）、（2）和（4）的要求，即，没有改变原权利要求的主题名称，与授权的权利要求相比没有扩大原专利的保护范围，没有增加未包含在授权的权利要求书中的技术特征。但还应当注意，按照上述方式进行修改还需要满足《专利法》第33条的规定，不得超出原说明书和权利要求书记载的范围，即按照上述方式修改以后，新的权利要求是否符合《专利法》第33条的规定，应当依据原申请文件另行判断。

③ 修改权利要求书将导致权利要求保护范围的缩小，因此修改时应当掌握合适的尺度。如果过于缩小保护范围，势必影响专利权人的利益。相反，如果在有充分的无效宣告理由的情况下坚持不修改权利要求书又会存在被宣告全部无效的可能，因而专利权人应当权衡得失，寻求最佳修改方案，这一点对于作为侵权诉讼的抗辩手段而提起的无效宣告请求案件尤为重要。在无效宣告请求案件的审查过程中，专利文件的修改可以采用如下总体原则，即删去授权公告权利要求书中明显不具备授权条件的权利要求，将那些可能争取到的最宽保护范围的权利要求改写成新的独立权利要求，在此基础上再以权利要求合并方式补充几项符合授权条件和无效宣告程序中专利文件修改要求的从属权利要求。这样，即便新修改的独立权利要求仍然不满足授权条件而被宣告无效，另几项从属权利要求仍有维持有效的可能。

④ 由于针对以合并的方式修改的权利要求书，请求人可以在规定期限内增加新的无效宣告理由和提出新的证据，专利权人在以合并的方式对权利要求书进行修改之后，还应当关注请求人是否增加了新的无效宣告理由或者提交了新的证据，并及时作出适当的应对。

4. 修改示例

下面结合具体的修改权利要求书的例子，对无效程序中权利要求的修改方式进行说明。

【例1】某实用新型专利授权公告的权利要求书为：

"1. 一种木器成型的热压模具，其特征在于：

该模具通过将废木屑和薄木片一次热压成型，由上模、中模、下模组合而成；中模内孔的轮廓形状与下模凹槽外缘轮廓形状相同，其高度大于下模凹槽的深度；上模高度大于中模高度与下模凹槽深度的总和。

2. 根据权利要求1所述的热压模具，其特征在于：下模凹槽的形状与所压制产品一面形状相反，上模下表面形状与所压制产品另一面形状相反。

3. 根据权利要求1所述的热压模具，其特征在于：中模固定安装于下模之上。

4. 根据权利要求1所述的热压模具，其特征在于：中模一侧绞接于下模上或者中模与下模采用分离结构。

5. 根据权利要求1至4中任一项所述的热压模具，其特征在于：模具由金属材料制成。"

针对无效宣告请求，专利权人将权利要求书修改为：

"1. 一种木器成型的热压模具，其特征在于：

该模具通过将废木屑和薄木片一次热压成型，由上模、中模、下模组合而成；中模内孔的轮廓形状与下模凹槽外缘轮廓形状相同，其高度大于下模凹槽的深度；上模高度大于中模高度与下模凹槽深度的总和，下模凹槽的形状与所压制产品一面形状相反，上模下表面形状与所压制产品另一面形状相反。

2. 一种木器成型的热压模具，其特征在于：

该模具通过将废木屑和薄木片一次热压成型，由上模、中模、下模组合而成；中模内孔的轮廓形状与下模凹槽外缘轮廓形状相同，其高度大于下模凹槽的深度；上模高度大于中模高度与下模凹槽深度的总和，中模一侧绞接于下模上。

3. 根据权利要求1或2的热压模具，其特征在于：模具由金属材料制成。"

分析修改前后的权利要求书可知，修改后的权利要求书删除了原权利要求1，将原从属权利要求2作为新的独立权利要求1；将原权利要求3删除；原权利要求4包含两个并列技术方案，分别是由权利要求1的技术特征与技术特征"中模一侧绞接于下模上"和技术特征"中模与下模采用分离结构"构成的技术方案，修改后的权利要求书中删除了原权利要求4中含有技术特征"中模与下模采用分离结构"的技术方案，并将含有技术特征"中模一侧绞接于下模上"的技术方案作为新的独立权利要求2；另外，修改后的权利要求3为原权利要求5中引用权利要求2以及权利要求4中含有技术特征"中模一侧绞接于下模上"的技术方案，即修改后的权利要求书删除了原权利要求5中引用权利要求1、3以及权利要求4中含有技术特征"中模与下模采用分离结构"的技术方案。综上所述，专利权人对权利要求书的修改是以删除权利要求和删除技术方案的方式完成的。

【例2】针对无效宣告请求，专利权人将上述【例1】中授权公告的权利要求书修改为：

"1. 一种木器成型的热压模具，其特征在于：

该模具通过将废木屑和薄木片一次热压成型，由上模、中模、下模组合而成；中模内孔的轮廓形状与下模凹槽外缘轮廓形状相同，其高度大于下模凹槽的深度；上模高度大于中模高度与下模凹槽深度的总和，下模凹槽的形状与所压制产品一面形状相反，上模下表面形状与所压制产品另一面形状相反，中模固定安装于下模之上。

2. 根据权利要求1的热压模具，其特征在于：中模一侧绞接于下模上或者中模与下模采用分离结构。"

分析修改前后的权利要求书可知，修改后的权利要求书删除了原权利要求1和5，将原权利要求2和原权利要求3合并为新的独立权利要求1；修改后的权利要求2由原权利要求2~4合并而成。可见，所作修改是通过删除和合并两种方式完成的。

【例3】针对无效宣告请求，专利权人将上述【例1】中授权公告的权利要求书修改为：

"1. 一种木器成型的热压模具，其特征在于：

该模具通过将废木屑和薄木片一次热压成型，由上模、中模、下模组合而成；中模内孔的轮廓形状与下模凹槽外缘轮廓形状相同，其高度大于下模凹槽的深度；上模高度大于中模高度与下模凹槽深度的总和。

2. 根据权利要求1的热压模具，其特征在于：下模凹槽的形状与所压制产品一面形状相反，上模下表面形状与所压制产品另一面形状相反，中模固定安装于下模之上。"

分析修改前后的权利要求书可知，修改后的权利要求书删除了原权利要求4和5，并将权利要求2和3合并为新的权利要求2。但是，专利权人对权利要求1未作任何修改，因此，将原权利要求2与3作上述合并式修改是不允许的。

（三）修改的时机

根据《专利审查指南2010》第四部分第三章第4.6.3节的规定，在专利复审委员会作出审查决定之前，专利权人可以删除权利要求或者权利要求中包括的技术方案。

但对于以合并的方式修改权利要求的，仅可以在下列三种情形的答复期限内进行：

（1）针对"无效宣告请求书"；

（2）针对请求人增加的无效宣告理由或者补充的证据；

（3）针对专利复审委员会引入的请求人未提及的无效宣告理由或者证据。

根据上述规定，以合并方式对权利要求书进行修改还受到时机的限制，并非任何时候均可进行，而且对于上述第（2）种和第（3）种的情形，也并非是每件无效宣告请求案件均存在这样的机会。因此，专利权人应当把握时机，权衡利弊，充分利用修改对专利文件进行完善，以争取获得最大的权益。

四、意见陈述书的撰写

在研究分析请求人提交的无效宣告请求理由和所附证据之后，必要时根据分析结果对权利要求书进行修改之后，就应当着手撰写意见陈述书，作为对"无效宣告请求书"的答辩。

（一）确定应对策略，有针对性地反驳

专利权人在阅读了"无效宣告请求书"以及对无效宣告请求的理由和证据进行分析之后，应当对该专利在无效宣告程序中的前景作出初步判断，在此基础上分析该专利被宣告无效的可能性有多大，即维持专利权有效、部分无效还是全部无效，从而确定应对策略。

① 分析请求人提出的无效宣告请求理由和证据之后，如果认为其尚不足以宣告该专利权无效，可以不对专利文件进行修改，只需要认真答辩，有理有据地陈述意见即可。此时，应当从证据和具体的无效宣告理由两个方面考虑反驳意见。必要时，还可以提出反证支持其反驳意见。

专利权人在提出反证时应当注意，根据《专利审查指南2010》第四部分第三章第4.3.2节的规定，专利权人应当在专利复审委员会指定的答复期限内提交证据，但对于技术词典、技术手册和教科书等所属技术领域中的公知常识性证据或者用于完善证据法定形式的公证文书、原件等证据，可以在口头审理辩论终结前补充。专利权人提交或者补充证据的，应当在上述期限内对提交或者补充的证据具体说明。专利权人提交的证据是外文的，提交其中文译文的期限适用该证据的举证期限。对于确因无法克服的困难在规定的举证期限内不能提交的证据，专利权人可以在所述期限内书面请求延期提交。

② 分析请求人提出的无效宣告请求理由和证据之后，如果认为该专利被宣告无效的可能性

较大，则需要考虑可否通过修改权利要求书来克服其中存在的缺陷，尽可能争取在修改后的基础上维持专利权有效。例如，在独立权利要求缺乏新颖性、创造性以及针对其从属权利要求提出的无效宣告理由有可能成立的情况下，如果认为将其几项从属权利要求合并而成的新权利要求具备新颖性、创造性，并且也不再存在其他无效宣告理由所涉及的实质性缺陷，就可以考虑通过合并式修改的方式修改权利要求书，以期达到维持专利权部分有效的目的。此时，应当结合修改后的权利要求书论述无效宣告理由不成立的具体意见。必要时，结合反证进行论述。

③ 分析请求人提出的无效宣告请求理由和证据之后，如果认为该专利被宣告无效的理由明显成立，而且也无法通过修改权利要求书来使专利权得到维持，专利权人可根据自身实际情况决定是否进行相应的答辩。

（二）意见陈述书撰写的基本要求

针对"无效宣告请求书"的意见陈述书应当在对"无效宣告请求书"进行准确、具体分析的基础上，针对"无效宣告请求书"中的具体无效宣告理由，从事实出发，结合证据，详细论述其不成立的原因。例如，针对不符合《专利法实施细则》第20条第2款规定的无效宣告理由，应当根据专利说明书认定该专利所要解决的技术问题，论证权利要求的技术方案已经记载了解决该技术问题的全部必要技术特征，进一步论述请求人指出的必要技术特征与该技术问题的解决无关或者是解决该技术问题的进一步优选措施，属于非必要技术特征，从而得出该权利要求符合《专利法实施细则》第20条第2款规定的结论。只笼统地指出某个技术特征不是必要技术特征是不够的。

当有充分理由认为支持无效宣告理由的证据不能被采信时，可以仅对证据发表反驳意见；当支持无效宣告理由的证据可以被采信，但相应的无效宣告理由不成立时，应当着重对该无效宣告理由加以反驳；当没有充分理由认为证据不被采信时，则应当考虑专利复审委员会有可能采信该证据，因而除了论述该证据不应当被采信外，还应当针对相应的无效宣告理由加以反驳。

当存在多项无效宣告理由时，应根据情况确定论述重点，逐一进行反驳，不要遗漏。如果认为某无效宣告的理由相对较为充分，成立的可能性较大，应当将其作为重点加以论述。

针对同一事实提出多个无效宣告理由的，也应当逐一进行反驳，但可针对其中一个理由重点加以反驳，对于其他理由的反驳则可简要论述，以避免重复。例如，在针对"酒精测试仪"的实用新型专利权提出的无效宣告请求中，请求人以说明书中出现的"专用电路"不清楚为由，分别提出了该专利不符合《专利法》第26条第3款和第22条第4款规定两个无效宣告理由。此时，可将"本专利说明书充分公开了发明要求保护的主题"作为论述的重点，论述"专用电路"是清楚的，得出该专利符合《专利法》第26条第3款规定的结论；对于另一项有关实用性的无效宣告理由，可简单地以"由于专用电路是清楚的，也不违背电路的任何基本原理，本实用新型具备实用性"加以反驳，不必再作过多的重复论述。

意见陈述书应当避免强词夺理，避免仅仅针对无效宣告请求理由提出反对主张而没有针对性的论述，或者罗列有关证据而没有具体分析说理。意见陈述书应当词语规范，有理有据，条理清晰，主次分明。具体地说，在反驳每一项无效宣告理由时，应当意思明确，符合逻辑，行文清晰简明，前后一致，不能相互矛盾。

（三）意见陈述书撰写的格式和内容

专利权人的答辩意见应当以意见陈述书的方式提交。意见陈述书应当采用国家知识产权局规定的表格，填写表格中的有关内容，即专利基本信息、意见陈述人、专利代理机构、具体意见陈述、附件清单等内容。专利权人提交反证的，应当将其作为意见陈述书的附件提交。提交证据时应当按序编号，并与附件清单中的编号一致。

具体意见陈述是意见陈述书的主要部分，通常采用意见陈述书正文的方式提交。意见陈述书正文一般可按照三段式格式撰写，包括起始部分、论述部分和结论部分。

1. 起始部分

在起始部分说明该意见陈述书的答复对象，即首先说明该意见陈述书是针对哪一件无效宣告请求或者哪一次提交的意见陈述书作出的答复，通常可采用如下格式撰写：

"专利权人收到请求人×××于××××年×月××日对××××××××××××号发明（实用新型、外观设计）专利提出的"无效宣告请求书"及所附证据副本（案件编号为××××）。现针对请求人所提出的无效宣告理由和证据进行答辩，具体意见如下。"

2. 论述部分

这部分是意见陈述书正文的主体内容，应针对请求人提出的无效宣告理由有理有据地逐一进行反驳。

对于不属于《专利法实施细则》第65条第2款规定的无效宣告理由，应当直接予以指出，不必再作详细分析。对于请求人结合证据提出的无效宣告理由，应当结合证据进行考虑，当有充分理由认为证据不能被采信时，可以仅对证据发表意见；当有充分理由认为证据可以被采信，但相应的无效宣告理由不成立时，应当着重对该无效宣告理由加以反驳；当没有充分理由认为证据不被采信时，应当考虑专利复审委员会采信该证据的可能性，不仅指出该证据不应被采信，还应当对相应的无效宣告理由提出反驳意见。

如果在答复时修改了权利要求书，则应当以附件形式提交修改替换页，并首先在意见陈述书正文的论述部分简要说明对权利要求书的具体修改情况，在此基础上论述对权利要求的修改符合《专利法》第33条、《专利法实施细则》第69条以及《专利审查指南2010》第四部分第三章第4.6节的相关规定，请求专利复审委员会在此修改文本的基础上进行审查，并在修改的权利要求的基础上对无效宣告理由逐一进行反驳。

对每一项无效宣告理由进行反驳时，应当依据《专利法》《专利法实施细则》和《专利审查指南2010》的规定进行论述，通常可按照如下方式撰写。

① 首先应当针对无效宣告理由及法律依据、该理由所涉及的权利要求以及所依据的证据提出反驳主张。必要时，阐明相关法律规定的内容及《专利审查指南2010》具体解释的内容。

例如：

"权利要求1相对于证据1和证据2的结合具备《专利法》第22条第3款规定的创造性。"

又如：

"本专利权利要求1的修改符合《专利法》第33条的规定。

《专利法》第33条规定，对发明和实用新型专利申请文件的修改不得超出原说明书和权利要求书记载的范围。

《专利审查指南2010》第二部分第八章第5.2.1.1节规定，原说明书和权利要求书记载的范围包括原说明书和权利要求书文字记载的内容和根据原说明书和权利要求书文字记载的内容以及说明书附图能直接地、毫无疑义地确定的内容。"

② 对专利文件和证据中的相关事实进行认定。具体地说，对于请求宣告无效的专利，如果请求人认定的相关事实存在错误，应当予以指出，并结合专利文件中的具体内容给出正确的认定。对于证据，尤其是非正规出版物类证据、用于证明使用公开或者以其他方式公开的证据，如果认为其不具备证据资格，应当在具体分析证据的真实性、合法性及与待证事实的关联性的基础

上提出反驳意见；此外，如果认为证据之间不能彼此关联形成完整的证据链以证明待证事实成立，应当具体分析证据之间为何不相关联。如果认为请求人对证据中相关事实的认定存在错误，应当予以指出，并结合证据中的具体内容给出正确的认定。

③ 在事实认定的基础上，对相关法律规定的适用进行具体分析，得出专利符合相关法律规定的结论。

3. 结论部分

结论部分应当用概要性的文字说明专利符合《专利法》《专利法实施细则》和《专利审查指南 2010》的相关规定，并明确写明专利权人的具体主张。

通常可采用如下格式撰写：

"综上所述，本专利符合《专利法》第××条第×款和《专利法实施细则》第××条第×款的规定，请求人的无效宣告理由不成立，请求专利复审委员会依法维持本专利有效。"

或者是：

"综上所述，专利权人认为本专利修改后的权利要求×至×符合《专利法》第××条第×款和《专利法实施细则》第××条第×款的规定，请求人的无效宣告理由不成立，请求专利复审委员会在修改的权利要求书的基础上维持本专利有效。"

（四）针对几种典型无效宣告理由的答复

针对实践中常见的几种典型无效宣告理由的意见陈述的论述方式可参照本书第二章第五节审查意见通知书中几类主要实质性缺陷处理中的相关内容。

在涉及创造性的论述时应当注意实用新型与发明的创造性判断标准不同，具体可参见本章第一节之三的"（三）几种典型无效宣告理由的论述"中的内容。如果发现请求人混淆了上述判断标准，论述时应当阐明相关法律及《专利审查指南 2010》规定的内容，以此为依据进行反驳。

对于不符合《专利法》第 2 条第 3 款有关实用新型定义的无效宣告理由，按照《专利审查指南 2010》第一部分第二章第 6 节的规定，如果权利要求中包含的方法特征属于以现有技术中已知方法的名称限定产品的形状、构造的，则不属于对方法本身提出的改进；如果权利要求中包含的材料特征属于将现有技术中的已知材料应用于具有形状、构造的产品上的，则不属于对材料本身提出的改进。对上述两种情况，论述时应当重点说明权利要求的技术方案中所涉及的方法特征是用现有技术中已知方法来限定产品的形状或构造，或者所涉及的材料特征属于现有技术中已知的材料，以此为基础进行反驳，从而得出本专利符合实用新型定义的结论。

（五）撰写意见陈述书时应当注意的问题

在撰写意见陈述书时应当注意以下几方面的问题。

（1）关于期限

在无效宣告程序中，专利权人应当重视各种有关期限的规定。一方面，应当及时指出请求人在期限方面存在的问题，以此排除超期提出的无效宣告理由或证据；另一方面，也应当把握好时机，在无效宣告请求受理通知书或其他通知书中指定的期限之内陈述意见，提出反证，必要时对权利要求书进行修改。

（2）关于"一事不再理"

对于已作出审查决定的无效宣告案件涉及的专利权，以同样的理由和证据再次提起无效宣告请求的，在意见陈述书中仅需指明其属于《专利审查指南 2010》第四部分第三章第 2.1 节规定的"一事不再理"的情形，请求专利复审委员会对该理由及证据不予受理。

(3) 正确把握答复的分寸

在撰写意见陈述书时，仅需针对请求人提出的无效宣告理由陈述意见，不必针对专利是否符合无效宣告理由之外的其他授权条件陈述意见，即便专利中确实存在不符合规定之处。一方面，请求人增加无效宣告理由或者证据都要受到规定期限的约束；另一方面，即使请求人在规定期限内增加了无效宣告理由、补充了证据，或者专利复审委员会依职权引入新的无效宣告理由或证据，专利复审委员会也会给专利权人提供相应的答复机会，届时再进行相应的答复即可。

(4) 考虑无效宣告理由变更的可能性

限于请求人的专利法律知识水平，在有些无效宣告请求案件中会出现无效宣告理由与事实或证据不对应的情形。根据《专利审查指南2010》第四部分第三章第4.1节的规定，在此情况下，专利复审委员会可以告知请求人有关法律规定的含义，允许其变更或依职权变更为相对应的无效宣告理由进行审查。因此当出现这种情形时，仅仅依据对方的错误观点就得出其无效宣告理由不成立是不够的，同时还应当考虑无效宣告理由变更以后的应对策略。例如，请求人提交的证据为同一专利权人在专利申请日（享有优先权的，指优先权日）前申请并在专利申请日（享有优先权的，指优先权日）以后公开的中国发明专利文件，而无效宣告理由为不符合《专利法》第9条第1款有关禁止重复授权的规定。事实上，上述中国发明专利文件可以用于评价该专利的新颖性。在此情况下，专利权人应当预见在该案的审理过程中存在无效宣告理由变更为不符合《专利法》第22条第2款的规定的可能性。此时，可以仅针对该专利符合《专利法》第9条第1款的规定陈述意见，同时做好论述该专利具备新颖性的准备。

(5) 考虑延期提交证据的可能性

鉴于《专利审查指南2010》第四部分第三章第4.3节规定，请求人可以在口头审理辩论终结前提交技术词典、技术手册和教科书等所属技术领域中的公知常识性证据或者用于完善证据法定形式的公证文书、原件等证据，并结合该证据具体说明相关无效宣告理由。

因此，对于请求人主张但未举证证明的公知常识，专利权人应当客观地进行判断，当有理由怀疑不属于公知常识时，应当提出质疑，但需要注意请求人于口头审理辩论终结前提出相关证据的可能性。

对于请求人未按规定提交公证文书的，应当在意见陈述书中指出该问题，同时考虑到请求人可能在口头审理辩论终结前提交相关公证文书，因此在意见陈述书中也应当对相应的无效宣告理由进行反驳。

对于请求人只提交了复印件、复制品或者反映物证客观情况的照片和文字说明的，在意见陈述书中对该证据的真实性提出质疑的同时，还应当根据上述复印件、复制品或者照片和文字说明所揭示的内容对相应的无效宣告理由进行反驳。

(6) 注意"禁止反悔原则"

对于侵权反诉的无效宣告请求案件来说，专利权人在陈述意见时还应当考虑到其陈述的意见是否会对权利要求保护范围的解释带来影响，避免在专利侵权诉讼过程中陷入不利的境地。

(7) 避免前后不一致的论述

在意见陈述书中对无效宣告理由进行反驳时应全面考虑，注意各个无效宣告理由之间的关联，避免出现不一致的论述。例如，某一技术手段是否属于公知常识的意见既涉及说明书的充分公开，又涉及创造性的判断，因而在针对说明书未充分公开的无效宣告理由进行反驳时，若强调这些技术特征属于本领域的公知常识而无需对其有关内容进行详细说明，则必然会导致认定这些技术特征本身不会对发明的创造性作出贡献，由此可知，在上述情况下应当十分注意论述的方式，避免作出的答复意见前后相互矛盾。

五、对"无效宣告请求书"答复的案例分析

下面以针对"头颈矫治器"的实用新型专利提起的无效宣告请求为例❶，具体说明如何针对该无效宣告请求进行答复。

（一）案例简介

在本案例中，客户向专利代理机构提供了该实用新型专利文件、请求人提交的"无效宣告请求书"及所附证据以及请求人补充提交的意见陈述书和补交的证据，请专利代理机构为其撰写一份意见陈述书，必要时对权利要求书进行修改。

1. 专利文件

(19) 中华人民共和国国家知识产权局

(12) 实用新型专利

(10) 授权公告号　CN 201801234 U
(45) 授权公告日　2010.11.08

(21) 申请号　201020021234.5
(22) 申请日　2010.02.08
(73) 专利权人　郑某
(74) 专利代理机构　乙代理公司
（其余著录项目略）

---

❶ 本案例根据2009年全国专利代理人资格考试"专利代理实务"科目无效部分试题改编而成。

权 利 要 求 书

1. 一种由枕套（1）、枕芯（2）构成的头颈矫治器，其特征在于：中间部位设有近似于头形的凹陷槽（3），凹陷槽下方为头枕（4），凹陷槽沿头颈矫治器宽度方向的两侧为颈枕（5），其整体尺寸为长50～80cm、宽20～60cm、高6～18cm，制成长方体、圆柱体或长椭圆体三种形状。

2. 根据权利要求1所述的头颈矫治器，其特征在于：还包括气囊（6）。

3. 根据权利要求1所述的头颈矫治器，其特征在于：气囊（6）和振动按摩器（7）之间设置有隔层（8）。

4. 根据权利要求1所述的头颈矫治器，其特征在于：颈枕（5）内装有振动按摩器（7）。

5. 一种由枕套（1）、枕芯（2）构成的药枕，其特征在于：包括头枕（4）和颈枕（5），头枕（4）和/或颈枕（5）上面缝缀药垫（9），其中装有预防和治疗颈椎病的药物。

6. 根据权利要求5所述的药枕，其特征在于：药垫（9）内装有重量配比为3∶2的茶叶和荞麦皮的混合物。

说 明 书

头颈矫治器

本实用新型属于医疗保健用品领域。

市场上有荞麦皮枕、织物枕及药枕等多种枕头，形状一般是长方体或圆柱体。由于该形状与人体颈椎在自然放松状态下的生理曲线不一致，导致人们在仰卧或侧卧时都不能很好地放松颈椎，容易引发或加重颈椎病。

本实用新型的目的是解决上述问题。本实用新型提供了一种由枕套、枕芯构成的头颈矫治器，中间部位设有近似于头形的凹陷槽，凹陷槽下方为头枕、凹陷槽沿头颈矫治器宽度方向的两侧为颈枕，其整体尺寸为长50～80cm、宽20～60cm、高6～18cm，可制成长方体、圆柱体或长椭圆体等不同形状。头颈矫治器还包括气囊，颈枕内装有振动按摩器。

图1为本实用新型头颈矫治器的整体透视图；

图2为图1中沿A—A的剖面图。

下面结合附图进一步说明本实用新型最佳实施例的具体结构。

如图1、图2所示，该头颈矫治器由枕套1、枕芯2组成，头颈矫治器的中间部位设有凹陷槽3，凹陷槽下方是头枕4，凹陷槽沿头颈矫治器宽度方向的两侧为颈枕5，头枕4与颈枕5的形状配合可使睡眠者的颈椎处于自然放松状态。此外，该头颈矫治器还可包括气囊6和/或振动按摩器7。中空气囊6位于枕芯2的底部，可通过充、放气调节矫治器高度。按摩器7位于颈枕5内，振动可起活血化瘀作用。头颈矫治器还可包括缝缀在头枕4和/或颈枕5上的药垫9，其中充填有预防和治疗颈椎病的药物，药物为重量配比为3∶2的茶叶和荞麦皮的混合物。

此外，为了避免振动按摩器7的振动作用可能被气囊6的缓冲作用所抵消，可在二者之间设置隔层8。隔层8由硬质聚合物例如橡胶材料制成，从而在同时使用气囊和振动按摩器时保证其发挥各自的作用。

本头颈矫治器具有使人感觉舒适和预防、治疗颈椎病的双重作用。

说 明 书 附 图

图 1

A—A

图 2

2. "无效宣告请求书"

针对上述实用新型专利权,请求人张某委托乙代理公司代理人李某于2011年1月26日向专利复审委员会提出无效宣告请求。该"专利权无效宣告请求书"的正文如下:

"专利权无效宣告请求书"正文

专利复审委员会:

请求人张某根据《专利法》第45条和《专利法实施细则》第65条的规定,针对专利权人郑某的专利号为ZL201020021234.5、名称为"头颈矫治器"的实用新型专利(以下简称"该专利")提出无效宣告请求。该专利的申请日为2010年2月8日。

请求人认为该专利不符合《专利法》第22条第2款和第3款,第26条第4款及第31条第1款的规定,请求专利复审委员会宣告该专利全部无效。请求人提供如下对比文件:

对比文件1:中国实用新型专利说明书CN2812345Y,授权公告日2002.10.8;

对比文件2:中国实用新型专利说明书CN2721336Y,授权公告日2000.6.7。

上述两份对比文件的公开日均早于该专利的申请日,故构成该专利的现有技术,可以用于评价该专利的新颖性和创造性。

请求人请求宣告该专利无效的具体理由如下。

1. 权利要求1、2不具备新颖性和创造性,权利要求4不具备创造性

(1) 权利要求1不具备新颖性和创造性

权利要求1要求保护一种头颈矫治器。对比文件1公开了一种颈椎乐枕头,包括中间部分有头形凹陷槽,凹陷槽下面的枕芯实体即头枕、颈垫,该颈椎乐枕头可制成长方体、圆柱体、长椭圆体等不同形状,其整体尺寸一般是长350~650mm、宽为250~550mm、高为60~160mm。由此可见,对比文件1公开了权利要求1的全部技术特征,权利要求1不具备新颖性,不符合《专利法》第22条第2款的规定。由于权利要求1不具备新颖性,其当然也不具备创造性,不符合《专利法》第22条第3款的规定。

(2) 权利要求2不具备新颖性和创造性

权利要求2的附加技术特征为头颈矫治器包括气囊。对比文件1中已经公开了通过充、放气来调整枕头高低的气囊,因此,权利要求2相对于对比文件1不具备新颖性和创造性,不符合《专利法》第22条第2款和第3款的规定。

(3) 权利要求4不具备创造性

权利要求4的附加技术特征为颈枕内装有振动按摩器,对比文件2公开了枕芯内设置振动机构,并指出该振动机构可单独设置在头枕和颈枕部位。本领域技术人员可将该振动机构应用到对比文件1公开的枕头中,从而得到权利要求4请求保护的技术方案,因此,权利要求4相对于对比文件1与2的结合不具备创造性,不符合《专利法》第22条第3款的规定。

2. 权利要求3不符合《专利法》第26条第4款的规定

从属权利要求3进一步限定"气囊(6)和振动按摩器(7)之间设置有隔层(8)",但是,在其引用的权利要求1中并没有出现技术特征"气囊(6)"和"振动按摩器(7)",从而导致权利要求3的技术方案未清楚限定要求专利保护的范围,不符合《专利法》第26条第4款的规定。

3. 独立权利要求5与独立权利要求1之间不符合《专利法》第31条第1款的规定

独立权利要求5和独立权利要求1之间共同的技术特征是枕套、枕芯、头枕和颈枕。但上述特征均已经在对比文件1中公开，属于现有技术，未对该专利的新颖性和创造性作出贡献，不构成"特定技术特征"。因此权利要求5和1缺乏单一性，不符合《专利法》第31条第1款的规定。

4. 权利要求5不具备新颖性、权利要求6不具备创造性

（1）权利要求5不具备新颖性

权利要求5要求保护一种药枕。对比文件1公开了一种由枕套和枕芯构成的预防治疗颈椎病的颈椎乐枕头，还包括颈垫，颈垫上面缝有装有预防治疗颈椎病药物的药垫。因此权利要求5不符合《专利法》第22条第2款关于新颖性的规定。

（2）权利要求6不具备创造性

权利要求6的附加技术特征为药垫中药物的具体组成。对比文件1中虽然没有公开完全相同组成的药物，但已经给出了技术启示，本领域的技术人员可以很容易地想到采用同样的技术手段，并能够解决相应的技术问题，因此权利要求6不具备创造性，不符合《专利法》第22条第3款的规定。

5. 权利要求1至6得不到说明书的支持，不符合《专利法》第26条第4款的规定

综上所述，该专利的权利要求1、2和5不符合《专利法》第22条第2款的规定、权利要求1、2、4和6不符合《专利法》第22条第3款的规定、权利要求5不符合《专利法》第31条第1款的规定、权利要求1~6不符合《专利法》第26条第4款的规定，因此，请求专利复审委员会宣告该实用新型专利全部无效。

请求人：张某
2011年1月26日

请求人随"无效宣告请求书"提交了两份证据：中国实用新型专利说明书CN2812345Y（请求书中称作对比文件1）和中国实用新型专利说明书CN2721336Y（请求书中称作对比文件2）。

其中，对比文件1中国实用新型专利说明书CN2812345Y扉页中的主要著录项目如下：

[19] 中华人民共和国国家知识产权局

[12] 实用新型专利说明书

[21] ZL专利号　01271234.5

[45] 授权公告日　2002年10月8日　　　　　[11] 授权公告号　CN 2812345Y

[22] 申请日　2001.9.28

（其余著录项目略）

下面为对比文件1中国实用新型专利说明书CN2812345Y中的相关内容。

颈椎乐枕头

本实用新型涉及一种用于预防、治疗颈椎病的高度可调的颈椎乐枕头。

……

图1为本发明的整体构造示意图；

图2为局部横断面剖视图。

该颈椎乐枕头包括：由丝、棉等织物制成的枕套1，由海绵、荞麦皮等制成的枕芯2；枕头的中间部位有头形凹陷槽；枕芯2下设有气囊3，可通过操作与气囊相连接的气泵7充、放气来随时调整枕头的高低；还可以有衬垫4，通过增减衬垫4可改变凹陷槽的深浅；颈垫5，在其上面可通过缝纫或者粘钩等方式结合装有药物的药垫6，药物由例如麝香、人参等能预防和治疗颈椎病的药物构成。本发明可制成长方体、圆柱体或长椭圆体等不同形态，整体尺寸一般是长350～650mm，宽250～550mm，高60～160mm。

该枕头在实际应用中，可以与其他多种枕用附设装置，例如负离子发生器、收音机等结合使用，互相配合产生更好的效果。由于本颈椎乐枕头采用了气囊，若又采用振动器，则可能导致气囊漏气，而且即使气囊不漏气也会抵消振动器的振动作用，故本颈椎乐枕头不宜与振动器结合使用。

对比文件1附图：

图1　　　　　　　　　　　图2

请求人引用的对比文件2中国实用新型专利说明书CN2721336Y扉页中的主要著录项目如下：

[19] **中华人民共和国国家知识产权局**

[12] 实用新型专利说明书

[21] **ZL专利号**　99261234.5

[45] 授权公告日　2000年6月7日　　　　　　[11] 授权公告号　CN 2721336Y

[22] 申请日　1999.9.20
（其余著录项目略）

下面为对比文件2中国实用新型专利说明书CN2721336Y中的相关内容。

颈椎病治疗枕

本发明属于理疗器械，特别是颈椎病治疗枕。

……

图1是本发明所述颈椎病治疗枕的透视图。
图2是图1中的A-A剖面的振动产生部件的剖视图。

本发明的枕芯 1 内部安装有振动电机 2、振动器 3，二者共同构成振动产生部件。振动器 3 上设有突出部件 4，并从枕芯表面上形成的孔中突出一定高度。可以将本发明的振动产生部件和突起部件均布在枕芯上或者单设在头枕部位或颈枕部位，而且突出部件 4 也可以选择不从枕芯表面突出来。启动电源后，振动电机 2 带动振动器 3 振动，突出部件 4 进一步产生局部按压作用，可以促进与之接触的人体头颈部的血液循环，解决了颈椎保健问题。

该安装有振动器的枕芯可以位于任何形状的枕头主体内。此外，本发明的振动器还可以用于防止使用者打鼾。具体的实施方案是在枕芯内部或外部设置一个音频检测器，用来检测环境中的声音信号，并根据检测到的信号激活枕芯内的振动电机，从而利用突起部件 4 振动刺激使用者，使其中止打鼾。

对比文件 2 附图：

图 1

图 2

3. 补充意见陈述及所附的证据

请求人张某于 2011 年 3 月 5 日提交了补充意见陈述书，并随补充的意见陈述书补交了一份证据。下面为补充的"无效宣告程序意见陈述书"正文。

"无效宣告程序意见陈述书"正文

专利复审委员会：

针对本请求人于 2011 年 1 月 26 日对 201020021234.5 号实用新型专利提起的无效宣告请求，现给出补充陈述意见，并随此补充陈述意见附交一份证据 3：中国外观设计专利 CN343234567S，申请日为 2009 年 10 月 4 日，授权公告日为 2010 年 4 月 17 日。

1. 权利要求 1 不符合《专利法》第 9 条第 1 款的规定。

对比文件 3 是一项名称为"保健枕"的中国外观设计专利，该对比文件与本专利属于相同的技术领域。从该对比文件所附图片可知，其中显示的枕头包括枕套、枕芯、凹陷槽、头枕和颈枕，且枕头为长方体。因此，该专利的权利要求 1 与对比文件 3 属于同样的发明创造，不符合《专利法》第 9 条第 1 款的规定。

2. 权利要求 6 中记载有材料特征"药垫（9）内装有重量配比为 3∶2 的茶叶和荞麦皮的混合物"，不属于实用新型专利的保护客体，不符合《专利法》第 2 条第 3 款的规定。

综上，请求专利复审委员会宣告该实用新型专利全部无效。

请求人：张某
2011 年 3 月 5 日

下面为请求人补交的证据 3 中国外观设计专利 CN343234567S（补充陈述意见中称作对比文件 3）

(19) 中华人民共和国国家知识产权局

(12) 外观设计专利

(10) 授权公告号　CN 343234567 S
(45) 授权公告日　2010.04.17

(21) 申请号　200930123467.5
(22) 申请日　2009.10.04
(54) 使用外观设计的产品名称
　　保健枕
（其余著录项目略）

俯视图　　　　　后视图

主视图　　　　　左视图

立体图

（二）"无效宣告请求书"的分析

根据上述请求宣告专利权无效的材料，首先对提出无效宣告请求的请求人及其专利代理机构和专利代理人的资格进行核查。请求人张某是一个自然人，根据现有材料，没有证据表明其不具备请求人资格。其专利代理机构是乙代理公司，代理人为李某，经核查发现，该专利文件的首页上载明乙代理公司曾接受专利权人的委托，代为办理该专利申请阶段的相关事宜；因此，根据《专利代理条例》第10条的规定，乙代理公司无权接受他人的委托请求宣告该专利无效，其指派的代理人李某也无权作为请求人的代理人参加针对该专利的无效宣告程序。由此可知，在答复"无效宣告请求书"时应当在意见陈述书中明确指明乙专利代理机构无权接受委托请求宣告该专利无效。

鉴于无效宣告请求人可以通过更换专利代理机构的方式使得该无效宣告请求程序得以继续进行，因此，专利权人仍应当按照前面描述的"无效宣告请求书"的分析的几个方面，对该"无效宣告请求书"进行分析，并根据分析结果确定应对策略，即确定是否修改专利文件，并在意见陈述书中对无效宣告请求理由逐条加以反驳。

鉴于该专利的申请日在2010年2月1日之后，因此针对该专利的无效宣告程序适用修改后的《专利法》《专利法实施细则》和《专利审查指南2010》。

1. "无效宣告请求书"中的无效宣告理由是否属于法定理由

该"无效宣告请求书"涉及的无效宣告理由包括：权利要求不具备《专利法》第22条第2款规定的新颖性和《专利法》第22条第3款规定的创造性；权利要求不符合《专利法》第26条第4款有关权利要求应当以说明书为依据，清楚、简要地限定专利保护的范围的规定；权利要求不符合《专利法》第31条第1款有关单一性的规定。对照《专利法实施细则》第65条第2款规定的无效宣告理由可知，除不符合《专利法》第31条第1款的规定不属于法定的无效宣告理由外，其余各个无效宣告理由均属于《专利法实施细则》第65条第2款规定的无效宣告理由。因此，在意见陈述书中只需指明不符合《专利法》第31条第1款的规定不属于法定的无效宣告理由，请求专利复审委员会对此无效宣告理由不予受理，而在意见陈述书中无需对其是否满足单一性要求作出反驳；而对其他无效宣告理由，需要逐一分析这些无效宣告理由是否成立，并在意见陈述书针对这些无效宣告理由分别陈述该专利不存在这些无效宣告理由所涉及的实质性缺陷，或者通过修改专利文件已消除这些无效宣告理由所涉及的实质性缺陷。

2. 对"无效宣告请求书"所附证据的分析

"无效宣告请求书"共涉及两份证据，均为专利文件。根据前面所述证据分析的几个方面，从证据的形式、证据的资格和是否构成现有技术来看，对比文件1和2均为中国实用新型专利文件，经核实，对其真实性、合法性和关联性予以认可；此外，这两份证据均属于公开出版物，其公开时间分别为2002年10月8日和2000年6月7日，均在该专利的申请日2010年2月8日之前，构成该专利的现有技术。

3. 对"无效宣告请求书"中所提出的无效宣告理由的分析

通常可按照"无效宣告请求书"中无效宣告理由论述的先后顺序逐条进行分析。

（1）关于权利要求1不具备新颖性和创造性的无效宣告理由

将权利要求1要求保护的技术方案与对比文件1公开的技术方案相比较发现，对比文件1中的枕头已披露了四个与该专利的头颈矫治器完全相同的技术特征：头形凹陷槽；凹陷槽下方的头枕；凹陷槽两侧的颈枕；其整体形状可以是长方体、圆柱体或长椭圆体。对于整体尺寸的具体数值范围，该专利权利要求1所限定的头颈矫治器与对比文件1的枕头的长度和宽度的数值部分重叠，该专利权利要求1所限定的头颈矫治器的高度数值范围为大范围，对比文件1的枕头的高度数值范围为小范围，且有一个相同端点，因此根据《专利审查指南2010》第二部分第三章第

3.2.4节的规定，应当认定这些特征与对比文件1的相应特征是相同的技术特征，也就是说，这些特征也已被对比文件1中的枕头所披露。因此该技术方案已经被对比文件1所公开，且属于相同的技术领域，解决相同的技术问题并带来相同的技术效果。通过上述分析可以得知，"无效宣告请求书"中所主张的权利要求1不具备新颖性、创造性的理由明显成立。

(2) 关于权利要求2不具备新颖性和创造性的无效宣告理由

权利要求2对权利要求1进一步限定的技术特征为：头颈矫治器还包括气囊，该特征在对比文件1中已经被公开，因此该权利要求不具备新颖性、创造性的理由也明显成立。

(3) 关于权利要求4不具备创造性的无效宣告理由

权利要求4对权利要求1进一步限定的技术特征为头颈矫治器的颈枕内装有振动按摩器，对比文件2中公开了一种枕头，其枕芯内设置有由振动电机2、振动器3构成的振动产生部件，该振动部件在对比文件2中所起作用为产生局部按压作用，与该专利权利要求4限定部分的技术特征振动按摩器所起作用相同，且对比文件2与对比文件1都属于健康保健枕，在对比文件1的基础上，本领域技术人员有动机用对比文件2的振动部件来代替对比文件1枕头中的气囊以得到该专利权利要求4的技术方案，因此该权利要求4相对于对比文件1与2的结合不具备创造性的理由成立。

需要说明的是，对比文件1中虽然明确写明，该对比文件1中的枕头不宜与振动器结合使用，但这是因为气囊与振动按摩器两者之间的作用会彼此产生干扰，但目前权利要求4的技术方案中仅有振动按摩器，并无气囊，因此不能以对比文件1中的上述说明文字作为该专利权利要求4相对于对比文件1与2的结合具备创造性的依据。

(4) 关于权利要求3的技术方案不清楚的无效宣告理由

权利要求3是权利要求1的从属权利要求，对权利要求1的技术方案进行了进一步限定，具体限定气囊与振动按摩器之间还设置有隔层。根据从属权利要求对其引用的独立权利要求的进一步限定的一般原则，可以进一步限定该独立权利要求特征部分的特征，也可以进一步限定前序部分的特征，但进一步限定的技术特征必须是包含在该独立权利要求中的技术特征。权利要求3限定的技术特征气囊和振动器在其引用的独立权利要求1中都没有出现，这种限定是不清楚的，因此权利要求3的技术方案未清楚限定要求专利保护范围的理由明显成立。

(5) 关于权利要求5不具备新颖性的无效宣告理由

权利要求5要求保护的技术方案实际上包含了三种并列的技术方案：头枕和颈枕上都缝缀药垫的技术方案，仅在头枕上缝缀药垫的技术方案以及仅在颈枕上缝缀药垫的技术方案。

将对比文件1公开的技术方案与上述三项技术方案相比，这三项方案共有的技术特征，即枕套、枕芯、头枕、颈枕在对比文件1中均已经被公开，且对比文件1还公开了颈垫上缝有装有治疗颈椎病药物的药垫，因此对比文件1公开了上述第三项技术方案，但未公开前两项技术方案，该无效宣告请求的理由部分成立。

虽然权利要求5中的前两项技术方案具备新颖性，但与对比文件1所公开的技术方案相比，其区别仅仅在于药垫的位置不同，明显不具备创造性，专利权人对此应当有清醒的认识。但是，鉴于请求人未提出权利要求5不具备创造性的无效宣告理由，专利权人不必对其是否具备创造性陈述意见。

(6) 关于权利要求6不具备创造性的无效宣告理由

该专利权利要求6具体限定了药垫中药物的具体组成是重量配比为3∶2的茶叶和荞麦皮，对比文件1中并未公开上述药物组合物的组成和配比，同时尚无证据证明该药物组合物对本领域

技术人员来说是公知的，因此权利要求6不具备创造性的无效宣告理由不成立。❶

(7) 关于权利要求1至6没有得到说明书支持的无效宣告理由

"无效宣告请求书"中，对权利要求1至6不符合《专利法》第26条第4款的无效宣告理由未作任何具体说明，并且在规定的期限内也没有补充说明，因此应当根据《专利法实施细则》第65条第1款、第66条第1款以及《专利审查指南2010》第四部分第三章第3.3节的规定请求专利复审委员会对该理由不予考虑。

4. 对补充陈述意见的无效宣告理由和所附证据的分析

张某于2011年3月5日提交的补充意见陈述书中涉及新提交的证据对比文件3和新增加的有关该专利不符合《专利法》第9条第1款和第2条第3款规定的无效宣告理由，由于此补充意见陈述书是在提出无效宣告请求之日起1个月之后提交的，超过了《专利法实施细则》第67条所规定的允许增加理由和补充证据的期限，而且该新提交的证据是一份专利文件，并不是技术词典、技术手册、教科书等所属技术领域中的公知常识性证据，也不是用于完善证据法定形式的公证文书、原件等证据，新增加的理由也不是因原无效宣告理由明显与提交的证据不相对应而变更的无效宣告理由，因此按照《专利法实施细则》第67条的规定，可以请求专利复审委员会对上述证据和理由不予考虑。❷

通过以上分析可得出如下初步结论：权利要求5不符合《专利法》第31条第1款规定的无效宣告理由不属于法定无效宣告理由；权利要求1~6未得到说明书支持的无效宣告理由没有具体说明；请求人补充的理由和证据超过法定的举证期限，上述理由和证据应当要求专利复审委员会不予考虑。对其他几个无效宣告理由和证据的分析结果为：权利要求1和2不具备新颖性和创造性、权利要求4不具备创造性、权利要求3未清楚限定要求专利保护范围的无效宣告理由明显成立，权利要求5不具备新颖性的理由部分成立，权利要求6不具备创造性的理由不成立。

(三) 确定应对策略

该专利权利要求书中要求保护"头颈治疗器"和"药枕"两个主题，分别对应的是权利要求1至4和权利要求5至6。根据前面对"头颈治疗器"实用新型专利"无效宣告请求书"和补充意见陈述书的分析结论，对于"头颈治疗器"这一主题来说，权利要求1、2和4中的技术特征

---

❶ 需要说明的是，权利要求6中包含有对材料本身作出改进的技术特征"重量配比为3∶2的茶叶和荞麦皮的混合物"，因而权利要求6不属于实用新型的保护客体，不符合《专利法》第2条第3款的规定，专利权人对此应当有清醒的认识。但是，鉴于请求人未提出权利要求6不属于实用新型保护客体的无效宣告理由，专利权人可以先不考虑是否删去该权利要求6，待请求人在规定的1个月期限内提出该无效宣告理由时再将其删去。对于全国专利代理人资格考试中有关"无效宣告请求书"答复试题的应试来说，请求书中未提及的无效宣告理由（包括请求人自请求日起1个月期满后补充提交的、应当不予考虑的无效宣告理由）不必主动为消除这些理由所涉及的缺陷对专利文件作出修改。

❷ 在2009年全国专利代理人资格考试有关"无效宣告请求书"答复的试题中，这一补充意见是针对专利权人修改的专利文件提出的，其中所增加的该专利不符合《专利法》第9条第1款规定的无效宣告理由和补交的证据对比文件3是针对合并式修改的权利要求提出的，且未超出转文通知书中指定的1个月期限，因此该无效宣告理由和该证据对比文件3会被专利复审委员会考虑。但是，由于实用新型专利保护的客体是对产品的形状、构造或者其结合所提出的适于实用的新的技术方案，而外观设计专利保护的客体是对产品的形状、图案或者其结合以及色彩与形状、图案的结合所作出的富有美感并适于工业应用的新设计，两者保护的客体不同，由此可知，该实用新型与对比文件3的外观设计不可能是《专利法》第9条第1款所述的"同样的发明创造"，因而该无效宣告理由不能成立。至于补充意见中所增加的该专利不符合《专利法》第2条第3款的无效宣告理由是针对以删除技术方案方式修改的权利要求提出的，由于此补充意见是在提出无效宣告请求之日起1个月之后提出的，超过了《专利法实施细则》第67条规定的允许增加理由的期限，因此可以根据上述规定请求专利复审委员会对此无效宣告理由不予考虑。

都已经在对比文件1或对比文件2中公开，权利要求1和2不具备新颖性和创造性、权利要求4不具备创造性的无效宣告理由明显成立。但是，请求人未对权利要求3的新颖性和创造性提出质疑，根据对比文件1和2公开的内容发现，其中并未披露权利要求3的附加技术特征"气囊和振动按摩器之间设有隔层"。因此，可以考虑对"头颈治疗器"这一主题涉及的权利要求进行修改，如果修改后的独立权利要求包含技术特征"气囊和振动按摩器之间设有隔层"，则可能具备新颖性和创造性。请求人对权利要求3提出的无效宣告理由仅为其保护范围不清楚，而权利要求3的保护范围不清楚是由于其进一步限定的技术特征"气囊"和"振动按摩器"在所引用的权利要求1中没有出现而导致，上述两个技术特征分别出现在权利要求2和4的限定部分中。而且，权利要求2、3、4都是独立权利要求1的从属权利要求，因此权利要求3不清楚的缺陷完全可以通过权利要求2、3、4的合并来克服。而且，合并后的权利要求包含了"气囊和振动按摩器之间设有隔层"的技术特征，从而可以克服原权利要求不具备新颖性和创造性的缺陷。

对于"药枕"这一主题，在权利要求5要求保护的三种并列技术方案中，只有颈枕上缝缀药垫的技术方案在对比文件1中公开，另外两个技术方案在对比文件1中均未公开。而且，请求人并未提出权利要求5不具备创造性的无效宣告理由，因此只需将上述颈枕上缝缀药垫的技术方案删除，克服权利要求5不具备新颖性的缺陷即可。另外，关于权利要求6没有创造性的无效宣告理由，请求人是以其附加技术特征容易想到为由，认为其不具备创造性，但明显缺乏充分的理由，专利权人应当结合对比文件公开的内容和本领域技术人员的普通技术知识，对请求人有关权利要求6不具备创造性的无效宣告理由进行反驳。

基于上述分析和判断，可将权利要求书修改为：

"1. 一种由枕套（1）、枕芯（2）构成的头颈矫治器，其特征在于：中间部位设有近似于头形的凹陷槽（3），凹陷槽下方为头枕（4）、凹陷槽沿头颈矫治器宽度方向的两侧为颈枕（5），其整体尺寸为长50cm～80cm、宽20cm～60cm、高6cm～18cm，制成长方体、圆柱体或长椭圆体三种形状；还包括气囊（6），颈枕（5）内装有振动按摩器（7），气囊（6）和振动按摩器（7）之间设置有隔层（8）。

2. 一种由枕套（1）、枕芯（2）构成的药枕，其特征在于包括头枕（4）和颈枕（5），头枕（4）和颈枕（5）上面，或者仅头枕（4）上面缝缀药垫（9），其中装有预防和治疗颈椎病的药物。

3. 根据权利要求2所述的药枕，其特征在于药垫（9）内装有重量配比为3∶2的茶叶和荞麦皮的混合物。"

（四）推荐的意见陈述书

根据前面所作分析和修改后的权利要求书撰写意见陈述书，下面给出推荐的"意见陈述书"正文。

"意见陈述书"正文

专利复审委员会：

专利权人收到专利复审委员会转来的请求人张某于2011年1月26日针对专利号为ZL201020021234.5的实用新型专利（以下简称"本专利"）提交的专利权"无效宣告请求书"及所附证据副本（案件编号××××）以及于2011年3月5日补充提交的意见陈述书及其附件，现作出如下答辩。

一、关于请求人的委托代理人的资格

请求人在针对本专利提出无效宣告请求时委托了专利代理机构乙代理公司。然而，乙代理公司曾接受本专利权人的委托，代为办理了本专利申请阶段的相关事宜。因此，根据《专利代理条例》的规定，乙代理公司无权接受张某的委托请求宣告本专利无效，其指派的专利代理人李某也无权作为请求人的专利代理人参加针对本专利的无效宣告程序，请求专利复审委员会拒绝乙代理公司和代理人李某参加针对本专利进行的无效宣告程序。

二、修改说明

专利权人对权利要求书进行了修改，将授权公告的权利要求1删除，并将权利要求2至4合并作为新的独立权利要求1，删除了授权公告的权利要求5和6中"颈枕上面缝缀药垫"的技术方案，此外还相应地修改了权利要求的编号和引用关系。

首先，上述修改符合《专利审查指南2010》关于无效宣告程序中权利要求修改方式的规定，也没有扩大原权利要求的保护范围，符合《专利法实施细则》第69条的规定。而且，修改后的权利要求在原说明书和权利要求书中均有明确的记载，符合《专利法》第33条的规定。专利权人请求专利复审委员会在修改后的权利要求书的基础上进行审查。

三、关于修改后的独立权利要求1的新颖性和创造性

(1) 新颖性

修改后的权利要求1相对于对比文件1的区别在于限定头颈矫治器的颈枕内装有振动按摩器，且气囊和振动器之间设有隔层，因此权利要求1相对于对比文件1具备《专利法》第22条第2款规定的新颖性。❶

(2) 创造性

对比文件1与本专利的技术领域相同，且公开修改后权利要求1的技术特征最多，可以将其作为修改后权利要求1的最接近的现有技术。修改后的权利要求1与对比文件1的区别在于颈枕内装有振动按摩器，以及气囊和振动器之间设置有隔层。因此该权利要求1相对于对比文件1实际解决的问题是如何为有气囊的头颈矫治器提供振动按摩作用，且防止气囊漏气和振动被气囊抵消的技术问题。虽然对比文件2公开了颈椎病治疗枕中可以含有振动器，起到颈椎保健作用，但是由于对比文件1明确指出了该颈椎乐枕头同时采用气囊和振动器时，可能导致气囊漏气或者抵消振动器的振动作用，加上对比文件2并未给出在气囊和振动器之间设置隔层来解决气囊漏气或者抵消振动器的振动作用的技术教导，因此对所属技术领域的技术人员来说，不能通过对比文件2中公开的内容得出通过在气囊和振动器之间设置隔层来解决上述问题的技术启示；而且，在气囊和振动器之间设置隔层也不是本领域技术人员解决上述技术问题的所采用的惯用手段，即不属于本领域技术人员解决上述技术问题的公知常识。由此可知，本专利修改后的权利要求1相对于这两份对比文件是非显而易见的，具有实质性特点。此外，本专利在颈枕下设置振动按摩器，既产生振动按摩，又可以通过对气囊充放气来调节枕头高低，还避免了振动作用被气囊抵消，具有有益效果，即相对于现有技术具有进步。综上所述，修改后的权利要求1相对于对比文件1、对比文件2以及本领域的公知常识具有实质性特点和进步，具备《专利法》第22条第3款规定的创造性。

四、修改后的独立权利要求1已清楚地限定要求专利保护的范围

修改后的权利要求1在"气囊(6)和振动按摩器(7)之间设置有隔层(8)"的特征之前已

---

❶ 鉴于请求书中仅主张本专利各项权利要求相对于对于文件1不具备新颖性，并未主张该专利各项权利要求相对于对比文件2不具备新颖性，因此在论述修改后的独立权利要求1具新颖性时只需针对对比文件1作出说明，无需针对对比文件2作出说明。

经描述了头颈矫治器包括"气囊（6）"和"颈枕内装有振动按摩器（7）"的技术特征，已消除了无效宣告请求人所指出的原权利要求3不清楚这一实质性缺陷，即修改后的权利要求1的技术方案已清楚地限定要求专利保护的范围，符合《专利法》第26条第4款的规定。

五、关于本专利两项主题不具有单一性的无效宣告理由

请求人在"无效宣告请求书"中指出权利要求5不符合《专利法》第31条第1款规定的无效宣告理由，鉴于该无效宣告理由不属于《专利法实施细则》第65条第2款规定的无效宣告理由，因此请求专利复审委员会对该理由不予考虑。

六、关于修改后的独立权利要求2的新颖性

修改后的权利要求2与对比文件1相比的区别在于，权利要求2要求保护头枕和颈枕中都含有药垫的方案，或者仅头枕含药垫的方案，而对比文件1仅公开了颈枕含药垫的技术方案，因此权利要求2相对于对比文件1具备《专利法》第22条第2款规定的新颖性。

七、关于修改后的从属权利要求3的创造性

请求人认为对比文件1给出了采用本专利原权利要求6（即修改后的权利要求3）所述药物的技术启示，但是专利权人认为对比文件1仅公开了采用麝香、人参等药物，与本专利修改后的权利要求3中的"药垫（9）内装有重量配比为3：2的茶叶和荞麦皮的混合物"并不相同，而且本专利修改后权利要求3中的药物组成并不是常规的治疗颈椎病的药物，即修改后权利要求3中的药物组成和所占份额不属于本领域的公知常识，由此可知本领域技术人员并不能由对比文件1中记载的内容得出采用修改后权利要求3所述药物的技术启示，因此权利要求3具有实质性特点和进步，具备《专利法》第22条第3款规定的创造性，请求人的有关无效宣告理由不能成立。

八、关于本专利权利要求书得不到说明书支持的无效宣告理由

请求人在"无效宣告请求书"中仅笼统地提出了本专利权利要求1至6因得不到说明书的支持而不符合《专利法》第26条第4款的规定的无效宣告理由，并未在请求书中对此无效宣告理由进行具体说明。根据《专利法实施细则》第65条第1款以及《专利审查指南2010》第四部分第三章第3.3节的规定，上述无效宣告理由属于请求人在提出无效宣告请求时没有具体说明且在提出无效宣告请求之日起的一个月内也未补充具体说明而应当不予受理的情形，故请求专利复审委员会对该无效宣告理由不予考虑。

九、关于补充提交的意见陈述中涉及的理由和证据

请求人张某于2011年3月5日提交了补充意见陈述书，该意见陈述书是在提出无效宣告请求之日起一个月之后提交的，其中涉及的证据对比文件3是一份专利文件，并不是技术词典、技术手册、教科书等所属技术领域中的公知常识性证据，也不是用于完善证据法定形式的公证文书、原件等证据，新增加的有关本专利不符合《专利法》第9条第1款和《专利法》第2条第3款规定的无效宣告理由也不是因"无效宣告请求书"中的无效宣告理由明显与提交的证据不相对应而变更的无效宣告理由，由此可知所补交的证据和补充的无效宣告理由均超过了《专利法实施细则》第67条规定的允许增加理由和补交证据的期限，故请求专利复审委员会对上述证据和理由不予接受。

综上所述，请求人的无效宣告理由不成立。请求专利复审委员会在修改后的权利要求1至3的基础上维持本专利有效。

专利权人：郑某
2011年4月15日

第三节 无效宣告程序专利代理实务案例

为帮助考生更好地掌握无效宣告程序中专利代理实务的有关工作，本节给出三个有关无效宣告程序双方代理人工作的案例：在【案例1】和【案例2】中，给出了"无效宣告请求书"撰写以及答复"无效宣告请求书"的意见陈述书（包括权利要求书的修改）撰写实例；在【案例3】中，对于请求方的专利代理工作，除了与【案例1】和【案例2】一样，给出了"无效宣告请求书"的撰写外，还给出了如何向客户给出咨询意见，而对于专利权人一方的专利代理工作，除了与【案例1】和【案例2】一样，给出了答复"无效宣告请求书"的意见陈述书（包括权利要求书的修改）的撰写外，还向客户提供了针对"无效宣告请求书"作出的分析咨询意见。供考生在应试准备时进行模拟练习。

一、【案例1】用于挂在横杆上的挂钩[1]

（一）"无效宣告请求书"的撰写

根据下面给出的对比文件1和2，针对名称为"用于挂在横杆上的挂钩"的实用新型专利撰写"无效宣告请求书"。

1. 案例简介

该实用新型专利文件如下：

（19）中华人民共和国国家知识产权局

（12）实用新型专利

（10）授权公告号　CN 248991234 U
（45）授权公告日　2010.10.28

（21）申请号　201020034567.8
（22）申请日　2010.02.11
（其余著录项目略）

---

[1] 本案例根据2006年全国专利代理人资格考试"专利代理实务"科目的试题编写而成。

权 利 要 求 书

1. 一种用于挂在横杆（10）上的挂钩，具有挂钩本体（11）和突起物（15），所述挂钩本体（11）具有两个夹持部（17、18）以及连接所述夹持部（17、18）上部的弯曲部（20），其中一个夹持部具有自由端（19），另一个夹持部具有与衣架本体（12）相连接的连接端（13），在所述夹持部（17、18）的相向内侧设有突起物（15），该挂钩挂在横杆（10）上时，所述突起物（15）与横杆（10）的外圆周表面相接触。

2. 根据权利要求1所述的挂钩，其特征在于：在所述夹持部（17、18）的相向内侧各设有两个突起物（15）。

3. 根据权利要求1所述的挂钩，其特征在于：在与横杆轴线平行的方向上，所述突起物与横杆外圆周表面形成线接触。

4. 根据权利要求1所述的挂钩，其特征在于：所述突起物具有宽的宽度。

5. 根据权利要求1所述的挂钩，其特征在于：所述宽的宽度在所述横杆的轴向方向上宽于挂钩本体的宽度。

6. 根据权利要求3所述的挂钩，其特征在于：该突起物呈山脊形状。

说 明 书

用于挂在横杆上的挂钩

技术领域

本实用新型涉及一种可稳固地吊挂在横杆上的挂钩。

背景技术

日常生活中，人们常常利用衣架来晾晒物品。具体地说，将需要晾晒的物品吊挂在衣架的衣架本体上，再将与衣架本体连接的挂钩挂在横杆上进行晾晒。但是，传统的挂钩挂在横杆上时，由于挂钩和横杆之间的接触为点接触，缺乏固定力或者固定力较小，挂钩在横杆上容易产生滑动和扭动，风大时甚至有可能从横杆上脱落下来。

实用新型内容

为了解决上述问题，本实用新型提供了一种用于挂在横杆上的挂钩，具有挂钩本体和突起物，该挂钩本体具有两个夹持部以及连接所述夹持部的弯曲部，其中一个夹持部具有自由端，另一个夹持部具有与衣架本体相连接的连接端，在两个夹持部的相向内侧设有突起物，当挂钩挂在横杆上时突起物与横杆外圆周表面相接触，起到夹持横杆的作用。

最好在与横杆轴线平行的方向上，突起物与横杆外圆周表面形成线接触。突起物可以采用半圆柱形状，也可以采用山脊形状，以便在夹持横杆时与横杆外圆周表面形成线接触。

最好突起物具有宽的宽度，其在所述横杆的轴向方向上的宽度宽于挂钩本体的宽度。采用加宽的突起物可以带来更好的夹持效果，这样挂钩本体不需要采用较粗的材料就能获得更好的固定性能。

挂钩本体可以采用问号（?）形状，也可以采用其他形状。在夹持部的相向内侧可以对称地各设置两个突起物。每个夹持部上的两个突起物之间的连接部分最好呈V形凹陷。弯曲部上还可以设置一个迂回部，该迂回部的曲率半径小于弯曲部其他部位的曲率半径，从而增大挂钩本体对横杆的弹性夹持力。本实用新型的挂钩整体上可以是弯曲的板状结构，以适应吊挂较重物品的需要。

本实用新型的挂钩通过突起物夹持横杆，并与横杆外圆周表面形成线接触，增大了挂钩与横杆之间的固定力，使挂钩不易在横杆上产生滑动和扭动，有效地克服了现有挂钩的前述缺点。

附图说明

图1（a）是本实用新型挂钩第一种实施方式的透视图；

图1（b）是图1（a）所示挂钩上突起物的放大透视图；

图2（a）是图1（a）所示挂钩与横杆相配合的示意图；

图2（b）是图1（a）所示挂钩的局剖侧视图；

图3（a）是本实用新型挂钩第二种实施方式的示意图；

图3（b）是图3（a）所示挂钩的局剖侧视图；

图4是本实用新型挂钩第三种实施方式的透视图；

图 5 是图 4 所示挂钩与横杆相配合的示意图；

图 6 是从图 4 所示挂钩后方看的放大透视图。

具体实施方式

下面结合附图，详细介绍本实用新型各实施方式。

图 1 和图 2 示出了本实用新型挂钩的第一种实施方式。如图 1（a）所示，整个衣架由挂钩本体 11 和衣架本体 12 组成，其中挂钩本体 11 采用弯曲的棒状弹性材料制成。挂钩本体 11 具有相对平行的两个夹持部 17、18 以及连接两个夹持部上部的弯曲部 20。夹持部 17 具有自由端 19；夹持部 18 具有连接端 13，以可转动方式装配在衣架本体 12 上。夹持部 17、18 之间形成有横杆插入口 14，从而能够将衣架悬挂在横杆上。夹持部 17、18 的相向内侧设有四个突起物 15。如图 1（b）所示，突起物 15 呈半圆柱状。如图 2（a）所示，每个夹持部上的一对突起物 15 之间的间隔小于横杆 10 的外径。使用时，使横杆 10 进入横杆插入口 14，对衣架施加向下的拉力，通过横杆 10 对夹持部 17、18 的挤压，使挂钩本体 11 产生弹性变形，从而将横杆 10 夹持在四个突起物 15 之间。挂钩本体 11 产生的弹性夹持力使突起物 15 与横杆 10 的外圆周表面相接触，形成了如图 1（b）所示的与横杆 10 轴线相平行的支撑线 16。这种线接触结构增强了挂钩本体 11 在横杆 10 上的固定性能，使之不容易在横杆上产生滑动和扭动。

图 3 示出了本实用新型挂钩的第二种实施方式。如图 3（b）所示，该实施方式与第一种实施方式在结构上的区别仅在于，突起物 15 沿横杆 10 轴向的宽度大于挂钩本体 11 沿横杆 10 轴向的宽度。加宽的突起物可以带来更好的夹持效果，这样挂钩本体 11 不需要采用较粗的材料就能获得更好的固定性能。

图 4 至图 6 示出了本实用新型挂钩的第三种实施方式。如图 4 所示，整个衣架由挂钩本体 21 和衣架本体 22 组成。挂钩本体 21 采用弯曲的板状弹性材料制成，具有彼此相对的夹持部 30、31 以及连接两个夹持部上部的弯曲部 27，夹持部 30 具有自由端 28。夹持部 30、31 的相向内侧形成有山脊形状的突起物 23、24、25、26，突起物 23~26 沿横杆 10 轴向的宽度大于弯曲部 27 沿横杆 10 轴向的宽度。如图 5 所示，夹持部 30 上的两个突起物 23、24 之间的连接部分以及夹持部 31 上的两个突起物 25、26 之间的连接部分均呈 V 形凹陷。当横杆 10 被夹持在突起物 23~26 之间时，V 形凹陷部分不与横杆 10 的外圆周表面接触，因此突起物 23~26 均与横杆 10 的外圆周表面形成线接触。弯曲部 27 上设有远离横杆 10 的迂回部 29，该迂回部 29 的曲率半径小于弯曲部其他部位的曲率半径。采用这种结构，当横杆 10 被夹持在夹持部 30、31 之间时，迂回部 29 会产生较大的变形，形成较大的弹性夹持力从而进一步增强了挂钩本体 21 在横杆 10 上的固定性能。

上面结合附图对本实用新型的实施方式作了详细说明，但是本实用新型并不限于上述实施方式，在本领域普通技术人员所具备的知识范围内，还可以对其作出种种变化。例如，在上述实施方式中，挂钩本体与衣架本体是相互独立的部件，通过组装形成完整的衣架。显然，本实用新型所述的挂钩本体也可与衣架本体一体形成完整的衣架。另外，第三种实施方式中所述的迂回部也适用于其他实施方式，第二种实施方式中所采用的突起物在横杆轴向方向上比挂钩本体宽的方式同样适用于其他实施方式。

说 明 书 附 图

(a)　　　　　　　　(b)

图 1

(a)　　　　　　　　(b)

图 2

图 3

(a)　　　(b)

图 4

图 5

图 6

对比文件1扉页中的主要著录项目如下:

[19] 中华人民共和国国家知识产权局

[12] 实用新型专利说明书

[21] ZL 专利号　00276543.1

[45] 授权公告日　2001年7月21日　　　　[11] 授权公告号　CN 2111234Y

[22] 申请日　2000.10.17

（其余著录项目略）

下面为对比文件1说明书中的有关内容。

用于展示衣物的衣架挂钩

本实用新型涉及衣架等的挂钩，特别涉及用于展示衣物的衣架挂钩。

在服装店中，为便于向顾客展示衣物，通常将挂有衣物的衣架通过其挂钩挂在展示架杆上。现有用于展示衣物的衣架，具有挂钩本体以及支承衣物的衣架本体。但是，这些衣架要么在展示架杆上不稳定，容易被来往顾客碰掉；要么挂钩与展示架杆配合过紧，不容易从架杆上取下。

因此，渴望提供一种用于展示衣物的衣架，它便于顾客将其从展示架杆上取下，也便于顾客在观看后重新将衣架挂到展示架杆上，同时保证衣架挂在展示架杆上稳定而不易被碰掉。

本实用新型提供了一种用于展示衣物的衣架，包括挂到展示架杆上的挂钩本体。该挂钩本体的内侧设有凸部和突片，用于将挂钩较为牢靠地固定在展示架杆上。该凸部可以是中空的，也可以是实体的。挂钩本体的顶部具有小突起弧，用于增大挂钩本体的弹性夹持力。本发明的挂钩可以由金属材料或塑料制成。

图1是本实用新型衣架挂钩的侧视图；
图2是本实用新型衣架挂钩的正视图。

如图1和图2所示，展示衣架具有挂钩本体1和支承衣物的支架（图2中未示），在挂钩本体1的内侧设有凸部2和突片3，用于夹持展示架杆5。当将支承衣物的衣架挂在展示架杆5上时，挂钩本体1上的凸部2和突片3均与展示架杆5的外圆周表面形成线接触，从而可以将挂钩较为牢靠地固定在展示架杆5上，使其不易被碰掉或者被风刮落。挂钩本体的顶部有一小突起弧4。

对比文件1附图:

图1

图2

对比文件2扉页中的主要著录项目如下：

[19] 中华人民共和国国家知识产权局

[12] 实用新型专利说明书

[21] ZL专利号　98276543.1

[45] 授权公告日　1998年6月2日　　　　　　[11] 授权公告号　CN 2100234Y

[22] 申请日　1997.8.10

（其余著录项目略）

下面为对比文件2说明书中的相关内容。

用于悬挂服装的衣架

本实用新型涉及用于悬挂服装以进行晾晒、展示和存放的衣架。

……

图1为本实用新型衣架的透视图；

图2为本实用新型衣架与晾衣杆相配合的示意图。

如图1所示，本实用新型的衣架包括衣架主体1和悬挂部件2。衣架主体1与一般衣架的衣架主体相似，悬挂部件2与衣架主体1相连接。将衣物挂在衣架主体1上，用悬挂部件2顶部设置的夹紧部夹住晾衣杆或类似物，便可将衣服悬挂起来。

悬挂部件2包括柱体22，柱体22底部设有连接衣架主体1的嵌合部23，柱体22顶部设有夹紧部21。夹紧部21采用弹性材料制成，用于夹住晾衣杆或类似物。夹紧部21包括两个夹臂，其开口向右下方或者左下方，处于下方的夹臂底部与柱体22的顶端固定连接。夹紧部21每个夹臂的中间部位设有一个圆弧形部分，在该圆弧形部分的内表面上形成有多个与晾衣杆轴向相平行的凹槽，以防止夹紧部在晾衣杆上转动。两个夹臂的一端通过弯曲部24相互连接。在弯曲部24的外表面上以可以拆卸的方式装有钢制U形板簧25，以增强夹紧部21的弹性夹持力。

如图2所示，由于夹紧部21的两个夹臂可以张开，因此适合于不同直径的晾衣杆3。当晾衣杆的直径比图示晾衣杆的直径更大时，虽然夹臂的圆弧部分不能与杆紧密配合，但也能通过在圆弧形部分边缘所形成的突棱夹持晾衣杆，因而同样能够将悬挂部件2固定在晾衣杆上。

对比文件2附图：

图1

图2

2. 分析思路

由于拟提出无效宣告请求的实用新型专利的申请日在 2010 年 2 月 1 日之后，根据《施行修改后的专利法的过渡办法》和《施行修改后的专利法实施细则的过渡办法》的规定，该实用新型专利（以下可简称"该专利"）无效宣告请求案适用于现行《专利法》《专利法实施细则》和《专利审查指南 2010》。

阅读该实用新型专利说明书和权利要求书可知，该实用新型专利所要解决的技术问题是衣架挂钩与横杆之间缺乏固定力，容易产生滑动和扭动，甚至可能从横杆上脱落的问题。其采用的技术手段是在挂钩的夹持部相向内侧设置可与横杆外圆周表面相接触的突起物。

该专利的独立权利要求 1 要求保护的技术方案是具有上述突起物结构的挂钩，该挂钩挂在横杆上时，突起物与横杆的外圆周表面相接触。从属权利要求 2、3 和 6 进一步对突起物的数目和形状进行了限定，从属权利要求 4 和 5 进一步对突起物与挂钩本体的尺寸关系进行了限定。

显然，该专利是对挂钩的形状和构造所作的改进，其要求保护的主题明显不属于《专利法》第 5 条或者第 25 条排除的对象，并且符合《专利法》第 2 条第 3 款有关实用新型的定义。该专利要求保护的挂钩能够在产业上制造或者使用，具备《专利法》第 22 条第 4 款规定的实用性。而且专利说明书也充分公开了权利要求书要求保护的各项技术方案，符合《专利法》第 26 条第 3 款的规定。

但是，该专利从属权利要求 4 中的附加技术特征具体限定了"所述突起物具有宽的宽度"，其意在表达突起物的宽度在横杆的轴向方向上比挂钩本体宽，但在该权利要求中并未限定上述对比对象，导致"宽"没有确定的技术含义；而且，在权利要求 4 中也没有限定其中的"宽度"是突起物在哪个方向上的尺寸，因此，可以认为权利要求 4 未清楚地限定要求专利保护的范围，不符合《专利法》第 26 条第 4 款的规定。从属权利要求 5 中的"所述宽的宽度"在其所引用的权利要求 1 中并没有出现，该权利要求由于缺乏引用的基础而导致保护范围不清楚，此外不知是指挂钩哪一部分的宽度，导致比较对象不清楚。因而权利要求 5 也未清楚地限定要求专利保护的范围，不符合《专利法》第 26 条第 4 款的规定。通过上述分析，可以初步考虑将《专利法》第 26 条第 4 款作为无效宣告的理由。

根据专利文件本身所存在的上述缺陷，可以选用不符合《专利法》第 26 条第 4 款的规定作为宣告权利要求 4 和 5 无效的理由，但该无效宣告理由并不能宣告该专利全部无效。另外，可以预见的是，专利权利人有可能通过修改权利要求书克服这一缺陷而达到维持专利权有效的目的。因此，对于本案例，在给出的现有技术对比文件 1 和 2 的基础上，应当着重考虑该专利权利要求的新颖性和创造性，进一步提出有关新颖性和创造性的无效宣告理由。

对比文件 1 和 2 都公开了一种用于挂在横杆上的挂钩，其中涉及的挂钩均采用了与该专利挂钩上的突起物相类似的结构，从而与横杆牢固定位，防止挂钩脱落。因此，权利要求 1 相对于对比文件 1 或 2 明显不具备新颖性；而且，从属权利要求 2 和 3 的附加技术特征在对比文件 1 和 2 中均已公开；在对比文件 2 中，突起物为类似于山脊形状的突棱，因而还公开了权利要求 6 的附加技术特征；因此，权利要求 2、3 和 6 也不具备新颖性。从属权利要求 4、5 对突起物的宽度进行了限定，证据 1 和 2 均未披露上述内容，鉴于目前的证据只有对比文件 1 和 2，可以考虑以其属于本领域的公知常识为由对其创造性提出质疑，但请求人应当意识到，其理由并不充分，特别是在该专利说明书中已经给出了其有益效果的情况下。

出于请求人利益最大化的目的，除分别以对比文件 1 和 2 对该专利的新颖性和创造性提出意见外，还应当考虑将对比文件1和2结合起来评价该专利的创造性。

3. 推荐的"无效宣告请求书"

根据上述分析思路来撰写"无效宣告请求书"，下面给出推荐的"无效宣告请求书"正文。正如前面所指出的，该专利无效宣告请求案适用修改后的《专利法》和《专利法实施细则》，因此"无效宣告请求书"正文所涉及的相关法律条款均采用修改后的《专利法》和《专利法实施细则》相应条款。

"无效宣告请求书"正文

专利复审委员会：

请求人×××根据《专利法》第45条及《专利法实施细则》第65条的规定，针对专利权人×××于2010年2月11日申请的专利号为ZL201020034567.8、名称为"用于挂在横杆上的挂钩"的实用新型专利（以下简称"该专利"）提出无效宣告请求。

请求人认为该专利的权利要求1至3和6不具备《专利法》第22条第2款规定的新颖性，权利要求1至6不具备《专利法》第22条第3款规定的创造性，权利要求4和5不符合《专利法》第26条第4款的规定，请求专利复审委员会宣告该实用新型专利全部无效。请求人提供如下的证据：

1. CN2111234Y 中国实用新型专利说明书，其授权公告日为2001年7月21日；
2. CN2100234Y 中国实用新型专利说明书，其授权公告日为1998年6月2日。

上述两份对比文件的授权公告日均早于该专利的申请日，故构成该专利的现有技术，可以用于评价该专利的新颖性和创造性。

请求人请求宣告该专利无效的具体理由如下。

一、权利要求1至3和6不具备《专利法》第22条第2款规定的新颖性

1. 权利要求1至3相对于对比文件1不具备新颖性

权利要求1要求保护一种用于挂在横杆上的挂钩。对比文件1公开了一种用于挂在展示架横杆上的挂钩，参见对比文件1文字部分的最后一段和图2，在其挂钩本体1的左右相对的两部分的内侧上分别设有凸部2和突片3（相当于本专利权利要求1中的突起），在挂钩本体1悬挂在展示架横杆上时，这些凸部2和突片3与横杆的外圆周表面接触，从而与横杆牢固定位，防止挂钩脱落。由此可见，对比文件1完全公开了权利要求1的技术方案，并且对比文件1所公开的挂钩与权利要求1所要求保护的挂钩属于相同的技术领域，所解决的技术问题和效果相同，因此权利要求1相对于对比文件1不具备新颖性。

权利要求2的附加技术特征在对比文件1中已经公开，由对比文件1的图2可清楚地看到其挂钩内侧有左右两个凸部2与左右两个突片3，分别设置在两边相对的位置。因此，在其引用的权利要求1相对于对比文件1不具备新颖性的情况下，权利要求2也不具备新颖性。

权利要求3的附加技术特征在对比文件1中也已经公开，因为对比文件1文字部分的最后一段已明确写明，当将支承衣物的衣架挂在展示架杆5上时，挂钩本体1上的凸部2和突片3均与展示架杆5的外圆周表面形成线接触，从而可以将挂钩较为牢靠地固定在展示架杆5上，使其不易被碰掉或者被风刮落。因此，在其引用的权利要求1相对于对比文件1不具备新颖性的情况下，该权利要求也不具备新颖性。

2. 权利要求1至3和6相对于对比文件2不具备新颖性

对比文件2公开了一种衣架，参见对比文件2文字部分的最后两段和图1、2所示的衣架，

该衣架具有相当于该申请挂钩的夹紧部 21，夹紧部 21 具有两个夹臂、连接两个夹臂的弯曲部 24 和位于夹臂圆弧形部分边沿的四个突棱（相当于该专利权利要求 1 中的突起），这些突棱的形状为山脊状，当挂钩挂在更大直径的横杆上时，除了夹臂圆弧形部分的四个突棱之外，夹臂的其余部分不会与横杆相接触，此时，横杆被四个具有山脊形状的突棱夹持。由此可见，对比文件 2 也完全公开了权利要求 1 的技术方案，并且两者属于相同的技术领域，所解决的技术问题和效果相同，因此权利要求 1 相对于对比文件 2 不具备新颖性。

由以上的分析可知，从属权利要求 2、3 和 6 的附加技术特征也被对比文件 2 公开，因此该专利权利要求 2、3 和 6 相对于对比文件 2 也不具备新颖性。

二、权利要求 1 至 6 不具备《专利法》第 22 条第 3 款规定的创造性

1. 权利要求 1 至 6 相对于对比文件 1 不具备创造性

如上所述，权利要求 1 至 3 相对于对比文件 1 不具备新颖性，当然相对于对比文件 1 也不具备创造性。

从属权利要求 4、5 的限定部分对突起物的宽度进行了限定，以增强固定力，但这些都是很容易想到的，没有带来任何预料不到的技术效果，因此不具有实质性特点和进步，不具备创造性。

从属权利要求 6 具体限定了突起物呈山脊形，虽与对比文件 1 公开的突起物形状略有差别，但这仅仅是一种形状的简单变化，本领域技术人员可以非常容易地想到，而且这种形状的变化也未带来任何预料不到的技术效果，因此该专利权利要求 6 相对于对比文件 1 不具有实质性特点和进步，也不具备创造性。

2. 权利要求 1 至 6 相对于对比文件 2 不具备创造性

如上所述，权利要求 1 至 3 和 6 相对于对比文件 2 不具备新颖性，当然相对于对比文件 2 也不具备创造性。

如前所述，为增强挂钩的固定力，从属权利要求 4、5 对突起物宽度所进行的限定是本领域技术人员容易想到的，其效果也是预料之中的，因此不具有实质性特点和进步，不具备创造性。

3. 权利要求 6 相对于对比文件 1 和对比文件 2 的结合不具备创造性

如上所述，从属权利要求 6 具体限定了一种具有山脊形突起物的挂钩，对比文件 2 公开了一种具有山脊形状突起的挂钩（参见对比文件 2 说明书附图 1 和 2），其中的山脊状突起所起的作用是夹紧横杆，与本专利中突起物所起的作用相同，且对比文件 2 与本专利属于相同的技术领域，因此对比文件 2 给出了将山脊形状突起物应用到对比文件 1 的挂钩上以夹持横杆的技术启示，权利要求 6 的挂钩相对于对比文件 1 和 2 的结合是显而易见的，不具有实质性特点和进步，不具备创造性。

三、权利要求 4 和 5 不符合《专利法》第 26 条第 4 款的规定

（1）该专利权利要求 4 是权利要求 1 的从属权利要求，具体限定了"所述突起物具有宽的宽度"。其中的"宽"含义不确定，而且，在权利要求 4 中也没有限定其中的"宽度"是突起物在哪个方向上的尺寸，导致权利要求 4 要求专利保护的范围不清楚，不符合《专利法》第 26 条第 4 款的规定。

（2）该专利权利要求 5 是权利要求 1 的从属权利要求，其附加技术特征为"所述宽的宽度在所述横杆的轴向方向上宽于挂钩本体的宽度"。首先，"所述宽的宽度"在权利要求 1 中并没有出现，权利要求 5 缺乏引用的基础，导致其保护范围不清楚；其次，不知是指挂钩哪一部分的宽

度，导致比较对象不清楚。因而权利要求5未清楚地限定要求专利保护的范围，也不符合《专利法》第26条第4款的规定。

综上所述，该专利的权利要求1至3和6不具备《专利法》第22条第2款规定的新颖性，权利要求1至6不具备《专利法》第22条第3款规定的创造性，权利要求4和5不符合《专利法》第26条第4款的规定，因此请求专利复审委员会宣告该专利权全部无效。

请求人：×××
××××年×月××日

（二）对"无效宣告请求书"的答复

对前述针对"用于挂在横杆上的挂钩"实用新型专利提出的"无效宣告请求书"进行答复，撰写意见陈述书，必要时修改权利要求书。

1. 对"无效宣告请求书"的分析

根据前述请求宣告专利权无效的有关材料，该无效宣告请求涉及的三项理由均为法定的无效宣告理由，而且涉及的两份证据均为中国实用新型专利文件，授权公告日均早于该专利的申请日，因而均具备证据资格，并构成该专利的现有技术。

由对专利文件的分析可知，权利要求4和5的确存在保护范围不清楚的缺陷。根据对比文件1和2公开的内容，权利要求1至3及6不具备新颖性和创造性的无效宣告理由成立；但是，权利要求4和5的附加技术特征在对比文件1和2中均未公开，请求人只是简单地以容易想到而否定其创造性，其理由并不充分。

2. 确定应对策略

根据前述分析，如果专利权人不对权利要求书进行修改，专利权将被全部无效。但考虑到权利要求4和5的附加技术特征"所述突起物具有宽的宽度"和"所述宽的宽度在所述横杆的轴向方向上宽于挂钩本体的宽度"在对比文件1和2中均未公开，而且也尚无证据表明上述特征属于本领域的公知常识，如果对权利要求书中的从属权利要求4和权利要求5采用合并修改方式，则修改后的独立权利要求包含上述两附加技术特征后，不仅可以克服该专利不具备新颖性和创造性的缺陷，而且上述两个附加技术特征的组合，也克服了未清楚限定要求专利保护范围的缺陷。综上考虑，对权利要求书按照如下方式进行修改。

"1. 一种用于挂在横杆（10）上的挂钩，具有挂钩本体（11）和突起物（15），所述挂钩本体（11）具有两个夹持部（17、18）以及连接所述夹持部（17、18）上部的弯曲部（20），其中一个夹持部具有自由端（19），另一个夹持部具有与衣架本体（12）相连接的连接端（13），在所述夹持部（17、18）的相向内侧设有突起物（15），该挂钩挂在横杆（10）上时，所述突起物（15）与横杆（10）的外圆周表面相接触，其特征在于：所述突起物具有宽的宽度，所述宽的宽度在所述横杆的轴向方向上宽于挂钩本体的宽度。

2. 根据权利要求1所述的挂钩，其特征在于：在所述夹持部（17、18）的相向内侧各设有两个突起物（15）。

3. 根据权利要求1所述的挂钩，其特征在于：在与横杆轴线平行的方向上，所述突起物与横杆外圆周表面形成线接触。

4. 根据权利要求3所述的挂钩，其特征在于：该突起物呈山脊形状。"

3. 推荐的意见陈述书

对权利要求书作出修改后，针对修改后的权利要求书撰写意见陈述书，下面给出推荐的"意见陈述书"正文。

"意见陈述书"正文

专利复审委员会：

专利权人收到专利复审委员会转来的请求人×××于××××年×月××日针对201020034567.8号实用新型专利（以下简称"本专利"）提出的专利权"无效宣告请求书"及所附证据副本（案件编码××××）。现针对请求人所提出的请求宣告本专利无效的理由和证据作出如下答辩。

专利权人对权利要求书进行了修改，删除了原权利要求1，并将原权利要求4、5合并形成新的独立权利要求1，原权利要求2、3、6相应变为新的权利要求2、3、4，其中，新的权利要求2和3引用新的权利要求1，分别相当于原权利要求2、4和5的合并以及原权利要求3、4和5的合并，新的权利要求4引用新的权利要求3，相当于原权利要求4、5和6的合并，上述修改没有超出原权利要求书和说明书记载的范围，也没有扩大原权利要求的保护范围，符合《专利法》第33条以及《专利法实施细则》第69条的规定，同时也符合《专利审查指南2010》第四部分第三章第4.6节关于无效宣告程序中权利要求修改的规定。专利权人请求专利复审委员会在修改后的权利要求书的基础上进行审查。

专利权人认为修改后的权利要求书具备《专利法》第22条第2款和第3款规定的新颖性和创造性，并且符合《专利法》第26条第4款的规定。

一、权利要求1至4符合《专利法》第26条第4款的规定

权利要求1具体限定了"所述突起物具有宽的宽度，所述宽的宽度在所述横杆的轴向方向上宽于挂钩本体的宽度"。其表明突起物在所述横杆的轴向方向上具有比挂钩本体宽的宽度，即"宽"是突起物与挂钩本体在横杆的轴向方向上宽度的比较，其含义是确定的，因而权利要求1清楚地限定要求专利保护的范围，符合《专利法》第26条第4款的规定。

请求人所指出的本专利不清楚之处并不涉及修改后的权利要求2、3、4限定部分的附加技术特征，而且限定部分本身也清楚地对挂钩进行了进一步的限定，在权利要求1保护范围清楚的基础上，权利要求2、3、4的保护范围也清楚地限定要求专利保护的范围，符合《专利法》第26条第4款的规定。

二、权利要求1至4具备《专利法》第22条第2款规定的新颖性

对比文件1公开了一种用于挂在展示架横杆上的挂钩，在其挂钩本体1的左右相对的两部分的内侧上分别设有凸部2和突片3，在挂钩挂在横杆上时，这些凸部和突片与横杆的外圆周表面接触，从而与横杆牢固定位，防止挂钩脱落。尽管该挂钩的基本结构和所要解决的技术问题与本专利相似，但从附图1所示的侧面图可以看出，凸部2和突片3的宽度均没有超过挂钩本体的宽度，说明书文字部分也没有涉及凸部和突片的宽度大于挂钩本体宽度的技术内容。也就是说，对比文件1并没有公开本专利权利要求1中"所述突起物具有宽的宽度，所述宽的宽度在所述横杆的轴向方向上宽于挂钩本体的宽度"的技术特征，因此权利要求1相对于对比文件1具备新颖性。

对比文件2公开了一种衣架，该衣架具有相当于本专利挂钩的夹紧部21，夹紧部21具有两个夹臂、连接两个夹臂的弯曲部24和位于夹臂圆弧形部分边沿的四个突棱，当挂钩挂在更大直径的横杆上时，除了夹臂圆弧形部分的四个突棱之外，夹臂的其余部分不会与横杆相接触，此时，横杆被四个具有山脊形状的突棱夹持。但对比文件2的说明书和附图均未涉及突棱的宽度大

于挂钩本体宽度的技术内容。也就是说，对比文件2并没有公开本专利权利要求1中"所述突起物具有宽的宽度，所述宽的宽度在所述横杆的轴向方向上宽于挂钩本体的宽度"的技术特征，因此权利要求1相对于对比文件2具备新颖性。

权利要求2、3、4是对独立权利要求1进一步限定的从属权利要求，就本案来说，并未要求优先权，因而当独立权利要求1具备新颖性时，权利要求2、3、4也具备新颖性。

三、权利要求1至4具备《专利法》第22条第3款规定的创造性

如上所述，对比文件1和对比文件2均未公开本专利修改后的权利要求1中特征部分的技术特征："所述突起物具有宽的宽度，所述宽的宽度在所述横杆的轴向方向上宽于挂钩本体的宽度"，从而该权利要求1的技术方案相对于现有技术实际解决的技术问题是提供一种具有更好夹持效果的挂钩。目前也没有证据表明上述技术特征为本领域解决上述技术问题的公知常识，因此上述修改后的权利要求1相对于对比文件1和本领域的公知常识是非显而易见的，相对于对比文件2和本领域的公知常识也是非显而易见的。此外，正由于本专利修改后的权利要求1具有上述技术特征，一方面，在本专利挂钩与对比文件1或对比文件2的挂钩本体宽度相同的情况下，本专利挂钩的突起物沿横杆轴向的宽度比上述对比文件的挂钩的突起物宽，因此，本专利的突起物与横杆外周面的接触长度长，可更好地阻止挂钩在横杆各方向上的移动，并且可进一步阻止挂钩在水平方向上的扭动，具有更好的夹持效果。另一方面，在本专利挂钩与对比文件1或对比文件2的挂钩突起物宽度相同的情况下，本专利挂钩本体的尺寸小于上述对比文件的挂钩本体的尺寸，因此，在夹持固定性能相同的情况下，本专利的挂钩重量更轻，所用的材料更少，并且挂钩占用的空间更小，即修改后的权利要求1相对于现有技术具有有益的技术效果。由此可知，修改后的权利要求1的技术方案相对于对比文件1和本领域的公知常识或者相对于对比文件2和本领域的公知常识具有实质性特点和进步，具备创造性。

正如"无效宣告请求书"中分析本专利的创造性中所指出的，在对比文件1和对比文件2两者之间对比文件1是修改后的权利要求1的最接近的现有技术。该权利要求1相对于该对比文件1的区别技术特征为"所述突起物具有宽的宽度，所述宽的宽度在所述横杆的轴向方向上宽于挂钩本体的宽度"，从而该权利要求1的技术方案相对于对比文件1实际解决的技术问题是提供一种具有更好夹持效果的挂钩。该区别技术特征在对比文件2中也未被披露，也不是本领域解决上述技术问题的公知常识，因而该对比文件2和本领域的公知常识中没有给出将上述区别技术特征应用到对比文件1中来解决上述技术问题的技术启示，也就是说，由对比文件1、对比文件2和本领域的公知常识得到修改后的权利要求1对本领域的技术人员来说是非显而易见的。正如前面所指出的，由于修改后的权利要求1的技术方案中的突起物的宽度在横杆轴向方向上宽于挂钩本体的宽度，这不仅加长了突起物与横杆外周面的接触长度，使挂钩具有更好的夹持效果，而且对于具有相同突起物宽度的挂钩，可减少挂钩本体的材料用量，即修改后的权利要求1相对于现有技术具有有益的技术效果。由此可知，修改后的权利要求1相对于对比文件1、对比文件2和本领域的公知常识具有实质性特点和进步，具备创造性。

综上所述，修改后的独立权利要求相对于对比文件1和公知常识的组合、相对于对比文件2和公知常识的组合或者相对于对比文件1、对比文件2和公知常识的组合具有实质性特点和进步，具备创造性。

权利要求2、3、4是对独立权利要求1从结构上作出进一步限定的从属权利要求，就本案来说，并未要求优先权，因而当权利要求1相对于上述对比文件1、对比文件2和本领域的公知常识具备创造性时，权利要求2、3、4相对于上述对比文件1、对比文件2和本领域的公知常识也

具备创造性。

综上所述,专利权人认为本专利修改后的权利要求1至4符合《专利法》第26条第4款的规定,并且具备《专利法》第22条第2款和第3款规定的新颖性和创造性,请求人提出的无效理由均不成立,因此请求专利复审委员会在修改后的权利要求书的基础上依法维持本专利权有效。

专利权人 ×××
××××年×月××日

二、【案例2】油炸食品制作方法和设备[1]

(一)"无效宣告请求书"的撰写

根据下面给出的对比文件1和2,针对名称为"油炸食品制作方法和设备"的发明专利撰写"无效宣告请求书"。

1. 案例简介

该发明专利文件如下:

(19) 中华人民共和国国家知识产权局

(12) 发明专利

(10) 授权公告号　CN 138521234 B
(45) 授权公告日　2011.03.28

---

(21) 申请号　201010029876.8
(22) 申请日　2010.02.05

(其余著录项目略)

---

[1] 此案例根据2008年全国专利代理人资格考试"专利代理实务"科目的试题编写而成。

权 利 要 求 书

1. 一种制作油炸食品的方法，该方法包括将所述食品原料进行油炸的步骤和将所述油炸食品排出的步骤；其特征在于：所述油炸步骤是在真空度为 0.02～0.08MPa 的真空条件下进行的。

2. 根据权利要求 1 所述的方法，其特征在于：所述的油炸食品为油炸马铃薯薄片。

3. 根据权利要求 1 或 2 所述的方法，其特征在于：该方法还包括在油炸步骤之前将所述食品原料进行焙烤的步骤。

4. 根据权利要求 1 或 2 所述的方法，其特征在于：该方法还包括在油炸步骤之后对所述经过油炸的食品进行离心处理的步骤。

5. 根据权利要求 4 所述的方法，其特征在于：所述离心处理步骤是在真空度为 0.02～0.08MPa 的真空条件下进行的。

6. 一种用于制作油炸薯类食品的设备，包括原料供应装置、油炸装置、产品排出装置，其特征在于：该设备还包括抽真空装置，使油炸装置在真空条件下工作。

7. 根据权利要求 6 所述的设备，其特征在于：该设备还包括在油炸之前将食品原料进行焙烤的焙烤装置。

8. 根据权利要求 6 所述的设备，其特征在于：该设备还包括在油炸之后对所述经过油炸的食品进行离心处理的离心装置。

9. 根据权利要求 8 所述的设备，其特征在于：所述离心装置的旋转轴线以相对于垂直方向倾斜的方式设置。

10. 根据权利要求 9 所述的设备，其特征在于：所述倾斜的角度为 30°。

11. 根据权利要求 8 所述的设备，其特征在于：所述抽真空装置对离心装置抽真空，使离心装置在真空条件下工作。

说 明 书

油炸食品制作方法和设备

技术领域

本发明涉及一种制作油炸食品、尤其是制作油炸马铃薯薄片的方法及设备。

背景技术

油炸薯类食品，特别是油炸马铃薯薄片因其具有松脆口感而成为人们喜爱的小吃食品，然而，高温油炸易产生对人体有害的物质，使油炸薯类食品对人体健康不利；同时，油脂较多的油炸薯类食品不便于长时间存放。

发明内容

为克服上述缺陷，本发明提供一种油炸食品的制作方法，包括将食品原料例如马铃薯薄片在油中煎炸，然后将油炸食品例如油炸马铃薯薄片排出，其中，油炸过程在真空度为 0.02～0.08MPa 的真空条件下进行。另外，本发明所述方法还优选包括在油炸之前，将食品原料例如马铃薯薄片进行焙烤的步骤。

根据本发明所述方法，可以避免油炸温度过高而产生对人体有害的物质。这是由于真空条件下气压较低，从而导致油脂沸腾温度降低。油炸温度降低还使得油脂可以被反复利用。真空条件下的油脂含氧量低会导致油炸产品含氧量降低，这样有利于延长油炸产品的保存期限。此外，采用本发明所述方法不会影响油炸食品的松脆口感。

本发明还提供一种用于制作油炸薯类食品、特别是制作油炸马铃薯薄片的设备，包括原料供应装置、油炸装置、产品排出装置，其中还包括抽真空装置，使油炸装置在真空条件下工作。

本发明所述方法和设备适用于制作油炸马铃薯薄片、油炸红薯薄片、油炸芋头等油炸薯类食品。

附图说明

图 1 是本发明设备第一种实施方式的示意图。
图 2 是本发明设备第二种实施方式的示意图。

具体实施方式

下面以油炸马铃薯薄片为例，对本发明的优选实施方式进行描述。

本发明方法优选包括在油炸之前对马铃薯薄片进行焙烤的步骤。在焙烤过程中，由于马铃薯薄片局部脱水，会在其表面结成一个个小鼓泡。之后再进行油炸，可使小鼓泡继续膨胀，形成较大鼓泡，从而改善马铃薯薄片的口感。可以采用常规烤箱对马铃薯薄片进行焙烤。

本发明方法的油炸过程保持真空条件是必要的。虽然真空度可以在较宽的数值范围内选取，但实验表明将真空度保持在 0.02～0.08MPa 较为适宜，可以使油脂沸腾温度降低至 80～110℃，既可有效防止产生对人体有害的物质，又可达到所需的油炸效果。

本发明方法还优选包括对油炸后的马铃薯薄片进行离心处理的步骤。通过离心处理，可以将油炸后留在马铃薯薄片表面上的油脂脱去,降低其含油量。真空油炸后的马铃薯薄片通常含有约25%～32%（重量百分比）的油脂；经离心处理后,马铃薯薄片的含油量可以降低至约15%～20%（重量百分比）。由此可知,采用本发明优选方法可以制得含油量低且表面具有鼓泡的油炸马铃薯薄片。

本发明方法包括的离心处理步骤优选在真空条件下进行。对经过油炸的马铃薯薄片立即在常压条件下进行离心处理,容易导致马铃薯薄片破碎,致使无法获得完整的油炸食品。离心过程在真空条件下进行,可以有效防止马铃薯薄片破碎,使其保持完整外形。另外,在真空条件下,油炸马铃薯薄片表面上的油脂不易渗入薄片内部,这样有利于进一步改善离心脱油效果并提高脱油效率。通过真空离心处理,马铃薯薄片含油量可进一步降低至约14%～18%（重量百分比）。

另外,在油炸过程中容易出现马铃薯薄片之间相粘连的现象,也容易出现油脂起泡现象。粘连会在一定程度上影响油炸效果,油脂起泡则容易造成油脂飞溅,应当尽量避免油炸过程中出现前述两种现象。为此,本发明还提供一种用于添加到油脂中的组合物,由防粘剂、消泡剂和风味保持剂组成。其中,所述防粘剂可以选自卵磷脂、硬脂酸中的一种或者它们的混合物；消泡剂可以选自有机硅聚合物、二氟化硅中的一种或者它们的混合物；风味保持剂可以选自鸟苷酸二钠、肌苷酸二钠中的一种或者它们的混合物。通常,组合物应含有30%～40%（重量百分比）防粘剂、40%～50%（重量百分比）消泡剂和10%～20%（重量百分比）风味保持剂。所述组合物可以事先加入到油脂中,也可以在油炸过程中添加到油脂中。

图1、图2分别为本发明设备两种实施方式的示意图。为突出本发明特点,附图中仅表示出了与本发明内容密切相关的必要组件,而略去了例如注油装置、加热装置等其他组件。

图1示出了本发明设备的第一种实施方式。如图1所示,制作油炸食品的设备包括原料供应装置101、进料阀102、油炸装置103、抽真空装置104、油槽105、传送带106、传送带驱动装置107、出料阀108、离心装置109、产品排出装置110。其中,油炸装置103的一侧设有输入口,通过进料阀102与原料供应装置101的出料口密封固定连接；油炸装置103的另一侧设有输出口,通过出料阀108与离心装置109的输入口密封固定连接。油炸装置103内部设有具有一定宽度的传送带106,由正对油炸装置103输入口下方的位置延伸到邻近油炸装置103输出口上方的位置,其中间部位沉降到用于容纳油脂的下凹油槽105中。抽真空装置104和传送带驱动装置107设置在油炸装置103外部。产品排出装置110设置在离心装置109的下方,其输入口与离心装置109输出口相连接。离心装置109的旋转轴线（图中未示出）优选以相对于垂直方向倾斜一定角度的方式设置,以提高对马铃薯薄片进行离心脱油的效率,并确保马铃薯薄片从离心装置中全部排出。经试验发现,离心装置109的旋转轴线相对于垂直方向倾斜30°的角度为最佳。

本发明设备第一种实施方式的工作过程为：将油槽105中的油脂预加热并保持在约80～110℃。打开进料阀102,使原料供应装置101中经过焙烤的马铃薯薄片落到传送带106上。然后关闭进料阀102和出料阀108,使油炸装置103呈密闭状态。启动抽真空装置104,使油炸装置103内达到并保持稳定的真空度。之后,启动传送带驱动装置107,传送带106将其上的马铃薯薄片送入油槽105内的油脂中进行油炸。油炸完毕后,打开出料阀108,使油炸装置内恢复大气压,经过油炸的产品通过出料阀108进入离心装置109,在其中通过离心处理将油炸马铃薯薄片表面上的油脂除去。离心处理后的马铃薯薄片经产品排出装置110排出。

图2示出了本发明设备的第二种实施方式。第二种实施方式的设备与第一种实施方式的设备主要结构大部分相同,其不同之处仅在于：油炸装置103′输出口直接与离心装置109′输入口密封固定连接,出料阀108′密封设置在离心装置109′输出口处。在油炸和离心过程中,进料阀

102′和出料阀108′均处于关闭状态,即油炸和离心过程均在真空条件下进行。油炸和离心处理结束后,打开出料阀108′使马铃薯薄片经产品排出装置110′排出。

上面结合附图对本发明优选实施方式作了详细说明,但是本发明并不限于上述实施方式,在本领域普通技术人员所具备的知识范围内,还可以在不脱离本发明宗旨的前提下作出各种变化。

说 明 书 附 图

图 1

图 2

对比文件1扉页中的主要著录项目如下：

[19] 中华人民共和国国家知识产权局

[12] 发明专利申请公开说明书

[21] 申请号 99176543.1

[45] 公开日 2001年4月19日　　　　　　　　　　[11] 公开号 CN 1111234A

[22] 申请日 1997.10.17
（其余著录项目略）

下面为对比文件1说明书中的相关内容。

油炸薯片制备方法及其设备

本发明涉及一种油炸薯片制备方法及其设备。

……

图1为本发明设备的示意性机构图。

本发明提供一种油炸薯片的制备方法，包括将准备好的马铃薯片送入油炸装置内，油炸装置内保持约0.08～0.10MPa的真空度，油炸温度约为105～130℃；将经过油炸的马铃薯片送入离心脱油机中进行脱油；经脱油处理的薯片最后排出。

本发明还提供一种实现上述油炸薯片制备方法的设备。如图1所示，本发明设备包括进料装置、油炸装置、输送网带、离心脱油装置、出料室和抽真空装置等。油炸装置包括一个外壳，在该外壳上设有输入口和输出口。油炸装置外壳输入口通过一进料阀与进料装置的出料口密封固定连接，油炸装置外壳输出口通过一出料阀与离心脱油装置的输入口密封固定连接。可采用任何常规的抽真空装置使油炸装置外壳内保持真空状态。在油炸装置中设置有输送网带，输送网带的输入端正对外壳输入口，其输出端正对外壳输出口（即离心脱油装置输入口）。离心脱油装置的输出口与出料室的输入口连接。最终通过出料室输出口将经过离心处理的油炸薯片排出。

本发明设备的工作过程如下：打开进料阀，使经切片和预成型的物料落到油炸装置中的输送网带上。然后关闭进料阀和出料阀，使油炸装置呈密闭状态。启动抽真空装置，使油炸装置外壳内达到并保持稳定的真空度。启动输送网带使其连续运转，其上的物料被带入油锅中进行油炸。油炸完毕后，打开出料阀，使油炸装置内恢复大气压。经过油炸的产品通过出料阀被送入离心脱油装置进行离心处理。离心处理后的产品经出料室被排出。

对比文件1附图：

图1

对比文件2扉页中的主要著录项目如下：

[19] 中华人民共和国国家知识产权局

[12] 发明专利申请公开说明书

[21] 申请号 97176543.1

[45] 公开日 1999年2月12日　　　　　　　　　　　　[11] 公开号 CN 1100234A

[22] 申请日 1997.8.10

（其余著录项目略）

下面为对比文件1说明书中的相关内容。

油炸马铃薯薄片的方法

本发明涉及一种制备油炸马铃薯薄片的方法。该方法包括以下步骤：① 将马铃薯加工成薄片状；② 将马铃薯薄片进行焙烤；③ 将经焙烤的马铃薯薄片引入油炸器中进行油炸；④ 使经油炸的马铃薯薄片与过热蒸汽接触，以达到去除部分油脂的目的；⑤ 对与过热蒸汽接触过的马铃薯薄片进行脱水处理。

可采用任何常规方法对马铃薯薄片进行焙烤。在焙烤过程中，会在马铃薯薄片表面结成一个个小鼓泡。之后对马铃薯薄片进行油炸，适宜的油炸温度为约165～195℃，优选油温为约175～180℃。在油炸过程中，马铃薯薄片表面的小鼓泡会继续膨胀，形成较大鼓泡，从而改善马铃薯薄片口感。

将经过油炸的马铃薯薄片送入脱油箱使其与过热蒸汽接触，以便从薄片表面去除油脂。过热蒸汽温度优选保持在约150～175℃。

通过使油炸马铃薯薄片与过热蒸汽相接触，可以明显降低马铃薯薄片的含油量。一般来说，采用常规方法生产的油炸马铃薯薄片含有约20%～60%（重量百分比）的油脂。根据本发明所述方法，可以生产出含油量约为13%～18%（重量百分比）的油炸马铃薯薄片，而且所生产的油炸马铃薯薄片表面具有鼓泡。

2. 分析思路

由于拟提出无效宣告请求的发明专利的申请日在2010年2月1日之后，根据《施行修改后的专利法的过渡办法》和《施行修改后的专利法实施细则的过渡办法》的规定，该发明专利（以下简称"该专利"）无效宣告请求案适用于现行《专利法》《专利法实施细则》和《专利审查指南2010》。

阅读该发明专利说明书和权利要求书可知，其所要解决的技术问题是降低油脂沸腾温度、避免产生有害物质、延长油炸薯类食品的保存期限，其采用的技术手段是在真空条件下进行油炸。

该专利的独立权利要求1要求保护制作油炸食品的方法，其中的油炸步骤在真空度为0.02～0.08MPa的真空条件下进行。其从属权利要求2具体限定了油炸食品为油炸马铃薯薄片；从属权利要求3限定了油炸步骤之前有焙烤步骤，从属权利要求4和5限定了油炸步骤之后有离心处理步骤，并且在0.02～0.08MPa的真空条件下进行，以便有效防止薯类食品薄片破碎，保持其完整外形。

该专利独立权利要求6要求保护制作油炸薯类食品的设备，其中该设备包括抽真空装置，使油炸装置在真空条件下工作。从属权利要求7限定了该设备还具有焙烤装置；从属权利要求8限定了该设备还具有离心装置，从属权利要求9和10分别对权利要求8中的离心装置的旋转轴线进行了限定，从属权利要求11对权利要求8作出了进一步限定，即抽真空装置还对离心装置抽真空，使离心装置在真空条件下工作。

该发明专利是对油炸薯类食品的方法和设备所作的改进，其要求保护的主题显然不属于《专利法》第5条或者第25条排除的对象，并且符合《专利法》第2条第2款有关发明的定义。而且这两项要求保护的主题显然能够在产业上制造或者使用，具备《专利法》第22条第4款规定的实用性。此外，该专利说明书也充分公开了权利要求书要求保护的各项技术方案，符合《专利法》第26条第3款的规定。

但是，从专利文件本身来看，权利要求1要求保护一种制作油炸食品的方法，但整个说明书仅以油炸马铃薯薄片的制作方法和设备为例进行了说明，至多还提到所述方法和设备可以用于油炸红薯薄片、油炸芋头等，而没有提到该方法可以用于油炸任何其他非薯类食品。因此权利要求1及其从属权利要求3~5中仅引用权利要求1的技术方案明显概括不当，得不到说明书的支持，不符合《专利法》第26条第4款有关权利要求书应当以说明书为依据的规定。权利要求6保护制作油炸薯类食品的设备，鉴于说明书中仅泛泛地提及制作油炸马铃薯薄片的设备可用于油炸红薯薄片、油炸芋头等，但未给出油炸其他薯类食品的实施例，可以以此对权利要求6及其从属权利要求7~11的概括范围是否适当提出质疑。

根据专利文件本身所存在的上述缺陷，可初步确定以不符合《专利法》第26条第4款的规定为理由请求宣告该专利部分权利要求无效，但尚不能请求宣告该专利全部无效。另外，可以预见的是，专利权人有可能通过修改权利要求书克服前述缺陷而达到维持专利权有效的目的。因此，对于本案例，在客户提供了现有技术对比文件1和2的基础上，应当着重考虑该专利各项权利要求是否具备新颖性和创造性，以便确定可否进一步将该专利不具备新颖性和创造性作为无效宣告请求的理由。

对比文件1公开了一种在约0.08~0.10MPa的真空条件下对马铃薯薄片进行油炸的方法，虽然其中的真空度与该专利不同，但具有共同的端点。因此，该专利权利要求1和2相对于对比文件1不具备新颖性。此外，对比文件1也公开了在油炸之后进行离心处理的步骤，因此从属权利要求4也不具备新颖性。从属权利要求3的附加技术特征油炸之前还有焙烤步骤在对比文件2中公开，并且焙烤步骤所起的作用也是在马铃薯薄片上形成鼓泡，改善其口感，因此该权利要求不具备创造性。类似地，对比文件1也公开了权利要求6和8的技术方案，对比文件2公开了权利要求7的附加技术特征，因此权利要求6和8相对于对比文件1不具备新颖性，权利要求7相对于对比文件1和2的结合不具备创造性。

对于从属权利要求5所具体限定的离心步骤在真空条件下进行在对比文件1和2中均未公开，因此，仅仅依据对比文件1和2否定其新颖性和创造性理由不充分。限于给定的对比文件1和2，并且考虑到对比文件1中公开了油炸步骤在真空条件下进行，请求人可以此为基础，对权利要求5的创造性提出质疑。基于同样的理由，可对权利要求11的创造性提出质疑。另外，考虑到对比文件1和2均未公开离心装置的旋转轴线倾斜设置，采用对比文件1和2否定权利要求9和10的创造性依据明显不足，但出于请求人利益最大化的目的，增加无效该专利的可能性，仍应尽可能充分利用这两份对比文件提出相应的无效宣告请求理由。但请求人应当意识到，其理由并不充分，特别是在该专利说明书中已经给出了其有益效果的情况下。此外，请求人可以根据实际情况，在提出无效宣告请求后进一步针对上述两个特征检索和收集更相关的证据，从而可在自提出无效宣告请求之日起一个月这一法定的补充理由和补交证据期限内提交，以达到将该专利全部无效的目的。

3. 推荐的"无效宣告请求书"

根据前面所作分析，撰写"无效宣告请求书"，下面给出推荐的"无效宣告请求书"的正文。

"无效宣告请求书"正文

专利复审委员会：

请求人×××根据《专利法》第45条及《专利法实施细则》第65条的规定，针对专利权人×××于2010年2月5日申请的专利号为ZL201010029876.8、名称为"油炸食品制作方法和设备"的发明专利（以下简称"该专利"）提出无效宣告请求。

请求人认为该专利的权利要求1、2、4、6和8不具备《专利法》第22条第2款规定的新颖性，权利要求1至11不具备《专利法》第22条第3款规定的创造性，权利要求1和3至11不符合《专利法》第26条第4款的规定，请求专利复审委员会宣告该发明专利全部无效。请求人提供如下证据：

1. CN1111234C 中国发明专利申请公开说明书，其公开日为2001年4月19日；
2. CN1100234C 中国发明专利申请公开说明书，其公开日为1999年2月12日。

上述两份对比文件的公开日均早于该专利的申请日，故构成该专利的现有技术，可以用于评价该专利的新颖性和创造性。

请求人请求宣告该专利无效的具体理由如下。

一、权利要求1、2、4、6和8相对于对比文件1不具备《专利法》第22条第2款规定的新颖性

1. 关于权利要求1的新颖性

权利要求1要求保护一种制作油炸食品的方法。对比文件1公开了一种油炸薯片的制备方法（见对比文件1文字倒数第3段的内容及附图1），包括将准备好的马铃薯片在保持约0.08～0.10MPa真空度的油炸装置中进行油炸，将经油炸的马铃薯片送入离心脱油机中进行脱油处理，然后排出。虽然该专利权利要求1中的真空度为0.02～0.08MPa，而对比文件1中的真空度为0.08～0.10MPa，但上述数值范围具有共同的端点0.08MPa，因此，该专利权利要求1的技术方案与对比文件1公开的技术方案实质上相同，且两者属于同一技术领域，解决相同的技术问题，并能产生相同的技术效果，因此权利要求1相对于对比文件1不具备新颖性。

2. 关于权利要求2的新颖性

由上可见，权利要求2的附加技术特征"油炸食品为油炸马铃薯薄片"也已被对比文件1公开。因此，在其引用的权利要求1相对于对比文件1不具备新颖性的情况下，权利要求2也不具备新颖性。

3. 关于权利要求4的新颖性

由上可见，权利要求4的附加技术特征"在油炸步骤之后对所述经过油炸的食品进行离心处理"在对比文件1中也已经公开，因此，在其引用的权利要求1或2相对于对比文件1不具备新颖性的情况下，该权利要求也不具备新颖性。

4. 关于权利要求6的新颖性

权利要求6要求保护一种用于制作油炸薯类食品的设备。对比文件1中公开了一种制备油炸薯片的设备（见对比文件1文字倒数第2段的内容及附图1），包括进料装置、油炸装置、出料室和抽真空装置等，抽真空装置可使油炸装置外壳内保持真空状态，从而使油炸装置在真空条件

下工作。其中进料装置相当于该权利要求中所述原料供应装置，出料室相当于产品排出装置。由此可知，对比文件1已经公开了权利要求6的全部技术特征，且对比文件1所公开的技术方案与权利要求6要求保护的技术方案属于同一技术领域，两者解决相同的技术问题，并能产生相同的技术效果，因此权利要求6相对于对比文件1不具备新颖性。

5. 关于权利要求8的新颖性

此外，对比文件1的制备油炸薯片的设备还包括离心脱油装置，该装置在油炸完毕后将经过油炸的产品进行离心处理（见对比文件1说明书最后一段最后两行）。可见，权利要求8的附加技术特征在对比文件1中也已经公开，因此，在其引用的权利要求6相对于对比文件1不具备新颖性的情况下，该权利要求也不具备新颖性。

二、权利要求1至11不具备《专利法》第22条第3款规定的创造性

1. 权利要求1、2、4至6和8至11相对于对比文件1不具备创造性

如上所述，权利要求1、2、4、6和8相对于对比文件1不具备新颖性，当然相对于对比文件1也不具备创造性。

从属权利要求5进一步限定了"所述离心处理步骤是在真空度为0.02～0.08MPa的真空条件下进行的"，以防止马铃薯薄片破碎，改善离心脱油效果和提高脱油效率。对比文件1虽未公开上述附加技术特征，但在对比文件1已公开油炸步骤在真空度为0.02～0.08MPa的真空条件下进行这一技术内容的教导下，本领域技术人员自然容易想到在离心处理时也保持真空度为0.02～0.08MPa的真空条件是有益的，因此，在引用的权利要求4不具备新颖性或创造性的情况下，权利要求5也不具备创造性。同理，对应的设备权利要求11也不具备创造性。

为增强离心脱油的效率并便于将薯片从离心装置中排出，从属权利要求9限定了离心装置的旋转轴线相对于垂直方向是倾斜的，这是本领域技术人员容易想到的，其效果也是预料之中的，在引用的权利要求8不具备新颖性或创造性的情况下，权利要求9不具备创造性。

从属权利要求10进一步限定了倾斜角度为30°，这是本领域技术人员通过有限次试验即可获得的，因此，也不具备创造性。

2. 权利要求3和7相对于对比文件1和对比文件2的结合不具备创造性

权利要求3的附加技术特征是：该方法还包括在油炸步骤之前将所述食品原料进行焙烤的步骤。通过焙烤可以在食品表面形成鼓泡，从而改善食品口感。该附加技术特征构成了权利要求3与对比文件1之间的区别技术特征。对比文件2公开了一种制备油炸马铃薯薄片的方法，为使马铃薯薄片表面产生鼓泡，该方法包括先将马铃薯薄片焙烤，然后进行油炸的步骤，且在油炸前先进行焙烤是为了在马铃薯薄片表面生成小鼓泡，从而在油炸过程中成为较大鼓泡，以改善油炸马铃薯薄片口感，这与该专利权利要求3中对食品原料进行焙烤所起作用相同。由此可见，对比文件2给出了将上述区别技术特征应用到对比文件1所述方法中以使油炸食品表面形成鼓泡的技术启示。因此，权利要求3相对于对比文件1和2的结合是显而易见的，不具备创造性。

同理，对应的设备权利要求7相对于对比文件1和2的结合也是显而易见的，不具备创造性。

三、权利要求1和3至11不符合《专利法》第26条第4款的规定

权利要求1要求保护一种制作油炸食品的方法，权利要求6要求保护一种用于制作油炸薯类食品的设备，但在说明书的具体实施方式部分仅记载了制作油炸马铃薯薄片的方法和所用的设备。因此，上述两项权利要求概括的范围太宽，得不到说明书的支持，不符合《专利法》第26条第4款有关权利要求书应当以说明书为依据的规定。

同理，直接或间接引用权利要求1的从属权利要求3至5以及直接或间接引用权利要求6的

从属权利要求7至11也得不到说明书的支持，不符合《专利法》第26条第4款的规定。

综上所述，该专利的权利要求1、2、4、6和8不具备《专利法》第22条第2款规定的新颖性，权利要求1至11不具备《专利法》第22条第3款规定的创造性，权利要求1和3至11不符合《专利法》第26条第4款有关权利要求书应当以说明书为依据的规定，因此请求专利复审委员会宣告该专利权全部无效。

请求人：×××
××××年×月××日

（二）对"无效宣告请求书"的答复

对前述针对"油炸食品制作方法和设备"的发明专利提出的"无效宣告请求书"进行答复，撰写意见陈述书，必要时修改权利要求书。

1. 对"无效宣告请求书"的分析

根据前述请求宣告专利权无效的有关材料，该无效宣告请求所涉及的三项理由均为法定的无效宣告理由，而且所涉及的两份证据均为中国专利申请文件，公开日均早于本发明专利（以下简称"本专利"）的公开日，因此均具备证据资格，并构成该专利的现有技术。

从该专利文件本身来看，说明书中已记载了该专利的方法和设备适用于制作油炸马铃薯薄片、油炸红薯薄片、油炸芋头等油炸薯类食品，显然，权利要求1及其从属权利要求3至5概括为制作油炸食品的方法是不适当的，得不到说明书的支持。而权利要求6至11本身限定的就是用于制作油炸薯类食品的设备，可以认为得到了说明书的支持。因此，请求人提出的权利要求1和3至5不符合《专利法》第26条第4款的无效宣告理由成立，权利要求6至11不符合《专利法》第26条第4款的无效宣告理由通过合适的争辩极有可能不成立。

根据对比文件1和2公开的内容，权利要求1、2、4、6和8不具备新颖性和创造性的无效宣告理由成立，权利要求3和7不具备创造性的无效宣告理由也是成立的。但是，对比文件1并未公开离心处理步骤是在真空条件下进行的，仅公开了油炸步骤是在真空条件下进行，从而降低油脂沸腾温度，防止有害物质产生，本领域技术人员并不能由此得到在真空条件下进行离心处理能有效防止马铃薯薄片破碎的技术教导，因此，权利要求5和11不具备创造性的无效宣告理由明显不充分。而且，对比文件1也没有公开所述离心装置的旋转轴线倾斜设置，请求人只是简单地以其容易想到而否定权利要求9和10的创造性，该无效宣告理由也明显不充分。

2. 确定应对策略

根据前述分析，如果专利权人不对权利要求书进行修改，专利权虽然不能被宣告全部无效，但只能在少数几项权利要求的基础上维持有效。为使专利权人的利益最大化，还应当考虑通过修改权利要求，获得尽可能大的保护范围。

对于方法权利要求，可考虑依据权利要求2和5作为修改的基础，克服权利要求得不到说明书的支持以及不具备新颖性和创造性的缺陷；对于设备权利要求，由于对比文件1没有公开权利要求9和11的技术方案，因此，可考虑分别将其作为修改的基础，从而克服权利要求不具备新颖性和创造性的缺陷。在此基础上，给出下述修改后的权利要求书。

"1. 一种制作油炸食品的方法，所述的油炸食品为油炸马铃薯薄片，该方法包括将所述食品原料进行油炸的步骤和将所述油炸食品排出的步骤；所述油炸步骤是在真空度为0.02~0.08MPa的真空条件下进行的，该方法还包括在油炸步骤之后对所述经过油炸的食品进行离心处理的步骤，其特征在于：所述离心处理步骤是在真空度为0.02~0.08MPa的真空条件下进行的。

2. 根据权利要求1所述的方法,其特征在于:该方法还包括在油炸步骤之前将所述食品原料进行焙烤的步骤。

3. 一种用于制作油炸薯类食品的设备,包括原料供应装置、油炸装置、产品排出装置,该设备还包括抽真空装置,使油炸装置在真空条件下工作,该设备还包括在油炸之后对所述经过油炸的食品进行离心处理的离心装置,其特征在于:所述抽真空装置对离心装置抽真空,使离心装置在真空条件下工作。

4. 根据权利要求3所述的设备,其特征在于:该设备还包括在油炸之前将食品原料进行焙烤的焙烤装置。

5. 根据权利要求3所述的设备,其特征在于:所述离心装置的旋转轴线以相对于垂直方向倾斜的方式设置。

6. 根据权利要求5所述的设备,其特征在于:所述倾斜的角度为30°。

7. 一种用于制作油炸薯类食品的设备,包括原料供应装置、油炸装置、产品排出装置,该设备还包括抽真空装置,使油炸装置在真空条件下工作,该设备还包括在油炸之后对所述经过油炸的食品进行离心处理的离心装置,其特征在于:所述离心装置的旋转轴线以相对于垂直方向倾斜的方式设置。

8. 根据权利要求7所述的设备,其特征在于:所述倾斜的角度为30°。

9. 根据权利要求7所述的设备,其特征在于:该设备还包括在油炸之前将食品原料进行焙烤的焙烤装置。"

3. 推荐的意见陈述书

对权利要求书作出修改后,针对修改后的权利要求书撰写意见陈述书,下面给出推荐的"意见陈述书"正文。

"意见陈述书"正文

专利复审委员会:

专利权人接到专利复审委员会转来的请求人×××于××××年×月××日针对第201010029876.8号发明专利(以下简称"本专利")提出的专利权"无效宣告请求书"及所附证据副本(案件编号×××××)。现针对请求人所提出的请求宣告本专利无效的理由和证据作出如下答辩。

专利权人对权利要求书进行了修改。对于原方法权利要求1至5,删除了原权利要求1、2和4,将原权利要求5作为新的独立权利要求1,原权利要求3相应变为新的权利要求2,相当于是原权利要求3和5的合并。对于原设备权利要求6至11,删除了原权利要求6和8,将原权利要求11和9分别作为新的独立权利要求3和7,原从属权利要求10作为新的从属权利要求8,新的从属权利要求4、5、6、9分别相当于是原权利要求7和11的合并、原权利要求9和11的合并、原权利要求10和11的合并以及原权利要求7和9的合并。上述修改没有超出原权利要求书和说明书记载的范围,也没有扩大原权利要求的保护范围,符合《专利法》第33条及《专利法实施细则》第69条的规定,同时也符合《专利审查指南2010》第四部分第三章第4.6节关于无效宣告程序中权利要求修改的规定。专利权人请求专利复审委员会在修改后的权利要求书的基础上进行审查。

专利权人认为修改后的权利要求具备《专利法》第22条第2款和第3款规定的新颖性和创造性,并且符合《专利法》第26条第4款有关权利要求书以说明书为依据的规定。

一、权利要求1至9符合《专利法》第26条第4款的规定

首先,修改后的权利要求1和2已限定了油炸食品为油炸马铃薯薄片,与说明书具体实施方

式部分的记载完全相同。因此，修改后的权利要求1和2已不再存在"无效宣告请求书"中所指出的权利要求书未以说明书为依据的实质缺陷，符合《专利法》第26条第4款的规定。

其次，在判断权利要求是否得到说明书的支持时，应当考虑说明书的全部内容，而不是仅限于具体实施方式部分的内容。修改后的权利要求3至9所要求保护的是一种用于制作油炸薯类食品的设备，在本申请的说明书第6段中明确记载，本发明所述方法和设备适用于除马铃薯薄片以外的油炸红薯薄片、油炸芋头等油炸薯类食品，在说明书第13段记载了真空离心具有防止破碎、进一步降低含油量的技术效果，对于本领域技术人员来说，可以推知该技术效果同样适用于除马铃薯之外的其他油炸薯类食品。由此可见，本领域技术人员能够确定本申请的设备适用于除马铃薯之外的其他油炸薯类食品，因此，修改后的权利要求3至9也能够得到说明书的支持，符合《专利法》第26条第4款有关权利要求书以说明书为依据的规定。

二、权利要求1至9具备《专利法》第22条第2款规定的新颖性

1. 关于权利要求1和2的新颖性

对比文件1公开了一种油炸薯片的制备方法，包括将准备好的马铃薯片在保持约0.08～0.10MPa真空度的油炸装置中进行油炸，油炸完毕后使油炸装置内恢复大气压，再将油炸后的薯片送入离心脱油机中进行脱油，然后排出。将修改后的权利要求1请求保护的技术方案与对比文件1相比，可以看出对比文件1并没有公开权利要求1中的"所述离心处理步骤是在真空度为0.02～0.08MPa的真空条件下进行的"这一技术特征，因此，权利要求1请求保护的技术方案不同于对比文件1公开的技术方案，相对于对比文件1具备新颖性。

权利要求2是对独立权利要求1进一步限定的从属权利要求，在权利要求1具备新颖性的基础上，权利要求2也具备新颖性。

2. 关于权利要求3至9的新颖性

对比文件1公开了一种油炸薯片设备，包括进料装置、油炸装置、离心脱油装置、出料室、抽真空装置，抽真空装置可使油炸装置外壳内保持真空状态，从而使油炸装置在真空条件下工作。但是，对比文件1并没有公开该专利独立权利要求3中的技术特征"所述抽真空装置对离心装置抽真空，使离心装置在真空条件下工作"。而且，对比文件1也没有公开本专利独立权利要求7中的技术特征"所述离心装置的旋转轴线以相对于垂直方向倾斜的方式设置"。因此，独立权利要求3和7请求保护的技术方案分别不同于对比文件1公开的技术方案，这两项权利要求分别相对于对比文件1具备新颖性。

权利要求4至6是对权利要求3进一步限定的从属权利要求，权利要求8和9是对权利要求7进一步限定的从属权利要求，在权利要求3和7具备新颖性的基础上，权利要求4至6、8和9也具备新颖性。

三、权利要求1至9具备《专利法》第22条第3款规定的创造性

1. 关于权利要求1和2的创造性

如前所述，本专利修改后的权利要求1的最接近的现有技术对比文件1未公开本专利权利要求1中"所述离心处理步骤是在真空度为0.02～0.08MPa的真空条件下进行的"的技术特征。由本专利说明书具体实施方式部分第5段的内容可知，在本专利权利要求1的技术方案中，采用在真空度为0.02～0.08MPa的真空条件下进行离心处理主要是为了有效防止马铃薯薄片破碎，使其保持完整外形。虽然对比文件1公开了在真空度为0.08～0.10MPa的真空条件下进行油炸，但其目的是为了降低油脂沸腾温度，防止产生对人体有害的物质，而不在于防止油炸马铃薯薄片破碎。因此，对比文件1并未给出任何在真空条件下进行离心处理以有效防止马铃薯薄片破碎的

技术启示。而在对比文件2公开的制备油炸马铃薯薄片的方法中，将经过油炸的马铃薯薄片与过热蒸汽接触，以达到去除部分油脂的目的，也没有公开权利要求1中采用真空离心的技术手段。也不存在应用该技术手段解决"现有技术中存在的油炸产品容易破碎无法获得具有完整外形油炸马铃薯薄片"的技术问题的任何技术启示，更不存在将该技术手段应用到对比文件1中以解决上述技术问题的任何技术启示，此外，在真空条件下对经油炸的马铃薯薄片进行离心处理也不是本领域防止马铃薯薄片破碎的惯用手段，即这一技术手段不属于本领域的公知常识。因此，修改后的权利要求1对于本领域技术人员来说是非显而易见的，具有突出的实质性特点。此外，在真空条件下对经油炸的马铃薯薄片进行离心处理，不仅能有效防止马铃薯薄片破碎，而且油炸马铃薯薄片表面上的油脂不易渗入薄片内部，有利于进一步改善离心脱油效果并提高脱油效率，由此可知修改后的权利要求1的技术方案相对于现有技术具有有益的效果，即具有显著的进步。由此可知，修改后的权利要求1相对于对比文件1、对比文件2以及本领域的公知常识具备创造性。

权利要求2是对独立权利要求1进一步限定的从属权利要求，在权利要求1具备创造性的基础上，权利要求2也具备创造性。

2. 关于权利要求3至6的创造性

与前面分析权利要求1的创造性相类似，本专利修改后的权利要求3的最接近的现有技术对比文件1未公开独立权利要求3中"所述抽真空装置对离心装置抽真空，使离心装置在真空条件下工作"的技术特征，在对比文件2中也未给出任何在真空条件下进行离心处理以解决现有技术中油炸薯类食品所存在的"容易破碎无法获得具有完整外形"的技术问题的技术启示，这一技术特征也不属于本领域解决上述技术问题的公知常识，因而修改后的权利要求3对于本领域技术人员来说是非显而易见的，也就是说，修改后的权利要求3具有突出的实质性特点。此外，本专利权利要求3所述制作油炸薯类食品的设备采用真空离心的技术手段，可以有效防止马铃薯薄片破碎，使其保持完整外形，并且油炸马铃薯薄片表面上的油脂不易渗入薄片内部，有利于进一步改善离心脱油效果并提高脱油效率，因而具有显著的进步。由此可知，修改后的权利要求3相对于对比文件1、对比文件2和本领域的公知常识具备创造性。

权利要求4至6是对独立权利要求3进一步限定的从属权利要求，在权利要求3具备创造性的基础上，权利要求4至6也具备创造性。

3. 关于权利要求7至9的创造性

本专利修改后的权利要求7的最接近的现有技术对比文件1未公开该独立权利要求7中"所述离心装置的旋转轴线以相对于垂直方向倾斜的方式设置"的技术特征。正是具有上述特征，使得本专利权利要求7所述设备提高了离心脱油的效率，同时便于从离心装置中排出薯片。对比文件2也未给出任何将离心装置旋转轴线倾斜设置的相关技术启示，同时也无任何证据表明上述特征为本领域的公知常识。因此，修改后的权利要求7对于本领域技术人员来说是非显而易见的，具有突出的实质性特点。此外，由于修改后的权利要求7的技术方案相对于上述现有技术进一步提高了离心脱油的效率，同时便于从离心装置中排出薯片，带来了有益的技术效果，因而具有显著的进步。由此可知，修改后的权利要求7相对于对比文件1、对比文件2和本领域的公知常识具备创造性。

权利要求8和9是对独立权利要求7进一步限定的从属权利要求，在权利要求7具备创造性的基础上，权利要求8和9也具备创造性。

综上所述，专利权人认为本专利修改后的权利要求1至9符合《专利法》第26条第4款的规定，并且具有《专利法》第22条第2款和第3款规定的新颖性和创造性，请求人提出的无效宣告理由均不成立,因此请求专利复审委员会在修改后的权利要求书的基础上依法维持本专利权有效。

专利权人:×××
××××年×月××日

三、【案例3】硬质冷藏箱❶

在该案中,客户A公司因投入市场的产品冷藏箱被专利权人甲公司提出专利侵权诉讼而准备对专利权人甲公司的实用新型专利向专利复审委员会提出无效宣告请求,于是向专利代理机构提供了该实用新型专利文件以及准备作为证据提交的四份对比文件,客户A公司要求给出对拟提出无效宣告请求案的咨询意见,并撰写提交给专利复审委员会的"无效宣告请求书";而作为专利权人的甲公司向另一专利代理机构转送了"无效宣告请求书"(请注意与前面给出的"无效宣告请求书"的内容不同)及请求书中所涉及的证据,专利权人甲公司要求给出关于上述"无效宣告请求书"的分析咨询意见,并为其撰写一份提交给专利复审委员会的意见陈述书,必要时对权利要求书进行修改。

(一)请求方提出无效宣告请求时的专利代理实务工作

下面先对客户A公司提供的拟宣告专利无效的实用新型专利和四份证据情况作一简介,然后给出请求方专利代理人为客户A公司提出无效宣告请求过程的分析思路,在此基础上向客户给出该无效宣告请求案的咨询意见和提供所撰写的"无效宣告请求书"初稿。

1. 客户A公司提供的拟宣告专利无效的实用新型专利文件和四份证据情况简介❷

(1)拟宣告专利无效的中国实用新型专利文件

(19)中华人民共和国国家知识产权局

(12) 实用新型专利

(45)授权公告日　2011.01.21

(21)申请号　201020023456.7

(22)申请日　2010.02.23

(73)专利权人　甲公司

(其余著录项目略)

---

❶ 此案例根据2012年全国专利代理人资格考试"专利代理实务"科目有关无效实务的试题部分加以补充并改编而成。其中,无效宣告请求方的专利代理实务工作部分,拟宣告无效的实用新型专利文件和前三份证据取自2012年全国专利代理人资格考试"专利代理实务"科目有关无效实务的试题,在此基础上补充了证据4,然后参考近几年全国专利代理人资格考试"专利代理实务"科目有关无效实务试题部分的考试方式改编成向客户给出咨询意见和撰写"无效宣告请求书"的试题内容;而对于专利权人一方的专利代理实务工作部分,按照2012年全国专利代理人资格考试"专利代理实务"科目有关无效实务的试题部分进行编写,并按照2007年全国专利代理人资格考试"专利代理实务"科目有关无效实务试题部分的考试方式增加了撰写意见陈述书的内容。

❷ 为方便读者理解拟宣告无效的专利和有关证据的技术内容,在这些专利文件的附图中对于附图中所示的各个部件除了给出相应的附图标记外,还与全国专利代理人资格考试"专利代理实务"科目试题一样给出了与各附图标记相应的部件名称。

权 利 要 求 书

1. 一种硬质冷藏箱,包括箱本体(1)和盖体(2),所述箱本体(1)的内部形成一个上部开口的容纳空间,所述盖体(2)设置于所述箱本体(1)的上方,用于打开、关闭所述容纳空间的开口,其特征在于:所述箱本体(1)包括防水外层(3)、保温中间层(4)及防水内层(5),所述箱本体(1)的容纳空间内固设有若干个装有蓄冷剂的密封的蓄冷剂包(6)。

2. 如权利要求1所述的硬质冷藏箱,其特征在于:所述箱本体(1)和所述盖体(2)的连接处设置有拉链(7)。

3. 如权利要求1所述的硬质冷藏箱,其特征在于:在所述盖体(2)上设有能盖住所述拉链(7)的挡片(8)。

4. 如权利要求1所述的硬质冷藏箱,其特征在于:所述保温中间层(4)为泡沫材料。

说 明 书

硬质冷藏箱

本实用新型涉及一种硬质冷藏箱。

人们在外出旅游或参加户外活动时，经常会使用箱子携带一些冷饮料，以达到消暑降温的目的。现有的箱子一般由箱本体和盖于其上的盖体构成，但因为箱本体没有保温设计，同时也没有冷源给饮料保温或降温，所以无法使装在箱本体内的饮料长时间保持低温状态。

本实用新型采用如下技术方案：一种硬质冷藏箱，包括箱本体和盖体，所述箱本体的内部形成一个上部开口的容纳空间，所述盖体设置于箱本体的上方，用于打开、关闭所述容纳空间的开口，所述箱本体包括防水外层、保温中间层及防水内层，所述箱本体的容纳空间内固设有若干个装有蓄冷剂的密封的蓄冷剂包。

本实用新型的箱本体结构为多层复合层，能阻止箱本体内、外的热量交换，为箱内物品保温；箱本体内的蓄冷剂包能够为箱内的物品降温；同时蓄冷剂包固定在箱本体内能防止运输过程中相互碰撞或堆积在一起。此外，箱本体和盖体的连接处设置有拉链或粘扣或磁性件。在盖体上设有能盖住拉链的挡片，以减少箱本体内、外空气的对流，延长箱内物品的冷藏时间。因此，本实用新型的冷藏箱能长时间为所容纳的物品提供低温环境。

图1是本实用新型实施方式的立体图，其中挡片被局部除去；

图2是本实用新型实施方式箱本体的俯视剖视图。

如图1、2所示，本实施方式的冷藏箱由箱本体1、设置在箱本体1上部的盖体2构成。箱本体1为多层复合层结构，其内部形成一个上部开口的容纳空间，用于容纳被冷藏的物品。如图2所示，优选箱本体1的外层3和内层5由防水材料制成，中间层4为保温层。若干个蓄冷剂包6固定设置于箱本体1的容纳空间内。蓄冷剂包6为一密封的装有蓄冷剂的包状结构。将冷藏箱放入冰箱充分冰冻后，蓄冷剂包6即可作为冷源长时间给冷藏箱内的物品降温。箱本体1和盖体2的连接处设置有拉链7，通过打开或闭合拉链7，使得盖体2打开或关闭容纳空间的开口。在盖体2上设有能盖住拉链7的挡片8。此外，为了增强箱本体1的保温效果，箱本体1的保温中间层4采用泡沫材料。

说 明 书 附 图

8挡片　2盖体　7拉链　1箱本体

图 1

3防水外层　4保温中间层　5防水内层　6蓄冷剂包

图 2

(2) 客户提供的四份证据

证据1为一件中国实用新型专利（以下简称"对比文件1"）：

(19) 中华人民共和国国家知识产权局

（12）实用新型专利

(45) 授权公告日 2010.12.09

---

(21) 申请号 201020012345.6
(22) 申请日 2010.01.25
(73) 专利权人 甲公司

（其余著录项目略）

权 利 要 求 书

1. 一种硬质冷藏箱,包括箱本体(1)和盖体(2),盖体(2)设置于箱本体(1)的上方,其特征在于:所述的箱本体(1)包括内外两层防水尼龙面料层及保温中间层。

说 明 书

冷藏箱

本实用新型公开了一种硬质冷藏箱。

（背景技术、实用新型内容部分略）

图1是本实用新型冷藏箱在盖体打开状态时的立体图；

图2是本实用新型冷藏箱在盖体关闭状态时的立体图。

如图1、2所示，硬质冷藏箱包括箱本体1和盖体2。箱本体1包括内外两层防水尼龙面料层及保温中间层。箱本体1的内部形成放置物品的容纳空间，容纳空间上部为开口。用于盖合容纳空间开口的盖体2设于箱本体1的上方。箱本体1和盖体2上设有相互配合的连接件3。容纳空间内固定设置有若干个装有蓄冷剂的密封的蓄冷剂包（图中未示出）。

平时须将冷藏箱放置于冰箱内以冷冻蓄冷剂包。使用时打开盖体2，把需要冷藏的物品放置于箱本体1的容纳空间内，然后盖上盖体2，以减少容纳空间内的冷空气散失。本实用新型的冷藏箱特别适用于旅行中对食品、饮料的冷藏。

说 明 书 附 图

图 1

2盖体
3连接件
1箱本体

图 2

2盖体
3连接件
1箱本体

证据 2 为一件中国实用新型专利说明书(以下简称"对比文件 2"):

[19] 中华人民共和国国家知识产权局

[12] 实用新型专利说明书

[45] 授权公告日 2009 年 12 月 1 日

[22] 申请日 2009.1.20
[21] 申请号 200920010567.8
(其余著录项目略)

说 明 书

小型冷藏桶

本实用新型涉及一种小型冷藏桶。

（背景技术、实用新型内容部分略）

图1是本实用新型小型冷藏桶的立体图。

如图1所示，冷藏桶包括桶本体1和设于桶本体1上方的盖体2。桶本体1和盖体2由外向内依序设有防水尼龙面料层、硬质材料层、保温层及防水尼龙面料层。桶本体1具有一体成型的侧壁和桶底，在侧壁的顶部边缘及盖体2的边缘设有拉链3。为了使冷藏桶具有冷藏功能，还需在冷藏桶的桶本体1内放置若干个装有冰块的密封的冰块包（图中未示出），使得冷藏桶能够用于运输和存放饮料、食品等需要低温保存的物品。为了仅将冰块包放入冰箱内冷冻而无需将冷藏桶一并放入冰箱，所有冰块包均是直接放置在桶本体1内。此外，保温层可以采用泡沫材料。

平时把所有冰块包都放在冰箱中充分冷冻。使用时拉开拉链3，打开盖体2，把需要冷藏的物品和若干个冰块包放置于桶本体1内，再将盖体2盖合于桶本体1上，并闭合拉链3。

说 明 书 附 图

3拉链

2盖体

1桶本体

图1

证据3为一件中国实用新型专利说明书（以下简称"对比文件3"）：

[19] 中华人民共和国国家知识产权局

[12] 实用新型专利说明书

[45] 授权公告日　2008年12月22日

[22] 申请日　2008.2.1
[21] 申请号　200820009678.9
（其余著录项目略）

说　明　书

便携式冷藏箱

本实用新型涉及一种便携式冷藏箱。

（背景技术、实用新型内容部分略）

图 1 是本实用新型冷藏箱盖体打开状态的立体图；

图 2 是本实用新型冷藏箱盖体关闭状态的立体图。

如图 1、2 所示，冷藏箱包括箱本体 1 和盖体 2，盖体 2 设于箱本体 1 的上方。箱本体 1 内形成放置被冷藏物品的容纳空间，容纳空间的上部具有用于取、放物品的开口。盖体 2 朝向容纳空间的一侧设有与容纳空间的开口相匹配的凸起 3。凸起 3 由弹性材料制成且能紧密插入到容纳空间的开口中，使得盖体 2 牢固盖合在箱本体 1 上。此外，在盖体 2 的边缘处固定设置有挡片 4，人们可以通过手握挡片 4 将盖体 2 向上提起，拔出容纳空间开口中的凸起 3，进而将盖体 2 从箱本体 1 上打开。在容纳空间内固定设置若干个装有蓄冷剂的密封的蓄冷剂包（图中未示出），以便长时间为冷藏箱内放置的物品（例如饮料、食物等）降温。

平时须将冷藏箱放置于冰箱内冷冻蓄冷剂包，经充分冷冻后可随时取出使用。

说 明 书 附 图

4挡片　　　2盖体
3凸起　　　1箱本体

图1

2盖体
4挡片
1箱本体

图2

证据 4 为一件中国实用新型专利（以下简称"对比文件 4"）：

(19) 中华人民共和国国家知识产权局

（12）实用新型专利

(45) 授权公告日　2011.01.05

(21) 申请号　201020012567.8
(22) 申请日　2010.01.26
(73) 专利权人　甲公司
（其余著录项目略）

权 利 要 求 书

1. 一种饭盒保温袋,由面层(5)、隔热保温材料层(6)和内层(7)三层缝固成一体,再与内层(8)、隔热保温材料层(9)和底层(10)沿缝固线(2)缝成一袋状,在保温袋(1)的右部缝有拉锁(3),其特征在于:所述面层(5)有一块挡布(4)正好盖住所述拉锁(3)。

2. 根据权利要求1所述的保温袋,其特征在于:所述隔热保温材料层(6、9)用泡沫塑料或棉花、丝棉制成。

说 明 书

饭盒保温袋

本实用新型涉及一种饭盒保温袋，属于生活用品的技术领域。

目前，职工上班由于工作单位无专设的食堂，如果在坊间饭店里就餐，由于卫生条件不够理想，怕传染肝炎等疾病。虽然已有一次性饭盒的出现，由于饭菜质量口味、价格等因素，所以人们还愿自备饭盒携带食品用膳。可是由于季节的不同，不能食用较冷的食品，如果没有蒸热的设施，也使饭盒的使用受到一定的限制，因此必须考虑到如何使饭盒可以保持一定的温度，食用时就可方便很多，但目前尚缺乏简易适用的保温器具。

本实用新型要解决的技术问题是提供一种饭盒保温袋，可以使食品保持一定的温热程度，食用时不必再加热，不受地方或加热装置的限制，因而使食用者感到方便。

为此，本实用新型的饭盒保温袋由面层、隔热保温材料层和内层三层缝固成一体，再与底层、隔热保温材料层和内层沿缝固线缝成一袋状，在保温袋的右部缝有拉锁，面层有一块挡布正好盖住拉锁。

图1为保温袋示意图。

图2为图1沿A-A线剖示的局部视图。

下面结合附图对饭盒保温袋的结构详细叙述：

如图1所示，使用尼龙绸或色彩鲜艳的绸布缝制成保温袋1，缝制时，沿缝固线2进行缝固，在保温袋的右部，其面层5上缝有拉锁3，而且面层右部5有一块挡布4正好可以掩盖拉锁3，因此从表面见不到拉锁3，对拉锁也起到一定的保护作用，同时也能够防止内外空气对流，延长保温时间。

由图2可知，保温袋1的面层5与隔热保温材料层6和内层7相叠合缝固在一起，保温袋的内层8也与隔热保温材料层9和底层10也相叠合缝固在一起。其中隔热保温材料层可以是泡沫塑料或棉花、丝棉。

说明书附图

图1

图2

2. 为客户 A 公司提出无效宣告请求过程中的分析思路

专利代理人在为客户提出无效宣告请求的过程中通常按下述步骤进行：对客户拟请求宣告无效的专利文件进行阅读和分析；对客户提供的证据进行研究和分析；确定无效宣告理由和选择支持相应无效宣告理由的证据；在上述分析基础上，针对该无效宣告请求案向客户给出咨询意见和撰写"无效宣告请求书"的初稿。

(1) 阅读和分析拟提出无效宣告请求的实用新型专利文件

作为请求方的专利代理人在阅读和分析拟提出无效宣告请求的实用新型专利文件的过程中主要需进行两方面工作：结合说明书理解权利要求书中各项权利要求技术方案的内容；分析权利要求书中各项权利要求是否存在属于《专利法实施细则》第 65 条第 2 款列出、且无需证据支持就能作为无效宣告理由提出的实质性缺陷。

① 结合说明书理解权利要求书中各项权利要求技术方案的内容。

在结合说明书理解权利要求书中各项权利要求技术方案的内容之前先需要考虑两个问题：根据该实用新型专利的申请日（有优先权要求的，为优先权日）确定本无效宣告请求案适用现行的专利法律法规还是修改前的专利法律法规；根据该实用新型专利是否要求优先权以及是否存在公开日在该实用新型专利申请日和优先权日之间的证据（包括申请日在该实用新型专利申请日和优先权日之间、公开日在该实用新型专利申请日后的中国专利申请文件或专利文件），确定是否需要对该实用新型专利文件核实其各项权利要求可否享受优先权。

就该实用新型专利而言，其未要求优先权，因此无需核实各项权利要求的优先权能否成立；且其申请日为 2010 年 2 月 23 日，在 2010 年 2 月 1 日之后，按照《施行修改后的专利法的过渡办法》和《施行修改后的专利法实施细则的过渡办法》的规定，针对该实用新型专利提出的无效宣告请求案适用现行的《专利法》和《专利法实施细则》。

由该实用新型专利说明书记载的内容可知，该实用新型要解决的技术问题是为暑天外出时提供一种便于携带冷饮料的冷藏箱。

权利要求 1 要求保护的冷藏箱的技术方案为解决上述技术问题采用了两个措施：箱本体由防水外层、保温中间层和防水内层构成；在箱本体的容纳空间内固设有蓄冷剂包。前一措施可以减少箱外向箱内的热量传递，后一措施可以使冷藏箱内处于低温状态，且能防止其在运输过程中相互碰撞或堆积在一起。

权利要求 2 的技术方案作出的进一步改进是在箱本体和盖体的连接处设置有拉链，以方便打开或关闭盖体。

权利要求 3 的技术方案作出的进一步改进为盖体上设有能盖住所述拉链的挡片，以减少箱本体内、外空气的对流，延长箱内物品的冷藏时间。

权利要求 4 的技术方案作出的进一步改进为选用常见的泡沫材料作为箱本体的保温中间层。

② 分析各项权利要求是否存在无需证据就可作为无效宣告理由提出的实质性缺陷。

就该实用新型专利而言，在理解权利要求书中各项权利要求技术方案内容的同时，注意到权利要求 3 存在可作为无效宣告理由提出的实质性缺陷：由于权利要求 3 仅引用了权利要求 1，而在其限定部分所进一步限定的附加技术特征"拉链"并未出现在其引用的权利要求 1 中，且在权利要求 3 的限定部分未写明其与权利要求 1 中所出现的技术特征之间的关系，因此权利要求 3 未清楚限定要求专利保护的范围，不符合《专利法》第 26 条第 4 款的规定，这一实质性缺陷属于《专利法实施细则》第 65 条第 2 款所列出的无效宣告理由之一。

(2) 对客户提供的四份证据（对比文件 1 至 4）进行分析

在对客户提供的四份证据进行分析时，通常可先对四份证据的适用范围作出判断，在此基础上判断这四份证据所披露的内容能否使各项权利要求不具备新颖性和/或创造性。

① 分析四份证据的适用范围。

对比文件 1 中国实用新型专利的申请日为 2010 年 1 月 25 日，授权公告日为 2010 年 12 月 9 日，专利权人也是甲公司，因此对比文件 1 是一件涉案实用新型专利的专利权人在该实用新型专利的申请日（2010 年 2 月 23 日）前提出申请、并在申请日后授权公告的中国实用新型专利文件，按照现行《专利法》的规定，该对比文件 1 可用来判断该实用新型专利各项权利要求是否具备新颖性，但其未构成该实用新型专利的现有技术，不能用来判断各项权利要求是否具备创造性。

对比文件 2 中国实用新型专利的授权公告日为 2009 年 12 月 1 日，对比文件 3 中国实用新型专利的授权公告日为 2008 年 12 月 22 日，因此对比文件 2 和对比文件 3 构成了该实用新型专利的现有技术，其可以用来判断其各项权利要求是否具备新颖性和/或创造性。

对比文件 4 中国实用新型专利的申请日为 2010 年 1 月 26 日，授权公告日为 2011 年 1 月 5 日，因此对比文件 4 是一件在该实用新型专利的申请日（2010 年 2 月 23 日）前提出申请、并在申请日后授权公告的中国实用新型专利文件，可用来判断该实用新型专利各项权利要求是否具备新颖性，但其未构成该实用新型专利的现有技术，不能用来判断各项权利要求是否具备创造性。

② 分析四份证据所披露的内容能否使各项权利要求不具备新颖性和/或创造性。

下面先分析四份证据是否能单独破坏各项权利要求的新颖性，然后再分析四份证据能否破坏各项权利要求的创造性。

(i) 各项权利要求是否具备新颖性的分析。

对比文件 1 已披露了权利要求 1 的全部技术特征，即公开了权利要求 1 的技术方案，且两者的技术领域、要解决的技术问题和技术效果实质相同，构成权利要求 1 的抵触申请，因此权利要求 1 相对于对比文件 1 不具备新颖性。

在对比文件 1 公开的冷藏箱中，箱本体和盖体之间设有相互配合的连接件（见其说明书文字倒数第二段），在其附图中示出的连接件为卡合件，并不是权利要求 2 限定部分中写明的拉链。考虑到拉链和卡合件都是常用连接件的一种，不妨可将两者认定为惯用手段的直接置换，从而可认为对比文件 1 也构成权利要求 2 的抵触申请，即权利要求 2 相对于对比文件 1 也不具备新颖性；但是，由于两者在作为连接件时所起的作用并不完全相同，因而认定两者为惯用手段的直接置换的主张并不一定会被专利复审委员会接受。

由于对比文件 1 公开的冷藏箱中并未披露拉链，更未披露能盖住拉链的挡片，即其并未披露权利要求 3 限定部分的附加技术特征，因此对比文件 1 并未公开权利要求 3 的技术方案，可知权利要求 3 相对于对比文件 1 具备新颖性。此外，对比文件 1 公开的冷藏箱中也未披露其箱本体的保温中间层为泡沫材料，即其并未披露权利要求 4 限定部分的附加技术特征，因此对比文件 1 并未公开权利要求 4 的技术方案，可知权利要求 4 相对于对比文件 1 具备新颖性。

至于对比文件 2，由于其公开的小型冷藏桶中冰块包直接放置在桶本体内，并不是固设在桶本体容纳空间内，即其未披露权利要求 1 特征部分的后一技术特征"箱本体的容纳空间内固设有若干个装有蓄冷剂的密封的蓄冷剂包"，因此对比文件 2 并未公开权利要求 1 的技术方案，可知权利要求 1 相对于对比文件 2 具备新颖性。由于权利要求 2 至 4 对权利要求 1 从结构上作进一步限定，对于未要求优先权的该实用新型专利来说，当权利要求 1 相对于对比文件 2 具备新颖性时，对权利要求1作进一步限定的权利要求2至4中任何一项均相对于对比文件2具备新颖性。

至于对比文件3，虽然其公开的便携式冷藏箱中披露了箱本体容纳空间内固定设置若干个装有蓄冷剂的密封的蓄冷剂包，但并未披露箱本体包括防水外层、保温中间层和防水内层，即其未披露权利要求1特征部分的前一技术特征，因此对比文件3并未公开权利要求1的技术方案，可知权利要求1相对于对比文件3具备新颖性。由于权利要求2至4对权利要求1从结构上作进一步限定，对于未要求优先权的该实用新型专利来说，当权利要求1相对于对比文件3具备新颖性时，对权利要求1作进一步限定的权利要求2至4中任何一项均相对于对比文件3具备新颖性。

至于对比文件4，由于其公开的是一种饭盒保温袋，虽然其公开了保温袋由面层、保温材料层和内层三层缝固成一体，但其未公开权利要求1的以下技术特征：所述硬质冷藏箱还包括设置于所述箱本体上方的盖体，所述箱本体的容纳空间内固设有若干个装有蓄冷剂的密封的蓄冷剂包，因此对比文件4并未公开权利要求1的技术方案，未构成权利要求1的抵触申请，不能否定权利要求1的新颖性。同理，该对比文件4更未构成权利要求2至4的抵触申请，不能否定权利要求2至4中任一项权利要求的新颖性。

(ii) 各项权利要求是否具备创造性的分析。

正如前面所指出的，对比文件1和对比文件4未构成该实用新型专利的现有技术，故只能用于判断该实用新型专利各项权利要求是否具备新颖性，不能用于判断各项权利要求是否具备创造性，因此下面主要分析对比文件2、对比文件3和本领域的公知常识能否使各项权利要求不具备创造性。

在对比文件2和对比文件3中，由于两者公开的冷藏箱/桶与该实用新型专利的技术领域相同，两者各解决了本实用新型想要解决的两个技术问题中的一个，即两者的技术问题与该实用新型相接近的程度也差不多，两者均披露了权利要求1前序部分的技术特征和特征部分的一个特征，即两者披露的权利要求1的技术特征数量也差不多，因此可以用其中任一份作为该实用新型专利的最接近的现有技术。但考虑到对比文件2还公开了权利要求2限定部分的技术特征，故可考虑以对比文件2作为该实用新型专利最接近的现有技术。

权利要求1与最接近的现有技术对比文件2的区别特征是："箱本体的容纳空间内固设有若干个装有蓄冷剂的密封的蓄冷剂包"，则权利要求1相对于对比文件2实际解决的技术问题是防止运输过程中蓄冷剂包相互碰撞或堆积在一起。

上述区别特征已在对比文件3中公开，其在对比文件3公开的便携式冷藏箱中所起的作用也可起到防止运输过程中蓄冷剂包相互碰撞或堆积在一起，与该特征在该实用新型专利权利要求1技术方案中所起的作用相同，因此本领域的技术人员在见到对比文件3中固设在箱本体容纳空间内的蓄冷剂包时，有动机将其应用到对比文件2公开的冷藏桶中以得到权利要求1的技术方案，由此可知由对比文件2和对比文件3公开的内容得到权利要求1的技术方案是显而易见的，不具有突出的实质性特点，因此权利要求1相对于对比文件2和对比文件3不具备创造性。

权利要求2限定部分的技术特征"箱本体和盖体的连接处设置有拉链"以及权利要求4限定部分的技术特征"中间保温层为泡沫材料"也已在对比文件2中公开，因此当权利要求1相对于对比文件2和对比文件3不具备创造性时，权利要求2或者权利要求4相对于对比文件2和对比文件3也不具备创造性。

对于权利要求3来说，虽然其限定部分的技术特征"盖体上设有能盖住拉链的挡片"导致该权利要求3具有未清楚限定要求专利保护范围的缺陷，但如果专利权人对权利要求2和权利要求3采用合并式修改的话，就能消除这一缺陷。在这种情况下，由于对比文件2公开的冷藏桶未披露这一技术特征，权利要求3相对于对比文件2实际解决的技术问题是减少箱本体内外空气对流、延长箱内物品冷藏时间。对比文件3公开的冷藏箱中虽然披露了"挡片"这一技术手段，但其设置在盖体的边缘处，其所起的作用是通过手握挡片将盖体2向上提起，与权利要求3中的覆盖拉链的挡片所起到的减少箱本体内外空气对流、延长箱内物品冷藏时间作用完全不一样，由此可知对比文件3公开的挡片与权利要求3中覆盖拉链的挡片的形状、位置和作用均不相同，因此其并未披露权利要求3限定部分的技术特征，此外"盖体上设有能盖住拉链的挡片"这一特征也不是本领域用来减少箱本体内外空气对流、延长箱内物品冷藏时间的惯用手段，即不是本领域解决这一技术问题的公知常识，由此可知权利要求3相对于对比文件2以及对比文件3和本领域的公知常识具备创造性。

对此，需要作进一步说明的是，虽然对比文件4中公开了掩盖拉链的挡布，其也起到了减少内外空气对流的作用，但对比文件4未构成该实用新型专利的现有技术，不能用于判断其各项权利要求的创造性，因此不能将现有技术与对比文件4结合起来否定权利要求3的创造性。

(3) 确定无效宣告理由和选择支持无效宣告理由的证据

通过前面所作分析可知，在上述四份证据中，对于文件1可以用于作为权利要求1和权利要求2不具备新颖性的证据，对比文件2和3可以用于作为权利要求1、2和4不具备创造性的证据，因此在提出无效宣告请求时应当选用这三份证据。至于对比文件4，由于其既不能否定该实用新型专利各项权利要求的新颖性，也由于其是申请在先公告在后的中国实用新型专利文件，未构成该实用新型专利的现有技术，不能用作判断各项权利要求创造性的对比文件，因此提出无效宣告请求时不再选用该对比文件4作为证据。

至于无效宣告理由，通过上述分析，可以选定的无效宣告理由为：权利要求1和权利要求2相对于对比文件1不具备《专利法》第22条第2款规定的新颖性，权利要求1、2和4相对于对比文件2和3不具备《专利法》第22条第3款规定的创造性，权利要求3不符合《专利法》第26条第4款有关权利要求应当清楚限定要求专利保护范围的规定。

(4) 针对本无效宣告请求案向客户给出咨询意见和撰写"无效宣告请求书"的初稿

在完成上述分析工作后，可以着手撰写给客户的咨询意见和"无效宣告请求书"的初稿。

咨询意见通常应当包括如下几方面的内容：说明客户所提供的证据适用范围，如果在请求书中未采用哪些证据，应当说明未采用的理由；说明本无效宣告请求案所选用的无效宣告理由，其中需要证据支持的无效宣告理由，应当结合证据具体说明无效宣告理由，而对其他无效宣告理由也应当结合事实作出说明；对本无效宣告请求案的前景作出初步分析，当现有证据和事实难以将所有权利要求全部无效掉时，应当对未提出无效宣告理由的权利要求（包括无效宣告理由成立把握不大的权利要求）作出说明，并向客户给出必要的建议（如补充检索、结合侵权诉讼确定对策等）。

"无效宣告请求书"的撰写已在本章第一节之三中给予详细的说明，通常包括起始部分、无效宣告理由的具体论述部分和结论部分，在此不再作详细说明。

针对本无效宣告请求案的咨询意见和"无效宣告请求书"的初稿将在后面单独给出。

3. 提供给A公司的咨询意见和撰写的"无效宣告请求书"

根据近几年考试命题情况，撰写"无效宣告请求书"的试题包括提供给客户的咨询意见和撰写"无效宣告请求书"两种类型。两者的区别在于，提供给客户的咨询意见更为全面、复杂，对于证据能否使用、可以提出哪些条款作为无效宣告理由均应有详尽的分析和说明，并给出分析的具体过程，同时还包括对无效宣告请求前景的预期以及对需要客户进一步进行的工作提出的要求；而"无效宣告请求书"则是在上述分析的基础上，按照规定格式撰写一份请求书正文。下面针对这两种类型的试题分别给出参考答案。

(1) 针对本无效宣告请求案提供给客户的咨询意见

尊敬的 A 公司：

很高兴贵方委托我专利代理事务所办理针对专利号为 ZL201020023456.7 的实用新型专利提出无效宣告请求案。通过对拟提出无效宣告请求的中国实用新型专利文件和贵方提供的四份无效宣告请求证据的分析，现给出如下咨询意见。

（一）所提供四份证据的适用范围

拟提出无效宣告请求的中国实用新型专利文件（以下简称"该专利"）的申请日为 2010 年 2 月 23 日，未要求优先权，因此本无效宣告请求案适用现行《专利法》。该专利的专利权人为甲公司。

证据 1 专利号为 ZL201020012345.6 的中国实用新型专利文件（以下称作"对比文件 1"）的申请日为 2010 年 1 月 25 日，授权公告日为 2010 年 12 月 9 日，专利权人也是甲公司，因此其是一份专利权人本人在该专利的申请日前提出申请、并在此申请日后授权公告的中国实用新型专利文件，按照现行《专利法》的规定，该对比文件 1 可用作判断该专利各项权利要求是否具备新颖性的证据，但其未构成该专利的现有技术，不能用作判断该专利各项权利要求是否具备创造性的证据。

证据 2 专利号为 ZL200920010567.8 中国实用新型专利文件（以下称作"对比文件 2"）的授权公告日为 2009 年 12 月 1 日，证据 3 专利号为 ZL200820009678.9 中国实用新型专利文件（以下称作"对比文件 3"）的授权公告日为 2008 年 12 月 22 日，因此这两份对比文件构成了该专利的现有技术，其可以用作判断该专利各项权利要求是否具备新颖性和/或创造性的证据。

证据 4 专利号为 ZL201020012567.8 中国实用新型专利文件（以下称作"对比文件 3"）的申请日为 2010 年 1 月 26 日，授权公告日为 2011 年 1 月 5 日，因此对比文件 4 是一份在该专利的申请日前提出申请、并在此申请日后授权公告的中国实用新型专利文件，可用作判断该专利各项权利要求是否具备新颖性的证据，但其未构成该专利的现有技术，不能用作判断该专利各项权利要求是否具备创造性的证据。

（二）分析四份证据所披露的内容能否使各项权利要求不具备《专利法》第 22 条第 2 款规定的新颖性和/或《专利法》第 22 条第 3 款规定的创造性

下面针对四份证据分析各项权利要求是否具备新颖性和创造性。❶

1. 权利要求 1

(1) 是否具备新颖性的分析

对比文件 1 中的冷藏箱已披露了权利要求 1 的全部技术特征，即公开了权利要求 1 的技术方案，且两者的技术领域、要解决的技术问题和技术效果实质相同，构成权利要求 1 的抵触申请，因此权利要求 1 相对于对比文件 1 不具备新颖性。

对比文件 2 公开的小型冷藏桶中，其冰块包直接放置在桶本体内，并不是固设在桶本体容纳

---

❶ 在本咨询意见中，针对四份证据分析各项权利要求是否具备新颖性和创造性时采用了对各项权利要求逐一分析其相对于四份证据是否具备新颖性和创造性的方式，也可如前面"为客户 A 公司提出无效宣告请求时的分析思路"中分析四份证据所披露的内容能使各项权利要求不具备新颖性和/或创造性那样，先分析各项权利要求是否具备新颖性，再分析各项权利要求是否具备创造性。

空间内，即其未披露权利要求1特征部分的后一技术特征"箱本体的容纳空间内固设有若干个装有蓄冷剂的密封的蓄冷剂包"，因此对比文件2并未公开权利要求1的技术方案，可知权利要求1相对于对比文件2具备新颖性。

对比文件3公开的便携式冷藏箱中虽然披露了箱本体容纳空间内固定设置若干个装有蓄冷剂的密封的蓄冷剂包，但并未披露箱本体包括防水外层、保温中间层和防水内层，即其未披露权利要求1特征部分的前一技术特征，因此对比文件3并未公开权利要求1的技术方案，可知权利要求1相对于对比文件3具备新颖性。

对比文件4公开的是一种饭盒保温袋，虽然其公开了保温袋由面层、保温材料层和内层三层缝固成一体，但其未公开权利要求1的以下技术特征：所述硬质冷藏箱还包括设置于所述箱本体上方的盖体，所述箱本体的容纳空间内固设有若干个装有蓄冷剂的密封的蓄冷剂包，因此对比文件4并未公开权利要求1的技术方案，未构成权利要求1的抵触申请，不能否定权利要求1的新颖性。

（2）是否具备创造性的分析

正如前面所指出的，对比文件1和对比文件4不能用来判断各项权利要求是否具备创造性，因此下面分析权利要求1相对于对比文件2、对比文件3和本领域的公知常识是否具备创造性。

在对比文件2和对比文件3中，由于两者公开的冷藏箱/桶与该专利的技术领域相同，两者各解决了该专利想要解决的两个技术问题中的一个，即两者的技术问题与该专利相接近的程度也差不多，两者均披露了权利要求1前序部分的技术特征和特征部分的一个特征，即两者披露的权利要求1的技术特征数量也差不多，因此可以用其中任一份作为该专利的最接近的现有技术。但考虑到对比文件2还公开了权利要求2限定部分的技术特征，故可考虑以对比文件2作为该专利最接近的现有技术。

权利要求1与最接近的现有技术对比文件2的区别特征是："箱本体的容纳空间内固设有若干个装有蓄冷剂的密封的蓄冷剂包"，则权利要求1相对于对比文件2实际解决的技术问题是防止运输过程中蓄冷剂包相互碰撞或堆积在一起。

上述区别特征已在对比文件3中公开，其在对比文件3公开的便携式冷藏箱中所起的作用也可起到防止运输过程中蓄冷剂包相互碰撞或堆积在一起，与该特征在该专利权利要求1技术方案中所起的作用相同，因此本领域的技术人员在见到对比文件3中固设在箱本体容纳空间内的蓄冷剂包时，有动机将其应用到对比文件2公开的冷藏桶来以得到权利要求1的技术方案，由此可知由对比文件2和对比文件3公开的内容得到权利要求1的技术方案是显而易见的，不具有突出的实质性特点，因此权利要求1相对于对比文件2和对比文件3不具备创造性。

2. 权利要求2

（1）是否具备新颖性的分析

前面已经指出，权利要求1相对于对比文件1不具备新颖性，而相对于对比文件2至4中任何一份均具备新颖性。由于权利要求2至4分别对权利要求1从结构上作出进一步限定，且该专利未要求优先权，因此权利要求2至4分别相对于对比文件2至4中任何一份均具备新颖性。因此对于权利要求2（包括后面的权利要求3和权利要求4）仅相对于对比文件1分析其是否具备新颖性。

在对比文件1公开的冷藏箱中，箱本体和盖体之间设有相互配合的连接件（见其说明书文字倒数第二段），在其附图中示出的连接件为卡合件，并不是权利要求2限定部分中写明的拉链。考虑到拉链和卡合件都是常用连接件的一种，不妨将两者认定为惯用手段的直接置换，从而可认为对比文件1也构成权利要求2的抵触申请，即权利要求2相对于对比文件1也不具备新颖性；

但是，由于两者在作为连接件时所起的作用并不完全相同，因而认定两者为惯用手段的直接置换的主张并不一定会被专利复审委员会接受。

(2) 是否具备创造性的分析

权利要求2限定部分的技术特征"箱本体和盖体的连接处设置有拉链"也已在对比文件2中公开，因此当权利要求1相对于对比文件2和对比文件3不具备创造性时，权利要求2相对于对比文件2和对比文件3也不具备创造性。

3. 权利要求3

(1) 是否具备新颖性的分析

对比文件1中的冷藏箱未披露权利要求3限定部分的技术特征"盖体上设有能盖住拉链的挡片"，因此未公开权利要求3的技术方案，因此对比文件1未构成权利要求3的抵触申请，不能否定权利要求3的新颖性。

(2) 是否具备创造性的分析

通过将权利要求3的技术方案与最接近的现有技术（对比文件2公开的小型冷藏桶）进行对比分析，可知权利要求3未被对比文件2披露的技术特征为"箱本体的容纳空间内固设有若干个装有蓄冷剂的密封的蓄冷剂包"和"盖体上设有能盖住拉链的挡片"。由此可知，权利要求3相对于对比文件2实际解决的技术问题为防止运输过程中蓄冷剂包相互碰撞或堆积在一起和进一步减少箱本体内外空气对流以延长箱内保存物品的冷藏时间。

对比文件3中的便携式冷藏箱披露了前一技术特征"箱本体的容纳空间内固设有若干个装有蓄冷剂的密封的蓄冷剂包"，对于权利要求3中未被对比文件2披露的后一技术特征（即权利要求3限定部分的技术特征）来说，对比文件3虽然披露了"挡片"这一技术手段，但其设置在盖体的边缘处，其所起的作用是通过手握挡片将盖体2向上提起，与权利要求3中的覆盖拉链的挡片所起到的减少箱本体内外空气对流、延长箱内物品冷藏时间作用完全不一样，由此可知对比文件3公开的挡片与权利要求3中覆盖拉链的挡片的形状、位置和作用均不相同，因此其并未披露权利要求限定部分的技术特征；此外，"盖体上设有能盖住拉链的挡片"这一特征也不是本领域用来进一步减少箱本体内外空气对流以延长箱内保存物品冷藏时间的惯用手段，即不是本领域解决这一技术问题的公知常识，由此可知权利要求3相对于对比文件2以及对比文件3和本领域的公知常识是非显而易见的，具有实质性特点。

权利要求3的技术方案通过在盖体上设有能盖住拉链的挡片进一步减少箱本体内外空气对流，从而延长了箱内保存物品的冷藏时间，具有有益的技术效果，即具有进步。

由此可知，权利要求3相对于对比文件2以及对比文件3和本领域的公知常识具备创造性。

在此需要特别加以说明的是，虽然贵方提供的对比文件4中公开了掩盖拉链的挡布，其也起到了减少内外空气对流的作用，但对比文件4未构成该专利的现有技术，不能用于判断该专利各项权利要求的创造性，因此不能将现有技术与对比文件4结合起来否定权利要求3的创造性。

4. 权利要求4

(1) 是否具备新颖性的分析

对比文件1公开的冷藏箱中也未披露其箱本体的保温中间层为泡沫材料，即其并未披露权利要求4限定部分的附加技术特征，因此对比文件1并未公开权利要求4的技术方案，未构成权利要求4的抵触申请，可知权利要求4相对于对比文件1具备新颖性。

(2) 是否具备创造性的分析

权利要求4限定部分的技术特征"中间保温层为泡沫材料"已在对比文件2中公开，因此当权利要求 1 相对于对比文件 2 和对比文件 3 不具备创造性时，权利要求 4 相对于对比文件 2 和对比文件 3 也不具备创造性。

（三）分析各项权利要求是否存在无需证据支持的无效宣告理由

通过对四项权利要求所要求保护的技术方案的分析，得知权利要求 3 存在无需证据就可认定为无效宣告理由的实质性缺陷。

权利要求 3 在其引用部分仅引用了权利要求 1，限定部分所进一步限定的附加技术特征"拉链"并未出现在其引用的权利要求 1 中，且也在权利要求 3 的限定部分未写明其与权利要求 1 中所出现的技术特征之间的关系，因此权利要求 3 未清楚限定要求专利保护的范围，不符合《专利法》第 26 条第 4 款的规定，这一实质性缺陷属于《专利法实施细则》第 65 条第 2 款所列出的无效宣告理由之一。

但是，对于这一实质性缺陷，专利权人可以通过修改专利文件（在删去权利要求 1 的基础上对权利要求 2 和权利要求 3 进行合并式修改）来消除这一缺陷。

（四）确定无效宣告理由和支持无效宣告理由的证据

（1）确定无效宣告理由

通过上述分析，本无效宣告请求案可以以该专利不具备《专利法》第 22 条第 2 款规定的新颖性、不具备《专利法》第 22 条第 3 款规定的创造性以及不符合《专利法》第 26 条第 4 款有关权利要求应当清楚限定要求专利保护范围的规定为无效宣告理由，请求宣告该专利全部无效。

其中，权利要求 1 相对于对比文件 1 不具备新颖性，相对于对比文件 2 和 3 不具备创造性；

权利要求 2 相对于对比文件 1 不具备新颖性，相对于对比文件 2 和 3 不具备创造性；

权利要求 3 未清楚地限定要求专利保护的范围；

权利要求 4 相对于对比文件 2 和 3 不具备创造性。

但是，目前所提供的证据尚不能否定权利要求 3 的新颖性和创造性。

（2）证据的选用

由上述分析可知，对比文件 1 可以作为支持权利要求 1 和权利要求 2 不具备新颖性的证据，对比文件 2 和 3 可以作为支持权利要求 1、权利要求 2 和权利要求 4 不具备创造性的证据。而对比文件 4 是一件申请在先、授权公告在后的中国实用新型专利文件，未构成该专利的现有技术，不能用作判断各项权利要求是否具备创造性的证据，仅能用于判断各项权利要求是否具备新颖性，但其又不能否定各项权利要求的新颖性，因此在本次无效宣告请求案中不选用对比文件 4 作为证据。由此可知，本无效宣告请求案可选用对比文件 1、对比文件 2 和对比文件 3 作为支持该专利不具备新颖性和创造性的证据。

（五）对本无效宣告请求案前景的分析及有关建议

通过上述分析可知，就本无效宣告请求案而言，以目前的证据来看，可以提出宣告该专利全部无效的请求。但注意到目前的证据尚不能否定权利要求 3 的新颖性和创造性，而权利要求 3 未清楚限定要求专利保护范围的无效宣告理由虽然能成立，但是如果专利权人在答复"无效宣告请求书"时在删除权利要求 1 的同时对权利要求 2 和权利要求 3 作合并式修改，这一修改符合无效宣告程序中对专利文件修改的规定，且消除了该权利要求未清楚限定要求专利保护范围的缺陷。也就是说，按照目前的证据提出无效宣告请求，其前景很可能是部分无效。

鉴于专利权人甲公司已经针对贵公司投入市场的产品提出专利侵权诉讼，为了能够向法院提出中止诉讼的请求，应当在收到专利侵权诉讼通知书之日起 15 日内针对该专利向专利复审委员会提出无效宣告请求。因此，尽管按照目前的证据本无效宣告请求案的前景很可能是部分无效，但仍应当尽快提出无效宣告请求，以便在向法院提交专利侵权诉讼答辩状的同时提出中止诉讼的请求并附交专利复审委员会对该专利的无效宣告请求的受理通知书。

与此同时，应当对该专利进行扩大范围的检索和调研，以便及时补充证据和增加无效宣告理由。就目前本无效宣告请求案的前景来说，可结合专利侵权案来确定是否作出补充检索和调研。如果贵方投入市场的产品未采用覆盖拉链的挡片结构，也就是说贵方的产品仅落入了权利要求1、权利要求2和/或权利要求4的保护范围，而未落入权利要求3的保护范围，则可以不再进行补充检索和调研，当然为稳妥起见也可再作补充检索和调研；如果贵方投入市场的产品采用了覆盖拉链的挡片结构，则一定要针对权利要求3限定部分的技术特征"覆盖拉链的挡片结构"作进一步的检索和调研。所检索到的现有技术证据和增加的无效宣告理由在自提出无效宣告请求之日起一个月内提交，当然对于公知常识性证据可以在口头审理辩论终结前提交。

如果经过补充检索和调研，未找到足以否定权利要求3的新颖性或创造性的现有技术或公知常识性证据，且贵公司投入市场的产品又落入权利要求3的保护范围，还可以考虑是否要与专利权人甲公司和解。

以上分析意见，谨供贵公司参考。

××××专利代理机构×××专利代理人
××××年××月××日

(2) 撰写"无效宣告请求书"

"无效宣告请求书"正文

专利复审委员会：

请求人A公司根据《专利法》第45条及《专利法实施细则》第65条的规定，针对专利权人甲公司的专利号为ZL201020023456.7、申请日为2010年2月23日、名称为"硬质冷藏箱"的实用新型专利（以下简称"该专利"）提出无效宣告请求。

请求人认为该专利不符合《专利法》第22条第2款和第3款以及《专利法》第26条第4款的规定，请求专利复审委员会宣告该专利全部无效。

请求人提供如下对比文件1至3作为证据：

对比文件1：中国实用新型专利，专利号为ZL201020012345.6❶，申请日为2010年1月25日，授权公告日2010年12月9日；

对比文件2：中国实用新型专利，专利号为ZL200920010567.8，授权公告日为2009年12月1日；

对比文件3：中国实用新型专利，专利号为ZL200820009678.9，授权公告日为2008年12月22日。

请求人请求宣告该专利无效的具体无效宣告理由如下。

一、权利要求1、权利要求2和权利要求4不符合《专利法》第22条第2款关于新颖性的规定和/或不符合《专利法》第22条第3款关于创造性的规定

1. 权利要求1和权利要求2相对于对比文件1不具备新颖性

(1) 权利要求1要求保护一种硬质冷藏箱，对比文件1公开了一种硬质冷藏箱（具体参见说

---

❶ 在平时无效宣告实务中，作为证据的对比文件应当采用授权公告号，在应试时若试题中未给出授权公告号，则可用试题中给出的专利号。

明书文字部分倒数第二段，说明书附图1和2），包括箱本体1和盖体2；箱本体1包括内外两层防水尼龙面料层及保温中间层；箱本体1的内部形成放置物品的容纳空间，容纳空间上部为开口；用于盖合容纳空间开口的盖体2设于箱本体1的上方；容纳空间内固定设置有若干个装有蓄冷剂的密封的蓄冷剂包。由此可知，对比文件1已经公开了权利要求1的全部技术特征，两者的技术方案完全相同；而且，对比文件1与该专利都属于便携式冷藏装置领域，所要解决的技术问题和带来的技术效果也实质相同。因此，对比文件1构成了权利要求1的抵触申请，权利要求1要求保护的技术方案不具备新颖性，不符合《专利法》第22条第2款的规定。

（2）权利要求2对权利要求1进一步限定的技术特征为：箱本体和盖体的连接处设置有拉链。对比文件1公开了箱本体和盖体上设有相互配合的连接件（见其说明书文字部分倒数第二段），在其附图中示出的连接件为卡合件，对本领域的技术人员来说拉链和卡合件都是本领域为解决盖体与箱本体连接所采用的惯用手段，两者为惯用手段的直接置换。由此可知，对比文件1也公开了权利要求2的全部技术特征，即对比文件1公开了权利要求2的技术方案，且两者的技术领域、要解决的技术问题和有益效果实质相同，也构成了权利要求2的抵触申请，因此权利要求2也不具备新颖性，不符合《专利法》第22条第2款的规定。

2. 权利要求1、权利要求2和权利要求4不具备创造性

（1）权利要求1相对于对比文件2和对比文件3的结合不具备创造性。

在对比文件2和对比文件3中，由于两者公开的冷藏箱/桶与该专利的技术领域相同，两者各解决了该专利想要解决的两个技术问题中的一个，即两者的技术问题与该专利相接近的程度也差不多，两者均披露了权利要求1前序部分的技术特征和特征部分的一个特征，即两者披露的权利要求1的技术特征数量也差不多，因此可以用其中任一份作为该专利的最接近的现有技术。但考虑到对比文件2还公开了权利要求2限定部分的技术特征，故可考虑以对比文件2作为该专利最接近的现有技术。

权利要求1要求保护一种冷藏箱，对比文件2（参见对比文件2说明书文字部分倒数第二段，说明书附图1）公开了一种冷藏桶，该冷藏桶包括桶本体和设于桶本体上方的盖体，桶本体1由外向内依序设有防水尼龙面料层、硬质材料层、保温层及防水尼龙面料层，桶本体1具有一体成型的侧壁和桶底（即形成上部开口的容纳空间，见图1）；为了使冷藏桶具有冷藏功能，在冷藏相结合的桶本体1内放置若干个装有冰块的密封的冰块包（蓄冷剂包的一种）。为了仅将冰块包放入冰箱内冷冻而无需将冷藏桶一并放入冰箱，所有冰块包均直接放置在桶本体1内。

权利要求1的技术方案与对比文件2公开的技术方案相比，两者的区别技术特征在于："冷藏箱"和"箱本体的容纳空间内固设有若干个装有蓄冷剂的密封的蓄冷剂包"。从而权利要求1的技术方案相对于对比文件2实际解决的技术问题是防止蓄冷剂包在运输过程中相互碰撞或堆积在一起。

上述两个区别技术特征在对比文件3中已经被公开。就前一区别特征而言，冷藏箱和冷藏桶都属于便携式冷藏装置领域，而就后一区别特征而言，其在对比文件3中和在该专利中都能起到防止蓄冷剂包在冷藏装置运输过程中发生碰撞或堆积在一起，因而本领域的技术人员在见到对比文件3公开的冷藏箱时就有动机将对比文件3中公开的上述技术手段应用到对比文件2中来以得到权利要求1的技术方案，即由对比文件2公开的冷藏桶和对比文件3公开的冷藏箱得到权利要求1的技术方案对本领域技术人员来说是显而易见的，不具有实质性特点和进步，因此该专利权利要求1相对于对比文件2和对比文件3的结合不具备《专利法》第22条第3款规定的创造性。

（2）权利要求2和权利要求4相对于对比文件2和对比文件3的结合不具备创造性。

权利要求2对权利要求1进一步限定的技术特征"箱本体和盖体的连接处设置有拉链"和权利要求4对权利要求1进一步限定的技术特征"保温中间层为泡沫塑料"均已在对比文件2（参见对比文件2说明书文字部分倒数第二段，说明书附图1）中公开，因此当其引用的权利要求1相对于对比文件2和对比文件3的结合不具备创造性时，该从属权利要求2和权利要求4相对于对比文件2和对比文件3的结合也不具备创造性。

二、权利要求3不符合《专利法》第26条第4款的规定

权利要求3在其引用部分仅引用了权利要求1，其限定部分所进一步限定的附加技术特征"拉链"并未出现在其引用的权利要求1中，且也未写明其设置位置及其与权利要求1中所出现的技术特征之间的关系，因此权利要求3未清楚限定要求专利保护的范围，不符合《专利法》第26条第4款的规定。

综上所述，该专利的权利要求1和权利要求2不具备《专利法》第22条第2款规定的新颖性，权利要求1、权利要求2和权利要求4不具备《专利法》第22条第3款规定的创造性，权利要求3不符合《专利法》第26条第4款有关权利要求应当清楚限定要求专利保护范围的规定，故请求专利复审委员会宣告该专利（即权利要求1至4）全部无效。

请求人：A公司
××××年××月××日

（二）专利权人一方答复"无效宣告请求书"的专利代理实务工作

鉴于前面已给出该专利授权时的专利文件，故在此处不再作重复介绍。至于"无效宣告请求书"，为了更全面地反映专利权人一方应进行的工作和更接近目前全国专利代理人资格考试试题的情况，故基本上采用了2012年全国专利代理人资格考试"专利代理实务"科目试题中给出的"无效宣告请求书"。但请读者注意，此处的"无效宣告请求书"正文的内容与前面给出的"无效宣告请求书"内容是不同的。

针对下面给出的"无效宣告请求书"正文，给出专利权人一方的专利代理人为专利权人甲公司在答复无效宣告请求过程的分析思路，在此基础上向专利权人给出针对该"无效宣告请求书"的分析咨询意见和提供的拟提交给专利复审委员会的意见陈述书和修改后的权利要求书。

1."专利权无效宣告请求书"正文

"专利权无效宣告请求书"正文

专利复审委员会：

请求人A公司根据《专利法》第45条及《专利法实施细则》第65条的规定，针对专利号为ZL201020023456.7、申请日为2010年2月23日、名称为"硬质冷藏箱"的实用新型专利（以下简称"该专利"）提出无效宣告请求。

请求人认为该专利不符合《专利法》第22条第2款和第3款、《专利法》第26条第4款以及《专利法》第2条第3款的规定，请求专利复审委员会宣告该专利全部无效。

请求人提供如下对比文件1至3作为证据：

对比文件1：中国实用新型专利，专利号为ZL201020012345.6，申请日为2010年1月25日，授权公告日为2010年12月9日；

对比文件2：中国实用新型专利，专利号为ZL200920010567.8，授权公告日为2009年12月1日；

对比文件3：中国实用新型专利，专利号为ZL200820009678.9，授权公告日为2008年12月22日。

请求人请求宣告该专利无效的具体无效宣告理由如下：

一、权利要求1至4不符合《专利法》第2条第2款、第3款关于新颖性、创造性的规定

1. 关于权利要求1

对比文件1公开了一种硬质冷藏箱，包括箱本体1和盖体2；箱本体1包括内外两层防水尼龙面料层及保温中间层；箱本体1的内部形成容纳空间，其上部为开口；用于盖合容纳空间开口的盖体2设于箱本体1的上方；容纳空间内固定设置有若干个装有蓄冷剂的密封的蓄冷剂包。因此，权利要求1不具备新颖性，不符合《专利法》第22条第2款的规定。

2. 关于权利要求2

对比文件1公开了箱本体1和盖体2上设有相互配合的连接件3，而拉链是生活中公知的连接件，因此，权利要求2相对于对比文件1也不具备新颖性，不符合《专利法》第22条第2款的规定。

3. 关于权利要求3

对比文件2公开了一种小型冷藏桶，该冷藏桶包括桶本体1和设于桶本体1上方的盖体2，桶本体1和盖体2由外向内依序设有防水尼龙面料层、硬质材料层、保温层及防水尼龙面料层；桶本体1侧壁的顶部边缘及盖体2的边缘设有拉链。对比文件3公开了冷藏箱，箱本体1的容纳空间内固定设置若干个装有蓄冷剂的密封的蓄冷剂包，在盖体2的边缘处固定设置有挡片。因此，权利要求3相对于对比文件2和3的结合不具备创造性。

4. 关于权利要求4

对比文件2公开了保温层可以采用泡沫材料，因此权利要求4相对于对比文件1和2的结合不具备创造性，不符合《专利法》第22条第3款的规定。

此外，对比文件2和3公开的内容如上所述，可见，权利要求4相对于对比文件2和3的结合也不具备创造性，不符合《专利法》第22条第3款的规定。

二、权利要求3不符合《专利法》第26条第4款的规定

权利要求3限定部分的附加技术特征对拉链作出了限定，但并未限定拉链的设置位置及其与其他部件的连接关系，导致权利要求3的保护范围不清楚，不符合《专利法》第26条第4款的规定。

三、权利要求4不符合《专利法》第2条第3款的规定

权利要求4的附加技术特征是对产品材料的限定，是对材料本身提出的改进。由此，权利要求4的技术方案不属于实用新型专利保护的客体，不符合《专利法》第2条第3款的规定。

综上所述，请求宣告该专利的权利要求1至4全部无效。

请求人：A公司

××××年××月××日

2. 专利权人答复"无效宣告请求书"过程中的分析思路

根据上述请求宣告专利权无效的材料，首先对提出无效宣告请求的请求人的资格进行核查。请求人A公司是一个法人，是专利权人提出专利侵权诉讼的被告，根据现有材料，没有证据表明其不具备请求人资格。

鉴于该专利的申请日在2010年2月1日之后，因此针对该专利的无效宣告程序适用现行

《专利法》《专利法实施细则》和《专利审查指南 2010》。

(1) "无效宣告请求书"中的无效宣告理由是否属于法定理由

该"无效宣告请求书"涉及的无效宣告理由包括：权利要求 1 至 4 不具备《专利法》第 22 条第 2 款规定的新颖性和/或《专利法》第 22 条第 3 款规定的创造性；权利要求 3 不符合《专利法》第 26 条第 4 款有关权利要求应当清楚地限定保护范围的规定；权利要求 4 不符合《专利法》第 2 条第 3 款有关实用新型的保护客体的规定。对照《专利法实施细则》第 65 条第 2 款规定的无效宣告理由可知，这些理由均属于该条款规定的可以针对专利提出无效宣告请求的理由，而且请求人对这些无效宣告理由在请求书中逐一进行了具体说明，专利复审委员会在无效宣告程序中对这些无效宣告理由均会考虑，因此，需要进一步逐一分析这些无效宣告理由是否成立。

(2) 对"无效宣告请求书"所附证据的适用进行分析

"无效宣告请求书"涉及三份证据对比文件 1 至 3，它们均为中国实用新型专利文件，经核实，对其真实性、合法性和关联性予以认可。在这三份证据中，对比文件 2 和对比文件 3 授权公告的时间分别为 2009 年 12 月 1 日以及 2008 年 12 月 22 日，均在该专利的申请日 2010 年 2 月 23 日之前，构成该专利的现有技术，可以用于评价其新颖性和创造性；而对比文件 1 是专利权人本人的中国实用新型专利文件，申请日为 2010 年 1 月 25 日，授权公告日为 2010 年 12 月 9 日，属于在该专利的申请日前提出申请、并且在该专利申请日后授权公告的中国专利文件，按照现行《专利法》的规定，其能用于评价该专利的新颖性，不能用于评价该专利的创造性。

(3) 对"无效宣告请求书"中所提出的各项无效宣告理由进行分析

通常可按照"无效宣告请求书"中无效宣告理由论述的先后顺序逐条进行分析。

(i) 关于权利要求 1 相对于对比文件 1 不具备新颖性的无效宣告理由。

对比文件 1 中的硬质冷藏箱包括箱本体 1 和盖体 2；箱本体 1 包括内外两层防水尼龙面料层及中间保温层；箱本体 1 的内部形成容纳空间，容纳空间上部为开口；用于盖合容纳空间开口的盖体 2 设于箱本体 1 的上方；箱本体 1 和盖体 2 上设有相互配合的连接件 3；容纳空间内固定设置有若干个装有蓄冷剂的密封的蓄冷剂包。通过将权利要求 1 要求保护的技术方案与对比文件 1 公开的技术方案进行比较后可知，对比文件 1 已经披露了与该专利权利要求 1 完全相同的技术方案，其技术领域、要解决的技术问题和有益效果相同，即两者为相同的发明和实用新型，因而构成权利要求 1 的抵触申请，根据上述分析，该专利权利要求 1 相对于对比文件 1 不具备新颖性的无效宣告理由成立。

(ii) 关于权利要求 2 相对于对比文件 1 不具备新颖性的无效宣告理由。

在"无效宣告请求书"中，针对权利要求 2 论述其相对于对比文件 1 不具备新颖性时，引入了公知常识，显然不属于新颖性评价的范畴，因此针对权利要求 2 的新颖性评价存在概念性错误，该无效宣告理由的分析明显存在不妥。

但是，考虑到对比文件 1 附图中所示的连接件为卡扣件，而对于盖体和箱本体的连接件来说，拉链和卡扣件是最常用的手段，因此尽管"无效宣告请求书"中论述权利要求 2 相对于对比文件 1 不具备新颖性的分析存在不妥之处，但是专利复审委员会还有可能会认为拉链和卡扣件是本领域的技术人员用于连接盖体和箱本体的惯用手段的直接置换，从而仍可能会认定权利要求 2 相对于对比文件 1 不具备新颖性。

(iii) 关于权利要求 3 相对于对比文件 2 和 3 的结合不具备创造性的无效宣告理由。

在"无效宣告请求书"中，认为对比文件 2 和对比文件 3 中公开了权利要求 3 的全部技术特征，在此基础上得出权利要求 3 相对于对比文件 2 和 3 的结合不具备创造性。但是，在所作分析中，认为对比文件3公开了权利要求3限定部分的技术特征，这一认定明显是不正确的。在对比文件3中虽然公开了挡片，但该挡片是为了解决盖体难于开启的技术问题，其作用在于当需要打开盖体时，人们手握挡片，以将盖体向上提起。而该专利权利要求3中的挡片的作用则是为了盖住拉链，以减少箱本体内、外空气的对流，延长箱内物品的冷藏时间，从而达到进一步保温的目的。也就是说，对比文件3中的挡片与该专利权利要求3中的挡片仅名称相同，两者的结构、解决的技术问题和所起作用均不相同，由此可知权利要求3限定部分的附加技术特征"盖体上设有能盖住拉链的挡片"未被对比文件3公开，对比文件3也未给出在盖体上设置能盖住拉链的挡片以解决上述技术问题的启示，因此该权利要求3相对于对比文件2和对比文件3的结合不具备创造性的无效宣告理由不能成立。

但是，需要说明的是，在分析权利要求3相对于对比文件2和对比文件3的结合不具备创造性的无效宣告理由能否成立的过程中，能明显得知权利要求2相对于对比文件2和对比文件3的结合是不具备创造性的。

（iv）关于权利要求4不具备创造性的无效宣告理由。

"无效宣告请求书"中认为权利要求4相对于对比文件1和对比文件2的结合不具备创造性或者相对于对比文件2和对比文件3的结合不具备创造性。

正如前面所指出的，对比文件1是一件申请日在该专利申请日前、授权公告在该专利申请日后的中国实用新型专利文件，只能用于评价该专利的新颖性，不能与其他现有技术和公知常识结合起来评价其创造性，因此"无效宣告请求书"中有关权利要求4相对于对比文件1和对比文件2的结合不具备创造性的主张是错误的，该无效宣告理由明显不能成立。

对于后一种结合而言，由于权利要求4与对比文件2的区别技术特征"箱本体的容纳空间内固设有若干个装有蓄冷剂的密封的蓄冷剂包"已在对比文件3中公开，且该技术特征在对比文件3中与其在该专利中所起的作用相同，即对比文件3给出了和对比文件2相结合以得到权利要求4技术方案的技术启示，因此"无效宣告请求书"中有关权利要求4相对于对比文件2和对比文件3的结合不具备创造性的无效宣告理由能够成立。

（v）关于权利要求3不符合《专利法》第26条第4款规定的无效宣告理由。

权利要求3因其进一步限定的附加技术特征"拉链"在所引用的权利要求1中没有作出限定而缺乏引用基础，导致该权利要求未清楚限定要求专利保护的范围，不符合《专利法》第26条第4款的规定。

（vi）关于权利要求4不符合《专利法》第2条第3款规定的无效宣告理由。

在"无效宣告请求书"中，以权利要求4的附加技术特征涉及产品材料而认定该权利要求4是对材料本身提出的改进，从而提出了该权利要求4不符合《专利法》第2条第3款规定的无效宣告理由。就实用新型的保护客体而言，不能仅因为权利要求中存在材料特征就得出其不符合该规定的结论，而应当具体判断该材料特征是否是现有技术中已知的。由于泡沫材料是已知材料（例如，对比文件2中就公开了保温层可以采用泡沫材料），由此可知权利要求4是将已知材料应用于具有形状、构造的产品上，不属于对材料本身提出的改进，符合有关实用新型专利保护客体的规定，符合《专利法》第2条第3款的规定。因此，"无效宣告请求书"中有关权利要求4不符合《专利法》第2条第3款规定的无效宣告理由不能成立。

（4）确定应对策略

通过上述分析可知，"无效宣告请求书"中有关权利要求1相对于对比文件1不具备新颖性的无效宣告理由能够成立；有关权利要求2相对于对比文件1不具备新颖性的无效宣告理由的分析虽然欠妥，但是仍存在被专利复审委员会认定为不具备新颖性的可能，更何况权利要求2相对于对比文件2和对比文件3的结合不具备创造性；权利要求3相对于对比文件2和对比文件3的结合不具备创造性的无效宣告理由不能成立，权利要求3未清楚限定要求专利保护范围的无效宣告理由能够成立；权利要求4相对于对比文件1和对比文件2的结合不具备创造性的理由不能成立，权利要求4不属于实用新型保护客体的无效宣告理由不能成立，权利要求4相对于对比文件2和对比文件3的结合不具备创造性的无效宣告理由能够成立。也就是说，尽管"无效宣告请求书"中部分无效宣告理由不能成立，但权利要求1至4均有可能被宣告无效，倘若不对专利文件授权公告的权利要求采用合并式修改方式，则该专利将被宣告全部无效。

由上述分析结果还能得知，权利要求3相对于对比文件2和对比文件3的结合不具备创造性的无效宣告理由不能成立，而导致权利要求3未清楚限定要求专利保护范围的这一实质缺陷是由于其引用部分的引用关系不当造成的。该权利要求3进一步限定的技术特征"拉链"虽然在权利要求1中未出现，但已出现在权利要求2的限定部分，因此，若将该权利要求3的引用部分由引用权利要求1修改为引用权利要求2（即相当于对权利要求2和权利要求3采用合并从属权利要求的修改方式）就消除了未清楚限定要求专利保护范围这一属于无效宣告理由的实质缺陷。

基于上述分析和判断，针对"无效宣告请求书"所确定的应对策略为：删除独立权利要求1，将权利要求2和权利要求3合并为新修改的独立权利要求1；将权利要求2、权利要求3和权利要求4合并为新修改的权利要求2。

3. 提供给专利权人甲公司的咨询意见

根据上述分析结果，向专利权人甲公司给出如下咨询意见。

尊敬的甲公司：

经过对"无效宣告请求书"的分析，需要对被提出无效宣告请求的我方实用新型专利（以下简称"我方专利"）的权利要求书进行修改，以争取我方专利在修改的权利要求书的基础上维持有效，具体咨询意见如下。

1."无效宣告请求书"所引用证据的适用范围

"无效宣告请求书"中引用了三份证据对比文件1至3。这三份对比文件均为中国实用新型专利文件，其真实性、合法性和关联性应当予以认可。

在这三份对比文件中，对比文件1是贵公司申请在前、授权公告在后的中国实用新型专利文件，对于适用于现行《专利法》《专利法实施细则》和《专利审查指南2010》的本无效宣告请求案来说，该对比文件1可用于评价我方专利各项权利要求是否具备新颖性，但由于其未构成我方专利的现有技术，不能与现有技术和本领域公知常识结合起来评价我方专利各项权利要求是否具备创造性。

对比文件2和对比文件3均在我方专利的申请日前授权公告，构成了我方专利的现有技术，可以用于评价我方专利各项权利要求是否具备新颖性和/或创造性。

2.关于权利要求1不具备新颖性的无效宣告理由

由于我方专利权利要求1的全部技术特征已被对比文件1公开，并且两者技术领域、技术方案、解决的技术问题和取得的技术效果相同，可知两者是相同内容的实用新型，对比文件1构成了我方专利权利要求1的抵触申请，因而权利要求1相对于对比文件1不具备新颖性。由此可知，"无效宣告请求书"中有关权利要求1不具备新颖性的无效宣告理由成立。

3.关于权利要求2不具备新颖性的无效宣告理由

首先，我方专利权利要求2中的"拉链"是对比文件1中"连接件"的下位概念，由此权利要求 2 的技术方案与对比文件 1 实质上不同；其次，新颖性的评述适用单独对比的原则，不能将对比文件 1 公开的技术方案与公知常识相结合来评述权利要求的新颖性。因此，"无效宣告请求书"中有关权利要求 2 不具备新颖性的具体分析欠妥。

但是，由于对比文件 1 附图中示出的连接件为卡扣件，考虑到卡扣件和拉链在本领域是作为盖体和箱本体之间连接件的最常用手段，因而存在专利复审委员会将两者视作本领域惯用手段的可能，也就是说专利复审委员会有可能会以两者为惯用手段的直接置换而认定两者为相同内容的实用新型，在此基础上认为对比文件 1 也构成权利要求 2 的抵触申请，从而得出权利要求 2 相对于对比文件 1 不具备新颖性的结论。

4. 关于权利要求 3 不具备创造性的无效宣告理由

由于我方专利的权利要求 3 要求保护的主题名称"冷藏箱"与对比文件 2 公开的"冷藏桶"都是便携式冷藏装置，仅仅是叫法不同，即这两个主题名称实质上是相同的，因而我方专利的权利要求 3 未被对比文件 2 披露的技术特征为"蓄冷剂包固设在箱本体的容纳空间内"和"在盖体上设有能盖住拉链的挡片"。在"无效宣告请求书"中请求方认为对比文件 3 已公开了上述两个技术特征的事实认定并不正确。

对比文件 3 的确公开了前一技术特征，但是对比文件 3 并未公开后一技术特征。我方专利权利要求 3 中限定部分的附加技术特征为"盖体上设有能盖住拉链的挡片"，因此该挡片能够解决现有技术中冷藏箱由于拉链闭合处存在内、外空气的对流而缩短了冷藏箱内保存物品的冷藏时间的技术问题，起到了阻止空气对流以延长冷藏时间的作用；而对比文件 3 中的"挡片"所具有的结构用于解决盖体难于开启的技术问题，其作用是供人们用手握住挡片以将盖体向上提起。由此可见，权利要求 3 与对比文件 3 中的"挡片"的结构、解决的技术问题和所起作用均不相同，因此权利要求 3 中的上述附加技术特征未被对比文件 3 公开，对比文件 3 也未给出在盖体上设置能盖住拉链的挡片以解决上述技术问题的启示。因而我方专利权利要求 3 的技术方案相对于对比文件 1 和对比文件 2 具有实质性特点。

此外，我方专利中在盖体上设有能盖住拉链的挡片，减少了箱本体内、外空气的对流，延长了箱内物品的冷藏时间，具有有益的技术效果，也就是说权利要求 3 相对于现有技术具有进步。

由此可知，我方专利的权利要求 3 符合《专利法》第 22 条第 3 款有关创造性的规定，也就是说，"无效宣告请求书"中有关权利要求 3 相对于对比文件 2 和对比文件 3 的结合不具备创造性的无效宣告理由不能成立。

但是，需要说明的是，在分析得出上述权利要求 3 相对于对比文件 2 和对比文件 3 的结合不具备创造性的过程中，意识到权利要求 2 未被对比文件 2 披露的技术特征在对比文件 3 中已经公开，且该技术特征在对比文件 3 中所起的作用与其在权利要求 2 技术方案中所起作用相同，因此权利要求 2 相对于对比文件 2 和对比文件 3 的结合不具备创造性。

5. 关于权利要求 4 不具备创造性的无效宣告理由

"无效宣告请求书"在对我方专利权利要求 4 不具备创造性的无效宣告理由的分析中给出了两种结合方式：权利要求 4 相对于对比文件 1 和对比文件 2 的结合不具备创造性以及相对于对比文件 2 和对比文件 3 的结合不具备创造性。

正如前面所指出的，对比文件 1 是一件申请日在我方专利申请日前、授权公告日在我方专利申请日后的中国实用新型专利文件，可以用于评价我方专利的新颖性，但由于其未构成现有技术，因而不能与其他现有技术和公知常识结合起来评价我方专利的创造性，因此"无效宣告请求书"中有关权利要求 4 相对于对比文件 1 和对比文件 2 的结合不具备创造性的主张是不正确的，该无效宣告理由明显不能成立。

对于后一种结合而言，由于权利要求4中未被对比文件2中冷藏桶公开的技术特征"箱本体的容纳空间内固设有若干个装有蓄冷剂的密封的蓄冷剂包"已在对比文件3中公开，且该技术特征在对比文件3中与其在该专利中所起的作用均为防止冷藏箱运输过程中蓄冷剂包相互碰撞或堆积在一起，即所起的作用也相同，由此可知对比文件3和对比文件2相结合得到权利要求4技术方案的技术启示，因此"无效宣告请求书"中有关权利要求4相对于对比文件2和对比文件3的结合不具备创造性的无效宣告理由能够成立。

6. 关于权利要求3未清楚限定要求专利保护范围的无效宣告理由

我方专利权利要求3限定部分的附加技术特征对"拉链"作出了进一步限定，但该"拉链"并未出现在其引用的权利要求1中，因而权利要求3进一步限定的技术特征"拉链"缺乏引用基础，而且权利要求3的限定部分也未写明"拉链"的设置位置以及"拉链"与其他部件的连接关系，致使权利要求3未清楚限定要求专利保护的范围，不符合《专利法》第26条第4款的规定，由此可知"无效宣告请求书"中有关权利要求3未清楚限定要求专利保护范围的无效宣告理由能够成立。

7. 关于权利要求4不属于实用新型专利保护客体的无效宣告理由

我方专利权利要求4进一步限定的附加技术特征是"所述保温中间层为泡沫材料"，由于泡沫材料是现有技术中已知的保温材料，例如在对比文件2中已公开了相同内容，由此可见权利要求4是将已知材料应用于具有形状、构造的产品上，不属于对材料本身提出的改进，属于实用新型专利的保护客体，符合《专利法》第2条第3款的规定，因此"无效宣告请求书"中有关权利要求4不属于实用新型专利保护客体的无效宣告理由不能成立。

8. 关于修改权利要求书的建议

通过上述分析可知，"无效宣告请求书"中有关我方专利权利要求1相对于对比文件1不具备新颖性的无效宣告理由能够成立，权利要求3未清楚限定要求专利保护范围的无效宣告理由能够成立，权利要求4相对于对比文件2和对比文件3的结合不具备创造性的无效宣告理由能够成立。对于权利要求2来说，虽然"无效宣告请求书"中有关其相对于对比文件1不具备新颖性的分析存在概念错误，可以作为意见陈述书中的争辩点，但由于专利复审委员会有可能会以拉链和卡扣件为本领域惯用手段的直接置换而仍然认定权利要求2相对于对比文件1不具备新颖性，加上前面分析时所指出的权利要求2相对于对比文件2和对比文件3的结合不具备创造性的问题，因而我方专利权利要求2仍存在相当大的被宣告无效的可能。

但由上述分析结果还能得知，权利要求3相对于对比文件2和对比文件3的结合不具备创造性的无效宣告理由不能成立，而导致权利要求3未清楚限定要求专利保护范围的这一实质性缺陷是由于其引用部分的引用关系不当造成的。该权利要求3进一步限定的技术特征"拉链"虽然在权利要求1中未出现，但已出现在权利要求2的限定部分，因此，若在删除独立权利要求1的前提下，对权利要求2和权利要求3采用合并式修改方式就能消除原权利要求3未清楚限定要求专利保护范围这一属于无效宣告理由的实质性缺陷。

基于上述分析，建议在答复"无效宣告请求书"时对授权公告的权利要求书按如下方式作出修改：删除独立权利要求1，将权利要求2和权利要求3合并为新修改的独立权利要求1；将权利要求2、权利要求3和权利要求4合并为新修改的权利要求2。这样修改后的权利要求既没有超出原说明书和权利要求书记载的范围，又没有扩大原专利的保护范围，并且符合《专利法》《专利法实施细则》和《专利审查指南2010》中关于无效宣告程序中专利文件修改的各项规定。

以上为本代理机构对本无效宣告请求案的分析咨询意见，现提供给贵公司参考，并请贵公司能早日给出如何答复"无效宣告请求书"和如何修改权利要求书的指示，以便能在自收到"无效宣告请求书"之日起一个月内向专利复审委员会提交修改后的权利要求书和意见陈述书。

××××专利代理机构×××专利代理人
××××年××月××日

4. 向专利复审委员会提交的新修改的权利要求书和意见陈述书

（1）新修改的权利要求书

根据前面确定的应对策略，提交给专利复审委员会的新修改的权利要求书如下：

"1. 一种硬质冷藏箱，包括箱本体（1）和盖体（2），所述箱本体（1）的内部形成一个上部开口的容纳空间，所述盖体（2）设置于所述箱本体（1）的上方，用于打开、关闭所述容纳空间的开口，其特征在于：所述箱本体（1）包括防水外层（3）、保温中间层（4）及防水内层（5），所述箱本体（1）的容纳空间内固设有若干个装有蓄冷剂的密封的蓄冷剂包（6），所述箱本体（1）和所述盖体（2）的连接处设置有拉链（7），在所述盖体（2）上设有能盖住所述拉链（7）的挡片（8）。

2. 如权利要求1所述的硬质冷藏箱，其特征在于：所述保温中间层（4）为泡沫材料。"

（2）撰写的意见陈述书

根据前面所作分析和修改后的权利要求书，撰写的"意见陈述书"正文如下。

"意见陈述书"正文

专利复审委员会：

专利权人已收到专利复审委员会转来的请求人于2012年10月16日针对专利号为ZL201020023456.7的实用新型专利（以下简称"本专利"）提交的专利权"无效宣告请求书"及所附证据副本，现作出如下答辩。

"无效宣告请求书"中的无效宣告理由为：授权公告的（以下简称"原"）权利要求1和权利要求2分别相对于对比文件1不具备新颖性，原权利要求3相对于对比文件2和对比文件3的结合不具备创造性，原权利要求4相对于对比文件1和对比文件2的结合或者相对于对比文件2和对比文件3的结合不具备创造性；原权利要求3未清楚限定要求专利保护的范围；原权利要求4不属于实用新型专利保护的客体。

"无效宣告请求书"中用于支持各项权利要求不具备新颖性和创造性的三份证据为：

对比文件1：中国实用新型专利，专利号为ZL201020012345.6，申请日为2010年1月25日，授权公告日为2010年12月9日；

对比文件2：中国实用新型专利，专利号为ZL200920010567.8，授权公告日为2009年12月1日；

对比文件3：中国实用新型专利，专利号为ZL200820009678.9，授权公告日为2008年12月22日。

很显然，对比文件1是一件专利权人本人的申请日在本专利的申请日前、授权公告日在该专利的申请日后的中国实用新型专利文件，按照现行《专利法》的规定，只能用于评价本专利各项权利要求的新颖性，不能与其他现有技术或公知常识结合起来评价该专利各项权利要求的创造性。由此可知，上述无效宣告理由中所认定的原权利要求4相对于对比文件1和对比文件2的结合不具备创造性的主张根本不能成立。

一、修改说明

针对请求人 A 公司所提出的无效宣告请求，专利权人对权利要求书进行了修改，将授权公告的权利要求1删除，并将权利要求2和权利要求3合并成为新的独立权利要求1，将权利要求2、权利要求3和权利要求4合并成为新的从属权利要求2。

上述修改符合《专利审查指南2010》关于无效宣告程序中权利要求修改方式的规定，也没有扩大原权利要求的保护范围，符合《专利法实施细则》第69条的规定；而且，修改后的权利要求在原说明书和权利要求书中均有明确的记载，符合《专利法》第33条的规定。专利权人请求专利复审委员会在修改后的权利要求书的基础上进行审查。

二、关于修改后的独立权利要求1和权利要求2的新颖性和创造性

1. 独立权利要求1的新颖性

请求人认为该专利原权利要求1和原权利要求2分别相对于对比文件1不具备新颖性。

修改后的独立权利要求1中已包括了原权利要求2和原权利要求3限定部分的技术特征。通过将修改后的权利要求1与对比文件1公开的冷藏箱进行对比可知，对比文件1未披露修改后的权利要求1中的下述技术特征："硬质冷藏箱的箱本体和盖体的连接处设置有拉链，并且盖体上设有能盖住拉链的挡片"，即两者的技术方案不同，因此对比文件1并未披露权利要求1的技术方案。故权利要求1相对于对比文件1具备《专利法》第22条第2款规定的新颖性。

2. 独立权利要求1的创造性

请求人在"无效宣告请求书"中主张该专利的原权利要求3相对于对比文件2和对比文件3的结合不具备创造性。专利权人认为"无效宣告请求书"中有关上述无效宣告理由的分析中事实认定错误，因此得出了错误的结论，上述无效宣告理由不能成立。

修改后的独立权利要求1已包含了原权利要求2和原权利要求3限定部分的附加技术特征。专利权人认为该独立权利要求1相对于对比文件2和对比文件3的结合具备创造性。

在对比文件2和对比文件3中，由于两者公开的冷藏箱/桶与该专利的技术领域相同，两者解决的技术问题与该专利相接近的程度也差不多，但对比文件2与对比文件3相比披露了更多的技术特征，故可考虑以对比文件2作为该专利最接近的现有技术。

通过将修改后的独立权利要求1的技术方案与最接近的现有技术（对比文件2公开的小型冷藏桶）进行对比分析，可知独立权利要求1与对比文件2的区别技术特征为"箱本体的容纳空间内固设有若干个装有蓄冷剂的密封的蓄冷剂包"和"盖体上设有能盖住拉链的挡片"。由此可知，权利要求3相对于对比文件2实际解决的技术问题为防止运输过程中蓄冷剂包相互碰撞或堆积在一起和进一步减少箱本体内外空气对流以延长箱内保存物品的冷藏时间。

对比文件3中的便携式冷藏箱披露了前一技术特征"箱本体的容纳空间内固设有若干个装有蓄冷剂的密封的蓄冷剂包"，对于独立权利要求1中未被对比文件2披露的后一技术特征（即原权利要求3限定部分的技术特征），请求人在"无效宣告请求书"中认为对比文件3中公开了在盖体的边缘处固定设置有挡片，所以公开了该特征。专利权人认为请求人作出的上述事实认定是错误的，因为对比文件3虽然披露了"挡片"这一技术手段，但两者仅仅名称相同，而两者的结构、解决的技术问题和所起作用均不相同：对比文件3中的挡片是为了解决盖体难于开启的技术问题，其设置在盖体的边缘，并未盖住盖体和桶本体的连接部位，其作用在于当需要打开盖体时，人们手握挡片，以将盖体向上提起；而修改后的权利要求1中的挡片的作用则是为了盖住拉链，以减少箱本体内、外空气的对流，延长箱内保存物品的冷藏时间。因此修改后的权利要求1

中所包含的原权利要求3限定部分的附加技术特征"盖体上设有能盖住所述拉链的挡片"未被对比文件3公开，对比文件3也未给出在盖体上设置能盖住拉链的挡片以解决上述技术问题的启示，由此可知修改后的权利要求1相对于对比文件2和对比文件3的结合是非显而易见的，具有实质性特点。

修改后的权利要求1通过在盖体上设有能盖住拉链的挡片进一步减少箱本体内外空气对流，从而延长了冷藏箱内所保存物品的冷藏时间，具有有益的技术效果，即具有进步。

由此可知，修改后的权利要求1相对于对比文件2和对比文件3的结合具备《专利法》第22条第3款规定的创造性。

3. 修改后的权利要求2的新颖性和创造性

修改后的权利要求2对权利要求1进一步限定其保温中间层为泡沫材料，对于未要求优先权的该专利来说，在修改后的权利要求1具备新颖性和创造性的情况下，其从属权利要求2也具备新颖性和创造性，符合《专利法》第22条第2款和第3款的规定。

三、修改后的独立权利要求1已清楚地限定要求专利保护的范围

修改后的权利要求1包含了原权利要求2和原权利要求3限定部分的附加技术特征，已经清楚地限定了"拉链设置在箱本体和盖体的连接处"，明确限定了拉链的设置位置，消除了"无效宣告请求书"中指出的原权利要求3未清楚限定专利保护范围这一缺陷，即修改后的权利要求1的技术方案已清楚地限定要求专利保护的范围，符合《专利法》第26条第4款的规定。

四、修改后的权利要求2属于实用新型的保护客体

请求人在"无效宣告请求书"中指出原权利要求4不符合《专利法》第2条第3款规定。这一无效宣告理由是不能成立的。因为泡沫材料是现有技术中已知的保温材料，例如在请求人所提供的对比文件2中，已经公开了冷藏桶的保温层可以采用泡沫材料，由此可见修改后的权利要求2是将已知材料应用于具有形状、构造的产品上，不属于对材料本身提出的改进，因此，该权利要求2的技术方案属于实用新型专利的保护客体，符合《专利法》第2条第3款的规定。

综上所述，对于修改后的独立权利要求1和权利要求2，请求人主张的无效宣告理由不再成立。请求专利复审委员会在修改后的权利要求1至2和授权公告的说明书的基础上维持该专利有效。

专利权人：甲公司
××××年××月××日